한국지방의회의 발전과 선진화

최 봉 기 저

Glocalization의 시대
지방의원과 공무원의 필독서

계명대학교 출판부

머리글

지방자치가 부활 실시된 지 어느 덧 20년이 지났다. 사람의 나이에 비하면 이제 성년이 된 셈이다. 변화가 격심하고 시간에 대한 경쟁이 치열한 현대사회에서 20년이란 시간은 결코 짧은 기간이 아니다. 특히 지금 지구촌 사회는 글로벌화라는 바람을 타고 많은 국가들이 정책과 제도에 대대적인 변화와 혁신의 경쟁을 벌이고 있다. 특히 그 중에서도 세계화를 위한 개방화와 지방화는 어느 국가도 회피할 수 없는 시대적 과제로 다가와 있다.

우리나라로서도 개방화와 지방화를 위한 정책변화와 제도개혁은 불가피하고 정치지도자의 정치이념이나 정권의 특성과 무관하게 중앙정부는 이러한 방향으로 정부정책의 방향을 추진하고 있다. 그것이 바로 지방분권정책과 지방자치제도의 실시이다. 민주정부를 가지고 세계평화와 국리민복(國利民福)을 추구하는 나라치고 분권과 지방자치를 외면하는 나라는 없다. 국가의 통치를 책임지고 있는 중앙정부의 입법부, 행정부, 사법부 고위구성원들이 이러한 사실을 모르지는 않을 것이다. 뿐만 아니라 언론인들과 시민사회단체의 간부들 역시 그것을 모르지는 않을 것이다.

그럼에도 불구하고 한국 중앙정부의 권력자들과 고위관료들은 분권과 자치발전이라는 국가적 과제를 이해하지 못하고 애써 이를 회피 내지 지연시킴으로써 국가발전과 국민복지에 심대한 손해를 끼치고 있다. 무엇보다도 한국 중앙정부의 엘리트들과 언론인들은 대부분 지방분권과 자치발전의 가치와 중요성을 알지 못하고 있으며, 국가발전이나 국민복지 보다는 아직도 자신들의 사익추구에 집착하고 있다. 설상가상 지방분권과 자치발전이 마치 국가발전을 저해하는 것으로 오해하거나 왜곡시키고 있다. 그리하여 한국의 지방자치제도는 실시된 지 20년이 지났지만 아직도 실시초기의 문제점들을 개선하지 못하고 있다. 그리고 지방의회제도를 왜곡시킴으로써 지방자치제도의 핵으로 기능하는 지방의회를 무력하게 만들어 놓았다.

국민의 대표기관인 국회가 없으면 그 나라를 민주국가로 부를 수 없는 것처럼, 주민의 대표기관인 지방의회가 없으면 지방자치제도를 실시한다고 할 수 없다. 이렇게 지방자치제도의 핵심기관인 지방의회를 무력하게 만들어 놓고 있는 것이 현행 지방자치법령이다. 그러나 제도의 잘못이나 왜곡에는 눈을 감고, 잘못된 제도의 결과만을 놓고 지방의원들만 비난하는 것이 한국의 언론이고 주민들이다.

본서는 이러한 우리나라의 실태를 검토하고 그 개선방안을 제시함으로써 정부의 제도개선에 자료와 근거를 제시하고자 하였다. 그리고 지방의회와 지방의원들에게 한국의 지방자치발전을 위해 지방의회제도와 지방의회관련 행태를 어떻게 고치고 개선해 나가야 할 것인가에 대한 자료와 정보를 제공하고자 하였다. 그리하여 본서는 제1편에서는 지방의회에 관한 이론을, 제2편에서는 한국지방의회의 제도적 문제점과 실태적 문제점을 그리고 제3편은 이들 잘못된 제도와 실태를 개선하고 발전시킬 수 있는 대안을 제시하였다.

지금의 우리나라 지방자치제도와 지방의회제도는 바로잡고 고치고 보완해야 할 곳이 너무 많다. 더구나 이제 성년이 된 한국지방의회는 향후 지방분권과 지방자치제도발전의 견인차 역할을 할 수 있어야 한다. 그리고 지방정부 전체의 자치역량을 제고시켜 지역사회를 발전시키고 선진화된 민주질서를 뿌리내리게 할 수 있어야 한다. 그러기 위해서는 우선 자신과 관련된 지방의회제도와 의정기능실태를 냉철히 검토하고 문제점들을 철저히 개선해 나가야 한다. 나아가 21세기 선진한국의 미래를 준비하기 위해 지방정부가 무엇을 어떻게 변화해야 할 것인지 새로운 전략과 전술을 다듬어 나가는 일에 선도적 역할을 해야 한다.

본서는 이러한 평소 필자의 지론에 따라 집필되었다. 특히 본서는 필자의 2011년도 계명대학교 연구년 과제로 집필되어 1년이라는 연구기간의 제약으로 그 내용도 제약될 수밖에 없었다. 이렇게 짧은 기간에도 불구하고 본서를 집필할 수 있었던 것은 그 동안 필자가 연구논문으로 발표하였던 지방의회관련 여러 논문들이 있었기 때문에 가능하였다. 본서가 나오기까지 무엇보다도 가장 많은 도움을 주셨던 계명대학교 신일희 총장님께 진심으로 감사드리며, 이중희 교무처장님과 직원 여러분께도 감사드린다. 또한 학술논문작성과 저서집필과정에서 매번 도움을 아끼지 않았던 경운대학교의 성영태 교수에게도 고마움을 전한다.

2012년 6월 중순

계명대 성서캠퍼스 연구실에서
저자 최 봉 기 씀

CONTENTS

01 지방자치와 지방의회에 관한 이론과 제도

1.1 지방자치와 지방의회제도에 관한 이론의 검토

Ⅰ. 지방자치와 지방의회의 역할
Ⅱ. 대의민주주의와 의회주의 및 지방의회제도
Ⅲ. 지방의회의 조직과 운영
Ⅳ. 지방의회의 권한과 기능
Ⅴ. 지방의원의 권리와 의무

1.2 자치입법권과 지방의회의 조례제정권에 관한 이론과 제도

Ⅰ. 의의
Ⅱ. 지방자치단체의 자치입법권으로서 조례의 성격과 기능
Ⅲ. 조례의 제정절차와 심의과정
Ⅳ. 지방의회 조례제정권의 범위와 통제

1.3 지방의회 행정사무감사에 관한 이론과 제도

Ⅰ. 행정사무감사의 의의 및 필요성
Ⅱ. 지방자치행정의 이념과 행정사무감사의 원칙
Ⅲ. 행정사무감사의 주체와 대상기관(수감기관)
Ⅳ. 행정사무감사의 시기 · 방법 및 절차
Ⅴ. 감사위원의 의무 및 감사의 한계(감사규칙참조)

1.4 지방의회의 예산심의와 확정 및 결산의 승인

Ⅰ. 지방예산의 의의와 기능
Ⅱ. 지방자치단체의 예산구조와 내용
Ⅲ. 예산의 편성
Ⅳ. 예산(안)의 심의
Ⅴ. 결산과 결산절차

1.5 지방의회와 지방자치단체장 간의 관계

Ⅰ. 지방자치와 지방자치단체의 기관구성
Ⅱ. 지방의회와 자치단체장의 관계
Ⅲ 지방의회와 지방자치단체장 간의 관계유형
Ⅳ. 지방의회와 지방자치단체장 간의 갈등요인과 조정방안

1.6 지방선거에 관한 이론과 제도

Ⅰ. 지방자치발전과 지방선거
Ⅱ. 지방선거의 기본원리와 종류
Ⅲ. 지방선거제도의 내용
Ⅳ. 지방선거와 정당참여

1.1 지방자치와 지방의회제도에 관한 이론의 검토

I. 지방자치와 지방의회의 역할

1. 지방자치와 지역발전 및 국가발전

지방자치란 일정한 지역의 주민들이 그 지역의 공공사무를 자신들의 의사와 책임하에 스스로 처리하는 것을 말한다. 민주정치의 역사가 오래고 국정의 민주화가 발전된 선진제국에서는 이미 오래전부터 지방의 공공사무는 그 지역 주민들의 참여를 통해 처리하는 지방자치제도를 실시하였다. 그러나 우리나라의 경우 과거 이승만정부와 장면정부에서 9년간의 자치경험을 제외하면 지난 1991년 노태우정부에서 부활 실시된 지금의 지방자치제도 실시 20년이 그 전부이다.

한 나라의 바람직한 발전은 그 나라에 속한 모든 지역들이 골고루 잘 살 때 비로소 가능하다. 그러나 중앙정부의 획일적 관치행정은 이러한 지방자치제도의 장점을 살릴 수가 없다. 즉 중앙정부는 지역특성이 다른 여러 지역의 공공사무를 직접 처리하기가 어렵고, 중앙정부가 처리할 경우 행정의 지역적 특수성을 침해할 우려가 클뿐 아니라 업무처리의 민주성과 능률성도 저하될 수 있다. 이처럼 중앙정부에 의한 지방행정은 비민주적이고 비능률적이며 그 효과도 낮다. 지방자치제도는 바로 이러한 문제점을 개선하고 지역의 특성을 살림으로써 지역의 자율적 발전을 가능하게 하는 소중한 지방통치제도의 하나이다.

이미 지구촌 사회는 세계화(globalization)라는 대변화가 시작된지 오래고, 이것은 지방화(localization)를 주요한 컨텐츠로 하고 있다. 즉 세계화는 지방화를 통해서 비로소 가능해 진다는 의미에서 세방화(glocalization)라는 용어가 사용되기에 이르렀으며 "가장 지방적인 것이 가장 세계적인 것"이라는 구호를 내놓고 있다. 이처럼 지방자치와 지역발전은 한 나라의 발전뿐 아니라 세계화라는 새로운 변화에도 적극 대응 할 수 있는 중요한 국가발전 전략으로 자리매김하고 있다. 특히 지방자치는 정치이념적 민주주의를 국민의 일상생활 속에 실천하는 것이며, 헌법에 제도적으로 보장된 통치를 국민생활에 실천하는 것이다. 때문에 중앙정치의 민주화는 물론이고 지방정치와 주민생활의 민주화도 이 지방자치제도가 성공적으로 정착될 때 비로소 이루어지게 된다(최봉기, 2006 :4).

그러나 우리나라는 오랫동안 유교적 권위주의 문화와 중앙집권적 관치행정의 틀 속에서 살아왔기 때문에 아직은 민주주의 이념과 제도에 대한 인식이 불완전하며, 민주적 행태와 절차에 익숙하지 못한 부분이 많다. 이념과 제도 간에 괴리(乖離)가 있거나, 이론과 실제 간에 모순이 있으며, 아는 것과 행동하는 것이 다르고, 생각과 말과 행동이 서로 어긋나는 모순된 생활에 너무나 익숙해져 있다. 때문에 민주적 선진사회를 구현하기 위해서는 우리 모두가 배우고, 재인식하며 고쳐서 생활 속에 정착시켜나가야 할 민주적 이념과 제도 및 절차가 매우 많다. 지방자치제도는 이러한 모든 것들을 바로 일상생활 속에서 가능하게 해주는 제도이기 때문에 우리 모두가 소중하게 지키고 발전시켜 나가야 한다.

2. 지방자치와 지방의회의 위상

지방자치제도는 일정한 지역의 공공사무를 그 지역의 주민들이 스스로의 책임하에 자율적으로 처리하는 제도이기 때문에 그 지역 주민들의 참여가 가장 핵심요소가 된다. 따라서 지방자치는 유권자들인 주민들이 직접 참여하여 주민총회를 개최하고 여기서 공공사무를 처리하는 것이 가장 바람직하다. 그러나 현실적으로는 수많은 지역주민들이 직접 참여하는 주민총회를 개최한다는 것은 불가능하다. 그리하여 세계의 대부분의 지역에서는 주민들이 선거를 통해 주민대표인 지방의원을 선출하고 이들 지방의원들이 지방의회를 구성하고 바로 이 지방의회를 통해 지역의 공공사무를 처리하도록 하고 있다. 이처럼 대의민주정치를 근간으로 하고 있는 현대 민주정치제도 하에서 지방의회는 지방자치구조의 필수불가결한 기관이며, 그 역할의 중요성은 아무리 강조해도 지나치지 않다. 물론 지방자치단체의 기관구성방식 여하에 따라 기관통합형을 취할 수도 있고 기관분리형을 취할 수도 있으며, 대의기관을 의회로 할 수도 있고 위원회로 할 수도 있다. 우리의 경우 기관분리형의 구조와 의회제도를 택하고 있다.

지방자치제도를 실시한다는 것은 주민들이 자신들의 대표인 지방의원을 선거하고, 이들로 구성된 지방의회를 운영한다는 것을 의미한다. 때문에 지방자치제도가 성공적으로 정착할 수 있느냐 없느냐 하는 것도 사실 지방의원들이 얼마나 맡은바 소임을 다하며, 지방의회가 어느 정도 제 기능을 수행하느냐에 달렸다고 해도 과언이 아니다. 물론 지방의원과 지방의회가 원만한 기능을 수행하기 위해서는 그 토대가 되는 지방선거제도와 지방의회제가 잘 정비되어 있어야 함은 두말 할 나위도 없다. 그렇지 못할 경우, 지방자치는 처음부터 어려움을 겪게 된다[1].

1) 특히 우리나라의 현재 지방의회제도나 지방선거제도 처럼 지역주민과 지방자치를 위한 제도라기 보다는 제도를 만든 중앙정부(정당, 지역구 국회의원, 행정안전부)의 입장이 다수 반영되어 있는 제도일 경우가 그렇다.

요컨대 지역주민들의 대표들로 구성된 지방의회는 지방자치제도의 가장 핵심적 요소이며, 지방자치단체의 최고의사결정기관인 합의제 의결기관이다. 그리고 지방의회는 자신의 권한 범위 내에서 지방자치단체의 의사를 결정함으로써 지방자치의 주체적 역할을 수행한다. 지방의회는 지방자치단체의 운영에 필요한 제반활동과 지방의 공공사무, 지방자치단체의 주요 정책, 그리고 주민의 부담에 관한 사항 등을 심의 의결하는 것을 주요 임무로 한다. 또한 지방의회는 당해 지방자치단체의 입법기관이자 집행기관에 대한 견제(통제)기관으로서의 지위도 갖는다. 지방자치단체의 기관구성에서 집행기관의 구성은 나라 마다 지역마다 각기 다를 수 있지만 지방의회만은 어느 곳에서나 주민들의 직접 선거로 선출되고 있다. 그 만큼 지방의원들은 주민대표로서의 정통성이 높기 때문에 지방의회가 갖는 지위나 권한 또한 타 기관에 비해 강력하다.

3. 지방자치발전과 지방의회의 역할

발전이란 양적인 성장과 질적인 변화를 내포하는 개념이다. 그렇다면 중앙정부로서는 국민을 통치하는 제도이며, 지역주민으로서는 민주적 생활양식인 지방자치제도가 발전한다는 것은 무엇을 의미하는가? 지방자치가 발전한다는 것은 양적 측면에서는 다수의 지역과 다수의 국민들에게 민주적 생활양식이 바르게 확산되어 감을 의미하며, 질적으로는 자치제도의 제도적 가치가 공사를 막론하고 주민들의 의식이나 생활 속에 바르게 자리 잡아가고 있음을 의미한다. 즉 지방자치제도가 주민들의 자치참여를 촉진시키고, 주민들의 민주적 시민역량을 제고시키며, 지역사회의 사회경제적, 문화적 발전에 기여함을 의미한다. 그러나 지방자치제도는 정치적 민주주의를 주민들의 생활 속에 뿌리 내리게 하는 제도이므로, 민주적인 정치문화와 전통을 가진 나라가 아니면 쉽게 정착시키기 어려운 내재적 한계를 가지고 있다. 특히 우리나라와 같이 국민들의 민주적 정치문화와 민주적 전통이 일천하고 설상가상 통치엘리트들의 도덕성도 취약하여 자치제도는 물론 선거제도까지 제도 그 자체가 상당부분 왜곡되어 있는 경우, 자치발전에는 많은 시행착오를 겪지 않을 수 없게 된다. 지방의원들과 지방의회는 지방자치발전을 위해 한편으로는 주민과 접촉하는 자치현장에서 제도의 정착을 위해 최선을 다해야 하고, 다른 한편으로는 행정부와 국회의원 등 중앙정부를 대상으로 자치제도와 선거제도 등 지방자치관련 제도개선을 위해 적극적으로 역할 해야 한다. 지방자치발전은 지방의원의 역할과 비례한다고 해도 과언이 아니다. 아무리 척박한 자치환경이라고 하더라도 지방의회와 의원들의 노력여하에 따라서는 얼마든지 기적 같은 자치발전의 성과를 거둘 수도 있기 때문이다.

일반적으로 지방의원들은 지방의정활동을 통해서나 지역주민들과의 협력을 통해서, 그리고 광역자치단체나 중앙정부에 대해 지역사회의 요구와 주장을 전달함으로써 자치발전에 기여하게 된다.

우선 지방의회의 의정활동을 통해 주어진 소임에 최선을 다하는 것이다. 행정사무감사, 조례제정 및 개폐, 예산심의와 결산승인 그리고 정기적인 대집행부질문과 발언 등 지방의원의 권한이며 동시에 의무라고 할 수 있는 이들 업무를 통해서 얼마든지 지역발전과 지방정부의 자치역량을 강화시킬 수 있다. 그 외도 집행부와의 협력을 통한 지역정책개발을 추진함으로써 지역사회의 부와 복지를 증진시키는 일에도 적극 나서야 한다. 다음은 지역주민들과의 협력과 봉사를 통해서 주민사회를 변화시키는 일이다. 지역주민들의 향토애를 고취시키기 위한 각종 주민행사의 개최 및 추진, 주민의 정치행정참여를 촉진시키기 위한 주민교육과 홍보 등을 비롯하여 저소득층 주민들에 대한 대민봉사활동 등을 적극 추진함으로써 자치발전에 기여할 수 있다. 그러나 무엇보다도 중요한 것은 지역주민들의 정치적 대표로서 중앙정부에 대한 요구와 주장 등 대 정부역할을 강화하는 일이다. 자치관련 제도개혁의 적극적 추진, 지역발전을 위한 제도개혁과 정책개발 촉구 등이 그것이다.

4. 지방의회의 발전과 본서의 체제

지방자치가 발전되기 위해서는 무엇보다도 지방자치의 핵으로 기능하는 지방의회가 제 역할을 수행할 수 있어야 한다. 그러기 위해서는 지방의원의 선출에서 부터 의회의 조직과 구성 그리고 의정활동의 수행 및 주민에 대한 책임에 이르기까지 의회관련제도가 제대로 정비되어 있어야 한다.

첫째 지방의회를 구성하는 제도와 절차가 합리적이고 민주적으로 정립되어 있어야 한다. 즉 지방의원을 선출하는 지방선거제도가 합리적이고 민주적으로 잘 정비되어 있어야 하며, 이들이 적극적으로 의정활동을 수행할 수 있도록 하는 내부조직이나 지원협력조직들이 잘 갖춰져 있어야 한다.

둘째 지방의원들이 적극적으로 의정활동을 수행할 수 있도록 명예로운 지위와 합당한 보수 그리고 충분한 권한이 보장되어야 한다. 선거에 의해 선출된 민주시민들의 대표를 일반공무원보다 대우하지 않거나 노동을 시키고도 그것에 합당한 대가를 지급하지 않는 것은 지방자치제도를 가볍게 보는 중앙정부의 잘못이다. 특히 기존의 제도를 두고도 그것을 고의적으로 회피하거나 자치제도의 본질을 왜곡하는 제도를 만들어 지방의회와 지방의원들을 차별하는 중앙정부의 태도는 관계부처의 독선이고 불법이다.

셋째 지방의원들이 의정활동을 수행하거나 의회를 운영하는 과정에서 중앙정부로부터 과도한 규제나 통제를 받지 않고 지역사회의 특성에 따른 자율과 자치가 보장되어야 한다. 중앙정부가 지방자치제도를 실시해 놓고도 끊임없이 지방정부와 지방의회를 규제하고 통제한다거나, 광역의회가 기초의회를 규제하거나 간섭할 수 있도록 제도화한 것은 지방자치를 유명무실하게 만드는 매우 잘못된 짓이다.

넷째 지방의회(의결기관)와 자치단체장(집행기관)의 관계를 규정하는 제도가 잘 정비되어 지방의회가 자치단체장의 행정수행에 대한 견제와 감시를 효율적으로 할 수 있어야 하고, 집행기관에 대해 지역발전을 위한 창의적인 정책추진을 자극하고 독려할 수 있어야 한다.

다섯째 중앙정부와 국회 그리고 정당이 지방의회제도를 왜곡하지 않고, 지방의회의 의정활동을 제약하거나 방해하지 않아야 한다. 지방자치는 국가통치를 위한 헌법상의 제도이다. 중앙정부는 자신이 시행하는 제도를 스스로 왜곡하거나 지역주민들의 자치에 국회와 정당이 과도하게 간여해서는 안된다.

여섯째 언론이나 시민단체 그리고 지역주민들이 지방의회와 지방의원들을 폄하하거나 왜곡하지 말아야 한다. 부분을 보고 전체인 것처럼 왜곡해서는 안되며, 제도의 내용이나 운영에 관한 문제점에는 눈을 감고, 간헐적으로 붉어지는 일부 불미스런 행태만을 침소봉대하여 비판해서도 안된다.

그러나 현행 우리나라의 지방의회제도로서는 이상과 같은 바람직한 지방자치를 기대하기 어렵다. 지방자치제도는 물론 지방의회관련 제도를 왜곡하여 지방의회를 무능하게 만들어 놓음으로써 지방의회를 비난하게 하거나 지방의회무용론을 유도하고 있다. 지방의회제도가 갖는 여러 가지 문제점 중에서도 우선 지방의회와 자치단체장간의 권력관계가 균형적이지 못하고 심하게 편중되어 있다는 점이다. 지방자치단체를 끌어가는 의결기관과 집행기관은 수레의 두 개처럼 서로 균형을 유지할 정도로 같아야 앞으로 굴러갈 수 있다. 그러나 지방의회라는 수레바퀴가 자치단체장의 수레바퀴보다 현저히 작아서 굴리면 굴릴수록 제자리를 맴돌고 있는 것이 현실이다. 이것은 마치 중앙정부와 지방정부라는 수레바퀴가 지나치게 불균형하여 국가발전이 제자리를 맴돌고 있는 것과도 유사하다.

본서는 이러한 근본적인 문제점을 개선하기 전에는 한국지방자치의 진정한 발전을 기대하기 어렵다는 전제하에 그 문제점을 개선하고자 하는 목적으로 집필되었다. 그리하여 본서는 앞에서 지적한 여섯 가지를 중심으로 제도와 실태의 문제점을 파악하고 그 개선대안을 탐색하고자 한다. 그리하여 제1편에서는 지방자치와 지방의회제도에 관한 이론을 검토한다. 즉 지방자치와 지방의회가 국가발전 및 지역사회발전을 위해 수행하는 역할을 검토하고, 지방의회제도에 관한 전반적인 이론을 검토하고자 한다. 제2편에서는 지방자치와 지방의회제도의 경험과 제도적 행태적 문제점을 검토한다. 끝으로 제3편에서는 제2편에서 검토한 문제점들을 개선함으로써 한국지방의회제도의 합리적 개편과 지방자치참여주체들의 행태개혁방안을 검토하고자 한다.

II. 대의민주주의와 의회주의 및 지방의회제도

1. 국민주권의 원리와 대의민주주의 제도

현대 민주국가의 통치제도는 대부분 국민주권의 원리에 입각한 대의민주제를 채택하고 있다. 즉 주권을 가진 국민이 모든 국가의사나 국가정책을 결정한다는 것이 국민주권의 원리이지만 기술적으로나 실질적으로 그것은 불가능하다. 그리하여 국민이 선출한 대표들이 모여 국민을 대신하여 이러한 주요 국가의사와 정책을 결정할 수밖에 없는 대의민주주의 즉 대의제(代議制)를 국정원리로 채택하게 된 것이다. 이러한 대의제의 원리에 따라 국민들은 헌법 개정 등 기본적인 국가의사의 결정과 대통령과 의회의원의 선출 등 국가통치기관의 구성만을 담당하고 기타 국가의사나 정책결정은 국민의 대표기관인 통치기관들로 하여금 담당하게 하고 있다. 이처럼 국민이 선출한 의원들로 구성되는 의회가 집행부와 권력적 균형을 유지하면서 입법 등의 방식으로 국가의 정책결정에 참여하는 정치원리 내지 그 방식을 의회주의라고 한다(권영성, 1997 :747). 그리고 이러한 의회주의는 국민주권의 원리를 이념적 기초로 하며 국가권력의 분립에 의한 권력균형의 원리를 지향하는 것으로, 현대 민주국가의 통치구조를 구성하는 보편적인 원리가 되었다[2]. 따라서 국민들의 참정에 의해 구성된 의회는 국민의사를 표현하는 기관인 동시에 국가의사를 결정하는 기관이기도 하다. 그리하여 의회주의의 본질은 국민을 정치적으로 대표하는 의원들이 국정에 관하여 자유로이 의견을 개진하고 토론과 반론의 과정을 거쳐 바람직한 국정방향과 내용을 결정하는 데 있다[3]. 우리나라는 1948년 대한민국 정부수립 당시의 제헌헌법에서부터 의회주의 원리가 채택되었다. 비록 정부형태는 대통령중심제를 채택하고 있지만, 입법부의 구성과 운영은 의회주의의 원리를 비교적 잘 지켜나가고 있다. 비록 정당제도의 후진성으로 인하여 의회내부에서의 의정활동은 민주주의의 원리가 왜곡되기도 했지만 전

2) 중세의 등족회의를 거쳐 영국의 모범의회를 그 기원으로 하고 있는 이 의회주의는 19세기 중반이후 국민대표선출과정에 보통선거제가 채택됨으로써 제도적 기반을 굳히게 되었지만, 20세기에 들어와 복지국가의 요청에 따라 의회제도 그 자체가 변질됨으로써 위기를 맞고 있다(권영성, 748)

3) 의회주의는 국민대표의 원리, 공개적 이성적 토론의 원리, 다수결의 원리, 정권교체의 원리 등을 본질적인 원리로 한다.

체적으로 국민의 대의기관으로서 기능은 원만하게 수행되고 있다. 그 동안 수차례의 헌법 개정이 있었지만 대의민주제도의 근간을 이루는 의회주의만은 그대로 지속되고 있다.

2. 대의민주주의와 의회주의의 기본원리

대의민주주의는 직접민주주의의 현실적인 제약으로 국민의 대표로 구성되는 의회를 통해 이루어지는 대표민주주의를 말한다. 즉 현대 민주주의는 국민의 합의를 바탕으로 국민의 대표로 구성되는 의회를 통해 국민의, 국민에 의한, 국민을 위한 국정을 운영해 나간다. 자유로이 표명된 구민의 의사가 선거를 통해 국민의 대표기관인 의회에 전달되고, 이러한 국민의 의사에 따라 의회는 입법과 정책을 결정하게 되며, 의회에 의하여 국정에 대한 통제와 감시가 이루어진다. 그리고 민주주의적 합의에 따라 선거를 통해 선출된 대표자의 의사는 국민전체의 의사로 간주된다. 이러한 의회제도 내지 의회주의 본질은

국민을 대표하는 의원들이 국정에 관하여 자유로이 의견을 개진하고 토론과 반론의 과정을 거치는 변증법적 방식으로 국정의 방향과 내용을 결정하는 데 있다. 그러므로 의회제도는 국민대표의 원리, 공개와 이성적 토론의 원리, 다수결의 원리, 국정감독의 원리 등을 기본원리로 한다(권영성, 1997: 749, 최인기외, 1993 :11-12.).

1) 국민대표의 원리

현대 대의민주주의제도는 의회제도를 기본으로 하고 있고, 의회제도는 국민대표의 원리에 기초하고 있다. 즉 국민들은 선거를 통해 자신들의 대표를 선출하고, 이들 대표들로 의회를 구성하여 의회가 국민대표기관의 지위에서 입법과 주요정책을 결정하고 국정을 통제한다. 이처럼 의회의 국민대표성으로 인해 의원들에게는 자유로운 의정활동의 보장, 위임입법의 금자. 불체포특권과 면책특권의 보장, 겸직금지 등의 권한과 의무가 부여된다. 그러나 현대에 와서는 정당제도의 발달과 선거제도의 변질 등으로 인해 국민대표의 원리도 변질되고 있다.

2) 공개와 이성적 토론의 원리

의회가 국민의 의사를 공정하고 정확하게 반영하려면, 의회의 의사결정이 신중하고 합리적이어야 한다. 의회의 의사결정에 공개와 이성적 토론의 원리가 기본원리로 지켜져야 하는 것은 바로 이 때문이다.

그리하여 의회에서의 토론과 심의는 공개적이어야 한다. 공개성은 의사결정의 공정성을

담보하고 정치적 야합과 부패에 대한 방부제 역할을 하기 때문이다. 또한 의회에서의 토론은 건강하고 이성적이어야 하며, 이러한 건강하고 이성적 토론이란 다수의견에 대한 존중과 반대의견에 대한 설득을 전제로 한다.

이처럼 의회제도가 갖는 정치적 장점은 국민들의 다양한 이해관계와 대립하고 갈등하는 이념과 생각들을 의회라는 국민적 토론의 장으로 유도하여 그것을 조정하고 통합하는 데 있다. 그러나 근래 이러한 의회제도의 장점적 가치는 정당, 교섭단체, 위원회 등의 변칙적 의사결정으로 많이 훼손되고 있다.

3) 다수결의 원리

다수결의 원리란 3인 이상의 구성을 가진 집단에서 구성원들의 다수가 찬성한 의사를 집단의사로 간주하는 의사결정방식이다. 의회에서의 다수결원리는 다수의사에 따르는 것이 합리적이라는 경험적 판단과 독단이나 전제를 배제하는 상대주의적 철학 등을 그 토대로 하고 있다. 합의제기관인 의회는 항상 구성원 모두가 찬성하는 전원일치의 의사결정은 기대하기 어렵다. 따라서 여러 의견이 대립되는 경우, 불가피하게 다수의 의사에 따르게 된다. 다수결의 원리는 자유로운 토론과 타협을 통한 심의의 원칙이 존중되고, 다수가 소수에 대해 양보하며, 소수가 다수의 의사에 승복할 때 그 실질적인 정당성이 인정된다.

4) 국정감독의 원리

국민주권의 원리와 의회제의 원리에 따라 국민의 대표기관인 의회는 국정전반에 대해 감시와 통제 등을 내용으로 하는 국정감독기능을 수행한다. 물론 이러한 의회의 국정감독기능은 정부형태나 권력구조에 따라 각각 다르다. 즉 영국과 같은 의회제국가인가 아니면 미국과 같은 대통령제국가인가에 따라 다르다. 원래 의회의 국정감독의 원리는 의회의 주요기능이 입법권이었던 영국의 의원내각제에서 발전하였다. 그러나 근래에 와서는 비록 그 정도의 차이는 있지만 의원내각제 국가 뿐 아니라 대통령제국가에서도 의회의 국정감독의 원리는 보편적으로 인정되고 있다.

3. 대의민주제도, 의회주의와 지방의회제도

국정의 국민주권원리와 그것에 기초한 대의제도와 의회주의원리는 바로 지방자치제도에도 그대로 적용되어야 한다. 현대 민주국가 통치제도의 보편적 원리가 국민주권원리에 근거한 대의제도와 의회주의에 입각하고 있다면, 지방자치제도 역시 지역주민(시민)

의 권리에 입각한 대의제도와 의회주의 원리가 그대로 적용되어야 한다. 일정한 지역에서 그 지역의 공공사무처리를 지역주민들의 의사와 책임 하에 맡긴다는 지방자치의 원리는 국가의 국정을 그 나라의 국민들에게 맡긴다는 국민주권의 원리와 본질적으로 동일하다. 이처럼 국민주권원리에 기초한 대의제도와 같이 지역주민들에게 지방자치권이 부여된 이상, 주민들의 대표로 구성되는 지방의회의 구성과 운영 또한 국정에 관한 의회주의 원리에 따라야 한다. 지역사회의 민주주의를 구현하기 위한 주민의 대의기구가 바로 지방의회이며, 지방의회는 지역주민들의 의사를 대표하여 지역사회의 입법(조례)기능과 중요 정책결정을 담당한다.

이처럼 지방자치를 위한 지방의회는 당해 지역에 한해 국정을 위한 의회(국회)의 역할에 해당되며, 따라서 이러한 원칙에 입각하여 지방의정을 수행할 수 있도록 해야 한다. 그러기 위해서는 그러한 역할에 상응하는 권한과 기능이 제도적으로 보장되어야 한다. 물론 국가의 한 부분이라는 지방자치단체의 성격상 불가피하게 제약될 수밖에 없는 분야는 제외하고 지방에 관한 가능한 모든 것은 지방의회의 권한으로 이양해야 한다. 그러나 우리나라의 지방의회에는 당연히 적용되고 보장되어야 할 의회주의의 원리가 보장되지 않았다. 지방의회의 권한 기능과 구성 운영 등에 관한 제도적 장치들이 국회의 입법권의 위임과 분권을 통해 이루어진 것이 아니고, 중앙행정권한의 일부를 위임받아 처리하고 있는 실정이기 때문이다. 따라서 국회차원에서 지방의회의 본질과 제도적 장치에 대한 진지한 검토와 반성이 요구된다.

III. 지방의회의 조직과 운영

1. 지방의회의 의의와 지위

1) 의의

지방의회란 지방자치단체의 최고의사결정기관으로서 주민에 의해 선출된 지방의원을 그 구성원으로 하는 합의제 의결기관이다. 지방의회는 그 권한의 범위 내에서 공공사무에 관한 지방자치단체의 의사를 결정함으로써 지방자치운영의 주체적 역할을 한다. 지방의회는 민주정치제도의 일환인 선거제도에 의해 선출된 주민의 대표로 구성되며, 주민대표로서의 지방의원은 주민전체에 대한 주민의 정치적 대표로서의 지위를 갖는다. 따라서 지방의회는 주민의 대표들이 모여 다수결 원리에 의해 지방자치에 관한 중요의사를 결정하며, 결정된 의사는 지방자치단체의 공식적 의사로서 구속력을 가지게 되는 당해 지방자치단체의

'합의제 의결기관'인 것이다. 대부분의 국가들이 대의민주정치를 근간으로 하고 있는 현대 정치제도 하에서, 지방의회는 지방자치구조의 필수불가결한 기관으로 인정되며, 그 역할의 중요성은 아무리 강조해도 지나치지 않을 것이다.

2) 지방의회의 개념

지방의회란 근대적 의미의 대표의 관념에 기초한 지방자치단체의 의사기관으로서, 원칙적으로 주민에 의하여 선출된 의원을 그 구성원으로 하여 성립하는 합의제기관을 말한다. 지방의회는 오늘날의 이른바 대의민주제에서는 필수적인 지역사회의 통치기관이다. 원래 지방자치는 지방의 유권자인 주민전체가 모인 주민총회에서 지방자치단체의 의사를 결정하고 그 결정에 따라 행정이 이루어지는 것을 이상형으로 하고 있다. 그러나 오늘날과 같이 광범한 지역과 방대한 주민을 그 구성요소로 하고 있는 지방자치제도하에서는 그것은 그야말로 하나의 이상에 지나지 않으며, 현실적으로는 주민들의 대표에 의해 구성된 지방의회가 주민의 총회를 대신하지 않을 수 없는 것이다.

3) 지방의회의 지위

(1) 주민대표기관으로서의 지위

지방의회는 주민이 선출한 주민의 정치적 대표들인 지방의원으로 구성되며, 이들에 의해 자치단체의 의사를 심의 · 결정함으로써 주민대표기관으로서의 지위를 지닌다. 오늘날에는 중앙정부는 물론 지방정부도 대의민주제도가 일반화되어 있고, 이러한 제도 하에서 주민대표들로 구성되는 대의기관인 지방의회는 지방자치의 필수적인 기관이다.

(2) 의결기관으로서의 지위

지방의회는 지방자치단체의 정책이나 사업, 조례나 의사, 기타 지방자치단체의 조직과 운영에 관한 제반 사항을 심의, 의결하는 의결기관으로서 지위를 가진다. 이처럼 지방의회는 지방자치단체의 최종적인 의사를 확정하는 권하는 가지므로, 지방자치단체의 중요 업무에 관하여 단순한 의견을 제시하는데 그치는 자문기관과도 다르며, 의안을 심의하여 확정적으로 의결하는데 그치고, 결정된 사항을 직접 집행하지는 못한다는 점에서 집행기관과는 다르다.

(3) 지방정부의 입법기관으로서의 지위

지방의회는 지방자치단체의 자치법규 중에서도 가장 근간이 되는 조례를 제정할 수 있는 권한을 가지므로 입법기관으로서의 지위를 지닌다. 중앙정부의 국회가 법률제정권을 가지며, 대통령이 명령을 발할 수 있는 것처럼 지방의회는 조례제정권을 가지며, 지방자치단체의 장은 규칙제정권을 갖는다. 이렇게 볼 때 지방자치단체의 입법권과 집행권의 분립체제 아래서 지방의회는 입법권의 행사를 그 본질적인 업무로 하는 입법기관으로서의 지위를 지니는 것이다.

(4) 집행기관에 대한 통제기관으로서의 지위

지방의회는 자신의 결정사항이나 이상적인 행정업무가 집행기관에 의해 성실히 수행되고 있는지를 지시, 감독, 확인할 수 있는 권한을 가지므로 집행기간에 대한 통제기관으로서의 지위를 지닌다. 지방의회는 그 지방자치단체의 사무를 감시하거나 그 사무 중 특정사안에 관하여 조사할 수 있으며, 감사 또는 조사를 위하여 필요한 때에는 현지확인을 하거나 서류의 제출과 자치단체의 장 또는 보조기관의 출석증언이나 의견진술을 요구할 수 있다. 즉 지방의회는 집행기관에 대한 감독, 감시 등의 통제권을 갖고 있다.

2. 지방의회의 구성과 운영

1) 지방의회의 의원정수와 규모

(1) 지방의회의 구성(構成)

지방의회는 지방사회 주민들의 정치적 대표기관으로 주민들이 지방선거를 통해 직접 선출한 지방의원들로 구성함을 원칙으로 하고 있다. 그러나 나라에 따라서는 일부의원을 간선하거나 일부의원을 임명하기도 하고, 일정수의 직능대표를 의원으로 선출하는 나라도 있다. 이처럼 나라에 따라서는 주민직선의 방법을 기본으로 하고 여기에 각국의 역사나 경험, 주민의식 그리고 현대행정의 전문화현상에 대비하기 위해 간선제, 임명제, 직능대표제, 비례대표제 등의 다양한 방법을 가미하여 지방의회를 구성하고 있다. 그럼에도 불구하고 대부분의 현대 민주국가에서는 지방의회는 유권자인 지역주민들의 보통, 평등, 직접, 비밀선거라는 민주적 선거방법과 절차에 따라 주민들이 직접 선출한 지방의원들로 지방의회를 구성하고 있다.

(2) 의원정수(議員定數)

지방자치단체의 의결기관이 의회제인가 아니면 위원회제인가 등에 따라 의원정수는 다르다. 위원회제의 경우 의원수가 보통 10미만인 경우가 대부분이지만 의회제의 경우 그보다는 의원수가 많은 것이 보통이다. 그러나 의회제라고 하더라도 대의회제를 택하느냐 소의회제를 택하느냐에 따라서도 의원정수는 다르다. 대의회제를 택하든 소의회제를 택하든 지방의회의 의원정수를 규정하는 완전한 원칙이란 있을 수 없으며 일반적으로 의원정수의 규정방식은 다음과 같은 3가지 방식이 그 기준으로 활용되고 있다. 첫째 지방자치에 관한 기본법전(지방자치법)에 자치단체의 계층별, 인구별 의원정수를 일률적으로 규정하고, 지방자치단체에게는 재량권을 부여하지 않는 방식. 둘째 지방자치법에 일정한 의원정수 결정기준만을 규정하고 자치단체별 실제 의원정수는 각 자치단체가 재정력, 업무량 등 자신의 특수여건을 감안하여 의원정수를 증감할 수 있도록 하는 방식. 셋째 각 지방자치단체가 자주적으로 의원정수를 결정하도록 하는 방식 등이 있다. 우리나라의 경우 첫째방식을 채택하고 있고, 일본의 경우 두 번째 방식을 채택하고 있다.

(3) 지방의회의 규모(대의회제도와 소의회제도)

지방의회의 규모는 나라마다 다르며 동일 국가 내에서도 지역마다 다르다. 지방의회의 규모(지방의회의 의원정수)는 이를 크게 하여 대의회제도를 취하고 있는 나라도 있고, 그것을 작게 하여 소의회제도를 취하고 있는 나라도 있다. 대체적으로 보아 영국, 프랑스, 캐나다, 일본 등은 대의회형(다수주의)을 채택하고 있으며, 미국에서는 소의회형(소수주의)을 채택하고 있다. 이와 같이 대의회와 소의회를 규정하는 일정한 기준이 있는 것은 아니지만 대체로 중간자치단체의 경우 50인 이상 150인 이하, 기초자치단체의 경우 30인이상 50인내외의 규모를 가지면 이를 대의회형으로 볼 수 있을 것이다. 반면에 소의회의 경우 대체로 10인 내외의 의원으로 구성되는 예가 많다. 우리나라의 경우 대의제인지 소의회제인지 판단하기가 어렵다. 서울시와 경기도의 경우 100명이상의 의원들로 구성되어 대의회제라고 볼 수 있지만 군의 경우 최소의원정수가 7명으로 위원회제도와 비슷할 정도로 그 수가 적어 소의회제에 가깝다.

2) 지방의회의 조직

지방의회는 그 기능을 수행하는 데 요구되는 일정한 조직을 가진다. 이를 지방의회의 내부조직 또는 지방의회의 기관이라고 하며, 의장단, 위원회, 사무조직 등이 있다.

(1) 의장단

지방의회에는 의장과 부의장으로 구성되는 의장단을 두고 있다. 의장은 지방의회를 대표하고 의사를 정리 주재하며, 회의장의 질서를 유지하고 의회의 사무를 감독한다. 의장은 위원회에 출석하여 발언할 수 있으며, 의결에 있어 표결권을 가진다. 그러나 가부동수(可否同數)인 경우에는 부결된 것으로 본다. 부의장은 의장의 유고시에 의장의 직무를 대행한다.

① 의장의 권한

지방의회 의장은 의회의 대표자적 지위와 회의주재자의 지위에서 각각 다음과 같은 권한이 있다. 우선 지방의회 대표로서의 권한으로는 다음과 같은 것을 둘 수 있다. 첫째 대외적으로 의회를 대표하는 대표권을 갖는다. 둘째 의장은 사무국장 및 사무국직원을 지휘 감독하여 의회사무를 통할 처리할 사무감독권을 갖는다. 셋째 의장은 위원회에의 출석발언권을 갖는다. 넷째 의장은 폐회 중에 의원들로부터 접수된 의원사직에 대한 허가권을 갖는다. 의장은 의회의 폐회 중에는 부의장 및 의원의 사직을 허가할 수 있다. 다음으로 의장은 회의주재권자로서의 지위에서는 다음과 같은 권한을 가진다. 첫째 회의소집권(會議召集權)이다. 정기회와 임시회 등 회의를 소집할 수 있는 권한을 갖는다. 둘째 의장은 회의장의 질서유지권(秩序維持權)을 갖는다. 즉 의회장을 혼란하지 않게 하고 의사를 원할하게 운영하도록 배려하는 것이 의장의 직책인데 이를 위하여 질서를 유지하는데 필요한 조치를 할 권한이 주어져 있다. 셋째 의장은 의사정리권(議事整理權)을 갖는다. 회의소집 후의 회의운영은 모두 의장이 하는데 이를 위하여 필요한 조치를 할 수 있는 권한이 주어져 있다.

② 선거와 임기

그리고 지방의회 의장의 선거와 임기는 나라마다 갖지 아니하다. 그러나 보통은 지방의원들 중에서 무기명투표로 선출한다. 그러나 근래 지방의회의장선거는 일반선거와 같이 후보자를 내세우고후보자들 중에서 경선을 통해 선출하는 방식이 아니라 후보자 없이 전체 의원들 중에서 가장 지지를 많이 받은 사람을 의장으로 선출하는 교황선출방식을 따른다. 이 아니 의장의 임기는 의원임기의 1/2, 1/3 혹은 1/4로 하는 경우가 많다. 의장단의 임기를 의원의 임기와 같게 하면 의장단의 지위가 안정되고 직무의 전문화를 기할 수 있으나 의장단에 대한 의원들의 통제가 약화된다. 반면에 의장단의 임기가 짧으면 적절한 주기로 의원들의 신임을 물을 수가 있어 의장단의 독선화와 직권남용 등을 막을 수는 있으나 직무의 연속성이 낮아지고 전문화가 떨어진다.

③ 의장의 사임과 불신임

한편 지방의회 의장의 사임(辭任)과 불신임(不信任) 역시 나라마다 같지 아니하며 지역마다 다를 수가 있다. 일반적으로 사임의 경우, 의장 및 부의장의 직(職) 뿐만 아니라 의원직(議員職)까지도 사임하고자 할 때와 의장 부의장의 직만을 사임하고자하는 두 가지 경우가 있다. 첫째 의장 및 부의장의 직 뿐만 아니라 의원의 직까지도 사임하고자 할 때에는 의원의 사직서를 제출하여 이것이 허가되면 의장 부의장의 직도 당연히 상실된다. 둘째 의장 부의장의 직만을 사임하고자 할 때에는 의장과 부의장의 경우가 다르다. 부의장은 의원의 경우와 같이 폐회 중에는 의장의 허가만 얻으면 되지만 개회 중에는 의회의 동의를 얻어 허가를 받아야만 한다. 그러나 의장은 폐회 중에는 사임할 수 없으며 반드시 개회 중에 의회의 동의를 얻어 사임할 수 있을 뿐이다. 다음 불신임의 경우, 의장과 부의장이 법령을 위반하거나 정당한 이유 없이 직무를 수행하지 아니한 때에는 의회는 불신임을 의결할 수 있다. 이 불신임안에 대한 발의와 의결도 국가와 지방에 따라 각각 다르지만 보통은 재적 1/4 이상의 의원이 발의와 재적의원 과반수의원의 찬성이 있어야 가결된다.

(2) 위원회(委員會)

① 위원회의 설치와 운영

위원회란 지방의회의 일부의원으로 구성되는 합의제기관을 말한다. 일반적으로 지방의회는 법령 혹은 조례가 정하는 바에 의하여 위원회를 설치 운영할 수 있다. 지방의회 내에 위원회를 설치하는 목적은 지방의회의 기능을 위원회별로 분장함으로써 본회의의 부담을 경감시킬 수 있고, 위원회에서의 토론과 심의가 보다 활발하고 정확할 수 있으며, 행정의 전문화에 대응한 의회의 전문성을 제고할 수 있다는 데에 있다. 지방의회에 위원회를 설치하는 방법으로는 위원회설치를 법률로 규정하는 방법, 일정한 기준을 정하여 조례에 위임하는 방법, 지방자치단체의 자치헌장으로 규정하는 방법 등 다양한 방법이 있다.

② 위원회제도의 필요성

지방의회의 위원회제도는 의회운영의 능률향상을 위하여 없어서는 안 될 제도이다. 의안의 심사를 본회의에서만 해야 한다면 수많은 의안과 질의자와 토론자의 수가 늘어남으로써 엄청난 시간이 소요된다. 또한 날로 증대되는 안건의 처리를 짧은 회기 내에 본회의에서 하나하나 심의하여 처리한다는 것은 극히 어려운 일이다. 뿐만 아니라 근래에는 의안의 성격이 전문성과 기술성을 요구하고 있기 때문에 그 분야의 전문적 지식을 가진 의원을 중심으로 보다 심도 있는 심의를 하지 않으면 심의의 성과를 높일 수 없다. 따라서 본회의의 어려움을 덜어주고 의회운영의 효율성을 높이기 위하여 이상과 같은 제반문제를 모두 해결해 줄 수 있는 위원회제도가 필요하게 되는 것이다.

③ 위원회의 종류

가) 상임위원회

지방의회 위원회의 종류는 상임위원회와 특별위원회 그리고 분과별 위원회와 관리위원회 등이 있고, 필요한 경우 각 위원회는 소위원회를 설치 운영할 수 있다. 첫째 상임위원회는 지방의회의 통상적인 안건을 심의하기 위하여 의회 내에 상설되는 위원회로서 계속성을 가지고 의회의 의결사항을 사전에 분장, 심사하며, 청원, 진정, 기타 관계되는 사항을 심사 처리한다. 이러한 상임위원회는 보통 집행기관의 각 부서에 맞춰 설치된다. 상임위원회는 그 소관에 속하는 의안과 청원 등을 심사한다. 각 상임위원회의 소관사항은 보통 조례에 열거되어 있는 바, 집행기관의 직제에 따른 업무분장에 의한 소관업무이다. 다만 의회의 원활하고 능률적인 운영을 위하여 운영위원회를 두고 있는데 이 의회운영위원회는 의회운영, 의회사무처(국 과)소관업무, 회의규칙 및 의회운영과 관련된 각종규칙에 관한 사항을 다룬다

나) 특별위원회

지방의회는 '특정한 안건을 심사하기 위하여' 필요한 때에 의회의 의결로 특별위원회를 설치할 수 있다. 대표적인 것으로, 의원의 징계와 자격에 관한 사항을 심사하기 위한 징계자격특별위원회와 예산안과 결산을 심사하기 위한 예산결산특별위원회를 둘 수 있다. 상임위원회의 종류와 그 직무권한은 '당해 자치단체의 조례'에 의하여 정해지지만, 특별위원회의 설치와 그 직무권한은 '의회의 의결'로 정해진다. 특별위원회의 위원은 의장이 추천하여 본회의의 의결로 선임한다. 특별위원회에는 위원장을 두되 위원회에서 호선하고 본회의에 보고한다. 위원장은 그 위원회의 동의를 얻어 사임할 수 있다. 위원장의 직무는 상임위원장과 같으며, 간사에 관한 규정도 상임위원회와 같다.

다) 소위원회

위원회제도의 취지로 볼 때 위원회의 심사는 의원전원에 의하여 이루어지는 것이 원칙이다. 그러나 보다 효율적인 의안심사를 위하여 필요한 경우에는 소수의 위원으로 구성되는 소위원회를 둘 수 있다. 이러한 소위원회는 의안청원 등의 예비심사나 위원회보고서의 기초, 특정사안의 심사 등을 수행함으로써 전원위원회를 통한 심사보다 효율성을 제고할 수 있다는 것이다. 소위원회의 설치는 그것을 설치하고자 하는 위원회의 의결로 가능하며, 그 구성, 권한, 폐지 등 모든 것은 위원회의 의사에 의하여 결정된다. 요컨대 소위원회는 위원회속의 특별위원회라고 할 수 있는 것으로서 상임위원회든 특별위원회든 간에 필요할 경우 그 설치 운영이 가능하다고 해야 할 것이다.

④ 위원회의 개회와 권한

위원회는 회기 중 위원장이 필요하다고 인정하거나 재적위원 1/3이상의 요구가 있는 때에 개회한다. 다만 폐회 중에는 지방의회 본회의의 의결이 있거나 의장이 필요하다고 인

정할 때, 재적위원 1/3이상의 요구 또는 지방자치단체의 장의 요구가 있는 때에 한하여 개회할 수 있다. 따라서 상임위원회 위원장의 필요에 따라서는 위원회를 개회할 수 없다. 위원회의 권한은 본회의의 예비적 심사권만을 가지는 경우와 독자적인 결정권을 가지는 경우로 나눌 수 있으며, 우리나라는 위원회의 권한을 심사권에만 한정하고 있다. 이는 의결권을 부여할 경우에 발생가능한 의안의 졸속처리, 집행기관과의 유착, 의안심의의 소홀 등을 방지하려는 데 그 목적이 있다고 보아야 할 것이다. 그리고 위원회의 위원이 아닌 사람이 위원회의 방청을 원할 경우 위원장의 허가를 얻어야 하며, 위원장은 질서유지를 위하여 필요한 때에는 방청인의 퇴장을 명할 수 있다.

(3) 사무조직(사무처, 사무국, 사무과)

지방의회의 사무기구는 내부적으로 의정지원기구와 사무지원기구로 나눌 수 있다. 지방의회는 자신의 의정활동을 보좌하고 관련 사무를 원만하게 수행하기 위해 의회 내에 정책보좌기구와 사무기구를 두고 있다. 지방의회의 사무조직은 그 설치를 필수사항으로 하는 경우와 임의사항으로 하는 경우, 그리고 그 직원을 자치단체장이 임명하도록 하는 경우와 의회의장이 임명하도록 하는 경우 등 다양하다. 유럽과 미국 등 지방자치선진국의 경우 지방의회가 스스로 임명하고 관리하며, 일본의 경우 집행기관에서 일정기간 의회에 파견(슛코우)하는 제도를 이용하고 있지만, 우리나라에서는 자치단체장이 임명하도록 하고 있다[4]. 그러나 지방의회가 필요로 하는 의정지원기구와 사무지원기구를 견제대상인 지방자치단체장이 구성하고 그 직원들을 자치단체장이 임의로 인사관리하는 우리나라의 제도는 명백히 잘못된 제도이다. 법원이나 국회의 사무지원을 행정부가 지원하고 관리하지 않는 것처럼 지방의회의 사무지원을 자치단체장이 행하도록 한 것은 조직원리의 기본에도 어긋나는 매우 잘못된 제도이다.

지방의회의 의회사무기구는 의정활동을 직접 지원하는 정책보좌기구와 사무를 지원하는 단순 사무지원기구 모두를 둘 수 있다. 정책보좌기구의 경우 입법정책보좌관이나 정책보좌관실 혹은 정책연구교실 등의 이름으로 운영할 수 있고, 지방의정발전을 위해 필요한 인재는 지방정부 내외의 관련 분야의 전문가들을 활용할 수 있어야 한다. 지방자치단체의 기관을 의결기관과 집행기관으로 분리시키고 있을 경우 그 속에서 일하는 공무원들의 인사기관도 분리되어야 한다. 때문에 자치단체장이 인사권을 갖고 인사위원회를 설치운영하는 것처럼 의장에게도 사무직원의 인사권을 부여해야 하고 지방의회에도 인사위원회를 설

4) 1950년대에도 우리의 지방의회는 그 자체 내에 별도의 사무기구를 가지지 못했다. 도의회만 해도 집행기관내의 행정계나 예산계 등에서 담당하고 있었다. 의회계라는 전담계가 생기기도 하였으나 이 역시 집행기관의 한 부분으로 지방의회 내에 설치된 별도의 기구는 아니었다. 도의회가 이 정도였으니 시의회나 읍면의회의 상황이라 하여 더 나을 것이 없었다.

치할 수 있어야 한다. 뿐만 아니라 지방의회가 제 기능을 수행하기 위해서는 지방의회 사무조직의 설치와 운영에 관한 권한은 지방의회가 갖도록 해야 한다. 물론 그 사무조직의 직원에 대한 인사권 역시 지방의회가 갖는 것은 지극히 당연한 이치이다.

3. 지방의회의 운영

지방의회의 운영은 지방자치정신과 지방자치제도를 실시하는 기본이념 및 목적에 부합해야 하며, 이를 위해서는 지방의회가 자신의 기능을 충분히 발휘할 수 있도록 가능한 다양한 장치를 마련해야 한다. 이처럼 지방의회의 운영이란 한편으로는「지방의회가 얼마나 자주적 자율적으로 운영되었으며, 그리하여 얼마만한 실적을 남겼는가?」라는 것을 의미할 수도 있으며, 다른 한편으로는 지방의회가 자신의 권한을 행사하는 절차적 방법으로서「의회가 무엇을 결정할 것인가」라는 것이 아니라,「어떠한 절차로 의사결정에 이르는가」라는 것을 의미할 수도 있다. 그러나 여기서는 후자의 입장에서 지방의회의 내부운영절차와 관련된 지방의회의 운영에 관해 고찰해 보기로 한다.

우리나라의 경우 지방의회의 운영에 관해서는 지방자치법에 규정된 것을 제외하고는 지방의회 스스로의 자율에 따라 정하도록 하고 있다. 따라서 아래에서는 우리나라를 중심으로 지방의회의 소집과 회기, 그리고 회의 등에 관한 제반절차와 방법 등을 검토해 보기로 한다.

1) 지방의회의 소집 및 회기

(1) 의회소집

지방의회는 의원정수의 과반수가 재적함으로써 성립되며, 일정한 소집절차에 따른 소집권자의 소집에 의해 집회된다. 지방의회의 소집제도는 국가와 자치단체에 따라 일정치 않으며 다양한 양상을 보이고 있다. 휴일을 제외하고는 연중 계속적으로 집회하되 격주마다 집회하도록 한 곳이 있는가 하면(워싱턴 D. C.), 매주 3일간씩 집회하도록 한 곳도 있고(L. A시), 매분기별마다 최소한 1회 이상 개회하도록 하는 곳도 있다(프랑스 시. 읍. 면). 이처럼 회의의 종류와 소집시기 및 소집절차 그리고 소집권자 등과 관련하여 지방의회의 소집제도는 극히 다양하다.

지방의회의 회의소집은 의장이 하며, 매년 정기적으로 개회되는 정기회 혹은 정례회를 소집하고, 일정수 이상의 의원들의 요구로 개회하는 임시회를 소집한다. 지방의회는 보통 재적의원 1/3이상의 출석으로 개회하지만(의사정족수), 의결을 요할 때는 재적의원 과반수의 출석과 출석의원 과반수의 찬성이 있어야 한다(의결정족수). 지방의회 회의의 종류는 나라마다 지방의회마다 같지 아니하다. 연중 한 번의 정기회와 필요시 수시로 개최할 수 있는 임시회제도를 취하고 있는 나라도 있고, 연중 2회의 정례회와 필요시 개회하는 임시회제도를 두고 있는 나라도 있다. 보통 임시회는 임시회 개회요건이 갖추어졌을 때 개회하지만 그 횟수는 규제하지 않고 있다. 그리고 임시회의 소집은 총선 후 최초로 집회되는 것을 제외하고 지방자치단체의 장이나 재적의원 1/3이상의 요구가 있을 때에는 그 요구가 있은 날로부터 일정한 기간 이내에 집회하도록 하고 있다. 이 경우 광역의회인가 기초의회인가에 따라 소집기간이 다른 경우가 보통이다.

(2) 지방의회의 회기

일정한 소집요건과 소집절차에 따라 소집권자에 의해 소집된 지방의회의 회의는 개회로서 그 활동을 시작하고, 휴회로서 일시 중지하며, 폐회로서 종료된다. 지방의회의 회기란 이처럼 지방의회가 소집된 이후 개회에서부터 폐회에 이르기까지의 기간을 의미한다.[5] 이와 같은 지방의회의 회기의 장 단은 지방의회의 총회의일수와 함께 지방의회의 운영과 기능을 좌우하는 중요한 변수로 작용한다. 즉 지방의회의 총회의일수가 많고 회기가 길 경우, 지방의 정치행정에 지역주민들의 민의를 충분히 반영할 수 있고 집행기관에 대한 견제기능을 강화할 수 있다는 장점이 있다. 그러나 회의총일수가 적거나 회기가 짧을 경우, 이러한 장점을 발휘할 수 없는 반면에 행정능률과 경비절약의 효과를 거둘 수 있다. 지방의회의 개회, 휴회, 폐회와 회기는 보통 지방의회의 의결로 정하도록 하고 있다. 그러나 연간 총회의일수와 임시회 및 정례회의 최장 회기일수 등을 법률이나 명령으로 통제하는 경우도 있다.

2) 지방의회의 회의와 운영

지방의회의 회의는 지방의회의 운영분야 중에서도 실질적으로 가장 중요한 부분이라고 하겠다. 지방의회의 회의는 그 회의방식, 즉 발의, 회의(의사)진행, 의결, 회의록 등의 내용이 어떠하냐에 따라 달라지며, 따라서 지방의회운영의 성패도 이와 밀접히 관련되어 있다. 다시 말해 지방의회의 회의내용은 발의권을 누구에게 주느냐(그 주체를 확대할 것인가 축소할 것인가의 문제)하는 것과 의사진행의 공개여부, 그리고 의사정족수와 의결정족수를 어떻게 정하며, 회의록의 작성과 보관은 어떻게 할 것인가 등, 이들을 여하히 정하느냐 하는 것이 지방의회의 성공적 운영과 지방자치 그 자체의 성패에까지 직결된다고 볼 수 있기 때문에 지방자치의 중요한 변수가 된다.

---

5) 지방자치법상에는 개회. 휴회. 폐회만을 규정하고 있으나 일반적으로 실제회의에서는 흔히 流會, 停會, 散會라는 용어들이 사용된다. 여기서 流會란 의사정족수(재적의원수의 1/3이상의 출석)의 미달로 당일의 회의를 개회하지 못하는 것을 의미하며, 停會란 회의의 진행을 중지하는 것으로서 일시 휴식하는 것을 의미한다. 그리고 散會란 의사일정에 상정된 의사가 끝남으로써 당일의 회의를 종료하는 것을 뜻한다.

(1) 의안의 발의와 발의권

의안(議案)이라 함은 자치단체의 장이나 일정수의 지방의원이 지방의회에 대하여 의회의 의결을 요구하며 문서로 제출하는 안건으로서 의회의결의 대상이 된다. 그리고 발의(發議)라 함은 의회에 대하여 이러한 의안을 제출하는 것을 의미한다.[6] 지방의회에서 심의할 의안의 제출권은 일반적으로는 지방의원과 집행기관에 공히 인정하고 있다. 그러나 일반의안이 아닌 예산안의 제출이나 각종의 임명동의안 등은 집행기관에게만 인정되고, 위원회 등의 의회의 내부조직 및 내부규칙에 관한 의안 등은 지방의원에게만 그 권한이 전속된다. 그러나 의안을 발의하는 데 요구되는 지방의원의 수, 즉 의안발의기준은 각각 다르다. 그러나 의안의 발의요건을 의안의 성격이나 중요도를 가려 그 요건을 달리하는 경우와 그것을 가리지 않고 획일적으로 규정하는 경우도 있다. 의안의 내용이 불특정 다수인에게 미치는 영향이 크거나, 예산상의 조치를 요하는 안건 등에 대해서는 일반의안보다 그 발의요건을 강화해야 할 필요가 있을 것이다.

(2) 회의의 진행과 정족수(定足數)

① 회의진행과 회의용어

지방의원들은 의사활동을 수행하기 위하여 일정한 일시에 일정한 장소에서 회합하는 집회를 통해 의사활동을 수행한다. 집회는 개회의 전제가 되는 행위로 집회하게 되면 곧 개회하게 되므로 집회와 개회는 동시적 개념으로 볼 수 있다. 일반적으로 지방의회는 개회로 시작되고 폐회로 종료된다. 개회란 정해진 회기동안의 회의를 시작하는 것을 의미한다. 개회이후 당일의 회의를 시작하는 것을 개의라고 하며, 개의(開議)는 의사정족수(일반적으로는 재적의원 1/3이상의 출석)를 충족함으로써 개의된다. 그러나 의사정족수를 충족하지 못하여 당일의 회의를 개의할 수 없을 경우 유회(流會)된다. 유회란 본회의 또는 위원회가 개의예정시간 이후 일정한 시간이 지나도록 의사정족수가 미달되어 당일의 회의를 열지 못하는 것을 말한다. 회의진행과정에서 의안을 의결하기 위해서는 의결정족수(의원 과반수의 출석과 출석의원 과반수의 찬성)를 충족해야 하며, 의결정족수에 미달하면 그 의안은 폐기된다. 의안에 따라서는 일반의결정족수 보다 더욱 엄격한 특별의결정족수(과반수의 출석과 2/3이상의 찬성)를 요구하기도 한다. 회의진행 중에는 이미 발의된 의안과는 별도로 회의장에서 직접 의안을 발의하는 동의(同議)로 의안을 상정하고 개의(改

6) 이러한 의안과 유사하게 사용되나 구별해야 할 것으로 「동의」라는 것이 있다. 동의란 의원(의회) 또는 위원(위원회)이 일반적으로 안을 갖출 필요 없이 발언하는 단순한 제안을 의미하며, 주로 회의진행의 절차에 관한 것이 대부분이고, 심의중인 의안과는 별도로 의결의 대상이 되는 것이 보통이다.

議)로 그 동의안을 수정할 수 있으며, 수정동의로 새로운 의안을 발의할 수 있다. 회의 중 잠시 휴식하기 위해 정회할 수 있으며, 정회(停會)가 끝나면 회의를 속개(續開)한다. 정회란 회의가 개의되어 진행중에 있는 회의를 일시 정지하는 것을 말하고, 속개란 정회된 회의를 닷 시작하는 것이다. 당일의 회의를 마치는 것을 산회(散會)라고 하며, 전체회의를 종료하는 것을 폐회(閉會)라고 한다.

② 표결과 정족수

지방의회의 회의의 진행은 일반적으로 의사일정(議事日程)에 따라 이루어진다. 여기서 의사일정이란 회의의 개의일시, 부의안건과 그 순서 등을 기재한 당일의 의사를 진행하기 위한 예정서를 의미한다. 회의의 진행은 의사정족수(議事定足數)에 의해 개의되고 의결정족수(議決定足數)에 의해 의결됨으로써 이루어진다. 여기서 의사정족수라고 함은 회의가 개회될 수 있는 최소한의 출석의원의 수를 의미하며 일반적으로는 재적의원 1/3이상의 출석을 그 요건으로 하고 있다. 그리고 의결정족수라함은 의안의 의결에 요구되는 찬성의원의 수를 의미하며 보통은 재적의원 과반수의 출석과 출석의원 과반수의 찬성을 그 요건으로 하고 있다. 그러나 의안에 따라서는 일반적인 의사정족수와 의결정족수가 아니라 특별의사정족수(발의정족수)와 특별의결정족수를 요구하는 경우가 많다.

의결에 있어서 의장이 표결권을 가지는 경우, 가부동수인 경우에는 부결된 것으로 보지만, 의장이 표결권을 가지지 않을 경우, 최종적으로 의결권을 행사할 수 있도록 하는 것이 보통이다. 즉 가부동수인 경우 의장이 의결권을 가지고 결정하는 제도를 캐스팅 보우트 제도(Casting Vote System)이라고 한다. 한편 의장이나 의원은 본인이나 의원의 직계존비속과 직접 이해관계가 있는 안건에 관하여는 그 의사에 참여할 수 없다. 그러나 의회의 동의가 있을 때에는 의회에 출석하여 발언할 수 있다.

3) 지방의원의 질문(質問)과 질의(質疑)

(1) 질문의 의의와 질의와의 관계

① 질문의 개념

질문은 지방의원이 자치행정의 전반 또는 특정분야에 대하여 당해 지방자치단체의 집행기관에 대해 그 설명을 요구하며, 입장을 묻는 지방의회의 의사(議事)를 뜻한다. 질문은 흔히 지방의회가 집행부의 자치행정의 속도를 조절하거나 행정내용의 수정을 요구하거나 자치단체장을 견제하기 위한 수단으로 사용되는 경우가 많다.

② 질문과 질의의 차이

첫째 질문은 집행기관에 대하여 자치행정에 관한 처리상항과 장래의 방침 등에 대하여 설명을 요구하거나 입장을 묻는 것이다. 그러나 질의는 의제가 된 안건에 대하여 제안자 또는 보고자에게 의문사항을 묻는 것이다. 둘째 질문은 의사(議事)로서 독립된 성질을 가지고 있으므로 의사일정으로 기재되지만, 질의는 안건심의절차의 하나로서 의사일정이 될 수 없다. 셋째 질문은 질문요지서를 작성 제출하여 집행기관에 송부하는 등 일정한 절차(요식행위)가 필요하지만 그러나 질의는 의안이 의제로 상정되었을 경우에 한하여 할 수 있다. 넷째 질문은 구두 또는 서면을 하게 되나 질의는 통상 구두로 한다.

③ 질문의 종류

질문은 그 방식에 따라 구두질문과 서면질문으로 구분한다. 그리고 질문장소에 따라 본회의에서의 질문과 위원회에서의 질문이 있다. 일반적인 시정질문은 구두질문으로 하지만 구두질문도 미리 질문요지서를 서면으로 작성하여 제출해야 한다. 서면질문은 보충질문도 서면으로 하도록 하고 있다.

(2) 시정질문(구두질문)

① 의의와 절차

지방의회의 질문은 본회의에서 회기 중 기간을 정하여 자치행정의 전반 또는 특정한 분야를 대상으로 집행기관에 대해 설명을 요구하며, 입장을 묻기 위한 지방의회의 의사를 말한다. 자치단체의 종류에 따라 시 도정질문 또는 시 군 구정질문이라 한다.

의사일정으로 질문의제가 결정되면 본회의는 질문할 의제와 질문에 답변할 관계공무원의 출석을 의결하고 이를 자치단체장에게 통보한다. 한편 의장은 질문할 의원의 신청을 받고, 질문요지서를 제출받아 이를 집행부에 송부한다. 이러한 질문절차를 요약하면 아래와 같다.

② 질문의 의제(議題)

첫째 질문의 의제는 자치행정 전반 또는 특정 현안에 대하여 행한다. 따라서 질문대상이 되는 행정분야를 명확히 알 수 있도록 구체적으로 표현해야 한다. 둘째 자치행정전반을 대상으로 질문을 하는 경우에는 자치행정분야를 몇 개의 의제로 나누어질문할 수 있다. 의제별 일정과 출석대상 관계공무원은 본회의의 의결로 정하고 이를 자치단체장에게 통보한다. 셋째 지방의원들은 상임위원회별 혹은 개인별로 전문성을 가지는 의원들이 분야별로 서로 합의하거나 신청하여 사전에 질문자들을 선정하는 것이 더 효과적인 질문을 할

수 있다. 넷째 의제별 출석대상관계공무원은 의제와 집행기관의 소관업무를 참고하여 적의 결정한다. 자치단체장을 출석시켜 자치행정전반에 관하여 질문하는 때에는 집행기관의 업무수행에 지장이 없는 범위 안에서 출석대상 관계공무원을 정해야 한다. 이때 지방의회에 출석답변할 수 있는 관계공무원의 범위는 조례로 정한다.

〈그림 1〉 질문의 절차

의사일정결정 (시군구회규 재16조, 시도회규 제17조)	: 지방자치의 전분야
질문의제결정/ 총질문시간결정	: 의장이 운영위원회 또는 간부의원과 협의
의제별 관계공무원출석의결 (시군구회규 제65조①,시도회규 제73조①)	: 재적의원 1/5이상 또는 10인 이상 발의
의원 질문시간결정	: 의장이 운영위원회 또는 간부의원과 협의
질문의원신청	: 위원회별, 정당 또는 교섭단체별로 신청가능
질문요지서제출 (시군구회규 제66조④, 시도회규 제73조④)	: 질문할 의원이 의장에게 제출/ 질문요지와 소요시간 명시
질문요지서송부 (시군구회규 제66조④, 시도회규 제73조④)	: 질문시작 24시간 전에 자치단체장에게 도달할 것.
전체 질문순서결정	: 의장이 정하여 신청자 및 집행기관에게 통지
질문 답변 실시	: 질문 및 보충질문

③ 출석요구서 및 질문요지서의 송부

첫째 본회의에서의 질문은 소속 상임위원회에 구애되지 아니하고 질문할 수 있다. 본회의는 그 의결로 자치단체장 또는 관계공무원의 출석을 요구할 수 있으며, 그 발의는 재적의원 1/5이상 또는 10인 이상이 이유를 명시한 서면으로 해야 한다. 둘째 질문을 하고자 하는 의원은 미리 질문의 요지와 소요시간을 기재한 질문요지서를 구체적으로 작성하여 의장에게 제출하여야 한다. 셋째 의장은 늦어도 질문시간 24시간 전까지 질문요지서를 당해 자치단체의 장에게 도달되도록 송부하여야 한다(시군구회의규칙 제66조 제4항, 시도회의규칙 제73조 제4항).

④ 대리출석 답변

지방의회의 출석요구를 받은 지방자치단체의 장은 특별한 사유가 있는 경우 관계공무원으로 하여금 출석답변하게 할 수 있다. 여기서 「특별한 사유」란 "출석할 수 없는 사유와 답변의 충실을 위하여 관계공무원의 대리출석이 필요한 경우"로 하고 있다.

⑤ 질문방법 및 시간

첫째 질문방법은 회의규칙이 정하는 바에 따라 일괄질문 일괄답변방식과 일문일답방식이 있다[7]. 일괄질문 일괄답변방식은 예컨대 3-5명이 질문한 후에 답변을 듣고 다시 질의를 계속하는 방식이다. 질의를 계속하는 방법은 의장이 의원들의 의견을 들어 정한다. 둘째 본회의 발언시간은 20분을 초과할 수 없으며, 보충질문은 10분을 초과할 수 없다. 셋째 의원은 동일의제에 대하여 2회에 한하여 발언할 수 있으므로 모두질문(冒頭質問)을 한 의원은 1회에 한하여 보충질문을 할 수 있다. 이 때 보충질문은 모두질문을 한 의원이 자기질문에 대한 질문내용을 보충하거나 답변내용에 대해 새로운 의문을 묻는 것이므로 일문일답식으로 하는 경우가 많다. 넷째 한편 일문일답식 질문은 의원이 질문하고자 하는 관계공무원에 대하여 하나의 질문을 하면 그 답변을 듣는 방식으로 질문과 답변을 계속하는 것으로서 질문시간에는 답변시간이 포함되지 아니한다[8]. 일문일답식의 질문에 대해서는 보충질문을 인정하지 아니한다.

7) 이 때 특정 안건에 대한 일문일답식의 질문은 형식은 질문의 형식을 가지고 있지만 실제 내용은 질문이라기보다는 질의라고 보아야 할 것이다.

8) 국회는 제16대 후반기(2003년 3월) 본회의의 질문방식을 종래 일괄질의 답변방식에서 일문일답방식으로 변경하였다(국회법 제122조의 2 제2항)

⑥ 질문의 한계

질문은 질문의제의 범위 안에서 행해져야 한다. 질문시 발언내용이 의제에서 벗어나거나 질문의제의 성질에 반해서는 안된다. 질문은 질문할 의원별로 미리 배정된 질문시간을 준수하여야 한다.

⑦ 질문서의 작성과 질문요령

가) 질문서의 작성

질문은 자치행정전반 또는 특정사안에 대해 제한된 시간 내에 모든 관계공무원 방청인, 보도기관의 직원들이 주시하는 가운데 집행기관에 대하여 설명을 요구하고 입장을 묻는 제도이므로 질문을 하고자 할 때는 사전에 충분한 연구와 검토가 필요하다. 특히 일문일답식으로 하는 질문에서는 답변내용에 따라 임기응변적으로 신속하게 대응해야 하기 때문에 사전 연구와 검토가 미흡할 때에는 질문의 내용이나 태도가 흔들리게 된다. 따라서 질문을 준비할 때는 미리 질문사항을 정리하여 질문서를 작성하여야 한다. 서면질문의 경우도 동일하다.

나) 질문요령

질문은 발언대에서 의원 및 집행부 공무원은 물론 다수의 방청객이 주시하는 가운데 행하게 되므로 발언의 내용은 물론 그 태도 또한 매우 중요하다. 이러한 질문에 대한 구체적인 요령을 요약하면 아래의 그림과 같다.

〈그림 2〉 질문서 작성요령

질문의 기본방향과 범위설정	: 의원의 평소 가치관과 철학, 신념 등의 반영, 소속정당의 정책반영 및 대안을 제시하는 노력요망
관련 자료의 수집 및 분석	: 의회사무국(과)의 지원과 협조
주요 질문항목의 결정	: 위원회간, 위원 상호간 의논
항목별 초안작성	: 전문가 등의 의견청취
초안총괄정리	: 토론, 수정, 발언시간과 원고분량 조정
질문서완성	: 개인별 사전 리허설

(4) 서면질문(書面質問)

① 의의

의원은 집행기관에 대하여 구두질문 외에 집행기관의 각종 시책등과 관련하여 집행기관의 입장과 설명을 듣기 위하여 서면을 질문을 할 수도 있다. 집행기관에 대한 구두질문은 회기 중 자치단체장 및 관계공무원의 출석요구와 본회의의 의사일정합의 등 절차가 번거로운 반면에 서면질문은 의원이 단독으로 회기 또는 비회기 중에 필요하면 언제든지 질문서를 의장에게 제출하여 집행기관으로 이송해서 서면답변을 받을 수 있다는 점에서 의정활동에 필요한 정보를 적시에 확보할 수 있는 중요한 제도로 활용할 수 있다.

② 서면질문의 범위

서면질문의 범위는 당해 자치단체의 장이 행하는 행정전반(국가와 타 자치단체의 소관업무는 제외)을 대상으로 할 수 있다. 따라서 이러한 질문이 있을 경우, 단체장이 직접 답변할 의무는 없으나 가능한 범위 안에서 그 내용을 파악하여 직접 답변하는 것은 무방하다고 할 수 있다. 그러나 의원이 서면질문을 하는 기회를 이용하여 서류제출요구를 하는 것은 제도의 취지에 비추어 바람직하지 아니하다.

③ 서면질문의 절차

의원이 서면으로 질문서를 작성하여 의장에게 제출하면, 의장은 지체 없이 이를 자치단체장에게 이송한다. 자치단체장은 질문서를 받은 날로부터 10일 이내에 서면으로 답변해야 한다. 그 기간내에 답변하지 못할 경우에는 그 이유와 답변할 수 있는 기한을 지방의회에 통지하여야 한다. 단체장은 서면질문에 대하여 답변할 때 회의록에 게재할 답변서와 기타 답변관계자료를 구분하여 의회에 제출하여야 한다. 보충질문을 하고자 하는 의원은 서면으로 다시 질문하여야 한다.

④ 서면질문의 대상

지방의회의 회의규칙은 서면질문대상자를 지방자치단체의 장으로 하고 있다. 따라서 서면질문에 대한 답변서도 지방자치단체장의 명의로 해야 한다.

〈표 1-1〉 질문의 요령

1. 서두(서론)에서는 질문의 이유나 목표를 간단히 요약한다. 2. 질문대상자를 지명한다. 3. 존칭은 생략한다. 4. 각 질문사항마다 먼저 무엇에 관하여 질문할 것인가를 밝힌다. 5. 질문은 간단 명료하게 하여 듣는 의원이나 답변자가 이해하기 쉽도록 한다. 6. 관련 통계자료, 일시, 사진 등 증빙자료를 제시, 질문의 타당성과 신뢰성을 제고한다. 7. 질문내용은 1) 과거, 현재, 장래의 문제점, 2) 책임규명, 잘못의 시정, 정책방향의 제시에 대한 견해, 3) 다양한 의견제시와 함께 집행부의 입장질문. 8. 발언태도는 1) 단정한 몸가짐, 2) 감정과 고성금지, 3) 민의를 대변하는 성실한 자세를 견지한다. 9. 미리 발언속도, 소요시간, 태도, 내용숙지 등 질문을 위한 충분한 연구와 연습을 한다. 10. 기타 : 1) 지방의원에게는 국회의원과 같은 면책특권이 없다. 2) 증거가 불충분한 유언비어성 발언은 삼가한다. 3) 상대방의 명예를 훼손하는 발언은 삼간다. 4) 질문시간을 초과하여 의사일정을 방해하거나 다른 의원들에게 피해를 주지말 것.

(5) 질의(質疑)의 의의와 내용

① 질의의 개념

질의는 상정(제안)된 안건에 대하여 (의문이 있는 의원이) 제안자에게 의문나는 점을 물어서 밝히는 것이다. 안건에 대한 질의는 그 제안자(취지설명을 한 의원, 집행기관 등)를 대상으로 한다. 그러나 안건에 대하여 소위원회에서 심사보고토록 한 경우에는 그 보고한 소위원장에게 질의할 수 있다. 본회의에서는 위원장의 심사보고 또는 제안자의 취지설명을 듣고 위원장 또는 제안자에게 질의를 한다. 본회의에서의 질의는 10분을 초과할 수 없다.

② 질의의 범위

질의는 원칙적으로 그 안건에 관한 사항 범위 안에서 행하여야 한다(회의규칙, 기초 제31조, 광역 제36조). 지방의원의 질의 기타 발언은 면책특권이 없으므로 일정한 한계가 있음을 유의해야 한다.

③ 질의의 방식

첫째 위원회에서의 질의는 위원의 발언으로 볼 수 있으므로 동일의제에 대하여 회수 및 시간 등에 제한 없이 질의(발언) 할 수 있다. 그러나 따로 질의방법을 의결한 때는 그러하지 아니하다(시군구회의규칙 제53조 1항, 시도회의규칙 제59조 1항). 그리고 질의하고자

하는 위원이 다수인 경우 발언기회의 형평성과 안건심의의 능률화를 위하여 위원회의 의결로 발언시간을 제한 할 수 있다.

둘째 위원회에서의 질의는 일문일답방식으로 할 수 있다(시군구 동 제53조 2항, 시도 동 59조 2항). 일문일답방식은 질의 답변의 적시성과 내용의 적정성을 제고하고, 원고낭독식의 중복질의와 답변의 폐단을 없앨 수 있다는 장점이 있다. 그러나 질의 답변이 졸속으로 흘러 그 내용의 충실성이 저하되고 질의 답변자가 감정에 좌우될 우려가 있어 회의분위기를 흐릴 수가 있다. 그리하여 각 위원회는 전체 위원정수 및 발언자수, 당일 의사일정, 회의분위기 등을 감안하여 적절한 질의방식으로 회의를 조정 진행해 나갈 것이 요청된다.

④ 질의의 제한과 종결

질의자의 수에 대해 제한은 없으나 회의의 효율적 운영을 위하여 의원의 동의 또는 의장의 제의로 질의종결이 가능하다. 질의가 끝났을 경우 의장은 그 종결을 선포한다. 질의에 참가한 의원은 질의종결동의를 할 수 없으며 질의종결동의는 토론을 하지 아니하고 표결한다. (시군구회의규칙, 제25조 1항 및 33조 1항, 시도 회의규칙 제29조 1항 및 38조 1항).

⑤ 질의의 종류

일반적으로 질의는 현장에서 구두(口頭)로 하는 것이 상례다. 예외적으로 서면(書面)으로 하는 경우도 있지만 이는 제도적으로 확립된 것은 아니다.

⑥ 서면질의

첫째 서면질의는 일반질의의 예외적인 것으로 법제상의 공식적 제도는 아니지만 현실의정현장에서 존재하는 제도이다. 서면질의란 제안된 안건에 대해서 설명한 제안자나 의장 혹은 위원장 등에 대하여 구두질의가 아닌 서면으로 질의하는 것을 말한다. 둘째 구두질의가 아닌 서면질의를 하는 경우는 회의운영상 시간이 부족하여 구두질의를 할 수 없을 경우, 의원스스로나 의장의 권고 등으로 서면으로 질의하는 경우이다. 그리고 의원이 어떠한 사정으로 회의에 참석할 수 없을 경우, 그 회의에 상정된 의안에 대해 서면으로 질의하는 경우가 있다. 셋째 따라서 서면질문과는 달리 일정한 형식을 요하지 않으며 질의자가 자신의 질의내용을 문서로 작성하여 전달하는 것으로 족하다고 보아야 할 것이다. (예컨대 국회 청문회자료준비과정에서 시간을 절약하기 위해서나 여러 가지 입장을 고려하여 청문대상자에게 미리 어떤 문제에 대한 의견이나 판단을 서면으로 묻는 것 등)

4) 지방의회의 회의원칙

첫째 개회의 원칙이다. 여기서 개회의 원칙이란 "지방의회의 회의는 일정한 법적 요건과 절차에 따라 개회되어야 의사를 진행할 수 있음"을 의미한다. 지방의회의 회의가 개회되기 위해서는 일정한 수의 의원의 출석을 요구하고 있는 데 이를 의사정족수라고 하며, 이 의사정족수를 충족했을 경우에만 회의는 성립된다. 우리나라는 의사정족수를 재적의원 1/3이상의 출석으로 규정하고 있다. 따라서 비록 의사정족수를 충족하여 회의가 성립되고 개회되었다고 하더라도 회의 중 의원들이 이탈하여 의사정족수가 미달되었을 경우 의장은 회의의 중지 또는 산회를 선포하여야 한다. 그러나 의원들이 회의 중 일시 자리를 이석한 것을 의사정족수 미달로 보아서는 안될 것이다.

둘째 회의공개의 원칙이다. 지방의회의 회의는 공개함을 원칙으로 한다. 그러나 일정 수 이상의 의원발의로 찬성이 있거나 의장이 사회의 안녕질서를 위하여 필요하다고 인정하는 경우에는 공개하지 아니할 수 있다. 그리고 법에는 규정되어 있지 않으나 회의규칙으로 규정되는 비공개회의의 유형으로「의원의 징계에 관한 회의」도 보통은 비공개로 하고 있다. 그리고 회의의 비공개를 발의한 의안에 대한 표결에는 토론을 허용치 않는 것이 관례다. 그것은 토론을 허용할 경우 토론과정에서 의사내용이 언급될 수 있어 비공개회의의 의의가 상실되기 때문이다. 비공개회의라도 회의의 내용은 기록되어야 하기 때문에 회의록 원본에는 회의내용을 기록하여야 한다. 그러나 공개적으로 배포되는 회의록에는 게재하지 아니하여야 한다. 물론 비공개회의의 내용을 누설해서도 안된다.

셋째 회기계속의 원칙이다. 회기계속의 원칙이란 지방의회에 제출된 의안은 회기 중에 의결되지 못했다는 이유로 폐기되지 않는다는 원칙이다. 즉, 이번회기에서는 의안으로 상정되었으나 의결되지 못했다면 다음회기에 그것을 의결할 수 있음을 의미한다. 그러나 지방의원의 임기가 만료되는 회기에서는 그러하지 않다. 즉, 이번회기가 끝나면 지방의원들의 임기가 만료되어 다시 지방의원을 선거해야 한다면, 이번 회기 중에 의결되지 못한 의안들은 자동적으로 폐기되는 것이다.

넷째 일사부재의(一事不再議)의 원칙이다. 이것은 '한 회기 중에 부결된 의안은 동일회기 중에 다시 발의할 수 없다'는 원칙을 말한다. 우리의 지방자치법도「지방의회에서 부결된 의안은 같은 회기 중에 다시 발의 또는 제출할 수 없다」고 규정함으로써 일사부재의의 원칙을 인정하고 있다.

다섯째 제척(除斥)의 원칙이다. 이것은 지방의회의 의장이나 의원은 본인 또는 직계존비속과 직접 이해관계가 있는 안건에 관하여는 그 의사에 참여할 수 없다는 원칙이다. 그러나 만일 지방의회의 동의가 있는 경우에는 의회에 출석하여 발언할 수 있도록 하고 있다.

여섯째 기록유지의 원이다. 이것은 지방의회는 회의에 관한 증거를 보존하기 위해 회의록을 작성하고 이를 첨부하여 회의의 결과를 지방자치단체장에게 통보하여야 한다는 원칙을 의미한다. 비밀을 요한다고 의장이 인정하거나 지방의회에서 별도의 의결이 있는 경우를 제외하고는 의원들에게도 배부하여야 한다. 회의록에는 회의의 진행내용 및 결과와 출석의원의 성명이 기재되며 의장과 의회에서 선출한 의원의 서명이 있어야 한다.

일곱째 비폭력의 원칙이다. 지방의회는 회의의 원만한 진행을 위하여 폭력과 폭언의 사용을 금지하는 것이 일반적이다. 규제 또는 금지 대상의 행위에는 법령과 회의규칙에 위배되는 발언 또는 행위를 하여 회의장의 질서를 문란하게 하는 행위, 타인을 모욕하는 행위, 타인의 사생활에 대한 발언, 회의 중에 폭력을 행사하거나 소란한 행위를 하여 타인의 발언을 방해하는 행위, 의장 또는 위원장의 허가 없이 연단이나 단상에 등단하는 행위 등이 포함되고 있다. 또 방청인 역시 소란한 행위를 하여서는 안되며 이러한 행위가 일어날 경우 의장은 방청인의 일부 또는 전부를 퇴장시킬 수 있다.

그 외에도 지방의회는 그 회의의 효율적 운영을 위하여 지방자치법 및 의회의 회의규칙 등에서 의사진행에 관련되는 여러 가지 원칙들을 규정하고 있다. 이러한 원칙들은 비록 명문규정으로「--의 원칙」이라는 형식으로 규정되어 있지는 않지만 그 내용상 의회의 회의운영 원칙으로 보아야 할 것이다. 이러한 원칙들로는 「발언자유의 원칙」「의원평등의 원칙」「과반수 또는 다수결의 원칙」등을 들 수 있다.

5) 위원회의 운영

(1) 위원회의 기능과 권한

대부분의 지방의회의 활동은 위원회에서 진행된다. 지방의회에 제출된 대부분의 의안은 소관위원회에서 처음으로 토의되며, 따라서 위원회는 의안을 소관별, 부문별로 예비 심사하는 기능을 담당한다. 즉 지방의회의 위원회는 "그 소관에 속하는 의안과 청원 또는 지방의회가 위임한 특정한 안건을 심사"하는 권한을 가지고 있다. 그럼에도 불구하고 위원회는 대체로 단순한 예비심사기관이 아니라 의안에 대한 일차적 심의기관인 동시에 발의기관이라고 할 수 있다. 특히 위원회의 심의보고서가 본회의에서 별다른 수정 없이 통과되는 관례를 볼 때, 위원회의 의안심의는 매우 중요한 기능을 한다.

(2) 위원회의 개회와 운영

위원회의 개회에 관해서는 첫째 위원회를 본회의의 회기 중에 한하여 개회토록 할 것인가, 둘째 회기 중에 개회함을 원칙으로 하되 예외적으로 폐회 중에도 개회할 수 있도록 할 것인가, 하는 문제가 제기될 수 있다. 회기 중에는 i) 위원장이 필요하다고 인정하거나 ii) 재적위원 1/3이상의 요구가 있을 때 개회를 원칙으로 하되, 폐회 중에는 i)본회의의 의결이 있을 때, ii)의장이 필요하다고 인정할 때, iii)재적위원 1/3 이상의 요구가 있을 때, iv) 당해 자치단체자의 요구가 있을 때에는 예외적으로 폐회 중에도 위원회를 개회할 수 있도록 할 수도 있다. 위원회에서는 당해 의회의원이 아닌 자는 위원장의 허가를 얻어 방청할 수 있으며, 위원장은 질서를 유지하기 위하여 필요한 때에 방청인의 퇴장을 명할 수 있다.

(3) 위원회의 공개여부

본회의와는 달리 위원회의 회의를 공개할 것인가 비공개할 것인가에 대해서는 찬반논란이 거세다. 위원회를 공개하여 방청 및 보도활동의 자유를 보장하면 위원회의 회의장 모습을 생생하게 볼 수 있어 의안처리에 대한 주민의 비판가 감시가 용이해지는 데 반하여, 공개하지 않으면 위원들이 주위에 구애됨이 없이 발언이나 토론 등 기타의 의정활동을 자유롭게 할 수 있게 된다. 이처럼 위원회의 공개와 비공개는 각각 장단점을 가지고 있다. 그러나 선진국들은 공개하는 추세로 나가고 있다(예, L.A시의회, 몬트리올도시공동체의회 등). 과거에 우리나라는 위원회를 공개하지 않았다. 현행법은 여기에 관해 아무런 규정을 두지 않고 의회규칙으로 정하도록 하고 있다. 공개와 비공개간의 이해득실, 주민의 정치역량의 수준, 선진국들의 일반적 추세 등을 감안할 때 위원회의 회의도 공개하는 것이 바람직할 것이다.

6) 회의록의 작성과 보관

지방의회는 회의록을 작성하고 회의의 진행내용 및 그 결과와 출석의원의 성명을 기재하여야 한다. 그리고 회의록에는 의장과 의회에서 선출한 의원이 서명하여야 한다. 이처럼 지방의회가 회의록을 작성하는 목적은 의회의 활동을 기록 보관함으로써 필요시 언제라도 회의공개의 목적을 달성할 수 있고, 일반주민들의 열람을 통해 의회의 활동을 소개하고 자료로 제공하며 주민의 참여기회를 높이고자 하는 데 있다고 할 것이다. 그리고 회의록에 출석의원의 성명을 기재하고 의장 및 일정 수 이상의 의원의 서명을 받도록 한 것은 지방의원들로 하여금 성실하고 책임있는 의정활동을 수행케 하려는 데 그 목적이 있다고 할 것이다.

Ⅳ 지방의회의 권한과 기능

1. 지방의회권한의 의의와 유형

1) 지방의회 권한의 의의

지방의회의 권한은 지방의회가 자치권 범위 내에서 의결할 수 있는 권한을 의미하고 당해 자치단체의 조례의 제정, 개장 폐지권을 중심으로 지방자치단체의 권한에 속하는 제반 업무에 대해 의결하고 감사할 수 있는 권한 등을 의미한다. 지방의회의 권한은 어느 나라를 막론하고 동일하지 않다. 즉 지방의회의 권한은 i) 자치권의 범위, 즉 지방분권(기능배분)과 중앙통제의 정도, ii) 지방자치단체의 계층구조, iii) 지방정부의 형태, iv) 집행기관의 선임방법, v) 그 나라의 정치행정문화적 특성에 따라 달라진다.

2) 지방의회 권한의 유형

(1) 의결권과 결의권 및 조례제 개정권

지방의회는 그 주된 권한으로서 의결권을 갖는다. 의결권이란 지방자치단체나 지방의회의 의사형성행위로서 협의의 의결권과 결의권 내지 결정권을 포함한다.

첫째 지방의회의 의결권 중 협의의 의결권이란 지방의회의 의결사항으로 반드시 지방의회의 의결을 거쳐야 하는 필수적 의결사항에 대한 의결권을 말한다. 이 권한은 지방의회가 존재하는 가장 본질적인 이유이기도 하다. 예컨대 우리나라의 경우 지방자치법 제39조에서 그 내용을 규정하고 있다. 이상과 같은 지방자치법상의 의결권 이외에도 지방의회는 각종의 법령에 의한 의결권과 당해 자치단체의의 조례가 정하는 바에 따라 의결권을 가진다.

둘째 결의권(決議權 혹은 決定權)이다. 위의 협의의 의결권이 법률에 근거한 자치단체의 의사형성권이라면, 결의권 혹은 결정권이란 법령의 근거에 불문하고 지방의회가 결정하는 사실상의 기관의사형성행위라고 할 수 있다. 결의의 경우, 법적인 근거가 있는 결의(의장 부의장 불신임 결의와 의원자격상실결의 등)일 때는 법령의 규정에 따라 그 결의사항의 범위가 명백히 한정되지만, 사실상의 결의일 때는 그 결의사항의 범위는 제한받지 않는다고 보아야 할 것이다. 보건, 환경 등에 관한 선언이나 도시미관에 관한 선언, 사건진상해명촉구 등에 관한 결의 등, 법적인 효력을 발생하지 아니하는 사실상의 기관의사형성행위는 의회가 필요할 때는 언제나 행할 수 있고, 그것은 법률상 소송의 대상이 되지도 않는다고 보아야 할 것이다.

(2) 행정사무감사 및 조사권(行政事務監査 및 調査權)

지방의회는 집행기관의 행정사무에 대하여 감사 및 조사권을 갖는다. 우리나라의 지방자치법은「지방의회는 당해 지방자치단체의 사무를 감사하거나 그 사무 중 특정사안에 관하여 지방의회의 의결로 조사할 수 있으며, 감사 또는 조사를 위하여 필요한 때에는 현지확인을 하거나 서류의 제출과, 지방자치단체의 장 또는 그 보조기관의 출석 증언이나 의견진술을 요구할 수 있다.」고 규정함으로써 지방의회에 대하여 집행기관의 감사 및 조사권을 부여하고 있다. 지방의회에 이러한 권한을 부여하고 있는 것은 우리나라 지방자치의 독특한 제도이다. 지방의회에 행정사무감사권을 부여하는 것은 지방의회가 지역주민의 대표기관이라는 점에서 볼 때 당연한 것이며, 집행기관의 독주를 견제할 수 있다는 장점이 있다. 그러나 중앙정부의 감사, 상급기관의 감사, 자체감사기능과의 중복, 감사권남용시 행정의 마비, 집행기관의 의회에의 예속화 우려 등에 대한 문제도 있다. 우리나라는 전통적으로 행정우위국가였으며, 지난 30년 동안 정부주도의 경제개발정책추진으로 행정의 기능이 과잉 비대해졌을 뿐만 아니라 설상가상으로 현대국가의 일반적 추세도 행정국가화하고 있다는 점을 감안 한다면, 지방의회에 감사권이라도 확보하지 못한다면 지방자치행정에 지역주민의 의사가 제대로 반영될 수 있는 여지는 거의 희박해진다.

(3) 예산의 심의 확정권 및 결산승인권

지방의회는 지방자치단체의 재정에 관해 광범한 권한을 갖는다. 지방자치법 제39조는 지방의회의 의결사항으로 예산의 심의 확정, 결산의 승인, 법령에 규정된 것을 제외한 사용료 수수료 분담금 지방세 또는 가입금의 부과와 징수, 기금의 설치 운용, 대통령령으로 정하는 중요 재산의 취득 처분 등을 제시하고 있다. 그 외도 지방채발행동의권, 예산외 재정부담행위 등에 대한 동의권 등 관련 법령에서 부여한 권한도 적지 않다. 이렇게 지방의회에 지방자치단체의 재정에 관한 권한 거의 대부분을 부여한 것은 지방의회가 바로 당해 지방자치단체의 가장 본질적이고 핵심적인 주인이라는 점을 의미한다.

첫째 예산이란 한 회계연도의 수입과 지출에 관한 예정적 계수를 의미한다. 지방의회는 자치단체장이 편성 · 제출한 다음년도의 예산안을 심의 · 의결함으로써 예산을 확정할 수 있는 권한을 가진다.(지방자치법 제127조) 따라서 지방의회의 예산심의는 지방정부의 세입세출규모와 구조 및 정책과 사업수준을 최종적으로 결정하고 이에 관한 집행기관의 행정을 통제하는 기능을 수행한다.

지방의회에 의한 지방자치단체 예산의 심의 · 확정은 지역주민의 의사를 집약하고 반영한다는 정치적 의미를 내포하고 있을 뿐만 아니라, 집행기관에 대한 재정적 통제의 강력한 무기로 사용되어 지방정부의 정책에 대한 주민들의 비판기회를 제공하게 된다. 지방의회는 예산안에 대한 제안설명청취, 상임위원회의 예비심사, 예산결산특별위원회의 종합심사 등 일련의 예산심의와 그 승인과정을 거쳐 본회의의 의결을 통과시킴으로써 지방자치단체의 예산을 확정하는 권한을 갖는다.

둘째 결산이란 예산의 집행결과에 따른 수입과 지출의 확정적 계수를 의미한다. 지방의회는 자치단체의 결산을 최종적으로 승인할 권한을 갖는다. 지방의회는 예산심의와 승인을 통해서도 집행기관을 감시 감독하지만 결산승인의 과정을 통해서도 집행기관을 통제한다. 결산은 예산을 집행한 실적이므로 원칙적으로 예산과 결산은 일치되어야 하지만 반드시 일치되는 것은 아니다. 지방자치단체의 예산은 지방의회에서 결산승인을 받음으로써 최종적으로 그 기능을 종료한다.

(4) 선거권(選擧權)

지방의회는 법령이나 조례가 정하는 바에 의하여 일정한 기관 혹은 기관구성원의 선거권을 가진다. 지방의회의 선거권은 의회의 의사를 형성하는 행위이며, 다수결의 원리에 따라 이루어지는 것이므로 전술한 의결권의 일종으로 볼 수도 있다. 그러나 그 방법상에 있어 토론을 거치지 않는다거나, 결정의 대상이 사람이라는 점, 결정의 효력은 피결정자의 수락행위를 필요로 한다는 점, 등 보통의 의결권과는 다른 특성이 있다. 지방의회의 선거권의 범위나 종류는 지방의회의 유형이나 각국의 제도상의 차이에 따라 다양하다. 일반적으로 지방의회의 선거권은 의회의 내부조직에 관한 것과, 자치단체의 집행기관에 관한 것으로 나누어 볼 수 있다. 전자의 경우, 지방의회의 의장 및 부의장 선출, 임시의장의 선출, 의회 내 각분과위원회의 위원장 및 위원선임, 결산을 위한 검사위원의 선임 등이 있다. 그리고 후자의 경우, 집행기관 간선제하의 지방자치단체장 및 부단체장의 선거 등이 있다.

(5) 청원의 수리(受理) 및 심사 처리권

지방의회는 주민들이 지방의원을 소개를 얻어 지방의회에 제출한 청원을 수리하고 이를 심사 처리할 수 있는 권한을 가진다. 즉, 지방자치법은 「지방의회에 청원을 하고자 하는 자는 지방의회의원의 소개를 얻어 청원서를 제출하여야 한다. 청원서에는 청원자의 성명 및 주소를 기재하고 서명 날인하여야 한다.」 고 규정함으로써 이를 보장하고 있다.

여기서 청원이란, 지역주민이 지방자치단체에 대하여 불만 또는 희망을 진술하고 그것에 대한 시정 또는 구현을 요구하는 것을 말한다. 이러한 청원사항은 일반적으로 법령에 어긋나는 것, 재판에 간섭하는 것, 국가원수를 모독하는 것을 제외하고는 피해구조, 조례 및 규칙의 개폐, 지방공무원의 비위시정 및 징계 및 처벌의 요구, 공공시설운영 및 기타 지방자치단체의 권한에 속하는 모든 사항을 포함한다. 그리고 지방의회가 채택한 청원으로서 당해 지방자치단체의 장이 처리하는 것이 타당하다고 인정되는 청원은 의견서를 첨부하여 자치단체장에게 이송하여야 하며, 자치단체장은 그 처리 결과를 지체 없이 지방의회에 보고해야 한다. 이와 같은 청원의 수리 및 심사 처리권은 이를 통하여 지역주민들의 권리를 보호하고 집행기관을 통제할 수 있는 제도적인 장치라는 점에서 앞으로 이것은 점차 보강, 확대시켜나가야 할 것이다.

(6) 출석답변요구권(出席答辯要求權)

지방의회는 지방자치단체의 장 또는 관계공무원을 의회에 출석시켜 질문에 답변케 할 수 있다. 이 질문 답변요구권은 집행기관에 대한 지방의회의 행정사무감사 및 조사권을 충실하게 행사할 수 있도록 한 하나의 수단적 권한으로 볼 수도 있지만, 반드시 거기에만 한정되지 않으며, 어떤 문제가 발생했을 경우 평소에도 집행기관에 대해 질문과 답변을 요구할 수 있도록 한 것이라고 보아야 할 것이다. 예컨대 우리나라 지방자치법은 「지방자치단체의 장 또는 관계공무원은 지방의회나 그 위원회의 요구가 있을 때에는 출석 답변하여야 한다.」고 규정함으로써 이러한 권한을 법적으로 보장하고 있는 것이다.

(7) 의견제출권(意見提出權)

지방의회는 지역사회 주민의 대표기관으로서 지방자치단체의 집행기관이나 외부에 대하여 지방의회의 의견을 제시할 수 있다. 첫째 집행기관에 대한 의견제출권이다. 즉 지방의회는 자치사무와 단체위임사무에 대하여 자치단체의 장 또는 그 보조기관으로부터 설명을 구하고 그것에 대해 의결하거나 의견을 제시할 수 있다. 지방자치단체의 장에게 위임된 사무인 기관위임사무에 대해서도 설명을 요구하고 의견을 제출할 수 있다. 둘째 외부에 대한 의견제출이다. 지방의회는 당해 자치단체의 공익에 관한 사업등과 관련되는 기관이나 행정관청에 대해서도 자신의 의견서를 제출할 수 있다[9]. 지방의회의 의견제출권을 지방자치단체의 의사로 볼 것인가 아니면 단순한 의결기관으로서 지방의회의의사로 볼 것인가에 관해서는 아직까지 합의된 견해는 없다. 일본의 경우 공익에 관한 지방의회의 의견제출은 지방의회라는 기관의사로 보고 있다. 그리고 지방의회의 의견서가 제출되었을 경우 관계기관은 그것을 수리할 의무는 있으나, 반드시 그 의견에 구속되는 것은 아니라고 보아야 하며, 그 의견서에 회답할 의무도 없다고 보아야 할 것이다.

9) 우리나라의 지방자치법은 「지방자치단체를 폐치분합하거나 그 명칭 또는 구역을 변경할 때는 관련 지방의회의 의견을 들어야 한다」고 규정하거나(법 제4조2항) 「규정에 의하여 市를 설치하고자 할 때에는 그 지역을 관할하는 도의회의 의견을 들어야 한다」고 규정함으로써(법 제7조3항) 지방의회의 의견제출권을 인정하고 있다. 그리고 도시기본계획의 수립 변경(도시계획법 제10조 제2항 1호), 도시계획을 결정 변경할 경우(도시계획법 제12조 제1항 2항)에도 미리 관련 지방의회의 의견을 들어야 한다.

(8) 지방의회 자율권(自律權)

지방의회의 자율권이란 지방의회가 자신의 직무를 수행함에 있어, 의사와 조직 및 운영사항 등에 관해 집행기관. 유권자등 외부세력의 간섭을 받지 않고 독자적으로 결 .처리할 수 있는 권한을 말한다. 첫째 내부조직권이다. 지방의회는 그 직무를 수행하는 데 필요한 내부조직을 자율적으로 결정할 수 있는 권한을 가진다. 즉 지방의회는 의장단을 구성하고, 각종의 분과위원회를 설치하며, 사무처리에 필요한 사무조직을 설치할 수 있는 권한을 가지는 것이다. 그리하여 지방의회는 i) 의장, 부의장, 임시의장을 선거하며, 일정한 사유가 있을 때에는 의장단에 대한 불신임의결을 할 수 있다. ii) 지방의회는 그 권한의 범위 내에서 의회운영에 필요한 위원회를 설치 운영할 수 있다. 위원회의 설치는 조례로 규정하도록 하고 있으며, 그 위원은 의회에서 선임한다. iii) 지방의회는 조례로서 그 직무수행에 필요한 사무조직을 설치할 수 있다. 사무조직은 장, 전문위원, 직원, 기타 등으로 구성된다.

둘째 의사자율권(議事自律權)이다. 지방의회는 회의 및 의사진행을 자율적으로 할 수 있으며 이에 필요한 회의규칙을 정할 수 있다. 뿐만 아니라 지방의회는 개회. 폐회. 휴회 및 회기를 자주적으로 결정할 수 있다. 다만 회의일수에 관하여는 일정한 제한이 가해질 수 있다. 그리고 지방의회의 회의는 공개하는 것이 원칙이나 필요한 경우 자율적인 결정에 의해 이를 공개하지 않을 수도 있다.

셋째 의원신분사정권(議員身分查定權)이다. 지방의회는 자신의 구성원인 의원에 대하여 그 신분을 심의 결정할 수 있는 권한을 가진다. i) 지방의회는 의원의 사직을 허가할 수 있다. 단 의회가 폐회중일 때에는 의장이 그 허가권을 행사할 수 있다. ii) 지방의회는 의원의 자격을 심의 결정할 수 있다. 즉 의원의 자격유무에 관하여 법원의 판결로 확정되는 경우를 제외하고는 의회가 이를 심사 결정할 수 있다. iii) 지방의회는 의원에 대하여 의결로서 징계할 수 있다. 즉, 지방의원이 본회의 또는 위원회에서 타인을 모욕하거나 타인의 사생활에 대한 발언을 했을 경우나 지방자치법 또는 회의규칙에 위반되는 행위를 했을 경우, 의결로서 이를 징계할 수 있다. 징계의 종류에는 국가와 지방에 따라 다르다.

넷째 원내경찰권(院內警察權)이다. 지방의회는 원내의 질서와 안녕을 유지하기 위하여 필요할 경우 적절한 조치를 취할 수 있는 데 이를 원내경찰권이라고 한다. 지방의회의 이러한 경찰권은 의장을 통하여 행사된다. 즉 의원이 회의 중에 지방자치법 또는 회의규칙에 위반하여 회의장의 질서를 문란하게 할 경우, 의장은 이에 대해 경고, 제지 또는 발언 취소를 명할 수 있으며, 그 명령에 따르지 않을 때에는 당일의 회의에서 발언을 금지하거나 퇴장시킬 수 있고, 회의장이 소란하여 질서를 유지하기 곤란할 때에는 회의를 중지하거나 산회를 선포할 수 있다. 또한 방청인이 회의장에서 소란을 피우거나 질서를 방해했을 경우, 의장은 방청인 모두 혹은 당사자만을 퇴장시킬 수 있고, 필요하면 경찰관서에 인도할 수도 있다.

다섯째 회의규칙제정권(會議規則制定權)이다. 지방의회는 회의의 운영을 효율적이고 합리적으로 운영하기 위하여 지방자치법령에 규정된 사항 이외에 필요한 사항은 회의규칙으로 정할 수 있다. 뿐만 아니라 의원을 징계함에 있어 지방자치법에 규정된 사항 이외에 필요한 사항은 회의규칙으로 정 할 수 있다.

2. 지방의회의 기능

이상과 같은 지방의회의 권한과 그러한 권한에 따른 의정활동을 지방의회의 대외적 관점에서 본다면 그것을 지방의회의 기능으로 파악할 수 있다. 즉 지방의회의 의정활동은 한편으로는 지방의회가 자신의 권한을 행사하는 것으로, 다른 편으로는 주민의 정치적 대표기관이 지역발전과 주민의 의사를 정치행정에 반영하는 기능으로 파악할 수 있다. 따라서 지방의회의 기능이 활성화되기 위해서는 권한이 확대 강화되어야 하고, 자치제도가 성공적으로 정착되기 위해서는 지방의회의 기능이 질적으로 내실을 기할 수 있어야 할 것이다. 여기서는 위에서 검토한 지방의회의 권한을 「지방의회의 기능」이라는 관점에서 파악해 보기로 한다.

1) 의결기능

지방의회의 의결기능이란 지방의회의 권한에 따라 이루어지는 심의의결활동을 의미한다. 지방의회는 지방자치단체의 운영에 필요한 제반활동과 지방의 공공사무 등 주민의 부담에 관한 사항 등을 심의 의결함을 그 주요임무로 한다. 이처럼 지방의회의 의결기능은 지방의회의 가장 대표적 기능이며, 그 범위도 가장 광범하다. 지방의회의 의결기능은 의회의 존립근거라고 할 수 있는 지방자치법 제35조를 비롯한 각 조항과 관련법률에 근거한 자치단체의 의사형성에 필요한 제반활동을 수행하는 기능을 의미한다.

2) 정책기능

지방의회의 정책기능이란 전술한 의결기능의 일부에 해당되는 기능으로서 지역발전을 위해 「장차 지방정부가 행하기로 하거나 행하지 않기로 결정한 방침 혹은 지침」을 수립하는 기능을 의미한다. 예컨대 지역개발사업을 결정하거나 주택건설사업을 수립하는 등의 기능을 의미한다. 또한 도시개발계획을 수립하거나 소득증대사업을 계획하는 것 등도 여기에 포함된다. 중앙정부에 비해 지방정부가 갖는 권한이나 자원 등에 비추어 볼 때 지방의회의 정책기능에는 한계가 있지만 가능한 범위 내에서라도 지방의회의 정책기능이 활성화 될 때, 지방자치의 성공을 앞당길 수 있을 것이다. 현재까지 우리나라 지방의회의 기능 중 이 정책기능이 가장 취약한 부분으로 나타나고 있다.

3) 입법기능(條例制 改定 및 廢止)

지방의회의 입법기능이란 지방의회가 당해지역의 조례를 제정. 개정. 폐지할 수 있는 기능을 의미한다. 동 기능 역시 광의의 의결기능에 해당되지만 그 성격상 따로 검토할 가치가 크기 때문에 독립시켰다. 30년간 지방자치제도가 중단되었던 시절에 우리나라의 지방사회는 권위적인 중앙정부가 일방적으로 제정한 법률에 의해 강제되어 왔으며, 따라서 지방사회의 주민현실과 법률과의 괴리현상이 현격하다. 지방주민에 의해 선출된 지방의회가 조례의 제정과 개정 및 폐지를 통해 현실과의 괴리를 좁혀 나가야 할 것이다. 문제는 국회와 중앙정부가 상위 법률과 명령을 개정하지 않아 지방의회의 조례활동에는 한계가 있는 것이다.

4) 견제감시기능

지방의회의 견제감시기능이란 의결기관으로서의 지방의회가 자신의 의결사항을 집행하는 집행기관에 대해 행하는 감시 및 통제활동을 의미한다. 예컨대 지방의회가 집행기관에 대해 행정사무감사 및 조사권, 출석답변요구권, 자료제출요구권, 그리고 의견제시권 등의 권한을 행사하는 활동과 관련된 제반기능을 의미한다. 지방자치단체의 기관을 의결기관과 집행기관으로 분립한 근본취지도, 의결기관으로 하여금 집행기관을 견제감시하면서 동시에 양기관간에 협력과 협조를 통해 지역발전을 추진하도록 그 책임을 부여했다고 볼 수 있을 것이다.

5) 대의(代議)기능

지방의회는 지역사회 내 주민의 정치적 대표인 지방의원을 그 구성원으로 한다. 그리하여 지방의회는 주민을 대신하여 당해지역의 공공사무를 의결하고 처리할 수 있는 권한을 가진다. 따라서 지방의회는 항상 주민사회의 여론과 지역주민들의 정치적 의사를 수렴하고 이를 기초로 의정활동을 수행해 나가야 한다. 뿐만 아니라 지방의회는 개별적 혹은 집단적 주민들의 청원과 진정사항을 수리하고 이를 해결하며 주민들로부터의 건의나 상담을 받고 처리해야 한다. 지방의회의 대의기능이란 이처럼 지방의회가 의정활동을 수행함에 있어 주민의 의사를 수렴하여 그것을 의정에 반영하는 민의의 대변기능을 의미한다.

6) 갈등조정 및 조화기능

갈등의 조정과 조화기능이란 지방의회가 지역사회 내의 개인 및 집단 간에 야기되는 각종 갈등과 반목을 해결하고 화합과 단결로 이끌어 나가는 제반기능을 의미한다. 즉 지방의회는 지역사회내의 각종 갈등과 대립, 불화와 반목을 파악하고 지역발전적 차원에서 이를 조정하고 해결할 수 있어야 한다. 광역의회의 경우 기초자치단체 상호간의 갈등이나 광역자치단체와 기초자치단체간의 갈등을 조정할 수 있어야 하고, 기초의회의 경우 지역내 개인 간, 집단 간, 계층 간, 지역 간의 갈등과 대립을 중재 조정할 수 있어야 한다.

7) 협력봉사기능(타 의회 및 집행기관과의 협력, 대민봉사)

지방의회는 지역발전과 주민의 복지증진을 위하여 타 자치단체나 의회와는 물론 당해 자치단체의 집행기관과도 협력하고 공동으로 노력해야 한다. 광역행정수요가 폭발하고 있는 현대행정현실을 감안할 때, 자치단체상호간의 협력과 협조나 지방의회의 협력과 도움 없이는 이를 원만히 처리할 수 없을 것이다. 많은 사람들이 집행기관에 대한 견제기능만을 지나치게 강조함으로써 진실로 중요한 양기관간의 협력협조기능을 소홀히 하고 있는 것이 현실이다. 그러나 지방자치의 궁극적 목적에 비춰본다면 오히려 기관간의 협력기능이 강조되고 있다는 점을 알 수 있을 것이다.

8) 자율운영 및 발전관리기능

지방의회의 자율운영기능이란 지방의회가 스스로의 힘으로 자신의 내부조직을 구성하고, 회의 및 의사를 진행하며, 의원 스스로의 신분을 사정하며 효율적인 의회운영을 위해 자율적으로 원내질서를 유지하는 등의 기능을 의미한다. 그리고 발전관리기능이란 지방의회가 의회운영의 효율화를 위하여 의원 자신들이 스스로 연구하고 문제점을 찾아내어 이를 시정하려는 활동을 의미한다. 의원들의 해외연수나 교육참가나 각종 세미나 개최, 자치제도개선을 위한 활동 등이 이들 기능에 해당된다고 하겠다.

Ⅴ. 지방의원의 권리와 의무

1. 지방의원의 지위

1) 주민의 대표자로서의 지위

지방의회의원(이하 지방의원)은 당해 자치단체내의 주민의 보통, 평등, 직접, 비밀선거에 의해 선출된 합법적인 주민의 대표자로서의 지위를 갖는다. 그리고 그러한 지위로 인해 지방의원은 당연히 지방자치단체의 최고의결기관인 의회의 구성원이 된다. 다시 말해 지방의회 의원은 지역주민의 선거에 의해 합법적으로 선출됨으로써 법률이 보장한 임기동안 당연히 주민을 대표하며, 그 대표의 범위는 지방자치권이 인정하는 공공영역의 주민생활에 관련된 모든 부분을 포함하는 공공의 대표라고 보아야 할 것이다.

2) 지역정책결정권자로서의 지위

지방의회 의원은 지역개발과 주민의 복지증진을 위하여 스스로 혹은 주민들의 요구와 지지를 받아 지역개발정책을 결정하고 이의 효율적인 집행을 감시 · 감독해야 한다. 정책(public policy)이란 그 결정수준(decision level)이나 주체에 따라 그 내용과 규모가 같지는 않지만 지역 내 사회간접자본시설(social infra-structure)이나 공원, 시장, 주차장, 택지개발 등의 다양한 정책을 결정하여 집행함으로써 지역 전체의 발전을 주도해 나가는 사업 등을 그 대상으로 할 수 있을 것이다.

3) 지역사회 입법(조례)주도자로서의 지위

지방의회 의원은 지방의회를 통해 지역 내 제반 사회영역에 실질적인 영향력을 발휘하는 지역정치의 핵심멤버들이다. 그리고 이들은 주로 지방의회를 통한 지방입법을 주도함으로써 그들의 영향력을 발휘하게 된다. 여기서 지방입법이란 지방자치법에 따라 지방의회가 제정하는 조례를 의미한다. 즉 지방의회 의원들은 지방의회의 구성원으로서 당해 지방주민들에게 적용되는 조례를 제정, 개정, 폐기할 수 있는 권한을 가짐으로써 자치단체의 입법을 주도할 수 있는 지위를 부여받고 있는 것이다.

4) 집행기관에 대한 통제자로서의 지위

지방의회는 지역주민의 대표기관으로서 지방정부의 행정을 감시하고 비판 · 견제하는 역할을 수행한다. 즉 지방자치법은 지방의회에 입법권, 예산심의 및 결산승인권, 집행기관에 대한 질문권, 행정사무에 대한 조사 및 감사권, 교육위원선출권 등을 부여함으로써 지방의회로 하여금 지방행정에 대한 통제기능을 수행토록 하고 있다. 그리하여 지방의회 의원은 지방의회의 권한을 수행하기 위한 지방행정의 통제자로서의 지위를 갖는다.

2. 지방의원의 신분(身分)

1) 지방의원의 임기(任期)

지방의원의 임기란 지방의원이 지방주민의 대표로서의 지위와 권한을 향유할 수 있는 합법적인 기간을 뜻한다. 지방의원의 임기 역시 나라마다 다르며 짧게는 1년인 나라(미국의 일부 도시와 스위스의 시 . 읍 . 면)에서부터 길게는 6년인 나라(프랑스, 스페인)도 있다. 우리나라는 제 2차 지방자치법 개정 시에 4년인 임기를 3년으로 개정했던 경험을 제외하고는 줄곧 4년으로 해 왔으며, 현행법도 4년으로 규정하고 있고 세계 각국의 예도 4년으로 하는 나라가 대부분이다.

2) 지방의원의 보수(報酬)

지방의원의 보수는 크게 명예직과 유급직으로 나누어 고찰할 수 있다. 일반적으로 대의회제도를 채택하고 있는 나라는 명예직으로 하고 있는데 비하여, 소의회형을 채택하고 있는 나라는 유급직으로 하고 있다. 미국, 캐나다, 필리핀, 일본 등은 유급제도를 취하고 있으며 영국, 프랑스, 서독, 대만 등은 명예직 제도를 채택하고 있다. 우리나라는 초기에는 무보수 명예직제도를 채택했으나 현재는 지방의원들에게 의정활동비와 월정수당을 제공함으로써 유급직인 것처럼 포장하고 있다. 그러나 엄격히 따진다면 비용은 그 사용처를 명시하고 정산해야 한다. 월정수당은 이미 대법원에서 보수의 성격이 있다고 인정하였으므로 보수라고 하더라도 본봉은 없고 수당만 지급하는 것으로 유급직이라고 할 수 없다. 현행법령체계에 따르면 지방의원의 신분은 정무직 지방공무원으로 봐야 하고, 지방공무원보수규정에 의하면 정무직공무원에게는 고정급적 연봉제를 지급하도록 되어 있다. 그러나 유일하게 지방의원들에게만은 이를 적용하지 않고 있다. 정부가 변칙적인 법규를 만들어 의정활동비니 월정수당 등을 만들었고, 그나마 의정활동비심의위원회라는 권한도 책임도 없는 이상한 위원회를 만들어 지방의회를 폄하하고 자치제도의 발전과 정착을 방해하고 있다.

3) 지방의원의 신분

지방의원의 의원신분은 그 임기개시일 부터 취득되며 임기만료일에 신분을 상실한다. 따라서 지방의원의 신분은 의원선거 이후 당선인의 공고가 있는 날로부터 발생하며, 선거 또는 당선의 효력에 관한 소송제기가 있다고 하더라도 그 확정판결이 있기까지는 의원의 신분을 상실하지 않는다. 지방의원은 주민들의 직접선거에 의해 선출된 주민의 대표이므로 가능한 그 신분을 보호하고 있으며, 다음과 같은 신분상실사유가 발생하지 않는 한 그 신분을 보유한다. 첫째, 지방의원의 당연 퇴직사유로 지방의원이 i) 겸직할 수 없는 직에 취임했을 때, ii) 의원이 피선거권을 상실했을 때, iii) 징계에 의하여 의회에서 제명결의를 받았을 때에는 지방의원의 신분은 상실된다.

둘째 지방의원은 본인의 사직에 의해서 스스로 신분을 포기할 수 있다. 그러나 이 경우에도 지방의회의 의결을 받아야 하며, 회의가 폐회중인 경우에는 지방의회의장의 허락을 받도록 하고 있다. 그런데 의원 본인의 사직요구에도 불구하고 이러한 요건을 부가하고 있는 것은 외부압력 등에 의해 본인의 의사에 반하는 의원직 사퇴를 막기 위한 것으로 볼 수 있다.

셋째 지방의원은 의원자격심사에 의해 자격이 없는 것으로 자격상실의결을 받았을 때에도 의원신분을 상실하게 된다. 그러나 의원의 자격상실결의는 재적의원 1/4이상의 연서로 의장에게 자격심사를 청구해야 하고, 그 후 재적의원 2/3이상의 찬성이 있어야 가능하며, 그 자격상실의 의회에서 결의로서 확정될 때까지는 의원직을 계속 보유토록 함으로써 지방의원의 신분을 보호하고 있다.

넷째 그 외에도 지방의원은 당해 자치단체가 소멸된 경우(그 단체에서는 자격을 상실하나 새로운 단체의 의원자격 취득), 그리고 본인이 사망한 경우, 선거무효나 당선무효의 확정판결을 받음으로써 그 신분을 상실하게 된다.

3. 지방의원의 권리

1) 발의권(의안제출권)

지방의회 의원은 재적의원 1/5이상이나 의원 10인 이상의 연서로 지방의회에서 의결할 의안을 발의할 수 있는 권리를 가진다. 즉 지방의원은 당해 자치단체의 조례안이나 지방의회의 의결이 필요하다고 판단되는 기타 결의안을 발의할 수 있으며, 이 경우 의안을 작성하여 의장에게 제출토록 하고 있다. 지방의회에 제출된 의안은 회기 중에 의결되지 못했다는 이유로 폐기되지 않으며, 다음 회기에 자동 계속된다(회기계속의 원칙). 그러나 지방의원의 임기가 만료된 경우에는 그러하지 않다.

2) 임시회 및 위원회 소집요구권

지방의회 의원은 지방의회의 임시회와 위원회의 소집을 요구할 수 있다. 즉, 지방의원은 재직의원 1/3이상의 찬성으로 지방의회 임시회의 소집을 요구할 수 있는 권리를 가지며, 재적의원 1/3이상의 요구로 위원회 소집을 요구할 수 있는 권리를 가진다. 즉, 지방의회의 의장은 재적의원 1/3이상이 임시회의 소집을 요구하면 15일 이내에 임시회를 소집해야 하며, 임시회의 소집은 집회일 3일 전에 공고하여야 한다. 다만, 긴급할 때에는 그러하지 아니하다(개정 2011.7.14).

3) 표결권(결정참여권)

지방의회 의원은 지방의회의 구성원으로서 의회의 권한과 의무를 수행하기 위한 제반 의결과정의 참여함으로써 표결권을 행사할 수 있는 권리를 가진다. 즉, 지방의원은 정기회의 및 임시회의의 본회의나 위원회 등에서 각종의 결정에 참여하여 표결할 수 있는 권리를 갖는다.

4) 질문권과 질의권

지방의원은 지방의회의 이름으로 혹은 그 위원회의 명의로 자치단체장 및 그 보조기관의 출석답변을 요구한 경우, 여기에 참석하여 이들에 대해 질문할 수 있는 권리를 가진다. 이때 질문은 출석답변을 요구할 때 미리 제출된 질문요지서에 의해 질문을 하게 되나 답변을 받고 다시 즉석에서 질문할 수도 있다. 질문에는 전자와 같이 서면으로 하는 일반질문(정식질문)과 후자와 같이 구두로 하는 긴급질문이었다. 서면을 통해 정식질의를 하고자 하는 의원은 미리 질문의 요지와 소요시간을 기재한 질문요지서를 의장에게 제출하여 그 허가를 받아야 한다. 긴급질문은 질문이 긴급을 요하는 경우 의회의 승인을 받아 행하는 질문을 말한다. 또한 지방의원은 현재 의제로 되어 있는 의안에 대하여 발의자, 의장, 위원장 등에 대해 그 의의를 물을 수가 있는 데 이를 질의라고 하며, 구두로 할 수 있다. 질의는 요식행위를 갖추어야 하는 질문과 비교할 때, 자유성이 많고 실제 많이 사용될 수 있어서 그 정치적 효과는 질문보다 크다.

5) 토론권

토론이라 함은 표결을 요하는 의제에 대하여 의견을 발표하는 것을 말한다. 지방의원은 의결의 대상으로 의제에 오른 안건에 대하여 찬성 혹은 반대의 입장을 밝히는 토론을 할 수 있다. 본회의에서 토론에 나서고자 하는 의원은 사전에 찬성 또는 반대의 의사를 의장에게 통지하도록 하여야 한다. 그러나 회의장에서의 사담, 야담, 핀잔 같은 것은 토론권의 내용에 포함되지 않는다. 그런데 위원회 등에서 질의할 때에는 찬부의견을 발표할 수 있으므로 질의와 토론이 잘 구별되지 않을 때가 많다. 지방의원의 질문권이나 토론권의 행사방법과 절차에 관해서 보통은 지방의회의 회의규칙에 규정하고 있으므로 구체적인 내용은 자치단체에 따라 동일하지 않을 수도 있다.

6) 청원의 소개권

지방자치법은 "지방의회에 청원을 하고자 하는 자는 지방의회 의원의 소개를 얻어 청원서를 제출하여야 한다". 그리고 "청원을 소개한 의원은 소관위원회 또는 본회의의 요구가 있을 때에는 청원의 취지를 설명해야 한다". 고 규정함으로써 헌법 제26조에 규정된 국민의 청구권적 기본권의 하나인 청원권을 국회법(제116-119조)과 더불어 지방자치법에도 규정하고 있다.

7) 의정활동비 등의 청구권

지방의회의원에게는 정액의 보수가 지급되지 않는다. 따라서 의정활동비와 월정수당, 공무여행중의 여비 등을 지급 받을 수 있다(법 제33조). 또한 회기 중 직무로 인하여 신체에 상해를 입거나 사망한 때와 그 상해 또는 직무로 인한 질병으로 사망한 때에는 보상금을 지급 받을 수 있다(법 제34조). 그러나 국회의원에게 인정되는 불체포특권과 면책특권은 인정되지 아니하며, 단지 법 제37조에서 "체포나 구금된 지방의회의원이 있으면 관계 수사기관의 장은 지체 없이 해당 의장에게 영장의 사본을 첨부하여 그 사실을 알려야 한다. 지방의회의원이 형사사건으로 공소(公訴)가 제기되어 그 판결이 확정되면 각급 법원장은 지체 없이 해당 의장에게 이를 알려야 한다."고만 규정하고 있다.

8) 기타의 권한과 지방의회의장의 권한

지방의회 의원은 이상과 같은 권리 이외에도 지방의회의 출석권, 발언권, 의원자격심사청구권, 의원의 징계요구권, 회의개최요구권(휴회중 재적의원1/3이상의 요구가 있을 경우 지방의회회의규칙) 등을 가지며 기타 지방의회의 구성원으로서 지방의회의 권한을 수행하는 과정에서 의회의 권한을 자신들의 권리로 하여 기능 할 경우도 있으며, 지방의회의 의장으로 선출됨으로써 지방의회의 의장으로서의 권리도 가질 수 있다. 지방의회의원이 의장이 되었을 경우 갖게 되는 지방의회 의장의 권한으로는, ①지방의회의 대표권 및 의회사무감독권(제49조), ② 정례회 및 임시회의 소집공고권(제44조 및 45조), ③ 원내질서유지특권(제49조 및 제85조 2항, 3항), ④ 위원회 출석발언권(법 제50조), ⑤ 조례의 이송권 (제26조 제1항), ⑥ 확정된 조례의 예외적 공포권(제26조 제6항), ⑦ 청원의 심사처리권(제75조) ⑧ 폐회중의 의원사표처리권(제77조), 등을 갖는다.

4. 지방의원의 의무

1) 공익우선(公益優先)과 성실의무

지방자치법은 그 제36조 1항에서 "지방의회 의원은 공공의 이익을 우선하여 양심에 따라 그 직무를 성실히 수행해야 한다"고 규정함으로써 지방의회 의원이 그 직무수행과정에서 공익을 우선하도록 하는 의무를 부과하고 있다. 물론 이 경우 공익 즉,「공공의 이익」이 구체적으로 무엇을 의미하는 가에 대해서는 이론적으로 상당한 논란이 있을 수 있겠지만, 일반적으로는 지방의원이 특정한 개인이나 집단 또는 정당의 이익보다는 전체 주민의 이익을 우선하여 직무를 수행해야 함을 뜻하는 것으로 보아야 할 것이다. 그리고 지방의원은 자신의 양심에 따라 그 직무를 성실히 수행해야 할 의무를 지고 있다. 따라서 지방의원은 법률이나 의원 자신의 양심에 따라 행동해야 하며 외부로부터의 부당한 지시나 명령에 굴복해서는 안된다.

2) 청렴의무 및 품위유지의무

지방자치법 제36조 제2항은 "지방의회 의원은 청렴의 의무를 지며, 의원으로서의 품위를 유지해야 한다"고 규정하고 있다. 즉 지방의원은 직무와 관련하여 직접적으로나 간접적으로 사례, 증여, 또는 향응을 받아서는 안되며, 관련 의원이나 공무원에게 증여를 해서도 안되며 받아서도 안된다. 지방의회의 청렴의무란 이처럼 지방의원은 공직자(정무직 공무원)로서 직무와 관련한 일체의 재산상 혹은 신분상의 이익공여나 접수행위를 할 수 없음을 뜻한다. 뿐만 아니라 지방의원은 직무의 내외를 불문하고 그 품위를 손상하는 행위를 해서는 안된다. 여기서 의원의 품위유지란 의원의 직무수행과 관련해서는 물론 개인으로서의 사회생활에서도 지방의원의 신분에 합당한 품격과 위신을 유지해야 함을 의미한다.

3) 이권불개입의무

지방자치법 제36조 제3항은 "지방의원은 그 지위를 남용하여 지방자치단체, 공공단체 또는 기업체와의 계약이나 그 처분에 의하여 재산상의 권리 · 이익 또는 직위를 취득하거나 타인을 위하여 그 취득을 알선해서는 아니 된다"고 규정함으로써 지방의원의 이권불개입의무를 밝히고 있다. 이것은 지방의원이 자기에게 부여된 지위나 특권을 남용하여 각종의 이권에 개입하거나 뇌물을 주고받지 못하도록 한 것으로 이러한 의무에 위반하였을 경우 의원징계의 대상이 될 수 있다.

4) 겸직금지의무

지방의원은 법률에서 정하는 일정한 직을 겸할 수 없도록 하고 있다. 즉, 지방자치법 제35조는 그 제1항에서"지방의회의원은 다음 각 호의 하나에 해당하는 직을 겸할 수 없다"고 규정하고 있다. 그러나 지방의원이라고 하더라도 광역의회 의원과 기초의회 의원의 직무는 같지 아니하며, 따라서 기초의회의원에게까지 위와 같이 겸직의 범위를 확대하고 있는 것은 바람직하지 않다고 볼 수 있다. 일반적으로 지방의원을 유급직으로 할 때에는 겸직의 범위를 확대하고, 명예직으로 할 경우 겸직의 범위를 완화하고 있는 경향에 비추어 볼 때, 명예직으로 하면서도 겸직제한의 범위를 확대하고 있는 우리나라의 현행법은 개선의 여지가 많다고 보아야 할 것이다.

5) 겸업금지의무(영리업무금지의무)

지방의회 의원은 당해 지방자치단체와 거래를 하거나, 거래를 하는 법인의 임원이 될 수 없다. 이를 지방의원의 겸업금지의무 혹은 영리업무금지의무라고 하며, 이것은 지방의원이 영리업무에 종사하면 공정한 직무집행을 저해할 수 있고, 공익에 상반되는 불미스러운 피해를 초래할 우려가 있기 때문에 이를 미연에 방지하고자 하는 데 그 의의가 있다. 지방자치법 제 35조 제5항에서는 "지방의회의원은 당해 지방자치단체 및 공공단체와 영리를 목적으로 하는 거래를 할 수 없으며 이와 관련된 시설 또는 재산의 양수인 또는 관리인이 될 수 없다"고 규정함으로서 이를 규정하고 있다. 그리고 동 제6항에서는 "지방의회의원은 소관 상임위원회의 직무와 관련된 영리행위를 하지 못하며, 그 범위는 해당 지방자치단체의 조례로 정한다"고 규정함으로써 소속 상임위원회와 관련된 영역에서도 영리행위를 금지시키고 있다.

6) 의사진행에 관한 의무

(1) 회의장의 질서유지의무

지방자치법 제82조는 "지방의회의 의원이 본회의나 위원회의 회의장에서 이 법이나 회의규칙에 위배되는 발언이나 행위를 하여 회의장의 질서를 어지럽히면 의장이나 위원장은 경고 또는 제지하거나 그 발언의 취소를 명할 수 있다."고 규정하고 있다. 그러나 이러한 명에 응하지 않는 의원이 있을 때에는 의장 또는 위원장을 그 위원에 대하여 당일의 회의에서 발언을 금지시키거나 퇴장시킬 수 있다(동조 제2항). 그럼에도 불구하고 회의장이 소란하여 질서유지가 곤란한 경우에는 의장 또는 위원장은 회의를 중지하거나 산회(散會)를 선포할 수 있다."고 규정함(동조 제3항)으로써 회의장 내에서의 질서를 유지토록 하는 의무를 부과하고 있다.

(2) 모욕 등 발언의 금지의무

지방자치법 제83조는 "지방의회 의원은 본회의 또는 위원회에서 타인을 모욕하거나 타인의 사생활에 대한 발언을 하여서는 아니 된다. 본 회의 또는 위원회에서 모욕을 당한 의원은 모욕을 가한 의원에 대하여 지방의회에 그 징계를 요구할 수 있다"고 규정함으로서 회의 중 의원들 간에 상호 모욕적인 비방발언을 금지시키고 있다.

(3) 발언방해금지의무

지방자치법제84조는 "지방의회의 의원은 회의 중에 폭력을 행사하거나 소란한 행위를 하여 타인의 발언을 방해할 수 없으며, 의장이나 위원장의 허가 없이 연단(演壇)이나 단상(壇上)에 올라가서는 아니 된다."고 규정함으로써 이를 제도적으로 금지하고 있다. 그러나 이러한 규정을 무시하고 고의적인 발언방해행위를 하였을 경우에 대해서는 별도 규정이 없으나 이것 역시 전술한 「모욕 등 발언금지의무」에서와 같이 의원징계의 사유에 해당된다고 보아야 할 것이다.

7) 본회의 및 위원회 출석의무

지방의원은 그 직무를 수행하기 위하여 본회의 및 위원회에 출석하여야 한다. 의원이 사고로 인하여 의회에 출석하지 못할 때에는 그 이유와 기간을 기재한 청가서를 미리 의장에게 제출해야 한다. 의원의 청가는 5일 이내의 것은 의장이 이를 허가하고, 5일을 초과하는 것은 의회에서 이를 허가한다. 의원이 사고로 인하여 의회에 출석하지 못한 때에는 그 이유와 기간을 개재한 결석계를 의장에게 제출하여야 한다. 의원이 정당한 이유 없이 본회의 및 위원회에 계속하여 2일 이상 결석하였을 때에는 의장 또는 위원장은 해당의원의 출석을 요구해야 한다. 출석의 요구는 문서로 하되 긴급을 요할 때에는 구두로 할 수 있다. 그러나 이러한 지방의원의 회의출석의무는 지방자치법상의 의무가 아니고, 각급 지방의의회의 회의규칙에 규정되어 있는 의무이지만 지방자치가 지방의회를 본질적 구성요소로 하고 있는 관점에서 본다면 지방의원들의 의회출석의무는 오히려 법률 규정사항이 되어야 마땅할 것이다.

8) 윤리적 · 도덕적 의무

지방의원의 윤리적 · 도덕적 의무란 지방의원이 지역주민의 대표자로서 그리고 지역주민의 대표자로서 그리고 지역사회의 고위공직자로서 마땅히 지녀야 할 자세, 행해야 할 행동규범, 추구해야 할 가치 등 지방의원이 수행해야 하는 규범적 의무이다. 이 윤리적 · 도덕적 의무를 위반했을 경우 법적인 제재조치나 불이익처분을 받지 않지만 주민들로부터 비난을 받게 된다. 이러한 윤리적 · 도덕적 의무의 구체적 내용은 시간과 지역사회의 특징에 따라 일정하지 않으나 대부분은 지역주민의 대표로서의 의원들이 마땅히 행해야 할 역할 등이 그 근간을 이룬다고 하겠다.

9) 전문성제고 의무

지방자치법 제38조는 지방의회의 의무를 규정하고 있다. 즉 제1항에서는 "지방의회는 지방의회의원이 준수하여야 할 지방의회의원의 윤리강령과 윤리실천규범을 조례로 정하여야 한다."고 규정하였고, 제2항에서는 "지방의회는 소속 의원들이 의정활동에 필요한 전문성을 확보하도록 노력하여야 한다."고 규정하고 있다. 지방의회가 지방의원들의 전문성을 제고하도록 해야 한다는 것은 지방의원들의 전문성을 제고시켜야 할 의무를 의원들 개개인의 의무로 규정하지 않고, 의회차원의 의무로 규정하고 있는 것이다. 지방의원의 전문성제고 의무를 어느 차원에 두든 간에 지방의원 개인으로서는 스스로 전문성을 제고해야 할 의무를 지니고 있다. 지방의원은 주민들의 삶에 직간접적인 많은 영향을 미친다. 지방의원들이 무지하거나 정보가 부족하여 올바른 의결이나 판단을 하지 못하여 지역사회 발전을 지체하는 것은 지역사회와 주민들에게 죄를 짓는 것과 다를 게 없다.

1.2 자치입법권과 지방의회의 조례제정권에 관한 이론과 제도

I. 의의

지난 1991년 지방자치제도를 부활 실시한 이래 지난 20년 동안 지방자치단체의 자치입법권, 즉 조례제정권의 범위를 놓고 많은 논란이 있었다. 특히 여러 지방의회에서 제정했던 정보공개조례, 동정자문위원회설치조례, 의원보좌관조례, 도시계획위원회조례, 담배자판기설치금지조례, 증언 및 감정에 관한 조례, 지방공사설치조례 등은 '자치입법권의 범위'라는 문제와 관련, 중앙정부는 물론 집행기관과도 재의요구와 법원에 제소되는 등의 심각한 문제를 일으켰다. 이것은 지방자치의 실효를 높이려면 지방정부의 자율권을 신장시켜야 한다는 지방의 논리와 가능한 지방을 중앙통제 하에 묶어 두려고 하는 중앙의 권력적 속성이 마찰과 갈등을 야기한 대표적이 예들이었다.

지방자치권의 범위는 헌법에 의하여 제도적으로 보장되고 있다. 지방자치단체의 자치권은 헌법 제117조 제1항에서 "지방자치단체는 주민의 복리에 관한 사무를 처리하고 재산을 관리하며, 법령의 범위 안에서 자치에 관한 규정을 제정할 수 있다." 고 규정함으로써 가지게 된 헌법적 권한이다. 그러나 문제는 이러한 헌법적 규정의 "법령의 범위 안에서"라는 것을 헌법정신에 따라 "법령에 위반되지 않는 한"으로 해석하지 않는 데서 문제가 되고 있다. 중앙정부는 관련 법령이 없으면 자치에 관한 규정을 제정할 수 없도록 통제하고 있어 지방정부의 자치를 형식화시키고 있다. 즉 지방자치법 제22조는 자치에 관한 규정은 법령의 범위 안에서만 제정할 수 있도록 엄격히 통제하고 있고, 설상가상으로 "주민의 권리제한이나 의무부과에 과한 사항을 제정할 때에는 법률의 위임이 있어야 한다"고 규정하고 있어 지방자치에 관한 헌법정신을 위배하고 있다.

지방자치의 발전을 통한 지방의 경쟁력이 제고될 때, 중앙정부와 국가의 경쟁력도 향상되게 된다. 지방의 경쟁력이 제고되기 위해서는 지방정부의 자율과 자치의 범위가 필요한 만큼 신장되어야 하고 그렇게 되기 위해서는 자치제도를 운용하고 있는 중앙정부의 정치인들이나 공직자들이 지방자치에 관한 헌법정신을 바르게 인식해야 한다. 지방자치권은 자치입법권, 자치행정권, 자치조직권, 자치재정권으로 구분되지만, 이 중에서도 자치입법권의 범위가 여하한가에 따라 지방정부의 실질적인 권한이 좌우되고 있다. 그러나 우리나라의 지방의회의 조례제정권은 중앙정부의 각종 법령에 의해 엄격히 통제되고 있어 지방자치제도의전반적 발전을 제약하고 있다. 여기서는 우리나라 지방의회의 자치입법권 중에서도 조례제정권을 중심으로 그 제도적 실태와 유형을 검토해 보기로 한다.

II. 지방자치단체의 자치입법권으로서 조례의 성격과 기능

1. 자치입법권의 의의와 자치법규의 체계

지방자치단체는 수여된 권한범위 내에서 일정한 지역과 주민을 기초로 그 지역의 공공사무를 자신의의사와 책임 하에 처리하는 공공법인이다. 이처럼 지방자치단체(이하 지방정부)가 국가(이하 중앙정부)로부터 위임받은 권한을 지방자치권(혹은 자치권)이라고 하며, 이 지방자치권의 유형은 자치입법권, 자치조직권, 자치재정권, 자치행정권의 4가지로 구성된다. 그 중에서도 자치입법권이란 지방정부가 지방자치단체의 권능인 지방자치권을 행사하기 위한 수단의 일환으로 그 관할 구역 내에서 적용될 자치법규(조례와 규칙)를 제정 개정 폐지할 수 있는 권리와 능력을 말한다. 다시 말해 지방정부가 자신의 사무를 처리하기 위하여 조례와 규칙(지방자치단체의 법령)을 제정할 수 있는 권한을 말한다. 이러한 자치입법권에 의해 제정되는 조례와 규칙을 지방자치단체의 자주법이라고 하며, 이들 조례와 규칙은 국법체계의 한 구성요소가 된다[10]. 그러나 이것은 지방정부가 자치권의 범위 내에서 제정하는 독자적인 법체계에 속한다는 의미에서 국가를 대변하는 중앙정부가 제정하는 국법과는 구별된다. 일반적으로 법체계라고 할 때는 국가전체를 대상으로 하는 법령은 물론 일정한 지방자치단체의 자치구역내에서만 효력을 가지는 자치법규인 조례와 규칙도 함께 포괄한다. 그러나 자치법규인 규칙은 대부분 조례에서 위임된 사항이나 조례시행규칙임을 감안할 때 자치입법권의 주요 내용은 조례제정권이 대종을 이룬다고 할 것이다.

10) 지방자치단체의 자치입법권에 의해 제정되는 자주법을 조례와 규칙으로 명명함으로써 초보자들에게 상당한 혼란을 주고 있다. 구태여 조례와 규칙이라고 하기보다는 00시.도(혹은 00시.군.구) 자주법과 자주법령이라고 부르는 것이 오히려 간편할 수도 있을 것이다.

〈표1-2〉 국법과 자치법규의 체계

1. 헌법(국가의 최고법)

2. 법률과 명령(중앙정부 입법)

   1) 법률 : 국회입법 ----법률

   2) 명령 : 행정입법-----(1) 법규명령 : 대통령령, 총리령, 부령

   (2) 행정규칙 : 훈령, 예규, 지시, 일일명령(지방정부에 대한 효력 없음)

3. 조례와 규칙(지방정부 입법 : 자치입법) : 법령의 범위 안에서 제정 ?

   1) 조례 : 지방의회 입법

   2) 규칙 : 자치단체장의 입법

2. 조례의 의의와 성격

1) 조례의 개념과 유형

자치입법권의 종류는 지방자치단체의 의결기관인 지방의회에서 제정하는 조례와 자치단체장이 제정하는 규칙의 2종류가 있다. 여기서 조례란 지방자치단체가 법령의 범위 안에서 그 권한에 속하는 사무에 관하여 지방의회의 의결로 제정하는 당해 자치단체의 법이다.

조례로써 규정할 수 있는 사항은 법령의 범위 안에서 지방자치단체의 권한에 속하는 모든 사무[11]에 미친다. 그러나 조례로 주민의 권리제한 또는 의무부과에 관한 사항이나 벌칙을 정할 때에는 법률의 위임이 있어야 하고, 시, 군 및 자치구의 조례는 시, 도의 조례 또는 규칙에 위반하여서는 안된다. 조례는 법규의 성질을 가지는 것이 원칙이나[12] 지방단체의 내부조직, 관리에 관한 사항을 규정하는 행정규칙의 성질을 가지는 것도 있다.

이러한 조례는 첫째 주민의 권리 · 의무에 관한 사항을 규정하는 것과 같은 법규적 성질을 가지는 조례가 있는가 하면, 자치단체의 내부조직이나 그 운영관리에 관한 사항을 규정하는 행정규칙의 성질을 가지는 조례도 있다. 둘째 조례의 제정근거를 기준으로 위임조례(조례제정의 근거가 법령에 위임되어 있는 것)과 직권조례, 셋째 조례의 제정의무를 기준으로 필수조례와 임의조례, 넷째 조례의 규정사항을 기준으로 조례로서만 규정할 수 있는 사항에 관한 조례와 규칙으로도 규정될 수 있는 사항에 관한 조례로 분류할 수 있다. 일반적으로 조례는 주민의 권리제한, 의무부과에 관한 사항(법 15조 본문)이나 지방의회

11) 지방자치법 제9조 제2항에 의한 자치사무 및 단체위임사무. 단 기관위임사무는 제외한다.

12) 조례는 모두 그 지방자치단체 주민전체에 효력을 미치는 일반적이고, 추상적인 법적 규범이다.

의 의결을 거침으로써 민의를 반영할 필요가 있는 사항(법 제4조 4항), 법령에 의하여 조례로 규정하도록 위임된 사항, 기타 능력적 규정에 속하는 사항 등을 규정한다. 이처럼 조례의 규정사항으로는 첫째 필요적 규정사항과 임의적 규정사항, 둘째 위임조례규정사항과 직권조례규정사항이 있다.

2) 조례제정권의 성질과 조례의 법적 성격

(1) 조례제정권의 성질

조례제정권의 성질에 관한 학설은 지방자치의 본질에 관한 학설과 상호 연관되어 있으며, 조례자주입법설과 조례위임입법설이 있다. 조례자주입법설은 조례제정권이 지방자치단체의 자치권의 한 부분으로서 국가의 통치권으로부터 전래된 것이지만 헌법에 의해 제도적으로 보장받고 있으므로 통치권의 일부가 지방자치단체에 이양된 것이라고 보는 학설이다. 이에 따라 조례제정권은 "법령에 위반하지 않는 한" 당연히 보장되는 것이다. 이에 반해 조례위임입법설은 자치권을 국가권력으로부터 유래한 것이므로 "법령의 위임이 있어야만" 조례를 제정할 수 있다는 학설이다. 우리나라에서는 전래권설에 입각한 조례자주입법설이 다수의 지지를 받고 있다(박수혁, 1998: 12-13).

(2) 조례의 법적 특성

조례는 지방자치단체가 자기책임 하에 임무를 수행하기 위한 전형적인 수단으로서 일반적 · 추상적인 법규범이지만, 규율내용의 일반성이 필수적인 특징이라고 볼 수는 없으며 구체적인 사항을 규정할 수도 있다. 헌법이 지방적 의미를 갖는 법규범의 정립권한을 의결기관인 지방의회에 부여한 것은 지역사회의 규범을 정립하는 사람과 그것을 수용하는 사람들 간의 간격을 줄임으로써 지역사회의 힘을 활성화하고, 지역특성을 반영하는 탄력적인 규율의 제정을 가능케 함으로써 국회의 입법부담을 경감하려는데 있다. 따라서 조례는 다음과 같은 규범적 특성을 지닌다.

① 자주법

조례는 지방자치단체가 제정하는 자주적 법규범이다. 조례는 헌법에서 보장된 자치에 관한 입법권(헌법 제117조 제1항)으로서 법의 성질을 가지고 있기 때문에 일반적으로 법규라고 설명되고 있으며, 이는 헌법상의 법을 의미한다. 조례는 지방자치단체의 자치입법권에 의거하여 제정된 법을 의미한다는 점에서 위임입법과 다르다. 지방자치단체의 조례제정권은 헌법상 지방자치단체에 보장된 입법권으로서 법령의 근거가 없다고 하더라도 자기의 사무에 관하여 '법령의 범위 안에서' 자주적으로 조례를 제정할 수 있기 때문에 자주법이라고 한다. 형식적인 면에서 조례제정권은 헌법 제117조 제1항에 의하여 헌법 제40조의 예외로서 인정되고 있으며, 전체 국민의 간섭 없이 지방의회의 자주적 의사에 근거하여 제정되고 지방자치단체와 거기에 소속된 주민들의 이익을 위하여 적용되는 법을 의미한다.

② 지역법

조례는 지방의회의 의결로 제정되고 그 효력은 당해 지방자치단체의 구역에 한정되므로 국가법에 대한 지역법의 의미를 가진다. 복지국가의 실현을 위하여 현대국가는 매우 복잡하고 전문적인 행정을 수행하고 있으므로 중앙정부가 지방자치단체에 소속된 지역주민들의 행정수요에 일일이 관심을 가지고 해결방안을 만족스럽게 충족시켜 주는 것은 현실적으로 불가능하다. 따라서 각 지역의 경제적 · 사회적 · 문화적 욕구가 서로 다르기 때문에 지역적 복지수준의 지향목표가 다를 수밖에 없으므로, 개별 지역주민의 다양한 욕구를 적극적 · 창의적으로 충족시키기 위해서는 합법적인 입법절차를 거쳐 지역에 적용되는 법으로서의 조례를 제정함으로써 지방행정의 실효성과 민주적 정당성을 확보할 수 있다. 그리하여 조례는 법률과 같은 효력을 가지며, 특정지역에 적용되는 지역법규범이다.

③ 의회제정법

헌법 제117조 제1항은 헌법이 조례제정권을 제도적으로 보장한 조항이며, 헌법 제40조에서 '입법권은 국회에 속한다'고 하는 국회입법주의에 중대한 예외 내지 제약을 명문화한 것으로서, 지방자치단체에 대한 중앙정부와 국민의 관여를 자제하고 그 부분의 보호와 권력분립원리의 실현을 위하여 지방자치권을 승인한 결과이다.[13] 우리나라의 지방의회는 헌법 제117조 제1항에 의거하여 지방자치단체의 사무에 관하여 그 근거와 기준이 되는 입법권을 자주적으로 행사할 수 있는 권한을 가진다. 즉 주민의 대표기관인 지방의회가 민주적 정당성에 근거하여 합법적인 의결절차에 따라 입법한 법을 조례라고 한다면, 지방의회의 조례제정권은 행정청의 결재절차에 따라 제정되는 위임입법이나 규칙제정과는 분명히 구별되는 의회제정법으로 보아야 할 것이다.

---

13) 그러나 독일의 지방의회의 조례제정권은 국가의 입법 · 행정 · 사법권 가운데 입법권에 속하는 것이 아니라 행정권에 속한다는 견해도 있다.) Bethge, Parlamentsvorbehalt und Rechtsvorbehalt f r die Kommunalverwaltung. (NVWZ 1983). S.572f: Schmidt-A mann, "Die Kommunale Rechtssetzungsbefugnis." in Pttner(Hg), Handbuch der Kommunalen Wissenschaft und Praxis. (Bd.3.1982), S.182f: 김남진, 전게서, p.114.:김남진, "자치단체사무에 대한 지방의회의 관여." 「고사연구」 제18권 제9호, 서울: 고시연구사, 1991.9, pp.58-59 즉 지방자치단체의 자치입법권은 행정권의 일부를 형성한다는 것이다. 지방의회가 입법적 기능을 수행하기 때문에 입법기관으로 지칭될 수 도 있으나, 독일의 지방의회는 많은 행정적 권한을 가지기 때문에 행정권에 속한다고 보는 것이다.) G nter P ttner(석종현 역), Die Rechtsstellung des gemeinderates nach Deutschem Kommunalrecht, 「자치연구」, 제1권 제4호, 부산: 한국지방자치 연구소, 1991, p.34. 이 때문에 지방의회는 입법권을 가진 진정한 의미의 의회가 아니라 주민에 의하여 선출되고 주민을 위하여 행위권한을 가진 주민의 대표일 뿐이라는 의견이 제기된다.

④ 지방정부정책의 입법화

중앙집권적 통치구조에 익숙한 우리나라의 경우 지방자치제도를 실시한 이후에까지 조례는 법령을 보완하는 장치로 인식됨으로써 조례의 제정범위는 극히 한정적이었다. 따라서 그동안 조례는 지방자치단체의 종합적이고 일관된 정책성을 구현하기 위한 기능을 충분하게 수행하지 못하였다. 그러나 국내외적 지방분권정책의 보편적 추진에 힘입어 근래 우리나라에서도 조례의 정책적 역할이 매우 확대되고 있다. 지방자치권의 확장추세와 자치행정의 중요성에 대한 국민적 인식이 증대함으로써 지역적 차원에서의 정책은 물론 지방정부와 중앙정부가 공동으로 정책을 추진할 필요성이 늘어나고 있기 때문이다. 이에 따라 지역의 종합적인 행정을 추진하기 위해서는 정책의 수립과 집행을 구체화하기 위한 새로운 조례가 요구되고 있다.

3. 조례의 종류

1) 자치조례와 위임조례

자치조례는 지방자치단체의 자치사무에 관하여 정하는 조례를 말하며, 국가의 행정기관이 제정하는 행정입법과 그 성질이 다르다. 이는 지방자치단체의 자주입법이다. 위임조례는 법률의 각 개별조항에서 국가의 지방적 행정에 관한 일정한 사항의 규율을 조례에 위임하고 있는 경우에 그러한 위임에 따라 제정되는 조례를 말하며, 지방적 사무에 관하여 정하는 국법의 일부라고 할 수 있다.

2) 기타의 조례

조례는 효력에 따라 주민의 권리 · 의무에 관한 조례와 내부조직운영에 관한 조례, 제정권의 근거에 따라 위임조례와 직권조례, 제정의 강제성 여부에 따라 필수조례와 임의조례, 규정대상사무에 따라 반드시 조례로만 규정해야 하는 사무에 관한 조례, 조례나 규칙 어느 쪽으로 규정해도 되는 사무에 관한 조례 등으로 나눈다(김영기, 102). 또한 조례를 법령의 근거 없이 법령의 범위안에서 제정된 조례, 법률의 유보로 제정된 조례, 위임명령의 위임에 따라 제정된 조례로 구분한다. 위임명령의 위임에 따라 제정된 조례는 법령이 선점하고 있는 자치행정의 영역에 관한 것이라고 할 수 있으며, 이러한 조례는 행정처분적인 성격과 지위를 갖는 것으로써 가장 일반적인 형태의 조례라고 볼 수 있다(박수혁, 1998: 13-14).

4. 조례의 기능

일반적으로 조례는 지방자치단체의 목적달성을 위한 지방정부의 기능수행을 위해 제정된다. 따라서 조례는 자치에 관한 법령을 집행하는 기능에서부터 법령을 보완하는 기능, 당해 지방정부의 새로운 정책이나 계획을 수립하는 기능 등을 수행한다. 그리고 조례는 특정한 지방정부의 개별 · 특수한 사정의 입법화를 통해 타 지방정부나 중앙정부의 입법을 유인하거나 자극하는 기능도 한다. 또한 조례는 주민들과 가장 가까운 곳에 있는 지방의회가 제정하는 법규이기 때문에 주민의 뜻에 부합하는 법규를 제정하게 되어 입법자와 주민들 간의 거리를 단축시키는 기능도 한다. 조례의 기능을 좀 더 구체적으로 검토하면 다음과 같다.

첫째 조례는 법령을 집행하거나 보완하는 기능을 수행한다. 지방자치단체의 활동은 법령의 범위 내에서 허용되므로 법령은 지방정부활동의 근거가 되고, 그 한계를 규정한다. 그러나 중앙정부가 정한 법령이 중앙정부에 의해서만 집행되는 것은 아니며, 그 내용도 언제나 완벽한 것은 아니다. 따라서 중앙정부의 법령집행을 지방정부가 구체화시키거나 보완함으로써 지방정부의 입법적인 수요를 충족시키는 것이다.

둘째 지방정부의 활동에 대한 법적 근거를 제공하고 정책이나 계획수립을 입법화한다. 지방정부의 활동은 법령과 조례 및 규칙에 근거를 두고 활동한다. 따라서 조례와 규칙은 지방정부가 수행하는 제반활동에 대한 법적 근거를 제공하는 기능을 행한다. 즉 지방정부는 조례와 규칙에 부합되도록 활동해야 하며 여기에 위반되는 활동을 해서는 안되도록 하는 기능을 한다. 뿐만 아니라 조례는 지방정부가 자신의 업무를 처리하기 위하여 만드는 정책이나 계획을 조례의 형식으로 입법화하거나 조례를 통하여 이들을 장기적인 프로그램화하여 둠으로써 특정한 업무를 장기적이고 지속적으로 추진할 수 있도록 한다.

셋째 중앙정부나 다른 지방정부의 입법을 선도하거나 유도한다. 지방자치제도는 지역에 따른 특수성을 반영하기 위하여 지방적 사무에 대해서는 그 지방자치단체에게 조례제정권이라는 자주입법권을 부여하는 제도이다. 따라서 어떤 지방정부가 새로운 지방적 행정수요에 부합하기 위해 새로운 조례를 제정하게 된다면(예컨대 청주시의 행정정보공개조례), 타 지방정부는 물론 중앙정부의 차원에서도 그러한 내용의 조례나 입법을 검토하게 된다. 그리하여 조례는 유사한 법률이나 조례를 제정하게 하는 입법선도적 기능을 수행하는 것이다.

넷째 중앙정부와 지방정부간 입법권의 분권화를 통한 중앙정부의 부담을 경감한다. 우리나라와 같이 사회 각 분야가 고도로 분화되고 다원화 되어가는 나라에서 중앙정부의 국회가 중앙 및 지방에서 요구되는 모든 입법수요를 수용하여 이를 모두 법률로 제정한다는 것은 현실적으로 불가능하다. 그렇지 않아도 부실입법이 많고 입법이 미비된 분야가 적지 않은 우리의 현실에서는 모든 입법수요를 국회가 독식한다는 것은 부실입법의 양산화를 초래할 뿐이다. 따라서 국가 전체적 유지관리에 관한 입법수요는 국회가 담당하고, 지역사회차원에서 요구되는 입법수요는 지방정부에서 이를 담당함으로써 입법에 관한 기능적 분화를 가능하게 한다. 그리하여 조례는 국회의 업무분담을 줄여주고 그 기능을 효율화시켜준다.

다섯째 입법자와 주민(피입법자)들간의 거리를 단축시킨다. 즉 조례는 주민들과 가장 근접해 있는 당해 자치단체의 지방의회가 제정하는 당해 지역사회의 법률이다. 주민들에게 근접한 입법을 통하여 주민들의 요구와 지역의 특수성이 반영된 법규범의 제정이 가능하게 되는 것이다. 따라서 조례는 그것을 제정하는 지방의회와 그 규정을 준수해야 하는 지방주민들 간의 거리를 단축시켜주는 기능을 한다. 그러나 지방정부의 사무라고 하더라도 법령이 조례사항으로 지정한 것과 지방의회의 권한에 속하는 사항, 그리고 주민의 권리의무에 관한 사항에 대해서는 규칙으로 정할 수 없다. 이처럼 규칙은 첫째 그 효력을 기준으로 하여 법규적인 것(예컨대 조례의 위임에 따라 제정된 지방세나 수수료 등의 징수에 관한 규칙)과 행정규칙적인 것(예컨대 지방공무원 정원에 관한 규칙)이 있는가 하면, 둘째 제정근거를 기준으로 하여 법령 또는 조례의 위임에 의하여 제정되는 위임규칙과 직권에 의하여 제정되는 직권규칙이 있다. 셋째 제정의무를 기준으로 하여 제정을 필수적으로 하는 필수규칙과 제정을 임의적으로 하는 임의규칙이 있고, 넷째 규정사항을 기준으로 규칙으로만 제정할 수 있는 것과 조례로서도 제정될 수 있는 사항에 관한 것이 있다. 다섯째 대상사무를 기준으로 자치단체의 사무(고유사무와 단체위임사무)에 관한 것과 기관의 사무(기관위임사무)에 관한 것 등으로 분류된다. 흔히 조례제정권만이 자치입법권으로 인식하고 있는 경우가 많지만 단체장의 규칙제정권 역시 자치단체의 사무처리를 위해 제정되는 자치법규에 속한다는 점을 유의해야 할 것이다. 단지 기관위임사무를 집행하기 위해 제정하는 규칙은 법률보완적 국법으로 보아야 하므로 자치법규로 볼 수 없다. 그러나 자치단체장에게 전속되어 있는 사항을 처리하기 위한 규칙은 자치법규로 보아야 한다[14].

14) 다만 본고에서는 규칙을 제외하고 조례를 중심으로 고찰하고자 한다.

〈표 1-3 〉 지방자치법상의 조례규정사항

법령구분	내 용	근거법령
지방자치법	· 자치구가 아닌 구와 읍 · 면 · 동의 명칭과 구역변경 · 리의 변경 · 폐치 · 분합 · 행정운영상 면의 통합과 설치 · 행정 동 · 리의 폐치분합 및 설치 · 사무소 소재지 변경, 설치 · 법률의 위임에 의한 주민의 권리 · 의무에 관한 사항 · 지방의회의 의결사항 · 지방의회, 위원회의 출석 · 답변할 수 있는 공무원 · 위원회의 설치 · 기타 위원회에 관한 사항 · 의회사무국의 설치 · 의회의 사무직원 정수 · 사무의 위임, 위탁 · 소속직원의 임면권 · 행정기구의 설치 · 지방자치단체의 공무원 · 직속기관의 설치 · 사업소의 설치	제4조의 2 ① 제4조의 2 ② 제4조의 2 ③ 제4조의 2 ④ ⑤ 제6조 제22조단서 제39조 ② 제42조 ③ 제56조 ① 제62조 제90조 제91조 ① 제104조 제105조 제112조 제112조 제113조 제114조
지방자치법	· 출장소의 설치 · 합의제 행정기관의 설치 · 지방채무 및 채권관리 · 특별회계의 설치 · 사용료, 수수료, 분담금 징수 · 사용료, 분담금 포탈자에 대한 과태료 · 재산의 보유, 자금의 적립 및 기금설치 · 공공시설의 설치 · 지방자치단체조합회의의 사용료 · 수수료 등 징수 · 자치구의 재원조정	제115조 제116조 제124조 ④ ⑤ 제126조 ② 제136,7,8조 제139조 ② 제142조 ② 제144조 ② 제161조 ② 제173조 ①
지방자치법 시행령	· 조례 · 규칙의 공포에 관한 사항 · 지방의회의원의 일비와 여비지급에 관한 사항 · 지방의회의원의 직무상 상해 등에 대한 보상금의 지급기준 및 절차 · 자문기관의 설치 · 검사위원의 선임방법 · 운영 및 실비보상에 관한 사항	제14조 제15조 제15조의 2 제42조 제46조의 2
기 타	· 다른 법령에서 조례로 정하도록 규정한 사항	

III. 조례의 제정절차와 심의과정

1. 조례의 제정절차

조례의 제정절차는 제안과 의결, 이송과 공포, 효력발생의 3단계로 파악하는 입장도 있고(김용래 · 김보현, 1982: 368-371), 이를 좀더 자세하게 나누어 조례안의 기초, 조례안의 제안, 심의, 조례의 공포 등으로 나누기도 한다(김영기, 105-109). 그러나 여기서는 조례안의 제안(발의), 조례안의 심의 · 의결, 조례의 이송 및 공포, 효력발생 등으로 나누어 검토해 보기로 한다.

1) 조례안의 제안

조례안을 제안할 수 있는 사람은 자치단체의 장과 지방의원, 교육감 등이다. 즉 조례안은 자치단체장이나 재적의원 1/5이상 또는 의원 10인 이상의 연서로 발의하며, 위원회는 그 소관에 속하는 사항에 관하여 조례안을 제출할 수 있다(법 제58조 제1항, 제2항). 그리고 교육 · 학예사무에 관한 조례안은 시도교육위원회의 심의 · 의결을 거쳐 교육감이 당해 시도의회에 제출하도록 하고 있다(지방교육자치에 관한 법률 제14조). 우선 자치단체장이 제출하는 경우에는 관계기관의 사전협의와 승인을 거쳐 필요한 경우 입법예고하고, 법제담당부서의 심사를 거쳐 법규정비심의회의 심의를 받은 뒤 부서의 안건으로 미리 공고한 뒤 지방의회에 제출한다. 그리고 지방의원이 조례안을 발의하는 경우 찬성의원 및 소속정당과 협의를 하고 의견을 청취한 다음, 찬성의원의 서명을 받아 지방의회에 제출한다. 다음으로 교육감이 조례안을 발의하는 경우에는 교육위원회의 심의 · 의결을 거친 후 5일 이내에 교육감에게 이송된 조례안을 시 · 도의회에 제출한다(지방교육자치에관한법률 제14조 제1 · 2항).

2) 조례안의 심의 · 의결

의회사무처(혹은 사무국)에 접수되고, 의장에게 보고된 조례안은 인쇄하여 지방의원들에게 배부하고 본회의에 보고한다. 이 경우 상임위원회가 있는 지방의회는 소관상임위원회(또는 특별위원회)에 회부 — 위원회는 심사보고서를 본회의에 제출 — 본회의는 의사일정을 작성한 뒤 조례안을 상정 — 위원장의 심사보고 또는 제안자의 취지설명과 청취 — 질의와 응답 — 자치단체장의 의견청취 — 토론과 표결의 절차를 밟게 된다. 그러나 본회의만 있는 지방의회에서는 상임위원회의 심사과정이 없으므로 본회의에서 바로 제안자의 취지설명과 청취로부터 표결에 이르는 절차를 거치게 된다.

3) 조례의 이송 및 공포

(1) 이송 및 재의요구

조례는 지방의회에서 의결된 날로부터 5일 이내에 자치단체장에게 이송하여야 한다(법 제19조 제1항). 자치단체장이 조례를 이송 받은 후 이의가 없을 경우 20일 이내에 이를 공포하여야 한다. 그러나 이의가 있을 때는 20일 이내에 이유를 붙여 지방의회로 환부하고 재의를 요구할 수 있다.[15] 그러나 이 때 조례안의 일부에 대해 조례안을 수정하여 재의를 요구할 수 없다(동법 제19조 제3항). 이러한 재의요구에 대해 지방의회는 그 안을 재의에 붙여 재적의원 과반수의 출석과 출석의원 2/3이상의 찬성을 얻어 가결하면 그 조례안은 조례로 확정된다. 그러나 2/3이상을 얻지 못하면 그 조례안은 폐기된다(동법 제19조 제4항).

(2) 상급기관에 보고

물론 이러한 재의나 공포절차 등을 거치기 전에 조례안을 이송받은 자치단체장은 이송받은 후 5일 이내에 상급기관에게 보고하여야 한다. 즉 서울특별시의 경우 국무총리에게, 시도의 경우 행정자치부장관에게, 자치구, 시, 군은 시도지사에게 그 전문을 첨부하여 자치단체장이 각각 보고하여야 한다(동법 제21조).

(3) 상급기관의 재의요구와 소(訴訟)의 제기

지방의회에서 의결된 조례안이 법령에 위반되거나 공익을 현저히 해한다고 판단될 경우 시 · 도조례안에 대해서는 행정자치부장관이 시, 군, 자치구 조례안에 대해서는 시 · 도지사가 재의를 요구하게 할 수 있다. 그리고 재의요구를 받은 자치단체장은 지방의회에 재의를 요구하여야 한다(동법 제159조 제1항). 이 요구에 대해 재의결과 재적의원 과반수의 출석과 출석의원 2/3 이상의 찬성을 얻으면 조례는 확정된다. 재의결된 사항이 역시 법령에 위반된다고 판단될 경우 자치단체장은 재의결된 날로부터 20일 이내에 대법원에 소를 제기할 수 있으며, 이 때 의결의 집행정지결정도 아울러 신청할 수 있다(동법 제159조 제3항). 그리고 행정자치부장관과 시 · 도지사는 재의결된 사항이 법령에 위반된다고 판단됨에도 당해 자치단체장이 소를 제기하지 아니한 때는 당해 자치단체장에게 제소를 지시하거나 직접제소 및 집행정지결정을 신청할 수 있다(동법 제159조 제4항).

15) 자치단체장의 재의요구는 지방의회가 폐회중이라도 가능하며, 이회의 폐회 중에 제출된 재의안건은 회기계속의 원칙에 따라 차기의회에 계속된다(지방자치법 제59조).

(4) 공포

자치단체장은 재의결, 확정된 조례와 이송 받은 후 20일 이내에 공포나 재의요구를 하지 아니하여 확정된 조례는 이를 지체 없이 공포하여야 한다. 자치단체장이 공포하지 아니할 때에는 지방의회의장이 이를 공포한다(동법 제19조 제6항).

4) 조례의 효력발생

조례는 특별한 규정이 없는 한 공포한 날로부터 20일이 경과함으로써 효력을 발생한다(동법 제19조 제7항). 그러나 조례에 그 시행기일이 특별히 정해져있는 경우에는 그에 따라 효력을 발생한다. 그런데 자치단체장이 이송받은 조례안을 20일 이내에 공포하지도 않고, 재의요구도 하지 않아 확정된 조례에 대해서는 그 효력에 대해 논란이 있을 수 있다. 물론 이러한 경우에도 원칙적으로는 공포기일 20일과 효력발생기일 20일이 경과하면 당연히 그 조례는 효력을 발생한다. 그러나 주민의 권리의무 또는 이해관계에 관한 조례는 공포되어야만 효력을 발생할 수 있으므로 자치단체장이 공포하지 않으면 지방의회의장

2. 조례안의 심의기법

지방분권이 확산되고 정착됨에 따라 조례의 역할과 기능은 점차 확대될 것이 예상된다. 그만큼 조례를 제정하고 적용하는 데 전문적인 지식과 신중한 판단이 요구된다. 따라서 지방의원들의 입법능력과 정치적 판단능력이 보다 향상되어야 할 것이며, 지방의회의 전문위원과 사무처 공무원들의 전문적 입법심사 및 법제실무에 대한 지식습득과 의원보좌능력을 제고시켜 나가야 할 것이다. 그리고 지방분권이 강화되고 자치제도가 보강됨에 따라 법제실무에 관한 기초적인 지식 · 기술은 조례의 입안 및 심사담당자만의 것이 아니라, 지방자치단체 모든 공무원들의 기초적 소양이 되어야 할 것이다. 조례안심사는 단순히 조례안을 기술적으로 수정하는 것을 그 본래의 직무내용으로 하는 것이 아니며, 당해 지방정부의 정책결정과 밀접히 연관되어있음을 유의해야 한다. 이러한 조례의 정책적 역할을 고려하는 경우, 조례의 법제실무는 입법기술의 문제를 중심으로 하면서도 단순히 입법기술에 그치지 않고, 평소부터 지방자치행정에 관한 연구와 주민의 요구에 대한 적절한 대응능력 그리고 공익을 실현하기 위한 공정한 감각 등이 종합적으로 발휘되어야 한다.

1) 조례의 입법기술

조례의 제정과정은 입안과정과 심사과정으로 나누어지는 데 주로 입안과정 때 필요한 것이 입법기술이다. 조례의 입법기술은 전형적으로 입법관계자가 어떤 새로운 입법을 하는

데 있어서 상식적으로 바르고 적절하게 이해하기 쉬운 입법을 제정하기 위하여 입법의 내용, 형식 및 표현 양면에 걸쳐 고려하여야 할 기술을 가리킨다. 입법기술에는 입법내용에 관한 것과 입법형식에 관한 것이 있는데 조례의 형식과 체계가 중요하다.

(1) 내용상의 유의사항

첫째 조례란 당해 자치단체의 법규이므로 그 내용이 법으로서 적합한 것이어야 한다. 즉 법은 강제성을 가져야 하며, 법령내용이 실효성을 갖는지의 여부가 검토되어야 한다.

둘째 조례의 내용은 인권과 공익을 보호하는 것이어야 한다. 조례의 내용은 법의 목적인 정의 및 공평과 법적 안정성을 실현하기 위한 것이어야 한다. 따라서 조례의 내용은 헌법과 법령과의 관계를 우선 배려하여야 하고 특히 기본적 인권과 공공복리의 문제를 고려하여야 한다.

셋째 조례도 국법체계의 일환이기 때문에 그 내용은 헌법을 정점으로 하는 국법체계에 적합해야 한다. 조례의 내용은 통일되고 정서된 법령체계로 구성되어 법질서를 유지하는 데 상호 모순되지 않도록 배려하여야 한다. 법령간 모순 · 상충을 해결하기 위한 원리로서는 소관사항원리, 형식적 효력의 원리, 후법우선의 원리 및 특별법 우선의 원리가 있다. 넷째 조례는 당해 자치단체의 특성을 반영해야 한다. 조례는 당해 자치단체만의 고유한 자치법규이다. 따라서 중앙정부에 의해 만들어진 조례(안)을 이름만 넣어 자신의 조례로 만들어서는 안된다. 조례내용에 자기 자치단체만의 지역적 특성과 지방적 특징을 반영해야 한다.

(2) 형식상의 유의사항

성문법은 한번 성립되면 입법자의 의사와는 별도로 언어로 표현된 것만이 객관적인 것으로서 해석 · 적용되므로 그 표현은 정확하고, 이해하기 쉬워야 한다. 즉 당해지역의 보통주민들이 이해하고 해석하는 데 이견이나 갈등을 야기하지 않을 만큼 간단 명료하고 정확하며, 이해하기 쉬운 용어로 작성되어야 한다.

2) 조례안의 심의기법

(1) 조례의 법적 본질에 적합한지 유의하여야 함

조례의 법적 본질인 강제성을 가지고 있는지에 대하여 검토한다. 따라서 다음과 같은 내용의 입법은 조례의 입법대상에서 제외하는 것이 타당하다. 첫째 도덕, 종교, 회사, 조합 등의 내부규범에 맡겨야 할 사항. 둘째 정치적 결정이나 정책의 일반적 방침에 맡겨야 할 사항. 셋째 행정조치, 예산조치만으로 실행될 수 있는 사항 등이다.

(2) 법형식의 선택에 유의하여야 함

법령이 선점하고 있는 규제사항에 대해서는 법령의 수권(授權) 없이 조례로써 벌칙을 강화하는 규정을 입법할 수는 없다. 법령이 구체적으로 규제하고 있지 않은 사항의 경우에는 지방자치단체의 질서유지와 주민의 복리향상을 위하여 필요한 경우, 지방의회는 조례를 제정할 수 있으나 벌칙사항은 법률의 위임이 있어야 한다. 조례는 법령의 범위 안에서 입법되어야 하므로 법령이 선점한 사항은 입법할 수 없으며, 하급의 법형식은 상급 법형식에 우선할 수 없다는 원칙에 유의하여야 한다.

(3) 법규범의 소관사항에 유의하여야 함

모든 법규범은 각자의 법형식으로 규정할 수 있는 범위가 정해져 있으며, 이 소관사항의 범위를 벗어난 사항에 관하여 규정하면 무효가 된다는 소관사항의 원리에 유의하여야 한다. 즉 조례의 규정사항이 조례로서 규정할 수 있는 범위를 벗어나서는 안된다.

(4) 실효성 있는 조례입법의 중요성

조례는 법이므로 입법하는 그 자체가 중요한 것이 아니라 현실에 적용되어 입법목적을 달성하는 것이 중요하다. 조례의 입법만으로도 주민에게 위협을 가함으로써 위법행위에 대한 예방적 효력을 가지나 이것만으로 입법목적이 달성되었다고는 볼 수 없으며 위반자에 대해 확실한 처벌이 적절하게 발휘되어야 한다. 실효성 없는 조례의 입법은 주민의 준법정신을 훼손하게 되어 다른 조례의 입법에까지 영향을 주게 되므로 조례의 내용이 대부분의 주민에게 수용될 수 있어야 한다.

〈그림 1-1〉 조례안의 심의 제정절차

접 수

· 조례안을 의원에게 배부

의회에 상정

· 본회의 보고(폐회 혹은 휴회 중 생략가)
· 의장이 소관위원회 또는 특별위원회(구성한 경우)회부
· 심사기간 지정

위원회 심사

· 상정
· 제안자의 취지설명
· 전문위원 검토보고
· 질의 · 응답
· 소위원회 구성(필요시)
· 소위원회 심사 · 보고
· 수정안(필요시)
· 지방자치단체의장 의견 청취(재정부담 등의 조례안)
· 토론
· 의결(원안 · 수정안 · 대안)
· 심사보고서 제출

본회의 심사

*번안
*재회부

· 심사보고서 배부
· 상정
· 위원장의 심사보고, 질의 · 답변(제안자의 취지설명)
· 지방자치단체장의 의견확인(제정부담 등 조례안)
· 수정동의
· 토론 · 표결
· 의안의 정리

이 송

Ⅳ. 지방의회 조례제정권의 범위와 통제

1. 조례제정권의 범위

조례제정권의 범위란 자치입법의 대상이 될 수 있는 영역 즉 자치입법 대상사무의 범위를 말한다. 조례제정권의 범위는 지방자치단체에게 부여된 지방자치권의 광협에 따라 달라지겠지만, 자치입법권을 부여하는 방식(포괄주의, 혹은 제한적 열거주의 등)에 따라서도 달라질 수 있다. 다음은 조례제정권의 범위를 한정하고 있는 현행제도의 내용을 검토하기로 한다.

1) 지방자치단체의 사무범위 내에 한정(지방자치법 제9조에 의한 한계)

우리나라 지방의회의 조례제정권의 범위는 당해 지방자치단체의 소관사무의 범위 내에 한정된다. 즉 지방의회의 조례제정권은 지방자치법 제9조에서 예시하고 있는 지방자치단체의 사무범위 내에 한정된다. 지방자치법 제9조는 지방자치단체의 구역, 조직 및 행정관리 등에 관한 사무를 비롯하여 총6개 영역에 57개 사무종류를 예시하고 있는 바, 이렇게 예시된 사무의 범위 내에서 자치입법권을 행사할 수 있다. 따라서 지방자치단체의 조례는 지방자치법 제11조가 규정하고 있는 국가사무를 규정할 수 없음은 물론이고, 기초자치단체의 조례는 동법 제10조가 규정하는 광역자치단체에 배분된 사무에 관해 규정할 수 없다. 그러나 이렇게 한정적으로 예시된 사무에 대해서도 다시 제한을 가하여 제9조 제2항 단서에서는, "다만 법률에 이와 다른 규정이 있는 경우에는 그러하지 아니하다."고 규정하고 있어, 개별적법에 의해 지방자치단체의 사무범위는 얼마든지 축소될 수 있도록 해 둔 것이다. 다시 말해 중앙정부의 법령제정으로 언제든지 지방자치단체의 사무에서 중앙정부의 사무로 이전할 수 있는 장치를 마련해 두고 있는 것이다. 동법 제9조 제2항의 이러한 단서규정은 지방자치를 저해하는 악법으로 평가되어 폐지를 주장해 오고 있으나 중앙정부는 외면하고 있다.

2) 자치(고유)사무와 단체위임사무에 한정

우리나라의 조례제정권은 "지방의회는 지방자치단체 관할구역 안의 자치사무와 법령에 의하여 지방자치단체에 속하는 사무(단체위임사무)에 관하여 조례로 규정할 수 있다."고 규정함으로써 자치사무와 단체위임사무에 그 범위가 한정된다. 즉 지방자치법 제15조에서는 "지방자치단체는 법령의 범위 안에서 그 사무에 관하여 조례를 제정할 수 있다."고 규정함으로써 자치사무에 대한 조례제정권을 명시하고 있다. 요컨대 고유사무에 관해 지방의회가 조례제정권을 갖는 것은 당연한 것이다. 그러나 단체위임사무는 원래는 지방자치단체의 사무는 아니지만 법령에 의하여 자치단체에 위임되어 자치단체의 사무가 되었으므로 지방의회의 조례규정대상이 되는 것이다. 따라서 법령에 의해 지방자치단체의 집행기관인 자치단체장에게 위임된 기관위임사무와 단체장에게 위임되어 있는 이른바 장의 전속적 사무[16]에 관해서는 조례로 규정할 수 없다[17].

현재 국회에 계류 중인 법률개정안에 따르면 단체위임사무와 기관위임사무 등 위임사무제도는 폐지되고 자치사무와 국가수임사무의 2종류로 개편될 예정이다. 이렇게 될 경우 지금의 논란은 아무 의미가 없게 될 것이다.

3) 법령에서 위임한 사무의 범위 내에 한정

이미 앞에서도 강조한 바와 같이 조례제정권의 범위를 한정하고 있는 지방자치법 제22는 "법령의 범위 안에서만 그 사무에 관하여 조례를 제정할 수 있다"고 규정함으로써 조례의 상위법인 법령이 조례로 제정할 수 있도록 위임하면, 그 위임된 범위 내에서만 조례를 제정할 수 있다. 물론 법령이 바뀌어 그 위임사항을 철회하면 당연히 조례도 그 효력을 잃게 된다. 따라서 조례제정의 필요성이 있지만 법령에서 위임규정을 두지 않아 조례제정이 불가능한 것들이 적지 않다. 그 대표적인 예로 국회의 증언 및 감정에 관한 법률이 그것이다.

4) 광역자치단체의 조례에 위반되지 않는 범위 내에 한정

그리고 지방자치법 제24조는 "시, 군, 자치구의 조례나 규칙은 시도의 조례나 규칙에 위반해서는 안된다"고 규정함으로써 기초의회의 조례제정권의 범위를 또 다시 통제하고 있다. 그러나 동 조항은 지방자치법 제10조 제3항에서 규정하고 있는 기초자치단체 우선의 원칙에 위배되는 규정으로 반드시 개정해야 할 것이다. 즉 광역자치단체와 기초자치단체는 법상 동등한 공법인이며, 자치사무를 처리하는 조례제정에는 광역자치단체라고 하더라도 기초자치단체의 사무에 간섭할 수 없다. 광역자치단체가 기초자치단체의 사무에 간섭할 수 있는 것은 국가나 광역단체가 기초자치단체에 위임한 사무의 범위 내에만 한정되어야 할 것이므로 고유사무에 관한 조례제정을 통제한 동법 24조는 잘못된 규정임이 분명하다.

16) 예컨대 자치단체장의 취임, 대표, 선거후 최초로 소집하는 지방의회의 소집과 임시회소집요구, 소속공무원의 임면 및 지휘, 감독, 사무의 위임, 위탁, 규칙제정, 지방의원보궐선거일공고 등이 여기에 해당된다.

17) 그러나 기관위임사무가 전적으로 조례규정의 대상에서 제외되는 것은 아니라고 보아야 할 것이다. 즉 기관위임사무의 처리에 소요되는 경비는 전액 위임기관이 부담하는 것이 원칙이나 만일 그렇지 못하고 자치단체의 경비가 사용될 경우, 자치단체가 부담한 경비의 범위안에서 지방의회가 관여할 수 있다고 해석해야 한다.

2. 조례제정권을 제약하는 요인

헌법과 지방자치법은 "법령의 범위 안에서" 조례를 제정할 수 있다고 규정하고 있다. 이 규정의 해석을 어떻게 하느냐에 따라 조례제정권의 한계에 영향을 미치며, 현실적으로는 법령우위의 한계와 법률유보의 한계, 죄형법정주의와 조세법률주의가 그 한계로 인식되고 있다.

1) 법령우위(法令優位)의 원칙

지방자치단체의 자치입법은 법률 및 그것을 시행하기 위한 명령에 위반할 수 없다. 또한 법령이 정한 이상으로 주민에게 불리한 내용을 담아서도 안된다. 따라서 법령에 위반되는 조례는 무효이다(김동희, 67). 이는 법률이 이미 규정하고 있는 사항은 자치입법의 대상에서 제외되며, 법령이 일정한 사항에 대하여 규정하고 있는 경우에 조례로써 보다 엄격하게 규정하는 것은 허용되지 않는다는 것을 말한다. 또한 조례는 상급자치단체의 조례나 규칙을 위반해서는 안된다. 지방자치법은 "시 · 군 · 자치구의 조례나 규칙은 시 · 도의 조례나 규칙을 위반하여서는 아니된다."라고 규정하고 있다. 그러나 법률에 위반되지 않는 범위에서는 지방자치법 제15조 단서 조항을 제외하고는 법률유보원칙은 적용되지 않는다. 또 법률에 규정된 사항이라도 조례에 포괄적 위임이 가능하다.[18]

2) 법률유보(法律留保)의 원칙

법률적 수권이 있는 사항에 관해서만 조례를 제정할 수 있다는 법률유보의 원칙에 의해서도 조례의 효력범위가 좌우된다. 지방자치법은 "주민의 권리제한 또는 의무부과에 관한 사항이나 벌칙을 정할 때에는 법률의 위임이 있어야 한다"라고 규정하고 있다. 그런데 이 단서 조항이 헌법 제117조 제1항의 "법령의 범위 안에서"라는 규정에 합당한 것인가의 문제가 제기되고 있다. 주민의 권리제한 및 의무부과에 관한 조례의 제정은 개별적 법률의 위임이 있어야 한다는 동 규정은 헌법정신에 위배된다고 보아야 할 것이다. 그 이유는 첫째 지방의회의 조례제정이 법률유보의 입법취지에 반하지 않는다는 것이다. 법률유보라는 것은 국회가 정하는 국법질서에 관한 정당성 보장에 그 근본정신이 있다. 이렇게 볼 때 우선 조례는 국법질서의 일환이기는 하나 그 하위법인 지방자치법규이며, 더구나 주민의 대표기관인 지방의회에서 제정된 것이기 때문에 민주적 정당성도 확보되어 있다. 따라서 조

18) 법률이 주민의 권리의무에 관한 사항에 관하여 구체적으로 아무런 범위도 정하지 아니한 채 조례로 정하도록 포괄적으로 위임을 하였다고 하더라도, 행정관청의 명령과는 달리 조례는 주민의 대표기관인 지방의회의 의결로 제정되는 지방자치단체에 자주법인 만큼, 지방자치단체가 법령에 위반되지 않는 범위내에서 주민의 권리의무에 관한 사항을 조례로 제정할 수 있는 것이다(91년 대법원 판례).

례제정에 관한 한 법률유보조항은 헌법위반이라고 볼 수 밖에 없다. 둘째 지방자치단체의 자치입법권은 헌법에 의하여 보장받고 있는 기본권능일 뿐 아니라 주민의 대표기관인 지방의회가 제정하는 자치법규이므로 헌법보다 하위법인 개별 법령으로 조례제정을 제약한다는 것은 분명한 헌법위반인 것이다. 그 외 국법은 국가사회 전체를 그 규율의 대상으로 하고, 지방자치법은 당해 지역사회를 그 규율의 대상으로 한다는 차이점과 강제성이 없는 법은 법이 아니라는 상식적 차원에서 볼 때도 조례제정에 대한 법률유보는 명백한 헌법위반인 것이다. 따라서 지방의회가 조례로 주민의 권리를 제한하거나 의무를 부과할 경우에도 그것이 법령에 위반되지 않는 한 조례제정이 가능하다고 보아야 할 것이다.

3) 죄형법정주의(罪刑法定主義)

죄형법정주의란 어떠한 행위가 범죄가 되고 또 그 범죄에 대해 어떠한 형벌을 가하느냐를 미리 성문의 법률로서 규정해두어야 한다는 형사법의 대원칙으로 일반적으로는 "법률이 없으면 범죄도 없고 형벌도 없다"는 표어로 표시된다. 즉 죄와 형벌은 법률에 정해져 있는 경우에만 처벌할 수 있다는 원칙을 의미한다. 따라서 죄형법정주의에 의하면 법률이 아닌 조례로는 벌칙을 정할 수 없다는 결론이 나온다. 그러나 지방자치법 제20조 제1항의 경우 "지방자치단체는 조례로써 조례위반 행위에 대하여 1천만원 이하의 과태료를 정할 수 있다"고 규정하고 있다. 따라서 조례로 벌칙을 정할 수 있는가에 관해서 많은 논란이 제기되고 있다. 동 규정에 대해서도 위헌설과 합헌설이 대립되고 있다. 우선 위헌설(違憲說)은 벌칙은 법률에 의한다고 명시되어 있고(헌법 제12조 제1항) 법률이란 형식적 의미의 법률을 의미하므로 지방자치법상의 과태료규정은 위헌이라고 본다. 그러나 합헌설은 조례는 주민의 대표기관인 지방의회가 민주적 절차를 거쳐 제정하는 것이므로 실질적으로 법률에 준하며 따라서 헌법에 위반되지 않는다고 본다(조례법률설).

요컨대 조례제정권은 헌법상 지방자치권의 본질적인 내용이고, 당해 지역의 주민대표기관인 지방의회의 의결을 거치므로 민주적 정당성이 부여된 당해 지역의 법이다. 그리고 지방자치법 제20조는 지방자치권의 본질적인 내용인 자치입법권의 실효성을 확보하기 위한 규정으로 법률로 벌칙의 상한선을 규정하고 있으므로 위헌이라고 볼 수 없다. 국회가 국가전체적 입장에서 법률을 제정한다면, 지방의회는 지역적 입장에서 법률(조례)을 제정하는 것이다. 즉 법률제정에 관한 한 중앙과 지방을 국회와 지방의회가 분담하여야 한다고 보아야 할 것이다. 위헌설은 국회의 입법독점을 정당화하려는 논리이며, 총체적 분권화 시대에 비추어 볼 때도 시대에 역행하는 주장이라고 보아야 할 것이다.

4) 조세법률주의(租稅法律主義)

조세법률주의란 국가의 모든 조세는 반드시 국민의 대표기관인 국회가 제정하는 법률에 의해서만 부과 · 징수할 수 있다는 원칙을 의미한다. 따라서 조세법률주의에 의하면 법률이 아닌 조례로는 조세를 부과 · 징수할 수 없다는 결론에 이른다. 따라서 조세법률주의 역시 지방의회의 조례제정권을 제약하고 있다. 그러나 근래 조세법률주의를 재해석하든지 아니면 완화해야 한다는 주장이 제기되고 있으며, 이에 따라 법정외 지방세 세목의 신설문제, 즉 조례세제도의 인정문제가 논란되고 있다. 국가의 통치가 국회에서 제정한 법률만으로 이루어지는 것은 아니며, 법률이란 것도 법률의 형식을 갖춘 형식적 법률만을 의미하는 것은 아니다. 지방의회도 지역사회에서의 주민의 대표기관인 의결기관이며, 헌법에 의해 부여된 자치권의 일환으로 자치재정권이 주어져 있다. 따라서 국가전체가 아닌 지역사회 내에서의 지방세목에 대해서는 자치재정권을 통해 조례로 이를 부과징수할 수 있다고 보아야 할 것이다.

1.3 지방의회 행정사무감사에 관한 이론과 제도

I. 행정사무감사의 의의 및 필요성

1. 의의

우리나라 지방자치법 제41조는 지방의회의 행정사무 감사권과 조사권을 규정하고 있다. 즉 지방의회는 매년 1회 지방자치단체의 사무에 대하여 감사를 실시하고 지방자치단체의 사무 중 특정사안에 관하여 본회의의 의결로 본회의 또는 위원회로 하여금 조사하게 할 수 있다는 규정이 그것이다. 이처럼 우리나라의 지방자치법이 외국에서는 그 예를 찾기 어려운 제도이지만 지방의회에 이러한 권한을 부여하고 있는 것은 대체로 다음 과 같은 두 가지의 목적 내지 취지가 있다고 볼 수 있다. 그 하나는 지방의회로 하여금 당해 자치단체의 행정사무전반에 관한 실태를 파악하여 지방의회의 의정활동과 예산심의를 하는데 필요한 정보와 자료를 수집하고, 각종 정책과 계획운영과정에서 합법성 및 합목적성이 지켜지고 있는가를 감시하는 것이고, 다른 하나는 행정의 잘못된 부분을 적발하여 그 시정을 요구함으로써 지방의회가 집행기관에 대한 감시 · 통제기능 등을 효율적으로 수행할 수 있게 하려는데 그 취지가 있다.

우리나라의 지방자치법(41조)은 헌법 제61조의 규정에 의하여 국회가 국정에 대한 광범위한 감사권을 부여받고 있는 취지에 따라 지방의회에게도 그 직책의 수행을 보장하기 위하여 지방자치단체의 사무에 대한 감사권한을 폭넓게 인정하고 있다. 그러나 이처럼 지방의회에 행정사무감사권을 부여하는 것이 바람직한가에 대해 학계에서는 찬반양론이 있다.

우선 외국의 경우를 보면 영국, 미국, 프랑스 등 대부분의 국가에서 포괄적인 행정감사권을 인정하지 않고 있으며, 일본에서도 일반적으로 인정되는 포괄적인 감사권은 없고, 지방자치단체의 사무에 관한 서류 및 계산서를 검열할 수 있으며, 의회는 감사위원에 대하여 당해 지방자치단체의 사무에 관하여 감사를 실시하도록 요구하고 그 결과에 대하여 보고를 청구할 수 있는 감사청구권만을 부여하고 있다.(일본지방자치법 제98조)[19]

따라서 지방의회의 행정사무감사제도는 제대로만 발전시켜 나간다면 한국적 지방자치제도의 특징으로 발전될 수도 있을 것이다[20]. 그러므로 행정사무감사기간도 적절하게 조정할 필요가 있고, 수감기간의 지방의원들이나 피감기관의 공무원들도 모두 진실한 마음으로 정성과 노력을 다하여 행정사무감사를 수행해야 할 필요성이 높다. 지방자치단체별로 특성 있는 감사제도와 기법을 개발함으로써 각자 자신들의 고유한 특징을 만들어 나갈 가치와 필요성이 높은 제도이다.

2. 필요성

행정사무감사권은 현대행정의 문제점을 보완하기 위해 인정된 제도라고 보아야 한다. 즉 20세기 복지국가의 등장과 함께 행정기능의 양적 증대와 질적 변화현상이 심화되고, 그 결과 입법권과 사법권에 비하여 행정권이 상대적으로 강화됨으로써 야기된 현대행정국가의 문제점을 개선할 필요가 있었기 때문이었다. 현대행정국가의 경우 시시각각 해결해야 할 공공문제가 폭증하고 있으며 그 효율적인 해결을 위한 각종의 정책결정과 집행이 행정기능의 주류를 이루어왔다. 그리고 이러한 정책과정은 대부분 행정관료를 중심으로 이루어지고 있으며, 그 결과 관료의 재량권이 점차 확대되면서 이들의 권력남용가능성 또한 증대되었다. 그리하여 국민의 요구나 기대와는 동떨어진 관료주의적 혹은 행정편의적 정책을 결정 · 집행하는가 하면 방만한 예산집행으로 행정의 낭비와 비능률을 초래하기도 하고, 심지어 재벌 등 민간부문의 경제력과 결탁하여 갖가지 부정과 비리를 자행하기도 하

19) 한국지방자치학회,「한국지방자치론」(서울 : 삼영사, 1995), pp.276-278.

20) 현재 우리나라의 지방정부에 대한 중앙정부의 감사제도는 물론 지방정부간 계층감사제도 등의 문제점을 개선하기 위하여 이미 정부혁신지방분권위원회 안으로 "공공감사에 관한 법률안"이 작성되어 법제처에 제출해 놓은 상태이다. 그러나 이 법률안에도 역시 지방자치단체 특히 기초자치단체감사의 독립을 보장하지는 못하고 있다. 즉 기초자치단체를 최하위 말단기관으로 인식하는 병폐로 인해 형식만 바꾸고 내용은 그대로 있다고 해도 과언이 아닐 정도다.

였다. 이처럼 행정기능의 확대강화에 따른 여러 가지 역기능과 병폐는 국가발전을 위협하는 암적 존재로 인식되었으며 따라서 이를 제거하고 통제하기 위한 다각적인 방안이 강구되었다. 지방의회의 행정사무감사는 지방정부차원에서 이러한 행정관료의 부정부패 및 무능, 직무태만, 무사안일 등의 비능률을 제거하고 행정의 민주성과 효율성을 제고하기 위해 인정된 제도이다. 특히 우리나라와 같이 짧은 기간 내에 급성장한 국가에서는 이러한 현상이 더욱 심각하여 적절한 통제장치가 마련되지 않는다면 자의적이고 방만한 행정권의 행사는 무한정 진행될 위험이 커다. 이렇게 볼 때 행정사무감사제도의 의의는 지역에 따라 차이는 있겠지만 현재로서는 매우 중요하고 가치있는 제도이다.

한편 이러한 행정사무감사제도의 필요성에도 불구하고 현실적으로 지방자치단체에 대해서는 공식, 비공식적인 다양한 감사제도가 실시되고 있어 연중 내내 감사에서 벗어날 틈이 없을 정도이다. 이런 상황에서 여기에 또 다시 지방의회의 감사제도를 인정해야만 하는가에 대한 회의적인 견해가 없지도 않다. 즉 현행법상 지방자치단체에 대한 감사는 사무의 종류에 따라 다소의 차이는 있지만 국회의 국정감사, 감사원감사, 주무부처의 감사, 행정자치부감사, 상급기관(광역자치단체)감사, 기관 내부의 자체감사 등, 매우 다양한 기관으로부터 연중감사를 받고 있다. 따라서 지방정부에 대한 통제제도인 감사제도를 줄여야 한다는 주장도 강력히 제기되고 있다. 그리하여 "국정감사 및 조사에 관한 법률" 제7조 2항(지방자치단체 중 특별시, 광역시, 도 등 광역자치단체를 국정감사의 대상기관으로 규정)에도 불구하고 지방자치단체의 사무에 대한 국회의 국정감사권의 배제를 주장하기도 하였다[21].

〈 표 1-4 〉 행정사무감사와 조사의 차이점

구분	행정사무감사	행정사무조사
대상사무	지방자치단체사무 전반(일반적 · 포괄적 개념) ※ 국회와 시 · 도의회가 직접 감사하지 않기로 한 사무(자치사무, 단체 및 기관위임사무 포함)	지방자치단체의 사무 중 특정 사안(특정개념) 처리기간 · 장소 · 책임소재 · 예산사항 등을 명기하여 구체적 · 개별적으로 조사할 사무 또는 사업으로 한정
활동시기	정기회 중 정기적인 활동	필요시 활동
활동요건	법정 당연 감사	재적의원 3분의 1 이상의 조사발의와 본회의 의결
활동주체	본회의 및 소관 상임위원회 또는 특별위원회	본회의 및 특별위원회 또는 소관 상임위원회

21) 1991년 전국 시 · 도의회의장협의회에는 이러한 주장을 결의문 형태로 촉구하였고, 지방의회의원들은 국회의 자치단체 국정감사를 노골적으로 반대하였다.

구분	행정사무감사	행정사무조사
활동기간	시 · 도의회 : 10일, 시 · 군 · 구의회 7일 실제 : 의회에서 결정 (연속된 기간 개념임)	본회의 의결로 조사일정승인 (실제 조사기간에 관한 규정은 없으나, 지방의회의 임시회 최장회기인 15일 이내가 합리적이라고 봄)
활용방법	예산결산 및 안건심사에 필요한 정보 및 자료 획득, 시책에 대한 평가 및 대안제시	행정사무감사, 본회의 질문 등과 연계활용, 다른 의정활동의 담보적 기능 활용

II. 지방자치행정의 이념과 행정사무감사의 원칙

1. 지방자치행정의 이념적 목적

지방의회의 행정사무감사는 주민에 대한 지방정부의 행정책임을 확보함으로써 지방행정이 추구하는 이념과 목적을 달성하고자 하는 행정관리적 수단의 하나이다. 이러한 행정사무감사는 행정조직의 구성원이 조직의 목표달성을 위해 최선을 다하도록 유인하면서 공직윤리와 관료의 행동규범으로부터 이탈되지 않도록 통제하는 기능을 한다. 그러므로 지방의회가 지방정부의 타 기관에 대하여 행정사무감사를 실시할 때는 항상 현대행정이 추구해야 할 기본이념을 염두에 두고 집행기관이 이러한 이념을 구현하기 위해 얼마나 노력했는가를 밝혀야 한다. 현대행정에서 강조되고 있는 행정이념으로는 민주성, 합법성, 능률성, 효과성, 생산성 등이 있다.

첫째 민주성이란 행정에 주민의 요구와 기대를 우선시키고, 주민의 의사에 기초하여 정책을 결정하고 집행할 뿐만 아니라, 경우에 따라서는 직접 주민을 정치행정에 참여시키며, 그 결과에 대해 국민에게 책임을 지는 행정을 의미한다. 둘째 합법성이란 법률에 의한 행정의 원리를 구현하는 것을 의미하며 법적 지배를 뜻한다. 즉 모든 행정권은 법령에 의거해야 하고, 법령의 범위 내에서 발동되어야 한다는 법률적합성을 의미하며, 국민의 자유와 권리를 존중하고 사법적 심사제도가 보장되도록 하는 행정을 뜻한다. 셋째 능률성이란 투입 대 산출의 비율을 뜻하며, 최소의 비용으로 최대의 산출을 가져오는 것을 의미한다. 즉, 행정은 가능한 적은 비용을 투입하여 가능한 최대의 결과를 산출할 수 있어야 능률적(협의의 능률)이라 할 수 있다. 뿐만 아니라 한정된 결과를 산출하는 데는 가능한 적게 투입할수록 능률적(절약)이라 할 수 있다. 넷째 효과성이란 목표의 달성정도를 의미한다. 현대행정은 한정된 자원으로 가능한 빠른 시간 내에 공공문제의 바람직한 해결을 추구한다. 그리고 그러한 해결은 국가 및 사회발전과 관련된 행정목표를 최대로 달성하고자 한다. 따라서 행정의 효과성은 목적과 수단을 연결한 개념이며 일정기간 행정활동의 결과(산출)가 당초의 목적을 얼마나 달성하였는가를 판단하는 것이다. 다섯째 생산성이란 능률성과 효과성이 통합된 개념이며 효율성이라고도 한다. 즉, 최소의 투입으로 최대의 산출을 가져오고 그것을 통해 가능한 최대의 목표를 달성했을 때 우리는 그것이 생산적이라고 말할 수 있다. 근래에 와서 생산성의 개념은 행정의 전분야에 걸쳐 중요한 행정지표와 평가측정의 기준이 되고 있다. 특히 행정에 경영마인드의 도입이 강조되고 있는 현대의 지방행정분야에서는 더욱 중시되고 있다. 여섯째 사회적 형평성(공정성)이란 행정이 국민에 대하여 공공서비스를 제공함에 있어서는 공명정대한 입장에서 공정하고 평등해야 함을 의미한다. 그리하여 학자에 따라서는 이를 공정성이라고도 한다. 즉 국민들이 행정서비스를 향유함에 있어 자유와 권리를 보장하고 실질적 평등(형식적 불평등)이 이루어지도록 기회를 보장하고 가치를 배분함을 의미한다. 이상과 같은 여섯 가지 이외에도 행정의 신뢰성, 공무원의 정치적 중립성, 합목적성, 대응성 등이 현대행정의 이념으로 기능하고 있다. 그리고 이러한 행정이념들은 지방행정에 적용되어 지방행정의 이념으로도 작용하고 있고, 그것이 바로 지방행정이 구현하고자 하는 바람직한 목적임을 유의해야 할 것이다.

2. 행정사무감사의 원칙(감사기관의 감사원칙)

이상과 같은 행정의 이념, 즉 지방행정의 목적을 달성하기 위해서 행정사무감사는 기본적으로 다음과 같은 몇 가지의 원칙이 존중되지 않으면 안될 것이다. 합리성의 원칙, 계획성의 원칙, 경제성의 원칙, 공정성의 원칙, 기밀성의 원칙 등이 그것이다.

1) 합리성의 원칙

합리성의 원칙이란 행정사무감사를 수행하는 감사위원의 의견과 주장은 언제나 논리적 타당성과 확실한 근거를 가지고 있어야 한다는 원칙이다. 감사권을 가진 감사관이라고 하더라도 단순한 짐작이나 추정만으로 피감사자를 공박하거나 몰아세워서는 안된다. 따라서 감사를 수행하는 의원은 수시로 충분한 증빙자료를 수집하고, 불확실한 사실에 대해서는 현지확인을 통하여 확실하고 구체적인 정보와 자료를 가지고 있어야 한다. 이를 위하여 지방자치법 시행령 제17조의 4는 이에 관한 근거를 마련하고 있다.

2) 계획성의 원칙

계획성의 원칙이란 감사에 임하는 의원들은 사전에 감사에 대한 치밀한 계획과 준비가 있어야 한다는 것이다. 충분한 준비 없이 감사에 임한다는 것은 맨손으로 고기를 잡겠다는 것과 다름없다. 현대행정은 매우 복잡하고 전문화되고 있기 때문에 분명한 포인트 없이 감사에 착수하게 되면 행정의 적법성이나 타당성 등을 즉석에서 판단하기가 매우 어렵다. 그리하여 지방자치법 시행령 제41조에서는 행정사무감사 시에는 반드시 계획서를 작성하여 본회의에 제출하고 승인을 받도록 하고 있다.

3) 경제성의 원칙

다수의 요원들이 장시간에 걸쳐 방대한 감사를 시행하게 되면 당해 사안에 대해서는 정확하고 치밀한 감사가 이루어질 수 있을지 모르나, 그것이 지나치면 감사자들은 물론 수감기관에게도 능률이 저해될 수 있다. 뿐만 아니라 수감기관의 업무수행에도 지장을 줄 수 있다. 따라서 감사대상, 감사방법, 감사기간, 감시인원 등은 감사의 목적과 성격, 감시기관과 수감기관의 성격 등에 따라 적절하게 조정되어야 한다.

4) 공정성의 원칙

공정성의 원칙이란 감사에 참여하는 의원들은 언제나 객관적이고 중립적인 자세를 지녀야하며, 편견이나 적대감을 가져서는 안된다는 원칙이다. 연고관계나 이해관계 등으로 한쪽으로 치우쳐서도 안되고 권력의 압력이나 경제적 매수 혹은 유혹에 굴복해서도 안된다. 이와 같이 행정감사의 공정성을 확보하기 위하여 동법 시행령 제17조의 6에서는 감사대상과 직접이해관계가 있거나 공정을 기할 수 없는 지방의원들은 감사에 참여하지 못하도록 하고 있으며(제척의 원칙), 동 제17조의 8에서는 감사는 공개할 것을 원칙으로 하고 있다.

5) 기밀성의 원칙

기밀성의 원칙이란 감사와 관련되어 지득한 사실은 그것이 수감기관의 기능과 활동을 현저히 저해할 우려가 있을 경우, 이를 외부에 누설해서는 안된다는 원칙이다. 행정에 관련되는 각종 정보는 그것 자체만으로 볼 때와는 달리 경우에 따라서는 수감기관의 목표수행과 직접 관련되는 중요한 기능을 할 때가 많다. 따라서 감사를 수행한 지방의원들은 가능한 수감기관의 활동을 저해할 우려가 있는 기밀에 대해서는 이를 외부로 누설하지 말아야 한다. 공무수행과정에서 지득한 사실은 크든 작든 간에 가능한 이를 외부로 누설하지 않는 것이 바람직하다. 그리하여 동법 시행령 제17조의 7에서는 감사관의 기밀유지에 관한 주의의무를 별도로 규정하고 있다.

III. 행정사무감사의 주체와 대상기관(수감기관)

1. 감사의 주체

지방자치법 제41조는 “지방의회는 매년 1회 당해 지방자치단체의 사무에 대하여 시 도에 있어서는 10일, 시 군 및 자치구에 있어서는 7일의 각 범위 내에서 감사를 실시하고, 지방자치단체의 사무 중 특정사안에 관하여 본회의의결로 본회의 또는 위원회로 하여금 조사하게 할 수 있다”고 규정하고 있다. 이에 따라 실시되는 지방의회 행정사무감사의 주체는 지방의회의 소관 상임위원회 또는 감사특별위원회가 된다. 즉 시 · 도의회와 상임위원회가 설치되어 있는 시 · 군 · 자치구 의회(의원정수가 10인 이상인 의회)는 소관 상임위원회별로 행정사무감사를 실시한다. 그러나 필요하다고 인정될 때에는 본회의의 의결로 감사특별위원회를 구성하여 감사를 할 수 있다. 상임위원회가 설치되어 있지 않은 자치구 · 시 · 군의회 에서는 감사특별위원회를 구성하여 행한다. 그러므로 본회의에서 감사시기 및 기간이 결정되는 즉시 감사특별위원회 구성결의안을 본회의에 제출하여 결의해야 한다.

2. 감사대상기관(受監機關)

1) 당연기관

행정사무감사 또는 조사의 대상기관에 대해서는 지방자치법 시행령 제42조에 구체적으로 명시되어 있다. ① 당해 지방자치단체, ② 당해 지방자치단체의 소속행정기관과 하부행정기관. ③ 교육 과학 및 체육에 관한 기관을 그 대상으로 한다. ④ 당해 지방자치단체가 설치한 지방공기업, ⑤ 위임 위탁된 사무(지방자치단체에 위임 위탁된 사무는 제외한다)를 처리하는 단체 또는 기관. 다만, 본회의가 특히 필요하다고 의결하는 경우만 해당한다. ⑥ 지방공사 및 지방공단 외의 출자법인 또는 출연법인 중 지방자치단체가 4분의 1이상 출자 또는 출연한 법인. 다만, 본회의가 특히 필요하다고 의결하는 경우에 지방자치단체의 출자 또는 출연에 관련된 업무 회계 재산에 한하여 실시한다.

2) 지방의회가 직접 감사하기로 한 기관

지방의회의 행정사무감사를 받아야 할 기관으로는 전술한 당연기관 외에도 본회의가 특히 감사를 할 필요가 있다고 의결하면 다음의 기관도 감사대상이 된다. ① 지방자치단체 및 그 장이 위임받아 처리하는 국가사무와 시 · 도 사무에 대하여 국회와 시 · 도의회가 직접 감사하기로 한 사무, 이를 제외하고는 단체위임사무와 기관위임사무의 감사를 위임받은 지방자치단체의회가 행할 수 있다. ② 자치단체장의 권한에 속하는 사무의 일부를 위탁받은 법인 또는 단체.

3) 관계 지방의회와의 상호협력기관

전술한 감사대상기관의 사무가 2개 이상 지방자치단체의 사무에 해당하는 경우에는 그 기관을 감사함에 있어 관계 지방자치단체의 의회와의 상호 협의를 요한다(법시행령 제42조의 2항). 이와 같이 감사대상기관은 당연기관, 본회의 승인기관, 관계지방자치단체의 의회와 상호 협의할 기관으로 구분된다. 시 · 군 · 구에 대한 시 · 도의회의 감사에 있어서는 시 · 도지사의 기관위임사무를 처리하는 감사대상기관이 된다. 소방사무는 시 · 도의 자치사무로서 시 · 도의회의 감사대상이다.

3. 감사대상 업무(監査事項)

원칙적으로 지방의회의 감사대상사무는 지방자치단체의 고유사무(자치사무)와 단체위임사무에 한정된다고 보아야 한다. 그러나 국회의 지방자치단체에 대한 국정감사에 대해 지방의회가 정식으로 반발함으로써 과거 내무부가 만든 조치에 따라 최근에는 국가의 기관위임사무와 단체위임사무 중 국회의 국정감사를 하지 않기로 제외된 사무는 모두 지방의회의 감사대상사무로 가능토록 해놓았다. 그러나 이로 인해 우선 과거에는 국정감사사항이 아니었던 단체위임사무에 대해서도 중앙정부의 국정감사를 가능케 하여 그만큼 지방자치가 위축되게 되었다. 그리고 기관위임사무에 대해서도 국정감사에서 제외된 사무에 대해서는 지방의회가 감사할 수 있도록 해 놓고 있어 지방자치단체가 국정운영에 간섭할 수 있는 모순을 야기시키고 있다.

Ⅳ. 행정사무감사의 시기 · 방법 및 절차

1. 감사의 시기

지방의회의 행정사무감사는 지방의회의 필요와 편의에 따라 자율적으로 실시하는 것이 가장 바람직하다. 우리나라 지방자치법은 “지방의회는 매년 2회 정례회를 개최한다. 정례회의 집회일 그 밖에 정례히의 운영에 관하여 필요한 사항은 대통령령(지방자치법시행령)으로 정하는 바에 따라 해당 지방자치단체의 조례로 정한다(제44조)”고 규정하고 있다. 이러한 규정에 따라 지방자치법 시행령은 그 제 54조에서 “1차 정례회는 매년 6월과 7월 중에(다만 총선거가 실시되는 연도의 1차 정례회는 9. 10월중에 집회할 수 있다), 2차 정례회는 11월과 12월중에 집회토록 하였다. 그리고 정례회에서 처리해야 할 안건을 다음과 같이 규정하였다(동시행령 제54조 제2항). 즉 제1차 정례회는 결산승인 및 기타 지방의회에 부의된 안건을 처리하고, 제2차 정례회는 예산안의 의결 및 기타 지방의회에 부의된 안건을 처리하도록 하였다[22]. 그리하여 개정된 시행령에 의하면 행정사무감사는 정례회운영에 관한 조례의 규정에 따라 제1차 정례회나 제2차 정례회 어느 쪽을 선택해서 1회에 한하여 실시할 수 있게 되었다. 그러나 지방자치법이나 동시행령이 정한 사항 이외에 정례회의 집회일과 정례회의 회기, 기타 정례회의 운영에 관한 사항은 당해 지방자치단체의 조례로 정하도록 하였다.(동 시행령 제54조 제3항) 그리하여 상하반기를 불문하고 정례회시 행정사무감사를 신축적으로 실시하는 지방의회가 늘어나고 있다.

2. 감사의 절차

감사의 절차는 감사준비단계, 감사실시단계, 감사결과의 처리단계 등의 3단계로 구분된다.

1) 감사의 준비단계

(1) 감사실시 의결

감사를 실시하는 주체는 광역의회의 경우 상임위원회 또는 감사특별위원회가 그 주체가 되며, 의원정수가 10인 이하의 기초자치단체의 의회는 본회의가 구성한 감사특별위원회가 그 주체가 된다. 그리고 감사를 실시하는 시기와 기간은 광역의회의 경우 매년 1차 정례회의 기간 중 10일간, 기초의회의 경우 매년 1차 정례회의 기간 중 7일간 실시한다.

(2) 수감기관의 선정과 감사계획의 작성

첫째 감사를 실시할 수감기관은 소관 상임위원회 또는 특별위원회가 운영위원회와 협의하여 본회의에서 승인을 얻어 작성한다. 이 때 감사대상기관의 선정은 예년의 예에 따르는 것이 일반이지만 특히 과거 및 현재에 집단민원이나 현안사항이 있는 기관, 평소 지방의회나 의원들이 특별한 이유로 관심을 가지고 있는 기관 등에 대해서는 집중적인 감사를 실시할 필요가 있다. 그리고 감사사무의 선정은 감사기관마다 2-3개 정도(예산증액

22) 제54조 (정례회의 집회일 등)① 법 제44조에 따른 정례회 중 제1차 정례회는 매년 6월 7월 중에, 제2차 정례회는 11월 12월 중에 열어야 한다. 다만, 총선거가 실시되는 해의 제1차 정례회는 9월 10월 중에 열 수 있다. ② 제1항에 따른 정례회에서 처리하여야 할 안건은 다음 각 호와 같다. 1. 제1차 정례회는 법 제134조에 따른 결산 승인 및 그 밖에 지방의회의 회의에 부치는 안건 2. 제2차 정례회는 법 제127조에 따른 예산안의 의결 및 그 밖에 지방의회의 회의에 부치는 안건 ③ 법 및 이 영에서 정한 사항 외에 정례회의 집회일과 회기, 그 밖에 정례회의 운영에 관하여 필요한 사항은 해당 지방자치단체의 조례로 정한다.

사업, 중점사업, 민원과다사항, 기타 현안사항)의 집중감사사항을 선정하도록 한다. 감사를 위한 사전자료수집은 감사대상기관의 업무 · 조직 · 예산 · 감사대상업무와 관련된 규정 등을 수집하거나 숙지하여야 한다. 그리고 필요하다면 신문스크랩 · 각종보고서 · 과년도 감가기록 · 전문가나 주민들과의 면담 등을 통하여 준비하는 것이 바람직하다. 그리고 증인이나 참고인의 선정, 그리고 이들의 출석문제도 사전에 정해두도록 하는 것이 바람직하다. 둘째 감사계획의 내용은 ⅰ) 감사의 목적, ⅱ) 감사기간, ⅲ) 감사대상기관(본회의 승인대상기관의 확정), ⅳ) 감사위원회의 편성, ⅴ) 감사일정 및 감사장소, ⅵ) 감사요령, ⅶ) 소요경비, 기타 조례로 정하는 사항으로 구성되어 있다.

(3) 감사계획의 본회의 의결(승인)

행정사무감사는 이를 수행할 해당 상임위원회 혹은 특별위원회가 감사계획서를 작성하여 이를 본회의에 상정하고 본회의의 의결로서 승인을 얻어야 한다.

(4) 감사계획서의 통보

본회의의 승인을 받은 감사계획서를 지방의회 의장이 당해 자치단체장에게 이송한다.

(5) 감사사무보조자 선정 및 감사출장 준비

(6) 보고 · 서류제출 · 증인 · 참고인 등 출석요구서 발송

이들 서류는 의장을 경유하여 최소한 3일 이전까지 해당기관에 도달해야 한다.

〈표1-5〉 감사준비단계

사항별	착 안 사 항
① 집중감사기관 선정	o 집단민원, 현안사항이 있는 기관 o 평소 관심기관을 선정함 * 위원 간에 감사기관 분담도 효과적임.
② 감사사무 선정	o 감사기관마다 2-3개 정도 집중 감사사항 선정 o 감사할 사항의 소관, 기관별로 정리 o 예산이 증액된 부분이나 중점사업을 선정 o 민원 과다사항, 현안사항
③ 자료수집 및 자료요구준비	o 감사기관의 업무 · 조직 · 예산 · 관련규정 수집, 숙지 o 자료수집 : -신문 스크랩, -각종 보고서 -지난 연도의 감사회의록, 타 지방의회의 감사회의록 - 주민 및 전문가 면담, -자체감사, 행자부, 감사원 감사사항 * 감사할 사항 위주로 구체적인 자료요구 * 자료요구의 과다문제 감안

사항별	착 안 사 항
④ 출석증인 선정	o 감사대상기관 기관장, 실 · 국 · 과장급을 증인으로 선정 * 일반인, 기타 공무원 중 증인으로 출석시킬 필요가 있는 자 선정
⑤ 현지확인 및 검증대상 선정	o 집단민원, 현안문제가 있는 사항 위주로 선정 o 각종 감사에서 지적된 사항

2) 감사의 시행단계

감사의 순서는 구체적인 상황에 따라 반드시 동일하지는 않지만 대체로 다음과 같은 순서로 진행된다. (1)위원장의 감사선언 및 인사, (2)기관장 인사 및 간부소개, (3) 피감사기관의 보고 청취 및 질의 · 응답, (4)서류제출을 요구하였을 경우 제출되는 서류의 확인 · 검토, (5)증언 · 의견진술 등 청취(증인심문 포함), (6)문서 또는 현장 기타에 대한 검증을 통하여 사실 확인 등 증거수집, (7)감사결과 강평 및 종료 선언 등의 순서로 진행된다.

3) 감사결과의 처리단계

(1) 감사결과보고서의 작성과 제출

감사위원회가 감사를 완료한 때에는 그 위원회의 위원장은 의장에게 감사결과보고서를 지체 없이 작성 · 제출하고 본회의에 보고하여야 한다. 감사결과 보고서의 주요내용은 다음과 같다. i) 감사의 목적, ii) 감사의 기간, iii) 감사실시대상기관, iv) 감사실시 과정(감사반편성 감사일시 대상기관 장소 감사방법 등), v) 주요감사 실시내용(소관별, 사항별), vi) 감사결과 및 처리의견(시정요구사항 처리요구사항 건의사항), vii) 기타 특기사항, viii) 중요 근거서류 등이다.

(2) 감사보고에 대한 본회의 처리

지방의회는 감사결과보고를 받고 그 내용을 검토한 이후 본회의의 의결로 감사결과를 처리한다.

(3) 감사결과 시정 및 처리요구사항, 건의사항을 지방장치단체나 관계기관장에게 이송.

지방의회는 감사결과 당해 지방자치단체 또는 그 당해 기관의 시정을 필요로 하는 사유가 있을 때에는 그 시정을 요구하고, 당해 지방자치단체 또는 해당기관에서 처리함이 타당하다고 인정되는 사항은 그 기관에 이송한다.

(4) 해당기관으로부터 처리결과의 보고 청취.

지방자치단체 또는 해당기관은 시정요구를 받거나 이송 받은 사항을 지체없이 처리하고 그 결과를 지방의회에 보고하여야 한다.

3. 감사의 방법과 절차

감사는 위원회에서 정하는 바에 따라 의회, 감사대상기관, 현지 또는 기타의 장소에서 할 수 있다. 따라서 위원회가 작성하는 감사계획서에 감사반 편성, 감사일정, 감사요령 등 감사에 필요한 사항을 기재할 때에 감사실시장소를 어디에서 할 것인지를 명시하여야 한다. 그러나 일반적으로 감사대상기관에 출장하여 실시하는 것이 관례로 되어 있다. 그리고 감사를 시행하는 위원회(상임위 · 특별위)는 감사를 위하여 필요한 때에는 현지확인을 하거나, 서류제출을 요구할 수 있으며, 지방자치단체장 또는 관계공무원, 그 사무에 관계되는 자를 출석하게 하거나 참고인으로서 의견진술을 요구할 수 있는 질문답변의 방식을 취할 수도 있다(법 제41조 4항). 행정사무감사의 실효성을 보장하기 위하여 지방자치법은 허위증언을 한 자를 고발하고, 출석요구를 받은 자가 정당한 이유 없이 출석하지 않거나 증언 또는 진술을 거부할 때에는 500만원이하의 과태료를 부과할 수 있도록 하였(법 동조 제5항)다. 구체적 사항은 국회에서의 증언 · 감정 등에 관한 법률에 준하여 대통령령으로 정한다. 감사의 방법과 절차에 관해서는 지방자치법과 동 시행령에 자세히 규정되어 있으므로 여기서는 다음과 같이 그 요점만 검토하기로 한다.

1) 서류 및 자료제출의 요구

행정사무감사를 실시하기 위하여 지방의원들은 감사대상기관에 대해 관심사항이나 의문사항이 있을 경우, 위원회의 의결을 거쳐 서류 및 자료의 제출을 요구할 수 있다. 이 때 서류 또는 자료라 함은 문서 또는 기타의 방법으로 기록 · 보존되어 있는 것을 수정 · 변경하지 않고 현재 상태 그대로 제출함을 의미한다. 도서, 기록, 서신, 비망록, 테이프, 사진 등도 포함되며 필요한 경우 기존의 것 이 외에 새로이 작성되는 것도 해당된다고 보아야 할 것이다. 제출받은 서류 및 자료는 감사시 질의 및 사실확인에 활용할 수 있다.

2) 보고청취 및 질의

(1) 감사위원회는 감사대상기관의 업무전반 또는 특정사항에 대하여 감사위원회에 보고를 요구할 수 있으며, 보고사항에 대해 질의하고 증언이나 진술 등 답변을 청취한다. 이때 증인의 답변을 증언이라고 하고 참고인 등 기타의 자의 답변을 진술한다.

(2) 수감기관의 보고를 청취한 이후, 감사위원들은 출석한 증인 또는 참고인을 상대로 감사(조사) 사항에 대하여 질의를 한다. 이때 질의는 보통질의 방식으로 행하므로 일정산 시간제약이 있을 경우 의장 또는 위원장은 위원들의 의견을 들어 질의시간을 제한 할 수 있다.

(3) 이 경우 지방의원에게는 면책특권이 부여되지 않으므로 질의과정에서 타인의 사생활을 침해하는 등의 발언을 하지 않도록 유의해야 한다.

3) 현지확인 및 검증

예컨대 사고발생이나 집단민원의 발생 등 감사대상사무의 특성에 따라서는 행정업무가 시행되는 사업현장에 직접 나가 상황설명을 듣거나 현장실정을 파악하고, 증거를 채택할 수 있다. 이는 증거확보를 위해 행정현장에 나가 관련 서류와 자료들을 직접 확인하는 행위다.

4) 증인 · 참고인 등 관계인 출석요구 및 의견진술 청취

(1) 감사위원들은 행정사무처리와 관련하여 감사대상기관의 장이나 그 보조기관의 공무원 그리고 감사사항과 관련된 일반인 등을 증인 또는 참고인으로 지정, 출석을 요구하여 의문사항이나 잘못된 사항에 대하여 질의하고 이에 대한 답변을 청취한다.

(2) 본회의 또는 위원회가 감사나 조사를 위하여 증인, 감정인, 참고인의 출석을 요구할 때는 그 의결로 하여야 한다. 증인 감정인, 참고인이 출석하여 증언 또는 진술하는데 지장이 없도록 준비기간을 주기위하여 출석요구는 가능하면 사전 준비단계에서 하여야 한다.

(3) 감사의 실효성을 높이기 위하여 증인으로 출석한 자에 대해서는 증인선서를 하게 할 수 있다. 그리고 증인으로 지정된 자가 정당한 이유 없이 출석하지 않거나 증언을 거부할 때에는 500만원 이하의 과태료 부과를 요구할 수 있으며, 증인이 허위증언을 할 경우 고발할 수 있다.

(4) 의원의 질의는 구체적인 사안에 대해 질의해야 하며, 증인과 참고인의 사생활을 침해하지 않도록 유의하고, 인격을 존중하는 태도를 가져야 한다. 물론 의원의 질의에 답하는 증인이나 참고인도 정중하고 성실하게 답변해야 한다.

〈증인 · 감정인 · 참고인의 의의〉

1) 증 인 : 과거에 자기가 경험한 사실을 증언하여야 할 자(감정인적 증인도 포함) 2) 참고인 : 감사조사중인 사건과 이해관계가 있거나 학식, 경험이 있는 등 관계가 있는 자로서 증인 이외의 자. 3) 감정인 : 특별한 지식 경험을 가지고 그에 기초한 법적 또는 사실판단에 대해서 보고가 요구되는 자. * 감정인의 출석은 법적 규정은 없으나 행정사무감사에 관한 조례에서 그 출석을 요구하는 경우가 있음.

〈증인 · 감정인 등에 대한 질의(신문) 방식과 절차〉

1. 증언 및 의견진술요구는 구두신문을 원칙으로 한다. 2. 증언 및 의견진술요구는 각 증인에 대해 개별적인 신문을 원칙으로 하며, 필요한 경우에는 대질신문이나 수명의 증인을 상대로 동시에 신문하는 방식으로도 신문할 수 있다. 3. 신문의 범위는 감사 조사대상인 사안의 범위를 넘어서는 안된다. 4. 신문시간에 대해서는 명문의 규정은 없으나 형평을 기하기 위하여 제한할 수 있으며, 증언 및 의견진술시간은 신문시간에 포함된다. 5. 신문순서 등에 관하여는 의장이 정하거나 위원장이 간사와 협의하여 정하는 것이 통례다.

V. 감사위원의 의무 및 감사의 한계(감사규칙참조)

1. 감사시의 주의의무

1) 수감기관의 기능방해금지 및 기밀누설금지

감사를 실시할 때는 그 수감기관의 기능과 활동이 현저히 저해되거나 당해 기관의 기밀이 누설되지 않도록 주의해야 한다. 동 의무를 위반한 경우 그 의원은 징계의 대상이 된다. 이 때 어느 정도가 기관의 활동이 현저히 저해되는지의 판단기준은 사회적 통념에 맡길 수밖에 없다. 따라서 최종적인 판단은 주의의무를 태만히 한 사유로 징계를 요구할 경우 징계자격심의위원회 또는 본회의에서 내리는 수밖에 없다. 그리고 기밀이라 함은 당해 지방자치단체의 보안 규정에 의하여 Ⅰ급 내지 Ⅲ급 비밀로 분류된 사항과 직무수행 상특별히 대외비로 정해진 사항을 의미한다. 감사사무 보조자에게도 감사를 통하여 알게 된 비밀을 정당한 사유 없이 누설하지 못하도록 하는 주의의무를 부여하고 있다(동법 시행령 제47조).

2) 자치단체장의 집행권에 대한 불간섭

지방의회가 자치단체장의 고유권한인 집행권을 직접 행사한다거나 집행에 정치적 압력을 가하는 등의 감사는 할 수 없다.

3) 개인사생활의 침해금지

지방의회의 행정사무감사권은 그 대상이 어디까지나 공공의 행정사무에 한정되므로 이와 관련 없는 개인의 사생활에 대해서는 감사할 수 없다. 단지 사생활에 관한 사항일지라도 그것이 자치단체의 집행사항과 관련이 있는 경우에는 감사의 대상이 될 수 있다. 그리고 의원 및 사무보조자는 감사를 통하여 알게된 타인의 비밀을 정당한 사유 없이 누설해서는 안된다. 만일 의원이 이를 위반하면 당해 의회의 회의규칙이 정하는 바에 따라 징계를 받을 수도 있다.

4) 계속 중인 재판 또는 수사 중인 사건의 소추에 대한 간섭금지

진행 중인 사건에 대하여 감사를 하는 것은 재판에 중대한 영향을 미칠 수 있는 행동으로서 헌법상 사법권의 독립을 침해하는 것이므로 금지된다. 그리고 현재 수사 중인 사건에 관여할 목적으로 감사하는 것도 검사의 소추권행사에 중대한 영향을 미칠 수 있는 행동으로서 기소편의주의 내지 기소독점주의 원칙에 위배되므로 금지된다.

2. 의원의 제척과 회피

감사를 실시하는 의원이 감사대상이 된 사무와 이해관계가 있거나 공정한 감사를 수행할 수 없는 현저한 사유가 있을 때에는 그 사안에 한하여 감사에 참여할 수 없다(법 시행령 제46조 제1항). 그리고 본회의나 감사 또는 조사위원회는 위(제1항)의 사유가 있다고 인정하면 그 의결로 해당 지방의회의원의 감사나 조사를 중지시키고 다른 의원에게 감사하게 하거나 조사하게 하여야 한다(동 시행령 동조 제2항). 이러한 조치에 대하여 해당 지방의회의원의 이의가 있으면 본회의에서 의결하는 바에 따른다.(동조 제3항) 제1항의 사유가 있는 지방의회 의원은 그 사안에 대하여만 본회의, 감사 또는 조사위원회의 허가를 받아 감사 또는 조사를 회피할 수 있다(동조 제4항).

즉 제척사유가 있는 의원을 감사활동에서 배제시키는 방법에는 첫째로, 의원 본인의 의사와는 관계없이 본회의나 감사위원회의 의결로 당해 지방의회의원의 감사를 중단시키고 다른 의원으로 하여금 감사하게 하는 방법, 둘째로, 본인이 스스로 감사위원회의 허가를 받아 당해 사안에 한하여 감사를 회피하는 방법이 있다. 둘째 방법에 있어서는 의원이 위원장에게 감사회피신청서를 제출하면 위원장은 위원회의 동의를 거쳐 회피를 허가한다. 이해관계인의 제척 · 회피는 감사전은 물론 감사시행 중 감사현장에서도 할 수 있다. 만약 제척사유가 있음을 알면서도 이를 회피하지 아니한 경우에는 당해 의원은 징계대상이 된다.

3. 감사범위의 준수

지방의회가 실시하는 행정사무감사의 범위는 첫째 지방자치단체의 관할구역의 자치사무와 단체위임사무에 한정되며(지방자치법 제9조 제1항, 제2항), 둘째 의회구성일 이후에 처리된 사무에 한하고, 그 이전에 처리된 사무는 포함되지 않으며, 셋째 개인의 사생활을 침해하거나 계속 중인 재판 또는 수사 중인 사건의 소추에 관여할 목적으로 행사되어서는 아니된다(동법 시행령 제45조). 감사대상기관의 사무가 동시에 다른 지방자치단체의 사무이기도 한 경우에는 이를 감사하려면 그 지방자치단체의 의회와 협의하여야 한다. 상호협의란 의회의 의결로 다른 지방자치단체의 의회와 감사할 내용을 공문으로 협의하고 다른 지방의회가 이를 의결하는 절차를 밟는 것을 말한다. 감사를 행할 의회는 소관상임위나 특별위원회의 의결을 거쳐 본회의의 의결을 얻어야 한다. 그러나 지방의회는 본회의의 의결이 있을 때에는 특정안에 대하여 감사를 할 수 있다.

1.4 지방의회의 예산심의와 확정 및 결산의 승인

I. 지방예산의 의의와 기능

1. 의의

지방정부는 중앙정부에 대해 상대적으로 독립된 행정주체로서의 지위를 가지며, 자율적 행정기능이 보장됨과 동시에 독립된 경제주체로서의 역할을 수행한다. 독립된 행정주체로서의 기능을 가능케 하는 권한이 바로 지방자치권(자치입법권, 자치조직권, 자치행정권, 자치재정권)이며, 이 중에서 경제주체로서의 역할을 확보하기 위한 권한이 자치재정권이다. 이 자치재정권은 그 성질에 따라 재정권력적 작용[23]과 재정관리적 작용[24]으로 구분된다. 전자는 지방정부가 지방자치단체의 재력을 획득하기 위하여 주민에게 명령 · 강제하는 권력적 기능이지만, 후자는 이렇게 하여 획득된 재력으로 예산을 편성 · 집행하고 재산 및 수입 · 지출을 회계하는 관리적 기능이다. 따라서 지방정부의 예산이란 이러한 자치재정권 중 재정관리적 작용의 일환으로 연례적으로 수행되는 지방정부의 중요업무의 하나이다. 지방정부의 예산이란 지방자치단체의 1회계년도의 수입과 지출에 관한 예정적 계획서를 뜻한다. 때문에 예산은 지방정부가 다가오는 한 해 동안에 꾸려나갈 살림살이를 계획하고 있는 계획서이기도 하다. 지방예산상의 세출은 사업의 소요경비로서 지방자치단체장에게 확실하게 지출권한을 부여하지만, 세입은 단순한 예측으로서 수입의 근거는 법령에 별도로 규정되어 있다. 따라서 지출은 예산에 편성되지 않으면 이를 지출할 수 없는 것이지만 수입은 법령의 규정에 의하여 징수되므로 예산 없이도 이를 징수할 수 있다.

2. 중앙정부와 지방정부간 예산제도의 차이

중앙정부와 지방정부의 예산제도는 여러 면에서 상이한 점을 지니고 있다. 여기서는 가장 일반적인 차이점만을 간략히 검토해 보기로 한다. 첫째 적용하는 법령이 서로 다르다. 중앙정부의 경우 예산회계법과 동법 시행령을 적용하고 있으나 지방자치단체에서는 지방자치법과 지방재정법, 그리고 동법 시행령을 근거로 하고 있다. 둘째 예산편성지침 작성의 시달권자가 서로 다르다. 중앙정부의 경우에는 기획재정부장관이 작성 시달하고, 지방자치단체의 경우 행정안전부장관이 지방재정운용 업무편람과 예산편성기준을 작성하여 시달한다. 그리고 교육학예에 관하여는 교육과학기술부장관이 각각 작성 시달하고 있다. 셋째, 회계년도는 동일하나 예산성립 일정이 서로 다르다. 중앙정부의 경우에는 예산성립과정에 관한 시기를 법령으로 명시하고 있으나 지방자치단체는 국고보조, 교부금, 지방교부세는 정부예산이 확정되었거나 확정될 수 있는 상태에서 실질적인 예산편성을 할 수 있다.

3. 지방예산의 기능

1) 정치적 기능

지방예산은 지방정치의 중심축이 된다. 예산제도가 입헌주의의 성립과정에서 확립된 것인 만큼 예산을 통해 지방의회는 집행기관을 견제하고 감독할 수 있다. 지방예산이 편성,

---

23) 재정권력적 기능의 내용으로는 지방세의 부과징수권, 사용료.수수료 등의 결정징수권, 재정하명, 재정강제, 재정벌 등을 들 수 있다.
24) 재정관리적 기능은 비권력적 수단으로 재산의 관리를 담당한다.

심의, 의결되는 과정은 지역주민, 이익집단, 정당, 집행당국 등 다양한 이해관계자들의 정치적 협상과 타협의 과정이다.

2) 행정관리적 기능

이것은 지방정부가 제한된 재원을 가지고 이를 어떻게 활용해야 그 소임을 효율적으로 완수할 수가 있느냐 하는 문제와 관련된 기능을 의미한다. 그러므로 예산은 불요 불급한 사업은 제한하고, 필요한 사업만을 추진하기 위하여 예산편성지침을 결정하여 최소의 경비로 최대의 효과를 거두기 위한 행정관리 제도의 중심이 된다.

3) 정책형성기능

지방예산은 지역발전정책의 주요내용을 담고 있다. 예산안의 편성과 심의를 통해 지방정부가 다음 해 한해동안 수행하고자 하는 지방정부의 주요활동지침을 내포하고 있기 때문이다. 지방예산은 지역개발사업, 지역경제발전, 소득재분배, 주민복지 등의 제반기능을 수행하고 있다.

4) 계획추진적 기능

지방예산은 이를 통하여 지방정부의 활동이 계획적으로 추진되도록 한다. 지역발전을 위한 각종의 사업계획을 뒷받침하는 재정계획이 예산에 의하여 구체적으로 명시됨으로써 사업수행이 보다 체계적이고 능률적이며 확실하게 되기 때문이다.

4. 지방예산의 구분과 종류

1) 일반회계예산과 특별회계예산

일반회계예산이란 지방정부의 경상적인 재정활동에 관한 회계예산으로서 그 지방정부의 원칙적인 회계예산이다. 특별회계예산이란 일반회계예산과 구분하여 설치되는 예외적인 회계예산이다. 예컨대 지방공기업법에 의한 지방직영기업 및 그 밖의 특정사업을 운영할 때 또는 특정자금이나 특정세입 세출로서 일반세입 세출과 구분하여 계리할 필요가 있을 때에 한하여 법률 또는 조례로 설치할 수 있다.

2) 예산의 종류

(1) 본예산(당초예산) · 수정예산 · 추가경정예산

본예산이란 연간 예산을 최초로 성립시킨 예산을 말하며, 이를 당초예산이라고도 한다. 수정예산이란 단체장이 의회에 예산안을 제출한 뒤 예산이 의결되기 전에 수정하는 예산을 말하며 지방자치법 제118조4항에 근거를 두고 있다. 그리고 추가경정예산이란 이미 성립된 예산을 변경할 필요가 있을 때 지방재정법 제45조의 규정에 따라 지방자치단체장이 편성한다.

(2) 잠정예산 · 가예산 · 준예산 · 실행예산

예산불성립시의 예산으로 잠정예산, 가예사ㄴ, 준예산, 실행예산 등으로 구분된다. 잠정예산이란 의회에서 예산이 통과되지 않았을 경우 최초 수 개월 동안 일정한 금액의 예산을 지출하도록 허가하는 제도이다. 우리나라의 경우 이 제도를 채택한 예가 없다. 가예산이란 부득이한 사유로 해서 회계년도 개시전에 예산을 의결하지 못하는 경우가 발생하면 예산이 성립하기 이전에 1개월 예산을 의결하여 집행하도록 해주는 제도이다(과거에 채택한 경험 있음). 준예산이란 회계년도 개시 전에 예산이 의결되지 않을 경우, 자치단체장이 법령이나 조례에 의하여 설치된 기관 또는 시설의 유지비와 운영비, 법령 또는 조례상 지출 의무의 이행, 그리고 이미 승인된 계속비는 범위 내에서 전년도 예산에 준하여 지출할 수 있다는 제도이다(현행제도). 다음으로 실행예산이란 세입예산에 비하여 실제 수입이 현저하게 감소되거나 감소될 우려가 있을 경우 자치단체장이 자체적으로 결정하여 세출예산을 통제 조정하는 제도를 말한다.

(3) 사업예산

정책과 예산의 연계 및 재정성과 제고를 위해 성과관리가 용이하도록 정책사업을 중심으로 설정한 예산체계이다. 즉 예산계획, 편성, 집행에 이르는 예산체계를 사업단위로 구조화하고, 이를 사업목표와 연결함으로써 성과를 관리하고자 하는 예산기법이다. 사업예산은 정책과 성과중심으로 재정운용을 선진화하고 성과목표에 근거한 사업중심의 예산편성, 성과목표달성에 필요한 합리적 재원배분에 그 목적을 두고 있다. 그리하여 사업예산의 운영에 있어서는 예산의 성과목표를 가능한 정량적으로 표시하며, 목표달성을 위하여 유연하고 효율적으로 예산을 집행하고, 성과목표를 어느 정도 달성했느냐를 측정하여 그 결과를 다음 연도의 계획과 예산에 반영한다. 우리나라 중앙정부는 지난 2008년부터 전국의 모든 지방자치단체에게 이 사업예산제도를 전면적으로 도입토록 하였다.

Ⅱ. 지방자치단체의 예산구조와 내용

1. 예산의 구조

1) 예산총칙

예산총칙에는 세입 · 세출예산, 계속비, 채무부담행위 및 명시이월비에 관한 총괄적 규정과 지방채 및 일시차입금의 한도액, 기타 예산집행에 관한 사항을 총괄적으로 규정하고 있다.

2) 세입 · 세출예산

지방자치단체의 세입 · 세출예산은 그 내용의 성질과 기능을 고려하여 장 · 관 · 항으로 구분하고 있다. 그러나 예산의 내용을 보다 명확히 하고, 나아가 예산의 효율성을 높이기 위하여 다시 세항 · 세세항 · 목으로 구분하고 있다. 장, 관, 항을 법정과목 또는 의결과목이라고 하고, 새항, 세세항, 목 등을 행정과목이라고 한다.

2. 세입예산의 구조

1) 자주적 수입

(1) 지방세

지방세는 최근 몇 년 동안 매우 급격하고 빈번하게 바뀌었다. 2011년 현재 변경된 지방세의 구조와 종류에 대해 간략하게 검토해 보기로 한다. 지방세는 지방세법에 의하여 지방자치단체장이 징수하는 세입으로서 보통세와 목적세가 있으며, 기관별로 특별시 · 광역시세와 도세 그리고 시 · 군세와 자치구세 그리고 제주특별자치도세로 구분할 수 있다. 특별시 · 광역시세의 경우 보통세에는 취득세, 레저세, 담배소비세, 지방소비세, 지방소득세, 주민세, 자동차세의 7가지의 세가 있고, 목적세에는 지역자원시설세와 지방교육세의 두가지 가 있어 총 9가지의 세목으로 구성되어 있다. 도세(道稅)의 경우 보통세에는 취득세, 등록면허세, 레저세, 지방소비세의 4가지 세목이 있고, 목적세로 지역자원시설세와 지방교육세의 두 가지가 있어 총 6가지의 세목으로 구성되어 있다.

〈표1-6〉 지방정부 유형별 지방세의 세목

		보통세	목적세
광 역 지방정부	특별시 광역시 (9개)	취득세, 레저세, 담배소비세, 지방소비세, 지방소득세, 주민세, 자동차세(7개)	지역자원시설세 지방교육세
	도(道)(6개)	취득세, 등록면허세, 레저세, 지방소비세(4개)	지역자원시설세 지방교육세
기 초 지방정부	자치구(2개)	등록면허세, 재산세(2개)	
	시, 군(5개)	담배소비세, 주민세, 지방소득세, 재산세, 자동차세 (5개)	
제주특별자치도 (11개)		취득세, 등록면허세, 레저세, 담배소비세, 지방소비세, 지방소득세, 주민세, 재산세, 자동차세(9개)	지역자원시설세 지방교육세

한편 기초자치단체의 경우 목적세는 없고 보통세만을 징수하고 있다. 즉 자치구세의 경우 등록면허세와 재산세의 두 가지 세목으로 구성되어 있고, 시 · 군세의 경우 담배소비세, 주민세, 지방소득세, 재산세, 자동차세 등 5가지 세목으로 구성되어 있다. 그리고 제주특별자치도의 경우 보통세는 취득세, 등록면허세, 레저세, 담배소비세, 지방소비세, 지방소득세, 주민세, 재산세, 자동차세의 9가지 세목으로 구성되어 있고, 목적세로는 지역자원시설세와 지방교육세의 두 가지로 총 11가지의 세를 특별자치도가 바로 징수하도록 하였다.

(2) 세외수입

세외수입은 재산임대 수입, 사용료 수입, 수수료 수입과 같이 매년 정례적으로 수입되는 경상적 세외수입과 재산매각 수입, 이월금, 기부금 수입과 같이 특수한 여건에 의하여 수입되는 임시적 세외수입이 있다. 세외수입은 다음과 같은 여러 가지 특징을 지니고 있다. 첫째 세외수입은 지방정부의 독립적인 노력과 절차에 의한 수입이라는 점에서 의존수입인 지방교부세나 국고보조금과 다르다. 둘째 세외수입은 지방정부의 경제활동이나 서비스급부에 대한 대가적인 성격의 수입이라는 점에서 개별적인 급부의 제공 없이 강제적으로 징수하는 지방세와도 다르다.

셋째 세외수입은 그 종류와 수입근거, 형태 등이 매우 다양하다. 수입근거로는 법률, 대통령령, 부령, 조례 등을 들 수 있고, 종류도 분담금, 사용료, 수수료, 기부금, 재산수입,

전입금, 이월금 등과 같이 매우 다양하다. 넷째 세외수입은 지방정부의 여건에 따라 불균형하며 회계연도에 따라 불규칙하고, 연도별 신장률도 불안정한 실정이다. 다섯째 세외수입의 징수방법은 현금으로 징수하는 경우도 있고 수입증지로 징수하는 경우도 있다. 여섯째 세외수입에는 일반재원도 있고, 특정재원도 있다. 즉 세외수입 중에는 일반재원으로 분류되는 것이 많지만 수입의 근거에 따라 특정한 경비에 사용해야 한다거나 재원의 용도가 특정되는 예도 있다(정세욱, 2003: 650). 세외수입의 종류에는 사용료와 수수료, 분담금과 부담금, 재산수입, 기타세외수입(징수교부금, 사업장수입, 이자수입, 전입금, 이월금, 기부금, 융지금수입, 잡수입, 과년도수입 등) 등이 있다.

(3) 지방채

지방채란 지방자치단체가 재정수입의 부족액을 보전하여 경비에 충당하기 위하여 정부 또는 민간부문(자본시장 · 금융기관)으로부터 증서차입 또는 채권발행의 방법에 의하여 자금을 조달하는데 따르는 채무로서 그 상환이 1회계연도를 넘는 이른바 장기차입금을 의미한다(정세욱, 2003: 689). 지방자치단체가 지하철과 같은 대규모의 건설사업을 시행하거나 또는 일시 돌발적인 재해복구사업을 수행할 때 경상수입만으로는 도저히 그 재원소요를 충당할 수 없는 경우가 발생한다. 물론 지방세의 징수액을 늘리거나 비축자금(적립금)을 사용하거나 또는 부동산매각대금으로 재원을 마련할 수도 있지만 차입으로 자금을 조달하여 사용하는 것이 일반적이다.

지방채는 다음과 같은 특징이 있다. 첫째 지방채는 지방자치단체가 부담하는 장기적 채무이다. 둘째 지방채는 2년 이상에 걸쳐서 상환된다. 따라서 일시차입금은 여기에 포함되지 않는다. 일시 차입금은 당해 연도내에 세출예산을 집행하기 위하여 일시적인 자금의 부족을 보전하려는 것으로서 그 채무를 당해 회계연도의 수입으로 상환하므로 지방채와는 다르다. 셋째 지방채는 증권발행(證券發行) 또는 증서차입(證書借入)의 형태를 취한다. 유가증권의 형태를 가지는 지방채는 시장에서 유통성을 가지지만 증서차입의 경우는 그 유통성이 없다. 넷째 지방채의 재정상의 효용은 본질적으로 장기의 자금을 조달하는데 있다. 따라서 기채에 의해서 자금의 이전이 이루어진다는 의미에서 자치단체의 채무이지만 채무부담을 하는 시점에 있어서는 자금의 이전이 발생하지 않는 채무부담행위와 구별된다.

다섯째 지방채는 장래에 채무를 남기는 것이므로 기채를 함에 있어서는 장래의 재정운영에 미치는 영향을 신중히 고려해야 한다. 여섯째 지방채는 지방자치단체의 신용(과세권)을 그 실질적인 담보로 하므로 별도의 담보를 제공하지 않는다. 지방채는 지방에 따라 강제매수를 요구하는 경우도 있지만 원칙적으로는 그 매입이 구매자의 자유의사에 따른다(매입의 임의성). 그리고 단기간 내에 많은 양을 매수하거나 매도할 수도 있다(단기흡수성). 그러나 지방채의 가장 큰 장점은 지방채발행으로 빌린 자금의 원금과 이자를 장래의 납세자에게 부담시킨다는 점이다(장기분할성).

2) 의존적 수입

(1) 지방교부세 수입

지방교부세는 그 명칭은 「세」로 되어 있지만 지방정부가 거두어들이는 조세가 아니고, 중앙정부가 법령에 따라 내국세 총액에 대한 일정 비율의 재원을 확보하여 일정한 공식에 따라 지방정부에 나누어 주는 조건 없는 일반지원금(general grant)이다. 지방교부세는 지방교부세법에 따라 정부예산에서 지원되는 재원으로서 국가에서 징수하는 내 국세 총액의 19.24%에 해당하는 재원으로 재정여건이 취약한 지방자치단체에 지원하고 있다. 지방교부세에는 보통교부세(10/11), 특별교부세(1/11)로 구성), 분권교부세(2004년 신설, 증액교부세 폐지, 내국세총액의 0.94%) 그리고 부동산교부세(2006년 신설, 종합부동산세를 재원)의 4가지가 있다. 지방교부세율은 1999년까지는 내국세 총액의 13.27%였으나 지난 2000년에 개정되어 15%로 인상된 이후 지속적으로 상향조정되어 현재는 내국세 총액의 19.24%로 고정되어있다.

(2) 국고보조금 수입

국고보조금은 지방정부간에 발생하는 외부효과로 인한 자원배분의 비효율성을 시정하거나 지방에 대한 중앙정부의 특정한 목적을 달성하기 위하여 엄격한 중앙정부의 통제하에 운영되는 특정지원금(special grant)이다(전상경, 2011 :304). 국고보조금은 매년 중앙정부의 예산에 의해 배분되기 때문에 예산이 갖는 정치성을 그대로 지니게 된다. 2011년 현행 보조금의 예산및 관리에 관한 법률 제4조는 보조금의 운영은 지방정부의 신청에 의하도록 규정하고 있지만 동법 제5조는 국가시책수행상 부둑이 하여 대통령 영이 정하는 경우에는 필요한 금액을 예산에 계상할 수 있다고 규정하고 있다. 그리하여 ① 국가가 소요경비전액을 교부하는 보조사업의 경우, ② 재해발생등 사전에 예측하지 못한 사유로 인하여 보조금의 교부가 불가피한 경우, ③ 기타 기획재정부장관이 국가의 주요 시책수행상 보조금의 교부가 불가피하다고 인정하는 사업의 경우에는 지방정부의 신청이 없더라도 보조금을 계상할 수 있다. 국고보조금은 국고보조사업에 소요되는 예산전액을 지원하지 않고 일정한 비율의 예산액만 지원하기 때문에 보조금지원비율에 따라 지방정부의 재정부담이 늘어날 수가 있다[25]. 물론 보조금관리법시행령에서 보조금지급 대상의 범위와 기준보조율

25) 2006년 현재 기준보조율은 100%, 80%, 70%, 50%, 40%, 30%, 20% 그리고 정액보조금으로 규정되어 있다. 그러나 실제로는 15%–100%의 범위 내에서 다양하게 운영되고 있다.

을 정하고 있어도 규정된 보조율이 지켜지지 않는 경우가 적지 않다. 특히 정액보조금사업의 경우 지방비부담을 유발시키는 사례가 많으며, 사업소요경비가 비현실적으로 책정되어(예산편성단가와 예산집행단가의 현격한 차이) 부족액을 지방비로 부담해야 하므로 그렇지 않아도 부족한 지방예산의 부담을 가중시키는 사례가 많다. 때문에 지방자치단체의 국고보조금사업에는 지방비의 부담으로 재정운영이 경직화될 소지가 있으므로 그 능력의 범위 내에서 운영함이 바람직하다. 그러나 의욕이 앞선 지방자치단체장들이 지방비부담은 고려하지 않고, 과욕을 부려 국고보조금을 신청하는 경우가 많았으며, 그로인해 지방재정운용의 경직성을 초래하는 경우가 적지 않았다. 지방의회와 사전 협의도 하지 않고 국고보조금을 신청하여 결국 과중한 지방비를 부담하게 됨으로써 결산승인과정에서 지방의회와의 갈등을 빚는 일들도 적지 않다.

(3) 광역 지역발전특별회계(광특회계) 지원금

광역지역발전특별회계는 노무현 정부 당시의 국가균형발전특별회계를 이명박 정부에 들어와 2009년 4월 관련 법률을 개편함으로써 만들어진 것이다. 이름은 바뀌었지만 그 기본적 틀은 국가균형발전특별회계를 유지하고 있다. 동 특별회계는 기존의 시도경계를 넘어 지역간 연계협력발전과 지역간 특화된 발전을 촉진할 수 있는 새로운 지역발전전략을 제도적으로 지원하기 위한 것으로 광역단위의 발전추진기구와 체계를 마련하기 위한 것이었다. 광역지역발전특별회계는 지방교부세나 국고보조금 등과 같은 지방정부에 대한 중앙정부의 지원금제도가 아니고 특정한 정부사업을 추진하는 데 필요한 예산을 안정적으로 관리하기 위한 일종의 재원확보장치라고 할 수 있다(전상경, 2011 : 321). 동 회계는 지역개발계정, 광역발전계정, 제주특별자치도계정으로 구분된다.

(4) 조정교부금(자치구재정조정지원금) 수입

우리나라 지방자치법 제173조는“ 특별시장 및 광역시장은 시 세수입중 일정액을 확보하여 조례가 정하는 바에 의하여 그 관할구역 안의 자치구 상호간의 재원을 조정하여야 한다.” 고 규정하고 있다. 이 법에 근거하여 특 · 광역시가 자치구간의 재정조정을 위하여 교부하는 재원을 통상 조정교부금(재정조정교부금)이라고 한다. 그리고 특별시와 광역시는 이에 의거하여 자치구 재정조정에 관한 조례를 설치운영하고 있다. 그리고 지방자치법시행령 제117조에는 “지방자치법 제173조에 따른 자치구상호간의 조정재원은 시세중 취득세로하며, 자치구 상호간의 재원조정방법을 정하는 조례에는 조정교부금의 교부율산정방법 및 교부시기 등이 포함되어야 한다”고 규정하고 있다. 2011년 현재 특별시와 광역시가 조정교부금으로 자치구에 이양하는 취득세의 비율은 서울시 50%,, 부산시 51%, 대구시 52%, 인천시 50%, 광주시 70%, 대전시 68%, 울산시 58% 등이다. 이러한 명목상의 비율만 보면 광주시와 대전시가 더 많은 재원을 배분하는 것처럼 보이나, 각 시마다 취득세의 규모가 다르기 때문에 그 규모는 정확히 알 수가 없다. 취득세는 특별시와 광역시의 주요 재원이지만 사실은 부동산거래세의 성격을 띠고 있어 부동산경기에 민감하다. 그것은 그만큼 자치구조정교부금의 재원이 불안정하다는 것을 의미한다. 자치구 재정조정교부금의 재원을 안정적으로 확보하기 위해서는 현재와 같이 취득세의 일정비율로 할 것이 아니라 시세 총액에 대한 일정비율을 그 재원으로 확보할 수 있도록 관련 법령을 개정할 필요가 있다.

(5) 재정보전금(財政補塡金)

재정보전금제도란 특별시를 제외한 광역시 · 도가 그 관할구역 내 시 · 군의 재정을 보전해주기 위하여 시 · 군에 배분하는 제도이다. 즉 광역시 · 도는 시 · 군에서 징수하는 광역시세 · 도세수입의 27%(인구 50만 이상인 시와 자치구가 아닌 구가 설치되어 있는 시에서는 47%)에 해당하는 금액을 시 · 군에 대한 재정보전금 재원으로 확보하여 인구수, 징수실적, 그 자치구 시 · 군의 재정사정 등을 기준으로 배분하게 되어 있다(지방재정법 제29조)

재정보전금제도는 1999년 말까지 시행된 시 · 도세징수교부금제도가 사실상 시 · 군에 대한 시도세의 징수비용보상적 의미와 부족재원의 보전이라는 재정조정적 의미를 아울러 가지고 있었던 것을 분리하여 2000년 1월부터 광역시 · 도와 시 · 군간의 재정조정기능을 제도화했다는데 그 특징이 있다. 따라서 재정보전금제도는 재정력이 취약하면서도 격차가 큰 시 · 군의 재정을 안정적으로 보전하면서 재정력의 형평화에도 기여한다는 점에서 지방교부세 등에 의한 지방재정조정기능을 보완한다고 할 수 있다. 재정보전금은 시 · 도지사(특별시장을 제외)가 시 · 군에 징수하는 광역시세 · 도세(원자력발전에 대한 지역자원시설세, 특정부동산에 대한 지역자원시설세 및 지방교육세는 제외한다)의 총액의 27% 그리고 인구 50만 이상의 시와 자치구가 아닌 구가 설치되어 있는 시의 경우에는 47%에 해당하는 금액을 재정보전금 재원으로 확보하여야 한다. 그리하여 인구, 징수실적, 당해 시 · 군의 재정사정, 기타 대통령령이 정하는 기준에 따라, 당해 시 · 도의 관할구역 안의 시 · 군에 배분 한다. 재정보전금은 ① 일반재정보전금, ② 시책추진보전금, ③ 특별재정보전금이 있다. 이들에 관한 구체적인 배분기준 · 산정방법 및 배분시기 등에 관하여는 시 · 도 조례로 정한다.

3. 세출예산의 구조

1) 재정지출의 개념과 지방경비

지방자치단체는 스스로 행정목적을 달성하기 위해 여러 활동을 하는데 그 활동의 전개를 위하여 지출하는 일정한 재화를 지방정부의 지출 또는 지방경비(local public expenditure)라 한다. 지방경비는 화폐뿐만 아니라 양곡, 피복과 같이 현물로 지출될 수도 있으나 오늘날의 화폐 경제 시대에는 현물도 지방예산상에는 화폐로 환산되어 표시되는 것이 보통이다. 그리고 1회계년도 내의 지방경비의 지출을 지방세출이라고 한다. 지방정부의 지출은 그 자치단체에 배분된 기능을 수행하는데 필요한 경비이므로 지방정부가 지출한 것이라도 그 목적이 지방자치단체의 기능수행과 관련이 없으면 지방경비가 아니다. 또한 지방경비는 경비의 지출주체가 지방정부라는 점에서 중앙정부가 원칙적으로 지출의 주체가 되는 국가경비와 다르다.

2) 지방경비의 특징

첫째, 다양성과 공통성이다. 지방정부의 지출이란 다수의 자치단체가 각각 지역의 고유한 목적을 실현하기 위하여 필요한 비용을 지출하는 것이므로 그 종류가 다양하고 규모에서도 일정하지 않으며 또한 사회·경제적 여건도 상이하기 때문에 지방경비에서도 다양성을 띠게 된다. 둘째 지역성이다. 지방정부의 지출은 자치행정수요에 충당하기 위하여 지출되는 비용이므로 지방주민들과 이해관계가 있는 사항에 한정되며 원칙적으로 지방적 성질을 가진다. 셋째 분담성(分擔性)이다. 오늘날 많은 국가에서 지방자치단체의 경비의 일부를 중앙정부 또는 다른 자치단체가 분담하고 있다. 그것은 우선 자치단체의 재정력이 취약하기 때문에 중앙정부가 자치단체에 재정적 지원을 하기 때문이고, 나아가 지방자치단체와 중앙정부의 공통적인 관심사항을 처리하는 비용을 상호 분담하기 때문이다. 넷째 팽창성(膨脹性)이다. 지방자치행정은 사회경제적 발달에 따라 필연적으로 그 서비스의 양적 증대와 질적 고도화를 수반한다. 더구나 지방시대의 도래와 함께 자치단체에 대한 주민의 기대가 커짐에 따라 지방의 여건과 특성에 맞도록 지방정부가 처리해야 할 사무는 계속 증가추세를 보이고 있다. 다섯째 경직성이다. 지방경비가 경직성을 가지는 정도는 지방정부에 따라 다소의 차이가 있다. 그러나 일반적으로 인건비 또는 관리적·경상적 경비 등 경직성 경비가 점하는 비율이 높으며, 더구나 매년 증가추세를 나타내고 있다. 여섯째 중앙정부의존성이다. 지방재정의 주체성(자주성)이라는 측면에서 볼 때 지방경비의 재원은 당해 지역에서 자급자족하여야 한다. 그러나 자치단체간의 재정력 격차와 행정서비스수준 유지, 중앙정부와 공동사업수행 등으로 대부분의 자치단체는 중앙정부(혹은 상급자치단체)로부터 지원되는 의존재원의 도움을 받고 있는 것이 현실이다.

3) 재정지출(경비)의 분류

지방자치단체 활동의 궁극적인 목적은 행정서비스수준을 향상시켜 주민복지를 증진시키는 데 있으며, 그것은 재정지출에 의해 달성되는 것이다. 따라서 지방정부가 지출하는 경비를 분류하고 분석함으로써 행정기능의 내용을 파악할 수 있다. 지방경비는 분류기준과 방법에 따라 여러 가지로 나누어진다. 그 중에서도 중요한 분류기준은 기능별(혹은 목적별), 성질별, 경제성질별 분류 등이라고 할 수 있다.

(1) 목적별(기능별) 분류

지방경비의 분류에 있어서 지방자치단체가 어떠한 일을 어느 정도 하고 있는가를 파악하는 데 가장 효과적인 분류는 지방경비의 기능별 분류이다. 이를 지방경비의 목적별 분류라고도 한다. 이러한 목적별 분류는 지방경비를 단위 사업별로 정리 · 분류하는 것이기 때문에 자치단체의 중점시책을 파악할 수 있고 사업의 성과측정, 재정계획과 예산의 연계, 사업별 우선순위 검토를 위한 기존사업과 신규사업에 대한 충분한 검토 등을 위해 유용한 자료가 된다. 그리하여 우리나라 지방자치단체의 세출예산 및 결산에도 이 분류방법이 사용되고 있다.

① 일반행정비

일반행정비란 주민에게 직접 행정서비스를 공급하는데 소요되는 비용이 아니고 자치행정조직을 관리 · 운영하는데 필요한 경비이다. 일반행정비에는 입법 및 선거, 청사관리, 지방행정전산 및 장비, 공무원 교육훈련, 서무, 인사, 세무, 기획, 공보 등 사무처리에 지출되는 경비가 포함된다.

② 사회복지비

사회복지비란 주로 저소득층, 소외계층, 신체장애자를 보호하기 위하여 지출하는 경비이다. 모든 국민은 인간다운 생활을 할 권리를 가지며, 국가와 지방자치단체는 사회보장 · 사회복지의 증진에 노력할 의무를 진다. 오늘날 국민의 보건관리, 생활환경개선을 위한 경비도 증가추세를 보이고 있다.

③ 공익사업비

공익사업비에는 도로 교량의 건설 보수를 위한 도로 교량비, 하안 제방 등 하천관리시설에 관한 치수사업비, 토지구획정리사업비, 가로사업비, 공공하수도사업비, 도시공원사업비, 자연보호비, 공영주택의 건설 및 유지관리를 위한 주택사업비 등이 있다.

④ 산업경제비

이것은 정부가 관할구역 내에서 산업을 육성하기 위해 소요되는 비용을 말한다. 여기에는 농수산업의 진흥과 식량의 안정적 공급을 위하여 농림산업 생산산업을 조성하며, 산림보호 및 육림사업 그리고 소방사업이 있다. 지역경제사업으로는 유통대책, 상업에 대한 기술개발 및 관리 보급 등의 시책을 실시한다. 그리고 지역상공업증진과 경영근대화 및 합리화를 도모하기 위하여 중소기업을 지도하고 육성하며 상공단지를 건설하거나 관광시설의 설치및 차량운행과 관련한 각종 교통관리사업도 수행한다.

⑤ 지역개발비

지방자치단체의 지역개발비는 우선 도시개발사업으로 도시계획관리, 토지구획정리, 공단조성, 주택사업, 상하수도 관리사업 등과 둘째 도로치수사업으로써 도로와 하천의 정비 및 재해대책사업을 수행하고, 셋째 지역개발사업으로는 자연보호 및 각종 새마을사업과 주민숙원사업 등을 중심으로 한 기타 지역개발사업에 필요한 재정을 지출한다.

⑥ 교육 문화 체육비

지방정부의 문화 및 교육활동에는 지방문화의 창달을 위하여 각종 문화행사를 지원하고 지방문화재를 관리하며, 지방의 체육단체를 지원하고 체육시설을 확장 정리한다. 교육문화체육비에는 교육시설비, 학교운영비, 문화재관리비, 도서관건립비, 문화진흥비, 체육진흥관리비, 청소년관련비 등이 포함된다.

⑦ 민방위비

결산과목상 지방정부의 민방위활동은 첫째로, 민방위사업으로써 민방위관리,병사관리, 비상대책,반공계몽 등의 사무를 수행하며 둘째로 방위사업으로써 화재로부터의 국민의 생명,신체 및 재산을 보호하고 이러한 재해방지와 피해의 경감을 위한 사무수행 등으로 파악할 수 있다.

⑧ 지원 및 기타경비

지원 및 기타경비는 차입금, 지방채증권, 차관의 상환금, 국고 및 시 · 도비 반환금, 시 · 도의 징수교부금, 자치구에 대한 재무조달교부금, 예비비 등을 포함한다.

(2) 품목별(성질별) 분류

성질별 분류는 품목별 분류라고 하며, 지출대상에 의한 분류방법이다. 이것은 지방정부의 공공활동이 어떠한 형태로 민간경제에 유입하는가를 분석하는 데에 가장 효과적이다. 이를 더 명확히 표현한다면 그것은 곧 지방경비의 지출대상별 분류방법이라 할 수 있다. 이것은 최종지출단위를 기준으로 하여 이루어진 것이어서 세출예산편성의 기초가 될 뿐만 아니라 세출예산집행의 회계적 기초자료가 된다.

① 인건비

인건비는 지방정부의 행정활동에 필요한 직원의 고용에 소요되는 의무적 경비로써 현행 예산의 성질분류상의 인건비에는 기본급, 수당, 비정규직 보수로 나누어지고, 기본급은 봉급과 상여금, 수당은 초과근무수당, 정액수당, 기타수당이 있으며 비정규직 보수는 기타직 보수와 일용인부임으로 각각 세분된다. 인건비에서 고려하여야 할 것은 지방자치단체의 지방세수입으로 지방정부의 고용에 대한 인건비를 충당하지 못하는 자치단체가 상당수 있다는 심각한 문제를 안고 있다.

② 물건비

물건비는 지방정부의 행정사무에 필요한 원자재, 설비 등의 조달비 및 기타 활동비를 말한다. 지방정부의 물건비지출에는 여비, 일반수용비, 판공비, 공공요금, 제세, 이용료, 장비 및 시설 유지비, 기타 물건, 이자 등의 항목이 있는데 이것은 행정서비스의 수단적 성격으로 말미암아 경비절감의 우선대상이 되기도 한다.

③ 경상이전비

지방정부의 경상이전비는 지방정부로부터 국가 또는 다른 지방정부, 개별가계 내지 기업에 지출되는 단순한 경상이전적 경비이며 자본적 이전경비를 포함하지 않는다. 결산분류상으로 경상이전비는 크게 4가지로 구분하는데 그 첫째는 민간에 대한 경상이전항목으로 사회보장적 수혜금, 연금, 의료보험부담금, 민간사례금, 배상금 등이 포함되며, 둘째는 지방정부에 대한 경상이전항목으로 자치단체에 대한 경상보조금, 자치단체의 부담금을 포함한다. 그리고 셋째는 기타 국내 이전항목으로 기업회계 등에 대한 경상전출금, 공금융부문에 대한 출연금, 민간 및 지방정부에 대한 위탁금을 포함하며, 끝으로 해외경상이전비가 있다.

④ 자본지출비

지방정부의 자본지출비는 직·간접적인 자본의 형성과 관련된 경비로써 여기에는 시설비 및 지방정부 또는 민간에 대항 자본의 조달도 포함된다. 우리나라 지방정부의 자본지출비에는 자본형성비로 자산취득비, 시설비, 시설부대비, 대수선비, 토지매입비, 차관물자용투비, 물품구입비, 무형고정자산 등이 있다. 그리고 민간에 대한 자본이전경비로 자원보조, 민간에 대한 대행행사비가 있다. 그 외에도 자치단체에 대한 자원보조, 자치단체의 대행행사비, 기업회계 등에 대한 자본이전, 해외자본이전, 국가 등에 대한 자존이전 등이 포함된다.

⑤ 융자 및 출자금

융자 및 출자금은 지방자치단체가 민간이나 기업회계 및 양곡관리기금 조달 등 비금융공기업, 자치단체, 금융기관에 대항 융자 및 출자에 소요되는 경비를 말한다. 지방정부의 재정지출에서 융자와 출자금은 일반회계예산규모에서 1% 내외 정도의 구성비를 보여주고 있다.

⑥ 보전재원비·자치단체 내부거래비 등

보전재원비는 국내적인 차입상환금, 지방채상환, 유가증권매입 등이 있다. 그리고 기타 해외채권상환금으로 차관상환이 있으며 차기이월금으로 구성된다. 자치단체 내부거래비는 지방자치단체의 회계간·계정간 전출금 및 예탁금, 채입금, 예수금, 전대차관상환금, 이자 등으로 구성되는 지방정부의 재정지출비이다.

(3) 경제성질별 분류

경제성질별로 분류할 수 있는 경비에는 경상적 경비와 임시적 경비, 의무적 경비와 임의적 경비, 소비적 경비와 투자적 경비, 이전적 경비와 실질적 경비, 보조사업비와 단독사업비, 생산적 경비와 비생산적 경비등이 있다.

4) 계속비

사업에 따라서는 그 완성에 수년을 요하는 경우가 있고, 그러한 사업에 소요되는 경비의 총액과 연도별 금액에 대하여는 지방의회의 의결을 얻어 5년 이내의 기간에 걸쳐 계속적으로 지출할 수 있도록 계상되어 있는 비용을 말한다(지방자치법 제119조). 계속비로 계상된 금액은 해당연도에 지출하지 못하여도 계속비의 사업완성연도까지 차례로 이월하여 사용할 수 있도록 하고 있다(지방재정법 제50조).

5) 채무부담행위

채무부담행위란 자치단체가 장래 지출을 전제로 채무를 부담하는 행위를 말한다. 채무부담행위는 장래 지출이 전제되지만 그 행위자체로서 지출이 가능한 것은 아니며, 채무를 부담하는 행위만 가능한 것이기 때문에 지출에 대해서는 당해 연도 이후의 세출예산으로서 다시 의회의 의결을 얻어야 한다. 자치단체장이 이러한 채무부담의 원인이 되는 행위를 하고자 할 때는 미리 예산으로 지방의회의 의결을 얻어 두어야 한다(지방자치법 제124조). 지방의회의 의결을 얻어 채무부담행위를 한 때는 상환연도의 세출예산에 당연히 이를 계상하여야 한다(지방재정법 제44조)

6) 명시이월비

명시이월비란 세출예산 중 경비의 성질상 해당 연도 내에 그 지출을 완료하지 못할 것이 예상되어 그 취지를 세입 · 세출예산에 명시하여 미리 지방의회의 의결을 얻어 다음연도에 이월하여 사용할 수 있도록 한 비용이다.(지방재정법 제50조)

7) 예비비

예비비는 세출예산이 목적에 따라 구분되는 것에 대한 예의로서 예산편성단계에서 예측하지 못한 사태가 발생하거나 예산집행 단계에서 과부족의 발생이 불가피하기 때문에 설치된 제도이며, 예비비의 지출은 사후에 지방의회의 승인을 얻어야 한다(지방자치법 제129조). 그러나 보조 및 판공비나 정보비에 대하여는 지출할 수 없으며, 다만 긴급히 지원하여야 할 재해대책 보조금의 경우는 예외로 한다.

Ⅲ. 예산의 편성

1. 예산과정의 의의

지방예산의 과정이란 지방자치법, 지방재정법 등 관계규정을 기초로 예산안의 편성과 심의 및 의결, 예산집행 및 결산심사와 승인 등이 이루어지는 제반과정으로 3년의 기간이 소요된다. 지방예산과정에는 지방자치단체의 장, 지방의회와 의원, 지역주민(주민참여예산제도)정당, 이익집단, 관계 중앙관서의 장 등이 주체적으로 참여하여 각자 역할을 수행한다. 이러한 지방예산과정은 지방정부 내부의 집행부와 의회가 기능의 분립을 토대로 상호 견제와 조화를 통해 건전하게 이루어지도록 노력한다. 즉 예산의 편성권과 집행권은 자치단체장을 중심으로 하는 집행부에 예산안에 대한 심의 의결권과 결산심사와 승인권은 지방의회가 나누어 가지도록 한 것이다. 이처럼 예산과정에서 집행부와 의회의 권한과 기능을 분립시킨 것은 지방예산의 운영과정에서 재원의 낭비를 막아 건전하고 효율적인 집행을 통해 책임성과 민주성을 동시에 추구하고자 한 것이다.

2. 예산편성의 기본원칙

지방재정 운용에 있어서 다음 몇 가지 원칙을 고려하여야 한다. 첫째 국가 정책에 반하거나 다른 지방자치단체에 부당하게 영향을 미치지 않도록 건전한 운영을 하여야 한다. 둘째 세출은 지방채 또는 차입금 이외의 수입을 재원으로 충당하고, 부득이한 경우에 한하여 지방채 등 기타의 재원으로 충당하여야 한다. 셋째 잉여금은 지방채 또는 차입금 상환에 우선적으로 사용하여야 한다. 넷째 합리적 기준에 의한 경비 산정과 수입 산정을 하여야 한다. 다섯째 예산을 편성할 때에는 중기 지방재정계획에 기초를 두어야 한다.

3. 중기지방재정계획의 수립(지방재정법 제33조)

지방자치단체의 장은 재정을 계획성 있게 운용하기 위하여 매년 중기지방재정계획을 수립하여 지방의회에 보고하고, 행정안전부장관에게 제출하여야 한다. 지방자치단체의 장은 중기지방재정계획을 수립할 때에는 행정안전부장관이 정하는 계획수립 절차 등에 따라 그 중기지방재정계획이 관계 법령에 따른 국가계획 및 지역계획과 연계되도록 하여야 한다. 행정안전부장관은 제1항에 따른 각 지방자치단체의 중기지방재정계획을 기초로 관계 중앙행정기관의 장과 협의하여 매년 종합적인 중기지방재정계획을 수립하고, 국무회의에 보고하여야 한다. 중기지방재정계획을 변경하는 경우에는 지방재정법 제33조의 제1항에서 3항의 규정을 준용한다. 중기지방재정계획의 수립에 관한 지방자치단체의 장의 자문에 응하도록 하기 위하여 각 지방자치단체에 지방재정계획심의위원회를 둔다. 지방재정계획심의위원회의 구성 및 운영 등에 필요한 사항은 해당 지방자치단체의 조례로 정한다.

4. 예산편성

지방정부의 예산안의 편성권은 자치단체장에게 있다. 따라서 지방의회가 사용할 각종 경비도 자치단체장이 지방의회의 의견을 들어 예산안을 편성한다. 지방자치단체는 법령 및 조례로 정하는 범위에서 합리적인 기준에 따라 그 경비를 산정하여 예산에 계상하여야 한다. 지방자치단체는 모든 자료에 의하여 엄정하게 그 재원을 포착하고 경제 현실에 맞도록 그 수입을 산정하여 예산에 계상하여야 한다. 지방자치단체의 장이 예산을 편성할 때에는 제33조에 따른 중기지방재정계획과 제37조에 따른 재정투 융자사업에 대한 심사 결과를 기초로 하여야 한다(지방재정법 제36조). 그리고 지방자치단체의 장은 예산이 여성과 남성에게 미칠 영향을 미리 분석한 보고서[이하 "성인지 예산서"(性認知 豫算書)라 한다]를 작성하여야 한다. 「지방자치법」 제127조에 따른 예산안에는 성인지 예산서가 첨부되어야 한다. 그 밖에 성인지 예산서의 작성에 관한 구체적인 사항은 대통령령으로 정한다.(지방재정법 제36조의 2)

5. 예산편성의 절차

지방자치단체의 장은 회계연도마다 예산안을 편성하여 시 도는 회계연도 시작 50일 전까지, 시 군 및 자치구는 회계연도 시작 40일 전까지 지방의회에 제출하여야 한다. 예산안을 시 도의회에서는 회계연도 시작 15일 전까지, 시 군 및 자치구의회에서는 회계연도 시작 10일 전까지 의결하여야 한다.

지방의회는 지방자치단체의 장의 동의 없이 지출예산 각 항의 금액을 증가하거나 새로운 비용항목을 설치할 수 없다. 지방자치단체의 장은 예산안을 제출한 후 부득이한 사유로 그 내용의 일부를 수정하려면 수정예산안을 작성하여 지방의회에 다시 제출할 수 있다(지방자치법 제127조)

(1) 지방자치단체는 법령 및 조례가 정하는 범위안에서 합리적인 기준에 의하여 그 경비를 산정하여 예산에 계상해야 하고, 모든 자료에 의하여 엄정하게 그 재원을 포착하고 경제의 현실에 적응하도록 수입을 산정하여 이를 예산에 계상해야 한다(지방재정법 제36조).

(2) 지방자치단체의 장이 예산을 편성할 때에는 제33조에 따른 중기지방재정계획과 제37조에 따른 재정투 융자사업에 대한 심사 결과를 기초로 하여야 한다. 자치단체의 장은 행정자치부장관이 시달하는 익년도 예산편성기준과 그것에 가내시된 지방교부세, 지방양여금, 국고보조금액에 의거하여 전년도 9월 10일까지 산하기관(각 실,과 및 사업소)에 지침을 시달해야 한다.

(3) 각 산하 기관은 전년도 9월 30일까지 예산편성요구를 해야 한다.

〈 지방예산 편성과정 〉

중기지방재정계획의 수립(지방재정법 제33조)
재정투융자사업의 심사(지방재정법 제37조)
예산편성운영기준시달(행정안전부 전년도 7월 말 : 지방재정법 제38조 제2항)
지방자치단체별 예산편성요구방침결정
예산의 편성 및 의회제출(기초 :11/21, 광역 : 11/11)
예산안의 심의와 의결(기초 : 12/21, 광역 : 12/16)

Ⅳ. 예산(안)의 심의

1. 예산심의의 의의

지방의회는 지역주민의 대표기관인 동시에 지방자치단체의 최고의사결정기관으로서 자치단체장이 편성 · 제출한 차년도 예산안을 심의 · 의결함으로써 예산을 확정할 수 있는 권한을 가진다.(지방자치법 제127조) 따라서 지방의회의 예산심의는 지방정부의 세입세출 규모와 구조 및 정책과 사업수준을 최종적으로 결정하고 이에 관한 집행기관의 행정을 통제하는 기능을 수행한다. 다시 말해 지방자치단체의 장이 편성한 예산은 지방의회에 제출되어 심의와 승인을 받아야 된다. 예산안은 지방자치단체가 세입과 세출을 적절히 계상했는가? 그리고 이들을 얼마나 효율적으로 집행할 수 있으며, 각종의 정책과 사업들은 어떻게 선정되었으며 어떻게 그 목표를 달성할 수 있을까? 하는 여러 가지 문제들을 내포하고 있다. 따라서 이와 같은 문제들은 다각적으로 분석 · 검토되어 예산에 정확히 반영될 필요가 생기는데, 지방의회의 예산심의는 이를 검토하고 수정할 수 있는 적절한 장치가 되는 것이다. 즉 지방의회에 의한 지방자치단체 예산의 심의 · 확정은 지역주민의 의사를 집약하고 반영한다는 정치적 의미를 내포하고 있을 뿐만 아니라, 지방자치단체에 대한 재정적 통제 즉 행정통제의 강력한 무기로 사용되어 지방자치단체의 정책에 대한 지역주민들의 비판기회를 제공하게 된다. 이처럼 지방의회의 예산심의는 집행부의 연간 행정행위에 대한 사전적 통제기능으로 작용하는 것이다.

2. 예산심의의 기능

지방의회의 예산심의는 구체적으로 보면 납세자의 의도에 따른 행정서비스 공급을 유지하고, 관료와 고객집단들간의 특혜창출를 방지하며, 관료의 재량권을 억제하여 자원의 낭비를 최소화시키는 등 다양한 역할을 하게 된다. 지방의회는 지방자치단체의 예산에 대하여 다음과 같은 기능을 하게 된다.

1) 정통성의 부여기능

지방의회가 지방의회가 매년 정기회의 또는 임시회의에서 지방자치단체가 편성 · 제출한 본 예산안이나 추가편정예산안을 통과시켜 주었다는 것은 명시적으로나 묵시적으로 지방자치단쳉의 통치권이 도덕적 · 합법적 권리임을 인정하고 정통성을 부여한 것으로 지방의회 예산심의의 중요 기능이다.

2) 정책형성기능

지방의회의 기능을 지역정책의 관점에서 살펴보면 지방의회는 정책결정장치이며 동시에 정책형성의 주체가 된다. 여기서 정책결정장치로서의 지방의회는 지역사무와 관련된 특정한 조례안을 표결을 통해 제정하는 공식적 기관임을 의미하며, 정책형성의 주체로서의 지방의회란 지역사회의 제반 이익들이 집중되고 또한 소속정당과의 긴밀한 관계 속에서 특정한 의제들이 표출되어 선택되는 곳임을 의미한다.

3) 이익표명기능

만일 지방의회가 지방자치단체의 예산안을 무조건 지지하는 지방자치단체의 시녀처럼 활동한다면 예산안 자체에 대한 찬반토론만 있을 것이고, 또 지방의회가 이미 통합된 이익만을 다루는 곳이라면 좀 더 체계적으로 예산심의를 할 수 있을 것이다. 그러나 실제에 있어서는 정당이라 할지라도 심의일정이나 예산총액 등 대체적인 윤곽만을 지방의원들에게 강제할 수 있을 뿐이고, 개별사업의 내용조정에 까지 지침을 제공해 주지는 못한다. 따라서 정당성 여부는 차치하고 지방의원 개개인들은 특정이익을 표명하고 반영시킬 수 있게 되는 것이다.

4) 집행기관의 행정에 대한 통제기능

지방의회가 집행기관이 제출한 예산안을 심의한다는 것은 지방자치단체 활동의 질과 성격을 검토하는 계기를 제공해 주게 된다. 나라와 지방자치단체에 따라 정도의 차이는 있겠지만 모든 지방의회는 예산심이 과정중의 정책질의를 통해서 지방자치단체의 사업계획을 검토할 수 있게 됨으로써 지방자치단체를 감독하는 역할을 수행하게 된다.

3. 예산심의의 유형

지방의회의 예산심의 유형은 일반적으로 지방의회의 운영방식에 따라 본회의중심의 예산심의와 위원회중심의 예산심의로 크게 나누어 볼 수 있다.

1) 본회의 중심의 예산심의

본질적으로 지방의회는 지역주민이 대변자로서 구성된 대표기관이며 공개토론회장이기 때문에 지방자치단체의 예산심의에 있어서도 마땅히 전의원이 참가한 본회의에서 처리되는 것이 주민정신에도 철저한 것이 될 것이다. 따라서 지방의원의 수가 적은 시 · 군 · 구 등의 기초자치단체에서는 지방의원 전원이 참여하는 본 회의에서 지방자치단체의 예산을 심의하게 될 것이다.

2) 위원회중심의 예산심의

위원회제도의 필요성을 그 예산심의의 운영면에서 고찰해 보면 예산심의 능률의 향상, 증대하는 조건의 처리, 전문성과 기술성의 향상, 의회 운영의 탄력성 등에서 찾아볼 수 있다.

또한 위원회중심주의는 본회의의 부담을 적게하여 지방자치단체에 대한 행정통제면에서 보다 나은 행정감시의 성과를 기대할 수 있다. 그러나 지방의회의 예산심의를 위원회 중심으로 운영할 경우에는 다음과 같은 요건의 조건이 선행되어야 한다. ① 독립적이고 강력한 자율성을 갖어야 한다. ② 전문적인 막료가 충분히 갖추어 져야 한다. ③ 지속적으로 활동할 수 있도록 상설화 되어야 한다. 그러나 개정지방자치법은 상임위원회제도를 기초자치단체의 경우 부정하고 있다.

4. 예산안 심의 · 의결의 절차

1) 집행기관의 예산안 제출

지방자치단체의 장은 회계연도마다 예산안을 편성하여 시 · 도는 회계연도 개시 50일전까지, 시 · 군 · 구는 회계연도 개시 40일 전까지 예산안을 지방의회에 제출하여야 하며, 지방의회는 시 · 도에서는 회계연도 개시 15일전까지, 시 · 군 및 자치구에서는 개시 10일 전까지 이를 의결하여야 한다.(지방자치법 제127조) 이와 같은 지방 자치단체예산안 제출기한의 법정화는 예산심의기간의 충분한 확보와 심의기간의 부족으로 인한 준예산의 출현을 방지하기 위한 것이다.

2) 예산안에 대한 제안설명 청취(본회의)

예산안이 지방의회에 제출되면 자치단체의 장은 지방의회의 본회의에서 예산안이 작성된 경제적 배경과 그 속에 내포되어 있는 재정 · 경제정책의 방향 및 예산의 기본내용을 설명하게 되며, 그 이후에 시 · 도의 경우는 각 상임위원회의 예비심사에, 시 · 군 · 자치구의 경우는 예산결산특별위원회에 회부된다. 그리고 1999년 12월 법령개전이전에는 이러한 제안설명을 청취한 이후 대부분의 지방의회는 예산심의에 필요한 자료수집과 집행기관의 행정실태파악을 위해 정기 행정사무감사에 들어갔다.

3) 상임위원회의 예비심사

(1) 정책설명 및 전문위원의 예비검토 보고

각 상임위원회는 소관부서의 장으로부터 신년도 시정방침과 예산안의 대체적인 내용을 담은 정책설명을 듣고, 전문위원으로부터 제안된 예산안의 개략적인 내용과 그에 대한 예비검토 보고를 듣는다.

(2) 정책질의

정책설명과 전문위원의 검토보고가 끝나면 상임위원회는 소관부서의 정책과 예산안에 대한 이해를 위해 광범위한 정책질의를 행하며, 이에 대한 답변을 듣게 되어 있다. 뿐만 아니라 각 상임위원회에서는 예산심사를 보다 충실하고 효율적으로 하기 위하여 관계기관에 대해 각종 자료의 제출을 요구하며, 공청회를 열어 이해관계자나 전문가의 의견을 참고하기도 한다.

(3) 부서별 심사와 토론

각 상임위원회는 정책질의가 끝나면 부서별 심사에 들어가 예산안에 대한 토론을 거쳐 조정과 계수정리를 하게 된다. 경우에 따라서는 예산안에 대한 수정안이 제출되어 이에 대한 제안설명과 표결이 행하여 지기도 한다.

4) 예산결산특별위원회의 종합심사

시 · 도의 경우는 각 상임위원회의 예비심사가 끝난 후, 시 · 군 · 자치구의 경우는 자치단체장의 본회의에서의 제안설명 이후에 예산안은 예산결산특별위원회에 회수되게 된다. 예산결산 특별위원회는 회부되어 온 예산안을 종합적으로 심사한 후 본회의에 상정하게 된다.

(1) 위원회의 구성

예산결산특별위원회는 매년 지방의회의 정기회의 초에 지방의회의 조례에 따라 본회의의 의결을 거쳐 구성하게 된다. 위원회의 구성원은 지방의회의장이 선임하게 되는데 비상설의 특별위원회이기 때문에 안정성과 계속성이 결여되어 있다. 위원장이 선출되기까지는 위원 중에서 연장자가 회의를 주관하여 위원장을 선출하게 되며, 선출된 위원장은 회의진행을 주관하게 된다. 간사는 원활한 회의진행을 위해 위원장을 보좌하며, 세부적인 운영절차를 위원장과 협의하여 결정하게 된다.

(2) 심의과정

종합심사는 시 · 도의 경우 각 상임위원회의 예비심사가 모두 끝난 다음에 시작하는 것이 원칙이나 세법 및 조례와 관련된 세입예산심사의 지연 등 상임위원회의 사정과 정기회의 전체의 일정을 감안하여 상임위원회의 3분의 2이상이 완료되면 예산안을 상정하여 종합심사를 진행하게 된다.

① 제안설명

예산안이 상정되면 지방자치단체의 장이 출석하여 예산편성의 배경과 지방자치단체의 역점시책 등을 포함한 예산안 제안설명과 전문위원의 종합검토보고가 있게 된다. 지방의회 전문위원의 종합검토보고는 사전에 지방자치단체의 예산안을 충분히 검토한 의견이라는 점에서 그 중요성이 매우 높다고 하겠다. 따라서 지역주민의 의사를 대표하는 지방의회의 입장을 피력한다는 점에서 전문위원의 의견은 정당성을 가져야 할 것이다.

② 종합정책질의

예산결산특별위원회의 심의는 종합정책질의로서 시작되는데 여기서는 예산에 관계되는 것 뿐만 아니라 지방자치단체의 시정전반에 걸쳐 질의 · 응답하는 것이 관례이다. 이러한 질의응답은 예산결산특별위원회의 예산심의과정이 몇몇 특정인을 위한 것이 아니라 주민의 권리를 보호하기 위한 것이라는 점을 감안하여 볼 때 시간이 많이 소요되더라도 충실히 심의하는 것이 바람직하다.

③ 분과위원회의 분과별 심사

분과위원회에서는 소관상임위원회의 심사결과보고를 듣고 부서별로 소관예산안을 상정하여 예산안 개요에 대한 설명을 들은 다음 부서의 정책과 실적, 앞으로의 시책방향, 문제점에 관한 질의, 답변이 있은 후 소관부서별 예산안에 대한 합의사항, 소수의견, 기타 부대조건 등을 포함한 심사보고서를 채택하여 예산결산 특별위원회 전체회의에 보고하게 된다. 그러나 지방의원 수가 적은 기초단체의 경우는 제약이 있다.

④ 예산안에 대한 계수조정

예산결산특별위원회의 종합심사에 있어서 가장 중요한 과정은 계수조정과정이다. 이 과정을 담당하는 계수조정위원회는 수권소위원회로서 예산결산특별위원회 전체회의에서 위임된 사항에 한하여 계수의 조정을 그 본래의 임무로 삼으며 분과위원회 심의 때 있었던 위원들의 질의 및 요구사항, 이에 대한 자치단체 각 부서장의 답변을 토대로 하여 계수조정을 행한다. 여기서는 무엇보다 지역주민의 복지 및 편익의 증진에 관점을 두고 계수조정이 이루어져야 한다.

5) 본회의 의결

상임위원회의 예비심사와 예산결산특별위원회의 종합심의를 마친 예산안을 시 도의회에서는 회계연도개시 15일 이전(12월 16일)까지, 시 · 군 · 자치구의회에서는 10일전(12월 21일)까지 이를 의결하여야 한다. 그러나 지방의회는 자치단체장의 동의 없이 지출예산 각 항의 금액을 증액하거나 새로운 비목을 설치할 수 없다. 지방자치단체의 장은 예산안을 제출한 후 부득이한 사유로 그 내용의 일부를 수정하려면 수정예산안을 작성하여 지방의회에 다시 제출할 수 있다(지방자치법 제127조).

6) 예산의 이송

본회의에서 예산안이 의결되면 그 예산안은 다음 년도의 예산으로 확정된다. 이렇게 확정된 예산은 3일 이내에 자치단체장에게 이송하여야 한다.

7) 예산의 보고 및 고시

의회에서 예산이 이송되면 자치단체장은 지체 없이 시 · 도에서는 행정안전부장관에게, 시 · 군 · 자치구에서는 시 · 도지사에게 보고하고 그 내용을 고시하여야 한다. 다만 예산상 집행이 불가능한 의결에 대하여 재의를 요구할 때에는 그러하지 아니하다.(지방자치법 제133조)

5. 예산불성립시의 예산제도(준예산제도)

예산안은 지방의회에서 의결되어야 집행할 수 있다. 그러나 부득이한 사유로 법정기한까지 의결되지 않았을 경우, 즉 예산불성립 시에는 원칙적으로 예산을 집행할 수가 없다. 그러나 예외적으로 다음의 경비는 전년도 예산에 준하여 집행할 수 있는 제도를 만들어 놓았다. 즉 i) 법령이나 조례에 의하여 설치된 기관 또는 시설의 유지 운영비, ii) 법령 또는 조례에 명시된 지출의무의 이행, iii) 계속비를 비롯한 이미 예산으로 승인된 사업비등이 그것이다. 이를 준예산제도라고 한다. 일본이나 영국의 경우 잠정예산제도를, 과거 우리나라는 과거 가예산제도를 사용했다.

6. 예산집행의 효율성과 신축성 유지

1) 예산의 목적외 사용금지

지방자치단체의 장은 세출예산에서 정한 목적 외의 용도로 경비를 사용하거나 세출예산에서 정한 각 정책사업 간에 서로 이용할 수 없다. 세출예산은 일정한 목적에 사용하기 위하여 계상하는 것이다. 따라서 목적을 달성할 수 있도록 하여야 하며 목적 이외에 사용하여서는 안된다. 이를 예산의 목적외 사용금지의 원칙이라고 한다. 그러나 이러한 목적의 범위에 대해서는 학자들의 견해가 일치하지 않는다. 따라서 입법과목인 「項」단위의 예산이 어떠한 목적으로 의회에서 의결되었는가, 또한 그 예산이 어떠한 용도에 사용하기 위하여 계상되었는가를 종합적으로 검토하여 판단해야 할 것이다.

〈표1-8〉 지방의회의 예산심의 절차

예산안의 처리절차	내　　　　용
① 예산안의 제출	당초예산 : 회계연도개시 광역은 50일전, 기초는 40일전까지 추가경정예산 : 필요시에 제출
② 예산안의 접수	의회사무처(국, 과)에 제출, 의장에게 보고
③ 본회의 제안설명	지방자치단체장의 예산안에 대한 설명(예산편성의 방향)
④ 상임위원회의 예비심사	소관, 실국(실과)별 제안설명, 전문위원의 예비검토보고 질의와 답변, 부서별 예산안의 심사, 토론, 삭감, 조정 등
⑤ 의장에게 보고	소관 상임위원회에서 예비심사결과보고

예산안의 처리절차	내 용
⑥ 예결특위의 종합심사	실국(실과)별 제안설명 및 전문위원의 보고 종합정책질의 및 심사, 예산안에 대한 계수조정(계수조정 소위원회)
⑦ 본회의 상정 및 의결 (예산확정)	회계연도개시 15일전(시도), 10일전(시군구) 까지 예결위원장, 지명위원의 종합심사결과보고, 찬반토론 및 표결
⑧ 결과처리	의결 후 3일 이내에 자치단체장에게 이송 예산의 고시(자치단체장), 시도지사 또는 행안부장관에게 보고

2) 예산집행의 신축성 유지방안

(1) 예산의 이용(移用), 전용(轉用), 이채(移採)

예산의 이용이나 전용 및 이채 등은 예산을 실제 집행해 나가는 과정에서 상황에 적절하게 신축적으로 대처함으로써 예산집행의 효율성을 증대시키기 위해 이용할 수 있는 제도들이다. 첫째 예산의 이용이란 정책사업간의 예산을 상호 융통하여 사용할 수 있는 제도이다. 단지 예산의 입법과목간 상호 융통이란 점에서 사전에 지방의회의 승인을 받아야 한다. 둘째 예산의 전용(지방재정법 제49조)이란 동일한 정책사업 내에 단위사업 간의 예산액을 상호 융통하여 사용하는 것을 말한다. 행정과목간의 융통이므로 의회의 승인을 필요로 하지 않는다. 그러나 인건비, 시설비, 부대비, 차입금상환, 차입금이자상환, 예수금원리금상환 은 다른 편성목으로 전용할 수 없다. 전용한 경비의 금액은 세입 세출결산서에 명시하고, 그 이유를 적어야 한다. 셋째 예산의 이채(지방재정법 제47조)란 자치단체간의 기구, 직제, 또는 정원에 관한 법령이나 조례의 제정 또는 개폐로 인하여 관계기관간의 직무권한, 기타의 변동이 있을 때에는 그 예산을 상호 이채할 수 있다.

(2) 예산의 이월(移越)

지방재정법 제7조(회계연도 독립의 원칙)는 “각 회계연도의 경비는 당해 연도의 세입으로 충당해야 한다” 고 규정하고 있다. 그러나 이 원칙을 너무 엄격하게 지킬 경우, 오히려 예산집행의 경직성을 초래하여 효율성을 저해할 수 있기 때문에 예외적으로 당해 연도에 집행하지 못한 세출예산은 다음 연도에 이월하여 사용할 수 있도록 예외규정을 둔 것이다(지방재정법 제50조). 그러나 이 제도는 무제한적으로 인정된 것은 아니며 최소한의 범위내에서 인정되어야 한다.

① 명시이월

세출예산 중 경비의 성질상 그 회계연도에 그 지출을 마치지 못할 것으로 예상되어 명시이월비로서 세입 세출예산에 그 취지를 분명하게 밝혀 미리 지방의회의 의결을 얻은 금액은 다음 회계연도에 이월하여 사용할 수 있다.

② 사고이월

세출예산 중 다음과 같은 경우에 해당하는 경비의 금액은 사고이월비(事故移越費)로서 다음 회계연도에 이월하여 사용할 수 있다. 첫째 회계연도 내에 지출원인행위를 하고 불가피한 사유로 회계연도 내에 지출하지 못한 경비와 지출하지 아니한 그 부대 경비, 둘째 지출원인행위를 위하여 입찰공고를 한 경비 중 입찰공고 후 지출원인행위를 할 때까지 오랜 기간이 걸리는 경우로서 대통령령으로 정하는 경비, 셋째 공익 공공 사업의 시행에 필요한 손실보상비로서 대통령령으로 정하는 경비, 넷째 경상적 성격의 경비로서 대통령령으로 정하는 경비

③ 계속비이월

계속비의 회계연도별 필요경비 중 해당 회계연도에 지출하지 못한 금액은 그 계속비의 사업완성 연도까지 차례로 이월하여 사용할 수 있다.

V. 결산과 결산절차

1. 결산의 의의와 효과

결산은 1회계년도의 지방자치단체의 수입과 지출의 실적을 확정적 계수로서 표시하는 행위이다. 결산은 예산과 달리 지방재정활동을 규제하는 직접적이고 명백한 법적 성격을 가지는 것은 아니지만, 그 결산이 정당한 경우에는 예산집행의 책임을 해제시킨다는 의미를 갖는다. 즉 예산은 일종의 견적이기 때문에 예산집행의 결과는 예산 그대로 시행되는 것이 아니고, 집행과정에 있어서는 경제적 · 정치적 · 사회적으로 예측하지 못한 변화로 인하여 당초의 예정액에 부족을 가져오거나 남는 경우가 있게 마련이다. 따라서 정산을 할 필요가 생기는 것이다. 그러므로, 결산이란 1회계년도에 있어서 세입 · 세출의 실적을 확정된 계수로 표시한 것을 말하며 장래의 재정운영에 참고자료를 제공한다. 이러한 결산은 사후확인행위이기 때문에 지방의회에서 승인하지 않더라도 그 효력에는 영향을 미치지 않으나 자치단체의 장에게 정치적 · 도의적 책임을 물을 수는 있다. 세입 세출의 결산은 세

입 세출의 예산과 같은 구분에 따라 작성하며, 다음의 각 사항에 대해 명백히 하여야 한다(지방재정법 제51조). 즉 세입예산의 경우 세입예산액, 징수결정액, 수납액, 불납결손액, 미수납액을 명백히 해야 하며, 세출예산의 경우 세출예산액, 전년도 이월액, 예비비사용액, 전용 등 증감액, 제16조제1항 단서에 따른 초과 지출액, 예산현액(豫算現額), 지출액, 다음 회계연도 이월액, 불용액(不用額) 등이다.

2. 결산의 절차

1) 결산서 작성

지방자치단체의 장은 출납폐쇄 후 3월 이내에 결산서 및 증빙서류를 작성하고 지방의회가 선임한 검사위원의 검사의견서를 첨부하여 다음 연도 지방의회의 승인을 얻어야 한다(법 제125조 1항) 세입에 관한 결산은 세입 주관과장이, 세출은 세출주관과장이 5월31일까지 작성하여야 한다. 이때 결산서와 함께 이월비 결산, 계속비 결산, 예비비 결산, 채권 채무에 관한 계산서, 그리고 재산조서 및 국고보조금 집행 조서 등에 작성하여야 한다.

2) 출납검사

당해 지방의회의 의원이나 공인회계사 등 전문지식을 가진 검사위원(시도는 5~10명, 시군은 3~5명)을 선임하여 20일간 출납검사를 실시하고, 결산 검사위원은 결산검사 의견서를 제출하여야 한다.

3) 세입 · 세출 결산서의 의회 제출

결산검사 의견서를 첨부하여 다음 회계년도 개시 90일 전까지 당해 의회에 제출하여야 한다.

4) 지방의회의 결산승인

지방의회에서는 예비심사와 예산결산위원회의 종합심사를 거쳐 본회의에서 결산을 승인하고, 3일 이내에 자치단체장에게 통보한다.

3. 결산상 잉여금의 처리

결산상 잉여금이라 함은 회계년도에 있어서 실제로 수입된 금액에서 실제로 지출된 금액을 제한 나머지 잔액을 말한다. 이 잔액은 지방채 원리금 상환에 사용하거나 익년도 세입에 편입하여야 한다.

〈표1-9〉 지방의회의 결산심사 절차

결산안의 처리절차	내 용
① 결산서의 제출	단체장은 출납폐쇄(2월말)후 80일 이내에 결산서를 작성, 결산검사위원의 의견서를 첨부, 다음 회계연도 6월 말까지 의회제출
② 결산서의 접수	의회사무처(국, 과) 의장에게 보고
③ 소관상임위원회 심사	예비심사 성격. 소관 실국장이 내용설명 후 질의 답변 예산이 의회의 승인대로 적법하게 집행되었는지의 여부확인
④예산결산특별위원회 심사	상임위원회에서 예비심사한 결산안에 대해 종합심사
⑤ 본회의 상정 및 의결	재적의원 과반수위 출석과 출석의원 과반수의 찬성으로 의결
⑥ 결과처리	자치단체장은 결산승인 후 5일 내에 시도자사 또는 행정안전부장관에게 보고하고 그 내용을 고시함

1.5 지방의회와 지방자치단체장 간의 관계

I. 지방자치와 지방자치단체의 기관구성

1. 의의

민주주의를 국민의, 국민에 의한, 국민을 위한 국가의 통치이념이라고 한다면, 지방자치제도는 주민의, 주민에 의한, 주민을 위한 지방의 통치제도라고 할 수 있다. 이러한 민주주의나 지방자치는 사람들이 지금까지 만들고 경험해온 많은 이념과 제도들 중에서는 가장 우수한 것으로 인정받고 있다. 그러나 민주주의든 지방자치든 간에 그것이 아무리 장점이 많고 훌륭한 제도라고 하더라도 그것을 운용하는 사람들이 그 참뜻을 이해하지 못하거나 잘못 운용한다면 그 이념과 제도는 결코 바람직한 이념이나 제도로 평가받을 수가 없게 된다.

2. 지방자치단체의 기관구성형태와 기관간의 관계

주지하는 바와 같이 지방자치단체는 그것을 통치 관리하는 기관을 어떻게 구상하느냐에 따라 기관통합형, 기관분리형, 절충형 등으로 분류된다. 이러한 국가를 통치하는 기관을 정부라고 하는 것처럼 지방자치단체의 통치기관을 지방정부라고 한다. 그리고 이러한 정부형태는 각국의 정치적 전통이나 역사적 문화적 차이에 따라 다르다. 영국과 미국의 많은 지방, 그리고 북유럽 제국 등에서는 지방의회가 중심이 되는 기관통합형 내지 절충형 제도를 택하고 있지만 프랑스와 일본 등의 아시아에서는 지방자치단체장과 지방의회를 분리시키는 기관분리형을 택하는 경우가 많다. 우리나라도 기관분리형을 택함으로써 지방자치단체장과 지방의회를 따로 구성하여 이 두 기관으로 하여금 지방자치단체를 통치하도록 하였다. 따라서 이 두 기관으로 구성되는 지방정부가 지방자치발전의 주요변수로 작용하며, 지방정부의 경우 이들 두 개의 기관이 얼마나 협력과 지원하느냐에 따라 발전의 속도가 달라질 수 있다. 특히 기관분리형을 택하고 있는 제도 하에서는 지방의회와 자치단체장의 관계를 어떻게 정립할 것인가의 문제는 지방자치제도 그 자체의 성패를 좌우할 만큼 중요하고 어려운 문제이다. 따라서 양 기관의 관계를 원활히 할 수 있는 각종의 제도적 장치도 마련해야 하고, 불가피하게 야기되는 양 기관의 갈등과 대립을 조정 · 해결할 수 있는 효율적인 갈등조정장치도 마련해 두어야 한다. 만일 이러한 제도가 정비되어 있지 못할 경우 이들 간의 갈등은 불가피하게 되며, 그러한 갈등의 양상에 따라서는 지방정부의 기능을 마비시킬 수 있는 심각한 상태로 빠져들 수도 있게 된다.

특히 양 기관간의 권력관계가 불균형을 이루거나, 지방자치단체장과 지방의원들의 선출방식이 잘못되어 있거나, 양 기관간의 협력과 지원, 견제와 감시에 관한 제도들이 정비되어 있지 못할 경우, 양 기관간의 갈등은 빈번하게 일어날 수 있어도 그 해결이 원만하지 못해 심각한 사회적, 국가적 문제로 제기될 수 있다. 따라서 여기서는 이들 양 기관의 관계에 관한 이론과 제도들을 검토해 보고, 나아가 갈등과 마찰을 줄이고, 이를 해소할 수 있는 방안들을 간략히 검토해 보기로 한다.

II. 지방의회와 자치단체장의 관계

1. 두 기관간의 관계를 좌우하는 영향요인들

지방의회와 자치단체장간의 관계는 동일한 기관분리형제도를 취하고 있다고 하더라도 나라마다 다르고 지역마다 다를 수 있다. 이처럼 양자간의 관계가 다양하게 나타나는 것은 각국의 역사적 배경, 정치행정문화, 자치여건, 중앙과 지방의 관계, 주민의 자치의식과 지방정부의 자치역량, 그리고 지방선거에 대한 정당의 영향력, 중앙정부의 통치이념과 공직자들의 태도 등이 서로 다르기 때문일 것이다[26]. 그 중에서도 특히 지방자치단체의 내

26) 이와 유사한 관점으로는 F. A. Leemans의 「역사적 배경」, 「정치문화」, 「통치구조」, 「재정적 여건」, 「구역과 인구」, 「지방행정조직」 등과 같은 지방자치의 환경적 조건을 그 예로 들 수 있다.

부기관을 어떻게 구성하느냐에 따라 양자의 관계는 현저히 달라질 수 있다. 기관분리형을 채택할 경우에도 집행기관인 「자치단체장을 어떻게 선임하느냐」에 따라 양자의 관계는 다시 바뀌게 된다. 우선 집행기관을 선거하는 경우에도, 「주민이 직접선거」하는가,「의회에서 간접선거」하는가에 따라 다르고, 다음으로 집행기관을 임명하는 경우에도, 「중앙정부가 임명」하는가, 「지방의회가 임명」하는가에 따라 다르다. 그리고 집행기관을 「지방의회에서 합의제 집행위원회로 선출」하는 경우에도 양자의 관계는 상당히 다르게 된다.

1) 정치문화와 자치환경

의결기관과 집행기관의 관계는 그 나라의 오랜 전통이나 역사적 배경, 정치행정문화, 국민들의 정치적 민주화의 수준 등에 의해 영향을 받게 되며, 지역적 특성에 따라서도 영향을 받게 된다. 우선 오랜 국가의 역사를 통해 중앙과 지방에서 어떠한 정치형태를 유지해 왔는가, 그리고 중앙과 지방의 관계 즉 치자인 권력계층과 피치지인 지역주민들과의 관계가 어떻게 유지되어 왔는가 하는 것들이 의결기관과 집행기관의 관계에 영향을 미치게 된다. 그리고 현재의 지방자치환경이 자유민주적이고 지방분권적인가 그렇지 않은가도 양기관의 관계에 영향을 미치게 된다. 권위주의적 정치문화와 비민주적 정치형태, 전통지향적 지역특성을 가진 나라나 지방일수록 집행기관에 권한이 집중되거나 될 가능성이 높다.

2) 중앙정부와 지방정부의 관계

의결기관과 집행기관의 관계는 중앙정부의 정치적 성격에 의해서도 좌우도지만 중앙정부와 지방정부의 관계의 유형에 따라서도 다르게 영향을 미친다. 즉 중앙정부의 통치이념과 형태가 민주적인가 권위주의적인가, 지방분권적인과 중앙집권적인가 등에 따라 지방정부의 두 기관에 대한 관계가 달라질 수 있다. 대체로 중앙정부가 민주적일 경우, 지방분권적이고 의결기관과 집행기관의 권력관계가 비교적 균형을 이루거나 의결기관에 다소 우세한 권한을 배분하게 된다. 그러나 중앙정부가 권위적이고 중앙집권적이면 집행기관에게 더 많은 권한을 배분하게 된다.

3) 자치역량과 시민의 민주정치수준

지방자치단체를 운영하는 지방정부의 대내적 자치역량과 대외적 지지와 협력의 동원정도에 따라 의결기관과 집행기관의 관계도 달라질 수 있다. 지방정부의 자치역량이 높다는 것은 우선 권력적 차원에서 중앙으로부터의 지방분권수준이 높고, 자체적으로 인적 자원의 역량이 강화되어 있으며, 대내외적으로 재정력과 정보력이 뒷받침되어 있어야 한다. 뿐 아니라 자치행정의 수행과정에서 지역사회로부터 적극적인 지지와 협력을 받을 수 있는 상태를 의미한다. 이렇게 지방정부의 자치역량수준이 높고, 지역사회 주민들로부터 정책추진과정에서 높은 지지와 협력을 동원할 수 있을 경우, 양 기관의 관계는 의결기관의 우위 속에서도 비교적 균형적이면서 갈등이 적을 수 있다.

4) 정당과의 관계

지방자치에 정당의 간여를 허용할 것인가 아닌가. 허용한다면 어느 정도의 수준에서 제한적으로 허용할 것인가 아니면 무한정 개방할 것인가 등에 따라서도 의결기관과 집행기관의 관계는 다른 영향을 받게 된다. 즉 의결기관과 집행기관의 선출과정인 지방선거에 정당참여를 완전제한 하는 경우, 양 기관간의 갈등은 크게 줄어들게 된다. 그리고 의결기관이든 집행기관이든 어느 한 쪽에만 정당참여를 인정할 경우에는 갈등이 야기되더라도 그 빈도와 강도는 약해질 수 있다. 그러나 양 기관의 선출과정인 지방선거에 정당참여를 완전 개방할 경우, 이들 간의 갈등은 전혀 없거나 반대로 매우 빈번하고 강력해질 우려가 있다. 지방자치단체장의 출신정당과 지방의회의 다수당이 동일할 경우, 거의 갈등은 잠재되어버릴 수 있지만 다를 경우, 심각한 갈등이 야기되어 자치행정을 마비시킬 우려가 있다.

2. 기관분리형 제도의 이상과 현실

지방정부의 기관(지방정부)을 의결기관과 집행기관으로 분리시키는 기관분리형의 근본이념은 이들 양 기관이 상호 견제와 균형 하에 협력과 협조를 통해 지역개발과 주민의 복지증진을 위해 최선을 다하도록 하는 데 있다고 하겠다. 그리하여 기관분리형은 지방정부의 권한을 의결기관인 지방의회와 집행기관인 자치단체의 장에게 적절히 배분하고 있는 것이다. 따라서 양 기관 간에 일정한 갈등과 마찰이 일어날 수 있다는 것은 기관분리형제도의 본질적 특성이며 반드시 이들 두 기관 간에 문제점이 있기 때문은 아니다. 다시 말해 이들 두 기관 간에 일어나고 있는 다소간의 갈등과 마찰은 의결기관과 집행기관이 상호 견제와 균형 속에서 지방정부의 공공사무를 처리하는 과정에서 야기될 수 밖에 없는 자연스런 결과인 것이다. 그렇기 때문에 이들 두 기관이 야합함으로써 전혀 갈등이나 마찰이 없는 것보다는 지방정부 스스로가 이겨낼 수 있는 범위 내에서는 일정한 갈등과 마찰이 야기되는 것이 오히려 바람직한 현상일 수도 있음을 알아야 할 것이다. 따라서 이들 두 기관간의 관계를 정확히 파악하기 위해서는 각 기관이 독자적으로 갖는 지위나 권한은 물론 양 기관이 기능상 상호 관련 하에 갖는 권한의 내용까지 자세히 파악해 보아야 할 것이다.

3. 자치단체장에 대한 지방의회의 권한

1) 의결권 및 재의결권

지방의회는 의결권을 통하여 자치단체장의 권한과 의무에 영향을 미치게 된다. 한편 지방의회는 이러한 의결권에 따라 의결한 내용에 대해 지방자치단체장이 재의를 요구해 올 경우, 일정한 요건을 거쳐(일반적으로는 재적의원 과반수의 출석과 출석의원 2/3이상의 찬성으로 재의결) 재의의 대상이 된 안건을 확정할 수 있는 권한을 가진다. 이러한 재의결에 대해 지방자치단체장은 대법원에 소를 제기할 수 있는 방법이외에는 다른 대항수단이 주어지지 않고 있다.

2) 조례의 제정 및 개 · 폐권

지방의회는 당해 지방자치단체의 조례를 제정 · 개정 · 폐지할 수 있는 권한을 가진다. 그 외도 지방의회는 지방자치법의 각 조항에서 규정하거나 법령이 위임한 범위 내에서 조례를 제정 · 개정 · 폐지할 수 있다. 따라서 지방의회는 이러한 조례를 통하여 자치단체장에게 업무를 부과하거나 규제 · 통제할 수 있는 것이다. 조례안에 대한 자치단체장의 재의요구도 역시 재적의원 과반수의 출석과 출석의원 2/3이상의 찬성으로 재의결할 수 있고, 재의결됨으로써 그것은 조례로 확정된다.

3) 예산의 심의 · 확정 및 결산승인권

지방의회는 집행기관의 활동에 필수 불가결한 지방자치단체의 예산과 결산에 대한 심의 · 확정 · 승인권을 가짐으로써 자치단체장을 규제 · 통제할 수 있다. 지방자치단체의 예산과 결산에 관한 결정권은 거의 지방의회의 권한이며, 이것은 양 기관 간에 야기되는 대립과 갈등의 주요 요인이 되고 있다. 물론 국회의 정부예산에 대한 권한이 국회와 행정부를 대립과 갈등으로만 연결시키지는 않는 것을 볼 때 지방의회의 예산결산에 관한 권한이 바로 양 기관간의 갈등요인이라고는 보기 어렵다. 그럼에도 불구하고 예산을 승인하는 기관과 그것을 상용하여 업무를 처리하는 기관 간에는 원초적인 견해차이와 갈등이 존재하기 마련이다. 즉 감시하는 기관과 감시받는 기관간의 불가피한 제도적 갈등으로 보아야 할 것이다.

4) 행정사무감사권 및 행정사무조사권

지방의회에게 해당 자치단체의 집행기관에 대해 행정사무 감사권과 조사권을 동시에 주고 있는 나라는 찾아보기 어렵다. 나라마다 지방마다 제도가 달라 일률적으로 말할 수는 없지만 대체로 지방의회에게 행정사무조사권을 부여하는 경우가 있기는 하지만 매년 정례적으로 실시하는 행정사무감사권을 부여하고 있는 나라는 찾기 어렵다. 그러나 우리나라의 경우, 지방의회는 매년 행정사무감사나 조사를 통하여, 지방자치단체 혹은 지방자치단체장의 업무수행을 감사 혹은 조사할 수 있다. 행정사무감사는 매 정례회 기간 중에 감사를 실시하고, 지방자치단체의 사무 중 특정사안에 관하여 본회의 의결로, 본회의 또는 위원회로 하여금 조사하게 할 수 있다. 이러한 행정사무감사 및 조사권은 지방의회가 자치단체장을 견제 · 감시할 수 있는 가장 강력한 수단중의 하나이다. 한편 행정사무조사권은 일정수 이상의 재적의원의 연서로 이유를 명시한 서면으로 발의해야 하며, 필요시 언제든지 발의할 수 있도록 하고 있다.

5) 의회출석답변요구권

지방자치단체의 장 또는 관계 공무원은 행정사무처리상황의 보고와 질문응답을 함에 있어, 지방의회나 동 위원회의 요구가 있을 경우 의회나 위원회에 출석 · 답변하여야 한다. 이와 관련 지방자치단체장은 관계공무원으로 하여금 출석 · 답변케 할 수 있으며, 이 때 지방의회나 위원회에 출석 · 답변할 수 있는 공무원의 자격과 기준은 조례로 규정하도록 하는 것이 보통이다. 우리나라도 각 지방자치단체의 「지방의회에 출석 · 답변할 수 있는 관계공무원의 범위에 관한 조례」를 두고 있고, 여기에는 대부분의 지방자치단체가 교육감(장), 부단체장, 부교육감(장), 보조기관의 실장과 국장, 담당관, 과장급, 소속행정기관장(직속기관, 사업소, 출장소, 합의제행정기관), 교육기관장 등으로 규정하고 있다. 지방의회는 이러한 권한을 통해서 평소에도 집행기관이나 자치단체의 장을 실질적으로 견제 · 감시 할 수 있는 것이다.

6) 의견제시권

집행기관이 지방자치단체의 주요 업무를 처리할 때는 주민의 대표기관인 지방의회의 의견을 들어 처리하도록 하는 것이 보통이다. 우리나라의 경우, 「지방자치단체의 폐치 · 분합, 명칭 또는 구역변경」에 대해서와 「시를 설치하고자 할 때」는 관련 지방의회의 의견을 듣도록 하고 있다[27]. 그러나 주민투표를 실시한 경우에는 예외로 하고 있다. 이러한 의견을 듣도록 한 규정, 즉 지방의회의 의견제시권의 구체적 내용이 무엇을 의미하는가에 대해서는 별도의 규정이 없기 때문에 양 기관간의 갈등의 요인으로 작용하고 있다. 물론 지방의회의 의견제시권은 그 외에도 지역주민의 대표기관으로서 대내외적으로 주민의 의사를 결집하여 의회의 이름으로 의견을 표시할 수 있다. 특히 이러한 것은 중앙과 지방, 혹은 지방자치단체 상호간에 갈등이 발생하였을 경우 지방의회의 의견을 제시하는 경우가 많다.

27) 지방자치법 제4조 제2항

7) 선결처분에 대한 사후승인권

지방의회는 비상시 자치단체장의 권한인 선결처분권의 행사에 대해서 사후보고를 듣고 승인할 수 있는 권한을 가진다. 비록 긴급을 요하는 사태가 발생하여 지방의회의 의결을 기다릴 시간적 여유가 없었기 때문에 행사한 권한이라고는 하지만, 그러한 사태가 해제된 이후에는 지방의회에 보고하고 그 승인을 받도록 함으로써 자치단체장의 권한행사를 견제할 수 있도록 한 것이다. 우리나라의 경우, 만일 선결처분에 대한 지방의회의 승인을 얻지 못한 경우에는 그 선결처분은 그 때부터 효력을 상실한다. 그러나 자치단체장에 대해서는 어떠한 책임도 묻지 않고 있다.

8) 자치단체장에 대한 불신임의결권

지방의회는 자치단체장을 불신임의결함으로써 그 직에서 물러나게 할 수 있는 권한을 가지는 경우가 있다. 우리나라 최초의 지방자치법과 그에 따른 제1대 지방의회(1956년 2월의 제2차 개정에서 폐지) 및 제4차 개정(1958년 12월)된 지방자치법에서 인정하였고, 현행 일본 지방자치법이 인정하고 있다. 이 권한은 지방의회가 자치단체장을 결정적으로 통제. 규제. 감독할 수 있는 가장 강력한 권한이다. 물론 지방의회의 이러한 권한에 대해 자치단체장은 의회해산권을 발동함으로써 대응할 수 있지만 현실적으로 자치단체장이 가장 두려워 할 수 있는 의회의 통제수단인 것이다. 그러나 이러한 권한의 행사는 양 기관이 대립 · 갈등을 야기하여 해결의 여지가 없는 비상시나 최악의 상태에서 발동 가능한 권한이므로 현실업무에서 그러한 권한의 영향을 어느 정도 받는지는 구체적으로 밝혀지지 않고 있다.

4. 지방의회에 대한 자치단체장의 권한

1) 의안제출권(발의권)

지방의회는 의사자율권(議事自律權)을 가진다. 원래 지방의회에서 의결할 의안은 지방의회가 자유로이 결정할 수 있다. 그러나 의안의 발의에 한해 법령으로 자치단체의 장에게도 그 권한을 인정하는 경우가 보통이다. 지방자치단체의 장이 지방의회에 대해 갖는 권한으로 우선 「의안 발의권」을 들 수 있다. 우리나라의 경우, 지방의회에서 의결할 의안은 지방자치단체의 장이나 의원 1/5이상 또는 의원 10인 이상의 연서로 발의한다. 이처럼 자치단체의 장에게 발의권을 부여함으로써 지방의회에 업무를 부과하고 이를 통해 양 기관은 관계를 갖게 되는 것이다. 그러나 지방의회의 전속적 권한에 해당되는 사항에 대해서는 자치단체장에게 발의권이 주어지지 않는다.

2) 임시회 소집요구권 및 본회의 폐회 중 상임위원회 개회요구권

대부분의 지방자치단체에서는 자치단체의 장으로 하여금 지방의회의 임시회의 소집을 요구할 수 있다. 뿐만 아니라 나라에 따라서는 자치단체의 장에게 본회의 폐회 중에도 상임위원회의 소집을 요구할 수 있는 권한을 부여하기도 한다. 그리하여 대부분의 국가와 지방에서는 지방자치단체의 장은 필요시에는 언제든지 지방의회에 의안을 제출할 수도 있고, 임시회소집이나 상임위원회의 소집을 요구하여 언제든지 의원들을 불러 모을 수 있도록 함으로써 지방의회에 비해 상대적으로 강력한 권한을 부여하고 있다.

3) 재의요구권(再議要求權 : 단체장의 거부권)

지방의회의 의결에 대해 지방자치단체장은 재의결을 요구하거나 거부권을 행사할 수 있는 등의 대응 권한을 부여하는 것이 일반적이다. 즉 지방의회의 의결이 월권, 법령위반, 기타 수용할 수 없는 사유가 있다고 인정될 때는 그 의결사항을 이송 받은 날로부터 일정한 기간 이내에 적절한 이유를 붙여 재의를 요구할 수 있는 권한을 말한다. 이것은 외국의 제도에서는 일종의 거부권에 해당되는 것으로 볼 수 있다[28]. 이러한 재의요구권의 종류에는 첫째 조례안에 대한 재의요구권, 둘째 일반의결에 대한 재의요구권, 셋째 예산상 집행 불가능한 의결에 대한 재의요구권, 넷째 재의요구지시에 따른 재의요구권 등 다양한 유형의 재의요구권이 존재할 수 있다[29].

이처럼 지방의회의 의결에 대해 자치단체장은 다양한 방법의 재의요구를 통해 지방의회의 활동을 견제할 수 있고, 여기에다 중앙정부나 상급자치단체장까지 가세하여 지방의회의 의결을 통제할 수 있도록 한 것이다. 그러나 지방의회의 의결에 대한 단체장의 재의요구는 의회의 입장에서 보면 의회의 권위에 대한 도전으로 보일 가능성이 높고, 의원들의 단결을 촉진하는 계기가 될 수 있으며 양 기관간 갈등의 직접적인 원인으로 작용할 수 있다.

4) 선결처분권(先決處分權)

이것은 지방자치단체의 장이 지방의회의 의결사항 중 주민의 생명과 재산보호를 위하여 긴급하게 필요한 사항으로서 법령에서 제시하고 있는 일정한 요건을 갖추었을 경우, 지방의회의 의결을 기다리지 아니하고, 자치단체장이 선결처분할 수 있는 권한을 말한다. 즉 필요한 요건을 갖추었을 경우 지방자치단체장은 의회의 의결을 거치지 않고 그 긴급 사항

---

28) 미국 Whashington D. C., New York, 일본에서는 장의 거부권(veto power)으로 불림.

29) 단체장의 거부권으로 불리는 일본에서도 지방자치법에서(제176조-177조) 이러한 再議를 인정하고 있는 데 그 유형은 다음의 다섯 가지로 요약할 수 있다. (1) 조례의 제정 · 개폐 또는 예산의 의결에 대한 재의, (2) 월권 · 위법한 의결, 선거에 대한 재의, (3) 수입 · 지출에 관련된 의결에 대한 일반적 재의, (4) 의무비의 삭제 · 감액에 대한 재의, (5) 비상 재해비, 전염병 예방비 등 긴급중요경비를 삭제 · 감액하는 경우의 재의 등이 그것이다.

을 처분할 수 있으며, 그 사항에 관한 한 의회의 의결을 거쳐 행한 것과 같이 적법하고 유효한 것으로 간주된다. 한편 이 선결처분권은 자치단체장으로서 갖는 고유한 권한은 아니므로 장의 직무를 대리하는 부단체장도 동 권한을 행사할 수 있다고 하여야 할 것이다. 이러한 권한을 인정하고 있는 나라로는 일본(전결처분권)이 있으며, 과거 서독에서는 의회불성립이나 긴급한 경우 등 극히 제한적으로 인정하고 있다(지방행정연구원, 1989 :24). 동 권한은 불가피한 경우를 제외하면 지방의회의 권한에 대한 침해요소로 작용할 수 있다. 특히 선결처분한 사안에 대해 사후에 의회에서 승인을 받지 못했을 경우에도 자치단체장에게는 특별한 책임을 묻지 않고 있는 경우 더욱 그러하다.

5) 재의결에 대한 제소권(提訴權)

재의결에 대한 제소권이란 지방의회에 재의요구를 한 지방자치단체의 장은 만일 그것이 재의결되었을 경우[30]나, 그것이 여전히 법령에 위반된다고 판단될 경우, 재의결된 날로부터 일정한 기일 이내에 대법원에 소(訴訟)를 제기할 수 있는 권한이다. 이러한 지방의회의 재의결에 대한 제소권은 지방자치단체장의 독자적인 권리로 제도화한 경우도 있지만 대부분은 상급자치단체장이나 상급기관의 요구와 지시에 따라 재의요구한 경우에 인정하는 권한으로 부여되고 있는 경우가 많다.

6) 의회사무직원 및 전문위원의 임명권

지방의회는 자신의 사무를 처리하기 위하여 사무기구를 둔다. 일반적으로 사무기구의 조직과 운영에 관해서는 지방의회의 조례나 규칙으로 규정하는 것이 보통이다. 즉 지방의회의 사무기구는 지방의회 자신의 사무를 처리하기 위해 지방의회 스스로가 조직하고 운영하는 기관이기 때문이다.

그러나 지방의회사무조직의 설치와 운영에 관해서는 지방자치제도의 발전정도나 지방자치제도를 시행한 역사적 장단의 차이, 중앙정부 공직자들의 의식과 행태의 차이 등에 따라 그 조직과 운영에 관한 제도적 차이가 크다. 특히 사무기구의 직원들에 대한 충원과 인사관리문제에 대해서는 지방의회의 완전한 자율로 하는 나라도 있고, 집행기관의 공무원들을 파견형식으로 관리하는 나라도 있으며, 우리나라와 같이 집행기관의 권한이 두는 나라도 있다.

30) 재의요구에 대해 지방의회는 재적의원과반수의 출석과 출석의원 2/3이상의 찬성으로 재의결함으로써 그 의결사항을 확정할 수 있다.

7) 의회출석답변권

자치단체장 또는 관계공무원은 지방의회나 그 위원회에 출석하여 행정사무의 처리상황을 보고하거나 의견을 진술하고 질문에 응답할 수 있다. 자치단체장은 이러한 권리를 통하여 집행기관에 대한 지방의회의 의문이나 오해에 적절히 대처할 수 있고, 어려움이나 애로사항을 설명함으로써 의회의 협력과 도움을 받을 수 있다. 그러나 자치단체장이 출석을 거부하거나 의회가 출석한 자치단체장에게 가혹한 모욕을 하는 등 동 제도가 양기관간 실질적인 갈등을 촉진시킬 수도 있다.

8) 의회해산권

자치단체장의 의회해산권이란 지방의회가 자치단체장을 불신임의결했을 경우 이에 대한 대항수단으로 인정하는 경우가 대부분이다. 현행법은 인정하지 않지만 우리나라 최초의 지방자치법에서 인정했던 경험이 있으며, 일본에서는 현재 인정하고 있는 제도이다. 즉 이것은 의회에다 집행기관의 불신임의결권을 부여하는 경우, 이에 상응하는 권한을 자치단체장에게도 부여하는 것으로서 의회의 불신임의결권에 대응하는 권리이다. 그러나 지방의회의 경우 자신의 결정에 의해 자치단체장을 불신임할 수 있으나, 자치단체장의 경우 감독관청의 허락을 얻어 의회를 해산할 수 있도록 하고 있는 경우가 많다(4차 개정 후 한국, 프랑스 꼼뮨, 태국 등). 그러나 일본에서는 중앙과 감독관청의 허가 없이 자치단체장이 단독으로 의회를 해산시킬 수 있도록 하고 있다.

III 지방의회와 지방자치단체장 간의 관계유형

1. 기관구성형태에 따른 기관 간 관계의 차이

지방의회와 자치단체장 간의 관계는 지방자치단체의 기관 즉 지방정부를 어떻게 구성하느냐에 따라 차이가 확연히 다르게 나타나게 된다. 즉 의결기관과 집행기관을 통합하느냐, 분리시키느냐, 아니면 그 중간의 형태(절충형)를 취하느냐에 따라 양 기관간의 관계는 상호 다르게 나타난다. 기관통합형에서는 의결기관과 집행기관이 분리되어 있지 않으므로 두 기관간의 관계문제는 발생하지 않는다. 영국의 의회가 그 대표적인 예가 된다. 절충형 역시 두 기관이 분리되어 있기는 하나 의회에서 집행기관을 선출하게 되므로 양 기관간 갈등이나 대립은 발생하지 않기 때문에 두 기관간의 관계가 심각한 갈등으로 부각되지는 않는다. 그러나 기관분리형(분립형 혹은 대립형)은 두 기관이 서로 분리되어 상호 견제와 균형의 관계에 있기 때문에 그 대립이 첨예화되면 조정이 어려워지고 궁극적으로는 자치행정의 파행을 초래할 수 있는 가능성을 안고 있다. 따라서 지방의회와 자치단체장의 문제는 주로 이 기관분리형을 중심으로 연구하게 된다. 아래에서도 기관분리형제도를 중심으로 이들 간의 관계를 검토해 보기로 한다.

2. 의결기관과 집행기관 간의 관계유형

지방의회와 자치단체장의 관계는 지방정부 내의 의결기관과 집행기관의 관계로서 이들 관계는 분류기준 등에 따라 다양하게 유형화할 수 있다. 예컨대 평상적 관계와 비상적 관계, 협력관계와 대립관계, 일반적 견제관계와 특수적 견제관계 등으로 분류하기도 한다. 본서에서는 기본적 관계, 평상적 관계, 비상적 관계 등으로 분류하여 검토하기로 한다.

1) 기본적 관계(의회우위형과 집행기관우위형)

여기서 기본적 관계란 양 기관간의 관계가 우선 의결기관 우위형인가 아니면 집행기관 우위형인가에 따라 다르게 나타난다. 우선 강의회-약시장형의 형태에 해당되는 의결기관 우위형에서는 의결기관이 입법권 뿐만 아니라 집행기관 공무원의 임명권, 또는 임명동의권, 예산편성권 등을 가지며, 심지어 집행기관의 사무조직에 직원을 배치시켜 각 국 과의 운영을 직접 관장하기도 한다. 그리고 집행기관은 의결기관에 대한 해산권이나 의결사항에 대한 거부권도 가지지 못한다. 그리하여 한정된 범위내의 집행권만 행사하거나 때로는 명목상 형식상의 존재에 불과한 경우도 있다. 이러한 의결기관 우위형의 경우 집행기관의 선임은 보통 지방의회에서 간접선거하거나 의회에서 임명하는 경우가 많다.

그러나 강시장-약의회형에 해당되는 집행기관 우위형에서는 집행기관이 집행권의 실질적 책임자로서 행정전반을 관장하고 있을 뿐 아니라 의결기관과의 관계에서도 법률안, 예산안의 제출 및 권고, 의결기관소집요구, 의안공고 등을 행하고 일정한 사항의 전결권 및 일정한 조건 하에 의결기관 해산권까지도 가진다. 이러한 집행기관 우위형은 집행기관이 주앙정부로부터 임명되거나 주민들로부터 직선되는 경우가 대부분이다. 이처럼 의결기관 우위형이든 집행기관 우위형이든 간에 두 기관 간에서 나타나는 기본적인 관계는 궁극적으로 합의형과 대립형 그리고 협력형으로 나타난다.

첫째 합의형이란 의결기관과 집행기관이 지역발전이라는 공동목표를 의식함으로써 갈등보다는 합의를 선호하고 상호 호의적이 되는 형태이다. 합의형에서는 의결기관이 집행기관의 기본정책에 이의를 제기하지도 않고, 집행기관에 제출한 의안에 대해서도 대부분은 부결의사를 갖지 않는 것을 그 특징으로 한다. 따라서 의결기관의 정책변동기능은 매우 약하다. 중앙정부와의 관계에서는 지방의원들은 자기지역의 이익추구에 적극적이고, 행정의 측면지원과 주민편의를 도모하는 일에 많은 관심과 노력을 기울인다. 결국 합의형에서의 의결기관은 공동체의 유지발전과 중앙정부에 대한 자기지역의 영향력 행사 등이 중요한 역할과제가 된다.

둘째 대립형이란 어떠한 영역이든 중요한 정책에 대해 양기관간에 의견이 대립하는 형태이다. 기관간 대립이나 갈등이 발생하는 배경에는 경제적으로는 고도성장이후에 나타나는 분배과정의 왜곡 등으로 인한 경우가 많고, 정치적으로는 보수와 혁신, 다수당과 소수당간의 이념이나 정치노선차이 등이 많으며, 기능적 측면에서는 정책결정자와 집행자간의 관계에서 나타나는 갈등이 주요원인이 되는 경우가 많다. 그러나 때로는 양기관간 비이성적 감정대립으로 인해 심각한 갈등으로 이어져 파행을 결과하는 경우도 적지 않다.

셋째 협력형이란 두 기관이 상호 양보와 타협을 통해 협력함으로써 갈등요인을 사전에 조정해 나가는 형태이다. 이러한 협력형은 자치단체장이 지방의회의 다양한 정치세력으로부터 협력과 지지를 확보하거나, 지방의회의 여러 정치세력이 단결하여 자치단체장을 선거에서 당선시킴으로써 양 기관이 상호의존적이 될 경우 발생하게 된다. 이러한 협력형은 보수와 혁신을 대립시키는 쟁점이 희박해질 때, 지방재정악화 등으로 대립적인 요소가 강한 새로운 정책추진보다는 실무능력이 뛰어난 자치단체장이 요구될 때, 지방의회에 진출한 정당이 다당화 현상을 보였을 때, 대내외환경이 탈정당화를 요구할 때 비교적 쉽게 형성된다. 협력형 하에서 집행기관은 의회를 자극하지 않을 정도로 중도적 성격의 정책을 추진하게 되어 정책선택의 폭이 제한되는 경우가 많다. 그럼에도 불구하고 의결기관은 집행기관의 각종 정책에 대해 전면적인 지지를 하지 않는 경우가 많다.

이상의 3가지 유형의 형태를 실제 지방자치현장에 비춰보면, 합의형은 농촌지역이나 소규모의 자치단체에서 많이 나타나고, 분리형과 협력형은 대도시지역에서 많이 나타난다고 할 수 있다(이석형, 1993 :54-55).

2) 평상적 관계(일반적 관계)

지방의회와 자치단체장은 평상시 상호「견제와 균형」,「협력과 지원」이라는 평상적 관계를 갖고 있다. 즉, 양 기관은 중앙정부로부터 위임받은 자치권의 범위 내에서 지방자치단체의 공공사무를 효율적으로 처리하고 지역발전과 주민의 복지증진을 위해 서로 견제 · 협력하는 관계를 지니는 것이다. 이러한 평상적 관계를 유지 · 관리하기 위하여, 지방의회에게는 의결권 및 재의결권, 조례제정권, 예산심의 및 결산승인권, 행정사무조사 및 감사권, 출석답변요구권, 의견제시권, 선결처분에 대한 사후승인권, 기타 공공시설설치관리권 등등을 부여하고 있다. 그리고 자치단체장에게는 의안제출권, 임시회 소집요구권 및 본회의 폐회 중 상임위원회 개회요구권, 의회사무직원 및 전문위원임명권, 의회출석답변권, 예결산안의 편성 · 제출권, 조례의 공포권, 지방의회의원의 선거일공고권 등을 부여하고 있다.

3) 비상적 관계(특수적 관계)

여기서 비상적 관계란 지방의회와 자치단체장의 관계가 서로 대립 · 반목하여 갈등과 마찰, 알력과 대립을 불러일으킴으로써 지방자치단체의 운영이 난관에 봉착하게 되는 경우를 의미한다. 그리고 이러한 때를 대비하여 중앙정부의 감독권 발동 없이 자치단체 내부에서 자율적으로 문제를 해결하도록 하는 비상적 수단이 강구될 필요가 있는 데, 이를 위한 수단이 바로 비상적 관계유형인 것이다. 이러한 관계유형의 내용으로는 자치단체장에게 재의요구권(거부권) 및 제소권, 선결(전결)처분권, 주민투표회부권, 의회해산권을 부여하고, 지방의회에게는 자치단체장의 불신임의결권, 행정사무조사 및 감사권, 조례공포대행권 등을 부여하고 있는 것을 의미한다. 나라에 따라서는 이 경우, 주민들에게 자치단체장 및 지방의원에 대한 「해직청구권」을 인정하기도 하고 「의회해산청구권」을 인정하기도 한다(久世公堯, 1976 : 35). 우리나라의 경우, 주민들에게 양 기관의 자치단체장과 지방의회의원들에 대한 주민소환권을 인정하고 있다. 그러나 이러한 비상적 관계를 규정한 권한에도 불구하고 이들 양 기관간의 관계가 대립 · 갈등을 야기하고 있는 것은, 이러한 수단만으로는 기관분립(대립)형제도가 안고 있는 갈등요소를 완화시키지 못하기 때문이다. 따라서 양 기관간의 관계연구는 그 갈등원인에 대한 보다 정확한 파악과 이를 극복할 수 있는 보다 효율적인 장치의 탐색에 있다고 할 것이다.

Ⅳ. 지방의회와 지방자치단체장 간의 갈등요인과 조정방안

1. 갈등요인의 분석

의결기관과 집행기관의 갈등과 대립을 야기하는 원인 내지 요인으로는 개별적 · 구체적 상황과 사례에 따라 다양하다. 가장 대표적인 원인으로는 정당의 개입과 정치적 입장의 차이에서 오는 것이었고, 중앙정부의 집권적 태도로 인해 법령이 정비되지 않았거나 의결기관과 집행기관 간의 권한왜곡과 불균형으로 인한 갈등도 상당한 것으로 나타났다. 이에 관한 원인이나 요인을 보다 구체적으로 검토하면 다음과 같다.

1) 정치적 입장의 차이와 정당 및 정파 등의 이해관계

국내외를 막론하고 양 기관간의 갈등원인 중 가장 대표적인 것은 지방의회의 다수당과 지방자치단체장의 출신정당이 다른 경우이다. 즉 지방선거제도가 지방의회와 지방자치단체장의 후보들에게 정당공천을 요구함으로써 출신정당이 다른 지방의원과 자치단체장이 당선될 수 있고, 이처럼 상호 다른 정당배경을 가진 사람들이 지방의원과 자치단체장이 되었을 경우 양 기관간에는 불가피하게 갈등과 대립이 발생하게 된다. 물론 이 경우에도 자치단체장의 리더십이나 지방의회의 민주적 정치행태에 따라서는 갈등양상이 줄어들 수는 있지만 대부분의 경우 기관간 갈등발생은 불가피하게 된다.

2) 법령의 미정비와 부재

과거 경험에 의하면 의결기관과 집행기관과의 갈등을 겪은 주된 원인이 법령부재나 법령미정비, 법령애곡 등 관계법령이 없거나 잘못되어 있었기 때문에 야기되는 경우가 많다. 지방의회의 권한을 제약하여 법령의 범위내에서만 조례제정권을 부여함으로써, 관련법령이 부재할 수 밖에 없는 아래로부터의 새로운 변화에 지방의회가 적절히 대처하지 못하게 막을 경우, 지방자치와 조례 등은 무용지물이 되고 이럴 때 갈등은 필연적이다. 즉 지방자치는 주민사회의 새로운 변화에 대응하고 바람직한 변화를 유도하는 등 주민생활에 직간접적인 다양한 사회변화에 효율적으로 대처할 수 있도록 하는 것이다. 이러한 공공업무를 수행하기 위해 지방의회와 자치단체장이라는 지방정부를 만들어 지역특성에 따라 지방자치를 하도록 한 것이다. 따라서 주민사회의 변화를 가장 먼저 규율하는 것이 조례며, 유사한 조례가 전국의 지방자치단체에 보편적으로 제정될 때 국회는 이를 정리하여 국법으로 제정하는 것이 법률제정의 순리이다. 그러나 법령의 범위 내에서만 조례제정을 가능토록 한다거나 의결기관과 집행기관 간에 권력배분의 불균형을 제도화 할 경우, 특히 중앙정부의 고위공무원들이 의도적으로 집행기관우위형의 지방정부형태를 고집하려 할 경우, 기관 간 갈등은 불가피하고 그로 인한 자치행정의 피해는 고스란히 지역주민들에게로 돌아가게 된다.

3) 사무종류의 구분과 불확실한 권한위임

나라와 지방에 따라 차이가 있지만 우리나라의 경우, 지방자치단체의 사무는 자치단체의 고유사무와 중앙정부로부터 위임받은 위임사무로 나뉘고, 위임사무는 다시 단체위임사무와 기관위임사무로 구분된다. 물론 앞으로 국회에서 개정법률안이 통과되면 자치사무와 국가수임사무로 분류되어 기관위임사무가 폐지되겠지만 현재로서는 이 기관위임사무라는 것이 기관 간 갈등의 원인이 되기도 한다. 즉 기관위임사무에 대해서는 당해 지방자치단체의 자치구역 내에서 이루어지는 사무라고 하더라도 지방의회의 개입하거나 간섭을 배제시켰기 때문이다. 그러나 현실적으로는 무엇이 기관위임사무이며 무엇이 단체위임사무인지 그 구분이 분명하지 않다. 뿐만 아니라 기관위임사무라고 하더라도 지방주민들의 이해관계 및 지역발전과 직결되어 있어 지방의회로서는 불가피하게 개입하지 않을 수 없는 일들이 늘어나고 있다. 또한 많은 경우, 사무만 위임하고 권한은 중앙정부가 가지고 있는 가 하면, 구체적으로 어느 선까지 권한이 위임되었는지 권한위임 그 자체가 불확실하여 양 기관의 갈등을 조장하고 있다.

4) 지방의원과 자치단체장 및 지방공무원의 자질 · 역할인지 부족

양 기관 간에 갈등이 야기되는 제반 원인 중에서 지방의원들과 지방자치단체장 및 지방공무원들이 서로 사소한 감정을 억제하지 못하는 데서 야기되는 갈등이 적지 않다는 것이다. 즉 많은 지방의원들은 자신들에 대한 공무원들의 예우문제나 지방의회에 대한 자치단체장의 태도 등에 대해 쉽게 불만을 갖는 것으로 나타나고 있다. 그리고 지방의원이나 지방공무원들은 서로 과거경험 및 경력 등을 상기시킨다거나, 사소한 개인적 감정이나 불만을 공적 감정으로 전가시키는 등으로 불필요한 갈등을 야기시키고 있다는 것이다.

뿐만 아니라 자치단체장과 지방의원들이 이권개입 및 부정사건에 개입되는 경우에도, 이들 간에 갈등이 야기된다. 따라서 이들이 지역사회의 주민의 대표들로서 스스로 공인으로서의 지위를 인식하지 못하거나 요구되는 자질을 구비하지 못하며, 스스로의 역할을 인지하지 못함으로써 갈등이 더욱 심화되는 것이다.

5) 중앙정부의 지방자치단체 불신과 집행기관 우위형 기관관계

우리나라의 경우 중앙정부는 지방의회는 물론 자치단체장까지 불신하고 있다. 다시 말해 지방자치제도는 실시해 놓았으나 외형만 지방자치로 하고 있을 뿐, 실제 행정관행과 절차 등은 아직도 거의 중앙정부가 좌우하고 있다. 이처럼 중앙정부가 지방자치단체를 신뢰하지 못하고, 지방자치단체장은 지방의회를 경시하는 데서 갈등이 야기된다. 중앙정부는 지방의회의 의결이나 조례제정 · 개폐사항에 대해 모든 것을 중앙정부에 보고토록 하고, 위법 · 부당한 것, 공익을 현저히 해치는 것 등을 중앙정부가 임의로 판단하여 자치단체장으로 하여금 재의요구토록 하거나 제소하도록 하고 있다.

이처럼 지방자치단체를 근본적으로 불신 · 통제하고 있는 데서 양 기관간의 갈등이 야기되고 있다. 그리고 자치단체장은 고유사무는 물론 기관위임사무까지 처리할 수 있는 상대적으로 강력한 권한을 가지고 있는 반면, 지방의회는 상대적으로 권한이 부족하여 일을 하려고만 하면 사사건건 중앙정부나 집행기관의 저항과 견제가 심하기 때문이다. 특히 지방의회는 자기의 사무조직도 스스로 구성 운영할 권한이 없다. 지방의회의 사무조직을 집행기관이 구성토록하고 있고, 사무직원의 인사까지 집행기관이 장악하고 있어 기형적인 지방의회제도를 만들어 놓고 있다. 이러한 과도하게 왜곡된 기관 간 권한배분실태와 집행기관 우위형 기관분리제도가 양 기관 간 갈등을 조장시키고 있다.

2. 갈등조정방안

1) 지방자치의 근본이념과 기관분립형 제도에 대한 재인식

중앙정부는 물론 지방자치단체도 "지방자치제도의 궁극적인 이념이 무엇이며, 무엇을 위해 지방자치제도를 실시하는가?" 에 관한 기본적인 인식을 새롭게 할 필요가 있다. 중앙정부와 지방정부의 자치단체장과 지방의원 그리고 공무원들은 지방자치제도에 대한 재인식과 자신들의 역할도 새롭게 재정립해야 할 필요가 있다. 자유민주사회의 시민적 복지증진이라는 목적달성을 위해 선출 · 임용된 사람들이 목적은 도외시하고 자신들의 주장만을 강조함으로써 목적과 수단이 전도된다면 그것은 분명히 자신들의 무지와 무능 때문임을 인식해야 한다. 뿐만 아니라 지방자치단체의 기관을 의결기관과 집행기관으로 분리시키고 양 기관이 상호 견제와 균형토록 한 제도의 근본이념에 대한 인식도 새롭게 해야 할 필요가 있다. 특히 기관분리형이란 언제나 어느 정도의 갈등과 마찰을 전제로 하고 있는 제도라고 보아야 하며, 그렇다면 갈등과 마찰을 맹목적으로 부정하는 상투적 피상적인 언론보도 등 비판일변도의 시각도 바꿔야 하고 스스로 지방자치제도에 대한 지적 수준을 제고시킬 필요가 있다. 요컨대 중앙정부, 지방정부, 언론, 주민들 모두에게 지방자치와 그 제도에 대한 정확하고 올바른 인식을 갖도록 해야 하고 정부와 지도층에서는 지방자치관련 국민적 교육이 절실함을 알아야 할 것이다.

2) 권한위임의 명확화와 법령의 정비 · 보완

양 기관의 갈등의 주요원인은 법령이 정비되지 않았거나, 당연히 지방에 위임되어야 할 권한들을 중앙정부가 장악하고 있을 때, 그리고 양 기관간의 권력배분이 심각하게 왜곡되어 있을 때 많은 갈등이 야기될 수 있다. 따라서 갈등해결의 가장 시급하고 주요한 처방은 세계화 시대에 부응할 수 있는 권한의 지방이양과 새로운 변화에 대응할 수 있는 바람직한 법령의 정비 · 보완이라고 하겠다. 중앙정부의 불분명한 태도나 집권적 사고방식이 지방사회의 갈등을 조장한다. 중앙정부가 지방자치제도를 실시하면서도 지방분권에는 관심이 없고, 지방통제에만 욕심을 보일 때 중앙과 지방간 갈등 못지않게 의결기관과 집행기관의 갈등을 조장하게 된다. 오류와 모순과 왜곡으로 이루어진 지방자치법, 공직선거법, 지방재정법, 지방세법 등 관련법규들에 대한 전면적 개정과 보완이 시급하다. 지방의회제도의 왜곡, 지방의원에 대한 차별, 정당공천제도의 폐지 등 고쳐야 할 법령과 내용들이 한 둘이 아니다.

3) 지방정부에 대한 중앙정부의 간섭 및 통제완화

우리나라의 경우 법령을 통해서나 행정관행을 통해서 중앙정부가 지방자치단체를 자신의 통제에서 놓지 않으려고 함으로써 기관 간 갈등을 조장시키고 있다. 즉 지방의회의 모든 운영절차와 과정이 중앙정부에 의해 간섭받고 있고, 사무조직의 구성과 운영도 중앙정부의 뜻대로 통제하고 있으며, 지방의회의 의결이나 결정사항도 자치단체장을 통해(재의요구 및 제소요구) 이를 무력화시킬 수 있도록 함으로써 잠재적 갈등요인을 제공하고 있다. 지방의회의 조례제정이나 의결사항에 대해 집행기관으로 하여금 재의 · 제소토록 함으로써 양 기관의 갈등을 중앙정부가 조장 · 독려하고 있다. 따라서 무엇보다도 중앙정부가 지방의 자치와 자율을 존중해야 하고, 지방공무원들은 중앙정부의 불필요한 간섭에 대해 이를 거부할 수 있어야 한다. 따지고 보면 지금까지 양 기관의 갈등을 야기한 사례의 대부분은 궁극적으로는 지방의 문제에서보다는 중앙정부에서 그 원인을 제공하고 있다고 보아야 할 것이다.

4) 지방의회의 권한강화와 자치단체장의 의회인식개선

지방의회의 권한을 강화한다는 것은 그 자체가 바로 지역주민의 권한과 지방자치단체의 권한을 강화함을 의미하며, 지방자치단체의 권한을 강화한다는 것은 지방분권과 생활 속의 민주주의를 확충함을 뜻하고, 지방분권을 강화한다는 것은 국정의 민주화를 통해 분권형선진국으로 국가발전을 앞당김을 의미한다. 따라서 중앙정부는 물론 자치단체장도 지방의회의 실질적인 권한을 강화시켜 나가도록 해야 할 것이다. 현재 우리나라와 같이 집행기관 우위형을 고집하는 지방자치제도하에서는 지방의회의 인내만을 강요하고 있다. 그러나 이러한 인내가 한계에 부딪히면 결국 지방자치를 파행으로 내몰고 갈수 있음을 2011년 서울시의회를 통해 알 수 있다.

지방자치제도의 정신이나 본질을 이해하지 못하는 중앙정부가 여론에 떠밀려 마지못해 지방자치제도를 실시하는 경우, 현재의 우리나라와 꼭 같은 현상이 나타난다. 중앙정부는 집행기관은 언제나 중앙정부 편에 서 있을 것이라는 착각과 지방의회는 언제나 무능한 인사들이 들어와 거수기 역할만 할 것이라는 오류를 더 이상 지속해서는 안된다. 물론 현재의 제도하에서도 지방의회의 결정에 따라서는 얼마든지 집행기관을 괴롭힐 수가 있다. 즉 갈등유발요인은 무궁무진하다는 것이다. 그러나 이것은 지방자치를 발전시키려는 것이 아니라 파행으로 끌고 가고자 할 때의 일이다.

자치단체장의 경우도 지방자치란 자치단체장을 위한 제도가 아니라는 점을 인식해야 한다. 지방자치제도가 파행으로 치닫고 제도시행이 종료되면 자신들의 존재도 사라진다는 점을 알아야 한다. 지방의회가 존재하기 때문에 자신들의 오늘이 있음을 인식하고 의회제도의 개선과 권력의 균형적 배분, 지방의회에 대한 자치단체장의 태도개선에 적극적일 필요가 있다.

5) 지방선거에서 정당참여의 제한 혹은 배제

지방선거에 중앙정당이 전면적으로 참여하여 정당공천이라는 제도를 통해 자신들의 수하들을 지방정부에 전면 배치시킴으로써 기관 간 갈등의 온상을 만들고 있다. 지방자치가 지방정치의 활성화와 민주화라는 가치를 내포하고 있어 정당참여의 충분한 근거와 필요가 있다고는 하지만, 한국정당의 현실이 여기서 의미하는 선진국에서의 정당과 같은 역할을 하지는 못하고 있기 때문에 우리나라의 지방선거에 중앙정당이 참여하는 것은 바람직하지 못하다. 우리나라의 정당은 간부중심의 중앙정당만 존재하고, 국민들의 당비보다는 정부의 예산지원에 당의 존립을 의존하고 있으며, 정당활동에 대한 국민적 인식과 참여가 저조하며, 정당간부인 국회의원들에 대한 국민적 인식도 매우 낮은 상태이다. 설상가상 지방정당이 전무하며, 지방자치와 지방정부에 대한 중앙정당의 간섭이 노골적인 현실을 감안 할 때, '지방선거에 정당참여를 제한해야 한다'는 주장은 더욱 정당성이 높아진다.

그러나 관련 공직선거법을 만들고 개정하는 당사자가 바로 정당간부인 국회의원들이기 때문에 자신들에게 불리한 법률을 제정하라는 것 차제가 현실적으로 불가능한 일일지 모른다. 그럼에도 불구하고 국회의원들이 진정한 국민들의 대표라면 분명히 잘못된 제도는 바로 잡을 수 있어야 한다. 得보다는 失이 많은 정당참여를 자신들의 이익을 위해 억지고집을 한다면 그것은 현실을 왜곡한 노골적인 정당이기주의의 폭행일 것이다. 따라서 대다수 국민들이 정당활동에 참여하고 정당원이 되거나 당비를 낼 수 있으며, 정당의 결정이 「지방에서 중앙으로 아래에서 위로」라는 민주적 결정방식으로 제도화될 때까지는 당분간만이라도 지방선거에 정당이 참여할 수 없도록 해야 할 것이다.

6) 지방의원 및 자치단체장의 민주의식과 윤리의식 제고

민주주의제도는 민주적인 양식과 소양을 가진 사람들이 더욱 잘 운영할 수 있다. 나아가 지방의원이나 지방자치단체장 그리고 지방공무원들까지 모두가 지방자치제도와 지방의회제도에 대해 전문적 식견을 가지고 있을 때 상호 대립이 줄어들 수 있다. 지방의원과 단체장은 지방자치제도의 목적과 민주적 가치, 민주제도의 운영방식 등에 관한 많은 지식과 경험을 갖도록 노력해야 한다. 그리고 지방의원은 지방의회의 권한과 의원의 역할에 관해서는 물론 집행기관의 재정사항, 관리역량 등에 관해서도 정확하고 풍부한 전문지식과 정보를 가지고 있어야 한다. 자치단체장도 지역사회의 지도자로서 종합행정기관의 수장으로서 「창조적 리더십」, 「혁신적 정책수립」, 「생산적 행정관리」 등을 발휘하거나 수행할 수 있는 정치행정에 관한 전문지식을 가지고 있어야 한다. 이렇게 될 때 양자 간의 갈등이 최소화 될 수 있을 것이다. 특히 자치단체장과 지방의원들이 민주적 지도자의 자질로 요구되는 협상과 타협능력, 자원의 동원과 배분능력, 분석력과 판단력, 민주의식과 시민정신 등이 기본적으로 구비되고 있을 때 갈등은 훨씬 줄어들 수 있을 것이다. 뿐만 아니라, 지방의원과 자치단체장은 공익정신에 투철하고, 도덕적이며 공직윤리를 존중하며, 정직하고 봉사함으로써 신뢰받는 지도자가 되어야 한다. 그리하여 청탁 및 이권개입, 정실인사와 재정낭비 등 비리와 부정 등으로 양자 간에 갈등과 마찰이 늘어났던 과거의 경험을 되풀이 하지 않아야 한다.

7) 의결기관과 집행기관 간 의정협의회 내지 의정조정위원회 등의 설치 · 운영

의결기관과 집행기관의 간부들로 구성되는 「의정협의회」 내지 「의정조정위원회」등의 상설기구를 지방정부 내에 설치 · 운영함으로써 양자 간의 대립 · 갈등의 소지를 미연에 방지하는 방안을 강구할 필요가 있다. 의결기관과 집행기관은 상호 자신의 기관에서 추진하고자 하는 정책이나 사업에 대해 상위법의 문제나 예산 등 재정적인 문제와 관련 사전에 조정하고 협의할 필요가 있다. 그러나 현실은 이와 반대로 사전에 조정하거나 협의하는 제도가 없다. 때문에 지방의회의 부결 혹은 자치단체장의 재의요구 등 기관 간 갈등 양상을 보이게 되는 것이다. 의원수가 많은 대의회의 경우 지방의회의 위원장들과 집행기관의 국장급으로 구성하는 협의 내지 조정기구를 구성할 수 있고, 위원수 10인 이하의 소의회의 경우 부의장과 운영위원장, 특위위원장 등과 집행기관의 부단체장과 국장 및 실장 등으로 구성할 수도 있을 것이다. 양 기관 간에 갈등소지가 있는 문제는 그것이 발생하기 전에 예방할 수 있어야 한다. 이러한 양 기관간의 협의 · 조정 기구를 통해 사전에 어떤 일에 대한 상호 이해와 협조를 확보함으로써 양 기관간의 대립과 갈등은 상당수 해소될 수 있기 때문이다.

8) 중앙정부와 광역자치단체에 갈등조정장치의 설치 · 운영

이상과 같은 제반 갈등해결방안에도 불구하고 그 대립정도가 심각하여 해결되지 않는 갈등이 야기될 수도 있으며, 그럴 경우 당해 지방의 행정혼란과 주민의 피해는 막대하게 된다. 그럼에도 불구하고 중앙정부는 지방을 통제만 하려하고 지방의 어려움을 방관하고만 있어서는 안되며, 이를 적극적으로 해결해 줄 수 있는 제도적 장치를 마련해 두어야 할 것이다. 즉, 광역자치단체에는 기초자치단체의 기관간 갈등조정기구를, 중앙정부에는 광역자치단체의 기관간 갈등조정기구를 설치함으로써 갈등해결에 적극 나서야 할 필요가 있다. 그리고 이들 기구의 구성원으로, 광역조정기구에는 광역의원들과 실 · 국장급의 공무원들, 법조인, 학자, 언론인들이 참여하도록 하고, 중앙조정기구에는 국회의원, 장차관, 대법관, 학자, 언론인등이 참여하는 비상설기구로 함이 바람직할 것이다. 법률위반을 놓고 형성된 갈등 · 대립은 물론 법원에 의해 심판 받아야 하겠지만 정치적 매듭까지 사법부에 의존하겠다는 발상은 개선되어야 한다. 이와 같은 관점에서도 이들 기구의 설치 · 운영은 반드시 필요할 것이다.

9) 갈등조정 시민위원회의 설치운영

근래 사법부에서 도입하고 있는 시민배심원제도와 유사한 갈등조정시민위원회를 구성하여 이를 통해 갈등을 해결할 수 있는 방안을 제도화 시켜 볼 필요도 있다. 동 위원회는 갈등발생을 전후하여 예방을 위해서나 사후 문제해결을 위해서 모두 활용할 수 있다. 동 위원회로 하여금 지역사회의 여론을 청취하게 하고, 이를 토대로 위원회의 의사를 결정한 후, 양 기관에게 그 결과를 제시하거나 양 기관장들을 위원회에 출석시켜 조정케 할 수 있을 것이다.

동위원회는 지역사회의 대학 등 교육기관의 대표, 종교단체 대표, 연구기관 등 학자와 언론사대표, 시민단체대표(시민단체의 탈을 쓴 정치단체 제외) 등을 위원으로 참여시킬 수 있을 것이다. 물론 동 위원회는 갈등조정안을 제시하고 양 기관에 권고할 수 있을 뿐 갈등해소를 강제할 권한은 없다. 그러나 지역사회 여론주도자들이면서도 동시에 자신들을 선출한 유권자들이라는 점과 지역사회 주민들의 여론을 수렴하였다는 점 등 두 기관에 대한 영향력은 매우 강력해 질 수 있을 것이다. 우리나라에 아직 이러한 위원회를 시행한 경험은 없지만 반드시 도입해 볼만한 제도라고 판단된다.

10) 주민투표제도의 활용

이상과 같은 다양한 갈등조정 노력에도 기관 간 갈등이 해소되지 않을 경우 최후에 주민들에게 투표로 그 해소방안을 물어 보는 제도로 주민투표제도를 활용할 수 있다. 이미 우리나라는 2009년부터 주민투표법을 제정하여 시행하고 있기 때문에 동 법률에 의해 갈등이 되고 있는 문제에 대해 그 해결방안을 주민들의 투표로 물어보게 하는 방법이다. 그러나 주민투표는 투표율이 낮을 경우 그것을 주민들의 다수의사로 볼 수 있는가에 대한 논란이 있을 수 있어 쉽게 활용하기가 어려운 제도이기도 하다. 그럼에도 불구하고 갈등해결을 위한 하나의 방법이 될 수 있음은 분명하다. 예컨대 무상급식문제를 놓고 서울시의회와 시장간에 벌어진 갈등을 주민투표로 해결하려고 했으나 투표율이 미달되어(25%이하) 투표함을 개봉하지도 못한 사례나, 주민투표제도는 유권자들로 하여금 투료를 하게하는 제도임에도 불구하고 그것을 하지 못하게 하여도 불법이 되지 않는 상황 하에서 투표반대운동이 전개될 경우, 주민투표제도는 사실상 무용지물이 되는 것이다.

1.6 지방선거제도와 정당참여의 찬반론

I. 지방자치발전과 지방선거

1. 지방선거의 중요성

지방선거는 지방자치를 수행하는 데 없어서는 안될 필수 불가결한 수단이며 제도적인 장치이다. 지방자치란 일정지역의 주민들에게 당해 지역의 공공사무를 그들 스스로의 의사와 책임 하에 처리하게 하는 것이며, 그 사무는 주민들의 대표로 구성되는 지방정부(지방자치단체의 기관 : 의결기관과 집행기관)를 통해 처리하는 제도이므로, 기관을 구성할 주민대표의 선출이 불가피하고, 선거는 바로 이를 위해서 반드시 치뤄야 할 과정인 것이다. 이처럼 지방자치제도가 지방주민에 의해 선출된 주민의 대표로 구성되는 지방정부에 의해 이루어지기 때문에, 자치제도의 성패는 바로 지방선거의 성패와 직결된다고 할 수 있다. 특히 선거과정은 생동하는 민주정치의 현장으로서 주민의 정치의식과 정치행태가 현실로 나타나는 민주주의의 시험장이라고 할 수 있을 만큼 주민사회 일반의 정치수준이 평가되는 장이기도 하다. 때문에 지방자치제도의 발전과 정착은 바로 지방선거의 발전과 정착에 직결되어 있다. 지방선거를 통해 유능하고 우수한 지도자들이 다수 배출되고 주민들은 이들을 믿고 그들의 지도와 통제에 따를 때 비로소 지방자치제도가 발전되어 나갈 수 있는 것이다.

2. 지방정부선거와 중앙정부선거의 관련성

중앙(정부)의 선거나 지방(정부)의 선거는 비록 그 명칭은 다를지 모르나 선거에 참여하는 국민과 지역주민은 동일인이므로 양 선거는 밀접히 연관되어 있다. 다시 말해 중앙선거의 행태가 비민주적인 국가에서 지방선거행태 역시 민주적으로 나타날 수 없고, 지방선거행태가 비민주적인 나라에서 중앙선거행태가 민주적으로 나타날 수도 없는 것이다.

따라서 지방자치를 수행하기 위해 실시되는 지방선거가 민주적으로 자리잡아 간다면 그 효과가 중앙선거에까지 연결될 것이며, 그리하여 지방선거를 통한 중앙정부의 선거민주화와 발전을 가져올 수 있을 것이다. 우리나라와 같이 30여 년간을 권위주의적 중앙집권체제에 의해 통치되어온 나라에서 어느 날 갑자기 지방자치제도를 실시한다고 해서 진정한 지방자치가 이루어지기를 기대할 수는 없다. 그것은 30년간 집권화 되어온 통치체제가 지방자치를 실시한다고 해서 하루아침에 많은 권력을 분권화시켜 줄리도 없거니와, 설사 분권화시켜 준다고 해도 내부적으로는 무슨 수단을 써서라도 지방을 통제하고 감시 · 감독하려 할 것이기 때문이다. 지방자치의 발전과 정착은 지방선거과정의 민주화에 직결되어 있고, 지방선거의 민주화와 발전은 중앙정부에 의해 추진되는 국정의 민주화와 직결되어 있다. 때문에 지방선거과정의 민주화와 지방자치의 발전은 바로 중앙정부의 의지와 노력에 달려있다고 할 것이다.

II. 지방선거의 기본원리와 종류

1. 지방선거의 개념과 원칙

1) 지방선거의 의의

일반적으로 선거란 일정한 조직이나 집단에 있어서 특정의 직위에 취임할 사람을 그 조직이나 집단의 구성원들이 집합적인 의사에 의하여 선정하는 행위를 말한다. 이러한 의미에서의 선거는 일반사회의 많은 공사집단에서 널리 채택되고 있는 제도이다. 그러나 정치적인 의미에 있어서의 선거란 국민이 정책결정에 참가하는 가장 기본적인 행위이며, 주권행사의 구체적인 한 방법으로 나타나고 있다. 이러한 정치적 의미의 선거 중에서도 지방선거란 지방자치제도의 실시를 위한 선거를 말하며, 지방자치단체의 기관이 되는 지방의회의원이나 자치단체의 장을 선출하기 위하여 유권자인 주민들이 직접 참가하는 선거를 말한다. 지방자치를 실시하는 데 있어 지방선거가 갖는 비중은 국정운영을 위해 요구되는 중앙정부의 선거에 못지않은 중요한 위치를 점하고 있다. 이처럼 지방자치를 함에 있어 지방선거가 중시되는 것은, 오늘날 대부분의 지방자치는 지역주민들의 직접적인 참여에 의해서 이루어지는 직접민주주의제도에 의하지 않고, 주민들의 대표자를 선출하여 그들을 통해 간접적으로 참여하는 대의민주주의제도를 근간으로 하고 있기 때문이다. 지방선거란 원래는 지역주민들의 대표자를 선출하는 장치로 발전되어왔지만 대표선출을 위한 선거 이외에도 지역주민의 여론을 묻거나 지방자치단체의 중요정책을 최종적으로 결정하는 장치로서도 기능하고 있다. 따라서 오늘날에 와서 주민들의 선거권행사는 지방자치가 발달한 나라일수록 그 범위가 넓고 빈도도 높아지고 있다.

2) 지방선거의 기본원칙

선거란 1차적으로는 국민의 대표자를 선출하는 것이며, 2차적으로는 정부의 구성을 국민의 의사에 따라 행하는 것인 바, 현대국가의 선거는 국민주권사상과 개인의 기본권사상을 토대로 하고 있다. 그리하여 현대의 선거는 보통선거의 원칙, 투표자유의 원칙, 선거공정의 원칙을 그 지도원리로 하고 있는 것이다. 이러한 지도원리를 토대로 오늘날 민주주의 국가의 대부분의 선거는 보통선거, 평등선거, 직접선거, 비밀선거, 자유선거 등의 5가지 기본원칙 하에 실시되고 있다. 그리고 이러한 선거원칙은 지방선거에 있어서도 그대로 적용된다고 하겠다.

2. 지방선거의 원리와 이념

1) 지방선거의 기본원리와 원칙

현대 민주국가의 선거는 직접적으로는 국민의 대표자를 선출하는 것이며, 간접적으로는 정부의 구성을 국민의 의사에 따르도록 한 것이다. 그리하여 현대의 선거는 모든 국민이 자유로운 상황 속에서 평등하고 공정하게 이루어질 것을 그 원리로 하고 있다. 즉 투표자유의 원리, 선거평등의 원리, 선거공정의 원리를 그 기본원리로 하고 있다. 첫째 투표자유란 인간의 기본권인 자유권을 기초로 하며, 외부로부터의 투표자유를 침해받지 않도록 직접투표제도와 비밀투표제도를 실시하고 있음을 의미한다. 둘째 선거평등의 원리란 인간은 법 앞에 평등하다는 평등사상을 기초로 선거평등을 실현하기 위하여 보통선거제도와 평등선거제도를 시행하고 있음을 의미한다. 셋째 선거공정의 원리를 구현하기 위하여 국민주권 및 다수결원리를 그 기초로 선거에서의 공정을 실현하기 위하여 선거공영제, 다수대표제, 비례대표제 등을 실시하고 있다.

(1) 보통 평등 직접 비밀선거

보통선거의 원칙이란 제한선거에 반대되는 원칙으로서 연령. 성별. 신분. 재산 등에 의해 차별이나 제한 없이 원칙적으로 모든 성인에게 선거권을 인정하는 선거를 말한다. 그러나 보통선거제도를 인정하고 있는 곳이라고 하더라도 일정한 결격요건에 해당되지 않는 주민이어야 하며, 연령과 거주기간 등의 일정한 자격요건을 갖출 것을 선거권과 피선거권에 요구하고 있는 데, 이러한 제한은 이러한 제한은 보통선거의 원칙에 위배되지 않는 것으로 인정되고 있다. 평등선거의 원칙이란 차등선거에 대칭되는 것으로서 선거인의 투표와 가치를 모두 평등하게 인정하고 모든 유권자에게 다 같이 한 표씩 투표하도록 하는 1인 1표 제도를 말한다. 직접선거의 원칙이란 간접선거에 대칭되는 것으로써 유권자가 직접 대표자를 선출하는 선거원칙을 말한다. 비밀선거의 원칙이란 선거인이 누구에게 투표했는지를 제3자가 알지 못하도록 하는 무기명투표제도를 말한다.

(2) 자유선거와 강제선거

자유선거의 원칙이란 강제선거에 대칭되는 것으로써 투표권 행사를 투표자의 자유의사에 일임함으로써 기권에 대한 법적제재를 가하지 않는 제도를 말한다. 그러나 강제선거제는 투표권 행사를 국민의 의무로 간주하고 정당한 이유 없는 기권에 대해서는 법적 제재를 가하는 제도이다. 기권에 대한 재제는 나라마다 다르나 견책, 기권자 명단공개, 공권정지 등이 있다. 선거는 국민의 참정권을 행사하는 권리이자 의무로서 단순한 개인의 권리 행사와는 다르다는 점에서 의무를 이행하지 않고 기권하는 투표자에게 법적 재제를 가한다고 볼 수 있으나 기권방지를 위한 강제조치는 민주주의 원칙에 반한다고 하겠다. 투표자의 입장에서 원하는 후보자가 없다거나 정치적 무관심에 빠진 투표자들까지 투표를 강요할 수는 없기 때문이다.

(3) 인터넷을 통한 사이버선거(전자선거)

우리가 살고 있는 21세기는 디지털기술혁명의 시대이다. 그리하여 앞으로는 인터넷을 통한 사이버선거제도가 도입될 것이다. 즉 우리나라에서도 유권자들이 선거관리위원회의 인터넷홈페이지에 접속하여 자신들의 주민등록번호를 입력하면 화면에 투표용지가 나타나고 여기에 표기함으로 투표하게 되는 사이버선거가 실시될 가능성이 높다. 물론 선거관리위원회의 홈페이지에는 자신의 선거구에 출마한 후보자들의 인적사항, 선거공약 등이 게재되어 있어 유권자들이 언제든지 자유롭게 이들에 관한 정보를 파악할 수 있게 된다. 이러한 사이버선거는 전자집계가 되어 투표결과도 즉시 알 수 있게 된다. 사이버선거가 실시되면 대규모집회와 청중을 동원하는 선거유세는 필요 없어지고 대신 후보자들은 영상홍보물을 제작하여 다양한 사이버 네트워크를 이용하여 전송하게 될 것이다. 그리고 후보자와 유권자들간에는 전자메일(E-Mail)을 활용하여 쌍방적 의사소통이 가능하게 될 것이다. 이미 영국에서는 지난 2000년 5월 4일에 실시된 대런던시장과 동 의회의원선거에서는 영국선거사상 처음으로 인터넷선거와 집계가 이루어졌던 경험을 가지고 있다.

2) 지방선거를 통해 구현하고자 하는 가치(이념)

첫째 지방선거는 지방주민들이 당해 지역사회의 주인입장에서 공무를 수행할 대리인을 선임하는 행위에 해당되므로 궁극적으로는 민주성을 추구한다. 따라서 그것은 공정하고, 투명하며, 유권자 모두에 대하여 평등하게 실시되어야 한다. 둘째 지방선거는 일정한 지역의 주민들이 스스로의 문제를 해결하기 위해 자율적으로 수행하는 대표선출행위이다. 따라서 선거를 위한 투표행위는 누구의 간섭도 받지 않고 자유로운 상황에서 투표자 자신의 자유의사결정에 따르게 된다. 그리하여 지방선거는 지역주민들의 자유의사를 기초로 하는 자율성을 그 이상적 가치로 추구하고 있다. 셋째 지방선거는 주민들의 자유의사에 기한 자발적 참여를 기초로 하며 또한 그 참여증대를 추구하고 있다. 즉 지방자치제도는 지방선거를 통한 주민대표기관의 구성으로부터 출발한다. 나아가 자치제도가 시행되는 과정에서의 각종 정책과정에의 주민참여도 자치제도의 성공적 수행에 관건이 된다. 따라서 지방선거는 물론 지방자치제도의 시행과정에서 주민들의 자율적 참여부족은 제도 자체의 존립을 저해한다. 넷째 지방선거는 선거에 의해 선출된 주민대표들과 주민대표들로 구성된 지방정부에 대한 정당성 내지 정통성을 부여하는 기능을 한다. 즉 지방선거에 의해 선출된 지방자치단체장과 지방의회의원들에게 주민들의 공식적 의사에 의해 결정된 합법적 대표와 기관임을 증명해주는 것이다. 지방선거는 이와 같이 소중한 현실적 혹은 이념적 가치를 추구하고 있다.

3. 지방선거의 종류

1) 지방의회의원 선거와 자치단체장 선거 및 기타 기관의 선거

지방선거는 그 선거대상에 따라 지방의회의원선거와 자치단체장 선거로 대별할 수 있다. 지방의회를 구성하는 방법으로 임명제를 사용하는 경우가 없는 것은 아니지만 대부분의 경우 주민직선제로 하고 있기 때문에 지방의원은 지방선거의 필수적인 대상이 되고 있다(최창호, 1988 : 542). 그러나 지방자치단체장의 선임은 선거제에 의하는 경우와 임명제로 하는 경우가 혼재하고 있어 단체장의 경우 선거의 대상이 되는 곳도 있고 그렇지 않은 곳도 있다. 우리나라는 과거 1공화국과 2공화국 동안 약10년 간의 지방자치경험을 통해 자치단체장을 임명하는 제도와 선거하는 제도 모두를 체험하였고, 제도의 차이에 따라 지방자치단체의 운영실상이 크게 달랐던 것도 경험한 바 있다[31]. 그 외도 지방의 교육학예에 관한 기관인 교육위원선거와 교육감선거와 지방자치경찰기관의 장 선거 등이 있을 수 있고, 외국의 경우 판사, 재무관, 검시관, 보안관 등도 선거로 선출하는 경우가 있다.

---

31) 이러한 경험과 그 실상에 관해서는, 손봉숙, 「한국지방자치연구」, (서울, 삼영사, 1985) 참고.

2) 직접선거와 간접선거

지방선거의 종류를 그 절차에 따라 구분하면 직접선거와 간접선거로 구분할 수 있다. 지방의회의원의 경우, 주민들의 직접선거제를 채택하는 것이 일반적이지만, 나라에 따라서는 간접선거제를 채택하는 곳도 있다[32]. 직선제는 주민대표성의 원리를 가장 잘 구현할 수 있는 제도이며, 현실적으로도 주민참정의 욕구를 가장 잘 충족시킬 수 있는 제도이기 때문에 이른바 풀뿌리 민주주의의 실현을 위한 가장 이상적인 방법으로 평가되고 있다. 그러나 직선제는 지방행정의 전문가들이 의원으로 당선되기에는 어려운 제도이며, 그리하여 비전문가들이 모여 의회 내지 자치단체의 운영을 인기위주로 흐르게 할 우려가 있다는 단점이 있다. 이에 반해 간선제는 지방행정의 전문가를 지방의원으로 선출할 수가 있어 지방의회의 운영이나, 지방행정의 내실을 기할 수 있어 직선제와 병행한다면 직선제의 단점을 보완할 수 있다는 장점이 있다. 그러나 간선제는 지역내의 공공문제를 주민들 스스로 처리하게 한다는 이른바 주민자치의 취지에 미흡할 뿐 아니라, 그 선임절차가 복잡해진다는 단점을 지니고 있다. 한편, 자치단체장 선거의 경우, 직선제, 간선제, 임명제가 다양하게 채택되고 있다. 우리나라의 경우, 비록 현재까지 자치단체장을 정부가 임명하고는 있으나, 지방자치법은 지방의회의원은 물론 자치단체장까지 모두 주민직선으로 선출토록 하고 있다.

3) 총선거와 부분선거

총선거(general election)란 선거를 통하여 선거대상기관의 기관구성원 정수의 전원을 동시에 선출하는 선거를 말하고, 부분선거(partial election)란 기관구성원 정수의 일부를(1/2 혹은 1/3 등) 차례로 개선하는 선거를 말한다. 다시 말해 총선거는 전부 교체식 선거(전원 개선제)를 말하고 부분선거는 일부 교체식 선거(부분 개선제)를 말한다. 지방선거는 대부분 전원개선제가 일반적이나 미 · 영 · 불 등 몇몇 나라의 경우 부분 개선제를 택하는 곳도 있다[33].

4) 본선거와 재선거

본선거란 선거대상인 지방의원의 임기가 끝났을 때, 의회의 해산이나 자치단체장의 해임(불신임의결)등과 같은 사유가 발생하였을 때 그 기관구성원의 전부 또는 일부를 선출하기 위하여 실시하는 선거를 말하고, 재선거란 본선거 실시 후 일정한 사유의 발생으로 당

---

32) 인도와 노르웨이 등의 광역의회의원선거에서 그 예를 찾아 볼 수 있다.

33) 영국의 메트로폴리탄 지역의 District에서는 4년 임기 의회의원정수의 1/3씩을 4년 중에 1년을 제외한 매년 개선하고 있고, 프랑스의 d'epartement에서는 6년 임기 의회의원의 1/2씩을 3년마다 개선하고 있다. 그리고 미국 Los Angeles의 County에서는 Board of Supervisors의 4년 임기 5명의 위원을 2년마다 2–3명씩 개선하고 있다.

선인의 수가 기관구성원의 정수에 미달하거나 그 선거 또는 당선의 효력이 적법하게 발생하지 못함에 따라 재차 실시되는 선거를 말한다. 공직선거법 제195조는 재선거를 실시할 수 있는 사유를 구체적으로 명시하고 있다.

5) 보궐선거와 증원선거

보궐선거(補闕選擧)란 본선거에 의하여 당선자가 적법으로 확정된 후 결원이 생겼을 때 이를 보충하기 위하여 실시되는 선거를 말하고, 증원선거란 지방자치단체의 구역변경(사유 : 폐치분합 또는 승격)에 따라 새로 산정된 기관구성원의 정수에 종전의 구역에서 선출된 당선자가 미달하는 경우 그 미달되는 구성원의 정수를 새로 선출하기 위하여 실시되는 선거를 말한다. 우리 나라도 지방선거에서 보궐선거와 증원선거를 모두 인정하고 있다. 선거구에서 선출된 의원이 결원이 생긴 때에는 보궐선거를 실시한다. 다만, 보궐선거는 원칙적으로 해당 선거구에서 기관구성원정수 4분의 1이상의 결원이 발생하고, 그 당선자의 임기가 1년 이상일 때에만 실시되며(동 법 제200조-201조), 증원선거는 그 재직의원의 수가 새로 산정된 의원정수의 3분의 2에 미달하는 경우에만 실시된다(동 법 제28조, 29조). 보궐 및 증원선거에 의해 당선된 자의 임기는 전임자의 잔임기간으로 한다(동 법 제14조). 그러나 비례대표의 정수에 결원이 발생한 때에는 본선거에서 정당이 제시한 후보자명부의 등재순위에 따라 계승자가 결정되며 보궐선거는 실시하지 않는다(동 법 제200조).

6) 개별선거와 동시선거

개별선거란 다양한 종류의 선거를 각각 다른 날짜에 별도로 실시하는 선거를 의미하고 동시선거란 다른 종류의 몇 가지 선거를 같은 날짜에 함께 실시하는 선거를 말한다. 동시선거는 다양한 종류의 선거를 따로 실시하는 데서 야기되는 시간과 노력과 비용의 낭비를 줄여서 행정의 능률을 제고하기 위해 실시되는 경우가 많다. 그러나 같은 날짜에 여러 가지 선거를 동시에 실시함으로써 선거관리나 투개표관리, 선거운동의 감시등에 곤란이 따를 수 있어 선거의 공명성확보가 어려워 질 수 있다. 동시선거를 실시하는 곳으로는 미국의 워싱턴 D.C, 필라델피아시, 스위스의 쮜리히시, 일본의 각 자치단체 등이 있다. 우리나라의 공직선거법도 동시선거제도를 채택하여 1995년도 지방선거부터 동시선거를 실시하고 있다.

III. 지방선거제도의 내용

1. 지방선거제도의 유형

1) 다수대표제(多數代表制)

이 제도는 다수파의 의사를 우선하여 다수파의 대표자가 선거에서 당선되도록 하는 제도인데, 그 예로 소선거구단기투표제와 대선거구완전연기투표제가 있다. 첫째 소선거구단기투표제란 한 선거구에서 한 명의 후보자를 선출하는 소선거구에서 한 명의 유권자는 한 명의 후보자에게만 투표하게 하는 제도이다. 둘째 대선거구완전연기투표제란 한 선거구에서 2명 이상을 선출하는 대선거구에서 한 명의 유권자가 투표할 수 있는 수는 당해 선거구에서 선출하는 당선자의 수만큼 투표하게 하는 제도이다. 다수투표제는 정국의 안정에는 효과가 있으나 반면 사표(死票)가 많이 생기며, 소수파의 의사가 무시될 수 있다.

2) 소수대표제(少數代表制)

이 제도는 소수파의 대표자에게도 당선의 기회가 주어지도록 하는 제도인데, 대선거구단기투표제와 제한연기투표제, 누적투표제 등을 그 예로 들 수 있다. 첫째 대선거구단기투표제란 한 선거구에서 다수의 (흔히 3인 이상 5인 이하) 후보자를 선출하는 선거에서 한 명의 선거인(유권자)은 한 명의 후보자에게만 투표할 수 있게 한 제도이다. 둘째 제한연기투표제란 한 선거구에서 다수의 후보자를 선발하는 대선거구제에서 한 명의 선거인은 다수의 투표권을 가지지만 선출할 후보자 정수보다는 적은 투표권을 행사하게 하는 제도이다. 셋째 누적투표제란 한 선거구에서 다수의 후보자를 선출할 수 있는 중대선거구에서 한 명의 선거인은 그 선거구에서 선출할 후보자(당선자)의 정수와 같은 투표권을 가지며, 그 투표권을 같은 후보자에게 중복하여 투표할 수 있는 제도이다.

3) 비례대표제(比例代表制)

이 제도는 정당에 대한 선거인의 지지율을 당선인의 구성비에 반영하려는 제도로 가능한 사표를 줄이고 이를 유효하게 사용함으로써 i) 일정한 당선기준으로서 투표수를 정하며, ii)이 투표수를 초과하는 표를 다른 후보자 또는 정당에 이양할 수 있도록 하는 제도이다. 비례대표제도는 초과득표의 이양방법에 따라 단기이양식과 명부식이 있다. 첫째 단기이양식이란 후보자가 당선에 필요한 표수 이상의 표를 득표하였을 경우, 나머지 표를 다른 후보자에게 이양하는 방식을 말한다. 둘째 명부식이란 선거인(유권자)은 각 정당 등에서 제출한 후보자명부에 대하여 투표를 하고, 각 명부에 투표된 득표수에 비례하여 정당별 당선인이 배분되는 방식이다. 프랑스에서는 지방의원 중 일부를 비례대표제도로 선출하고 있고, 스페인에서는 지방의원 전원을 비례대표제도로 선출하고 있다(정세욱, 2003: 295). 우리나라도 제5회 지방선거(95년 6.27선거)부터 지역구 시 도의원정수의 10/100을 비례대표(정당별)로 선출하도록 함으로써 이 제도를 도입하였고, 2005년 8월의 법개정으로 제8회 지방선거(2006.5.31)부터는 기초의원선거에도 비례대표제(지역구의원정수의 10/100)를 도입하게 되었다(공직선거법 제23조).

4) 의원겸임제(議員兼任制)

의원겸임제란 지방의회의원을 전원 선거하지 않고 그 일부 또는 전원을 기초자치단체나 광역자치단체 의회의원 중에서 선임하거나 겸임시키는 방법을 채택할 것인가 하는 것이다. 우리나라는 아직 채택하지 않고 있는 것이지만 외국의 경우를 보면 의원겸임제를 시행함으로써 상호 정책조정과 협조를 원활하게 할 뿐 아니라 경비절약에도 도움을 주고 있는 경우를 많이 볼 수 있다. 예컨대 캐나다의 광역자치단체인 몬트리올도시공동체(의회의원 86명 : 동공동체집행위원회 의장(1명)과 몬트리올시장 및 시의원(57명), 그리고 28개 소속 시에서 선출한 대표(1명)로 구성) 나 프랑스의 파리시의회의원(163명 : 시의원 겸 각 구의회의원) 등에서 이러한 제도가 시행되고 있다. 우리나라도 시군의원을 도의원 겸직으로, 자치구의원을 특 광역시 의원으로 겸직하는 방안을 검토할 필요가 있을 것으로 판단된다.

5) 전원개선제(全員改選制)와 부분개선제(部分改選制)

지방의회를 구성함에 있어 그 구성원인 지방의원을 임기만료와 함께 전원 새로 선출할 것인가(전원 개선제) 아니면 의원정수의 1/3 혹은 1/2 씩을 나누어 선출(부분개선제 혹은 일부개선제)할 것인가 하는 것은 의회운영제도의 중요한 부분이다. 우리나라는 전원개선제를 채택하고 있는데 나름대로의 장단점을 고려하여 실제에 유용한 방법을 채택해야 할 것이다. 그러나 영국, 프랑tm, 미국의 일부 시 및 카운티에서는 부분 개선제를 채택하고 있다. 즉 프랑스 지방의회의원의 임기는 6년이다. 그러나 시, 읍, 면의원은 6년마다 전원 개선되는 데 비하여, 도의회의원은 3년마다 1/2씩 개선된다.

2. 선거권과 피선거권(被選擧權)

1) 선거권(選擧權)

(1) 선거권의 의의와 요건

지방선거의 선거권이란 지방주민으로서 지방의 선거에 참여할 수 있는 권한을 의미한다. 이러한 선거권은 국민의 기본권인 참정권에서 비롯되지만 선거권은 그것을 향유하기 위해서는 일정한 요건을 갖춰야만 한다는 점에서 차이가 있다. 일반적으로 선거권의 요건은 국적, 연령, 주소와 거주기간 등을 들 수 있다. 즉 선거권은 모든 나라에서 일정한 연령에 달한 그 나라의 국민에게만 부여하고 있으며, 지방선거는 일정한 연령에 달하고 그 지역 안에 주소를 가진 자에게만 부여하고 있다. 그러나 지역 내 주소와 관련하여 주소지에서 일정한 기간 거주해야 한다는 요건을 요구하는 경우가 있는가 하면, 주소만 가지면 되고 일정기간의 거주를 요구하지 않는 곳도 있다.

(2) 우리나라 지방선거권의 요건

많은 외국과 같이 우리나라에서도 선거권은 국민이고 지방주민이면 누구라도 가지는 권리는 아니며, 주민으로서 일정한 자격요건을 구비할 경우에 한하여 그 권한이 부여된다. 우리나라에서 주민이 지방선거권을 가지기 위해서는 대한민국 국민으로서 19세 이상이어야 하고(2005년 8월 개정), 선거인명부작성일 현재 해당 자치단체의 관할구역 안에 주민등록이 되어 있어야 한다(동법 제15-17조). 이처럼 우리나라의 지방선거권은 주소지에서 일정한 기간 거주해야 한다는 요건을 부여하지 않고 있다. 물론 1949년의 최초 지방자치법에서는 6개월의 거주기간을 요구하였고, 1956년의 개정 법률에서는 90일 이상의 거주요건을 요구하였으나 현행 공직선거법에서 피선거권의 경우와는 달리 거주요건을 요구하지 않았다. 그러나 금치산자 또는 한정치산자나 금고이상의 형을 받고 집행이 종료되지 않은 자, 선거사범으로 형을 받고 집행이 만료되지 않은 자, 법원의 판결에 의하여 선거권이 정지 또는 상실된 자는 선거권이 부여되지 않는다(동법 제18조).

2) 지방선거의 후보자와 피선거권

(1) 피선거권의 의의와 요건

지방선거의 피선거권이란 지방선거의 후보자로 등록할 수 있는 자격요건을 의미하며, 지방선거의 피선거권은 선거권을 가진 자 중에서 일정한 자격요건을 구비하여야 한다. 물론 피선거권의 요건도 나라마다 다르지만 대체로 선거권보다는 엄격한 국적요건, 연령요건, 주소와 거주요건 등을 요구하고 있다. 국적은 선거권과 같이 자국민이어야 하고, 연령요건의 경우 21세(영국, 프랑스), 23세(대만), 25세(미국의 다수 주와 일본)등으로 다양하며, 거주요건은 대체로 선거권과 유사하거나 일정한 기간의 거주를 요구하기도 한다. 그리고 피선거권이라고 하더라도 지방의원의 피선거권과 지방자치단체장에 대한 피선거권은 그 자격요건이 다른 경우가 많다. 한편 피선거권을 가질 수 없는 자로서는 나라마다 다양하지만 미국의 경우, 유죄판결로 복역중인자와 전과자 등에 대해서는 대체로 피선거권을 제한하고 있다. 영국에서는 성직자에게도 피선거권을 제한하고 있고, 대만에서는 현역 군인, 학생, 선거사무종사자 등에 대해서도 피선거권을 제한하고 있다.

(2) 우리나라 지방선거의 피선거권

우리나라의 현행법상 지방선거의 피선거권은 대한민국 국민이어야 하고(동법 제16조 3항), 연령은 25세 이상이어야 하며, 선거일 현재 그 자치단체의 구역 안에 계속하여 90일 이상 주민등록이 되어 있어야 한다(동법 제16조,17조). 그리고 선거권이 없는 자, 금고이상의 형을 받고 그 형이 실효되지 아니한 자, 법률 또는 법원의 판결에 의하여 피선거권이 정지되거나 상실된 자는 피선거권을 가지지 못하도록 제한하고 있다(동법 제19조).

(3) 후보자와 등록

지방선거의 후보자란 지방의회의원과 지방자치단체의 장에 당선되기 위하여 일정한 요건과 절차를 구비하고 정부의 선거관리기관으로부터 공식적으로 인정을 받은 자를 말한다. 원래 유권자는 피선거권을 가진 어떠한 사람에게도 임의로 투표할 수 있다. 그러나 그렇게 되면 다수의 피선거인을 가진 선거에서는 혼란으로 인하여 선거의 목적을 거둘 수 없다. 따라서 일정한 법적 절차에 따라서 후보자를 공인하고 그들에 대하여 투표하도록 하는 제도가 발달하게 되었다. 후보자 공인제도 중에서도 가장 대표적인 것이 선거관리기관에 대한 후보자등록제도이며, 현대선거에서는 대부분 이를 인정하고 있다.

① 자진등록제와 추천등록제

후보자의 등록방법에는 후보자가 되려는 자 자신이 등록신청을 하는 자진등록 방법과 선거권자인 타인이 후보자가 되려는 자를 위해 등록신청을 하는 추천등록의 방법이 있다. 추천등록의 경우에는 반드시 후보자 본인의 승락서를 첨부하여야 한다.

② 정당공천제와 선거인추천제

입후보자가 타인의 추천을 받아 등록신청을 함에 있어서 정당의 추천(공천)을 필수요건으로 하는 방식과, 그것을 필수요건으로 하지 않고 선거인의 추천만으로 가능케 하는 방식이 있다. 지방선거의 후보자 등록신청에 있어서 정당공천제에 의할 때에는 정당정치의 실현을 기할 수 있는 반면에 정당의 과두제화와 정당운영의 경직화로 중앙집권화의 피해를 가져오기 쉽다. 반면에 선거인추천제에 의할 때에는 민의의 반영정도를 높일 수 있으나 후보자의 난립 등 혼란을 초래할 우려가 있다. 오늘날의 추세는 정당공천제와 선거인추천제를 모두 인정하는 방식이 일반화되고 있다(최창호, 569).

③ 후보자의 제한 (입후보의 제한)

후보자등록에 있어서 중요한 문제의 하나는 피선거권이 있는 자에 대한 입후보를 제한하는 문제이다. 즉, 선거의 공정을 저해할 우려가 있는 일정한 신분을 가진 자가 입후보하여 부당하게 당선되거나, 전혀 당선의 가능성이 없는 자가 만용이나 다른 목적으로 입후보하여 선거를 혼란하게 하는 것을 방지하기 위하여 입후보를 제한하는 제도를 두고 있는 경우가 일반적이다. 보통은 선거의 공정성확보와 혼란의 방지를 위하여 공무원 등 공직자의 입후보를 제한하고, 입후보에 기탁금제도를 채택하고 있다. 그러나 공직자의 입후보제한은 사실상 대표로서 기대되는 인물의 입후보를 막게 되는 것이며, 기탁금제도는 매우 유능한 인물임에도 불구하고 재력이 없어 입후보 할 수 없게 하는 결함을 지니고 있다. 따라서 이러한 입후보의 제한은 나라와 시대에 따라, 그리고 그 국가의 정치사회적 사정에 따라 적절히 조정되어야 할 것이다.

3. 선거구와 선거기간

1) 선거구(選擧區)의 의의와 유형

(1) 선거구의 개념과 선거구의 획정

선거구(electoral circumscription, constituency)란 대표자를 선출하는 지역적인 단위를 말한다. 다시 말해 선거구는 선거가 이루어지는 단위, 즉 선거관리, 선거운동, 투개표, 당선결정 등 일련의 선거과정이 이루어지는 단위를 말하는데 선거절차상의 편의에 따른 지역적 단위에 불과하며, 당선인과 선거인 사이의 강제적 위임관계를 설정하는 것은 아니다. 선거구라는 용어는 때때로 선거인단의 기초로도 해석할 수 있으며, 경우에 따라서는 선거인단과 동일한 의미로 사용되기도 한다. 선거구는 선거의 기본목적을 원만히 달성하기 위하여 마련되는 것이므로 그 획정에 있어서는 다음과 같은 점에 유의하여야 한다(정요섭, 173-175).

첫째 각선거구를 통하여 선거인수와 당선자정수와의 비율이 가능한 같아야 한다. 이는 대표자는 일정한 인구수의 선량이라는 기본관념에서 유래하는 것이며, 평등선거제의 정신과도 관련이 있다. 둘째 선거구가 특정정당에게 유리하게 작용하지 않도록 공평하게 획정되어야 한다. 즉 선거구의 획정에 있어서는 다수당이 그 반대당을 억압하여 선거에서 자기당이 유리하도록 선거구를 의도적으로 조작 획정하는 소위 게리맨더링(gerrymandering)을 가능한 피해야 한다. 따라서 지방선거의 선거구를 획정하는 데에는 일정한 기준이 있어야 하며, 이러한 기준으로는 i) 행정구역을 단위로 하는 경우, ii)일정한 인구수를 기준으로 하는 경우, 그리고 iii) 국회의원선거구를 단위로 하는 경우가 있다.

(2) 선거구획정위원회((選擧區劃定委員會)

우리나라는 선거구를 획정하기 위하여 선거구획정위원회를 구성 운영하도록 하고 있다. 즉 국회의원지역선거구와 자치구 · 시 · 군의원지역선거구의 공정한 획정을 위하여 국회에 국회의원선거구획정위원회를, 시 · 도에 자치구 · 시 · 군의원선거구획정위원회를 각각 둔다(공선법 제24조 : 개정 2005 · 8). 자치구 · 시 · 군의원선거구획정위원회는 11인 이내의 위원으로 구성하되, 학계 · 법조계 · 언론계 · 시민단체와 시 · 도의회 및 시 · 도 선거관리위원회가 추천하는 자 중에서 시 · 도지사가 위촉하도록 하였다. 국회의원 · 지방의회의원 및 정당의 당원은 국회의원선거구획정위원회 및 자치구 · 시 · 군의원선거구획정위원회(이하 "선거구획정위원회"라 한다)의 위원이 될 수 없도록 제한하였다. 자치구 · 시 · 군의원선거구획정위원회는 선거구획정안을 마련함에 있어서 국회에 의석을 가진 정당과 당해 자치구 · 시 · 군의 의회 및 장에 대하여 의견진술의 기회를 부여하도록 하였다. 자치구 · 시 · 군의원선거구획정위원회의 구성 및 운영 그 밖에 필요한 사항은 대통령령으로 정하도록 하고 있다.

(3) 선거구제의 종류

일반적으로 선거구제에는 소선거구제, 중선거구제, 대선거구제도의 3가지 유형이 있다. 소선거구제는 소규모의 지역을 단위로 하며 한 선거구에서 1명을 선출하는 제도이고, 대선거구제는 대규모의 지역을 단위로 하여 거기에서 대표자 5인 이상을 선출하며, 중선거구제는 중간적 규모의 지역을 단위로 하여 대표자 2-4인을 선출하는 제도이다. 그러나 이러한 선거구의 구분은 절대적인 것은 아니며 상대적인 구분임을 유의해야 할 것이다. 그러나 지방선거에 있어서는 이러한 대중소선거구의 구별의 의미가 일반적인 것과 다소 다르게 파악할 수 있다.

① 소선거구제

지방선거에 있어서 소선거구제란 지방자치단체의 관할구역전체를 여러 개의 선거구로 세분하여 각 선거구에서 1인의 대표자를 선출하는 선거구를 말한다. 소선거구의 경우 유권자가 후보자 1명만을 기재하는 단기투표제가 채택되며, 투표의 계산방법은 단순다수결과 절대다수결에 의한다. 이러한 소선거구제는 그 장점으로, 선거구가 협소하므로 후보자와 유권자간의 접촉이 가능하며 인물식별이 가능하고, 대정당의 후보자에게 유리하여 소수정당후보의 당선을 어렵게 하므로 소당분립을 방지하고 자치정국의 안정을 도모할 수 있다는 점을 들 수 있다. 뿐만 아니라 유권자의 입장에서는, 후보자의 인물이나 식견에 대한 파악을 용이하게 하고, 투표율을 높일 수 있으며, 후보자의 입장에서는, 선거구역이 협소하여 선거비용을 줄일 수 있고, 후보자의 난립을 막을 수 있으며, 유권자에게 후보자의 정견을 쉽게 전달할 수 있다. 그리고 선거관리 면에서 보면, 선거운동규칙위반에 대한 단속이 용이하고, 선거공영제실시가 용이해지며, 투표결과의 집계가 편리하고 재선거나 보궐선거의 실시가 용이하다.

② 대선거구제

지방선거에서의 대선거구제란 지방자치단체의 관할구역 전체를 하나의 선거구로 하는 것을 의미하며, 적게는 2명에서 많게는 100이상의 대표를 선출하는 복잡한 제도이다. 이러한 대선거구제는 선거결과의 면에서 소수대표제 또는 비례대표제를 가미할 수 있고, 신인 또는 신정당의 출현을 용이하게 하며, 득표수와 당선자수의 비례관계를 유지할 수 있고, 사표를 줄이고 선출된 대표들이 지역적 이해관계에 얽메이지 않도록 한다. 또한 대선거구제는 후보자의 선택범위가 넓고, 유권자에 대한 투표매수를 방지할 수 있으며, 선거운동의 과열을 막을 수 있을 뿐 아니라 선거구의 조작과 선거과정에 관권의 개입을 막을 수 있다.

③ 중선거구제

중선거구제란 지방자치단체의 관할구역을 몇개의 선거구로 나누어 그 각 선거구에서 2인이상의 대표자를 선출하는 제도를 말한다. 일본에서 실시하는 중선거구제는 1구에서 2-5명의 대표자를 선출하는 선거구이다. 이러한 중선거구제는 편의상의 명칭에 지나지 않으며, 이론적으로는 대선거구제의 한 형태에 지나지 않는다. 중선거구제는 소선거구제와 대선거구제의 결점을 보완하여 후보자에 대한 평가가 비교적 명백하며, 선거자금이 적게들며, 정당의 크기와 상관없이 정계진출이 가능하며, 개표절차에 소요되는 시간과 노력이 경감된다는 장점을 가지고 있다. 그러나 한 선거구, 한명의 대표제와는 달라서 동일정당후보간의 집안싸움이 발생될 가능성이 있으며, 따라서 선거기간 중 당간부간의 자파세력 확대를 위한 파벌싸움이 심화되어 오히려 정당중심의 선거가 되지 못하고 개인중심의 선거가 될 수 있는 단점을 지니고 있다. 우리나라는 지난 2005년 8월의 지방자치법개정과 공직선거법 개정을 통해 기초자치단체의 지방의회의원선거구를 1-2인을 선출하는 방식에서 2-4인을 선출하는 중선거구제로 변경하였다.

(4) 각국의 선거구제

지방의회의원의 선거구를 소, 중, 대의 어떠한 선거구로 하느냐 하는 것은 국가와 지방에 따라 다양하다. 미국의 경우 대선거구제를 다수채택하고 있는 편이지만 대선거구와 소선거구제를 혼용하는 지역도 많다. 프랑스의 경우 광역(도)의회의원선거구는 소선거구제,

기초의회의원선거구는 대선거구제를 택하고 있다. 다만 파리, 리용, 마르세이유는 법률로 중선거구제(1선구 2명선출)를 택하고 있다(정세욱, 302). 영국은 기초의회의 경우 소선거구와 중선거구제를 혼합적으로 채택하고 있으며, 광역의회의 경우 소선거구제와 대선거구제를 혼용하고 있다. 일본의 경우 소, 중, 대선거구를 혼용하고 있다. 광역자치단체에서는 소선거구와 대선거구를 혼용하고 있는가 하면, 기초자치단체에서는 당해 자치단체의 조례로 선거구를 정할 수 있도록 함으로써 지역마다 다르다(최창호, 422). 대만의 경우 행정구역 그 자체를 선거구로 하고 있고, 한 선거구에서 다수의 이원을 선출하는 대선거구제를 채택하고 있다. 단지 행정구역내에 생할습관이 도시와 다른 산지족에 대해서는 별도로 그 지역을 선거구로 구분한다. 캐나다의 경우, 각 지역별로 각기 다른 제도를 택하고 있어 일률적으로 단언하기 어렵다. 단지 온타리오주의 경우 소선거구와 중선거구제를 혼용하고 있고, 몬트리올시에서는 중선거구제를 택하고 있다.

(5) 한국의 선거구제

우리나라의 선거구는 선거제도의변천과 함께 다양하게 변해왔다. 최초의 지방자치법에서는 중선거구제도를, 그 이후 1952년과 1960년의 지방선거에서는 광역의회의 경우 소선거구제를 택하고 기초의회의 경우 중선거구제를 채택하였다. 그 후 1988년의 지방자치법 개정으로 1991년의 제4차 지방선거와 1995년의 제5차 지방선거에서는 광역의회는 중선거구제(1개의 선거구에서 2명 이상 선출), 기초의회의원선거구는 소선거구제와 중선거구제를 병행하였다(1선거구에서 1명 혹은 2명 선출). 1998년 공직선거법 개정으로 다시 제6차 지방선거 이후 소선거구제와 중선거구제 그리고 대선거구제(비례대표제)를 함께 채택하였고, 2006년 제8회 지방선거이후 비례대표제 이외에 광역의회의원은 소선거구제, 기초의회의원은 중선거구제로 바뀌었다.

2) 선거기간

선거기간이란 후보자등록 신청개시일로부터 선거당일까지의 기간을 말한다(공직선거법 제33조 3항). 이러한 선거기간은 선거의 종류에 따라 각기 상이하다. 물론, 같은 종류의 선거라 하더라도 나라마다, 혹은 지역마다 동일하지 않다. 그리고 본선거와 재선거의 재선기간도 다른 것이 일반적이다. 뿐만 아니라, 선거기간은 그 나라의 인구수 및 지역적 범위의 광협에 따라서도 달라질 수 있다. 예컨대, 우리나라의 현행제도상으로 볼 때, 대통령선거는 23일, 국회의원 선거와 지방자치단체장 선거는 17일, 지방의회의원 선거는 14일 등이다. 이러한 선거기간도 재선거에 있어서는 각각 2일씩 단축시키고 있는 것이 우리나라의 현실이다. 특히, 우리나라의 현행제도는 과거와는 달리 선거일을 법률에 따라 규정함으로써(동법 제34조), 정권의 정략에 따라 선거일이 변경되었던 문제점은 해결하였다.

4. 선거운동과 선거비용

1) 선거운동과 예비후보자제도

(1) 선거운동의 의의

선거운동이란 특정의 선거에 임하여 특정 후보자를 당선되거나, 되게 하거나, 되지 못하게 하기 위한 행위를 뜻한다. 그러나 i) 선거에 관한 단순한 의견개진 및 의사표시, ii) 입후보와 선거운동을 위한 준비행위, iii) 정당의 후보자 추천에 관한 단순한 지지 · 반대의 의견개진 및 의사표시, iv) 통상적인 정당활동 등은 선거운동으로 보지 아니한다(공직선거법 제58조 1항).

이러한 선거운동의 개념을 구성하는 요소로는 i) 특정의 선거에 당면하여 일정한 행위를 행하는 것. ii) 특정의 후보자를 위하여 행해지는 것. iii) 당선이나 낙선을 목적으로 행해지는 것. iv) 득표 혹은 실표하거나 득표 혹은 실표를 시키는 데 직 간접적으로 필요하고도 유효한 것 등이 있다. 여기서 특정의 선거란 선거기간(선거일 공고일로부터 선거당일까지의 기간)만을 의미하는 것이 아니라, 사회통념상 어떤 선거라고 객관적으로 인식될 정도에 해당하는 경우라고 해석된다. 그리고 특정의 후보자에 대한 것이어야 하기 때문에 일반적인 정치활동과는 구별되어야 한다.

(2) 선거운동의 기능

선거과정은 후보자의 선거운동에서 시작하여 선거인의 투표로 끝나는 선거에 관한 정보의 수수과정이다. 따라서 선거과정에서 입후보자는 자신에 관한 선거정보를 선거인들에게 전달해야 하고, 선거인들은 투표의사형성을 위해 후보자들에 대한 일정한 선거정보를 입수해야 한다. 이러한 선거정보에는 지식정보와 평가정보가 있는 데, 지식정보는 사실에 관한 정보를 말하고 평가정보란 가치판단에 관한 정보를 말한다. 그리고 이러한 유권자들이 받아들이는 선거정보들은 선거운동과정에서 후보자로부터 직접적으로 입수되기도 하고, 선거운동원이나 매스컴을 통하여 간접적으로도 받아들이게 된다. 따라서 선거과정은 후보자와 유권자간의 의사소통을 도모하고 상호 이해를 증진시킴으로써, 유권자의 공정한 투표의사를 형성하는 데에 그 목적이 있는 것이다. 그러므로 선거운동은 선거인의 투표의사형성에 필요한 선거정보로서 후보자의 조건이나 특성을 충분히 입수할 수 있도록 할 뿐만 아니라, 후보자로서는 유권자에게 알리고 싶은 모든 것을 충분히 알릴 수 있는 기회를 가짐으로써, 자기 자신을 선양하여 당선에 이르게 하려는 활동인 것이다.

(3) 예비후보자제도와 선거운동

공직선거법은 2005년 8월의 개정을 통해 선거운동에 관한 예비후보자제도를 도입하였다. 그리하여 이 제도는 제8차 지방선거(2006년 5월 31일 시행)에서 처음으로 실시된다. 우선 예비후보자가 되고자 하는 자[34]는 법에서 정하는 날[35]부터 관할선거구선거관리위원회에 피선거권에 관한 증명서류를 첨부하여 예비후보자등록을 서면으로 신청하도록 하고 있다(예비후보자등록). 이 때 법에서 정하는 날이란 대통령선거는 선거일전 240일, 지역구국회의원선거 및 시 · 도지사선거는 선거일전 120일, 지역구지방의회의원선거 및 자치구 · 시 · 군의 장 선거는 선거기간개시일전 60일 등이다(제60조의 2). 예비후보자의 선거운동은 첫째 선거사무소를 설치하거나 그 선거사무소에 간판、현판 또는 현수막을 설치、게시하는 행위, 둘째 자신의 성명、사진、전화번호、학력 · 경력 기타 홍보에 필요한 사항을 게재한 길이 9센티미터 너비 5센티미터 이내의 명함을 직접 주면서 지지를 호소하는 행위(다만, 지하철역구내 기타 중앙선거관리위원회규칙으로 정하는 다수인이 왕래하거나 집합하는 공개된 장소는 금지). 셋째 전자우편(컴퓨터 이용자끼리 네트워크를 통하여 문자、음성、화상 또는 동영상 등의 정보를 주고받는 통신시스템)을 이용하여 문자、음성、화상 또는 동영상 기타의 정보를 전송하는 행위, 넷째 선거구안에 있는 세대수의 10분의 1 이내에 해당하는 수(그 수는 2만을 초과할 수 없다)의 인쇄물을 작성하여 관할 선거관리위원회로부터 발송대상 · 매수 등을 확인받은 후 후보자등록기간 개시일 전일까지 1회에 한하여 중앙선거관리위원회규칙이 정하는 바에 따라 우편발송하는 행위 등이다(예비후보자 등의 선거운동, 제60 조의3)

(4) 선거운동방법

선거운동의 유형은 그 수단이 무엇이냐에 따라 문서 도서에 의한 선거운동과 언론에 의한 선거운동 및 기타의 것으로 나누어 볼 수 있으며, 선거관리형태에 따라서 선거운동의 공영제와 사영제로 분류할 수 있다.

① 문서 도서에 의한 선거운동

문서와 도서란「물체에 기재된 의식의 표시」로서 그 내용을 표현하는 방법이 문자 기타 발음부호에 의한 경우를 문서라 할 수 있으며, 그림에 의한 형상이나 무늬로 표현된 것을 도서라고 할 수 있다. 따라서 문서 도서에 의한 선거운동에는 인간의 시각에 호소해서 득표효과를 기대할 수 있는 모든 것이 포함될 수 있다. 예컨대, 신문, 잡지, 서적, 명함, 인

34) 비례대표 국회의원선거 및 비례대표 지방의회의원선거를 제외한다

35) 그 날 후에 실시사유가 확정된 보궐선거 등에 있어서는 그 선거의 실시사유가 확정된 때.

사장, 엽서, 인쇄물, 선거공보, 포스터, 간판, 완장, 흉장(어깨띠), 등불, 선거벽보, 현수막, 벽서, 슬라이드, 비디오, 환등기, 영화, 네온사인, 전광문자판 등 눈으로 보아 그 의미를 알 수 있는 것이라면 어떤 것이든 여기에 포함될 수 있다.

② 언론에 의한 선거운동

신문, 잡지, 포스터 등의 문서에 의한 선거운동도 그것이 언론을 통해 이루어지면 넓은 의미의 언론에 의한 선거운동이라고 할 수 있을 것이다. 그러나 여기서는 문서나 도서에 의하지 않는 언론, 즉 후보자들이 청중인 유권자들에게 직접 호소하는 것이 가능한 연설회나 선거방송 등에 의한 선거운동을 말한다. 언론에 의한 선거운동의 종류에도 연설회, 연호행위, 개별면접, 선거방송, 전화에 의한 선거운동 등이 있다. 그리고 연설회도 그 성격과 내용에 따라서 개인연설회, 합동연설회, 가두연설회, 막간연설 등이 있으며, 선거방송도 정견방송과 경력방송으로 나눌 수 있다. 언론에 의한 선거운동은 문서 도서에 의한 선거운동과 함께 선거운동의 중심을 이루는 것으로서 나라마다 그리고 자치단체마다 그 인정 및 허용범위가 다르다.

③ 공개장소에서의 연설 · 대담

후보자 또는 연설원(후보자[36]가 선거운동을 할 수 있는 자중에서 지명한 2인[37]을 말한다)은 선거운동기간 중에 소속정당의 정강 · 정책이나 후보자의 정현 기타 필요한 사항을 홍보하기 위하여 공개장소에서의 연열 · 대담을 할 수 있다. 이 경우 후보자는 선거사무장 · 선거연락소장 또는 선거사무원 중에서 사회자 1인을 두어 후보자의 소개 또는 지원연열 · 대담을 하게 할 수 있다. 공개장소에서의 연성이나 대담이란 후보자등이 도로변 · 광장 · 공터 · 주민회관 · 시장 또는 점포 기타 중앙선거관리위원회규칙이 정하는 다수인이 왕래하는 공개장소를 방문하여 정당이나 후보자에 대한 지지를 호소하는 연열을 하거나 청중의 질문에 대답하는 방식으로 대담하는 것을 말한다.

④ 인터넷 등 정보통신망을 이용한 선거운동

선거운동을 할 수 있는 자는 선거운동기간 중에 정보통신망[38]을 이용하여 인터넷 홈페이지 또는 그 게시판 · 대화방 등에 선거운동을 위한 내용의 정보를 게시하거나 전자우편을 전송하는 방법으로 선거운동을 할 수 있다(제82조의 4). 그리고 후보자(대통령선거

36) 대통령선거의 정당추천후보자는 그 추천정당을 말한다.

37) 대통령선거 및 시 · 도지사선거에 있어서는 각 선거연락소마다 지명한 2인

38) 「정보통신망 이용촉진 및 정보보호 등에 관한 법률」 제2조(정의)제1항제1호의 규정에 의한 선거운동

의 정당추천후보자와 비례대표국회의원선거 및 비례대표지방의회의원선거에 있어서는 후보자를 추천한 정당을 말한다. 이하 이 조에서 같다)는 인터넷언론사의 인터넷홈페이지에 선거운동을 위한 인터넷광고를 할 수 있다(제82 조의7).

⑤ 기타 토론회등과 호별방문

이상의 선거운동방법 이외에도 우리나라는 후보자 등의 초청대담이나 토론회 등을 개최할 수 있으며, 제한된 범위 내에서 호별방문을 허용하고 있다. 여기에는 첫째 초청대담 및 토론회(동법 제81-82조), 둘째 제한적 호별방문(동법 제106조 2항) 등이 있다[39].

(5) 선거운동의 제한

선거운동의 제한이란 선거운동의 기간과 주체, 방법 등에 대한 제한을 말하는 것으로 다음과 같은 제한들이 있다. 첫째 선거운동기간에 관한 제한으로 기간은 각 선거에서 입후보를 마친 후부터 투표일 전일까지의 기간으로 되어 있다. 이 기간 외의 선거운동, 즉 사전선거운동은 일체 금지된다. 둘째 주체에 관한 제한으로, 원칙적으로 누구든지 선거운동을 자유로이 할 수 있다. 그러나 특정한 자에 대하여는 제한이 가해지고 있다. 그것은 선거에 있어서 그 사람의 지위, 직무의 영향력 등을 고려하여 선거의 공정성을 확보해야 하기 때문이다. 셋째 방법에 관한 제한으로 선거운동방법은 앞에서 검토한 바와 같이 다음과 같이 몇 가지로 대별한다. i) 문서 · 도서에 의한 선거운동과 ii) 언론에 의한 선거운동, iii) 공개장소에서의 연설 · 대담에 의한 선거운동, iv) 인터넷 등 정보통신망을 이용한 선거운동 v) 기타 토론회등과 호별방문의 방법에 의한 선거운동이 그것이다.

2) 선거비용

(1) 선거운동의 공영제(公營制)와 사영제(私營制)

선거공영제란 국가 또는 지방자치단체가 그 비용을 부담해서 후보자의 선거운동을 수행하거나, 선거를 거행함에 있어서 편의를 제공하거나 후보자의 선거운동의 비용을 부담하는 제도이다. 일반적으로 공영제는 후보자간 기회균등의 보장과 선거과열방지 및 선거경비절감을 위하여 정도의 차이는 있으나 오늘날 대부분의 국가에서 채택하고 있다. 그러나 공영제는 이러한 장점에도 불구하고 그것이 자유로운 선거운동을 제약한다는 한계를 지니고 있다. 선거사영제란 선거운동에 관한 일체의 비용을 후보자 스스로가 부담하는 선거방

39) ② 선거운동을 할 수 있는 자는 제1항의 규정에 불구하고 관혼상제의 의식이 거행되는 장소와 도로 · 시장 · 점포 · 다방 · 대합실 기타 다수인이 왕래하는 공개된 장소에서 정당 또는 후보자에 대한 지지를 호소할 수 있다.

식이다. 사영제의 경우 활발하고 자유스런 선거운동, 후보자에 대한 확실한 파악 등을 가능하게 하지만, 선거운동의 무질서와 과열선거와 타락선거를 유발할 수 있다. 지방선거에 있어서는 무질서한 선거운동과 선거의 과열, 그리고 타락선거 등을 억제할 수 있는 제도적 장치가 중요하므로, 선거운동에 있어서는 공영제를 원칙으로 하고, 사영제는 공영제의 보충수단으로 하는 것이 가장 바람직할 것이다.

(2) 선거운동비용

공직선거법에 규정된 선거운동방법은 다양하므로 그에 따라 경비도 다양하게 소요되는데 그 비용은 공영(公營)에 의해 부담되는 것을 제외하고는 후보자가 조달하여 부담하지 않으면 안 된다. 공직선거법은 후보자의 자금력에 의하여 선거결과가 좌우되지 않도록 하고 선거의 공정성을 도모하기 위해 선거운동에 관한 지출의 최고한도액(법정선거비용)을 정하고 있다. 선거운동비용은 원칙적으로 후보자 또는 정당이 선임하는 회계책임자에 의해 지출하지 않으면 안되고, 선거운동비용의 수입 · 지출을 국민 앞에 명확하게 밝히려는 뜻에서 회계책임자는 보고서를 관계 선거관리위원회에 제출하도록 하였으며, 선거관리위원회는 이를 공표하도록 하고 있다.

Ⅳ. 지방선거와 정당참여

1. 정당의 지방선거참여의 의의

정당이란 국민의 정치적 의사를 결집하고 이를 국가의 중요정책에 반영시키며, 국민의 지지위에서 정치권력의 획득 유지를 도모함으로써 그들의 정치적 강령을 실현시키려는 자발적인 정치단체이다. 정당이 이러한 자신의 기능을 수행하고 목적을 달성하기 위한 필수불가결의 수단이 선거인 것이다. 민주주의 국가에서는 선거를 통해서만이 국민의 지지와 참여를 확보할 수 있고, 선거를 통해서 국민의 정치적 의사형성에 기여할 수 있는 것이다. 따라서 정당은 선거시에 후보자를 공천하고, 유권자에게 그에 대한 지지를 호소하며, 투개표과정에 참관하거나 선거소송을 전개하는 등 다양한 활동을 수행한다. 특히 근래 세계는 민주국가로 일반화되고 있으며, 민주주의 국가는 거의 대다수가 대의민주주의 형태를 취하고 있다. 대의민주정치 아래에서는 선거과정에서 정당의 기능과 비중이 점차 확대되어 왔다. 현실적으로도 정당은 후보자의 정당공천제, 정당표방제, 대표자의 당적보유제등을 통하여 중앙 및 지방선거과정에 중대한 영향을 미치고 있다.

2. 정당참여의 찬성론과 반대론

1) 정당참여 찬성론

(1) 정당을 통한 여론형성 및 정책화에 기여

복잡하고 이질화된 현대사회에서 지방의 정책을 결정함에 있어 주민각계 각층의 의사를 골고루 수렴하여 조직화하는 이를 정책에 반영시키기 위한 중개적 기구가 필요한데, 이렇게 필요한 기구가 바로 정당이라고 할 수 있다. 정당이 없다면 주민의 의사가 정책으로 결집되지 못하고 산발적인 불평만으로 끝나고 말 것이라는 것이다. 현대사회는 국민의 경제적, 사회적 행정필요에 의해 복지국가, 봉사국가의 성격을 가지게 되고 또한 지방의회의 자치법권의 범위를 확대되며, 정당은 국민전체의 이익을 목적으로 하는데 비해 지방의원의 정당화는 그 지방의 이익을 위해 노력하게 되므로 지방주민의 여론이 국정에 반영되기 쉽다고 하겠다(이병훈, 1985 : 12).

(2) 정당정치의 육성 · 발전

지방자치의 목적이 민주화에 있다면 정당정치의 발전이야말로 민주화에 없어서는 안 될 주요한 요소라고 보면, 지방자치에 있어서 정당표방제를 금지한다는 것은 결과적으로 정당정치의 발전과 민주발전에 역행하는 일이 될 수 있다. 따라서 정당표방을 금지한 지방선거는 정당의 지방조직기반을 전반적으로 약화시킨다. 정당의 당내 민주화가 이루어지고 그에 따라서 정당에 의한 부정 · 부패가 없어지도록 할 수만 있다면 지방자치 실시에 정당의 참여는 결과적으로 정당의 육성발전은 물론 민주발전에도 초석이 된다 할 수 있을 것이다.

(3) 주민들의 의견수렴이 용이

정당은 여론을 형성하고 조직화하여 다양한 견해와 이익을 통합할 뿐 아니라 정치사회에 표출하는 기능도 갖는데, 이러한 기능은 일반적으로 복수의 정당이 서로 다른 정책을 제시하여 이것을 국민들이 자유로 선출하는 형식으로 행해진다. 따라서 정당은 국민의 정치의사 형성에 참여하여 이를 촉진시키고 국민과 정부의 중개자로서의 교량역할을 한다고 볼 수 있으므로 지방자치에 있어서도 정당은 주민의 의사형성을 위한 수렴 기능으로서 작용한다는 것이다.

(4) 책임정치의 구현

지방자치단체의 자치가 민주발전에 도움이 되기 위해서는 무엇보다도 지방선거가 정당 표시를 통한 책임정치의 구현이어야 한다는 것이다. 정당을 숨기고 개인으로 당선된 사람들은 권력의 개인화에서 오는 많은 부작용을 일으킬 수 있음을 미국의 많은 대도시 및 중서부, 남부에서 볼 수 있다. 개인이 정당에 속해 있으면 정당을 통한 상위구조의 통제가 가능하나 이것이 없는 경우에는 정치권력의 사조직화, 사병화를 막을 길이 없어진다.

(5) 주민과 주민대표의 정치교육의 장

정당의 정치사회화 기능으로서는 일반적으로 정당의 교육적 기능에 해당하는 주민과 주민대표에 대한 정치교육 성과를 들 수 있다. 전자의 효과로서 정당은 선거민들에게 정책의 의의와 내용을 설명하여 주민들이 정치에 관심을 갖게 하는 동시에 나아가 정치적 활동에 능동적으로 참여하게 하는 기능을 하게 된다. 진정한 민주정치를 수행하기 위해서는 민중의 정확한 판단과 충분한 정치적 지식이 요구되기 때문이다. 정당은 지방주민의 정치교육 뿐 아니라 주민대표들까지도 지방정치무대에서 정당활동을 통해 충분한 정치경험을 쌓아 중앙정치무대에 진출할 수 있는 식견과 역량을 갖추게 하므로 지방선거에의 정당의 참여를 허용함은 당연한 이론다(최종이, 1999 : 16).

(6) 국정에 대한 지방이익의 대변

정당이 지방선거를 통해 참여하면 지방자치단체는 중앙당을 통하여 중앙정부에 대해 지역주민의 대변인으로서의 역할이 가능하고 지방이익에 대해 강력한 요구를 할 수 있다. 지방정치는 다만 국가적 정치사항에 관련되는 지방적 활동으로 구성되는 것이 아니라 지방자치단위의 구역 내에서 이루어지는 선택의 정도를 포함한다. 따라서 중앙정부가 국가의 정책목표를 결정하는 과정에서 지방자치단체가 정당을 통해 지방이익을 반영시킬 수 있어야 하는데, 그것은 지방자치에 정당참여를 허용하는 경우에만 가능하다.

(7) 주민의 고충처리(苦衷處理)에 유리

현대사회는 그 복잡성으로 인해 행정취지나 사법의 재판만으로 해결할 수 없는 문제가 많다. 어떤 사건이 터지기 이전의 불만상태나 고소거리가 되지 않는 어떤 사회적 문제를 처리할 수 있는 것은 정당 밖에 없다. 이 같이 지방자치단체의 집행기관이나 기타 지역적 이해관계를 지니고 있는 기관들이 아무리 민주적이고 효율적으로 자신들의 업무를 처리한다 해도 복잡하고 다변하는 지역사회의 모든 이해관계를 제대로 수렴할 수 없다. 따라서 지역실정에 비교적 어두운 중앙부처나 국회에서 처리하기 어려운 이러한 지역사회의 제문제나 이해관계를 지방의회의 정당을 통해 보다 합리적으로 처리할 수 있다는 것이다.

(8) 후보자 선택용이 및 선거관리의 간편화

지방선거나 지방의회에 정당이 참여함으로써 지방선거에 있어서 선거인의 후보자선택 및 선거관리기관의 선거관행의 간편화를 기할 수 있다. 다수의 후보자가 난립하는 지방선거에 정당이 후보자를 공천하여 정당표시를 하게 함으로써 선거인들이 보다 쉽게 후보자를 선택할 수 있으며, 또한 지방선거에서 정당이 후보자를 공천할 때에는 그 후보자 사이의 순위결정, 선거운동감독, 투표 · 개표관리 등 선거관리기관의 선거관리가 보다 간편하게 된다(최창호, 1988 : 582).

2) 정당참여 반대론

(1) 지방자치의 비정치성

지방자치는 본질상 정치적인 성격보다는 행정적인 성격이 강하다는 것을 강조한다. 지방자치가 행정적인 성격이 강하다는 것은 지방정부의 주요기능이 주민의 일상생활에 필요한 공공서비스의 공급에 있다는 것을 전제로 한다. 그러므로 주민생활과 관련된 비정치적인 문제를 다루는 지방자치에 정치집단으로서의 정당이 개입하면 지방자치를 정치적인 이해관계에 따라 왜곡하므로 바람직하지 않다는 것이다. 그러나 정치란 정치인의 전유물이 아니며 지방에 있어서도 자원의 희소성이 있는 한 이를 둘러싼 갈등의 해소과정으로서의 정치란 불가피한 것이다.

(2) 중앙정당의 지방자치참여로 자치발전 저해

지방선거에 정당참여를 인정할 경우, 지방적 사안이 아닌 전국적인 문제 또는 중앙당에 대한 평가에 의해 지방공직자를 선출하게 되므로 그 만큼 지방자치가 위협받게 됨을 지적한다. 대부분의 지방선거에서 각 당과 후보자들이 제시한 선거공약은 지방적인 것이라기보다는 전국적인 문제에 관한 것이었음은 이러한 우려를 사실로 입증해 준다. 나아가 이들은 중앙당과 지구당간의 수직적 지배구조를 통해 지방자치가 중앙정치의 영향을 여과없이 받게 되고 중앙의 정쟁이 지방의 정쟁으로 연장되어 자칫하면 지방자치가 질식될 수 있음을 강조한다. 즉 지방자치는 지방의 자율과 창의에 의한 의사결정을 통한 주민복지 증진을 도모하기 위한 것이데, 정당을 통한 중앙정치의 영향은 지방의 의사결정을 획일적으로 고착시키거나 갈등구조로 몰고 감으로써 지방자치 발전을 저해한다는 것이다.

(3) 정당에 대한 국민적 불신팽배

정당참여 배제론자들은 정당의 책임성이 어느 정도 확보된 선진국과는 달리 정당의 책임성이 저조한 우리의 경우 정당참여는 득보다 실이 많으므로 가급적 그 활동범위를 제한하여야 한다고 주장한다. 배제론자들은 이와 같은 상황 하에서는 설혹 정당참여 허용의 필요성이 인정된다 하더라도 정당참여는 배제되거나 또는 여건이 성숙할 때까지 허용이 연기되어야 한다고 주장한다(조창현 외, 1995 : 96). 이와 함께 일부에서는 정당에 대한 국민의 불신을 이유로 들어 정당참여 배제를 주장하기도 한다. 불신받는 정당에게 지방선거 참여를 인정한다는 것은 현행 정당에게 주어지는 보조금, 선거운동 과정에서의 프리미엄, 언론의 우호적인 자세 등을 고려 할 때 지나친 배려일 뿐 아니라 불신받는 정당에 의한 주민지배는 모순이라는 것이다.

(4) 지방의회와 지방자치단체장과의 마찰 우려

지방의회의 의장이 다른 정당 소속일 경우 특히 잦은 마찰이 예상된다. 우리나라의 경우에도 1952년부터 1956년까지 지방자치단체의 장에 대한 불신임제도와 지방자치단체장의 의회해산권이 서로 부여되어 있을 때 사직한 읍 · 면장이 1,161명에 이르렀다는 것은 이에 대한 부작용이 어떠한가를 말해 주는 것이라 할 수 있다(임경호, 1991 : 316).

(5) 전문행정인의 충원곤란

지방자치가 일정한 지역의 주민들이 그 지역 내의 사무를 자기의사에 따라 자율적으로 처리하는 과정이라고 한다면 주민들이 자기의사에 따라 처리해야 할 자기사무가 정당의 의사대로 처리되어서는 안 된다는 것이다. 더구나 지방자치의 현대적 경향은 과거와 같이 단순히 지방선거를 통하여 주민들이 기관의 자기책임을 실현하게 하는 정치적 욕구를 충족시키는데 그치는 것이 아니라 적극적으로 자치행정의 내용이 그 지역의 특성에 맞도록 개발하고 주민소득원을 발굴하며, 주민복지와 서비스를 증진하고 생활환경을 개선하여 생활의 질을 향상시키는 보다 실질적인 것으로 달라지고 있다는 것이다(정세욱, 1987 : 95-96). 따라서 지역특성에 맞는 행정 및 소득원의 발굴, 서비스 증진, 생활수준의 향상을 위해서는 전문행정인이 요청되는바 지방선거 및 지방의회운영이 정당중심으로 이루어질 경우 전문행정인의 충원이 곤란하다는 것이다.

(6) 정당의 지방 패권주의(覇權主義) 심화우려

우리나라의 정당은 지역연고 성향이 크므로 지방선거에의 정당참여를 인정하는 경우에는 지역분할구조를 고착시키게 되어 고질적인 지역감정이 더욱 심화됨은 물론 국정의 통합성 저하에 따라 국가경쟁력이 저해될 것임을 우려한다. 즉 정당에 의한 지역분할구도는 지역발전을 위해 분출하여야 할 주민의 활력을 오히려 지역간 대립에 낭비하도록 만드는 한편, 지역사회발전과 국가발전에 도움이 되어야 할 지방자치를 왜곡시키게 될 것이므로 지방선거에의 정당개입은 막아야 한다는 것이다.

(7) 후보자공천과정에 금품수수 우려

지방자치의 본질은 주민들이 대표자를 뽑아 지역문제를 스스로 결정하여 나가는 것인 만큼 지방의원들은 누구보다도 그 고장 사정을 잘 알고 있을 뿐만 아니라 주민들의 존경을 받는 인물이 공천을 받아야 하는 것이 원칙이라 하겠다. 그러나 중앙당이 지구당의 후보공천을 마음대로 움직이며 지방자치가 중앙정치에 의하여 크게 영향은 받게 된다(최종이, 1999 : 22).

(8) 공무원의 엽관제화 우려

국가공무원과 같이 지방공무원도 전문지식과 기술을 갖고 있는 유능한 사람을 채용해야 하는데, 지방선거에 정당참여가 허용된다면 집권당이 당무나 선거에 공로가 있는 당원들에게 공직에의 기회를 주기 위해 지방청의 직원까지도 정치적 임명을 하게 될 가능성이 크므로 지방자치의 부패와 비능률을 초래한다는 것이다. 보수 · 개혁 양당의 지방행정 개입으로 엽관주의 등 폐단이 많았던 미국의 경우 20세기 초부터 실적주의로 개혁운동이 일어났고 그 일환으로 정당표시 금지제도가 시작되었다.

3. 찬성론과 반대론의 평가

지방선거에 대한 정당참여에 관한 논쟁은 정치적 이상론자들과 현실론자들 간의 견해 차이에서 기인한다. 정치적 이상론자들은 한국정당의 실태를 감안하지 않고, 한국정당의 뿌리도 외면하려 한다. 더구나 이들은 정당참여 반대론자들의 주장이 "과거의 왜곡된 지방자치경험과 왜곡된 정당정치의 경험에서 유래한 일방적인 정당불신감에 근거하고 있다"고 주장한다. 그리고 왜 대부분의 한국국민들이 지방선거에 정당참여를 배제해야 한다고 주장하는지를 애써 외면하려하고 있다. 특히 찬성론자들의 논거에 의하면 정당발전을 위하여 혹은 정치지도자를 육성하기 위하여 정당이 지방선거에 참여해야 한다고 하지만, 이러한 주장은 주객이 전도된 주장이다. 정당이 정치발전을 선도하고 정당을 통해서 지도자가 육성되어야 하지 왜 정당을 위해 지역주민들이 고통을 감내해야 하는지 설명하지 못하고 있다. 사실 우리나라의 정당이 전통적으로 국민사회에 뿌리박고 있다거나, 정당이 참여하면 부정부패가 없어지고, 유능한 지도자가 선출된다면 누가 정당참여를 배제시키자고 하겠는가? 그러나 뿌리도 없는 정당이 만들어지고, 지방적 기초 하나 없는 중앙정당이 공천대가로 금품을 수수하면서 온갖 부정부패를 야기시키고, 조용하던 지역사회를 선거전을 통해 갈등과 반목을 야기하며, 후보자 대회나 당선자대회를 통해 지역사회와 지방정부를 중앙정당의 음모장이나 하수인으로 전락시키고 있다면 왜 그러한 정당을 지방선거에 참여시켜야 하는가? 고 반문하지 않을 수 없다.

그럼에도 불구하고 국가가 발전함에 따라 중앙과 지방간의 관계는 점차 긴밀화되어야 한다. 그리고 지방자치단체의 성격상 광역단체의 경우 정치적 기능을 무시할 수 없다. 따라서 광역단체의 경우 정당참여를 전적으로 배제할 수는 없을 것으로 판단된다. 그러나 적어도 기초자치단체에 대해서만은 반드시 중앙정당의 관여를 배제시켜야 할 것이다.

4. 외국의 사례

영국, 프랑스, 스페인, 이탈리아, 네델란드, 스웨덴, 덴마크 등과 같이 대체로 유럽 제국에서는 정당이 지방선거에 깊이 관여하고 정당중심의 선거가 실시된다. 그러나 미국에서는 지방자치단체의 약 3/4이 정당의 선거관여를 배제하고 있다. 캐나다에서는 지방선거에 그 지역의 지방정당만이 참여할 수 있으며, 일본은 지방선거에 정당참여가 제도적으로 인정되어 있지만, 시 · 정 · 촌 등의 기초의회의원선거에서는 정당공천자들이 거의 진출하지 못하고 있는 실정이다. 즉 일부 정당소속 의원들이 없진 않지만 대다수의 기초의회의원들은 무소속으로 진출하고 있다. 요컨대 지방선거제도는 각국의 정치행정문화의 산물로서 나라에 따라 다르다. 따라서 지방선거에의 정당관여에 대해서는 찬반논의 중 어느 한 편이 옳거나 틀리는 정답이 있는 것이 아니다. 단지 정당이 중앙정당이냐 아니면 지방정당이냐 하는 것과 정당이 국민적 지지와 신뢰를 받고 엘리트들이 모여 정상기능을 수행하는 정당이냐 아니면 국민적 신뢰와는 무관한 개별적 특수적 정파적 이익만을 추구하는 도당이냐에 따라 정당관여 여부가 좌우될 것이다. 우리나라와 같이 정당역사가 일천하고, 다수 엘리트들의 정당가입이 통제되고 있으며, 정당발전이 저급한 나라에서는 당분간 지방선거 특히 기초자치단체의 선거에는 중앙정당의 관여를 배제시킬 필요가 크다. 특히 미래의 정당은 점차 사이버정당화 할 가능성이 크다. 따라서 이러한 변화추세에 맞춰 정당이 우리사회와 우리국민의 수준에 맞게 발전했을 때 정당관여는 저절로 이루어 질 것이다.

02

지방자치의 경험과 지방의회에 관한 제도적 · 행태적 문제점

2.1 한국 지방의회의 제도적 실태와 문제점

I. 의의

헌법과 지방자치 관련 법령들을 중심으로 볼 때 한국 지방의회제도의 실태는 국정의 국민주권원리와 의회주의 그리고 대의제도와는 사뭇 다르게 규정되어 있다. 헌법의 지방자치에 관한 규정도 정부수립 당시의 규정을 그대로 답습하고 있고, 지방자치법령 역시 21세기 세계적인 대변화의 경향을 제대로 수용하지 못하고 있다. 심지어 지방자치법이 헌법정신과 규정을 왜곡하거나 무시하고 있는 현실은[1] 지방에 대한 중앙정부의 통제가 지나쳐 국가발전의 제약요인이 되고 있음을 잘 나타내고 있다. 세계화를 외치면서도 그것을 위한 지방화에 대해서는 알지 못하고, 지방화를 요구하지만 분권과 자치는 거의 허용하지 않고 있다. 경제발전의 수준은 세계 10위권에 진입했지만 지방분권과 자치발전 등 정치발전의 수준은 아직도 후진성을 벗어나지 못하고 있다. 지난 20년간 분권과 자치발전을 요구하는 지방과 지역주민들의 수많은 요구와 주장에도 중앙정부는 이를 외면하거나 왜곡해왔다. 분권과 자치에 관한 한 중앙정부의 세계변화에 대한 둔감성과 지방주민에 대한 도덕적 불감증이 그 도를 벗어난 지는 이미 오래다. 자치제도가 시행된 이래 지방의회의 회기일수 자율화, 본회의의 정례회제도 도입, 위원회제도의 개선, 의회사무국운영의 개선 등 부분적인 제도개선과 발전도 있었다. 그러나 대폭적인 의원수의 축소(최봉기, 2006 : 80)[2], 의원선거구제도의 개편, 지방의원에 대한 유급제 왜곡시행, 기초의원후보자에 대한 정당공천제 도입 등 개악이 더 많았다. 아직도 지방자치의 근본정신에 반하거나 의회제도의 근본을 해치는 법률 규정이 한 둘이 아니다. 아래에서는 지방자치발전을 해치고 있는 주요 요인이며 의회주의 원리와 대의제도의 기본에 미치지 못하는 한국지방의회제도의 문제점들을 간략하게 검토해 보기로 한다.

1) 헌법 제118조의 "지방자치단체에 의회를 둔다——"는 규정이 무엇을 의미하는지도 모르는 사람들이 현행 지방자치법을 만든 것이다. 지방자치제도에는 지방의회가 가장 핵심적 기관임을 밝히고 있음에도 불구하고, 현행법은 자치단체장을 강조하고 있어 헌법정신을 해치고 있다. 또한 지방자치법에 지방의회가 주민의 대표기관임을 명시하지 않았다는 점과 헌법에서는 자치에 관한 규정을 정할 수 있다고 하였음에도 조례제정을 통제하고 있는 것 등이 바로 그것이다.

2) 1991년 출범당시 기초의원정수는 4,304명이었고 광역의원은 866명이었다. 1995년 6.27선거에서는 기초의원이 4,541명 광역의원이 970명으로 늘어났지만 지방의원유급제실시라는 구실로 현재는 기초의원 2,888명, 광역의원 733명으로 대폭 줄어들었다.

II. 지방자치발전을 저해하는 지방의회 제도의 문제점

1. 지방의회를 주민의 대표기관으로 명시하지 않은 지방자치법의 문제

국회가 국민의 대의기관이라는 점과 지방자치단체장이 지방자치단체를 대표한다는 법률규정은 두고 있으면서도, 지방자치법에는 지방의회가 주민의 대표기관이라는 법률규정이 없다. 즉 국회법 제1조(목적)에는 "이 법은 국회의 조직 의사 기타 필요한 사항을 규정함으로써 국민의 대의기관인 국회의 민주적이고 효율적인 운영에 기여함을 목적으로 한다."고 규정함으로써 국회가 국민의 대의기관임을 명백히 하고 있다. 그리고 지방자치법 제101조(지방자치단체의 통할대표권)에는 "지방자치단체의 장은 지방자치단체를 대표하고, 그 사무를 총괄한다."고 규정하고 있다. 그러나 지방의회에 대해서는 지역주민의 대의기관임을 규정하지 않았다. 지방자치단체는 국가주권의 지역적 주체이며, 지방의회는 이러한 지방자치의 핵심이다. 그리고 국가차원에서의 국민주권의 원리는 지역차원에서는 주민주권의 원리로 치환되어야 하고, 국회가 국민의 대의기관임과 같이 지방의회도 지역주민의 대의기관이어야 한다. 지방자치는 민주정치의 요체이며 국민주권의 기본원리에서 출발하여 주권의 지역적 주체로서의 주민에 의한 자기통치를 실현하는 제도이다. 지방의회는 근대적 의미의 대표의 관념에 기초하는 지방자치단체의 의결기관으로서 헌법 제118조의 "지방자치단체에 의회를 두되, 그 조직, 권한, 의원선거에 관한 사항은 법률로 정한다."는 규정에 따라, 공직선거법과 지방자치법에 의하여 설치 · 운영되는 명실상부한 지역주민의 대의기관이다. 그럼에도 불구하고 헌법에서 규정하고 있는 지방의회를 지역주민의 대의기관임을 명시하지도 않고, 대의기관으로서의 권한도 부여하지 않은 현행지방자치법은 명백히 헌법정신에 위배된다. 이것은 결과적으로 지방자치와 지방의회제도를 변질 왜곡시키는 것이고, 지역주민의 권리를 침해하는 것이며, 지역사회의 대의민주주의를 왜곡 탄압하는 것이다. 따라서 국회와 행정부는 서둘러 지방자치법 에[3] 지방의회가 주민의 대표기관임을 명시해야 할 것이다.

2. 지방의회의 자치입법권(조례제정권)에 대한 과잉통제

지방자치권의 범위 내에서 자치에 관한 사무는 지방의회가 결정할 수 있어야 하지만 이를 중앙정부가 법령으로 원천 봉쇄하고 있다. 즉 지방의회의 권한을 각종 법률과 명령 등

3) 지방자치법 제30조(의회의 설치)에 규정함이 바람직할 것이다.

상위법령이 침해하고 있다. 때문에 지역주민들의 요구와 주장을 반영한다는 의회주의원리는 처음부터 보장되지 않았다. 특히 헌법규정이나 지방자치법에서 조례는 법령의 범위 내에서만 제정할 수 있도록 통제하고 있어 지역특성을 반영하는 자치법규의 제정을 원천적으로 봉쇄하고 있다. 국법우선주의, 법률유보주의, 죄형법정주의, 조세법률주의 등으로 조례를 통제하여 자치법규의 제정을 제약하고 있다. 지방자치제도는 헌법에 보장된 제도이기 때문에 헌법정신을 침해하는 지방자치제도의 본질적 가치를 훼손하는 법령은 헌법위반으로 보아 그 효력이 없다고 보아야 한다. 그럼에도 불구하고 현행 지방자치법은 지방자치제도의 본질적 내용인 지방의회의 의결권을 상당부분 통제하고 있다.

따라서 국회와 행정부는 지방의회를 지방자치제도의 중심기관으로 인정해야 하며, 그에 따른 제도변경을 추진해야 합니다. 그리고 지방자치법 제22조의 "지방자치단체는 법령의 범위 안에서 그 사무에 관하여 조례를 제정할 수 있다. 다만, 주민의 권리 제한 또는 의무 부과에 관한 사항이나 벌칙을 정할 때에는 법률의 위임이 있어야 한다."는 규정은 다음과 같이 대폭 수정해야 한다. 즉 ---법령의 범위 내는 법령에 위반되지 않는-- 으로, 그리고 지방자치를 성공적으로 발전시키기 위해서는 주민의 대표기관인 지방의회가 만드는 조례로 주민의 권리제한 의무부과를 가능하도록 해야 하므로, 법률의 위임이 있어야 한다는 단서 조항은 삭제함이 마땅하다.

3. 현저하게 취약한 지방의회의 권한 (자치단체장의 견제기능 한계)

지방자치권의 4가지 종류인 자치입법권, 자치조직권, 자치행정권, 자치재정권의 대부분이 자치단체장의 권한으로 주어져 있어 기관 간 권력의 불균형이 매우 심각하다. 지방자치단체의 통치기관인 지방정부는 의결기관인 지방의회와 집행기관인 자치단체장으로 구성되며, 이들 양 기관은 수레의 두 바퀴처럼 권한과 기능이 서로 균형을 이룰 때 앞으로 나아갈 수 있다. 그러나 현재 우리나라의 지방의회는 집행기관의 조직이나 자치단체장의 인사에는 접근도 할 수 없으며, 예산통제 등 재정권에 대해서도 많은 제약을 받고 있다. 때문에 의결기관의 집행기관에 대한 견제와 감시는 사실상 어렵게 만들어 놓았다. 예컨대 현재 지방자치단체장의 인사권에 대해서는 누구도 간섭할 수 없도록 만들어 놓았다. 부자치단체장의 임명권에 대해서는 물론 지방공기업의 임원선임권(지방공기업법 제7조 제2항)에 대해서도 지방의회가 견제할 수 없는 실정이다. 또한 지방자치단체의 하부행정기관인 구청장(자치구가 아닌), 읍장, 면장, 동장의 임명에 대해서도 지방의회의 견제를 완전히 배격시켜 놓았다. 사실 지방자치제도의 이념이나 원리에 따른다면 이들에 대해서도 주민의 대표기관인 지방의회의 견제권(승인이나 동의 등)이 작용할 수 있어야 한다.

지방자치의 핵심적 주요기관은 지방의회이다. 따라서 지방자치단체의 장이 갖는 권한은 지방의회의 견제와 감시 하에 있어야 한다. 특히 지방자치단체장의 공무원인사권, 기관조직권, 예산 등 재정권은 반드시 그러해야 한다. 그럼에도 불구하고 자치단체장의 인사권은 누구도 간섭할 수 없는 신성불가침의 권한으로 존재한다. 공무원인사비리로 형사처벌되는 자치단체장들이 늘어나고 있음에도 불구하고 인사권에 대한 지방의회의 견제는 불가능하도록 하고 있다. 기관조직권도 대통령 영으로 통제하여 지방의회의 견제를 어렵게 하였다. 재정에 관한 권한 역시 사실상 지방의회의 영향력이 제한될 수 밖에 없는 실정이다.

4. 지방의회 사무기구의 설치관리에 대한 왜곡과 통제

지방의회는 헌법상 기구이다. 모든 기관은 자신의 업무를 처리하기 위해 스스로의 권한과 책임 하에 행정기구를 설치운영하고 있다. 국회의 행정이나 법원의 행정을 행정부가 대신 맡아 처리하지 않는 것처럼 지방의회의 행정사무도 자치단체장이 맡아서는 안된다. 이것은 행정의 가장 초보적인 원리이며, 이것이 지켜지지 않는 나라는 없다. 그럼에도 불구하고 우리나라의 지방의회는 자신의 업무를 처리하기 위한 사무기구의 조직권과 인사권을 스스로 갖지 못하고 있다. 오히려 견제하고 감시해야 할 자치단체장에게 자신의 사무기구에 관한 조직과 인사를 의존하도록 법령이 강제하고 있다. 삼척동자도 웃지 않을 수 없는 아이러니컬한 일이 21세기 대한민국에 존재하고 있다. 이것이 지방의회의 의정활동을 침체시키고 있는 가장 대표적인 문제점이다. 즉 지방자치법 제90조에 "지방의회에는 사무를 처리하기 위하여 조례로 정하는 바에 따라 사무기구를 둘 수 있다"고 규정하고 있다. 즉 지방의회의 사무기구설치를 필수기관으로 하지 않고, 조례에 의한 임의기관으로 하였다[4]. 그리고 동법 제91조와 제92조에서는 사무직원의 정원과 임명, 직무와 신분보장 등을 모두 지방자치단체의 장에게 맡겨놓았다. 설상가상 대통령 영인 "지방자치단체의 행정기구와 정원기준 등에 관한 규정" 제15조에는 지방의회의 유형별, 규모별로 조직과 인원, 직급과 정수를 세세히 통제하고 있다. 요컨대 지방의회 사무기구의 조직과 그 장 및 직원들은 모두 집행기관인 자치단체장의 권한 내에 두도록 함으로써 기관 간 견제와 균형을 원천적으로 불가하도록 만들어 놓았다. 따라서 이러한 잘못된 제도는 시급히 전적으로 개편되어야 한다.

4) 우리나라 지방의원들에게는 그들의 의정활동을 보좌할 적절한 조직이나 인력을 갖지 못한 실정이다. 광역의회의 경우 의회사무처 내에 정책연구실(서울, 부산), 입법정책담당관(인천, 대구 등), 혹은 입법정책실(관, 지원팀) 등 여러 명칭의 의정활동 지원조직과 인력을 배치해 놓고 있다. 그나마 기초의회의 경우 이러한 것도 존재하지 않는다.

지방의회사무기구에 대한 설치운영권은 반드시 지방의회에게로 넘겨야 한다. 자신의 기구를 자신이 관리하지 못하게 하는 것은 조직원리의 기본에도 미치지 못하는 왜곡 내지 오류이며, 강자의 약자에 대한 폭행에 지나지 않습니다. 현재 국회의원에게는 국회사무처, 국회도서관, 국회예산정책처, 국회입법조사처 등을 설치하고 있고(신원득, 2010 :57) 개인적으로도 7명의 보좌인력을 지원하고 있다. 그럼에도 불구하고 지방의회에는 자신의 사무기구도 설치할 수 있는 권한을 주지 않고 있으며, 지방의원들에게는 단 한명의 보좌인력도 배치하지 않고 있다. 어렵게 얻어 낸 지방자치제도를 그 근본부터 왜곡시키고 있는 것이 바로 행정부의 행정안전부와 국회의 행정안전위원회라는 사실을 분명히 해야 할 것이다.

5. 지방의원의 신분과 보수지급에 대한 제도왜곡과 차별

현행법상 지방의회의원은 선거에 의해 취임한 정무직 공무원이며(지방공무원법 제2조 제3항 제1호), 정무직 공무원에 대해서는 고정급적 연봉제를 지급하도록 하고 있다(지방공무원보수규정 제32조 및 별표 11-13). 그러나 우리나라 지방의원들에게는 이러한 정무직공무원에 대한 급여를 지급하지 않고 있다. 그들에게는 지방자치법 제33조에 의해 의정활동비, 여비, 월정수당을 지급하고 있다. 따라서 지방자치법에서는 비용(의정활동비와 여비)과 수당만을 지급하고 있으므로, 현재까지 지방의원들에게 급여는 지급하지 않고 있다. 더구나 비용은 반드시 정산해야 하지만 현재까지 정부는 지방의원들에게 비용정산을 요구하지 않고 있다. 정무직 공무원으로서 신분보장도 하지 않고, 급여도 지급하지 않는 등 유독 지방의원들에게만 차별함으로써 헌법의 차별금지조항을 침해하고 있다. 이처럼 잘못되고 차별하는 제도가 의원들의 의정활동을 위축시키고 의원으로서의 직무수행에 전념할 수 없게 만들고 있다.

지방의원들에게 급여를 지급하는 유급제를 한다는 핑계로 초기 지방의원의 정수를 1/3가량이나 축소 조정했으면서도 유급제도는 시행하지 않고 있다. 법령에 정해진 정무직 공무원의 신분을 왜곡하면서까지 자치제도를 왜곡시키고 있는 이유가 무엇인지 행정안전부와 국회는 답해야 한다. 지방의원을 정무직 공무원으로 인정만 하면 지방자치법 제33조는 불필요한 규정이다. 뿐만 아니라 지방자치법 시행령 제33조와 34조도 역시 불필요한 규정이다.

다른 선거직(자치단체장, 교육감 등) 공무원들과 같이 정무직으로 하고 연봉제를 실시하면 하등의 필요성이 없는 의정비심의위원회라는 제도를 만들어 전국의 지방정부에 2년에 한 번씩 홍역을 치르게 하고 있다. 특히 의정비심의원원회제도는 그 위원회가 정한 의정비가 어떠한 구속력을 갖지도 못할 뿐 아니라, 그 위원들 역시 아무런 재량권도 없고, 하등의 책임도 지지 않으며, 일시적으로 의정비만 정하면 해체해 버려 아무런 책임도 지지 않는 변칙적인 위원회이다. 더구나 전국의 2440명의 위원들이 수주간에 걸쳐 어렵게 결정한 의정비수준도 행정안전부의 규정해석 하나면 그 전부를 무력화시켜 버린다.

행정안전부가 의정비심의위원회라는 변칙적인 기구를 만들어 의회제도를 왜곡시키고, 자신들의 책임을 전가시키면서도 보이지 않는 곳에 숨어서는 각종의 통제규정을 만들어 지방의회의 기능을 사실상 사장시키고 있다. 물론 이러한 행정안전부의 요구는 국회의 행정안전위원회가 철저히 뒷받침해주고 있기 때문에 가능한 것이다. 앞으로 계속해서 이러한 행정안전부의 국민기만적 행위를 방치하거나 국회가 이를 뒷받침 해준다면 전국의 지방의원들은 차기 국회의원 선거에서는 해당 국회의원들의 낙선운동까지도 불사할 필요가 있을 것이다.

6. 지방의회의 운영과 의결에 대해 자치단체장과 행정안전부장관의 과잉 통제

지방의회의 회의운영에 대해서도 여러 가지 제약을 가하고 있어 지방의회의 활성화에 역행하고 있다. 우선 지방의회의 행정사무감사기간을 법률로 통제하고 있고, 지방의회의 의결에 대한 자치단체장의 재의요구권과 대법원에의 제소권 (지방자치법 제107조), 그리고 행정안전부장관의 제소권과 집행정지권을 인정함(지방자치법 제172조)으로써 지방의회의 의정활동을 통제하고 있다.

행정사무감사는 지방자치단체의 규모와 특성에 따라 그 기간이 늘어날 수도 있고 줄어들 수도 있다. 수백만의 인구와 수조원의 예산규모를 가진 각기 다른 특성을 가진 지방자치단체의 사무감사기간을 중앙정부가 획일적인 특정한 기간으로 강요하는 것은 매우 잘못된 제도이다[5]. 특히 대통령 영으로 전국 모든 지방자치단체에 대해 조직과 인력을 통제하고 있고, 지방의회의 의결내용에 대해서도 사사건건 감시하고 있다. 지방자치제도를 실시해 놓고 자치권의 범위 내에서 추진되는 지방의회의 의결에 중앙정부가 일일이 간섭하는 것은 지방자치의 원리에도 어긋나고 중앙정부의 정치도리에도 맞지 않다[6].

5) 지방의회의 운영에 관한 각종의 기간통제는 법령에서는 상한선과 하한선만 규정하고, 구체적인 일수는 법령의 범위안에서 각 지방자치단체의 조례로 정하도록 해야 한다.

6) 지방의회의 의결에 대해서는 그것이 법령에 위반되지 않는 한 재의나 제소를 할 수 없도록 법률을 개정해야 한다. 지방의회의 의결에 대한 행정안전부장관의 간섭이나 통제는 원천적으로 폐지되어야 한다.

7. 정당공천제의 강행과 유능인재의 의회진출 방해

지방선거에서 후보자들에 대한 정당공천제도의 도입에 대해서는 찬반론이 팽팽하다. 그러나 기초의회의원이나 기초자치단체장 등에 대한 정당공천제도의 도입에는 반대하는 사람들이 압도적으로 다수이다. 그만큼 우리나라의 경우 기초자치단체의 지방자치는 정치보다는 생활자치의 비중이 크기 때문이다. 전체적으로 볼 때도 현재 우리의 실정에서는 정당공천제도가 득보다는 실이 훨씬 큰 제도이다. 굳이 2011년의 서울특별시의회의 예를 들지 않더라도 이 제도는 지방의회와 자치단체장간의 심각한 갈등으로 지방자치를 치명적으로 만들 수 있는 잠재적 문제를 안고 있다. 특히 기초자치단체의 장이나 의원후보자들에게 정당공천을 요구한다는 것은 정당간부들인 국회의원들의 가장 비굴한 이기적 태도에 지나지 않는다. 생활자치를 근간으로 하는 기초자치단체의 기관구성에 중앙정당의 영향력이 미치게 하는 것은 잘못된 제도이기 때문이다. 기초자치의 풀뿌리 민주주의가 지역주민들 보다는 중앙정당과 지역구출신 국회의원에 의해 이리저리 흔들리는 정당공천제도는 차라리 과거 행정부에 의해 관리되었던 관치행정시절을 더 동경하게 만든다.

지방선거에 정당공천제도를 도입할 수 있는 것은 i) 지역사회에 뿌리를 내리고 있는 지방정당이 존재할 경우, ii) 정당이 건강하고 활발하게 활동하며 지방자치발전에 기여할 수 있을 때, iii) 주민들이 정당공천에 영향을 받지 않고 유능한 인재를 정확하게 판단할 수 있을 때, iv) 의결기관과 집행기관의 출신정당이 서로 달라도 협상과 타협의 수준 높은 주민의식이 발달되어 있을 때 가능하다. 그러나 우리나라의 현실은 위의 어느 요건도 갖추지 못했을 뿐 아니라 오히려 정당공천제도를 악용하여 지역구 국회의원들의 정치적 이익을 강화하려는 제도로 악용하고 있어 문제다. 현재 한국지방선거에서의 정당공천제도는 유능한 공무원 출신자들과 각계 전문가들의 지방의회진출을 가로막는 가장 대표적인 장애요인으로 작용하고 있다. 더구나 국회의원과 광역의원선거구는 소선거구제도로 하고 있지만 기초의원선거구제도만 중선거구제도로 함으로써 이로 인해 불거지는 문제점 또한 적지 않다. 따라서 당분간 만이라도 기초자치단체의 지방선거에 한해서는 정당공천제도를 중단시키고, 기초의원 선거구도 소선거구제로 바꿔야 할 것이다[7].

7) 지방자치제도는 1991년 실시 당시만 해도 기초의회의원 후보자들에 대해서는 정당공천제도를 실시하지 않았었다. 그러나 기초자치단체장의 정당공천이 많은 문제점을 가지고 있다는 비판여론에 따라 관련 선거법 등을 개선하기 위해 구성된 제17대 국회 정치발전특위(이원장, 권오을)에서 오히려 기초의원 후보자들에게까지 정당공천제도를 도입함으로써 제도개정이 아니라 개악시켰던 것이다.

8. 기초의회 의원선거구제도의 문제와 최소의원정수의 문제

현행 기초의원선거구제도는 공직선거법 제26조 제2항에서 "자치구 시 · 군의원지역구는 ----- 등의 조건을 고려하여 획정하되, 하나의 자치구 시 · 군의원지역구에서 선출할 지역구의 자치구 시 · 군의원정수는 2인 이상 4인 이하로 하며---"고 규정하고 있다. 이처럼 기초의회의원선거구를 중선거구로 하여 한 선거구에서 4명까지 선출할 수 있도록 함으로써 후보자의 난립으로 유권자의 판단을 흐리게 하고, 후보자는 선거운동범위가 과대하게 넓어 선거비용지출을 증대시키는 요인으로 직용하고 있다. 소선거구제로 개편하든지 2인 이하를 선출하는 중선거구제로 바꾸어야 한다. 그리고 동법 제23조 제2항에서 규정하고 있는 "자치구 시 · 군의회의 최소정수는 7인으로 한다" 고 규정한 공직선거법도 개정해야 한다. 지방자치단체의 의결기관을 위원회제도가 아닌 의회제도로 하고 있는 이상 7인이라는 의원정수는 매우 적고 유사시 의정수행이 어려워질 수 있을 만큼 불합리한 숫자이다. 예컨대 이승만 정부와 장면정부 당시 기초자치단체를 시, 읍, 면으로 했을 때도 읍면의원의 최소정수가 10인 이상이었던 점을 감안한다면 그 보다 훨씬 넓은 군자치제도를 실시하고 있는 현재에도 최소의원정수를 7인으로 강제하고 있는 것은 명백히 지방자치정신에 어긋나는 중앙정부의 독선이다.

9. 지방의원 후보자에 대한 무투표당선제도의 문제

공직선거법 제190조 제2항은 "후보자등록마감시각에 후보자가 당해 선거구에서 선거할 의원정수를 넘지 아니하거나 후보자등록마감후 선거일 투표개시 시각까지 후보자가 사퇴 사망하거나 등록이 무효로 되어 후보자수가 당해 선거구에서 선거할 의원정수를 넘지 아니하게 된 때에는 투표를 실시하지 아니하고, 선거일에 그 후보자를 당선인으로 결정한다"고 규정하고 있다. 물론 국회의원이나 지방자치단체장의 경우도 그러하다[8]. 그러나 엄격히 말해 무투표당선제도는 유권자가 선출하지 않은 사람을 법률이 강제로 대표로 선출하는 잘못된 제도이다. 결국 유권자가 지지하지 않은 자를 법률이 대표로 선출한 것으로 인정해주는 현행제도는 분명히 유권자의 권리를 침해하고 있다. 물론 무투표로 당선된 본인도 주민으로부터 정당성을 확보하지 못한, 즉 주민대표성이 없는 대표로 전락하게 된

8) 즉 공직선거법 제188조 제2항은 "후보자등록마감시각에 지역구국회의원후보자가 1인이거나 후보자등록마감후 선거일 투표개시 시각전까지 지역구국회의원후보자가 사퇴 사망하거나 등록이 무효로 되어 지역구국회의원후보자수가 1인이 된 때에는 지역구국회의원후보자에 대한 투표를 실시하지 아니하고, 선거일에 그 후보자를 당선인으로 결정한다고 규정하고 이를 지방자치단체장의 당선자결정방법에 준용하도록 하고 있다.

다. 따라서 국회의원이든, 자치단체장이든, 지방의원이든 주민의 대표는 단 1명에 대해서라도 주민들의 찬반투표를 거치도록 해야 한다. 그런 의미에서 현행 공직선거법은 유권자를 위한 민주적 법률이 아니라 후보자를 위한 비민주적 법률로 특징지을 수 있다.

10. 동시선거의 혼란과 지방선거의 본질왜곡

우리나라의 지방선거는 주민들이 4년에 한번씩 자신들의 대표들을 선출하는 축제와 같은 선거가 되지 못하고 있다. 광역과 기초자치단체의 단체장과 의원의 4가지 선거는 필수며, 거기에다 교육감선거와 교육의원선거를 합쳐 6가지 종류의 선거를 한꺼번에 실시하였다. 그리하여 우리나라의 지방선거는 축제라기보다는 마치 전쟁을 치루는 것 같은 모습을 보인다. 특히 선거운동방법이 지나치게 까다롭고 규제가 많아 자칫 잘못하면 선거범죄자로 전락하게 된다. 따라서 이러한 우리나라의 지방선거는 반드시 고쳐야 한다.

우선 너무 많은 선거를 동시에 진행함으로써 후보자가 난립하여 어느 후보가 어느 선거에 출마한 것인지를 파악하기 어렵고, 후보자의 능력과 장점 등 특성을 파악하기가 매우 어려워 주민대표를 선출하는 선거의 본질을 해치기 때문이다. 뿐만 아니라 우리국민들은 자신들 가까이 있는 기초자치단체보다는 멀리 떨어져 있는 광역자치단체나 중앙정부에 더 많은 관심을 가지며, 지방의원후보자 보다는 자치단체장 후보자에게 더 큰 관심을 가진다. 설상가상 자기가 속하고 있는 지방자치단체와는 무관한 서울특별시장후보에 관심을 가지거나 수도권 지방선거에 관심을 가지는 사람들도 적지 않다.

설령 자기지역에 대해 관심을 가진다고 해도 광역 및 기초자치단체의 자치단체장 후보들에게만 관심을 가질 뿐 광역의회의원이나 기초의회의원후보자들에 대해서는 거의 관심을 가지지 않는 경향이 강하다. 특히 신문과 방송이 앞 다투어 자치단체장 후보들만 집중적으로 조명함으로써 지방의회의원후보자들은 거의 언론의 관심을 받지 못했다. 그리하여 지방자치의 핵심기관인 지방의회의 구성원들이 상대적으로 검증되지 않은 자들이 다수 진출하였고, 그 결과 지방의회가 주민들로부터 지지받지 못하게 되는 이유가 되었다.

따라서 앞으로 지방선거는 '기초자치의 우선'과 '의회중심의 지방자치'라는 지방자치 본래의 가치와 정신이 훼손되지 않도록 정비될 필요가 있다. 때문에 지방의회의원 선거와 지방자치단체장 선거를 분리하여 일정한 시차를 두고, 두 번에 걸쳐 따로 선거를 실시해야 한다. 지방의원들은 자치단체장에 비해 권한도 취약한 데다 선거마저 동시에 실시함으로써 주민들의 관심과 충분한 검토가 부족했던 것이 사실이다. 앞으로 이러한 문제점을 반드시 개선해야 한다.

11. 지방의회의 권한침해에 대한 처벌규정 및 구제제도 취약(지방의회의 경시)

지방의회의 권한이 침해되었을 경우 이에 대한 처벌규정이 마련되지 않고 있어 지방의회의 권한을 약화시키고 있으며, 이러한 문제점들이 결국 지방자치의 발전을 저해하고 있다. 다시 말해 지방의회의 권한을 실질적으로 보장할 수 있는 제도적 장치가 마련되어 있지 않다는 것이다. 예컨대 지방의회가 제정한 조례를 위반하더라도 지방의회가 구체적인 조치를 취할 수 없으며, 지방의회의 감사결과 개선요구사항에 대해 이를 묵살하더라도 대처수단이 확보되지 않고 있다. 그리고 지방의회의 자율권을 침해하더라도 이를 보호받을 수 있는 제도적 장치가 마련되어 있지 않아 현실적으로 지방의회의 권한은 선언적인 성격을 띠고 있다. 따라서 실질적 권한보장이 가능하도록 법률규정을 보완해야 할 것이다.

이러한 내용을 좀 더 구체적으로 검토하면, 지방자치법 제41조 제5항에서 「---감사 및 조사와 관련된--- 증언에서 허위증언을 한자는 고발할 수 있으며, ----출석요구를 받은 자가 정당한 이유 없이 출석하지 아니하거나 증언 또는 진술을 거부한 때에는 500만원 이하의 과태료를 부과할 수 있다」고 규정하고 있다. 이로써 행정사무조사 및 감사에 관련된 지방의회의 권한은 부분적으로 개정되었다고 할 수 있다. 그러나 지방의회의 의결(조례 포함)이나 결정 등의 의정활동에 대한 침해를 방지할 수 있는 장치는 보강되지 않았다. 즉 동법 제27조 제1항 “지방자치단체는 조례를 위반한 행위에 대하여 조례로써 1천만원 이하의 과태료를 정할 수 있다” 는 규정은 개정된 이후 보완되지 않고 있다. 1991년 당시의 지방자치법은 그 제20조에 벌칙위임규정을 두고 있어 “시도는 당해자치단체의 조례로서 3월 이하의 징역 또는 금고, 10만원 이하의 벌금, 구류, 과료 또는 50만원 이하의 과태료의 벌칙을 정할 수 있었다. 그러나 징역3월을 근거로 제정된 증언 및 감정에 관한 조례가 전국 16개 시도(대구시가 최초로 의결)에서 일제히 제정되자 행정안전부가 주도하여 이를 대법원에 제소하도록 하였고, 대법원에서 판결이 나기도 전에 현재와 같은 법률로 개정함으로써 대법원에 제소된 조례를 원천무효시키고 말았던 것이다. 즉 당시 지방자치법 제20조는 이러한 사건을 계기로 행정안전부가 법안개정요구를 하고 이를 국회가 그대로 통과시킴으로써 1994년 3월 16일 개정되었고, 일천만원 이하의 과태료만 부과할 수 있도록 하여 지방의회의 권한을 위축시켰다.

III. 지방의회의 운영을 통제하는 제도적 문제점

이상과 같이 현재 우리나라 지방자치제도 중 지방의회관련 제도의 모순과 왜곡 및 오류는 한 둘이 아니다. 이렇게 지방의회에 관련된 제도들이 사리에 맞지 않을 정도로 잘못된 원인은 크게 두 가지로 지적할 수 있다. 하나는 생태적으로 지방자치제도를 거부하는 행정안전부의 고위관료들의 제도왜곡 때문이고, 다른 하나는 지방의회를 자신들의 권력유지를 위한 도구로 삼으려는 정당과 국회의원들의 제도악용 때문이다. 지방자치제도가 부활 실시된 이후 20년 동안 지방자치관련분야의 학회와 학자들은 수많은 학술세미나와 연구논문을 통해서 이미 한국지방자치제도와 지방선거제도의 문제점을 지적하고 개선책을 수없이 제시하였다. 문제가 되는 제도나 법령에 대해서는 이미 오래 전부터 문제점을 지적하고 개선책을 제시함으로써 정부에 대해 그 개선을 촉구해 왔지만 정부는 외면하고 방치해 둔 상태다. 위에서 지적한 지방의회제도 이외에도 지방의회의 발전에 걸림돌이 되는 아래의 제도와 문제점들도 있음을 지적하고자 한다.

1. 기관분리형과 의회제도 강요문제

우리나라 지방자치법은 제5장에 지방의회를 규정하고 있고 제6장에는 집행기관을 규정하고 있다[9]. 그리하여 지방자치단체의 기관(지방정부)을 의결기관과 집행기관으로 분리하는 기관분리형을 채택하였다. 게다가 의결기관은 반드시 의회제도로 구성하고 운영하도록 법제화하였다는 점이다. 원래 지방자치단체의 기관구성은 지방자치단체의 자율로 맡기는 것이 가장 지방자치답다. 우리나라처럼 기관분리형을 채택하도록 중앙정부가 법률로 강제할 경우에도 의결기관의 구성과 운영에 대해서는 반드시 의회제가 아니라 위원회제도도 채택할 수도 있도록 선택가능한 제도를 만들었어야 할 것이다. 즉 지방자치단체의 기관구성을 기관분리형으로 법제화했다면 각각의 기관을 선임하는 방법이나 구성 운영하는 방법만은 지방자치단체의 자율로 맡겨야 한다. 그러나 우리나라의 지방자치는 이것마저도 중앙정부가 법률로 강제함으로써 지역실정에 맞는 지방자치를 원천적으로 봉쇄하고 있다. 현재 우리나라의 지방자치단체도 각각의 지역사정에 따라서는 반드시 의회제가 아니라 위원회제도를 택하는 것이 훨씬 효율적인 자치를 수행할 수 있는 곳들이 적지 않다. 예컨대 특별시 광역시의 자치구와 인구 3만이하의 군들이 그러할 수 있다는 것이다.

9) 지방의회에 대칭되는 용어는 지방자치단체장이며, 집행기관에 대칭되는 용어는 의결기관이다. 제6장을 집행기관이라고 할 경우 제5장은 지방의회가 아니라 의결기관으로 규정했어야 했을 것이다. 그렇지 않으면 지방자치단체장으로 규정했어야 한다.

2. 지방의회 의원정수의 통제문제

현재 우리나라는 모든 지방자치단체의 지방의원정수를 중앙정부가 정하고 있다. 광역의원의 경우 법률로 선거구까지 정해놓고 한 선거구에서 1명만을 선출하도록 하는 소선거구제도를 채택하고 있다. 기초의원은 광역자치단체별로 중앙정부가 기초의회의원을 정수를 정해주면 광역자치단체의 선거구획정위원회가 기초자치단체별로 의원정수를 책정하게 된다. 물론 기초의원정수를 책정하는 기준은 엄격하게 규정되어 있어 광역단체 내에서 기초자치단체간 지나친 불균형은 방지할 수 있다. 이처럼 지방의회의원 정수까지 중앙정부가 일일이 통제함으로써 지방자치단체의 자율권을 완전히 봉쇄하고 있는 것은 지방자치정신에 반한다. 기초자치단체와 광역자치단체를 막론하고 중앙정부는 지방의원의 정수를 상한선과 하한선만을 규정하고, 지방자치단체는 의원정수를 중앙정부가 제시한 범위 내에서 각 지방자치단체의 조례로 규정토록 해야 할 것이다.

예컨대 현재 우리나라는 동일한 광역자치단체지만 울산광역시, 대전광역시, 광주광역시는 지역구 19명 비례대표 3명으로 지방의원정수를 22명으로 통제하고 있다. 그러나 경기도는 124명(지역112, 비례 12) 서울시는 106명(지역 96, 비례10)이며 광역의회 평균 의원정수는 47.5명이다. 그리고 군 지역의 경우 많은 지방의회가 의원 정수 7명으로 통제받고 있어 지방의회운영 그 자체가 곤란한 실정이다. 이러한 의원정수책정은 지방자치단체의 주민수를 기준으로 책정하고 있는 것으로 알려지고 있다. 그러나 전 세계에서 가장 적은 지방자치단체의 수와 가장 적은 지방의원수를 가지고 있는 우리나라로서는 차제에 의원정수를 어떠한 기준으로 해야 할 것인가는 반드시 재검토해야 한다. 그러나 의원정수의 책정을 수정해야 할 보다 근본적인 이유는 우선 하나의 지방의회는 스스로 제 역할을 수행할 수 있을 정도의 의원들은 있어야 한다는 것이다. 뿐만 아니라 자치단체간에 지나친 차이가 나는 것은 조정해야 한다는 것이다. 우리나라 광역의회의 경우 최소의원정수(22명)와 최대의원정수(124명)의 차이가 무려 102명이나 된다. 기초의회의 경우 최소(7명)와 최대(55명) 간에 48명이나 차이가 난다. 22명으로 백만이 넘는 광역시의 역동적인 업무를 수행해야 하는 울산, 대전, 광주시의원들과 7명으로 광범한 지역사회를 관리하고 발전시켜야 하는 많은 군의원들을 고려하면 중앙정부의 통제와 강요가 그 도를 지나친 것 같다.

이러한 의원정수의 통제는 국회의 행정안전위원회에서 통제한다기 보다는 행정안전부의 선거의회과에서 통제한다고 보아야 한다. 따라서 정부는 현재와 같이 중앙정부가 지방의원정수를 모두 규정하는 시대착오적인 중앙통제행태는 버려야 한다. 그러나 상한선과 하한선을 규정할 경우에도 인구기준에 의해 기계적으로 의원정수를 책정하는 방식은 지양해야 한다. 과거 1950년대의 지방자치시대에 기초자치단체였던 읍, 면의회의 의원정수도 최소 10명 이상이었다. 하물며 오늘에 와서 그러한 읍면 열 개 이상이 모인 군자치제를 실시하면서 최소의원정수를 7명으로 강제하고 있는 것은 매우 잘못된 제도다. 지방자치를 실시하면서 지방자치단체의 발전과 기능수행을 위한 업무와 역할은 외면하고 인구수만을 기준으로 의원정수를 책정하거나 무조건 그 수를 줄이려는 통제지향적 태도는 시대변화를 외면하는 무지의 발로거나 아니면 지방을 무시하는 오만과 독선에 지나지 않는다.

3. 의회운영기간의 통제(행정사무감사, 정례회기간, 임시회, 등)

우리나라 지방자치법령은 지방자치를 한다고 제도를 시행해 놓았지만, 그 제도는 진정으로 지방과 지역의 자율과 자치를 위한 자치제도가 아니다. 지방자치법령은 그동안 중앙정부가 지방에 대해 행하던 통제와 규제내용을 그대로 법령의 조문으로 규정한 것에 불과하다. 지방자치를 한다고 지방의회를 구성하고 자치단체장을 선임하여 지역사회의 통치에 관한 극히 일부분을 담당하라고 하였다. 그래놓고 의회구성과 운영을 통제하고 자치단체장의 선임과 기능을 통제하고 있는 것이 현실이다. 무엇을 얼마만큼 자치하라는 것인지 중앙정부는 구체적으로 답할 필요가 있다. 예컨대 행정사무감사기간을 그동안 광역은 10일, 기초는 7일로 법제화했다. 이 기간이 공휴일 등으로 사실은 5일과 7일에 지나지 않으니 늘려달라고 오랫동안 요구한 결과 2011년 7월 지방자치법개정에서 행정안전부가 광역은 14일로 기초는 9일로 연장했다. 왜 중앙정부가 이렇게 치졸하게 모든 지방자치단체의 행정사무감사기간을 강제하고 있을까? 중앙정부는 상한선과 하한선만 정해주고 그 범위내에서 지방자치단체의 조례로 정하도록 하면 무엇이 잘못되는가?

그 외도 정례회기간을 기초자치단체는 30일, 광역자치단체는 35일, 임시회기간은 획일적으로 15일 등으로 통제하고 있다. 중앙정부가 왜 이렇게 지방의 모든 일에 간섭하고, 회의일수까지 정해줄 정도로 경직적인지 이해되지 않는다.

이처럼 지방자치라고 하기에는 너무나 사리에 맞지 않는 일들을 하면서도 중앙정부는 이를 당연시하고 있다. 지방자치권의 범위 내에서 실시하는 지방자치단체의 행정사무감사기간을 왜 중앙정부가 법령으로 통제해야 하는지, 지방의회의 권한 범위 내에서 실시하는 지방의회의 회의종류와 일수를 왜 중앙정부가 일일이 통제해야 하는지 이해할 수 없다. 지방자치권의 범위 내에서 실시하는 모든 행위와 조치들을 중앙정부가 일일이 간섭한다면 한국의 지방자치란 과연 무엇을 얼마나 어떻게 자치하라는 것인지 중앙정부는 반드시 이 기회에 답해야 할 것이다.

4. 지방의회 내부조직과 인력활용의 통제

위와 같은 동일한 논리로 우리나라 지방자치법과 동 시행령 그리고 대통령 영인 지방자치단체의 행정기구와 정원기준 등에 관한 규정 등에서는 지방의회의 내부조직과 운영에 관해서도 통제하고 있다. 예컨대 상임위원회를 구성할 수 있는 지방의회와 구성할 수 없는 지방의회를 강제하고, 위원회의 수와 위원들의 선임방식을 법령으로 규정하고 있다. 그리고 지방의회의 전문위원도 그 직급과 수를 통제하고 임명방식까지 규제하고 있다. 지방의회에서 일할 사람들을 지방의회가 임용하지 못하고 자치단체장에게 의존하도록 하고 있다. 지방의원들에게는 그 업무를 보조하거나 지원해줄 인력을 배치하지 못하도록 하고 있다. 그 결과 지방의원들은 어려운 선거를 통해 당선한 이후에도 지역주민의 대표로서 지방의회의 구성원으로써 자신들의 지위와 신분을 보장해주거나 보수도 받지 못하고[10] 인력도 지원받지 못하고 있는 실정이다. 지방의원들은 당선에서부터 임기만료일까지 4년 내내 혼자서 자료수집하고 혼자서 의정활동하며 혼자서 정당에 나가고 혼자서 대민활동을 하고 있다. 지방의원은 선거로 취임한 공무원이기 때문에 정무직 공무원임에도 불구하고 정무직공무원으로 대우하지 않는다. 중앙정부는 언제까지 이러한 기형적인 지방자치제도를 지속할 것인지 결단을 내려야 한다. 왜 이렇게 제도를 왜곡하고 지방을 경시하는지 답해야 한다.

2.2 지방의회의 조례제정권과 행정사무감사제도의 문제점

I. 의의

지방의회의 조례제정권은 국회의 법률제정권에 해당되는 권한으로 지방의회의 가장 본질적인 권한이다. 이 조례제정권은 자치입법권의 범위에 따라 좌우되지만, 자치입법권의 범위가 매우 취약하기 때문에 우리나라 지방의회의 조례제정 및 개정권의 범위는 매우 한정되어 있다. 더구나 조례제정권을 통제하는 다양한 제도와 장치들이 존재함으로써 지방의회의 조례제정권은 물론 각종의 의결기능도 다방면에서 제약하고 있다.

10) 지방의원들에게 유급제라는 명목으로 지급하는 월정수당이나 의정활동비는 결코 급료나 임금이 아니다. 월정수당의 경우 대법원판결에서 보수의 성격을 갖는 것으로 봐도 된다고 하였지만 그렇다고 하더라도 본봉은 벋지 못하고 수당만 받는 공직자가 어디에 있는가? 이것을 유급제라고 한다면 그것은 정부가 지방의원과 국민을 기만하는 것에 지나지 않는다.

그리고 지방의회의 행정사무감사권은 외국의 지방의회에서 찾아보기 어려운 제도이지만 우리 실정에 맞는 지방의회의 권리로 그 타당성이 긍정되며, 강력한 권한을 가진 집행기관에 대한 훌륭한 견제감시수단으로 인식된다. 이 행정사무감사권에 의해 우리나라의 지방의회는 연중 한 차례 집행기관의 업무수행실태를 점검하고 주민의 뜻에 따른 행정을 수행하고 잘못을 고치도록 하는 행정사무감사를 실시하고 있다. 그리고 이 행정사무감사의 결과는 하반기 정례회의 예산심의와 결산승인 과정에서 좋은 자료로 활용되고 있다.

이상과 같은 지방의회의 가장 본질적 권한인 조례제정권과 우리나라 지방의회만의 권한인 집행기관에 대한 행정사무감사권은 지방의회가 지방정부의 의결기관으로서 그 기능을 수행하는 데 있어 가장 중요한 권한이기도 하다. 그러나 조례제정권은 그 범위가 협소하고 제약하는 통제장치들이 많아 지방의회의 기능을 제약하고 있고, 행정사무감사권은 중앙정부의 규제와 간섭, 그리고 지방의원들의 전문성 부족과 준비부족, 지방공무원들의 협조부족 등으로 그 실효를 제대로 거두지 못하고 있다. 다음은 지방의회의 중요한 이 두 가지 권한에 대해 제도적인 문제점 내지 현실 적용과정에서 나타나는 실태적 문제점들을 검토해 보기로 한다.

II. 조례제정권의 실태와 문제점

1. 의의

지방자치권과 그 범위는 헌법에 의하여 제도적으로 보장되고 있다. 즉 우리나라 지방자치단체가 갖는 지방자치권은 헌법 제117조 제1항의 "지방자치단체는 주민의 복리에 관한 사무를 처리하고 재산을 관리하며, 법령의 범위 안에서 자치에 관한 규정을 제정할 수 있다" 는 규정에 따라 가지게 된 권한이다. 그러나 문제는 이러한 헌법적 규정의 "법령의 범위 안에서"라는 것을 헌법정신에 따라 "법령에 위반되지 않는 한"으로 해석하지 않는 데서 문제가 야기되고 있는 것이다. 그리하여 중앙정부는 관련 법령이 없으면 자치에 관한 규정을 제정할 수 없도록 통제하고 있어 지방정부의 자치를 형식화시키고 있는 것이다. 즉 지방자치법 제22조는 자치에 관한 규정은 법령의 범위 안에서만 제정할 수 있도록 엄격히 통제하고 있고, 설상가상으로 "주민의 권리제한이나 의무부과에 관한 사항을 제정할 때에는 법률의 위임이 있어야 한다"는 단서까지 규정하고 있어 지방자치에 관한 헌법정신을 위배하고 있다.

요컨대 지방자치단체의 권한인 지방자치권은 자치입법권, 자치행정권, 자치조직권, 자치재정권으로 구분되지만, 이 중에서도 자치입법권의 범위가 여하한가에 따라 지방정부의 실질적인 권한이 좌우되고 있는 것이 현실이다. 그리하여 지방의회의원들이나 지방공무원들이 자치제도의 문제점으로 한결같이 지적하고 있는 것이 조례제정권 즉 자치입법권의 제약이라는 점이다. 따라서 여기서는 우리나라 지방정부의 자치입법권, 그 중에서도 조례제정권을 중심으로 그 실태와 유형을 알아보고, 그 범위와 이를 제한하고 있는 자치입법권의 한계에 대해 검토하고자 한다.

2. 조례제정권의 범위에 대한 통제

조례제정권의 범위란 자치입법의 대상이 될 수 있는 영역 즉 자치입법 대상사무의 범위를 말한다. 조례제정권의 범위는 지방자치단체에게 부여된 자치권의 광협에 따라 달라지겠지만, 자치입법권을 부여하는 방식(포괄주의, 혹은 제한적 열거주의 등)에 따라서도 달라질 수 있다. 다음은 조례제정권의 범위를 한정하고 있는 현행제도의 내용을 검토하기로 한다.

1) 지방자치단체의 사무범위 내에 한정(지방자치법 제9조에 의한 한계)

우리나라 지방의회의 조례제정권의 범위는 당해 지방자치단체의 소관사무의 범위 내에 한정된다. 즉 지방의회의 조례제정권은 지방자치법 제9조에서 예시하고 있는 지방자치단체의 사무범위 내에 한정된다. 지방자치법 제9조는 지방자치단체의 구역, 조직 및 행정관리 등에 관한 사무를 비롯하여 총6개 영역에 57개 사무종류를 예시하고 있는 바, 이렇게 예시된 사무의 범위 내에서 자치입법권을 행사할 수 있다. 따라서 지방자치단체의 조례는 지방자치법 제11조가 규정하고 있는 국가사무를 규정할 수 없음은 물론이고, 기초자치단체의 조례는 동법 제10조가 규정하는 광역자치단체에 배분된 사무에 관해 규정할 수 없다. 그러나 이렇게 한정적으로 예시된 사무에 대해서도 다시 제한을 가하여 제9조 제2항 단서에서는, "다만 법률에 이와 다른 규정이 있는 경우에는 그러하지 아니하다."고 규정하고 있어, 개별적법에 의해 지방자치단체의 사무범위는 얼마든지 축소될 수 있도록 해 둔 것이다. 다시 말해 중앙정부의 법령제정으로 언제든지 지방자치단체의 사무에서 중앙정부의 사무로 이전할 수 있는 장치를 마련해 두고 있는 것이다.

2) 자치(고유)사무와 단체위임사무에 한정

우리나라의 조례제정권은 "지방의회는 지방자치단체 관할구역 안의 자치사무와 법령에 의하여 지방자치단체에 속하는 사무(단체위임사무)에 관하여 조례로 규정할 수 있다."고 규정함으로써 자치사무와 단체위임사무에 그 범위가 한정된다. 즉 지방자치법 제22조에서는 "지방자치단체는 법령의 범위 안에서 그 사무에 관하여 조례를 제정할 수 있다."고 규정함으로써 자치사무에 대한 조례제정권을 명시하고 있다. 요컨대 고유사무에 관해 지방의회가 조례제정권을 갖는 것은 당연한 것이다. 그러나 단체위임사무는 원래는 지방자치단체의 사무는 아니지만 법령에 의하여 자치단체에 위임되어 자치단체의 사무가 되었으므로 지방의회의 조례규정대상이 되는 것이다. 따라서 법령에 의해 지방자치단체의 집행기관인 자치단체장에게 위임된 기관위임사무와 단체장에게 위임되어 있는 이른바 장의 전속적 사무[11]에 관해서는 조례로 규정할 수 없다[12].

3) 법령에서 위임한 사무의 범위 내에 한정

이미 앞에서도 강조한 바와 같이 조례제정권의 범위를 한정하고 있는 지방자치법 제22는 "법령의 범위 안에서만 그 사무에 관하여 조례를 제정할 수 있다"고 규정함으로써 조례의 상위법인 법령이 조례로 제정할 수 있도록 위임하면, 그 위임된 범위 내에서만 조례를 제정할 수 있다. 물론 법령이 바뀌어 그 위임사항을 철회하면 당연히 조례도 그 효력을 잃게 된다. 따라서 조례제정의 필요성이 있지만 법령에서 위임규정을 두지 않아 조례제정이 불가능한 것들이 적지 않다. 그 대표적인 예로 국회의 증언 및 감정에 관한 법률이 그것이다.

4) 광역자치단체의 조례에 위반되지 않는 범위 내에 한정

그리고 지방자치법 제24조는 "시, 군, 자치구의 조례나 규칙은 시도의 조례나 규칙에 위반해서는 안된다"고 규정함으로써 기초의회의 조례제정권의 범위를 또 다시 통제하고 있다. 그러나 동 조항은 지방자치법 제10조 제3항에서 규정하고 있는 기초자치단체우선의 원칙에 위배되는 규정으로 반드시 개정해야 할 것이다. 즉 광역자치단체와 기초자치단체는 법상 동등한 공법인이며, 자치사무를 처리하는 조례제정에는 광역자치단체라고 하더라도 기초자치단체의 사무에 간섭할 수 없다. 광역자치단체가 기초자치단체의 사무에 간섭할 수 있는 것은 국가나 광역단체가 기초자치단체에 위임한 사무의 범위내에만 한정되어야 할 것이므로 고유사무에 관한 조례제정을 통제한 동법 24조는 잘못된 규정임이 분명하다.

---

11) 예컨대 자치단체장의 취임, 대표, 선거후 최초로 소집하는 지방의회의 소집과 임시회소집요구, 소속공무원의 임면 및 지휘, 감독, 사무의 위임, 위탁, 규칙제정, 지방의원보궐선거일공고 등이 여기에 해당된다.

12) 그러나 기관위임사무가 전적으로 조례규정의 대상에서 제외되는 것은 아니라고 보아야 할 것이다. 즉 기관위임사무의 처리에 소요되는 경비는 전액 위임기관이 부담하는 것이 원칙이나 만일 그렇지 못하고 자치단체의 경비가 사용될 경우, 자치단체가 부담한 경비의 범위안에서 지방의회가 관여할 수 있다고 해석해야 할 것이다. 문제는 현재 지방자치단체가 처리하고 있는 사무 중에서 어느 것이 기관위임사무인지 쉽게 구분하기가 어렵다는 데 문제가 있는 것이다.

3. 조례제정권에 대한 제한과 문제점

1) 전반적 문제

헌법은 제 117조에서 지방자치제도와 자치단체의 자치입법권을 보장하고 있지만 법률유보 내지 법령유보조항과 법령우위원칙을 장치함으로써 현재의 자치제도는 전반적으로 자치를 규제하려는 통제적 요소로 가득 차있는 법체제이다. 그리고 지방자치정신이나 자치제도의 가치를 사장(死藏)시키는 국가지상주의 내지 법률지상주의자들의 논리가 지배하고 있는 제도이다. 또한 지방자치제도를 국가의 통치원리가 아니라 단순한 행정관리수단으로 잘못 인식하고 있고, 지방자치단체를 지역사회의 통치단체로 보지 않고 중앙정부의 하급행정관리기관으로 착각하고 있다. 뿐만 아니라 통치단체가 아니라고 생각하기 때문에 자치단체가 스스로의 입법으로 주민의 권리제한이나 의무부과를 할 수 없도록 하고 있으며, 벌칙도 제정할 수 없도록 통제하고 있다.

그러나 분명히 지방자치단체는 지역사회의 통치를 담당하고 있는 헌법상 일정한 지역의 통치단체이다. 통치단체가 강제력 없는 종이 호랑이라면 통치의 결과는 굳이 논할 필요가 없을 것이다. 중앙정부에서 규정하는 국민적 최저기준(national minimum level)을 지키는 범위 내에서 지역특성에 따른 주민의 복지체제와 부담방식이 다를 수 있어야 하고, 지역특성에 따른 지방세제도가 발달될 수 있어야 한다. 특히 지방자치는 광역자치보다 기초자치에 그 기본정신이 있다. 기초자치가 충실히 될 때 지방자치의 꽃이 필수 있다.

그럼에도 불구하고 현재 우리나라의 자치제도는 지방자치법 제24조로 인해 기초자치단체가 아니라 광역자치단체가 지방자치의 중심이 되고 있다. 특히 도단위 광역자치단체의 경우 지역적으로 전혀 성질이나 역사를 달리하는 기초자치단체들에 대해 도가 이를 일률적으로 통제함으로써 사실상 지방자치의 정신과 가치를 살릴 수 없도록 하고 있다. 하나의 광역자치단체 안에 전혀 특성이 다른 수십개의 기초자치단체들이 있고 이들은 획일적인 도의 행정에 의해 좌우되고 있어 기초자치단체의 역량을 제고시키거나 지역적 특성을 살려 지방자치의 결실을 거두기에는 한계가 있다.

이러한 관점에서 지방의회의 조례제정권을 제한하는 이론과 원칙들을 정리해 보면, ⅰ) 법령우위의 원칙, ⅱ) 법률유보의 원칙, ⅲ) 법률선점분야의 문제, ⅳ) 죄형법정주의, ⅴ) 조세법률주의 등이 있으며, 그 외도 ⅵ) 지방자치법내용상의 모순과 문제점 등을 들 수 있다.

2) 헌법과 지방자치법이 규정하고 있는 구체적 문제

(1) 법령우위(法令優位)의 원칙문제(자치입법권의 범위를 제약하는 법 제9조 2항 단서)

지방자치법 제9조는 자치입법권의 범위를 예시하고 있다. 즉 지방자치단체의 구역, 조직 및 행정관리 등에 관한 사무를 비롯하여 총 6개영역에 57개 사무종류를 예시하고 있는 바, 이렇게 예시된 사무의 범위 내에서 자치입법권을 행사할 수 있다. 그러나 동조 2항 단서에서 "다만 법률에 이와 다른 규정이 있는 경우에는 그러하지 아니하다."고 규정하고 있어 개별 법률에 의해 자치입법권의 범위가 제약되고 있다는 점이 문제다. 동 조항은 중앙정부에 의해 지방정부의 자치권과 자치입법권이 언제든지 침해 받을 수 있도록 하는 악법조항이다. 지방자치단체의 기능과 사무를 확대해 나가는 것이 현대적 경향임에도 불구하고, 우리의 경우 과거 관치시대의 태도를 고집하고 있는 것이다. 역대 정부개혁이 모두 실패한 것은 바로 기능과 일은 지방에 위임하지 않고 조직이나 사람만 줄이는 데 역점을 두었기 때문이었다. 중앙정부의 개혁은 바로 기능과 사무의 지방위임에서 출발해야 함을 유의할 필요가 있다.

(2) 헌법과 지방자치법의 규정문제 : 법령의 범위 안에서만 조례제정

전술한 바와 같이 헌법 제117조 1항은 그 기본정신의 문제와는 별도로 조문 그 자체가 "법령의 범위 안에서 자치에 관한 규정을 제정할 수 있다."고 규정함으로써 '법령의 범위 안'이라는 말의 의미를 놓고 문제를 야기시키고 있다. 그리고 이러한 조항에 의거 지방자치법 제22조에서는 지방자치단체가 자치에 관한 규정을 제정 할 때에는 "법령의 범위 안에서만 가능토록" 자치입법권을 제한하고 있다. 그러나 이 조항은 근본적으로 지방자치제도에 무리한이거나 아니면 자치제도를 원천적으로 부정하려는 의도를 가진 자들에 의해 만들어진 조항이라고 할 수 밖에 없다. 왜냐하면 법률이란 현실세계의 변화에 10년 뒤를 쫓아간다고 한다. 다시 말해 현대처럼 급변하는 시대에는 국민사회의 변화를 모두 법령을 통해 규정할 수는 없다. 특히 특정한 지역사회 내에서 야기되는 갖가지 문제와 변화양상은 법령으로 규정할 만큼 전국적 현상으로 발전되기도 전에 당해 지방에는 엄청난 문제로 다가올 수 있다. 여기에 통치단체로서의 지방자치단체가 자치입법을 통해 대응할 수 있도록 하는 것이 자치제도이며 그 수단이 조례제정권인 것이다. 현행 법체계대로라면 법령에 없는 특정 지역내의 특정 사회문제에 대해서는 그로 인해 아무리 주민들이 고통을 받고 있어도 어느 누구도 적절히 대처할 수 없이 방관만 하고 있어야 된다는 결론에 이른다. 지방자치를 풀뿌리 민주주의 내지 아래로부터의 통치라고 하는 것은 국가의 법령이 제정되기 전에 지역의 특성에 따른 다양한 조례가 제정되고 이들 중 전국적 이해관계가 증대되는 것들을 정리하여 법령을 제정해 나가는 것이 순리일 것이다. 따라서 법령에 위반되지 않거나 법령이 없는 경우에도 그 조례가 특정지역의 발전적 관리를 위해 필요하고 전국적 문제를 야기할 위험이 없는 경우에는 그 효력을 인정하는 것이 바람직하다고 할 것이다.

(3) 법률유보(法律留保)조항의 문제(주민의 권리제한 · 의무부과에 관한 법률근거 요구)

지방자치법 제22조 단서에는 "다만 주민의 권리제한 또는 의무부과에 관한 사항을 제정할 때에는 법률의 위임이 있어야 한다."고 규정함으로써 법률유보조항을 규정하고 있다. 그러나 동규정은, 첫째 지방자치단체를 통치단체로 인정하지 않고 있는 데서 나온 발상이라고 판단된다. 작은 기업을 경영하기 위해서도 정관과 규정이 있어야 하고 그 속에는 구성원의 권리제한 의무부과에 관한 규정을 삽입하고 있는 것이 상례다. 하물며 국토의 일부분인 특정지역을 위임받아 통치하고 있는 지방자치단체에게 모든 행위를 법령의 위임에 의해서만 행하도록 한 동법은 법령의 독재를 정당화 하고 있다. 통치단체의 통치권 내용은 법률에 의해 사사건건 개별적으로 수권되어야 할 성질의 것은 아니며 포괄적으로 인정되어야 한다. 둘째 동 조항은 헌법상 기본권 보장의 대상인 국민과 지방자치단체의 주민을 혼돈하고 있고, 셋째 법령의 범위 내에서 자치에 관한 규정을 제정할 수 있도록 헌법이 보장하고 있음에도 불구하고 다시 법률의 위임을 요구하고 있는 것은 헌법을 위반하고 있는 규정이다.

(4) 죄형법정주의(罪刑法定主義)의 문제(벌칙규정에 대한 법률유보조항)

조례로 죄와 형벌을 규정할 경우에는 법률에 그 규정이 있을 때만 제정가능하다는 것이다. 그리하여 지방자치법이나 다른 법률에서 규정하거나 조례에 위임하지 않을 경우, 조례로 죄와 벌clr을 규정할 수 없다. 자치법규에 벌칙을 규정한다는 것은 자치법규집행의 강제력을 부여한다는 뜻을 가지며, 나아가 그 법규의 실효성을 보장한다는 것이다. 조례나 규칙에 벌칙을 규정하지 못할 경우, 그 집행력을 보장받을 수 없다. 통치단체인 지방자치단체가 통치권의 차원에서 자치입법권을 가진다면 그 속에는 당연히 벌칙제정권까지 포함되어야 할 것이다. 조례와 규칙 역시 법령의 범위내에서 제정되며 한 나라의 일반 법체계에 속한다. 자치법규를 제정하되 강제력 없는 법규를 만들라는 식의 현행 제도는 시대착오적이고 권위적인 중앙정부의 법률만능적 사고와 지방불신에서 비롯된 악법임에 분명하다.

(5) 조세법률주의(租稅法律主義)의 문제

우리나라는 조세의 형식으로 국민들로부터 징수하는 세금은 모두 법률에 규정되어야만 하도록 하는 조세법률주의를 취하고 있다. 따라서 지방자치단체에서 징수하는 지방세도 지방세법이라는 법률로 규정되고 있다. 그러나 특정지역에만 존재하는 지방적 세원에 대해 그 지역주민의 대표기관인 지방의회의 조례로 이를 부과 징수할 수 있어야 한다는 주장이 법정외세제도 즉 조례세제도를 인정하자는 것이다. 국회는 국민의 대표로 구성된 국정운영기관이다. 이들에게 특정지역의 일까지 책임지게 할 수는 없다. 더구나 지역의 공공사무에 대해서는 따로 지방주민의 대표기관인 지방의회가 있음에도 불구하고, 지방의회를 무력화시키고 전국의 작은 지방에서 일어나는 모든 문제까지 국회가 간섭한다는 것은 사리에도 맞지 않다. 따라서 죄형법정주의는 당연히 완화되어야 하며, 조례세제도가 도입되어야 할 것이다.

(6) 기초단체의 조례는 광역단체의 조례에 위반 할 수 없도록 한 법 24조의 문제

지방자치법 제 10조 3항은 "시 · 도와 시 · 군 · 구는 그 사무를 처리함에 있어 서로 경합하지 아니하도록 하여야 하며, 그 사무가 서로 경합되는 경우에는 시 · 군 및 자치구에서 우선적으로 처리한다."고 규정함으로써 '경합피지의 원칙'과 '기초자치단체 우선의 원칙'을 분명히 밝히고 있다. 따라서 경합되는 사무의 처리에 관한 규정(조례와 규칙) 역시 기초자치단체의 규정이 우선되어야 한다. 그러나 지방자치법은 그 24조에서 "시.군 및 자치구의 조례나 규칙은 시 · 도의 조례나 규칙에 위반하여서는 아니된다."고 규정하고 있어 동법 제10조 3항에 저촉되는 규정을 함으로써 동일 법률 내에 상호 모순되는 규정을 두고 있다. 그리하여 동 법 제24조 때문에 기초자치단체의 자치입법권이 제약되고 있는 것이다. 그러므로 24조는 중앙정부나 광역자치단체로부터 위임된 사무에 한하여 적용되어야 하며, 본래부터 기초자치단체의 고유사무에 관해서는 적용의 여지가 없는 잘못된 규정이다.

(7) 조례위반에 대해 과태료를 규정(제27조)하는 문제점

현행 지방자치법 제27조는 "지방자치단체는 조례로써 조례위반행위에 대하여 1천만원 이하의 과태료를 정할 수 있다."고 규정함으로써 자치법규인 조례의 실효성을 떨어뜨리고 있다. 그러나 개정 전(1994년 3월)의 동 조항은 "시 · 도는 당해 지방자치단체의 조례로서 3월 이하의 징역 또는 금고, 10만원 이하의 벌금, 구류, 과료, 또는 50만원 이하의 과태료의 벌칙을 정할 수 있다."고 규정하여 자치입법권에 벌칙제정권을 부여하고 있었다. 이처럼 지방자치법 제27조(당시 제20조)를 개정하게 된 궁극적인 동기는 동 규정을 근거로 광역단체의 지방의회가 벌칙을 규정한 증언 및 감정에 관한 조례를 제정하게 되었고[13], 그것이 당시 내무부에 의해 대법원에 제소되는 사태를 빚자 그러한 조례제정의 근거가 되는 지방자치법 제20조(벌칙의 위임)를 원천적으로 삭제해버린 것이었다. 결국 지방자치를 발전시켜야 할 문민정부의 자치담당 중앙부처가 지방자치발전에 역행하는 법률의 개악을 단행하였고, 이로 인해 전국의 광역의회의원들의 사기는 땅에 떨어지고 말았다.

지방자치법에 벌칙제정을 위임해 놓았기 때문에 동 법률을 근거로 조례를 제정했음에도 불구하고, 이를 의도적으로 차단하기 위해 국회와 당시 내무부가 공모하여 법률에서 그 근거규정을 삭제해 버린 것이다. 일본의 경우 2년 이하의 징역까지 조례로 제정할 수 있도록 하고 있으며, 이러한 예를 알고 있으면서도 법률을 개악한 중앙정부의 악의가 지방자치발전을 저해하고 있다. 권한의 빈약은 물론이고 재정까지 부족한 지방자치단체에 대해 설상가상 일에 대한 의욕까지 빼앗아 버린 제도를 통해 어떻게 지방자치의 꽃을 피울 수 있을지 의문이다.[14]

4. 조례 제정권의 범위와 한계에 대한 사법부의 태도(判例)문제

우리나라의 사법부는 지방자치단체의 입법권에 대해서는 매우 보수적이고 소극적인 태도를 보이고 있다. 법의 속성이 그러한 것처럼 사법부의 태도는 법 그 자체의 논리에 집착하여 지방자치제도의 이념과 가치는 무시하고 있다. 지역사회의 창조적 발전보다는 중앙정부의 통제하에서 소극적인 삶을 기대하고 있고, 그것이 국민의 미덕인 것으로 오해하고 있다. 부분적으로 지방자치발전에 긍정적인 판결이 없었던 것은 아니지만, 대부분의 판단이 현실변화에는 눈을 감고 낡고 닳은 기계적 틀에 얽매여 있다. 다시 말해 현실변화의 내용은 감안하지 못하고 문제투성이 지방자치법 그 자체에만 얽매여 법리에 충실한 판결만 내리고 있다. 다음은 지금까지 지방자치단체의 법리 논쟁과 관련된 우리나라의 사법부의 태도에 관해 간략히 검토해 보기로 한다[15].

13) 동 조례는 1992년 10월 대구시의회에서 최초로 제정되었다. 대구시에서 제정된 동 조례가 대법원에 제소되었음에도 불구하고 1993년 6월까지 전국 14개의 광역자치단체 의회에서 같은 조례를 제정하였고, 모두 대법원에 제소되었다. 결과적으로는 동 조례의 근거법인 지방자치법 제20조를 전면 개정함으로써 실패로 끝나고 말았다.

14) 본 논지와 반대되는 견해로 볼 수 있는 글로는 최송화, "자치입법권의 본질과 한계 · 범위: 지방자치법 제20조와 관련하여", 「자치행정」통권 제67호,1993.10. pp.2–5.참조.

15) 각 사례에 대한 제소내용과 조례제정권의 범위와 관련된 대법원의 판결내용에 관해 좀 더 자세한 것은 최창호,"지방의회 조례제정권의 범위와 한계", 「한국지방자치연구」 제6권 제1호, 한국지방자치학회, 1994. pp.7–25.참조.

1) 지방자치법의 규정을 단순 확인하는 소극적 판결

(1) 국가사무와 기관위임사무에 대한 조례제정권의 통제

지방자치제도 실시 초기에 일어난 소송사건에서 대법원은 광주시 서구의회의 주택건설사업계획 입지심의위원회조례[16]가 규정하고 있는 '주택건설사업계획의 승인사무'가 주택건설촉진법(법 제33조)에 의한 국가사무로 보이며, 따라서 주택건설사업계획의 승인사무는 주택건설촉진법(동법 제50조 1항) 과 동법시행령(제45조 제5호)에 의해 지방자치단체장에게 위임된 기관위임사무에 해당되므로 지방의회는 이를 조례로 규정할 수 없다고 판시하였다.(원고승소판결, 1992년 7월 28일)

(2) 지방자치단체 집행기관의 전속적 사무에 관한 조례제정권의 통제

그동안 대법원은 대구시의회의 도시계획위원회조례[17]와 목포시의회의 통 반설치조례[18]와 동정자문위원회조례[19], 광주시 서구의회의 동정자문위원회설치조례[20], 전라남도의회의 지방공사 전남순천 강진의료원설치조례[21], 전라북도의회의 행정불만처리위원회 설치조례[22] 그리고 지방의회가 지방자치단체 집행기관의 전속적 권한인 인사권에 간여하는 사례들과 관련하여 이를 자치단체장의 전속적 권한을 침해하고 있다고 의회측에 패소판결을 내렸다.

---

16) 주택건설사업계획의 승인에 따른 주택건설입지의 적정여부를 구청장이 결정함에 있어 소관사항을 사전 심의하기 위한 주택건설사업계획입지심의위원회를 설치하고, 그 심의대상을 주택건설촉진법 제33조의 규정에 의하여 사업계획승인을 받아야 하는 (20세대 이상 300세대 미만)의 공동주택으로 하였다.

17) 조례의 개정내용은 동 조례 제41조를 고친 것으로서, 동조 제3항 "위원은 시소속 공무원과 도시계획에 관한 학식과 경험이 있는 자 중에서 시장이 임명 또는 위촉한다."에 "다만 소속 공무원인 위원은 5인 이내로 하여야 한다."를 첨가하였다. 그리고 동조 제4항을 신설하여 "제3항의 규정에 의하여 시장이 위원을 위촉할 때에는 미리 시의회의 동의를 얻어야 한다."를 규정하였으며, 그 외에 위촉위원의 임기만료시에 교체할 위원수의 최저한도, 소위원회 구성위원 중 공무원수의 제한 등을 단서로 규정하였다. 동 조례개정안은 1992년 7월 6일에 의결되었으며 동년 7월 22일에 재의요구 되었다. 이에 대해 의회는 8월 29일 원안대로 재의결 하였고, 집행기관은 9월9일 대법원에 제소하였다. 대법원은 1993년 2월 9일 원고 승소판결을 내렸다.

18) 동 조례 제5조 제2항 제1호의 "통장은 동장이 위촉한다."를 "통장은 해당지역 시의원의 합의를 받아 동장이 위촉한다."로 개정하였다.

19) 이것은 동 조례 제3조 제1항의 "위원회는 동장과 동장이 위촉하는 15인 이내의 위원으로 구성한다."를 "위원회는 해당지역 시의원과 합의하여동장이 15인 이내의 위원으로 위촉한다."로 개정하는 것이었다. 동 조례개정안은 위의 통반설치조례개정안과 같이 1991년 12월 25일 의결, 12월 11일 재의요구, 12월 27일 원안대로 재의결, 1992년 1월 20일에 대법원에 제소, 1992년 8월 21일 원고승소판결이 내려졌다.

20) 동 조례개정안은 동정자문위원회의 명칭을 동정자치위원회로 바꾸고, 동장이 위원을 위촉함에 있어 해당지역구의원과 협의하도록 하며, 위원회의 심의사항 중에 해당지역 구의원이 부의한 사항을 첨가하도록 하였다. 동 조례는 1991년 12월 31일에 의결되었고, 1992년 1월 14일 재의요구 되었으며, 1월 20일에 원안대로 재의결 되었다. 이에 대해 1992년 1월 30일 구청장은 대법원에 제소하였고, 1992년 7월 28일 대법원은 원고승소판결을 내렸다.

21) 동 조례의 개정내용은 "이사 중 당연직 이사를 제외하고는 모두 도의회의 의장 또는 병원소재지 시 · 군의회 의장이 추천하는 자를 임명하고, 감사도 도의회 의장이 추천하는 자를 임명하도록 하였다." 동 개정안은 1992년 9월 30일에 의결되었고, 전남도지사는 10월 17일에 재의를 요구하였다. 동년 11월 14일에 원안대로 재의결 되었고, 11월 12일에 대법원에 제소되었으며, 1993년 3월 9일에 원고승소판결을 내렸다.

22) 전라북도의회는 1993년 6월 도의 산하기관으로서 행정불만처리위원회를 설치하도록 하고, 그 위원회의 일부위원에 대해 의회가 위촉 및 해촉권한을 갖는 것을 골자로 하는 조례안을 의결하였다. 전북지사는 의회에 재의를 요구하게 되었고, 의회가 재의결하자 대법원에 조례안의 무효확인청구소송을 제기하였다. 이에 대해 대법원은 1994년 3우러 26일 원고승소판결을 내렸다. 그 판결이유는 "행정불만처리위원회의 일부위원을 위촉 및 해촉할 수 있도록 한 것은 의결기관인 의회가 집행기관인 지방자치단체장의 인사권에 개입하는 것으로서, 이는 의결기관과 집행기관 사이의 권한을 분리한 취지에 어긋난다."는 것이었다.

(3) 주민의 권리제한이나 의무부과에 관한 조례에 대해 법령위임 요구

1992년 10월 대구시의회가 제정한 '의회에서의 증언 및 감정에 관한 조례'[23]제정에 대하여 이는 주민의 권리제한이나 의무를 부과하는 내용으로서 법령의 위임이 없이는 제정하지 못한다는 당시 지방자치법 제15조 단서규정을 정면으로 위반한 것으로 제정이 불가능하다고 판시하였다. 즉 1994년 3월 25일 대법원은 "증언 · 감정에 관한 조례의 집행을 현재 계류 중인 무효확인소송에 대한 판결 때까지 정지한다"고 결정하였다.

2) 지방자치정신에 부합하는 적극적 판결

(1) 지역적 사무에 관한 국가의 입법미비가 조례제정권 제약을 방해하지 못함

청주시의회는 1991년 11월 25일 청주시행정정보공개 조례를 제정하였다.[24] 이에 대해 청주시장은 (감독청의 요구에 따라) 12월 13일 의회에 재의를 요구하였고, 12월 26일 의회는 원안대로 재의결 하였다. 그러자 청주시장은 1992년 1월 8일 위법을 이유로 대법원에 제소하였다.[25] 이에 대해 대법원은 1992년 6월 23일 원고패소판결(원고청구기각)을 내렸다.

그 판결이유를 보면 (1) 전국적으로 통일된 모법의 규정이 없다고 원고가 주장하나 정보공개가 주민의 알 권리를 도모하고 그로 인한 개인의 권익침해 가능성을 배제하고 있어, 주민의 권리제한, 의무부과 또는 벌칙에 관련되지 않으므로 법률의 개별적 위임없이도 법령의 범위 안에서 조례의 제정이 가능하다고 볼 수 있다. (2) 행정정보의 공개가 반드시 전국적으로 통일을 요하는 것이라고 보기 어렵고, 오히려 각 지방자치단체가 그 지역의 특성을 고려하여 자기의 사무와 관련된 행정정보공개에 관하여 독자적으로 규율할 수 있다고 보여지므로, 구태여 국가의 입법미비를 들어 지방자치단체의 자주적인 조례제정권의 행사를 가로막을 수는 없다는 것이었다.

---

23) 동 조례안의 내용은 당시 지방자치법 제20조의 규정에 의거하여 "의회의 출석요구를 받은 지방자치단체의 장 또는 관계공무원이나 그 사무에 관계되는 자가 정당한 이유 없이 출석이나 자료제출을 거부하거나 허위증언을 할 때에는 3개월 이하의 징역이나 금고 또는 10만원이하의 벌금이나 구류에 처할 수 있다." 는 벌칙규정을 둔 것이다. 그러나 대구시의회가 동 조례를 제정하자 1993년 6월까지 전국 14개 광역자치단체에서 모두 같은 조례를 제정하여 대법원에 제소되었다. 이에 대해 내무부는 1994년 4월 지방자치법 개정에서 지방자치법 제20조(조례위반에 대해 조례로 벌칙을 규정할 수 있도록 한 조항, 즉 조례에 벌칙의 일반적 위임을 규정한 조항)을 삭제하였던 것이다.

24) 동 조례의 주요내용은 (1) 주민의 알권리를 보장하고 책임행정을 구현하기 위해 행정정보공개에 관하여 필요한 사항을 정하되, (2) 정보공개대상을 집행기관에서 직무상 작성 · 취득한 행정정보로 하고, (3) 집행기관은 정보의 공개의무, 정보공개운용상황의 공표의무를 지며, (4) 공개거부 시에 구제절차로서 행정정보공개심의위원회의 심의 · 의결을 거쳐 공개여부를 결정하도록 하는 것임.

25) 제소이유는 (1) 행정정보는 전국적으로 공통된 이해관계를 가지는 사항이므로 모법이 제정된 이후 그 범위 안에서 조례로 제정되어야 하고, (2) 공개대상사무는 자치단체의 사무 (고유사무와 단체위임사무)에 국한되어야 하는 데 기관위임사무에 대한 제외규정을 두지 않아 조례제정권의 범위를 일탈하고 있으며, (3) 공문서의 작성.시행.접수.보존을 규정한 사무관리규정에 위배되고, (4) 상위법령에 근거 없는 권리구제제도는 행정심판법에 위배되며, (5) 합의제행정기관 성격의 정보공개심의위원회설치는 사전에 행정자치부장관의 승인을 얻도록 한 지방자치법 시행령 제41조에 위배된다는 것이었다.

(2) 개인으로서의 지방의원이 집행기관의 권한행사에 간섭금지

지방의회의 권한은 주민의 대표기관으로서의 지방의회가 갖는 의회자체의 권한이며 의원 개개인의 권한은 아니므로 의원 개개인의 자격으로 집행기관의 권한행사에 간섭하지는 못한다. 즉 대법원은 동정자문위원과 통반장의 위촉에 해당지역구 시.구의원과 합의하도록 한 목포시의회의 동정자문위원회조례에 대한 판결문에서 "지방의회의 각종 권한은 어디까지나 의회자체의 권한이며, 의회를 구성하는 의원개개인의 권한은 아닌 바, 의원은 의회의 본회의 및 위원회의 활동과 아무런 관련 없이 의원 개개인의 자격에서 집행기관의 인사권행사에 간섭할 권한이 없다."고 판시하였다. 그리고 전라남도의회의 지방의료원설치조례에 관한 판결에서는 "---의장의 대외대표권(지방자치법 제43조)은 조직적. 의전적 의미의 대외대표권으로서 의회의사의 대외대표권이 아니며, 더구나 의장의 개인자격으로 집행기관의 인사에 간여할 권한은 갖고 있지 않다. 그리고 의료원의 이사 중 당연직 이사를 제외하고는 모두 도의장 또는 병원소재지의 시 · 군의회의장이 추천하는 자를 임명하고, 감사도 도의회의장이 추천하는 자를 임명하도록 해야 한다는 것은 사실상 인사권을 행사하는 것인 바, 지방공사의 활동은 자치단체의 집행사무로서 그에 대한 책임은 결국 집행기관이 지게 되므로 그의 인사권에 지방의회가 사전에 적극 개입하는 것은 지방자치법의 권한분리 및 배분의 취지에 어긋난다고 할 것이며-----" 라고 판시하고 있다.

(3) 조례의 일부가 위법한 경우에도 조례전체의 효력부인

조례의 일부가 위법한 경우에도 그 조례전부의 효력을 부인할 수 밖에 없다고 한다. 즉 대법원은 광주시 서구의회의 택지건설사업계획 입지심의위원회 조례에 대한 판결에서 "의회가 재의결한 조례의 일부효력배제가 결과적으로는 조례전체의 내용변경을 가져와서 지방의회의 고유권한을 침해하게 될 뿐 아니라, 나아가 지방의회의 당초의 의도와 다른 내용으로 변질시킬 우려가 있을 때는 조례의 일부가 위법한 경우에도 법원은 그 조례의 전부에 대해 효력을 부인할 수밖에 없다. 그것이 일부재의요구나 수정재의요구를 허용하지 않는 지방자치법(제19조 제3항, 동시행령 제37조 제2항)의 기본정신에도 맞는다." 고 판시하였다.

III. 지방의회 행정사무감사제도의 문제점

1. 지방의회 행정사무감사에 대한 제도적 문제점

1) 중앙정부의 지방자치단체 감사제도와 중복감사문제

지방자치제도를 실시하고 있는 선진제국들 중에 중앙정부가 지방정부를 직접 감사하는 나라는 찾아보기 어렵다. 중앙정부가 지방자치단체에게 자치권을 부여한 것은 자치권의 범위 내에서 주민의 의사에 따라 자율적으로 공무를 처리하도록 한 것이다. 따라서 자치정부에 대해 정기적인 감사를 실시한다는 것은 지방자치의 본질에 어긋난다. 더구나 중앙정부의 감사기관이 수적으로 과다하여 중복감사를 하게 됨으로써 지방정부로서는 연중 감사준비와 수감에 많은 시간을 빼앗기고 있는 실정이다. 예컨대 국회의 국정감사, 감사원 감사(동법 제22조와 23조) 이외에도 청와대감사, 총리실감사, 정부합동감사, 행자부감사, 기타 각 부처별 감사 등 지나친 중복감사로 업무수행이 불가능할 정도다. 기초자치단체의 경우 일년 중 거의 절반을 감사에 매달리고 있어 그만큼 주민들에게 서비스할 수 없게 된다.

2) 상급자치단체의 기초자치단체에 대한 계층감사문제

도와 특별시 및 광역시가 시, 군, 구에 대한 감사를 실시한다는 것은 지방자치의 원리에 어긋난다. 지방자치법상 기초자치단체와 광역자치단체는 대등한 공공법인이기 때문이기도 하지만, 현행법상 기초자치단체 우선의 원칙에도 모순된다. 지방자치의 핵심단위는 기초자치단체이고 지방자치가 실시되는 곳도 기초자치단체이다. 지방자치의 최전방에서 자치제도를 실시하는 기초자치단체에 대해 중앙정부와 상급단체가 통제와 규제를 실시하고 있는 우리의 실태는 매우 잘못된 제도이며 관행이다. 물론 사무의 성질상 상급자치단체가 기초자치단체에 위임한 사무에 대해서까지 감사할 수없도록 하지는 것은 아니다. 우임한 사무에 한해 특별히 감사할 수는 있어야 한다. 그러나 기초자치단체사무의 전반에 걸쳐 정기적인 사무감사는 폐지되어야 한다.

3) 자체감사의 취약성 문제

중앙정부나 광역자치단체 등 외부로부터 감사의 압력이 제기되는 가장 근본적인 원인은 기초자치단체가 스스로 시행하는 자체감사에 취약한 부분이 많기 때문이다. 수많은 감사에도 불구하고 공직자들이 부정부패에 개입되거나 무사안일하여 업무수행능률이 저하될 뿐만 아니라 기초자치단체차원의 자체감사에는 한계가 있다는 지적을 받고 있다. 현재 우리나라의 실정은 대부분의 기초지방정부의 감사기관이나 공무원들의 규모 및 업무숙련도 그리고 전문성 등이 취약하다는 점이 문제점이다 .

4) 감사기간의 통제

지방의회의 행정사무감사기간은 법률로 통제하고 있다. 즉 지방자치법 제41조는 “지방의회는 매년 1회 그 지방자치단체의 사무에 대하여 시 도에서는 14일의 범위에서, 시 군 및 자치구에서는 9일의 범위에서 감사를 실시하고, 지방자치단체의 사무 중 특정 사안에 관하여 본회의 의결로 본회의나 위원회에서 조사하게 할 수 있다”고 규정하고 있다. 동 조항은 2011년 7월 14일 개정된 것이지만 그 전까지만 하더라도 광역의 경우 10일, 기초의 경우 7일로 법정화 했었다. 최근의 개정은 그동안 많은 지방의회로부터 감사기간이 짧다는 불만이 제기되어왔고, 실제 토요일과 일요일 등 공휴일을 제외하면 광역은 8일, 기초는 5일에 불과했다. 그 결과 행정안전부가 대단한 결단이나 내린 것처럼 광역은 14일 기초는 10일 등으로 그 기간을 연장했다. 그러나 지방자치단체의 규모나 업무는 각기 다르다. 기초자치단체만 하더라도 예산규모 1조가 넘고 인구규모가 110만인 창원시 같은 자치단체가 있는가 하면 예산규모 2-3천억에 불과하고 인구 3만도 되지 못하는 자치단체도 적지 않다. 광역자치단체의 경우도 유사하다 서울특별시와 제주특별자치도의 차이도 기초자치단체간의 차이와 별로 다르지 않다. 그리고 기초자치단체라고 하더라도 광역자치단체 못지않은 곳도 있다. 따라서 각 자치단체마다 감사나 조사의 기간도 다를 수 밖에 없다. 특히 어느 해는 길어날 수도 있고, 어느 해는 간단히 줄일 수도 있으며 지방자치단체의 사정이 다름에 따라 그 기간을 일률적으로 법률로 고정시킨다는 것은 바람직하지 못하다. 때문에 법률에서는 상한선과 하한선만을 규정하고 실제 행정사무감사기간은 각 지방자치단체의 조례로 규정토록 하는 것이 가장 바람직하다. 그럼에도 불구하고 우리나라의 행정안전부는 이를 고의적으로 법률로 규정함으로써 전국의 지방자치단체를 직접 자신들의 통제 하에 두려고 안간힘을 쏟고 있다[26].

2. 감사실시과정의 행태적 문제점

1) 집행기관의 불성실한 자료제출

집행기관은 행정사무감사에서 지방의회의 자료요구건수가 너무 많았다고 불만스러워 한 반면, 지방의원들은 성의 없는 부실한 자료의 제시를 비난한 예가 많았다. 집행기관이 지방의원들의 개별적인 자료제출요구에 응하지 않아 공식적인 상임위 또는 의회를 통하여

26) 이 번 개정에서 행정안전부는 지방자치단체의 의견을 받아들여 그 기간을 연장했다고 한다. 그렇다면 지방자치법은 행정안전부가 작정만 하면 개정할 수 있다는 것을 의미하고, 그렇다면 그동안 수많은 제도개선의 요구가 관철되지 않은 것은 행정안전부가 고의로 외면했거나 왜곡했다는 것이 증명되었다. 우리나라 국회가 형식적으로 입법을 한다고는 하지만 현실적으로는 모든 위원회들이 행정부의 눈치만 살피고 있다. 이런 국회를 국민의 대의기관으로 수용해야 하는 현실이 개탄스럽다.

자료를 제출받았기 때문이다. 의원 개인들이 반드시 필요한 자료를 요구했을 때 집행부가 언제든지 적극적으로 협력한다면 이러한 결과는 빚어지지 않았을지도 모른다.

2) 집행기관의 무성의한 답변

감사에 임하는 수감기관의 태도가 수감기관마다 같지 아니하며, 수감기관의 직원들의 태도나 직무지식정도도 같지 아니하다. 그리하여 직무파악이 미흡하거나, 권한부족, 계획부족 등으로 인하여 사무감사의 효율성을 저하시키는 경우가 있다. 예컨대 아직은 업무파악이 완전하지 못하여---, 검토하겠습니다. 그런 방향으로 검토하겠습니다. 잘 모르겠습니다. 답변을 유보하겠습니다 등등, 담당공무원들의 애매모호하거나 답변을 회피하는 식의 답변으로 효율적인 감사가 되지 못하고 있다.

3) 감사기간의 부족

현행법상 감사기관이 너무 짧아 효율적인 감사를 수행할 수 없고 형식적인 감사로 끝나는 경우가 많았다. 개정된 제도에 의하더라도 감사준비기간을 계산한다면 10일(광역의회) 7일(기초의회) 이내에 효율적인 감사를 수행하는 데는 문제점이 많았다. 앞으로 광역은 14일로, 기초는 9일로 연장된다고 하더라도 지방자치단체에 따라서는 역시 부족하다는 소리가 나올 수 있을 것이다. 특히 감사는 1차 정례회에서 실시하고 예산심의와 확정은 2차 정례회에서 실시함으로써, 감사결과를 예산심의에 반영하기가 어려워 졌다는 점도 문제가 될 것이다.

4) 감사방법상의 문제점

지방의회에 의한 행정사무감사의 종류는 서류검토, 질문답변, 현지확인 등이 있다. 이들 감사방법 중 감사대상에 따라서는 그 중 한 가지 방법만 사용할 수도 있고, 경우에 따라서는 두 가지 이상을 상호보완적으로 사용할 수도 있다. 그러나 과거의 경험에 의하면 감사대상에 따른 감사방법의 선택이 적절하지 못하였다. 첫째 서류검토의 경우, 감사와 직접 관계가 없는 서류제출 요구가 많았다. 즉 과다한 서류제출요로 행정기관의 정상적 업무수행을 방해하는 경우가 많았다.

둘째 질문답변의 경우, 감사계획에 포함되지 않은 사항을 질문하거나, 감사관의 권한범위를 벗어나는 질문, 피감사자의 업무와 무관한 질문 등이 많았다. 또한 질문태도에 있어서도 마치 피의자를 조사하는 수사관처럼 고함이나 반말을 하는 등 감정적인 목소리를 내뱉는 경우가 많았다.

셋째 현지확인은 서류검토나 질문답변으로 문제나 사건의 정확한 진상을 파악할 수 없을 때 보완적으로 이용하는 방법인 데도 불구하고 뚜렷한 목적도 없이 마치 사업시찰하는 것처럼 혹은 권위를 세우기 위한 수단, 혹은 홍보용으로 이를 이용하는 경우가 많았다.

5) 감사행태상의 문제점

근래에 와서 많이 줄어들긴 했지만 초기에는 의원들의 폭로위주의 발언과 언론을 의식한 인기성 발언이 많고, 광역의회에 있어서는 당리당략적 감사 또는 정략적 발언, 사적 편견이 개입된 발언을 자주했다. 지방의원들의 행정에 관한 전문지식부족으로 일부 지방의회에서는 형식적인 감사가 이루어지는 경우가 많았다. 그 외도 피감기관의 직원들에 대한 감사위원의 권위적이고 강압적인 발언태도가 종종 문제시 되고 있다. 근래 지방의원들의 행정사무감사행태는 일문일답식으로 진행되고 있으며, 그 결과 지방의원들도 행정사무감사를 준비하는 데 많은 시간을 할애하고 적극적인 노력을 다하고 있다. 그럼에도 불구하고 지방의원들의 전문성 부족이라는 생태적 한계는 완전히 메꿀 수 없는 것이 현실이다. 특히 대규모 예산을 수반하는 정책사업의 경우 지방의회가 행정사무감사를 통해 철저히 견제하고, 문제를 밝혀 사전에 실패를 방어할 수 있어야 하지만 현실은 그렇지 못하다.

6) 감사권의 범위문제

중앙정부와 광역자치단체 및 기초자치단체간의 기능배분이 불명확하여 지방의회간의 감사권에 관한 다툼이 생기기도 하였다.

7) 감사결과 지적사항의 문제점

감사결과의 지적사항은 원칙적으로 피감사자의 업무에 관한 것이어야 하고, 그 권한의 범위내의 것이어야 함에도 불구하고 시정요구나 건의사항 중에는 그러한 권한의 범위를 벗어나는 것이 많았다. 첫째, 수감기관의 권한 밖의 사항이나 처리가 불가능한 것을 지적한 경우, 둘째 지적이 구체적이지 못하고 근거가 불명확한 경우, 셋째 행정환경이나 주장의 합리성을 무시하고 특정한 개인 및 집단의 의견을 반영시킨 경우, 넷째 중요한 불법사실과 비위사실을 발견하고도 감사결과에서는 지적하지 않은 경우 등이 그 예들이다.

2.3 지방의원의 자질과 역할 및 의정기능수행상의 문제점

I. 서론

지방자치제도가 부활·실시된 지 이미 20년이 되었다. 그럼에도 불구하고 지방의회제도는 개선하고 혁신해 나가야 할 과제가 한 둘이 아니다. 현재 지방의회의 기능을 제도적으로 통제하고 있는 각종 법령들의 개선을 비롯하여, 의원들 스스로의 행태개혁과 의정활동의 획기적 개선과 개혁 등 그동안의 문제점을 재인식하고 적극적으로 고쳐나가야 한다. 뿐만 아니라 새로운 제도와 정책 등을 만들어 나감으로써 지역사회의 발전을 유도하고 주민의 삶의 질을 향상시켜 나가야 할 중차대한 과제들이 산적해 있다. 다양한 시행착오 속에 지방자치제도는 점차 우리 생활 속에 스며들고 있지만 지방의원들의 자질과 역할 및 지방의회의 의정기능은 답보상태를 벗어나지 못하고 있다. 물론 지난 2010년 6월 제9회 지방선거(제5회 동시선거) 이후 서울특별시 의회를 비롯하여 경기도의회 등 의회의 다수당과 지방자치단체장의 출신정당이 달라짐으로써 지방의회의 기능도 그 이전과는 다른 과정, 다른 결과들이 나타나고 있다. 근래에도 몇몇 기초자치단체의 지방의회에서 지역주민들을 위한 적극적인 조례제정(SSM 공휴일 강제휴점과 길거리 담배흡연금지 등)을 서두르고 있는 등 예전과는 분명히 다른 모습을 보이고 있어 희망을 보이고 있다.

그럼에도 불구하고 아직은 많은 지방의회의원들과 지방의회의 의정기능이 주민과 국민들의 기대에 미치지 못하고 있는 것이 사실이다. 특히 지방의회의원들의 학력은 점차 나아지고 있으나 아직은 고졸이하의 학력소지자들이 적지 않아 집행기관의 공무원들이나 민간영역의 기업체 및 각종 기관의 직원들보다 낮고, 과거경력 또한 의원으로서의 공무수행과 조화되지 못하고 있는 것으로 나타나고 있다. 물론 학력이나 경력이 지방의원들의 역할과 행태를 모두 설명할 수는 없다. 따라서 학력이 낮거나 경력이 공공분야와 관련이 없어도 지방의원으로서의 역할수행이 뛰어난 지방의원들도 적지 않다. 그러나 현실적으로 볼 때 그러한 지방의원들의 수는 극히 적다. 요컨대 자치제도가 안고 있는 문제점을 극복하고, 지방의회가 주민들의 의사에 기초를 둔 지역발전의 견인차적 역할을 수행하기 위해서는 우선 지방의원들의 자질함양과 역할제고가 기본적 관건이 된다.

현대는 지식정보사회이다. 따라서 오늘날에는 어느 분야에 종사하든 간에 지식과 정보에 탁월한 능력을 가지지 않는다면 자신의 직무와 관련된 사물이나 사태를 이해하거나 판단하는 능력이 뒤떨어질 수밖에 없다. 따라서 지방의원들은 지역사회에 관한 문제점과 그 해결책에 대한 정확한 정보자료와 지식, 그리고 판단을 할 수 있어야 한다. 그리고 언제나 주민들의 목소리에 귀를 기울이는 민주적 지도자로서의 기본적 임무를 수행할 수 있어야 한다.

그러나 현실은 매년 지속되는 지방의회의 실무지식흡수에 급급함으로써 이와 같은 기본적 역할수행도 제대로 이행하지 못하고 있는 실정이다. 예컨대 그동안 대부분의 지방의회의원 세미나는 행정사무감사와 예산심의 및 결산, 그리고 조례제 · 개정에 관한 3가지 분야에 국한되어 있었다고 해도 과언이 아닐 정도였다. 물론 매번 지방의원들의 교체율이 심하여 불가피할지 모르지만 이들 3가지 영역은 의정활동의 실무분야로서 사전에 특별한 지식을 갖지 않아도 한 두 번의 의정수행경험으로 충분히 이행하고 역할수행이 가능한 분야라고 할 수 있다.

따라서 지방의원들의 세미나는 첫째 중앙과 지방 등 국가전체가 당면한 과제와 당해 지방자치단체의 정치, 경제, 사회, 문화 등의 제반 분야에 관한 실태와 과제 등에 관한 기초지식을 함양할 필요가 있다. 둘째 각 분야의 문제점 인식과 해결대안을 탐색하는 데에 그 관심의 초점이 모아졌어야 했다고 판단된다. 더구나 오늘의 지구촌 사회는 세계화와 지방화 현상이 급격하게 진행되고 있다. 지방의원들은 이러한 변화를 앞장서 예측하고 당해 지역사회의 대응전략을 수립해야 한다. 그러기 위해서는 지방의원들이 지구촌 사회의 변화와 미래한국사회의 모습에 대해서도 깊은 관심과 지식을 가져야 한다.

지방자치단체를 둘러싸고 야기되는 정치행정 등 환경변화의 소용돌이가 아무리 거세게 몰아치더라도 그 체제 속에서 일하는 사람들의 역량과 자세만 바로 서 있다면 충분히 극복할 수 있을 것이다. 문제는 사람이다. 한국의 지방자치는 지방의회의 기능강화로 그 돌파구를 찾아야 하며, 그것은 지방의원들의 역량과 노력여하에 달려있다고 볼 수 있다. 이러한 관점에서 지방의원들의 자질과 역할, 특히 지방의정기능수행상의 문제점 등을 간략하게 정리해 보기로 한다.

II. 지방의원의 자질과 역할의 문제점

1. 자질상의 문제

1) 지방의원들의 학력 경력 및 전문성 문제

많은 지방의원들이 지역사회의 지도자들에게 요구되는 지적 수준을 충족하지 못한 실정이다. 그 결과 공공부문과 민간부문의 차이인식이나 공공부문의 중요성 그리고 지방자치가 무엇을 위해 어떻게 추진해 나가야 하는 제도인지 등에 대한 기본적 인식이 부족하였다.

첫째 지방의원들은 지역주민들의 정치적 대표로서 정무직 공무원이다. 그러나 대부분 지방의원들은 공직자로서의 인식과 자세가 부족하였고, 자치제도 및 공공영역에 관한 경험과 직무지식 등 지방의회관련 직무상 전문성이 부족하였다.

둘째 의원으로서 역할인지의 부족과 지도자로서의 기능수행도 미흡했다. 공직관이나 언론관 등이 확립되지 못하여 대외적 발언에 문제를 일으킨다거나 언론과의 잦은 마찰을 빚어왔다.

셋째 이러한 자질상의 문제점에도 불구하고 지방의원들이 스스로의 자질향상을 위한 프로그램에 참여하거나 연구모임을 주도하거나 세미나 등에 참가하여 수련하는 예는 그리 많지 않았다.

그리하여 이러한 의원들일수록 의원연수 등 의회의 공식행사나 집회에 빠지는 경우가 많았고, 자신의 주장이 강하거나 비협조적이었다. 특히 의회에서의 발언이 정도를 벗어난다거나 매사를 이분법적으로 단언함으로써 어려운 의정을 더욱 곤란하게 하였다는 지적을 받아왔다.

2) 지방의원들의 비공인적 비민주적 행태

지방의원들은 대부분 민간영역에서 오래 근무하고 생활했기 때문에 하루아침에 공인으로서의 생각과 태도를 취하기가 쉽지 않을 것이다. 그럼에도 불구하고 지방의원들은 자신들이 공직자라는 사실을 망각해서는 안되며, 더구나 지역사회주민들의 정치적 지도자임을 잊어서도 안된다. 때문에 행동 하나하나가 공개되는 지방의원들의 언동은 매우 바르고 절제되어야 한다. 물론 대다수의 지방의원들이 이러한 기준에 벗어나지 않았다. 그러나 적잖은 지방의원들이 의원으로서의 품위를 벗어나거나 공인으로서의 태도가 아닌 행동을 함으로써 국민들의 눈살을 찌푸리게 했던 것도 사실이었다. 예컨대 자신의 이름을 모른다고 공무원에게 폭행을 가한 의원이 있는가 하면, 집행부의 간부공무원을 폭행한 의원도 있었다. 지방의원의 해외연수와 관련하여 외유성 시비와 공금유용, 예산낭비 등에 관한 잡음도 끊이지 않았고, 지방의회 의장선출과 관련하여 여러 가지 불미스러운 일도 불거졌으며, 그로 인해 사법처리 되거나 의원직을 사임한 경우도 있었다. 뿐만 아니라 지방의회의 행정사무감사현장에서 감사태도가 불성실하다거나, 권위주의적 언동 등이 문제점으로 지적되기도 했다.

2. 역할상의 문제

1) 지역사회 정치지도자로서의 역할부족

지방자치제도의 역사가 일천하여 민주사회의 대표자로서 경험이 많지 않은 우리나라의 지방의원들에게 단번에 많은 것을 요구한다는 것은 무리일지도 모른다. 그럼에도 불구하고 현재 우리나라의 지방의원들 중 다수는 지방의회의 효율적 운영을 위해 요구되는 의원으로서의 기본적 자질과 기능수행이 부족한 것은 사실이다. 우선 자질과 능력 면에서 볼 때 지역사회지도자로서 구비해야 할 요건들을 갖추지 못한 사람들이 적지 않다. 지도자로서의 대표성과 인내심, 판단력 그리고 여론수렴능력, 요구투입능력, 협상과 타협능력, 책임감, 설득력 등 모든 면에서 향후 더욱 연마하고 함양해야 할 과제들이다. 뿐만 아니라 아직도 많은 지방의원들은 의원으로서의 자신의 역할에 대한 인식이 부족하다. 대의기능, 의결기능, 입법기능, 정책기능 등은 물론이고 주민사회의 문제해결 및 갈등조정기능, 봉사기능, 집행기관의 통제기능, 주민에 대한 교화기능 등 지방의원으로서 자신들이 해야 할 역할에 대한 인식이 모자라며, 설사 인식하고 있다고 하더라도 행동으로 옮기지 못하고 있다. 더구나 님비(NYMBY)나 핌피(PIMFY)현상으로 야기되는 주민들의 집단시위현상에 대해 이를 앞장서서 조정 · 해결하려는 의지도 부족하고, 능력도 없으며 실천하는 의원들도 찾기 어렵다.

2) 대민접촉의 부족과 민의파악의 취약

"주민 속에 문제 있고, 주민 속에 대안 있다" 는 가장 단순한 사실도 알지 못하는 의원들이 적지 않았다. 지방의원들은 주민위에서 군림하는 존재가 아니다. 지방의원이라는 직(職) 성공이나 출세의 척도가 될 수 없다. 지방의원은 풀뿌리 민주주의를 구현하기 위한 주민들의 정치적 대리인들이다. 지방의원들은 주민사회에 파고들어 주민들이 고통을 받고 있는 다양한 공공문제를 파악하고, 그 문제를 해결할 수 있는 대안을 마련하여 집행기관으로 하여금 해결하도록 하는 주민들의 역할대행자이다. 때문에 지방의원들은 항상 주민들과 함께 호흡하고 생활할 필요가 있고, 지역사회 곳곳을 돌아다니며 지역사회의 문제점을 파악하고 지역개발의 소재와 대상을 찾아내어야 한다. 그러나 지난 20년간의 지방의원들의 행태와 역할은 이와는 상당한 거리가 있었다. 우선 지방의원직을 출세의 상징으로 여기는 사람들이 많았고, 혜성처럼 나타난 지역의 새로운 어른이 되었다. 지역사회의 각종 공식행사장에 참석하여 좌석위치 다툼이나 연설순서에만 관심을 가졌다. 이러한 지방의원직에 대한 잘못된 인식과 태도는 지방의원들의 권위적인 태도를 키우는 데 일조했다. 광역의원들일수록 대민접촉의 기회는 적었고 권위적인 태도는 심했다. 수십 년 지방공무원 경력자들에 대해서도 무례하거나 무시하는 언동을 서슴치 않았다.

3) 대민봉사 및 주민고충처리의 취약

지방의원들은 주민에 대한 자원봉사자는 아니다. 그러나 적어도 주민들의 정치적 대표로서 주민들이 당하고 있는 고통과 어려움을 어느 정도는 해결해주어야 할 의무가 있는 사람들이다. 그런 의미에서 볼 때 지방의원들은 주민에 대한 봉사자들이기도 하다. 물론 공식비공식적 대민봉사활동을 수행해야 할 도덕적 의무가 없는 것도 아니다. 그러나 공식적으로 지방의원들은 주민들이 처해있는 여러 가지 공공문제를 해결해 줌으로써 그들에게 봉사하는 자이기도 한 것이다. 때문에 지방의원들은 평소 주민들과의 접촉을 통해서 특히 저소득층이나 취약계층의 주민들과의 잦은 접촉을 통해 그들에게 부족한 것들을 보완해 줌으로써 그들의 힘이 되고 그들의 후원자가 될 수 있어야 한다. 지방의원들 중에는 실제 그 지역에서 인간상록수와 같은 역할을 수행해 온 지방의원들도 있었다. 그러나 대부분의 지방의원들은 주민들에 대한 지원자, 봉사자 등의 역할수행에는 미흡했다.

4) 부정과 비리사건에 연루

간헐적으로 곳곳에서 불거져 나왔던 지방의원들의 부정과 비리사건이 의정평가를 저하시켰다. 자식이 많으면 바람 잘 날 없다는 속담처럼 전국적으로 수백 개의 지방자치단체와 수천 명의 지방의원들이 모두 정직하고 깨끗하기를 기대한다는 것은 무리일 것이다. 해가 갈수록 그 빈도가 줄어들고 있는 것은 사실이지만 지난 20년 동안 이러한 지방의원들의 부정과 비리관련 사건은 끊이지 않았다. 경실련의 한 조사에 의하면 주민직선 자치단체장제도 시행 4기의 4년(2006-2010년) 동안 광역의원의 경우 약 10%, 기초의원의 경우 약 5%가 부패관련 사법적 처벌을 받았다고 한다(육동일. 2011: 24). 의원 개인적 부정비리사건은 물론 공무원들 위에서 군림하려는 잘못된 태도와 싸움을 비롯해 심지어 의원절도사건까지 있었다. 여기서 일일이 그 근거를 제시하는 것은 다수의 선량한 지방의원들의 명예를 훼손할 뿐 도움이 되지 못하기 때문에 그 근거를 밝히지는 않겠지만, 일부 지방의원들의 도를 넘는 탈선이 지방의회의 평가를 절하시켰던 것은 사실이다. 광역의회와 기초의회를 불문하고 전국적으로 공개된 사건을 비롯해 공개되지 않은 사건까지 합치면 그 빈도가 결코 무시할 수 없을 정도였다. 그 뿐만 아니라 지방의회 출범초기에는 지방의회의장선출을 둘러싼 부정한 사건들이 각지에서 불거져 나왔고, 이로 인해 지방의회와 의원들의 평가에도 나쁜 영향을 미쳤다. 아직도 의장선거와 관련된 부분은 드러나지는 않고 있지만 다분히 문제를 안고 있다.

5) 자율적 직무수련과 전문성 제고활동의 부족

지방의원들의 전문성제고는 지방자치법상 지방의회의 의무에 속한다. 지금까지 우리나라 지방의원들은 대부분 그 출신성분으로 볼 때 지방의원으로서의 역할이나 직무를 수행하기에는 부적합한 사람들이 많았다. 다시 말해 지방의회의 구성원으로서나 지역사회주민들의 정치적 대표로서 충분한 기능을 하기에는 여러모로 전문성이 부족했다는 것이다. 그렇다면 당선된 이후에라도 본인들이 스스로 노력하여 지방의원으로서의 자질을 함양하고 제대로 역할을 수행해야 한다. 그러나 현실은 그러하지 못했기 때문에 그 이행을 법으로 강제하게 된 것이다. 즉 지방자치법 제38조 제2항에 규정된 "지방의회는 소속 의원들이 의정활동에 필요한 전문성을 확보하도록 노력하여야 한다"라는 규정이 바로 그것을 의미한다. 그러나 이처럼 지방의원들의 전문성을 제고하라는 강제규정에도 불구하고 의회차원의 전문성 제고를 위한 특단의 대책도 없었고, 의원들 스스로도 별 다른 노력을 하지 않았다. 물론 적잖은 의원들이 대학이나 대학원에 진학한다거나 세미나 등에 적극 참여하는 사람들도 없지 않았지만 절대 다수의 의원들은 그러하지 못했다. 그리하여 지방의원들은 지역주민들에게 지방의회제도의 모순이나 잘못된 현실을 설명하거나 이해를 구하지도 못했고, 스스로도 지도자로서의 주민들에 대한 설명력이나 설득력을 갖지 못했다. 그 결과 지방자치제도는 물론 지방의회제도에 대해서도 주민들의 오해와 왜곡을 불식시키지 못했다.

III. 지방의회 의정기능수행상의 문제점

1. 민의수렴활동 등 대의기능의 취약

지난 20년의 지방의정활동을 통해 보편적으로 지적되고 있는 문제점 중의 하나가 지방의회의 대의기능 부족문제이다. 이미 앞에서도 지적한 바와 같이 지방의회는 주민의 정치적 대표로 구성되는 지역사회의 대의기관이다. 그러나 지방의원들의 의정활동은 의회만을 중심으로 이루어지고 있으며, 유권자들인 지역주민들과의 대화나 접촉이 많지 않으며, 의정활동보고대회나 의정홍보활동은 거의 이루어지지 않고 있다. 주민들의 편의보다는 자신들의 편의를 강조하는 경향이 강해지고, 주민들의 의견보다는 자신들의 주장이 앞서는 의정활동을 하고 있다. 그 결과 의정활동에 대한 주민들의 관심과 참여가 점차 약해지고 있다. 특히 주민참여를 촉진시키는 조치보다는 오히려 억제하거나 어렵게 만드는 규정들을 제정함으로써 언론과 주민들의 비난을 받는 사례도 있었다. 예컨대 주민들이 조례의 제정 및 개폐를 청구할 경우 20세 이상 일정수의 주민들이 연서하도록 하거나 주민에 의한 조례 제 개정 및 감사청구관련 절차와 방법을 규정함에 있어 연서해야 할 최소한의 주민의 수를 높여 조례의 제 개정과 감사청구를 어렵게 한다는 비판이 그것이다. 물론 지방자치단체에 따라서는 단 한 명의 요구가 있어도 감사청구를 받아들일 수 있도록 한 지방의회도 있는 반면, 기초자치단체가 광역자치단체보다 더욱 그 요구조건을 어렵게 함으로써 지방의정에 대한 주민참여를 제도적으로 제약하고 있다는 비판이 제기되기도 하였다.

2. 비민주적인 지방의회의 운영

첫째 주민의 대표인 지방의원들이 주민들의 의사를 반영하지 않는 의정활동을 수행함으로써 대의기능이 매우 취약하였다는 비난을 받아왔다. 지방의원들의 의정활동은 주민들과의 대화를 기초로 이루어져야 하지만 지방의원들의 속성상 주민들과의 광범한 대화는 처음부터 기대하기가 어려웠다. 둘째 주민에 대한 책임을 지지 않은 의정활동을 수행해 왔다는 비판을 받아왔다. 우선 공약이행에 대한 결과를 주민들에게 설명도 하지 않았으며, 공약이행을 제대로 실천도 하지 않은 의원들이 대부분이었다. 셋째 지방의원들의 권위주의적 행태로 인하여 집행기관의 공무원들과 빈번한 감정대립을 야기해 왔다. 집행기관에 대한 질문이나 답변과정에서 지방의원들이 던지는 한 마디 한 마디가 공무원들과의 감정싸움을 유발시키고, 상호 불신의 강을 만들어왔다.

3. 비효율적인 의정활동

지방의원들은 의정활동에 있어서도 충분한 준비와 철저한 검토 등이 부족하여 효율적인 의정활동을 수행하지 못했다는 비판을 받아왔다. 첫째 의안심사를 위한 충분한 준비 없이, 그리하여 사전에 관련 지식과 정보 · 자료가 부족한 상태에서 의안심사를 실시함으로써 많은 문제점을 야기시켰다.

둘째 행정사무감사에 대한 준비부족으로 집행기관의 업무수행에 대한 문제점을 정확하게 찾아내지 못함으로써 감사활동이 비효율적이었다는 비난을 받아왔다. 특히 지방의회의 행정사무감사는 해를 거듭할수록 점차 그 효과가 감소되고 있고 초기보다 느슨해지고 있다. 물론 몇몇 의욕적인 지방의회와 의원들도 적지는 않지만 전반적으로 볼 때 의원들의 준비부족과 불성실한 준비태도가 효율적인 감사기능을 저해하고 있다. 셋째 지방의원은 물론 의회사무기구의 저급한 정보화 및 전문화 수준으로 지방의정기능의 효율성을 확보하지 못했다는 평가를 받아왔다.

넷째 지방의회의 상임위원회 활동 역시 전문성이 부족하였다고 비판받고 있다. 즉 상임위원회는 관련 분야의 의안이나 정책 및 사업에 대한 전문적 지식과 정보를 통해 심도 있고 체계적인 의안심사활동을 수행해 나가야 한다. 행정의 전문화는 점차 높아가고 있고 그리하여 집행부에서 발의되는 각종의 정책이나 사업 등은 그것을 정확하게 심의하기 위해서는 그만큼 전문성이 요구되고 있다. 그러나 전문성이 부족한 지방의원들로서는 이를 충분히 소화해 낼 수 없는 것이 현실이다. 지방의회의 전문성을 저해하는 요인으로는 의원의 비전업직, 의회사무국의 지원부족, 전문위원의 비전문성 등을 들 수 있다.

4. 소극적인 의정활동

지방의원들은 지방의정활동에 전력을 다하지 않아 의정활동이 대체로 소극적이고 수동적이었다는 것이다. 오랜 세월 중앙집권적 관치행정의 그늘에서 침체하고 그늘진 지역사회를 발전시키고, 비민주적 지방행정관행과 전통적인 주민의식 등을 개선시키고 선진화시키기 위한 지방의원들의 활동은 아무리 강조해도 지나치지 않는다. 그러나 그동안 지방의원들의 의정활동은 주민대표로서의 당위적인 사명도 수행하지 못했고, 지역주민들의 보편적인 기대도 충족시키지 못했다. 보수를 받지 않는 다는 명목으로 지방의회의원직을 하나의 부업으로 생각하거나 자신들의 성공감을 충족시키는 사회적 지위상승용으로만 인식하고 있는 지방의원들이 적지 않았다. 사실 지역주민들로부터 존경받고 싶으면서도 책임은 다하지 않는 주민대표들의 행태가 지방의회의 지위를 저하시키고 기능을 약화시키는 주요 원인으로 작용하고 있다. 사실 아직도 지방자치의 이념적 가치도 모르고 지방의원직에 대한 의미와 철학도 갖지 못한 의원들이 적지 않다. 지방의원들의 이러한 소극적 수동적인 의정활동이 지방자치발전의 걸림돌이 되고 있다.

5. 도덕적 해이와 의원해외연수제도의 왜곡

지방의원들의 무분별한 집단적 외유성 해외연수는 지방의회와 의원들을 가장 치명적으로 비판받게 한 사건들이었다. 수많은 지적과 비판에도 지방의원들의 집단적 해외연수는 아직도 지속되고 있다. 이제는 잘못을 지적했던 언론이나 시민단체의 비판도 주민들에 대한 영향력이 줄어들고 있는 실정이다. 물론 초기와는 달리 근래에 와서는 한 지방의회의 모든 의원들이 동시에 특정지역에 외유성 연수를 나가는 경우는 대폭 줄어들었다. 그럼에도 불구하고 지방의원 개인별로 할당된 해외연수경비는 자신들이 사용해야 한다는 생각을 가지고 아직도 무리한 외유성 해외연수를 추진하고 있는 곳이 적지 않다.

사실 현재의 의원 1인에게 배정된 한정된 예산으로는 제대로 된 전문적인 해외연수는 불가능하다. 때문에 자연적으로 변칙적인 해외연수가 늘어나게 되었고, 이것으로 인해 오히려 지방의회의원들에게 나쁜 평가를 가져오게 하였다. 최근에는 특정 영역 즉 사회복지나 건설교통 혹은 환경위생 등 전문화된 영역을 중심으로 여러 곳의 지방의회의원들이 모여 실시하는 연수가 늘어나고 있어 바람직한 연수형태로 바뀌고 있으나 예산지원에 새로운 문제가 발생하고 있다.

6. 의원 상호간의 협력과 공동역할의 취약

지방의원은 개인적 노력에 의해 공천을 받고 선거에 당선되어 의원의 신분을 갖게 된 사람들이다. 때문에 당선된 이후 같은 의회의원이 되었지만 사실 상호 잘 모르는 사람들이 대부분이다. 선거구가 다른 것은 당연하고 경우에 따라서는 정당소속이 다를 수도 있고, 무소속으로 당선된 사람들도 있으며 비례대표로 의원이 된 사람들도 있기 때문이다. 그렇기 때문에 의원들은 자주 회합하여 지방의원으로서의 동질감을 갖도록 할 필요가 있고, 지역사회의 문제에 대해서도 공감할 수 있어야 한다. 예컨대 지방의원들도 의원상호간의 MT활동이 필요하고 이런 것을 통해 상호 이해와 소통의 폭을 넓힐 필요가 있다.

그리하여 지역사회문제해결이나 대 집행부에 대한 질문 등 지방의원이 개인적으로 행동해야 할 경우는 물론 의회의 이름으로 공동 대응해야 할 경우에도 서로 지원하고 협력할 필요가 있다. 특히 조례안의 제 개정이나 정책안의 발의, 시정질문이나 5분발언 등에 있어서도 의원 각자가 개인적 노력으로 수행하기 보다는 2명 이상이 공동으로 협력하여 일을 처리할 때가 더욱 효율적이다. 그러나 대부분의 지방의회가 이런 부분에 대해서는 매우 취약했다. 이런 부분을 극복함으로써 의원들이 서로 협력하고 팀웍을 구축하여 일하게 된다면 분명히 지금까지의 지방의회상을 바꿀 수 있을 것이다.

Ⅳ. 집행기관과의 관계상의 문제점

1. 자치단체장과의 갈등으로 불필요한 행정낭비

자치단체장과의 갈등으로 행정사무처리의 지체나 그로 인해 주민들에게 피해를 주었다는 점도 부정적으로 평가되는 부분이다. 가장 대표적으로 현재 초중등학교 학생들에 대한 전면 동시무상급식 문제를 놓고 벌어지는 서울시장과 서울시의회간의 갈등을 그 예로 들 수 있다. 즉 전체시의원들 중 75%의 지방의원들이 민주당과 비한나라당 출신으로 구성되어 그동안 서울시가 추진해온 여러 가지 사업에 제동을 걸었고, 동일정당출신의 교육감이 추진하는 정책을 서울시의회가 지지하고 나섰기 때문이었다. 이로 인해 많은 서울시민과 기업들에게 피해와 고통을 주고 있다. 과거 자치제도 초기 자치단체장을 중앙정부가 임명했을 당시에는 크고 작은 일들로 이러한 갈등이 적지 않았지만(최명규, 2010 :22), 자치단체장을 주민이 직선하고 특정 정당이 특정지역을 점령한 이후에는 그 빈도가 줄어들었었다. 그렇다고 집행기관과의 갈등이 없어진 것은 아니었고, 정당과 국회의원들이 사소한 갈등들을 조정해왔기 때문에 밖으로 드러나지 않을 뿐이었다. 특히 자치단체장과 지방의회 다수의원의 출신정당이 다를 경우(예, 경기도와 경상남도 등) 의회개원초기에는 이러한 갈등이 매우 심각할 정도였다.

중앙정부의 4대강 사업에 반대한 일부 광역자치단체장들은 의회와의 갈등은 물론 주민들과의 갈등도 심각하였다. 이처럼 지방의회와 자치단체장 간의 갈등이 야기되면 언론이나 주민들은 단체장을 비난하기보다는 대부분 지방의회를 비난하는 경향이 강했다. 지방의회로서는 수장중심주의 정치문화 5천년의 불가피한 업보라고 치부하기에는 너무 불공평하고 때문에 갈등의 원인과 내용을 알리기 위한 적극적인 활동이 필요했지만 결과는 늘 그렇지 못하였다.

2. 집행기관의 공무수행과정에 대한 견제기능 취약

지방의회와 의원들은 자치단체장의 집행부에 대한 견제와 감시기능이 부족했다는 점이다. 즉 지난 20년 동안 지방의회가 가장 많이 지적 받아온 문제점은 바로 자치단체장의 업무수행에 대한 견제와 감시기능을 충분히 처리해 내지 못했다는 것이다. 집행부에 대한 예산통제도 그러했지만 특히 자치단체장의 공무원들에 대한 인사권에 대해서는 속수무책 바라만 보고 왔다. 물론 자치단체장의 인사권은 현재로서는 누구도 간섭할 수 없는 무소불위의 권한이기 때문에 그럴 수밖에 없는 실정이다.

즉 현행 제도 하에서 지방의원들은 우선 집행기관에 대한 효율적인 통제나 감시를 할 수 있는 권한이 부족한 실정이다. 사실 의원들의 소극적인 역할이 그 원인이 될 수도 있지만 통제와 감시가 부족했던 근본적인 원인은 정당공천제도에서 기인되고 있다. 즉 의회의 다수당과 자치단체장이 동일 정당출신일 경우, 지방의원들이 자치단체장을 견제 감시하는 데는 한계가 있기 때문이다. 현재의 정당공천제도 하에서는 지역구출신 국회의원이 자치단체장과 지방의원을 공천함으로써 지역사회를 좌우하고 있고, 정당의 이름으로 지방정부의 운영에 까지 비공식적으로 간섭하고 있기 때문에 지방의원들의 자유로운 활동이 제약되고 있다. 이처럼 정당과 국회의원의 지방의회에 대한 간섭은 보이지 않게 강력해지고 있다. 의장을 사전에 지명한다거나 위원회위원장 선임에까지 간여한다고 지방의원들의 불평이 적지 않다. 결과적으로 정당과 국회의원들이 자치단체장은 오만해지고 지방의회는 위축되게 함으로써 지방자치를 왜곡 · 침체시키고 있는 것이다.

그러나 2010년 제9회 지방선거결과 특히 서울시와 경기도의 경우, 자치단체장과 지방의회 다수당의 출신정당이 달라 새로운 문제를 제기하고 있다. 동일정당이 지방정부를 장악할 경우는 견제와 감시가 부족하여 문제였지만 지금의 서울시와 같이 의회와 집행부가 심각한 갈등을 겪는 경우는 더욱 문제가 심각해 진다. 요컨대 지방의원은 정치적 대립이나 이념적 갈등에서 벗어나야 하고, 중앙정치의 비민주적 의사결정방식을 본 받아서도 안된다. 특히 정당은 자치단체장이나 지방의원들에게 정치적이고 이념투쟁적인 당론을 강요해서도 안된다.기초자치단체의 경우 더욱 그러하다. 때문에 기초자치단체에 한해서 만은 반드시 정당공천제가 폐지되어야 하는 이유가 바로 여기에 있다.

3. 지방정부의 지역정책개발기능 부족

지방의원들과 지방의회가 비판을 받고 있는 또 하나의 문제는 지방의원들이나 지방의회에 의한 지역정책개발기능이 취약했다는 점이다. 사실 비전문가인 지방의원들이 지역사회의 발전을 촉진시키는 지역개발정책을 결정한다는 것은 그리 간단한 일은 아니다. 해당분야에서 수십년을 근무하고 있는 지방공무원들도 지역정책을 개발하기가 어려운 것이 현실이다. 하물며 선거로 선출된 정치인으로서 지역사회 전반에 대한 지식과 정보도 없고, 정책에 대한 지식이나 아이디어도 없는 지방의원들이 지역정책을 개발한다는 것은 매우 힘든 일이다. 그럼에도 불구하고 지방의회에 대한 이러한 지적은 본래 지방의회의 기능이 그러하고, 주민들과 밀접하게 접촉하는 지방의원들이 지역사회여론을 수렴함으로써 주민들이 원하는 방향의 지역발전을 추진해 달라는 현실적인 요구이다. 뜻있는 곳에 길이 있다고 했다. 지방의원들이 자기지역의 모든 것을 파악하고 나면 개발이나 발전을 위한 전략이나 수단도 머리에 떠오르게 된다.

4. 지방정부 예산과 결산통제의 취약

중앙정부의 국회나 지방정부의 지방의회가 공히 국민과 주민의 대표기관으로서 행정부나 집행기관에 대해 가지는 강력한 힘은 예산과 결산통제로부터 나온다고 해도 과언이 아니다. 지방정부가 어떤 일을 하더라도 예산이 뒷받침 되어야 하지만 거기에는 지방의회의 의결이 필수불가결의 요건이다. 지방의회가 이러한 막중한 권한을 가지고 있으면서도 지난 20년동안 예산과 결산에 대해 제대로 된 감시와 통제를 행해 본 경험이 없다. 물론 거기에는 정당공천제도라는 나쁜 제도와 동일정당이 지방정부의 양기관을 동시에 지배해온 잘못된 지역주의 병폐 때문이기도 했다.

그럼에도 불구하고 지방의원들이 예산심의 과정에서나 결산승인과정에서 제대로 된 견제나 감시를 하지못했다는 것은 피할 수 없는 엄연한 사실이다. 제도를 탓하기 전에 지방의원들의 관심과 노력 그리고 능력이 부족했던 데에 더 큰 이유가 있었음을 유의할 필요가 있다. 그런데 2011년도 서울특별시의회는 시장과의 조례제정문제로 갈등을 유발시켜 예산 전체를 통과시키지 않아 예산 없는 서울시행정을 수행케 했던 사실이 있다. 동 사례는 한국지방자치 20년사에서 처음있는 일로 지방의원과 지방의회의 힘을 지나치게 과시한 대표적인 사례이지만 법령을 위반했다는 나쁜 사례로 남아 지방자치발전에는 결코 도움을 주지 못할 것이다.

V. 대외역할의 취약성 문제

1. 중앙정부에 대한 분권요구 및 제도개선을 위한 투쟁적 역할부족

지방분권과 지방자치제도의 개선을 위한 중앙정부와 중앙정당에 대한 투쟁에 소극적이었고 취약했다. 이미 긍정적 측면에서 검토한 바와 같이 지방의회는 광역과 기초의회 의장협의회를 통해 중앙정부와 정당에 대한 투입기능은 활발했지만 그 결과는 너무나 참담하였다. 그만큼 이들에 대한 투쟁력이 약했고, 영향력이 부족하였다는 점을 지적하고 있다.

이것은 우리나라의 지방의회제도가 안고 있는 원천적인 문제에 그 원인이 있었기 때문이다. 첫째는 중앙행정부의 경우 오랜 중앙집권의관행과 의식에서 벗어나지 못해 거만하고 오만한 고시출신의 고급공무원들이 자신들에게 어떠한 영향력도 갖지 못하는 시골 지방의원들의 요구와 건의사항에 관심을 가질 이유가 없었고, 둘째는 공천제도를 통해 지방의원들의 목줄을 쥐고 있는 정당과 국회의원들이 자기들이 만들어 준 지방의원들의 요구와 주장에 관심을 보이지 않았기 때문이었다. 결과적으로 20년 전부터 개선과 개편을 요구해 온 잘못된 지방의회제도는 그대로 지속되고 있다.

돌이켜 보면 중앙정부에 대한 지방의원들의 영향력이 원천적으로 취약함에도 불구하고 이를 극복하기 위한 노력조차 부진했다는 점이다. 지난 20년의 격동기 동안 많은 국민들은 각자 자기들의 요구와 주장을 관철하기 위해 바위처럼 단단한 중앙정부를 다양한 방법으로 두드려왔고, 그 결과 상당수 좋은 성과를 거두었다. 그러나 지방의회의 중앙정부와 정당에 대한 투쟁은 거의 전무하였다. 주민들이 부여한 4년 임기 동안 중앙과 정당의 눈치만 살피다가 허송하였다.

2. 제도적인 주민대표성과 실질적인 주민신뢰성 확보에 실패

제도적으로나 실질적으로 지방의회가 주민대표성과 지역대표성을 확보하지 못했다는 것이다. 의회주의 원리에 어긋나지만 지방자치법에도 지방의회가 지역주민의 대표기관이라는 규정이 없다. 국회도 지방의회의 주민대표성과 지역입법기관으로서의 권한을 인정하지 않고 있다. 엄연히 의회주의에 입각한 지역주민들의 대의기관이며, 선거를 통해 선출한 지방의원으로 구성되었지만 제도적으로 지방의회를 주민의 대표기관이라든가 지역사회의 입법기관으로 규정하고 있는 곳은 찾을 수 없다.

현행 지방자치법 제22조에서는 "지방자치단체는 법령의 범위 안에서 그 사무에 관하여 조례를 제정할 수 있다……"라고 규정하여 지방의회가 조례제정기관이라는 사실을 명확히 하고 있지 않다. 다만 동법 제24조 제1항에서 "조례안이 지방의회에서 의결되면 의장은 의결된 날부터 5일 이내에 그 지방자치단체의 장에게 이를 이송하여야 한다."는 규정에서 조례가 지방의회의 의결사항임을 나타내고 있다. 현행 지방자치법상 지방자치단체에 관한 일에 대해서도 법률은 바로 조례로 위임하지 않고 대부분 명령으로 위임하고 있는 사실이 이를 입증한다. 그렇다고 지역주민들이 지방의회를 적극 지지하여 제도와는 별개로 자신들의 대표기관이라고 실질적으로 인정하지도 않은 상황이다. 즉 주민들로부터 실질적인 주민신뢰성도 확보하지 못했다. 제도적 문제를 해결하기 위한 대 중앙정부투쟁도 부족했고, 실질적 주민대표성을 확보하기 위한 대민활동 내지 역할도 충분하지 못해 주민들로부터의 신뢰성을 확보하는 데도 실패했다.

3. 의원외교 및 지방자치단체의 대외관계 구축 부족

세계화와 지방화가 빠른 속도로 진행되고 있는 지구촌 사회변화에 대응하기 위해서는 이제부터 우리나라도 지방정부가 팔을 걷고 나서야 한다. 세계화에 대응하기 위해서는 반드시 지방화가 요구되고 지방화를 추진하기 위해서는 분권화가 필수적이다. 때문에 지방정부차원에서는 한편으로는 중앙정부에 대해 지방화와 분권화를 강력하게 요구해야 하고 다른 한편으로는 세계무대를 향해 적극 진출해 나가야 한다. 그러나 전국의 지방의회에서 수많은 해외연수를 시행해 오고 있지만 아직까지 지방의원들이 변변한 의원외교를 수행했다고 알려진 곳은 많지 않다. 지방의원들의 해외연수가 지방의회의 의정기능향상이나 지방정부의 세계화를 위한 해외교류와 진출에 전혀 도움이 되지 않는다면 차제에 반드시 재고되어야 한다.

앞으로는 지방의회가 앞장서서 외국의 지방정부와 교류할 수 있는 외교적 채널을 마련할 수 있어야 한다. 그것이 바로 의원외교이기 때문이다. 지방의원들의 해외연수도 교류협력을 체결한 외국의 지방정부와 상호 교환근무를 통해 실질적인 도움을 받을 수 있어야 한다. 그리하여 지방정부는 세계를 향한 외교와 미래를 내다보는 예측 그리고 안전을 관리하는 예방행정에 더 큰 비중을 두어야 한다.

4. 국내 지방정부간 협력과 교류증진을 위한 역할부족

지방의원들은 국내 타 지방정부들과의 교류와 협력을 위한 노력이나 역할도 부진했다. 인접한 자치단체들과의 공동정책추진이라든가, 예기치 못한 재난에 대비한 공동방위체제도 구축할 필요가 있다. 뿐만 아니라 농촌지역은 도시지역과, 재정이 취약한 지방은 재정력이 우수한 지역과 내륙지역은 해양지역과 농촌과 산촌은 어촌 등과 서로 자신들의 취약한 부분을 보완해 줄 수 있는 자치단체들과의 지원협력체제도 구축해둘 필요도 있다.

이렇게 구축한 시스템을 통해 지방의원들과 공무원들 그리고 지역사회주민대표들을 상호 교류하고 협력과 지원함으로써 서로에게 부족한 부분을 보완해 줄 수 있을 것이다. 전국의 모든 지방자치단체들이 언제나 중앙정부만 쳐다보고 중앙정부에만 의존할 것이 아니라 지방정부 스스로 상호 협력하고 보완함으로써 상생할 수 있어야 할 것이다.

2.4 지방의회의 사무기구 설치 · 운영의 실태와 문제점

I. 서론

지방자치제도가 실시된 이후 지방정부와 지역사회는 많은 변화와 발전을 이루어왔다. 지방정부가 앞장서서 주민을 위한 친절과 봉사행정을 추진하고 지역발전을 위한 정책을 추진하였으며, 각종의 국제대회와 행사들을 유치하는가하면, 지역의 전통문화를 복원하고 개발하여 지역축제를 개최하기도 하였다. 이처럼 지방자치제도가 실시된 이후 우리나라의 지방자치단체들은 내부적 변화와 혁신은 물론 외부적 대민행정도 전향적으로 바뀌어 왔다. 아직은 여러 가지 면에서 고치고 다듬고 보완해야 할 곳들이 한 둘이 아니지만 대체로 많은 국민들은 서서히 지방자치제도의 성과를 긍정하고 있다. 그러나 이러한 지방자치의 성과적 결실에도 불구하고 중앙정부는 자치제도의 개선에 소극적이고, 언론기관들과 사회일반은 유독 지방의회와 지방의원들에 대해서는 부정적인 평가가 높다. 즉 지방자치단체의 성과와 업적은 지방정부의 양대 기관인 의결기관(지방의회)과 집행기관(자치단체장)이 함께 협력하여 이루어낸 결과임에도 불구하고, 모든 공적은 지방자치단체장으로 넘기고 지방의회와 의원들에게는 애꿎은 비판과 질타만 높다[27].

그렇다면 이처럼 지방의회와 지방의원들이 국내적 혹은 지역적 여론으로부터 부정적인 평가를 받고 있는 이유는 무엇인가? 물론 매사를 언론보도에만 의존하는 부정확한 주민들의 판단에도 문제가 있겠지만, 그 원인은 크게 두 가지로 나누어 볼 수 있다. 하나는 지방의원 개인들이 가진 문제이고, 다른 하나는 지방의회의 조직과 운영에 관한 의회제도에서 기인하는 문제이다[28].

근래 지방자치나 지방의회에 관한 부정적 평가의 원인은 주로 지방의원의 개인적 문제와 관련되어 나타나고 있다. 즉 지방의원의 인품, 지적능력, 과거경력, 전문성, 평소활동형태 등과 연관하여 지방의원을 평가하는 경우가 많다는 것이다. 다음은 지방의회제도가 갖는 문제이다. 개인으로는 긍정적인 평가를 받던 지방의원들까지 의정활동전반에 대해서는 부정적인 평가를 받는 경우도 적지 않다. 만일 지방의회제도가 잘 정비되어 있었다면 그렇게 되었겠는가? 비록 개인적 역량이 부족한 사람이 지방의원으로 진출했다고 하더라도, 의회내부에서 이들에 대한 교육훈련과 지원협력시스템이 완비되어 있었다면, 그리고 활발한 의정활동을 유도하는 제도가 정비되어 있었다면 충분히 이들을 유능한 의원들로 만들 수도 있었을 것이다. 그러나 현실은 이와는 매우 상반되어 있고 지방의회의 내부구조는 오히려 열정적으로 일하려는 지방의원들의 사기를 꺾고 있다는 주장이 제기되고 있다. 지방의원들의 의정활동을 제약하고 있는 요인들이 한둘이 아니지만 특히 지방의회 사무기구의 구성과 운영에 관한 제도적인 문제점은 의정활동을 사실상 정체시키거나 방해하고 있다. 이로 인해 지방의원들의 의정활동을 위축시키거나 제약시킴으로써, 결과적으로는 지방의회에 대한 부정적 평가를 불러일으키게 하는 주요 원인이 되고 있다.

즉 현재까지 우리나라의 모든 지방의회는 의회 내에서 의정 관련 사무를 담당하는 의회사무기관(처, 국, 과)이 지방의회의 독자적 권한이 아니라 중앙정부와 지방자치단체장에 의해 통제 · 관리되도록 함으로써 지방의회의 권한을 침해하고 의정활동을 위축시키고 있다. 즉 지방의회라는 하나의 지방정부의 의결기관이 자기사무의 처리를 위한 자기조직을 스스로의 의사와 책임 하에 자율적으로 구성 · 운영할 수 없도록 했다는 것은 자유민주국가의 공공기관으로서는 있을 수도 없고 이해하기도 어려운 일이다. 더구나 견제하고 감

27) 물론 이러한 현실세계의 비판은 오도되거나 조작된 여론에 의해 잘못된 비판도 있을 수 있다. 특히 지방의회의 의정활동에 대해서는 그 구체적인 내용을 알지도 못하고 평가하거나 혹은 극히 일부분만 보고 전체를 평가하는 잘못된 태도에서 이러한 부정적인 평가가 나올 수 있기 때문이다.

28) 물론 이 두 가지 문제는 지방의원의 의정활동이라는 관점에서 보면 따로 떼어서 검토할 수 없는 불가분의 관계에 있다.

시해야 할 대상기관인 자치단체장의 권한으로 그러한 기관을 구성하고 인사관리를 하도록 했다는 것은 그러한 제도를 만든 중앙정부의 수준을 의심할 만하다. 마치 국회의 사무를 행정부가 맡아서 처리하거나 대통령이 국회사무처를 구성하고 운영하는 것과 같은 제도이다. 따라서 본고에서는 현행제도가 안고 있는 문제의 실체를 분석하고, 현행제도를 개선할 수 있는 정책대안을 제시함으로써 의회사무기구를 명실상부한 지방의회의 기구로 독립시키는 방안을 검토해 보고자 한다. 요컨대 본 문제의 핵심은 의회사무기구의 내부조직권을 지방의회가 아닌 중앙정부와 자치단체장이 가지고 있고, 내부조직의 장과 직원 및 전문위원들에 대한 인사권을 지방자치단체장이 가지고 있다는 점이다.

II. 지방의회사무기구의 조직 운영에 관한 실태와 외국사례

1. 의회사무기구의 조직과 운영에 관한 현행제도 실태

1) 지방의회사무기구의 조직구성에 관한 현행법제

첫째 의회사무기구에 관한 조직과 직제가 조례가 아닌 중앙정부의 법령으로 규정되고 있다는 점이다. 지방의회 사무기구란 지방의정활동과 관련된 사무를 처리하고 지방의원의 의정활동을 지원하는 사무조직이다. 지방자치법 제90조는 지방의회사무기구의 조직에 관해 "시 도의회에는 사무를 처리하기 위하여 조례로 정하는 바에 따라 사무처를 둘 수 있으며, 사무처에는 사무처장과 직원을 둔다. 시 군 및 자치구의회에는 사무를 처리하기 위하여 조례로 정하는 바에 따라 사무국이나 사무과를 둘 수 있으며, 사무국 사무과에는 사무국장 또는 사무과장과 직원을 둘 수 있다. 앞의 사무처장 사무국장 사무과장 및 직원(사무직원)은 지방공무원으로 보한다."[29]고 규정하고 있다. 그러나 지방의회의 사무조직에 관한 직제와 규모, 직원 등에 관한 규정을 법률로 규정함으로써 이 법률의 범위를 벗어나는 지방의회의 자율적인 조례는 제정할 수 없도록 하였다.

둘째 조례제정의 허구성 문제이다. 예컨대 지방자치법 제90조 1항과 2항에서는 "----조례로 정하는 바에 따라---"라고 규정하고 있고, 제91조 제1항에서는 "지방의회에 두는 사무직원의 정수는 조례로 정한다"는 규정 등과 같이 " ---자치단체의 조례로 정하는 혹은 조례로 정한다---"라는 규정 등이 있지만, 이 경우 조례는 지방자치단체의 자율의사가 아니라 각종 법령에 의해 강요된 내용의 조례인 것이다. 즉 i) 「지방자치단체의 행정기구와 정원기준 등에 관한 규정」(대통령령)과 ii) 수시로 발하는 행정자치부의 각종 지침

29) 시 도의회사무처설치조례 및 시 군 구의회사무기구설치조례

등으로 조례제정의 범위를 통제하고 있다. 그리하여 조례라고는 하지만 지방자치단체의 자율에 의해 결정되는 조례가 아니라 법령에 의해 엄격히 통제받고 있는 형식적인 조례에 지나지 않는 것이다. 원래 조례란 자치단체의 자율에 의해 결정되는 당해 자치단체의 자치법규이다. 그러나 우리나라 법령의 현실은 조례도 엄격한 법령의 통제 하에 제정되어야 하므로 형식은 자치법규이나 실제는 법령의 하위법규에 지나지 않는다.

셋째 총액인건비제도의 무용화(無用化) 문제이다. 행정안전부가 마치 지방정부에 대해 대단한 자율권을 부여하는 것으로 홍보했던 총액인건비제도는 지방정부의 조직 및 인력관리에 극히 부분적인 자율을 부여하긴 했지만 중앙통제의 근간은 바뀌지 않았다. 즉 2007년부터 실시하고 있는 총액인건비제도가 "지방자치단체의 행정기구 및 정원기준 등에 관한 규정"의 일부에 대해 예외적 규정을 두고는 있지만(동 규정 제21조의 4), 그럼에도 불구하고 이 규정으로 인해 총액인건비제도는 사실상 큰 의미를 살리지 못하고 있다. 특히 행정자치부의 「2007년 지방총액인건비제 시행계획」에 의하면 총액인건비제도가 전면 실시되어도 존치되는 기준으로 아래의 〈표3〉과 같은 규제를 지속함으로써 총액인건비제도가 지방정부의 조직과 인사에 근본적인 자율권을 부여하지는 못하고 있다. 요컨대 현재 우리나라의 모든 지방자치단체는 대통령 영(令)인 「지방자치단체의 행정기구와 정원기준 등에 관한 규정」에 의해 관리되고 있고, 이에 따라 전국의 지방의회 사무기구의 설치와 그 운영도 중앙정부에 의해 철저히 통제받고 있다. 이처럼 국회가 제정한 법률이 아니라, 행정부의 공무원들이 결재시스템을 통해 임의적으로 변경가능한 대통령 영으로 전국을 통치하고 있는 나라는 많지 않다.

〈표 2-1〉 의회사무기구의 설치기준

의회사무기구명	설치대상
의회사무처	특별시 · 광역시 · 도 · 특별자치도
의회사무국	지방의원의 정수가 10인 이상인 시 · 자치구
의회사무과	군 및 지방의원의 정수가 10인 미만인 시 · 자치구

자료 : 「지방자치단체의 행정기구와 정원기준 등에 관한 규정」 제15조 제1항, [별표 5]
의회사무기구의 설치기준 및 직급기준(제15조 제1항 관련)

2) 지방의회사무기구의 관리운영과 그 장 및 직원인사권에 관한 현행제도

지방의회의 사무기구의 설치권은 물론 관리운영권까지 지방의회에게 부여하지 않고, 대통령령과 자치단체장에게 맡기고 있는 현실이 지방의회발전과 자치발전에 가장 최대의 걸림돌로 작용하고 있다. 지방자치법 제91조는 "지방의회에 두는 사무직원의 정수는 조례로 정한다. 사무직원은 지방의회의 의장의 추천에 따라 그 지방자치단체의 장이 임명한다. 다만, 지방자치단체의 장은 사무직원 중 별정직 기능직 계약직 공무원에 대한 임용권은 지방의회 사무처장 사무국장 사무과장에게 위임하여야 한다."고 규정함으로써 마치 별정직 사무직원에 대한 인사권을 지방의회에 부여한 것처럼 강조하였다(행정자치부, 자치행정백서 : 2006). 그러나 사실은 이들에 대한 인사권을 표현만 달리하였을 뿐 당초의 약속대로 지방의회나 의장에게 부여하지는 않았다. 즉 사무기구의 장을 자치단체장이 임명하므로, 단체장이 임명한 사무가구의 장이 갖는 권한이라는 것은 결국 자치단체장의 인사권의 범위 내에 있기 때문이다. 그리고 동법 제92조는 "--사무직원의 임용 보수 복무 신분보장 징계 등에 관하여는 이 법에서 정한 것 외에는「지방공무원법」을 적용한다."고 규정함으로써 사무직원의 신분, 직무와 신분보장 등을 법률로 규정한다고 하여, 어디에도 지방의회의 권한으로 규정한 내용은 찾아볼 수 없다.

〈표2-2〉 의회사무기구의 공무원의 직급기준

구 분		의회사무처장	의회사무국장	의회사무과장	과장 또는 담 당 관
시·도	서울특별시	1급일반직 지방공무원			4급일반직 지방공무원
	부산광역시	2급일반직 지방공무원			4급일반직 지방공무원
	기타 광역 시·도	2급일반직지방공무원 또는3급일반직지방공무원			4급일반직 지방공무원
시 군 구			4급일반직 지방공무원	5급일반직 지방공무원	

자료 :「지방자치단체의 행정기구와 정원기준 등에 관한 규정」제10조의 3의 제1항, [별표 5] 의회사무기구의 설치기준 및 직급기준(제15조 제1항관련)

〈표 2-3〉 총액인건비제 전면시행에도 존치되는 기준

o 부단체장 및 전문위원의 정수
o 각종 직위에 대한 직급기준
 -부단체장의 직급기준
 -시도, 시군구의 보조 보좌기관 등의 직급기준
 -소속기관 및 하부행정기관의 장과 보조 보좌기관 등의 직급기준
 -의회사무기구의 직급기준
o 의회사무기구 설치기준 및 직속기관, 사업소, 출장소 등의 설치요건.
o 본청 국단위 기구(국을 둘수 없는 지역은 과단위 기구)의 설치기준수

자료 : 행정자치부의 2007년 지방 총액인건비제 시행계획

3) 지방의회 전문위원의 설치와 관리에 관한 현행제도

(1) 전문위원제도의 획일적 법령화와 관리운영의 통제

지방의회전문위원의 설치관리에 관해서는 지방자치법 제59조와 대통령령인 「지방자치단체의 행정기구와 정원기준 등에 관한 규정」 제15조 제2항에서 규정하고 있다. 2006년 지방자치법 개정이전에는 「지방의회에 두는 직원정수에 관한 조례」의 하위규칙에 규정되었던 지방의회 전문위원의 설치근거를 개정 지방자치법은 그 제59조에서 그 설치근거를 규정함으로써 전문위원의 설치에 관한 법적 기초가 강화되었다.

그리하여 지방자치법 제59조는 “① 위원회에는 위원장과 위원의 자치입법활동을 지원하기 위하여 의원이 아닌 전문지식을 가진 위원(이하 전문위원이라 한다)을 둔다. ② 전문위원은 위원회에서 의안과 청원 등의 심사, 행정사무감사 및 조사, 그 밖의 소관 사항과 관련하여 검토보고 및 관련 자료의 수집 조사 연구를 한다. ③ 위원회에 두는 전문위원의 직급과 정수 등에 관하여 필요한 사항은 대통령령으로 정한다.”고 규정하고 있다.

그리고 지방자치단체의 행정기구와 정원기준 등에 관한 규정 제15조 제2항에서도 “시도 의회사무처와 2개 이상의 지방자치단체가 하나로 합쳐져 관할 인구가 100만 명 이상이 된 시 의회사무국에 하부조직으로 담당관을 설치할 수 있으며, 시 · 도와 시 · 군 · 구의 위원회에 두는 전문위원의 직급과 정수(定數)는 별표 5와 같다(개정 2011.8.22)고 규정함으로써 대통령 영으로 엄격히 통제하고 있다. 즉 지방의회에 두는 전문위원의 설치근거, 능력, 업무, 관리 등에 관한 내용을 모두 법령으로 규정함으로써 지방자치단체나 지방의회의 자율이나 재량은 완전 배제시키고 있다.

(2) 법령에 의한 전문위원의 직급 정수통제와 자치단체장에 의한 전문위원의 인사관리

첫째 지방자치법 제59조 제3항에 의거한 대통령령(令)인 「지방자치단체의 행정기구와 정원기준 등에 관한 규정」 제10조의 3은 “시 · 도 및 시 · 군 · 구의 위원회에 두는 전문위원의 직급과 정수를 동 규정 〈별표 5의2〉로 통제하고 있다. 즉 중앙정부는 대통령령을 통해 지방의회에 두는 전문위원의 관리를 엄격히 통제하고 있다. 뿐만 아니라 이렇게 관리가 통제된 전문위원의 임명과 전임전직 등 인사관리는 일반사무직원과 함께 자치단체장이 관리하고 있다.

둘째 그리고 의회전문위원은 소속위원회의 사무를 처리함에 있어서 소속위원회위원장의 지휘를 받으며, 그 외의 일반적인 사무에 대하여는 의회사무처장(또는 의회사무국장 의회사무과장)의 지휘 감독을 받는다. 또한 시 · 도 및 시 · 군 · 구의 의회사무기구에 두는 담당관과 전문위원의 사무분장 등에 관한 사항은 당해 지방자치단체의 규칙으로 정하도록 함으로써 결국 이들에 관한 인사권은 물론 사무분장권 까지도 자치단체장에게 부여해 놓고 있다.

요컨대 별정직 전문위원의 선임과 관리에 있어서까지 지방의회의 권한을 차단시킨 것은 법률개정이 아니라 개악이 된 것이다. 즉 지방의회 사무기구의 장(과장, 국장, 처장)의 인사권이 자치단체장에게 있고, 자치단체장의 명을 받은 사무기구의 장이 별정직 전문위원의 선임과 관리권을 갖게 되어 사실상 지방의회는 의회전문위원에 관한 어떠한 권한도 갖지 못하게 만들어 놓고 말았다.

〈표 2-4〉 시 · 도 의회에 두는 전문위원의 직급 및 정수기준

지방의원의 정수(738)	전문위원		
	총 정수	4급	5급 이하
20명 이하	5명 이내	4명	1명
30명 이하	6명 이내	5명	1명
40명 이하	8명 이내	6명	2명
50명 이하	10명 이내	6명	4명
60명 이하	12명 이내	7명	5명
80명 이하	15명 이내	7명	8명
110명 이하	20명 이내	10명	10명
120명 이상	21명 이내	11명	10명
130명 이상	22명 이내	11명	11명
131명 이상	23명 이내	12명	11명

* 자료 : 「지방자치단체의 행정기구와 정원기준 등에 관한 규정」 제15조 제2항 관련, [별표 5]

〈표2-5〉 시 · 군 · 자치구 의회에 두는 전문위원의 직급 및 정수기준

지방의원의 정수 (2,888)	전문위원		
	총 정수	5급	6급 이하
7명	2명 이내	1명	1명
9명 이하	2명 이내	2명	1명
15명 이하	3명 이내	2명	1명
25명 이하	5명 이내	3명	2명
30명 이하	6명 이내	3명	3명
35명 이하	7명 이내	4명	3명

지방의원의 정수 (2,888)	전문위원		
	총 정수	5급	6급 이하
45명 이하	9명 이내	5명	4명
50명 이하	10명 이내	5명	5명
51명 이상	11명 이내	6명	5명

주. 1) 위 표 중 총 정수는 당해 지방의회의 위원회에 두는 전문위원의 수를 합산한 것을 말한다.
2) 전문위원은 일반직의 직급에 해당하는 상당계급의 별정직지방공무원으로 보할 수 있다.
3) 전문위원의 직급별 정원은 총 정수의 범위 안에서 직급간 상호 조정이 가능하나 5급의 정원은 위 표의 정수를 초과할 수 없다.

2. 지방의회 사무조직의 설치운영 및 인사권 독립의 법적 근거

첫째 헌법적 근거이다. 즉 우리 헌법 제117조와 제118조에서는 지방자치제도를 보장하고 있다. 헌법상 지방자치제도는 국가통치를 위한 통치제도의 일환으로 이를 제도적으로 보장하고 있다. 즉 지방자치제도의 본질은 헌법상 보장된 국가의 통치제도이며, 그 구체적 내용은 법률로 규정하도록 하고 있다. 그렇지만 헌법에 근거하여 제정되는 법률은 헌법에서 제도적으로 보장하고 있는 지방자치제도의 본질적 가치와 내용을 침해해서는 안된다. 특히 헌법 제118조 제1항은 "지방자치단체에 의회를 둔다."고 규정함으로써 지방자치는 지방의회를 통해서 실시함을 밝히고 있다. 따라서 지방자치단체에 의회 이외의 기구를 둘 때는 지방의회를 중심으로 실시되는 지방자치의 본질적 내용을 침해하지 않도록 해야 한다. 그러나 헌법상 지방자치기구가 아닌 지방자치단체장을 두고 지방자치의 대부분의 내용을 자치단체장에게 맡기고 있는 현행 지방자치제도는 지방자치에 관한 헌법정신을 상당부분 훼손하고 있다. 요컨대 헌법에 보장된 유일한 지방자치기구인 지방의회의 본질적 기능을 저해하고 있는 지방자치법과 대통령 영은 시급히 개선되어야 하며, 따라서 우선적으로 지방의회의 사무조직에 대한 지방의회의 권한을 회복시켜야 할 것이다.

둘째 「지방분권촉진에 관한 특별법」 제2장의 지방분권과제와 그 중에서도 특히 제13조 제4항을 들 수 있다. 즉 동 조항은 '국가 및 지방자치단체는 지방의회의원의 전문성을 높이고, 지방의회의장의 지방의회 소속공무원 인사에 관한 독립적인 권한을 강화하도록 하는 방안을 마련하여야 한다.'고 규정하여 지방의회의원의 전문성제고와 지방의회 의장의 인사독립권강화를 위한 제도마련을 국가와 지방자치단체의 법적 의무로 규정하고 있다. 더구나 동조 제2항에서는 '국가 및 지방자치단체는 지방자치단체의 주요 정책사항에 관한 지방의회의 심의 의결권을 확대하는 등 지방의회의 권한을 강화하도록 하는 방안을 마련하여야 한다.'고 하여 지방의회의 권한강화방안을 마련하도록 국가와 지방자치단체에게 요구하고 있다.

셋째 지방자치법상 기관분리형을 취하고 있는 지방자치단체의 기관구조를 들 수 있다. 즉 우리나라 지방자치제도는 지방자치단체의 통치기구를 의결기관과 집행기관으로 분리하여 기관분리 내지 대립형 구조를 취하고 있다. 따라서 두 기관을 분리하여 기관간 상호견제와 균형을 통해 지역사회를 발전시켜 나가도록 한 지방자치법의 정신을 구현하기 위해서는 지방의회사무기구의 설치와 관리운영권은 당연히 지방의회의 전속적 권한으로 돌려줘야 한다는 것이다.

3. 지방의회 사무직원인사권에 관한 외국사례의 검토

1) 유럽 등 기관통합형 정부형태를 취하는 지방정부

영국과 프랑스, 캐나다 등은 대부분 지방의회가 결정하면 공무원들이 집행하는 구조로 구성되어 있어 별도의 집행기관을 가지지 않는다. 즉 지방의회가 중심이 되고, 집행기관이 의회에 소속되어 있는 기관통합형이 대부분이다. 영국과 프랑스, 캐나다의 경우 의회에서 선출한 의장이 시장을 겸직하는 경우가 대부분이며, 이러한 지방정부에서는 심지어 집행부의 처(국)장들까지 의회의 동의를 받아 임명하고 있는 곳도 있다. 특히 프랑스 파리의 경우, 시장은 물론 부시장들까지 지방의원들 중에서 선출하고 있다. 이러한 의회중심의 기관통합형 정부형태를 취하고 있는 곳에서는 당초부터 의회사무국 직원인사권의 독립문제는 발생할 소지가 없다. 그리고 영국의 경우 의회사무직을 전문직으로 하고 있으며, 이들은 전문직협회(예, SLCC, ACSeS)[30]를 통해 교육과 자격증을 부여받는다. 그리고 이러한 전문직협회는 중앙정부와 지방정부는 물론이고 각 공공기관과도 인사행정에 관한 모든 사항에 대해 긴밀한 협력관계를 맺고 인사교류시스템을 운영하고 있다(전국시도의장협의회, 2007 : 77-78).

2) 기관분리형 제도를 취하는 지방정부

미국의 경우 유럽의 영향을 받았지만 많은 도시지방정부들은 의결기관(의회)과 집행기관(시장 혹은 시지배인)을 분리시키는 기관분리형제도를 택하고 있다(ICMA, 1995 : xii). 아래에서는 기관분리형제도를 취하고 있는 미국과 일본의 사례를 간략히 검토해 보기로 한다.

30) Society of Local Council Clerk's / Association of Council Secretaries and Solicitors의 약자.

(1) 미국 (뉴욕, 미네아폴리스)의 경우

위와 같은 기관통합형을 택하고 있는 나라들로부터 우리나라가 벤치마킹할 부분은 많지 않다. 따라서 우리와 같은 기관분리형제도를 택하고 있는 미국과 일본의 지방정부들을 찾아 그들의 제도를 검토해 보기로 한다[31]. 주지하는 바와 같이 미국 지방정부의 기관구성은 지역마다 매우 다양하다[32]. 따라서 여기서는 기관분리형을 택하고 있는 뉴욕시의회와 미네아폴리스의회를 중심으로 검토해 보기로 한다.

첫째 뉴욕시는 시장-의회형으로 기관분리형 지방정부구조를 취하고 있다. 뉴욕시의회의 의회사무국(처)장은 소위 별정직(선출직 포함)인 고위공무원단소속의 공무원 중에서 시의회가 임명(정치적)하도록 하고 있다[33]. 의회사무국(처)장의 임기는 6년이며 의회의 동의를 받아 의회직원에 대한 인사권을 집행한다. 뉴욕시의 공무원제도운영은 기본적으로 뉴욕주의 공무원법을 따르도록 하고 있지만 공무원채용이나 인사관리 등에서는 시의회가 제정하는 조례에 근거하고 있다. 뉴욕시의회의 내부조직은 전문직제를 설치하여 전문적인 검토와 분석을 담당하는 전문공무원제(legislative professional staff)를 운영하고 있다.

이들은 예산결산심의, 재정세제, 지방채발행, 시장의 경영보고서 등에 대해 전문적인 검토와 분석을 수행한다. 그리고 이러한 활동을 통해 의회 내 각위원회와 의원들의 의정활동을 보좌한다. 특이한 것은 시의회가 임명한 의회사무국(처)장은 시의회를 대신해서 집행부의 정책 및 업무에 관여할 수 있다(뉴욕시 기본조례 제48조의 b항).

둘째 미네아폴리스시 역시 의회-시장형의 기관분립형 정부구조를 취하고 있다. 이곳 역시 의회사무국장(임기2년)은 시의회가 선출하며, 의회사무국(처)장은 의회의 승인을 얻어 부국장, 사무직원, 보좌관을 임명하는 권한을 가진다. 그리하여 시의회가 사무기구의 운영에 관해서는 전반적이고 최종적인 인적관리와 감독권을 가진다고 볼 수 있다. 뉴욕시의회의 사무국(처)장과 같이 이곳도 사무국(처)장이 시집행부의 공식서류와 기록에 관여할 수 있고, 시의회의 의사운영과 회의기록, 기타 법무행정까지 총괄한다.

이렇게 볼 때 미국의 지방정부 중에서 기관분립형을 취하고 있는 곳에서는 예외가 없진 않겠지만 대부분은 분리형기관구성의 정신(취지)인 독자적이고 자율적인 기관운영을 확보하기 위해, 내부조직의 구성과 그 운영에 필요한 인사권은 양기간이 서로 나누어 행사함으로써 상호 독립적인 관계를 유지하고 있는 것으로 나타났다(전국시도의장협의회,

31) 외국자료는 전국시도의회의장협의회에서 발주하고 한국지방자치학회가 용역한 「지방의회사무기구인사권 독립 및 광역의회의원 보좌관 도입에 관한 연구」를 중심으로 하고, 인터넷을 이용하여 해당 지방정부의 홈페이지를 통해 수집하였다.

32) 미국의 대도시정부들은 대부분 기관분립형 정부구조를 취하고 있는 곳들이 다수를 이룬다. 미국지방정부의 기관구성에 관해서는 안영훈, 「지방자치단체 기관구성의 다양화 방안에 관한 연구」, (한국지방행정연구원, 2006)를 참조할 것.

33) 뉴욕주정부의 공무원법은 공무원의 분류를 일반직 공무원과 별정직(선출직포함)공무원으로 분류하고 있다.

2007 : 47-52). 요컨대 미국의 지방의회는 사무직원을 전문직(공무원 직렬의 하나로)으로 채용하고 있고, 전국적으로도 지방의회 전문직협회가 구성되어 교육과 커뮤니케이션, 네트워크구축, 자격증 부여 등을 부여하고 있다[34].

(2) 일본의 경우

일본의 지방정부는 전국적으로 의결기관과 집행기관을 분리하는 기관분리형제도를 취하고 있다. 그리하여 지방의회 사무기구의 조직과 운영에 관한 권한은 의장에게 있다. 즉 일본의 지방의회의장은 의회사무국장과 서기장, 서기 기타 직원을 임명하며, 의회사무직원은 의장의 명을 받아 의회의 사무를 처리하고 있다(일본지방자치법 제138조 제5항). 그리하여 일본에서는 기관분립제도의 정신에 따라 의결기관과 집행기관 간에 상호견제와 균형의 원리가 지켜지고, 집행기관에 대한 의회의 독립성과 자율성이 보장되도록 하고 있다. 그러나 의회의장의 이러한 사무직원에 대한 인사권 독립은 미국이나 유럽 등과 같이 완전한 것이 아니고, 제한적인 독립이라고 할 수 있다. 즉 일본에서 의장의 의회사무직원에 대한 인사권은 집행기관의 장과 사전에 협의해야 하고, 당해 집행기관의 공무원들을 지방의회에 파견하는 형식을 취하고 있다. 이와 같이 의장이 자치단체장과 사전에 협의하여 집행기관의 공무원을 지방의회의 사무직원으로 파견하는 형식을 출향(出向 : 슛코우)제도라고 부르고 있다.

이러한 일본의 제도는 기관분리형제도의 기본정신인 의결기관과 집행기관이 상호 견제와 균형의 원리를 구현하는 데는 한계가 있는 것으로 나타나고 있다. 비록 자치단체장과 협의하여 의장이 인사권을 가진다고는 하지만 그것은 완전한 인사권이 아니라 집행기관의 공무원 중에서 파견하는 형식을 취함으로써 궁극적으로는 우리나라와 크게 다르지 않으며, 그로 인해 우리나라에서 제기되고 있는 문제점들이 그대로 일본에서도 일어나고 있다는 것이다. 즉 의회사무직원들이 적극적으로 의정활동을 지원하지 않으며, 의회에서 형성된 각종 정보가 즉시 집행기관으로 유출되고, 장기간 의회근무를 강요할 수 없어 인사이동이 잦고(그로인해 전문성이 떨어지며), 의회사무직원들로서는 언젠가는 되돌아가야할 집행기관을 의식하지 않을 수 없기 때문에 공정하고 독립적인 사무처리가 어렵다는 것이다[35].

---

34) 미국 캘리포니아 시정부의회사무처장협회(CCAC) 등이 이러한 업무를 수행하고 있고, 미국 내에는 시의회직 국제협회(IIMC) 등이 조직되어 의회사무직원들을 전문직으로 육성시키고 있다.

35) 이러한 현상들은 동일한 지방정부의 집행기관공무원들을 일시적으로 지방의회에 근무 혹은 파견하게 함으로써 불가피하게 나타나는 문제점으로 일본과 한국 지방의회에서 거의 유사하게 나타나고 있는 문제점들이다.

3) 외국 지방정부의 의회사무기구운영의 특징

(1) 기관통합형 지방정부와 의회인사권 독립보장

유럽과 미국 등 지방자치선진국들의 경우, 지방정부의 구성형태는 아직도 주류는 기관통합제도를 택하고 있다. 미국의 경우 비록 도시지역을 중심으로 기관분리형 지방정부가 늘어나고 있는 추세지만 전국적으로 볼 때 기관통합형 정부도 결코 적지 않다. 그리고 기관통합형의 경우 지방의회(위원회)가 중심이 되어 지방정부를 운영하고 있다. 즉 이들은 첫째 의회의장이 집행부 장(단체장)을 겸임함으로써(영국, 프랑스, 북독일 등), 둘째 지방의회의 강력한 정책결정권과 인사권을 통하여(의회중심의 내각책임제형태 정부를 통해), 셋째 의회사무기구의 독립적 인사권 보장(의회의 자율권, 선출직에 대한 자유재량임용권 보장) 등으로 의회사무직원에 대한 지방의회의 인사권은 완전히 독립되어 있다.

(2) 전문직 중심의 독립직렬제도 운영

영국은 물론 미국의 도시정부들도 대부분 의회사무직공무원을 전문직으로 하고, 인사의 독립성과 전문성을 보장하고 있다. 즉 미국공무원은 기본적으로 전문직 중심의 직위분류제이며 그 중 미국 지방의회 공무원은 직렬이 독립되어 있다. 프랑스도 지방의회공무원은 독립직렬로 운영하고 있다. 그리고 이러한 기간통합형 정부에서는 의회사무직은 물론 집행부공무원 임용에도 최종적인 승인권은 의회가 가진다. 이처럼 의회사무직원들을 전문직으로 하는 것은 오랜 경험을 통해 얻어진 것으로, 첫째 기관간 견제와 균형이라는 기관분리형의 정신을 구현하고, 둘째 의회의 업무와 집행부의 업무가 성격이나 내용 등에서 서로 다르고, 따라서 의회업무의 전문성이 인정된다는 것이다. 한국의 국회의원들이나 중앙부처 공위공직자들은 아직도 이점을 알지 못하거나 인정하려 하지 않는 무지를 벗어나지 못하고 있다.

(3) 전국협회중심의 교육 및 자격증제 운영

특히 미국은 지방의회직을 관장하는 광역협의회나 전국중심의 협회가 구성되어 이들의 교육과 훈련, 상호 정보제공과 네트워크 구축, 그리고 자격증을 부여하고 있다. 영국도 전문직 중심의 직위분류제를 택하고 있고, 전문직중심의 전국협회가 인적 자원을 관리한다. 이렇게 볼 때 우리나라도 장기적으로는 의회사무직을 전문직화 할 필요가 있으나, 우선은 그 전 단계로 공무원 직렬 중 의회사무직을 신설하여 일반 행정직과 분리할 필요가 있다.

III. 지방의회 사무기구 설치운영에 관한 제도적 문제점

1. 지방의회사무기구에 관한 현행제도의 문제점

지방의회사무직원의 인사권 독립문제는 이미 지방자치학계에서 오래전부터 개선을 촉구해 온 문제이다. 비단 사무직원의 인사권 문제만이 아니라 의회전문위원의 인사권을 비롯하여 의회사무조직의 구성과 운영전반에 걸쳐, 현행제도는 지방의회의 의회자율권과 기관독립성을 침해하고 있음을 지적하고 개선되어야 함을 주장한지 오래다(안성호, 1995 : 460-481, 김동훈, 1993 : 58-69 등등).

1) 지방의회사무기구에 대한 지방의회의 자치조직권 침해

위에서 검토한 바와 같이 지방의회 사무기구의 설치기준 및 거기에 두는 공무원의 직급기준 등을 법률과 대통령령으로 통제하고 있으므로 지방의회의 자율권을 침해하고 있다. 그리하여 사무기구의 규모와 명칭까지 지방의원의 수와 연결시킴으로서 동일한 특별시나 광역시의 구라고 할지라도 사무기구의 장이 사무국장인 곳과 사무과장인 곳으로 차별화되도록 하였다. 물론 여기에 따라 전문위원이나 사무직원의 직급과 수를 통제하고 있다. 전체적으로 우리나라의 중앙정부는 법령을 통하여 지방의원의 수와 사무기구의 규모와 그곳에서 근무하는 직원의 종류와 직급과 정원 및 관리방식까지 전반적 총체적으로 통제하고 있다. 요컨대 한국의 중앙정부는 지방자치제도가 실시되는 현재에도 전국의 지방자치단체의 살림살이를 지방정부를 대신해서 직접 챙기고 관리하고 있다고 보아야 할 것이다.

2) 지방의회 사무직원에 대한 자치행정권(인사권) 침해

또한 지방의회 사무기구에서 근무하는 직원들에 대한 인사권도 자치단체장에게 부여함으로써 지방의회는 사실상 견제해야 할 기관에서 파견된 직원으로 일하고 있어, 가장 본질적인 직원인사권까지 침해받고 있다. 그리하여 비록 몸은 지방의회에서 일하고 있지만 마음은 온통 집행기관과 그 장에게 집중되어 있어 지방의회를 위해 일하는 것이 아니라 집행기관을 위해 일하고 있는 것이 현실이다.

이로 인해 야기되는 문제점들을 구체적으로 살펴보면, 첫째 집행기관의 필요에 따라 수시로 행해지는 의회사무직원에 대한 인사전보로 의회업무의 연속성과 전문성을 크게 저하시키고 있다. 둘째 별정직 전문위원과 계약직, 그리고 기능직 직원의 인사권을 지방의회 사무기구의 장에게 위임함으로써 야기되는 문제가 적지 않다. 셋째 의회사무기구의 장과 인사 · 예산 등 기관운영업무를 수행하는 일반직 사무직원들에 대한 인사권을 여전히 단체장에게 부여함으로써 지방의회 인사권독립이라는 지방자치의 원리를 왜곡하고 있다. 넷째 개정 법률에 의한 의회사무기구의 장에게 위임한 인력에 대해서까지 집행기관의 인사위원회가 그 기능을 대행하게 함으로써 모든 인사권은 여전히 단체장이 집중되어 있다.

3) 지방의회의 전문위원선임과 관리에 대한 의회자율권 침해

(1) 자치단체장에 의한 의회전문위원 임용 및 관리의 문제점

지방의회의 위원회업무는 집행기관의 업무와 근본적으로 차이가 있다. 우선집행기관을 견제하는 기관의 성격상으로도 그러하고, 위원회의 업무내용도 판이하다. 더구나 지방의원이 잘 알지 못하는 중요한 법령사항이나 기타 의정활동에 필요한 많은 정보와 자료를 필요에 따라 즉시 지원해야 한다. 다시 말해 의회전문위원은 집행부에서 행정업무만을 담당했던 일반직 지방공무원으로서는 제대로 감당할 수 없는 전문적인 지식과 능력을 요구하는 직위이다. 그리하여 지방의회는 자신이 필요로 하는 사람들을 스스로의 결정으로 임용하고 관리해야 한다. 그럼에도 불구하고 우리나라는 이를 제도적으로 차단함으로써 지방의회의 권한을 정면으로 침해하고 있다. 첫째 의회사무기구에 근무하는 직원의 인사권은 물론 그 장의 인사권까지 상대기관인 집행기관에게 부여하였다. 둘째 지방의회의 기관성격상 전문적이고 독자적인 업무수행을 위해 필요한 전문위원까지 그 임용과 관리 등 인사전반에 대해 집행기관의 장이 갖도록 하였다. 이러한 우리나라의 제도적 실태는 그것을 만든 국회와 행정자치부가 지방자치제도나 그 정신에 대해 근본적으로 무지하거나 아니면, 고의적으로 지방의회를 무력화시키기 위해 무리하게 잘못 만든 제도라고 보아야 할 것이다.

(2) 자치단체장에 의한 의회전문위원의 업무분장의 문제점

이미 위에서도 지적한 바와 같이 의회전문위원은 소속위원회의 사무를 처리함에 있어서는 소속위원회위원장의 지휘를 받지만, 그 외의 일반적인 사무에 대하서는 의회사무기구장의 지휘 감독을 받도록 하고 있다. 또한 "시 · 도 및 시 · 군 · 구의 의회사무기구에 두는 담당관과 전문위원의 사무분장 등에 관한 사항은 당해 지방자치단체의 규칙으로 정한다." 고 규정함으로써 전문위원을 일반행정 사무직원과 동일하게 취급함으로써 전문위원의 제도적 성격을 모호하게 하고 있다. 요컨대 의회전문위원의 임명과 관리는 물론 그들의 업무분장까지 자치단체장의 규칙으로 정한다는 것은 지방의회의 권한을 이중으로 침해하는 처사이다. 지방의회의 기구이며 의회의 일을 담당할 사람들을, 상대편 기관인 자치단체장이 임명하고 관리한다는 것은 상식에도 어긋나는 매우 잘못된 제도이기 때문이다.

4) 지방의회의 기관독립성 침해 및 의정활동방해

첫째 인사권을 가진 자치단체장의 명령에 따라 집행기관의 공무원을 지방의회에서 잠시 근무하다가 다시 집행기관으로 되돌아가게 하는 현행제도는 지방의회의 권위와 권한은 물론 기관의 독립성까지 모두 무시하는 매우 잘못된 제도이다((안성호, 1995 : 464-467). 한마디로 의결기관과 집행기관의 견제와 균형이라는 기관분립형제도의 기본정신을 왜곡하고 있는 제도이다. 그리고 기관의 성격이 다름에 따라 업무내용도 다르고 따라서 직원들에게 요구하는 지식의 내용과 수준도 달라야 하지만 현실은 집행기관의 행정공무원들을 강제적으로 인사발령하여 근무케 하여 지방의회의 기관독립성도 해치고 의정활동도 방해하고 있는 것이다. 둘째 의회사무직원들이 집행기관의 업무처리실패나 부정부패, 기타 문제에 대하여 지방의회의 감사 및 조사 또는 심사방향이나 정보를 유출함으로써 의회의 의정활동을 방해하는 일들이 비일비재하다. 이를 통해 집행부와 단체장은 지방의회의 효율적이고 민주적인 의정활동을 방해하고 있다는 것이다(안성호, 1995 : 460-464).

2. 지방의회사무기구의 인사권독립에 대한 찬반론

1) 인사권 독립에 대한 찬성론과 근거

첫째 지방정부기관구성의 원리인 기관분립형제도에서는 양 기관 간 견제와 균형의 원리를 구현하기 위해 인사권 독립은 그 본질적 내용이다. 특히 기관분리형제도하에서는 권력분립의 원칙(의결권과 집행권의 분리)을 존중함으로써 의결기관인 지방의회의 주요기능인 집행기관에 대한 감시기능을 원활히 수행하기 위해서도 인사권 독립이 필요하다.

둘째 행정조직의 가장 기초원리이자 일반원리인 명령통일의 원리에도 위배된다. 즉 조직의 구성원은 한 사람의 상관으로부터만 명령을 받아야 한다는 원리이다. 따라서 사무감독권자와 인사권자는 원래 하나여야 한다.

셋째 지방의회사무기능의 전문성 제고를 위해서도 인사독립이 요망된다. 의결기능과 집행기능은 업무처리의 정신과 과정에서 근본적인 차이가 있다. 이러한 근본적으로 다른 업무를 처리하는 사람들은 그 특성과 능력도 달아야 한다. 그럼에도 불구하고 집행기관으로부터 사람과 일을 벗어나지 못하게 해 놓은 현행제도는 그 자체가 바로 지방자치발전을 저해하는 요소이다. 인사독립 없이 사무의 독립도 없다. 사무독립 없는 지방의회의 자율이란 실없는 허울이며, 지방의회의 독립성과 자율권이 보장되지 않는 지방자치는 처음부터 국민기만이다.

넷째 지방의회의 기관독립성을 구현하기 위해서도 자신의 기구에 대한 인사권 독립은 필수적이다. 지방자치단체의 기관은 엄연히 의결기관과 집행기관으로 분리 독립되어 있고,

이 두 기관이 하나의 지방정부를 이루고 있다. 따라서 서로 독립되어 있는 성격상 다른 기관이, 그것도 어느 한 쪽만이 다른 기관의 사무를 자신의 업무처럼 대행하는 것은 조직구성의 본질을 왜곡시키고 있는 것이다.

2) 인사권 독립에 대한 반대론의 근거와 비판적 고찰

지방의회의 각종 사무를 수행하고 있는 의회사무기구의 직원에 대한 인사권을 당사자인 지방의회가 아니라 견제하고 감시해야 할 집행기관에 맡겨야 한다는 반대론은 사실 논의의 가치조차 없다. 그럼에도 불구하고 억척논리를 끌어들여 현실을 정당화하려는 논리들이 있어 자치발전의 걸림돌이 되고 있다. 그렇다면 과연 이러한 반대론의 근거가 무엇인지, 그리고 그것은 왜 바르지 않은지를 검토해 보기로 한다[36].

첫째 지방의회가 의회사무기구의 직원들에 관해 인사권을 갖는 것은 지방정부의 일원적 인사관리에 걸림돌이 되고, 따라서 인사관리의 비능률성을 야기시킬 수 있다는 주장이다. 그러나 이러한 주장은 다음과 같은 이유로 정당하지 못하다. 즉 i) 지방정부의 인사관리가 집행부중심으로 일원적이어야 한다는 주장은 잘못된 것이다. 현행법상 지방정부란 법상 지방자치단체의 기관을 의미하고, 지방자치단체의 기관은 의결기관과 집행기관이라는 두 개의 기관으로 구성된다. 따라서 기관이 다르면 인사권의 주체와 인사관리기구도 달라야 한다. 집행기관이 의결기관의 인사관리를 대행해 주어야 할 아무런 권한과 이유도 없기 때문이다. 그리고 ii) 이러한 반대론은 지방자치제도의 정신이나 가치는 물론이고 지방의회와 지방자치단체장 간의 관계를 잘 알지 못하는 무지에서 비롯된 주장이다. 기관분립형제도의 정신과 가치를 구현하기 위해서도 인사권의 독립은 기본인 것이다. 더구나 iii) 우리나라와 같은 지방자치제도하에서는 그렇지 않아도 자치단체장의 권한이 막강하여 제왕적 자치단체장이라는 비판이 제기되고 있는 실정인데, 여기에다 의회사무직원 및 전문위원에 대한 인사권까지 부여함으로써, 지방의회의 권한과 기능을 극도로 위축시키고 있다. 따라서 양기관간의 권력균형을 위해서도 의회사무직원과 전문위원의 인사권은 지방의회로 돌려줘야 한다.

둘째 지방정부의 인사정체를 해소하기 위해서도 필요하며, 의회사무직으로 한정시켜 공무원을 선출할 경우 유능한 공무원들이 지방의회근무를 기피할 우려가 있다는 주장이다. 그러나 이러한 주장은 지나치게 비자치적인 사고와 지방정치와 지방의회에 대한 비하적 견해를 가진 비민주적 사고를 가진 사람들의 주장에 지나지 않는다. i) 지방정부의 정책을

36) 반대론은 주로 행정자치부공무원들의 주장과 국회의 행정자치위원회에서 국회의원들이 행한 발언, 그리고 일부 지방자치단체의 공무원들이 행한 발언을 통해서 정리되었다.

결정하고 중요사업을 심의 의결하는 매우 중대한 업무를 수행하는 의결기관을 집행기관의 인사적체해소를 위한 하나의 주변기관으로 생각한다는 것은 지방의회를 모독하는 처사이다. 뿐만 아니라 ii) 지방의회에 인사권을 주면, 그리하여 공무원을 의회에만 근무하도록 할 경우, 유능한 공무원이 채용되지 않는다는 주장은 시대착오적이며, 인사제도에 관한 지적 한계를 나타내는 주장이다. 아래에서 볼 수 있는 것처럼 선진 외국에서는 새로운 의회직렬의 설치로 얼마든지 좋은 공무원들을 채용할 수 있다는 점을 증명하고 있다. 때문에 이러한 주장을 하는 사람들은 사실은 집행기관의 자기중심적, 독선적 사고에 지나지 않는다는 점을 인식할 필요가 있다.

셋째 지방의회의 독자적 인사제도는 인사정체로 인해 근무의욕이 저하될 우려가 있다는 주장이다. 이러한 주장에 대해서는 이미 앞에서 그 잘못과 대안을 제시하였으므로 재차 반론할 필요성을 느끼지 않는다. 그러나 이러한 주장자들은 현행제도 외에 다른 제도에 대해서는 지식이 없기 때문에 나온 주장일 것이다. 오히려 지방의회의 한 분야에만 근무함으로써, 그리고 크게는 전국적 순회근무나 광역단위의 순환근무가 가능해 짐으로써, 인사정체문제는 해결되고, 의회공무원들의 직무전문성을 제고시킬 수 있는 두 가지 장점을 동시에 살릴 수도 있을 것이다. 그리고 앞으로 외국의 제도와 한국적 실제를 잘 접목시킨다면 충분히 새로운 공직의 직렬로 자리 잡을 수 있을 것이다.

넷째 지방의회의 독자적 인사제도는 정치적 엽관주의를 형성할 우려가 있다는 주장이다. 이 주장 역시 다음과 같은 이유로 잘못되었음을 인식할 필요가 있다. i) 이러한 주장은 우선 엽관주의에 대한 인식부족에서 나온 것임을 강조할 필요가 있다. 엽관주의란 과거 미국에서와 같이 선거에서 이긴 정당이 공직을 전리품으로 간주하여, 선거운동원들을 공무원으로 임용하는 공무원제도를 의미한다. 따라서 의회직렬이라는 새로운 제도를 만들거나 기존 공무원들을 공개모집하는 방식에 의할 경우, 엽관주의의 문제는 처음부터 생기지 않는다. 또한 ii) 개별의회가 독단적으로 사무직원에 대한 채용과 교육 및 승진 등을 직접 시행하겠다는 것이 아니라, 전국단위로 하든 혹은 지역단위로 하든 의회상호간의 협의로 의회차원에서 인사관리를 하겠다는 것이기 때문에 더욱 엽관주의 문제는 논의의 대상조차 되지 않는다. 이처럼 반대론의 논거는 대부분 현재의 제도에 이득을 보고 있는 기득권자들의 자기보호나 자기변명에 지나지 않는다. 더구나 근래 많은 지방정부에서 문제점으로 지적되고 있는 자치단체장의 인사권 관련 부정부패사건은 더더욱 지방의회 사무직원에 대한 인사권 독립의 필요성을 강조해주고 있다.

3) 기타 의견

지방의회의 사무직원의 인사권 독립문제와 관련하여 지방자치론이나 지방의회론의 저자들의 입장을 보면, 우선 현행제도에 문제는 있지만, 제도를 어떻게 고치느냐 보다는 현행제도 하에서라도 제도의 취지를 살려 잘만 운용한다면 큰 문제가 없을 것으로 보는 입장이 있고(최인기 이봉섭, 1993 : 225), 제도내용을 법령대로 설명만 할 뿐 그러한 제도가 어떤 문제가 있는지에 대해서는 일체의 언급을 하지 않는 입장도 있다(박봉국, 2006 : 285-290, 최창호, 2002 : 329). 그리고 현행제도의 문제점을 지적하면서 단체장이 임명하는 현행제도를 단체장이 복수로 추천한 후 지방의회의장이 임명하는 방식을 추천하는 입장도 있다(문재우, 2007 : 150-152). 그러나 대부분은 의회사무직원을 자치단체장이 임명하는 현행제도가 부당하고 많은 문제점을 야기시키기 때문에 고쳐야 한다고 지적만하고 있고, 구체적인 대안을 제시하지는 않는 입장(정세욱, 2003, 524-525) 등이 대부분이다.

2.5 지방의회와 지방자치단체장 간의 제도적 관계실태와 문제점

I. 의의

1952년 우리나라 최초로 지방자치제도가 실시된 이후 약 9년 동안 지방의회와 지방자치단체장 간의 갈등은 매우 심각하였다. 특히 초기의 지방자치법은 의결기관과 집행기관 각각에 대해 상호 견제와 감시를 위한 제도로서 의회의 자치단체장에 대한 불신임의결권과 자치단체장의 의회에 대한 지방의회해산권을 부여하여 양 기관간의 갈등을 부채질 하였다. 특히 이 시기에는 당시 경상북도에 속해 있던 대구시의 기관 간 갈등사례가 갈등사례를 대표할 만큼 다양한 갈등이 빚어졌다.

게다가 당시 제도는 지방의회는 독자적으로 자치단체장을 불신임의결할 수 있도록 했으나, 자치단체장이 지방의회를 해산하기 위해서는 상급기관장의 승인을 받도록 하여 제약을 가하고 있었다. 1952년에 출범한 제1대 지방의회에서는 광역자치단체장(특별시장과 도지사)과 자치단체가 아니었던 군(郡)과 구(區)의 장(군수와 구청장)은 정부임명제였고, 기초자치단체장(시장, 읍장, 면장)은 지방의회에서 선출하도록 하였다. 그리고 동장과 이장은 주민직선제를 채택하였다.

1956년의 제2대 지방의회에서는 자치단체장에 대한 불신임의결권과 지방의회에 대한 의회해산권이 폐지되었으며, 기초자치단체장의 주민직선제, 지방의원의 임기와 기초자치단체장의 임기를 3년으로 단축하였다. 그리고 1960년의 제3대 지방의회는 5.16군사정변으로 인해 출범 5개월만에 막을 내렸다. 이처럼 초기 우리나라의 지방자치는 자치제도의 급격한 변경과 의회운영의 중단 등으로 매우 파행적으로 운영되었다(최봉기, 2002 : 258-259).

1991년 제4회 지방선거로 기초 및 광역의회가 구성됨으로써 30년간 중단되었던 지방자치제도가 부활되었고 그 이후 이미 20년이 경과되었다. 이 기간 중에도 자치단체장과 지방의회 간에는 많은 대립과 갈등이 발생되어 왔다. 그러나 이와 같은 양자간 갈등과 마찰은 지방자치단체의 기관구성방식을 기관분리(대립)형으로 택한 데서 야기되는 불가피한 현상이다. 우리나라와 같은 기관분리형은 자치단체장과 지방의회를 분리하여 상호간 견제와 균형을 통해 상호 정책을 촉진하고 권한남용을 방지함으로써, 근본적으로는 지방행정의 바람직한 운영을 담보하기 위한 목적을 함축하고 있기 때문이다. 따라서 자치단체장과 지방의회 간 갈등은 적정한 범위 내에서는 지방행정의 합목적성을 달성하기 위한 순기능으로 간주될 수도 있다. 그러나 지난 1995년 제5회 지방선거를 통해서 선출된 주민직선의 자치단체장과 지방의회 간에는 갈등이 새로운 양상으로 전개되어 왔다. 종래와 달리 자치단체장과 지방의회 간 갈등의 수준에서 강도가 상당히 심해지고, 갈등의 내용에서 이념적 색채가 이입되는 현상이 발생했다. 즉 자치단체장이 주민에 의해 직선된 이후부터는 그동안의 자치단체장과 지방의회 간에 야기되었던 갈등과는 전혀 다른 양상으로 변화되었다는 것이다. 대표적인 사례로 최근에 서울시장과 서울시의회의 무상급식 조례제정에 대한 갈등사례와 서울시장의 사퇴로 인한 지방자치의 혼란현상을 들 수 있다.

이처럼 최근의 단체장과 지방의회간 갈등변화의 핵심에는 중앙정당의 갈등구조가 지방차원으로 확산되거나 또는 재현되고 있다는 지적이 많다. 이는 종래와는 다른 주민직선의 자치단체장과 지방의회간 정당구조의 재편에 따른 결과라는 것이다. 일부 지방자치단체에서 자치단체장과 지방의회 다수당의 정당이 동일정당이 아니라 다른 정당으로 구조적 재편이 이루어졌다. 그리고 단체장과 지방의회 다수당이 상호 다른 정당인 지방자치단체를 중심으로 상호간 다양한 정책적 갈등이 양산되고 있는 실정이다. 이와 같은 단체장과 지방의회 간 갈등이 지속될 경우 지방행정의 원활한 운영이 어렵게 되고, 이는 결과적으로 지역주민의 편익뿐만 아니라 궁극적으로 사회적 비용을 증가시키는 부작용을 초래하게 된다. 따라서 종래와는 다른 환경변화에서 단체장과 지방의회간 갈등이 사회적 병리현상으로 전환되지 않고, 원래의 순기능으로 작용할 수 있는 정책적 방안의 마련은 더 이상 미룰 수 없는 당면과제이다.

Ⅱ. 지방의회와 지방자치단체장 간의 제도적 관계실태

1. 지방자치단체의 기관(지방정부) 구성방식

지방자치단체의 기관 즉 지방정부를 구성하는 방식은 기관분리(대립)형과 기관통합형 그리고 절충형으로 구분된다. 중앙정부가 입법, 행정, 사법의 3개 영역으로 구분되어 있는 것과는 달리, 지방정부의 기능은 의결기능과 집행기능으로 나뉘어져 있다. 물론 미국이나 유럽 등 일부 국가의 지방자치단체에서는 부분적으로 사법적 기능을 수행하는 지방자치단체가 없는 것은 아니나 보편적인 것은 아니다. 이처럼 지방자치단체의 기관구성이 다양한 것은 각국의 정치적 또는 문화적 환경이 다른 것에서 비롯되고 있다. 그럼에도 불구하고, 지방자치단체의 기관구성은 주민 대표성과 주민대응성 및 행정 효율성이 담보되어야 한다는 기본전제가 있다. 우리나라의 지방자치단체는 과거나 현재 모두 전술한 기관구성 방식 가운데 기관분리(대립)형을 채택하였다. 헌법 제118조 제1항에는 지방자치단체에 의회를 둔다고 규정하고 있고, 지방자치단체의 장의 선임방법 등은 법률로 위임하고 있다.

이와 같은 기관분리형은 의결기능과 집행기능을 각기 다른 기관에 분담시켜서 각 기관이 상호 견제와 균형을 통하여 지방자치단체를 통치하도록 하고 있다. 그리고 의결기관과 집행기관 어느 쪽에 더 많은 권한을 부여했느냐에 따라 강시장-의회형, 혹은 약시장-의회형 등으로 다시 세분되기도 한다. 요컨대 기관분리형이란 자치단체장과 지방의회가 상호 견제와 균형을 통해서 어느 일방의 권력남용을 방지하여, 지방자치행정의 전문화를 통해 행정의 생산성을 제고함으로써 지역사회의 발전과 주민의 복지증진에 기여하도록 한 것이다.

2. 지방의회와 자치단체장 간의 권한배분

지방자치의 역사가 오래고, 주민의 권한을 강조하는 나라의 경우 대부분 기관통합형을 채택함으로써 지방의회를 중심으로 지방자치를 하도록 하고 있다. 그러나 자치의 역사가 일천하거나 전통적으로 수장중심의 정치행정문화를 가진 나라에서는 기관분리형을 채택하는 예가 많다. 우리나라는 전통적인 수장중심의 정치행정문화를 가지고 있고, 행정부의 민주화정도가 저급하여 자치제도의 본질과 가치를 이해하지 못하며, 관료의 의회제도에 대한 불신이 깊어 자치단체장 중심의 명목적 장식적 자치제도를 실시하고 있다. 원래 기관분리형을 채택하는 나라의 경우, 지방의회와 자치단체장간에는 상호 적절한 견제와 균형이 가능하도록 권한을 분담시키고 있지만 우리나라의 경우 지나치게 불공정할 정도로 자치단체장에게 권한을 편중시키고 있다. 현행 우리나라「지방자치법」을 중심으로 지방의회와 자치단체장에게 배분된 주요 권한을 살펴보면 다음과 같다.

지방의회는 조례의 제정 · 개정 및 폐지권과 예산의 심의권 외에 지방자치단체의 중요 정책사항을 결정함으로써 단체장과 균형적 관계를 유지한다. 뿐만 아니라 행정사무의 감사 및 조사, 현지확인, 단체장의 출석증언, 의견진술, 서류제출의 요구, 행정처리상황에 대한 질문, 결산의 승인, 선결처분에 대한 사후승인 등을 통하여 자치단체장의 집행과정을 감시 및 통제하며, 청원의 처리에 근거하여 행정을 촉진하기도 한다.

이에 비하여 단체장은 지방의회와 위원회의 회의소집에 관여하고, 조례안을 비롯한 의안 발의 및 예산안의 편성과 제출을 통하여 지방의회의 의사를 촉진하며, 지방의회의 의결을 거친 조례의 공포 등을 비롯하여 재의요구권, 선결처분권, 의회사무기구의 장과 전문위원 그리고 직원 등에 대한 인사권, 의회출석답변권 등을 가진다.

〈표 2-6〉 지방의회와 지방자치단체장의 주요 권한

지방의회 권한	자치단체장 권한
1) 의안발의권(제66조) 2) 의결권(제39조) (1) 조례의 제정 · 개정 및 폐지 (2) 예산의 심의 · 확정 (3) 결산의 승인 (4) 사용료 · 수수료 · 분담금 등의 부과와 징수의결 등 3) 서류제출 요구(제40조) 4) 행정사무 감사 및 조사권(제41조) 5) 임시회 소집권(제45조) 6) 위원회 개회권(제61조) 7) 의회 사무직원의 추천권(제91조) 8) 청원의 심사처리권(제75조) 9) 청원의 이송과 처리결과 보고요구권(제76조) 10) 재의요구된 조례에 대한 재의결 · 확정권(제26조) 11) 선결처분의 사후 승인권(제109조)	1) 의안발의권(제66조) 2) 사무의 관리 및 집행권(제103조) (1) 조례의 공포권(제26조) (2) 예산안 편성 및 제출권(제127조) (3) 예산불성립시 예산집행권(제131조) 3) 임시회 소집요구권(제45조) 4) 장의 부의안건에 대한 공포권(제46조) 5) 위원회 개회 요구권(제61조) 6) 의회사무직원의 임명권(제91조) 7) 청원처리결과 보고권(제76조) 8) 일반의결에 대한 재의요구권(제107조) 9) 예산상 집행불가능한 의결의 재의요구권 (제108조) 10) 법령에 위반된 의결사항의 재의요구권 및 대법원 제소권(제172조) 11) 선결처분권(제109조)

3. 지방의회와 자치단체장 간의 갈등구조

지방자치단체의 기관을 의결기관과 집행기관으로 나눔으로써 기관분리형을 채택한 우리나라의 경우 지방의회와 자치단체장이 각자의 법적 권한을 토대로 상호작용을 하는 과정에서 갈등은 필연적으로 발생되고 있다(박천오 · 서우선, 2004: 108). 이와 같은 갈등은 제도 그 자체에서도 발생할 수 있지만, 지방의회와 자치단체장간의 권한배분이나 정책 및 행정에 관한 시각 차이에서 비롯되는 것이 보통이다(Johnson, 1992: 23). 전술한 바와 같은 지방의회와 자치단체장간 권한배분 구조에 따라 제도적으로 발생할 수 있는 갈등 양상을 살펴보면, 다음과 같다.

현재의 제도에 의하면 지방의회가 주도적으로 자치단체장과 갈등을 유발할 수 있는 것은, i) 지방의회의 의결지연, ii) 부결, 위법 · 월권 · 공익을 저해하는 의결, iii) 무리한 감사 · 조사 및 자료요구, iv) 의무사항의 미통보 또는 미통지 등이 그러한 사례들이다. 이와 같은 지방의회의 조치나 행위에 따라 자치단체장과 갈등이 발생될 수 있고, 자치단체장은 재의요구나 선결청분, 대법원 제소, 요구의 무시나 불응 등으로 반응하게 된다(이종호, 2004; 박천오 · 서우선, 2003; 김병국, 1996. 금창호, 2011).

〈표 2-7〉 지방의회 주도의 갈등유발 유형

지방의회의 권한 및 책무	갈등유발 요인	단체장 대응
조례 제정 · 개정 · 폐지	의결지연 또는 부결	수단없음
	이의 있는 조례 의결	재의요구
예산 심의 · 확정	예산안의결 지연 또는 부결	선결처분
	집행불가경비 의결	재의요구
	법적 경비 삭감의결	재의요구
	증액예산의 동의 없는 의결	재의요구
결산승인	결산 승인유보 또는 불승인	수단없음
중요시책결정	부결 또는 의결지연	수단없음
법령 및 조례규정사항 의결	월권적 또는 공익저해 의결	재의요구
	법령위반 의결	재의요구
행정사무감사 및 조사	무리한 감사	수단없음
	위법 또는 빈번한 조사	수단없음
	무리한 조치요구	요구무시
회의결과의 지방자치단체장 통보	미통보(의장 불신임 등)	수단없음
재정부담조례안 의결	집행기관의견 미청취 의결	재의요구
행정사무감사 및 조사계획 통지	미통지	조사불응
자료제출요구 통지	법적 방법 외의 자료요구	요구불응
재의요구 상정 및 확정	재의결 확정	대법원 제소

자료 : 금창호, 2011 : p.4.

한편, 자치단체장의 주도로 지방의회와 갈등을 유발할 수 있는 제도적 구조로는, i) 자치단체장의 법적 권한의 불행사, ii) 위법 · 부당 또는 월권적 권한행사, iii) 불합리한 예산편성 및 재의요구, iv) 의무적인 사항의 지연 · 거부 또는 부조치 등이 있다. 이러한 자치단체장의 조치나 행위로 인해 지방의회와 갈등이 유발될 수 있고, 이에 대해 지방의회는 대행 또는 회의지연 · 거부, 불승인, 문책요구 등으로 반응하게 된다(이종호, 2004; 박천오 · 서우선, 2003; 김병국, 1996 ; 금창호, 2011).

〈표2-8〉 지방자치단체장 주도의 갈등유발 유형

단체장의 권한 및 책무	갈등유발 요인	지방의회 대응
임시회 및 위원회 소집요구	소집요구 불행사	의장 · 의원 소집
의회의 요구에 의한 본회의 출석	불출석, 관계공무원 대리출석	회의지연 또는 거부
의안성안 및 제출	의안제출권 불행사	의원 · 위원회 발의
예산안 편성 및 제출	불합리한 예산편성	예산의결 지연, 삭감
조례 공포	조례 불공포	의회의장 공포
예비비 지출	불법 · 부당한 지출	불승인, 감사 및 조사실시와 문책요구
의회의결안 재의요구	불합리한 재의요구	재의결 확정
선결처분	월권적 선결처분	불승인, 감사 및 조사실시와 문책요구
청원처리결과 보고	보고지연 또는 거부	감사 및 조사실시와 문책요구
행정사무감사 · 조사 수인	증인 불출석 증언 · 서류제출 거부	500만원 이하 과태료 등
감사 · 조사실시결과에 대한 의회의 시정 · 처리 · 문책요구 조치	부조치 또는 경미한 문책	수단 없음

III. 지방의회와 자치단체장 간의 갈등에 관한 과거경험

1. 제1, 제2공화국 시기의 기관간 갈등사례요약

제1공화국의 지방자치제도 역시 현행제도와 같이 기관분리형을 택하였다. 그러나 집행기관의 구성방법은 매번 바뀌어 왔으며, 그리하여 임명형, 간선형, 직선형 등의 다양한 경험을 하였다. 특히 제 1대 지방의회에서는 양 기관은 상호 불신임의결권과 의회해산권을 가지고 있었다. 물론 지방의회의 자치단체장에 대한 불신임의결권은 지방의회의 독자적 권한이었지만, 집행기관의 의회해산권은 광역자치단체장의 승인을 받아 행사할 수 있는 제한적 권한이었다. 따라서 양 기관의 관계에 관한 과거의 경험 중에서도 특히 우리의 관심을 끄는 분야는 양 기관이 갈등과 마찰을 야기함으로써 불신임의결과 의회해산의 결과를 가져왔던 부분이다. 즉 제1대 지방의회에서는 광역자치단체의 장과 비자치단체였던 군 · 구의 장은 정부임명제를 택하였고, 기초자치단체의 장은 의회에서 간선토록 하였으며, 동 · 이장은 주민직선제를 택하였다.

제2대 지방의회에서는 불신임의결권과 의회해산권이 폐지되었고, 시 · 읍 · 면장의 주민직선제, 지방의원의 임기와 시 · 읍 · 면장의 임기를 3연으로 변경하였다. 그리고 제3대 지방의회는 5.16군사정변으로 인하여 제2공화국 하의 5개월만에 그 수명을 다하였다. 이처럼 과거의 지방자치는 지방자치법의 급격한 변경과 의회운영의 중단 등으로 극히 파행적으로 운영되었다. 그리하여 제1대 지방의회 운영기간 중 1953년 5월에서 1954년 1월 사이에 전라북도 기초자치단체의 경우, 178개의 시 · 읍 · 면 중 59개의 읍 · 면장이 불신임 · 경질되었고, 1952년 지방의회가 구성된 이후 3년 동안에 의회해산이 18건, 불신임결의는 66건, 자치단체장의 사직건수는 1166건 이었다(손봉숙, 1985 :217).

이 시기의 갈등사례는 당시 경상북도 대구시의 사례를 중심으로 그 관계를 좀 더 자세히 검토해 볼 수 있다. 1952년 4월 우리나라 최초의 지방선거로 지방의회가 구성된 이후(중선거구제에 의한 29명 선출: 여당계10명, 무소속19명)(대구시사, 205), 지방의회에서 간선한 제1대 이호석 시장(재임 6개월)과 제2대 김종환 시장(재임 1년10개월)을 차례로 불신임의결 했으며[37], 제3대 허흡 시장 역시 재임 중 2차례의 불신임 소동을 겪었다(대구시사, 207-209).

1956년 8월 8일 제2대 지방의회가 구성된 이후 불신임의결권과 의회해산권이 폐지되었다. 대구시는 개정된 지방자치법에 따라 23명의 지방의원(자유당9명, 민주당 4명, 무소속 10명)이 선출되었다[38]. 그리고 1958년 10월 2일 시민들의 압도적 지지를 받은 최초의 민선시장인 민주당 출신의 조준영 시장(제4대)이 선출되었다. 그러나 여당세가 강했던 의회의 야당출신 시장에 대한 부당한 정치적 압력은 시정을 마비시킬 정도였다[39]. 그 이후 2.4파동 시 개정된 지방자치법(제4차 개정)이 자치단체장을 임명제로 바꾸면서 지방의회에게 다시 불신임의결권을 부여하였다. 이에 여당이 우세했던 대구시의회는, 당시 예산심의를 지연시키던 시의회에 대항하여 시 예산에 대한 긴급재정처분권을 발동하겠다고 공고한

37) 이호석 시장의 경우, 정실인사, 예산낭비, 과세불공평등이 그 이유였고, 김종환 시장의 경우, 시의원과의 대립 · 반목 때문이었다.

38) 이러한 시의회의 정당별 분포는 그 후 구역개편과 자유당의 두의원이 국회의원 출마차 사임, 보궐선거실시, 그 결과 자유당 11명, 민주당 6명, 무소속 11명으로 변화 됨.

39) 민주당의 당적이탈 강요, 고의적인 빈번한 예산수정및 심의거부 등.

조시장의 처사를 이유로 들어 1959년 5월 16일 조시장에 대한 불신임을 의결하였던 것이다. 이에 대해 조시장은 그 부당함을 들어 의회해산권을 行使하고자 경북도지사에게 그 승인을 요구했으나 도지사가 이를 거부함으로써 주민의 압도적인 지지로 선출되었던 조시장은 재임 7개월만에 물러나고 말았던 것이다[40].

이상과 같이 양 기관의 갈등과 그로 인한 시장의 불신임의결은 그러한 사태의 발생과 처리과정에서 지역사회내의 주민들과 지방자치단체의 업무처리에 많은 혼란과 갈등을 일으켜 자체에너지를 소모시키는 결과를 초래하였다. 그러나 그러한 갈등과 대립을 야기시킨 원인들을 검토해보면, 대부분 그 발단은 사소한 문제에서 출발하거나, 감정적 대립 내지는 정당간의 대립에서 기인하는 것이었다. 참고로 대구시의 과거경험의 분석을 통해 나타나고 있는 갈등의 주요내용을 요약하면 다음의 표와 같다.

〈표2-9〉 1950연대의 대구시의 의회와 자치단체장 간의 갈등 사례

갈등유형	장의 선출방식	갈 등 내 용	비 고
자치단체장의 비리에 의한 갈등	의회간선제	정실인사, 예산낭비, 고급승용차구입, 과세불공평	불신임의결
		공사와 관련된 모의원의 관여를 풍설로	불신임의결
	주민직선제	정·부통령선거시 시장의 부당개입	장의 자진사퇴 요구안 부결
		시영자동차사무소의 부실운영으로 시재정손실 (도지사 신임투표 요구건의안가결)	장의 자진사퇴 요구안 가결
		국회의원 선거시 개표과정의 물의 및 가창댐 부실공사	장의 신임투표 요구건의안 가결
법제도 변경으로 인한 갈등	중앙정부 임명제	지방자치법 개정으로 의회해산권, 불신임의결권등이 부활되자,주민직선 야당시장에 대해, 여당의원들 주도의 불신임의결	시장은 의회해산을 도지사에게 건의했으나 거부, 행정소송도 패소
정당관여에 의한 갈등	의회간선제	여당인 자유당 대구시당부가 야당시장을 비난하는 벽보를 부착(심리적 압박사례)	수사기관 비협조
의원의 청탁 및 이권개입에 의한 갈등	주민직선제	시가 임시직원채용 시 의원이 추천한자 누락시킴, 구정 때 적당한 의원세비지출 불허를 이유로 국장을 구타하여 갈등야기	

40) 그 후 제5대 이종왕 시장(정부임명, 재임 1년에 4.19로 퇴임), 제6대 박기서 시장(과도정부임명, 재임 8개월, 제2공화국 시장직선제로 퇴임), 제7대 김종환 시장(두번째 민선시장, 무소속 재임 5개월에 5.16으로 퇴임), 제8대 강원채 시장 (대령)취임.

갈등유형	장의 선출방식	갈 등 내 용	비 고
예산안 통과 지연에 의한 갈등	주민직선제	야당시장에 대한 여당시의원의 갈등으로 예산안 통과지연	
	중앙정부임명제	시장 임명제로 법 개정 이후에도 기득권에 야당시장이 계속재임하자 여당중심의 시의회에서 예산안의결거부, 5차례나 수정안 제출	

2. 1991년 지방자치제도 부활실시 직후의 갈등사례

1) 갈등발생의 환경

현행 제도는 의회와 집행기관의 갈등을 대법원에 의해 해결토록 하고 있다. 물론 양 기관간의 갈등이 법률이 원인이 되었을 경우에는 사법부가 최종적으로 그 판단을 함으로써 갈등을 해결할 수도 있다. 그러나 갈등의 주요요인이 정치적 이유에 있고, 정견을 달리함으로써 야기될 수 있는 경우, 갈등해소를 위한 제도적 장치는 마련되지 않고 있다. 지방선거에 정당개입을 공식적으로 인정함으로써 선거결과에 따라서는 양 기관의 갈등양상은 상당히 심화될 소지도 있다. 의회 내의 다수당과 자치단체장의 출신정당이 달랐을 때 야기될 수 있는 갈등은 굳이 과거의 경험을 들추지 않더라도 짐작하고도 남음이 있다. 따라서 이 부분에 관한 체계적인 연구를 통해 갈등예방을 위한 법조문이 보완되어야 할 것으로 판단 된다(최봉기, 1992 : 11-15).

(1) 지방의회의 자치단체장 통제기능에 대한 지나친 강조

우리나라의 언론과 시민단체 그리고 이들에 영향을 맏고 있는 지역주민들은 지방의회의 다양한 기능 중에서 유독 집행기관에 대한 감시 · 견제측면만을 지나치게 강조하고 있다. 마치 지방의회는 자치단체장과 집행부를 통제하기 위해서 만들어 놓은 기관으로 착각하고 있다. 이러한 지역사회의 분위기가 양 기관간의 갈등을 야기시키고 있다. 물론 집행기관에 대한 지방의회의 감시 · 견제기능은 경시할 수 없는 중요한 기능임에 틀림없다. 그러나 엄격한 의미에서 양 기관의 관계는 지방의회와 자치단체장이 상호 협조와 협력을 통해 지역발전과 주민의 복지증진을 촉진하는 데 그 초점이 모아져야 한다. 그러나 지금 우리나라의 모든 언론이나 주민들은 과연 의회가 자치단체장과 집행부를 어느 정도 감시 혹은 통제하느냐 하는 한 가지 기능만을 기준으로 지방의회의 능력을 평가하고 있어 그 기능이 왜곡되고 있다.

(2) 의원들의 개혁성향과 공무원들의 보수성향 간의 차이

지역사회의 실정에 따라 각종의 관행과 조례를 개혁하려는 의원들의 의지는 강하나 집행기관과 그 보조기관의 공무원들은 기존법령을 내세워 그 위법성을 강조하는 과정에서 갈등이 야기되고 있다. 다시 말해 조례의 상위법인 각종 법령이 자치행정의 현실과 동떨어져 있는 데서 양 기관의 갈등이 야기되고 있다. 지난 30여 년 동안 위로부터 일방적인 법제정만 있었지 주민사회의 법 현실을 수렴하여 실정에 맞는 법개정은 없었기 때문이다. 그 동안에 야기되었던 양 기관간의 갈등은 기초의회 보다는 광역의회에서 더욱 빈번했고, 그 이유는 대부분 현실과 동떨어진 기존 법령의 문제점에서 야기된 것이었다. 주민들의 평가에 의해 그 신분이 좌우되는 지방의원들로서는 조례든 관행이든 지방행정의 잘못된 부분을 개선하려고 하지만, 지방공무원들의 경우 각종 중앙정부의 지시와 통제 그리고 법령등을 들어 이를 방어하려는 모순적 태도가 양기관의 갈등을 잉태시키고 있다.

(3) 지방의원들과 집행기관의 공무원들 간에 상호신뢰 부족

지방의원들과 지방공무원들 간에 보이지 않는 상호불신의 그림자가 아직도 청산되지 않고 있다. 많은 지방자치단체에서는 의원들과 공무원들 간에 보이지 않는 감정상의 대립이 존재하고 있다는 점에 갈등의 원인이 있다. 즉 많은 의원들은 과거 주로 관변 단체의 인사들이었거나 행정에 문외한들이 많았으나, 어느 날 갑자기 지방의원이 되어 행정현실을 잘 알지도 못하면서 공무원들을 무시한다는 불만과 조소가 아직도 그들의 마음속에 남아 있다. 다시 말해 지방의원들의 권위적 태도와 지방공무원들의 변화를 회피하려는 시대착오적 태도 간에 야기되는 갈등이 많다는 것이다. 물론 근래에 와서는 이러한 태도가 상당부분 제거된 측면이 있다. 그러나 근래에는 의결기관과 집행기관의 구성원들 간의 불신보다는 양 기관의 특성상 업무추진태도와 처리방식의 차이에서 오는 갈등이 새로운 갈등양상으로 야기되고 있다.

2) 갈등발생의 사례

지방자치제도가 부활 실시된 이후에도 심각한 정도는 아니었지만 지방의회와 자치단체장 간의 갈등은 있었다. 의회의 「일비 및 여비지급조례개정」건과 「의회사무처 설치 및 사무직원 등 의 정수에 관한 조례」 그리고 「의회사무처 직제규칙」과 관련, 의회와 단체장 간에 갈등이 야기된 경험이 있다. 즉 자치단체장이 「사무직원의 임명은 사전에 의장과 협의하여 임명토록 한」 법규를 무시하고, 임의로 전문위원을 임명함으로써 관련조례개정심의를 거부함으로써 야기된 갈등이 그것이다.

그 외도 초기에는 「도시계획 결정과정에서 지방의회의 의견청취의 구체적인 의미와 그 시기문제로서, 지방도시계획위원회의 의결을 거친 사항에 대해서만 의회를 거쳐야 한다」에 관한 해석을 놓고 갈등이 야기되었으나(당시 건설부 유권해석은 지방의회의 의견을 청취한 후 지방도시계획위원회가 의결토록 하였다), 1991년 12월 14일 도시계획법이 개정되어 대통령령으로 정하는 사항만 지방의회의 의견을 청취토록 규정함으로써 의회의 반발을 가중시켰다. 그 이후 의회가 제정한 「도시계획위원임명 조례」에 대한 시장의 재의요구로 인해 갈등관계가 심화된 것을 들 수 있다. 예컨대 대구직할시 의회는 1992년 7월 6일 제11회 임시회 시 조례정비특별위원회의 발의로 대구직할시 도시계획위원회조례 중, 도시계획위원의 위촉을 시의회의 동의를 얻어 시장이 위촉토록 개정함으로써 도시계획법상 자치단체장의 권한을 침해하게 되었고, 이에 대해 대구직할시장은 그것이 도시계획법시행령 제56조의 2 제3항(도시계획위원은 공무원 및 도시계획에 관하여 학식과 경험이 있는 자 중에서 도지사가 임명 또는 위촉한다)에 위배됨을 들어 7월 22일 재의를 요구하였다. 이에 대해 시의회는 8월 29일에 열린 제12회 임시회의 제1차 본회의에서 원안대로 재의결하였다. 이에 대구시장은 9월 9일 대법원에 제소했다[41].

그 외에도 지방자치제도가 부활 실시된 이후 지방의회의 의결이나 조례제정 및 개폐 등과 관련하여 자치단체장과 의회가 갈등관계에 놓였던 지방자치단체와 사례를 소개하면 다음과 같다. 첫째 청주시 의회의 정보공개조례제정으로 인한 청주시의회와 청주시장과의 갈등을 들 수 있다. 즉 청주시의회는 1991년 11월 25일 「청주시 행정정보공개조례를 의결하였다. 이에 대해 청주시장은 「법령의 근거가 없다: 월권」는 이유로 재의를 요구했고, 이에 대해 청주시의회는 동년 12월 26일 원안대로 재의결하고 청주시조례 제1호로 공포하였다. 이에 청주시장은 1992년 1월 8일 대법원에 제소하였으나 대법원이 행정정보공개조례의 적법성을 인정함으로써 의회의 승소로 끝났다.

둘째 서울특별시의회의 유급보좌관제설치 개정조례의결로 인한 서울시장과의 갈등을 들 수 있다. 서울시의회는 1992년 4월 22일 제54회 임시회 본회의에서 지방의원에게 유급보좌관제 신설을 규정한 서울시의회사무처 설치조례 중 개정조례안을 만장일치로 통과시켰다. 이에 대해 서울시장의 재의요구가 있었으나 서울시의회가 재의결을 유보하였던 갈등관계를 경험했다.

셋째 여러 기초자치단체에서 야기된 「구 · 동정자문위원회설치 조례개정 및 폐지」에 관한 의회와 단체장과의 갈등을 들 수 있다. 1991년 12월 30일 경기도 수원시의회는 「구 · 동

41) 대구시장의 제소 역시 당시 내무부의 지시에 따른 것이어서 지방의회와 단체장의 갈등이 대부분 중앙정부의 간섭과 영향력, 그리고 비현실적인 법령에 대한 고집 때문에 야기되고 있음을 알 수 있다.

정자문위원회설치조례폐지안」을 의결함으로써 수원시장은 1992년 1월 14일 재의를 요구했고, 이에 앞서 부천, 안양, 성남시 의회 등에서도 동 자문위원회의 폐지가 논의된 바 있었다. 그리고 광주시 서구의회도 의회가 의결한 「서구 동정자문위원회 조례개정안」에 대해 구청장의 재의요구를 받았으며, 1992년 1월 20일에 재의요구에 대해 1월 23일에 의원 만장일치로 재의결하였다. 이에 대해 구청장은 1월 30일 대법원에 제소함으로써 갈등이 증폭되었다. 그러나 7월 28일 대법원 특별1부는 광주직할시 서구청장이 서구의회가 의결한 구정자문위원회에 관한 지방의회조례 취소소송에서 「동정자문위원회의 위원을 동장이 위촉 또는 해촉할 반드시 그 지역출신의 구의회의원과 협의를 거치도록 한 지방의회의 조례는 무효라고 판결」함으로써 양 기관의 갈등관계에 일단은 종지부를 찍었다. 이러한 판결의 요점은 지방의회의 권한과 지방의원의 권한을 분명히 한 것으로써 「지방의회의 의결권과 집행기관에 대한 행정사무감사 및 조사권은 의결기관인 의회자체의 권한이지 의원이 개인자격으로 갖는 권한이 아니라고 전제하고, 동정자치위원의 위촉이나 해촉에까지 구의원과 협의를 거치도록 한 것은 의원 개개인에게 집행기관의 사무에 관여할 수 있게 한 것으로 위법」이라고 판결했다[42].

Ⅳ. 근래 지방의회와 지방자치단체장 간의 갈등실태

1. 현행제도상 지방의회와 지방자치단체장 간의 갈등과 요인분석

기존의 지방의회와 자치단체장간에는 갈등의 개념범위를 규정하는 방법에 따라서 갈등규모의 편차가 크게 나타난다. 즉, 갈등을 지방의회와 자치단체장간에 정책이나 행정절차 등에 대해 상호간 의견차이가 존재하는 것으로 규정할 경우와 이와 같은 의견차이가 일정기간 지속되는 것으로 규정할 경우가 그것이다. 협소하게 갈등을 규정할 경우에는 대체적으로 갈등이 일정시간 지속되어 사회적 비용부담이 심각하게 초래되는 상황으로 간주하는 경향이 있다.

여기에서는 지방의회와 자치단체장간 갈등을 광의로 해석하여 양자간에 정책이나 행정절차 등에서 이견이 발생한 사례를 대상으로 살펴보기로 한다. 다만, 재의 및 제소를 제외한 여타의 지방의회와 단체장간 갈등사례는 정부의 공식적 통계자료로 나타나지 않기 여기에서는 그간에 야기된 입부의 갈등사례를 예시하기로 한다.

42) 조선일보, 1992년 7월, 29일, 23면.

지방의회와 자치단체장간 갈등사례는 인사나 행정절차뿐만 아니라 예산과 개발사업 등 자치행정 전반에서 야기되고 있다. 그 중에서도 특히 인사와 관련된 분야에서 야기되는 갈등이 상대적으로 그 빈도가 높다.

〈표2-10〉 지방의회와 지방자치단체장 간의 갈등사례와 그 원인

부문	자치단체장	지방의회
지방재정	· 단체장의 행정 · 정치 · 사회특보 위촉	· 자문위원회 설치조례안의 심의보류 중 특보위촉은 의회무시란 이유로 반발
	· 자치단체 예산편성에 국가사무지원비 계상	· 국가사무지원비의 환수 및 지원금지
	· 지역의 현안사업에 대한 예산 배정	· 안이한 예산편성으로 현안사업의 예산 대폭 수정통과
	· 중앙부처 예산편성지침을 근거로 급식예산 지원불가 표명	· 초등학교 급식예산의 일반회계 지원 결정
	· 집행부의 고유권한인 예산편성을 침해한 월권행위임을 들어 재의	· 국비보조사업 예산편성시 의회의 사전의결 또는 사후승인 조례 결정
지역개발	· 농수산물 도매시장 운영조례 개정시 기존법인의 흡수를 통해 상권형성의 마찰 최소화 추진	· 법인 수 및 법인종류 조정 요구
	· 중앙부처의 복개공사 중지요청을 받아 사업중지	· 투자비 낭비 등 인근주민의 피해를 고려 공사재개 촉구
	· 주민들의 시외버스 노선의 신설요구를 기존업체의 동의요구로 불가능 입장표명	· 기존업자의 의견은 필수요건이 아님을 전제로 신설요구
	· 축산폐수처리장 처리방식을 특정방식으로 결정, 용역설계 후 시행예정	· 시설비와 관리비 과다로 방식전환 요구
지방행정	· 인사권의 단체장 귀속원칙 및 일반직 승진제한	· 의회내 전문위원 별정직 인원확대 및 독자적 채용
	· 다양한 분야의 전문가 초빙을 위해 거주요건 불필요	· 정무부단체장 자격기준에 거주요건 명시하여 지역정서 반영
	· 자치단체 장기개발계획에 따른 직제개편	· 의회사무과 직원의 자리마련 요구로 직제개편안 불승인
	· 감사 및 예산심의시 빈번한 단체장 출석요구 거부	· 감사 및 예산심의시 단체장 및 실 · 과 · 소장의 회의장 배석요구
	· 단체장이 의장과 상의없이 전보발령	· 단체장 불신임안 및 인사발령 효력정지 가처분 신청 검토
지방행정	· 지역내 직능대표로 구성되는 단체장 자문기구의 위원회설치조례안 사정	· 지방의회의 위상악화 우려 및 위원의 의장추천을 요구하며 부결처리
	· 주민의견 수렴없는 동정작문위원회 폐지반대 및 필요성 주장	· 동정자문위원회 폐지조례안 상정 및 통과
	· 의회사무처 직원보다 집행부 직원의 승진우선 순위부여	· 의회사무처 직원의 승진누락을 의회무시로 간주반발
	· 단체장의 행정 · 정치 · 사회특보 위촉	· 자문위원회 설치조례안의 심의보류 중 특보위촉은 의회무시란 이유로 반발

자료, 금창호, 2011 : 6-7.

한편, 정부의 공식적인 통계자료로 확인되는 지방의회가 제정한 조례에 대한 자치단체장의 재의요구 실태는 다음과 같다. 1995년부터 2010년까지 재의요구는 총 829건이고, 재의요구의 사유로는 법령위반이 667건으로 전체의 80.4%를 차지하고 있다. 연도별 재의요구는 2002년 22건부터 1996년 93건까지 편차가 매우 크고, 연 평균 51.8건에 이르고 있다(금창호, 2011 : 6-7).

이처럼 기존의 지방의회와 자치단체장간 갈등은 외부적이기보다는 주로 내부적 영향요인에 의해 발생되는 것으로 나타나고 있다. 그리고 이와 같은 내부적 영향요인으로는 구조적 요인과 조직적 요인 및 인적 요인이 지적되고 있다(이학재, 2011).

첫째 구조적 요인은 현행의 강시장-약의회의 기관분리형구조에 따른 것이다. 기관분리형구조는 본질적으로 양 기관간에 상호 견제와 균형을 이루는 과정에서 빈번한 갈등발생은 불가피하며 그 양태 또한 다양하다.

둘째 조직적 요인은 조직목적의 효율적 달성을 위한 업무수행 과정에 따른 것이다. 지방행정의 효율적인 집행이라는 측면에서 보면, 지방의회와 자치단체장의 각자의 역할에 대한 인식과 조직의 목표에 대한 가치가 충돌함에 따라 필연적으로 갈등을 유발한다.

셋째 인적 요인은 지방의회와 자치단체장이라는 각각의 개인이 갖는 의식 및 행태에 따른 것이다. 특히, 이러한 의식 및 행태는 상대에 대한 정확한 정보와 인식 및 이해의 정도에 따라 달라진다. 지방자치행정의 효율성은 지방정부를 구성하는 두 기관이 자치제도에 대한 정확한 이해와 상대기관에 대한 역할인지 및 협력 여하에 따라 좌우된다. 그러나 현실적으로 이들 두 기관들의 일반적인 경력이나 학습정도를 통해볼 때 자치제도에 대한 이해나 인식은 모두 매우 미흡하며, 때문에 양자 간 갈등은 필연적으로 보아야 할 것이다.

2. 최근 의회와 지방자치단체장 간의 갈등실태와 요인파악

초기의 지방자치에서는 물론 지난 20년간의 자치경험을 통해서도 지방의회와 자치단체장간 갈등은 지속적으로 발생되고 있다. 근래는 서울시를 비롯한 광역단체와 과천시를 비롯한 기초단체 등에서 지방의회와 단체장간 각종 갈등이 발생되고 있다. 서울시와 경기도, 경남도, 아산시 등이 무상급식을 둘러싸고 갈등이 발생되었으며, 서울시와 경기도의 단체장 핵심공약사업에 대한 지방의회의 반대로 갈등이 초래된 사례도 있다. 그 외도 용인시와 성남시 및 김해시 등에서 크고 작은 갈등이 있었다.

2010년 6월 제9회지방선거로 당선되어 취임한 각 지방자치단체의 의결기관과 집행기관은 정당분포의 다양성으로 볼 때 양기관간의 갈등은 피할 수 없을 것으로 나타났다. 특히 근래에 발생한 지방의회와 자치단체장간 갈등은 이전의 갈등과는 두 가지 측면에서 차이를 보이고 있다.

첫째 갈등을 겪는 지방자치단체들이 유사하거나 동질적인 쟁점으로 갈등을 겪고 있다는 것이다. 예컨대 앞의 사례에서 보듯이 광역자치단체와 기초자치단체를 막론하고 무상급식이 지방의회와 자치단체장간 주요한 갈등요인으로 나타나고 있다.

둘째 갈등의 강도가 과거에 비해 상대적으로 심각하다는 점이다. 갈등의 지속기간과 쟁점의 확산정도를 기준으로 갈등의 강도를 판단할 경우 무상급식의 문제를 놓고 벌이는 양기관 간의 갈등은 과거의 어떠한 갈등보다 지속기간이 길고, 강도가 높으며, 전국적인 이슈로 연결되어 있다는 점이다.

이처럼 종래의 지방의회와 자치단체장간 갈등에 비해 근래의 갈등양상이 현저하게 다른 것은 갈등 그 자체보다는 지방의회와 자치단체장의 출신정당배경이 다르다는 점과 정당에 따라 무상급식이라는 정치적 쟁점을 보는 입장에 현저한 차이가 있다는 점 때문이다. 현재의 전국 244개 지방자치단체의 지방정부는 정당구조에 있어 매우 복잡하게 구성되어 있다. 지방선거에 정당이 참여하여 지방선거를 실종시키더니 이제는 급기야 지방자치 그 자체를 붕괴시키고 있는 것이다. 후진적인 중앙정치의 병폐가 이제 지방자치에도 그대로 전파되어 주민들의 생활까지 파벌정치와 이념대립의 장으로 오염시키고 있다.

〈표 2-11〉 2010년 이후 지방의회와 단체장 갈등사례

단체명	주요쟁점	자치단체장 대응	지방의회 대응
서울시	무상급식	· 6개월간 의회출석 거부 · 주민투표 추진	· 단체장 주요 사업예산 삭감
	서해뱃길사업	· 예비비투입 및 민자유치	· 검찰고발
	새해 예산 법정기한 초과	· 가예산 집행	–
경기도	4대강 사업 및 수도권광역급행철도	–	· 반대특위 구성
	무상급식	· 수용 반대 · 정책수용	· 계수조정을 통한 예산삭감
경남도	무상급식	· 예산 235억원 편성	· 118억원 삭감
제주도	해군기지건설	· 강정마을 주변지역지원조례 제정추진	· 협조 불가
과천시	민간위탁 조례제정	· 재의요구	· 조례제정 강행
화성시	교육지원예산	· 교육지원예산 편성	· 예산삭감
성남시	산하기관 상임이사 임명	· 동의 제출	· 동의안 부결
아산시	무상급식	· 조례안 제출	· 상임위 불상정

2.6 한국지방선거의 경험과 지방선거제도의 실태와 문제

I. 의의

우리나라는 지난 1952년 역사상 처음으로 지방선거를 실시하여 지방자치제도를 시행 한 이후 최근까지 모두 9회의 지방선거를 실시하였다. 주지하는 바와 같이 1961년 5.16군사정변에 의해 지방자치제도가 중단된 이후 30년 만인 1991년 다시 부활되었으며, 그 이후 지금까지 비교적 안정적으로 지방선거가 실시되어 왔다. 특히 지난 1995년 6 · 27지방선거 이후 지금까지 우리나라는 여러 가지의 지방선거를 전국적으로 한 날 한 시에 실시하는 동시선거제도를 시행하고 있다. 그 결과 선거종류가 너무 많고 선거운동과정이 지나치게 복잡하여 유권자들의 판단을 흐리게 하여 바람직한 공명선거가 되지 못하고 있다. 특히 언론을 통해 유권자들에게 전해오는 대부분의 선거홍보나 선전은 지방자치단체장 후보자들의 것이고, 지방의회의원 후보자들에 대해서는 거의 정보와 자료가 제한되어 있다. 모든 선거는 소선거구제를 채택하면서도 유독 기초의회의원들의 선거구만 중선거구제로 하여 한 선거구에 지나치게 많은 후보자들이 난립함으로써 유권자들의 판단을 더욱 어렵게 하고 있다. 더구나 지방자치제도의 핵으로 기능하는 지방의회의원의 선거에 대해서는 유권자들의 관심이 쏠리지 못했고 후보자들의 역량에 대해서도 정확하게 판단하지 못하는 사례가 많았다. 선거과정을 통해서 볼 때도 지방선거에 중앙정당이 간여하여 지방자치선거의 본질을 해쳤다. 또한 정당공천제도를 통해 후보자들 간에 불공정 경쟁을 유발시키고, 선거운동과정에서 정당공천자와 무소속 후보자간의 불공정한 규제가 심했다. 선거관리기관인 중앙선거관리위원회의 권한과 기능이 모든 지방선거를 효율적으로 관리할 수 있을 만큼 확충 정비되지도 못했고, 관련 자원도 주어지지 못했다.

우리나라 지방자치는 지금 21세기를 맞이하여 새로운 지방화 시대의 변화된 패러다임을 요구받고 있다. 지방선거는 지방자치 발전의 초석이다. 선거에 의하여 훌륭한 인재가 선출되고 훌륭한 인재가 나올 수 있는 지방정치풍토를 조성해 나가야 한다. 특히 중앙정당이 지방선거를 점령하여 선거분위기를 흐리고, 한꺼번에 4가지 이상의 선거를 동시에 실시함으로써 유권자의 정확한 판단을 저해하는 현재의 제도적 문제점은 개선해야 한다. 그리하여 지방선거가 명실공히 지역과 지역주민들의 자치를 위한 선거가 될 수 있어야 한다. 그동안 9차례 실시되어온 우리나라 지방선거와 자치제도의 실시경험을 간략히 요약하고, 현행선거제도가 지니고 있는 문제점을 간략히 검토해 보기로 한다.

II. 한국 지방선거의 실시와 자치경험

1. 지방자치제도의 실시와 지방선거

지방자치제도를 실시하기 위해서는 가장 먼저 지방선거를 통해 지방자치단체의 기관(지방정부)을 구성해야 한다. 지방자치단체의 의결기관인 지방의회를 구성하기 위해 지방의원을 선출해야 하고, 집행기관을 구성하기 위해 자치단체의 장을 선출해야 한다. 물론 지방자치단체장의 경우, 자치제도 여하에 따라서는 반드시 지방선거로 선출하지 않을 수도 있다. 즉 중앙정부에서 임명할 수도 있고, 지방의회에서 간선할 수도 있으며, 주민들이 추대할 수도 있다. 그러나 우리나라는 1949년에 제정된 최초의 지방자치법부터 지금까지 지방자치단체의 기관을 의결기관과 집행기관으로 분리시키는 기관분리형을 채택하였다. 때문에 특별한 사정으로 중앙정부에 의해 자치단체장을 선출하지 못했던 때(제1회와 제4회 지방선거)를 제외하고 매번 지방의회의원과 지방자치단체장을 주민들이 직접 선출하였다.

이처럼 지방자치제도는 지방선거제도와 밀접히 연결되어 있다. 때문에 지방선거제도가 바르게 정비되어 있지 않을 경우, 무엇보다도 주민대표를 바르게 선출할 수 없게 된다. 주민의 진정한 의사를 반영할 수 있는 유능하고 향토애가 강한 민주적 주민대표가 선출되지 못하면, 그들로 구성된 지방정부도 제 기능을 발휘할 수 없게 된다. 특히 지방자치를 실시하기 위해서는 반드시 지방의회의원들을 선출하여 지방의회를 구성해야하고, 이렇게 구성된 지방의회가 제 기능을 수행하기 위해서는 지방선거제도가 바르게 정비되어 있어야 한다. 사실 지방자치제도에 대한 평가는 실질적으로 지방의회제도에 대한 평가라고 해도 과언이 아닐 만큼 많은 나라에서는 지방의회를 중심으로 자치제도가 실시되고 있다. 따라서 지방선거제도의 정립은 지방자치제도 특히 지방의회제도의 성패를 좌우하는 중요 요인이 된다.

또한 지방자치제도는 그 제도를 시행하는 중앙정부의 의지와 태도에 따라서도 더욱 큰 영향을 받는다. 제도를 만드는 행정부와 국회가 얼마나 진정성을 가지고 정직한 태도로 지방자치제도를 만들고, 얼마나 진실하고 정성을 들여 그 제도를 시행하느냐에 따라 자치제도의 정착과 발전은 현저하게 달라질 수 있기 때문이다. 그러므로 전국을 하나의 틀로 묶어 놓고, 하나의 잣대로 통제하는 것은 자치가 아니다. 그리고 자치제도를 실시한다는 선언만 해놓고 지원과 협력을 포기한다거나 법령개정과 정책변화를 요구하는 국민들을 외면하는 것은 중앙정부의 책임과 의무를 회피하는 것이다.

중앙정부가 만든 지방선거제도와 지방자치제도 그리고 제도의 성공적 정착과 발전을 위한 중앙정부의 지원과 협력이 바로 자치발전의 원동력이다. 때문에 대통령을 비롯한 정치 지도자들과 국회의원들 그리고 중앙정부의 고급관료들이 얼마나 지역사회의 발전과 주민들의 복지를 위해 노력하느냐 하는 것은 바로 지방선거제도와 지방자치제도의 내용 그리고 자치제도 시행에 대한 이들의 태도를 보면 알 수 있다. 우리나라는 지금까지 모두 9번의 지방선거를 실시하고 전후 총 30년 동안 지방자치제도를 시행하였다. 따라서 지난 30년 동안 지방선거제도 및 지방자치제도의 내용과 자치제도시행과정에서 보여준 이들의 태도를 보면 우리나라 지방자치의 실상을 파악할 수 있다. 아래에서는 지방자치 불모지였던 이 땅에 근대적 지방자치제도를 도입한 이승만 정부에서부터 오늘에 이르기까지 지방선거 실시와 이를 통한 자치제도의 경험과 지방의회의 모습들을 간략하게 검토하기로 한다.

2. 한국 최초 지방자치법의 주요내용과 특징

대한민국 초대 정부였던 이승만 정부에 의해 1949년 7월 4일 우리나라 최초의 근대적 지방자치법이 제정 · 공포되었다[43]. 이 법에서는 지방자치단체의 종류를 광역자치단체는 서울특별시와 도(道)로 하였고, 기초자치단체는 시 · 읍 · 면으로 하였다. 기관구성방법으로는 지방의회는 주민의 직선제로 하였고, 집행기관은 서울특별시장 · 도지사는 임명제로, 시 · 읍 · 면장은 지방의회의 간접선거제로 하였다. 그리고 지방의원과 시 · 읍 · 면장의 임기는 4년으로 했고, 의결기관에 대해서는 자치단체장의 불신임권을, 집행기관에 대해서는 지방의회해산권을 부여하였다.

선거권은 선거구 내에 6개월 이상 거주하는(주소를 둔) 21세 이상(피선거권은 25세)으로 하였다. 지방자치단체의 권한에는 극히 제한된 범위 내에서의 자치행정권, 자치조직권, 자치입법권, 자치재정권 등이 있었다. 지방자치단체의 하급행정기관으로 도(道) 산하에 군을 두고, 인구 50만 이상의 시에 구를 두며, 시, 읍, 면에는 동과 리를 두었다. 하급행정기관의 장인 군수와 구청장은 국가공무원으로 임명하고, 동장과 이장은 동, 리 주민들이 선거하도록 하였다. 주민의 행정참여와 주민통제방법으로 선거권이외에 주민소송제도[44]를 채택하였다. 시, 읍, 면에는 지방공무원만 두게 하였지만, 서울특별시와 도에는 국가공무원을 둘 수 있게 하였다[45].

최초 지방자치법의 특징으로는 첫째 지방자치법에 지방자치단체에 관한 규정만을 둔 것이 아니라 국가의 행정구역인 군과 구, 그리고 동과 리 및 중앙정부의 일선기관이었던 경

43) 1948년 건국헌법의 제96조와 제97조에 의거

44) 조례 또는 자치단체장의 명령이나 처분이 위법하다고 인정되는 경우에는 일정수 이상의 주민이 직접 감독관청이나 대법원에 소를 제기할 수 있도록 한 제도.

45) 과장급 이상의 직위에는 모두 국가공무원으로 충원하였다.

찰서와 소방서에 관한 규정까지 두고 있었다. 따라서 순수한 지방자치법이라고 하기 보다는 지방행정에 관한 일반법적인 성격을 띠고 있었다. 둘째 지방자치단체의 규모와 특성의 차이나 도시와 농촌간의 차이 등을 무시하고 하나의 법으로 전국의 지방자치단체를 획일적으로 규율하였다. 셋째 지방자치단체는 종래의 지방행정조직을 그대로 계승하였다. 이 법은 1949년 8월 15일부터 시행하도록 규정되어 있었으나, 시행하지도 못하고 동년 12월 25일 제1차 개정을 보았다. 그 후 6 · 25동란으로 선거가 계속 연기되어 오던 중 1952년 4월 25일에는 기초의회의원이, 그리고 동년 5월 19일에는 광역(도)의회의원이 선출되어 최초로 지방의회가 구성되었고[46] 지방의회에서 시장 · 읍장 · 면장의 선거도 실시되어 역사적인 지방자치의 시대가 열렸다.

3. 제1회 지방선거와 지방자치의 경험

1) 선거전후의 환경

우리나라 최초의 지방선거는 지방자치법이 제정된 지 약 3년이 지난 뒤인 1952년 6 · 25 전쟁 중에 실시되었다. 당시는 전시(戰時)일 뿐만 아니라 지방자치제도를 실시할 제반여건이 전혀 갖춰지지 않았던 상태였다. 그러나 정부가 지방자치를 실시하기로 결단을 내린 데에는 헌법상 보장된 지방자치를 빨리 실시하여야 한다는 당위성도 있었지만, 무엇보다도 제2대 대통령선거를 대비하기 위한 이승만 정권의 정치적 필요성 때문이었다. 1951년 11월 28일 정부가 제안한 대통령직선제와 야당이 제안한 국회양원제 개헌안이 1952년 1월 18일 국회에서 부결되었다(손봉숙, 1985: 36-42).

대통령직선제 개헌안이 국회에서 부결된 것을 계기로 전쟁 중에 정부는 피난수도 부산에서 갑자기 지방자치제도를 실시하기로 결정하였다. 그리하여 6 · 25전쟁이 소강상태에 들어 간 1952년 4월 25일, 처음으로 기초자치단체인 시 · 읍 · 면 의회의원 선거가 실시되었고, 이어 5월 10일에는 광역자치단체인 도의회 의원선거를 실시하였다.[47] 그에 따라 지방의회가 구성되어 지방자치법이 실시된 지 2년 9개월 만에 우리나라 역사상 처음으로 실질적인 지방자치제도가 실시되었다. 그러나 정부는 동년(1952년) 7월 4일 소위 발췌개헌으로 대통령직선제 개헌을 성공시키고 동년 8월 5일 정 부대통령선거를 실시하여 이승만을 대통령으로 재선시켰다. 제1회 지방선거결과는 시, 읍, 면에서는 무소속 등이 대거 진출 정당배경이 크게 작용하지 않았으나 도의회의원 선거에서는 시 · 읍 · 면 의회의원 선거에

46) 6 · 25전쟁으로 제1회 지방선거는 한강이북과 제주도를 제외한, 한강이남 지역에서만 실시되었다. 그 결과 서울시와 강원도 등은 제1회 지방선거를 실시하지 못하였다.

47) 당시는 전쟁 중이었으므로 도의 경우 경기도, 강원도, 서울특별시가 선거를 실시하지 못했으며, 시 · 읍 · 면의 경우, 한강 이북지역의 미수복지구와 지리산 지역의 전북 8개면이 선거를 연기하였다.

서보다 정당배경이 크게 작용한 것으로 나타났다.

2) 지방자치의 경험

제1회 지방선거를 통해 우리나라에서는 최초의 지방의회가 구성되고, 시 · 읍 · 면 의회에서 기초자치단체장이 간선되어 지방자치제도가 실시되었다. 그러나 당초의 기대와는 달리 지방의원선거와 기초자치단체장 선거를 통해 많은 폐단과 문제점이 드러났다. 특히 당시 주민들의 문맹률이 높았던 것은 물론이고, 국민적 정치역량과 민주적 정치의식이 매우 낮아 지방자치제도를 실시하기에는 역부족이었다는 사실도 밝혀졌다. 첫째 지방의원선거과정에서 혈연과 지연을 중심으로 선거전이 치열하여 주민들 간에 화목이 깨어지고 반목과 적대감이 심화된 예가 적지 않았다. 둘째 기초의회에서 기초자치단체장을 간선하게 한 제도로 인해 많은 문제점이 발생했다. 자치단체장 선거가 혈연과 지연중심으로 이루어짐으로써 지방의회 내부에 파벌이 생기고 의회 내에서 폭력사태가 발생하는가 하면, 곳에 따라서는 의회구성 이후 반년이 넘도록 자치단체장을 선출하지 못한 예도 있었다. 셋째 지방의회와 자치단체장에게 상호 견제와 균형을 위해 부여한 자치단체장 불신임권과 의회해산권을 함부로 행사하는 사례가 많았다. 특히 지방의회의 자유로운 자치단체장불신임권 행사와는 달리 자치단체장의 의회해산권은 상급자치단체장의 허가를 받도록 제약함으로써 자치단체장이 지방의회에 예속되는 결과를 초래하였다. 그리하여 지방의원들의 이권청탁 등 행패가 극심하였고, 단체장에 대한 불심임의결권을 악용하여 수많은 자치단체장들이 사직 혹은 해직 당하였다. 넷째 이러한 문제점이 심각해짐에 따라 지방의회에 대한 비판과 불만이 국민들은 물론 지방의회 내부에서까지 대두되었다. 이들 문제점의 원인이 지방의원을 비롯한 국민들의 정치의식수준이 낮았기 때문이었음에도 불구하고 지방자치제도만을 탓하였다. 그리하여 i) 시읍면장의 직선제, ii) 지방의원의 정수감축, iii) 지방의원과 기초단체장의 임기단축, iv) 의회소집제도의 개정과 회의일수 제한, v) 지방의회의 자치단체장불신임권과 단체장의 의회해산권 폐지 등을 주장하기에 이르렀다. 다섯째 이러한 여론에 따라 1956년 2월 13일 지방자치법에 대한 제2차 개정을 단행하였다.

4. 제2회 지방선거와 지방자치경험

1) 선거전후의 환경

1952년 제1대 지방의회가 구성된 지 4년 후인 1956년 제2회 지방선거를 앞두고 정부는 대규모 지방자치법개정을 단행했다. 1956년 2월 13일에 제2차 지방자치법이 개정되었고,[48] 이 개정 법률은 한 번도 시행해 보지도 않은 채, 동년 7월 8일 제3차 지방자치법을 개정하여 실시하게 되었다. 제2회 지방선거는 전국의 지방자치단체가 모두 의회를 구성하게 되어 지방자치법이 완전히 시행되었다는 점과 서울특별시도 처음으로 지방의회를 구성했다는 점 그리고 지방의회에서 선출하던 시 · 읍 · 면장을 주민이 직접 선출하게 되었다는 점 등에서 커다란 의의를 지니는 선거였다. 동선거는 의원정수와 선거구 등의 조정을 거친 후 실시된 지방선거였다. 즉 1956년 8월 8일에는 우리나라 최초의 지방자치단체장 선거를 실시하여 시장, 읍장, 면장을 주민들이 직선하였고, 시 · 읍 · 면 의회의원도 주민들이 직선하였다. 동년 8월 13일 도의회의원 선거를 실시하였다. 제2회 지방선거 결과 특색은 여당인 자유당과 무소속이 주류를 이루었던 제1회 지방선거와는 달리 자유당과 민주당의 대결로 나타났다. 특히 의원선거에서는 시 · 읍 · 면 수준에서는 자유당이 압도적으로 승리한 반면 서울특별시의회는 민주당이 압승하였다.

2) 지방자치의 경험

제2차 지방자치법 개정으로 시 · 읍 · 면장이 주민직선으로 선출되고, 의회와의 마찰 없어 임기동안 일관성 있게 지역발전을 위한 정책을 펴 나갈 수 있게 되었다. 그러나 자치단체장들은 지역유권자들과의 면담과 접대에 많은 시간을 소모하게 되어 업무처리에 소홀하였고, 그로 인해 근무태도가 부실했으며, 재선을 위한 인기유지에 급급하여 불합리하고 부당한 행정처리가 늘어났다. 물론 민주주의와 지방자치의 역사가 일천하였고, 오랜 세월 권위주의적 정치행정문화에 익숙해온 우리나라에서 그 정도의 문제점만 있었던 것도 다행으로 생각할 수도 있다. 그러나 개선을 위한 노력보다는 자치제도를 정치적 정략의 도구로 이용하려했던 집권여당의 태도는 비판받아 마땅할 정도였다. 당시에 나타난 구체적 문제점들을 요약하면 다음과 같다.

첫째 충분한 연구와 검토 없이 남발하였던 공약이행을 위하여 파행적인 재정운영을 강행함으로써 그나마 부족한 지방재정을 더욱 악화시켰다. 둘째 단체장의 정실인사가 난무하여 시 · 읍 · 면 공무원들의 사기를 떨어뜨리는가 하면 많은 반발을 불러 일으켰다. 셋째 선거과정에서 지출한 과다한 비용과 그로 인한 부채상환을 위하여 자치단체장들은 행정과정에서 다양한 부정부패를 자행하였다. 넷째 집권여당인 자유당은 장기집권을 위한 정략으로 시읍면장 직선제를 임명제로 바꾸는 내용을 주요골자로 하는 제4차 지방자치법개정을 가결하였다(1958년 12월 24일). 다섯째 개정 법률에 의한 제3회 지방선거를 5개월 앞

48) 동법개정시 "본법 시행당시 재임 중인 지방의회의원 또는 시 · 읍 · 면장으로서 1956년 8월 15일까지에 시행하는 최초의 지방의회의원선거와 시 · 읍 · 면장 선거일 전에 그 임기가 만료되는 자는 당해 선거일까지 계속 재임한다(부칙 제3조)."고 규정하여 임기공백 문제를 해결하였다.

두고 1960년 3월 15일에 실시된 정부통령선거가 부정불법선거로 규탄받으면서 4.19학생의거로 이승만 대통령은 하야하고 자유당정권이 붕괴하고 말았다.

5. 제3회 지방선거와 지방자치의 경험

1) 선거전후의 환경과 선거과정

1960년 이승만 정부의 3 · 15부정선거로 인해 4 · 19혁명이 발발하였고, 그 결과 4월 26일 이승만대통령이 하야하고 하와이로 망명함으로써 자유당 독재체제는 종말을 고하였다. 곧이어 민주당 정부가 수립되고, 제5차 지방자치법이 개정되었다. 동 개정법률은 자유민주주의에 대한 국민의 열망을 대폭 수용해서 1960년 11월 1일 법률 제563호로 공시하였다. 제5차 지방자치법개정의 주요내용은 i) 모든 지방자치단체장은 주민직선으로 선출하게 하고 임기는 4년으로 하며, ii) 동장과 이장도 주민이 직선하고 임기는 2년으로 하였다. iii) 선거연령은 20세로 하였으며, iv) 지방의회의 일수 연장 등이 있었다. 제3회 지방선거는 4 · 19 이후 국민의 정치참여 열기가 고양된 상황 하에서 실시되었다. 그리고 우리나라 역사상 최초로 4대 지방선거를 4번에 걸쳐 분리하여 실시한 선거였다. 즉 1960년 6월 15일 제2공화국헌법이 공포되었고, 7월 29일 총선결과 민주당이 집권하였다. 제5대 국회는 제5차 지방자치법 개정을 통해 자치단체장을 모두 주민직선제로 개정하였다. 동년 12월 12일에는 서울특별시와 도의 의회의원을 선거하였고, 동년 12월 19일에는 시 · 읍 · 면 의회의원을 선거하였다. 그리고 동년 26일에는 시 · 읍 · 면장을 선출하기 위한 선거를 하였고, 동년 29일에는 서울특별시장과 도지사 선거를 하였다. 이처럼 제3차 지방선거가 실시되었던 1960년은 한국의 정치사에 커다란 획을 긋는 한 해였다. 동 선거의 주요 특징은 첫째 선거사상 유례없는 낮은 투표율과 무소속이 대거 진출했다는 점, 둘째 유권자들의 이해와 직접 관련이 되는 읍 · 면 수준의 지방선거에서는 인물본위의 투표가 주로 이루어 졌고, 정치적 배려가 큰 광역지방자치 단체에서는 주로 정당중심으로 투표가 이루어 졌다는 점이었다.

2) 지방자치의 경험

완전한 지방자치제도를 가지고, 4대 지방선거를 통해 모든 주민대표를 주민직선으로 선출하여 지방정부구성을 완료함으로써 제2공화국의 지방자치는 한국의 지방자치역사에 민주화의 초석을 다지게 될 것으로 기대되었다. 그러나 비록 짧은 기간이나마 지방자치를 운영하는 과정에서 역시 문제점들이 나타났다. 선거후 5개월도 채 되지 못한 기간이었지만 당시의 자치경험을 요약하면 다음과 같다.

첫째 자치단체장이 소속한 정당과 지방의원의 과반수를 차지하는 정당이 달랐을 경우, 자치단체장과 지방의회 간에 불화와 반목이 심하였다. 지방의회에서 자치단체장을 물러나게 하려는 다양한 계략을 쓰기도 하였다. 둘째 주민직선의 광역단체장(도지사)이 야당이었을 경우, 중앙정부가 임명한 도의 국장들이 단체장에 반발하여 마찰과 반목하는 불상사도 일어났다. 셋째 중앙정부와 지방정부 특히 중앙정부와 도간의 협력미숙, 협력체계 결여 등으로 마찰과 갈등이 야기되었다. 넷째 이러한 와중에서도 지방자치의 경험은 쌓여가고 있었으나 장면정부의 국정관리능력한계와 성역 없이 전면적 지속적으로 추진했던 학생시위는 결국 5.16군사정변을 불러왔다. 그리하여 제2공화국이 막을 내림에 따라 당시의 지방자치는 5개월도 채우지 못하고 끝나고 말았다.

6. 제3-제5공화국시대의 지방자치(자치제도중단 30년)

1961년 5월 군사정부에 의하여 내려진 '군정포고' 제4호는 이 땅에 지방자치의 조종을 울리는 것이었다. 이로써 전국의 지방의회는 일시에 해산되고 그 대신 「지방자치에 관한 임시조치법」이 공포되어 지방의회의 기능을 상급행정기관이 대신하게 되었으며, 자치단체의 장 또한 상급행정기관의 장이 임명하도록 하였기 때문이다. 이 법의 주요골자를 보면 다음과 같다.

첫째 읍 · 면 자치제는 군자치제로 대체하고, 지방의회의 기능은 상급단체가 대행케 하며, 지방자치단체의 장은 임명제로 하였다. 둘째 서울특별시는 국무총리 직속으로 하고, 부산시는 정부직할시로 승격시켰으며, 교육법 개정하여 교육구를 폐지하고 상급자치단체에 교육위원회를, 하급자치단체에는 교육장을 두어 교육사무를 지방자치단체에 흡수 · 통합하였다.

지방자치제의 중단은 이듬해 1962년 12월에 개정된 제3공화국 헌법에서 더욱 명료하게 나타났다. 이 헌법의 제96조와 제97조에는 지방자치제도를 실시하는 것으로 규정하고 있으나, 부칙 제7조 3항에서 '지방의회의 구성시기에 관하여는 법률로 정한다'라고 유보조항을 두고 있다. 이런 태도는 제4공화국의 유신헌법에도 그대로 이어졌다. 즉 유신헌법 제114조, 115조에서는 지방자치제를 시행하는 것처럼 되어 있으나 부칙 제10조에서는 '이 헌법에 의한 지방의회는 조국통일이 이루어질 때까지 구성을 하지 아니한다' 라고 못 박고 있었다. 제5공화국 헌법도 이와 유사한 태도를 취하고 있었다. 이 헌법 부칙 제 10조는 '이 헌법에 의한 지방의회는 지방자치단체의 재정자립도를 감안해 순차적으로 구성하되 그 구성시기는 법률로 정한다' 라고 규정하고 있다. 이와 같은 헌법적 태도는 정부주도적 개발전략을 통하여 급속한 경제성장을 이룩하고자 하는 정부가 민주적 지방행정을 위한 지방자치보다 능률과 효율성을 행정의 최고 이념으로 선택한 결과에서 비롯된 것이라고 볼 수 있다. 결국 제3공화국으로부터 제5공화국까지 우리나라의 지방자치는 경제성장과 통일 · 안보논리에 밀려 긴 휴면기를 지니게 되었다. 그러나 휴면기가 끝나가면서 지방자치의 재개를 위한 준비가 제5공화국 국회에서 조금씩 나타나기 시작하였다. 지방자치의 실시는 헌법부칙의 규정을 어떻게 할 것이냐 하는 문제와 관련되어 있었는데, 제11대 국회에서는 1987년 상반기에 지방의회가 구성될 수 있도록 하기 위하여 1986년까지 입법조치를 완료할 수 있도록 한다는 데 여야간 정치적 합의를 보게 되었다.

7. 제4회 지방선거와 지방자치의 경험

1) 선거전의 상황

1987년 10월 29일 대통령직선제를 골자로 한 제9차 개정헌법이 공포되고, 이 개정헌법에 따라 같은 해 12월 16일 대통령선거에서 민주정의당 후보 노태우(盧泰愚)가 당선되었다. 이어 1988년 2월 25일 제13대 대통령에 취임함으로써 제6공화국이 출범되고, 그 해 4월 26일 제13대 국회의원 총선거[49]가 실시되었다. 선거 결과 여당인 민주정의당이 125석(지역구 87, 전국구 38)을 차지해 제1당이 되었으나, 과반수 의석 확보에는 실패하였다. 선거 결과 여당인 민주정의당이 125석(지역구 87, 전국구 38)을 차지해 제1당이 되었으나, 과반수 의석 확보에는 실패하였다. 여소야대현상이 나타나자 전국이 민주화의 물결로 들뜨기 시작했고 지방자치제도 역시 곧 실시될 것이라는 국민적 기대를 모았다. 그러나 곧 실시할 것 같았던 지방자치제도는 계속 지연되고 있었다. 1990년 1월 노태우 대통령과 김영삼 통일민주당 대표 김종필 신민주공화당 대표는 3당 통합을 발표함으로써 여소야대현상을 여대야소로 역전시켰다. 그러나 3당통합을 비난하며 장외투쟁에 나선 야당(평화민주당)의 국회등원거부와 김대중 대표의 단식투쟁 그리고 수서비리사건 등의 발발 등 정국불안이 심화되자, 이러한 정치적 난국을 타개하기 위한 긴급대안의 하나로 정부여당은 지방자치제도의 실시를 선언하였다. 이로써 한국의 지방자치제도는 어렵사리 부활되었다. 물론 이것이 가능했던 것은 그동안 지방자치제도에 대한 여야간 대타협이 있었고, 개정된 지방자치법이 국회를 통과함으로써 미흡했지만 지방자치제도를 실시하기 위한 토대가 마련되어 있었기 때문이었다.

49) 의원 정수는 제12대 때보다 23석이 늘어난 299석(지역구 224, 전국구 75)이었다. 선거결과 여소야대현상이 나타났다. 김대중의 평화민주당이 70석(지역구 54, 전국구 16), 김영삼의 통일민주당이 59석(지역구 46, 전국구 13), 김종필의 신민주공화당이 35석(지역구 27, 전국구 8)으로 그 뒤를 이었고, 그 밖에 무소속이 9석, 한겨레민주당이 1석을 차지하였다.

2) 지방자치법의 개정과 지방자치제도의 부활

노태우대통령의 제6공화국이 출범하고 국내정치에는 대대적인 민주화의 물결이 밀려오기 시작했다. 각 정당과 정파 간에는 정권의 장악 등 정치적 당리당략을 둘러싸고 논란이 계속되는 가운데서도 지방자치의 재개를 위한 제도의 정비는 조금씩 진척을 보이기 시작했는데, 1988년 12월 지방자치법의 개정은 그런 노력가운데서 괄목할만한 것이었다[50].

그 이후 1990년 12월 31일 다시 지방자치법이 개정되었고, 1991년 3월 26일과 6월 20일에는 동법 부칙 제1조 ①항에 의거 기초자치단체 및 광역자치단체의 의회의원 선거가 실시되었다. 이것이 우리나라로서는 30년간 중단되었다가 부활한 네 번째 지방선거였다. 그러나 동 선거는 기초자치단체와 광역자치단체의 지방의원만 선거하였고 자치단체장은 중앙정부임명제를 그대로 유지시켰다.

이 선거를 통해 1991년 3월 26일에는 우리나라 지방자치사상 처음으로 군(郡)과 당시 특 직할시의 구(區)가 지방자치단체로 승격되었다. 평균 투표율은 55.0%를 기록했다. 그 후 6월 20일에는 서울특별시 · 직할시 · 도의회의원 선거가 실시되었다. 평균 투표율은 58.9%로 나타났다. 선거결과는 집권당인 민주자유당의 압도적인 승리로 나타났다. 1991년 3 · 26선거는 30년 만에 부활된 지방선거였지만 그 준비가 매우 부족하였고, 정치적 필요에 따라 기습적으로 실시된 정치적 국면전환용 선거였다.

〈표 2-10〉 1991년의 광역 · 기초의회선거제도 비교

구 분	광 역 의 회	기 초 의 회
의 원 수	866명	4,304명
선거구제	소선거구제	소 · 중선거구제 혼합형
정당추천	허 용	불 허 용
선거방법	시 · 군 · 구마다(구 · 시 · 군이 둘 이상의 국회의원선거구로 나뉘어져 있는 경우 국회의원 선거구마다) 3인	읍 · 면 · 동마다 1인씩 선출하되 인구 2만명이 넘을 경우 매 2만명마다 1인 추가
피선거권	선거일 현재 90일 이상 당해 자치단체 구역 내 주민등록이 된 25세 이상인 자	좌 동
기 탁 금	700만원	200만원

50) 첫째 지방자치단체의 종류는 특별시 · 직할시 · 도와 시 · 군 · 구로 통일하였다. 둘째 지방선거의 선거권은 20세 이상으로 하고, 피선거권은 의회의원을 25세, 기초자치단체장은 30세, 광역자치단체장은 35세 이상으로 규정하였다. 셋째 지방의회의원 및 자치단체의 장의 임기를 모두 4년으로 하였다. 넷째 지방선거법을 지방자치법과 별도로 분리 · 제정하였다. 다섯째 지방자치단체의 장은 선거에 의하여 선임하되, 따로 법률이 정할 때까지 대통령이 임명하도록 하였다. 여섯째 지방자치단체의 장에게 선결처분권을 부여하고, 시 · 도지사 또는 내무부장관에게 지방의회의 위법 또는 현저히 공익을 해하는 의결에 대한 재의 요구권을 부여하였다. 일곱째 지방자치단체의 장의 위법 또는 현저히 공익을 해하는 명령이나 처분에 대하여 시 · 도지사 도는 주무부장관이 시정명령 또는 취소 · 정지를 할 수 있도록 하였다.

3) 지방자치경의 경험

제4회 지방선거를 통한 4대 지방의회[51]는 제2공화국의 지방자치제도가 중단된 지 30년 만에 부활되었기 때문에 국민들의 관심과 기대가 매우 컸다. 그러나 지방의회가 활동을 시작하면서 일부 지방의원들이 공직자로서의 자질이 부족한 행위를 한다거나 각종 이권에 개입하거나 비리에 연루되는 등 불상사가 다발하여 국민들을 실망시키기도 하였다. 이 당시의 지방자치경험을 긍정적 측면과 부정적 측면으로 나누어 검토해 보기로 한다.

첫째 긍적적 측면으로는 i) 중앙정부의 임명제 자치단체장제도가 지속되는 환경 속에서도 많은 지방의원들은 지방정부의 밀실행정을 파헤치고, 예산낭비, 행정권한남용 등을 통제함으로써 지방행정의 독주와 전횡을 막는데 기여하였다. ii) 집행기관이 제출한 예산안을 깊이 있게 심의하고 예산안의 문제점을 정확하게 지적하여 주민의 대표기관으로서의 역할을 잘 감당하였다. iii) 주민들의 민원을 철저히 파악하고 그 해결을 위해 상임위원회 및 본회의를 수시로 개회하였으며, 초기의 열정으로 활발한 의정활동을 전개하였다. iv) 그 동안 지역사회에 주인역할을 수행하는 사람들이 없어 지방공무원들은 아무런 제약을 받지 않고 예산집행과 행정업무수행을 했지만 지방의회가 구성되어 활동함으로써 집행기관의 고질적 관행을 고치고 공무원들의 권위적 행태를 민주적으로 바뀌게 하였다.

둘째 부정적 측면으로는 i) 지방의원들의 자질부족과 기본적 소양미흡 그리고 공직윤리가 부족하여 의정활동의 문제점을 드러내었다. ii) 지방의원들이 자기출신 선거구의 공약사업을 추진하기 위해 예산책정에 지나치게 집착한 나머지 나눠 먹기식 예산심의를 하거나 예산이 남았다고 예산을 변칙적으로 지출하거나, 예산으로 지방의원연수를 빙자한 외유성 관광을 하여 국민적 비난을 받기도 했다. iii) 특정 정당출신의 지방의원들이 의장단과 상임위원장 을 중앙정당에서 지명해달라는 결정을 내려 수준미달의 지방의원들이 지방자치를 망친다고 비판받기도 하였다.[52]

8. 제5회 지방선거(제1회 동시선거)와 지방자치의 경험

1) 선거전후의 환경

1992년 12월 대통령 선거에서 민자당 김영삼 후보는 "1995년 상반기 이전에 자치단체장 선거를 실시하겠다"는 공약을 내걸고 당선되었다. 취임 후 1994년 3월 16일에는 대

51) 제4회 지방선거로 구성된 지방의회는 그 의회가 몇 대 의회인지 각 자치단체마다 달랐다. 제1회 지방선거를 하지 못했던 지역은 3대 의회(서울시, 강원도 등)였고, 직할시(현재 광역시)와 도(道) 산하의 군, 그리고 특별시와 광역시의 구(區)는 처음으로 자치단체가 되었기 때문에 제1대의회가 되었다.

52) 동아일보, 1993. 6. 30.

통령선거법, 국회의원선거법, 지방의회의원선거법, 그리고 지방자치단체장선거법 등 4개의 선거법을 하나로 통합하여 「공직선거 및 부정선거방지법」을 제정 · 공시하였다. 그리고 동법의 부칙(제7조 제1항)은 기초 및 광역자치단체의 의회의원 선거와 자치단체장 선거를 1995년 6월 27일 동시에 실시한다고 발표하였다. 그리고 이 때 동시에 지방자치법도 개정하여 동법에 의한 최초의 지방자치단체장과 지방의회의원의 임기를 1995년 7월 1일부터 1998년 6월 30일까지로 한정하였다. 우리나라 역사상 최초로 4대 지방선거를 동시에 실시하게 된 제5회 지방선거는 1980년대 이후 전개된 민주화의 분위기와 함께 한국 지방자치의 매우 중요한 전기를 마련할 것으로 기대되었다. 그러나 전국적 차원의 정치적 쟁점들이 이 선거과정에서 오히려 확대 재생산되었고, 고질적인 지역대립구도가 더욱 확실히 나타났다.

첫째 공직선거 및 선거부정방지법 제정의 취지가 "돈은 못쓰게 묶고, 말은 푼다"는 것이었으나 실제로는 돈도 많이 쓰고, 말도 풀었던 선거였다. 그리하여 상대후보에 대한 비난과 모함, 흑색선전이 자행되어 선거분위기가 혼탁하였다. 둘째 선거운동과정에서는 지방자치의 본질과는 동떨어진 중앙정치의 3김 갈등이 재연되었다. 김대중씨는 이 선거를 자신의 정치일선복귀를 위한 발판으로 삼았고, 그리하여 이 지방선거를 자신에 대한 국민적 심판으로 삼는다는 명분을 걸었기 때문이었다.

셋째 지방선거가 3김 정치의 대리전 양상으로 변해 갔으며, 서울시의 선거는 그 정점에 달했다. 그리하여 그 선거가 분명 지방선거였으나 지방의 문제, 지방적 관심사는 거의 찾아볼 수 없었던 선거였다. 선거결과 투표율은 68.4%로 나타났으며, 이 선거에서는 집권여당인 민자당이 완전히 패배한 선거였다. 6.27 지방선거의 결과는 영남과 호남의 양자적인 지역대립구도가 부산-경남권, 호남권, 충청권, 그리고 대구권으로 더욱 다양화되어 지역주의가 한층 강화되었음을 보여주었다.

2) 지방자치의 경험

김영삼 정부 하에서 실시된 1995년 6.27 지방선거는 우리나라 역사상 4대 지방선거를 동시에 실시한 최초의 지방선거였다. 동 선거 결과 각 지방의 지방정부들은 다양한 정당구도로 이루어졌다.

첫째 서울, 광주, 전남, 전북의 4개 지방정부는 광역단체장, 기초단체장, 광역의원까지 민주당이 장악하였고, 대전과 충남은 자민련이 장악하였다. 이처럼 야당들이 지방정부를 장악하여 중앙정부와는 지속적이 갈등과 마찰을 빚었다. 둘째 부산에서는 집권여당인 민자당이 3가지 선거에서 석권하여 지방정부를 장악하였고, 경남에서는 기초단체장 중 절반 이상이 무소속이었으나 이들 대부분이 친여권성향을 가진 것으로 분석되어 부산과 경남은 민자당이 장악하였다. 그리하여 이들 두 지역은 비교적 중앙정부와의 협력이 잘 이루어졌고 원만한 관계를 유지하였다. 셋째 그러나 다른 지역 예컨대 인천의 경우, 민자당이 광역단체장 당선, 기초단체장은 약간 우세, 광역의원은 열세였고, 충북의 경우, 광역단체장은 자민련이 당선되었으나 기초단체장과 광역의원은 자민련이 극소수였다. 그리하여 인천과 충북은 여야대치구도를 나타냄으로써 각급 정부 간에 갈등이 야기되었다. 넷째 대구와 제주의 경우, 그 구도가 매우 복잡하였다. 대구의 경우, 무소속이 압도적으로 우세하였으나 친여당성 무소속이 많았고, 제주의 경우, 무소속이 많았으나 기초단체장이 4명 중 3명, 광역의원이 17명 중 7명이 집권 민자당 출신이었으므로 정치적 구도가 분명치 않았다. 그리하여 이들 두 지역은 단체장의 리더십 여하에 따라 지방정부가 운영되었다. 결과적으로 볼 때 이 두 지역은 중앙정부와의 큰 마찰이나 무리 없이 비교적 지방자치를 잘 운영해 나갔던 것으로 평가되었다.

다섯째 이 시기의 지방자치는 중앙정부와 지방정부의 갈등이 그 어느 때보다도 심했고, 여야를 불문하고 중앙정당의 지방자치관여가 심해 지방자치가 중앙정치에 의해 오염되었던 시기로 볼 수 있다. 특히 완전여당구도의 지방정부와 완전야당구도의 지방정부가 생김으로써, 특정지역에서는 특정정당이 지배하는 1당지배현상이 두드러지게 나타났다. 그리하여 특정지역에 대한 특정정당의 영향력이 과대하여 지방자치의 왜곡현상이 나타나고, 지방정부내의 견제와 균형은 극히 약화되었고, 정치적 야합과 담합에 의한 부조리 현상이 나타나기도 했다.

9. 제6회 지방선거(제2회 동시선거)와 지방자치의 경험

1) 선거과정과 선거운동

1998년의 제6회 지방선거는 그 전 해에 있었던 국가적 외환위기사태와 IMF체제 속에서 치루어졌고, 제5회 지방선거가 있은 지 3년 만에 실시되었다. 그것은 5회 지방선거에 한하여 임기를 3년으로 제한하였기 때문이었다. 그 이유는 선거일이 각기 다른 대통령(임기 5년), 국회의원(임기 4년), 지방의원과 단체장(임기 4년)의 선거가 매년 거듭 실시됨으로써 야기되는 혼란을 막고, 대통령선거는 논외로 하더라도 중앙정부의 국회의원 총선거가 있은 지 2년 후에 지방선거를 실시하도록 합의하였기 때문이었다. 1998년 6월 4일에 실시되었다고 하여 약칭 6.4지방선거라고 했던 제6회 지방선거는 3년 전의 제5회 지방선거에 비하여 3김의 정치적 갈등이 줄어들어 지방선거가 중앙정당의 대리전으로서의 성격은 많이 완화되었다. 그러나 과열, 혼탁, 금품살포 등을 둘러싼 마찰과 불화가 끊이지 않았다. 특히 공천과정에 잡음이 많았다. 광역단체장의 공천과정은 비교적 문제가 덜했지만 기초단체장과 광역의원후보자공천의 경우 지역의 여론과는 무관하게 정당이나 지역구국회의원들의 임의대로 공천이 이루어져 많은 비난을 받았다.

선거과정에서는 선거운동제도의 문제점도 드러났는데 광역단체장 후보를 제외하고는 TV공개토론이나 정견발표의 기회를 거의 허용하지 않아 자신들을 알릴 기회도 적었고, 그럴만한 수단도 찾지 못했다. 그 결과 유권자들이 후보자들을 파악할 방법이 없어 자기 지역에 출마한 후보를 알지도 못하는가 하면, 그들의 경력이나 정견 등을 통한 능력파악이나 검증은 처음부터 불가능하였다. 더구나 한 선거구에서 한 명만이 출마하여 단독후보자가 되었을 경우 주민들의 투표 없이 무투표 당선제도를 도입함으로써 누가 자기지역의 의원으로 선출되었는지 알 수가 없었다.

제6회 지방선거에서는 금권시비는 줄었지만 흑색선전과 지역주의가 더욱 심해진 선거였다. 경제적 위축과 정치혐오에 선거운동까지 혼탁해 52.6% 라는 최악의 투표율을 기록했다.[53] 유권자의 무관심과 투표율급락, 흑색선전과 지역대립의 심화는 6 · 4지방선거가 남긴 무거운 숙제가 아닐 수 없었다.

선거결과 6 · 4 지방선거의 최종투표율 52.6%는 역대선거사상 최저의 투표율이었다[54]. 1991년 3월에 실시된 기초의원선거 투표율(55%)에도 못 미칠 뿐 아니라 95년 6 · 27지방선거(68.4%)를 훨씬 밑도는 수준이었다. 그리고 무투표당선자가 많았던 것도 동 선거의 특징이었다. 무투표 당선자는 광역의원 49명, 기초의원 684명이 나왔다. 특히 이들 무투표 당선자는 새천년민주당의 표밭이었던 전남북과 광주, 한나라당의 표밭이었던 경남북과 부산을 중심으로 현저하게 나타났다. 이렇듯 제6차 지방선거는 예상했던 대로 이 나라 정치의 지역분할구도를 다시금 확인해 주었다.

2) 지방자치의 경험

첫째 위에서 검토한 바와 같이 1998년의 제6회 지방선거에서는 16개 시 · 도 중 14개 시 · 도에서 특정한 한 개의 정당이 광역단체장과 기초자치단체장 그리고 광역의원의 과반수를 차지함으로써 1당지배체제가 구축되었다. 그리하여 지역의 각종 공공사업이 중앙정당의 정략과 영향에 따라 좌우됨으로써 지방정부의 정책결정에 주민의 의사를 반영한다거나 의결기관과 집행기관간의 견제와 균형의 유지라는 풀뿌리 민주주의 구현은 처음부터 불가능했다. 그 결과 특히 일당지배지역에서는 지방의회가 자치단체장의 위법 · 부당한 예산집행이나 독선적 행정처리를 견제하지 못했다. 심지어 의결기관과 집행기관이 담합하여

53) 동아일보, 98년 6월 5일자

54) 제6차 지방선거에서도 역시 투표율의 지역별 편차는 여전했다. 우선 서울과 6개 광역시가 대부분 40%대로 낮은 반면 도(道)는 대부분이 50~60%대의 높은 투표율을 보여 '도저촌고(道低村高)' 현상이 뚜렷했다. 지역별로는 제주가 73.2%로 가장 높았으며 인천이 43.2%로 가장 낮았다. 선거구별로는 경북 울릉군이 82.9%로 최고투표율을, 인천 계양구가 40.15%로 최저투표율을 기록했다.

지역주민들의 뜻과는 달리 공익보다는 사익을 추구할 가능성이 훨씬 커지게 되었다. 이렇게 특정지역의 지방정부를 독식한 중앙정당은 그 행패도 심각하여 지방의회의 인사문제까지 비밀리에 간여했으며, 자치단체장과 지방의원들을 중앙당으로 불러들여 정치교육은 물론 정당의 방침까지 지시하였다. 지방자치는 사라지고 중앙정당에 의한 지방통치 즉 정당독재가 본격화되었다. 지방선거가 중앙정당선거의 대리전이 되었고, 지방자치단체장과 광역의원들은 중앙정당과 지역구 국회의원들의 하수인에 불과하게 되어 지방자치제도는 형식화되고 말았다.

둘째 선거결과 국토의 동쪽과 서쪽을 여당과 야당이 분할 점령함으로써 동서분할구도는 더욱 심화되었다. 이러한 지역분할구도는 전통적으로 영호남간 지역감정의 골이 깊은데다가 호남과 충청이라는 자기출신지역에만 기반을 두고 있었던 양대 정치지도자가 정략적으로 연대함으로써 더욱 심화되었던 것이다. 그리하여 서쪽의 여권지역에서는 중앙정부의 정책지원과 자원투자를 통해 지역발전을 가속화시켰다. 그러나 동쪽의 야권지역에서는 중앙정부로부터의 정책부재, 지원단절, 마찰증대 등으로 지역발전은 점차 악화되어갔다. 결과적으로 국토공간은 서해안을 중심으로 남해안을 이어가는 L자형으로 발전구도를 갖추게 되었으나, 야권의 동해안 지역은 21세기 들어서까지 비포장도로나 낡은 2차선도로가 그대로 남아있었다. 새로운 지역차별현상이 나타났다.

셋째 전체적으로 볼 때 이 시기의 지방자치제도의 실태는 지방정부와 주민들의 자율적인 노력에 의해서보다는 지방정부와 중앙정부의 정치적 성향에 따라 다소간 달랐지만, 대체적으로 지역사회 내에서 지방정부의 의결기관과 집행기관간의 갈등이나 지방정부와 주민들 간의 마찰은 많지 않았다. 넷째 이 시기에 지역주민들은 i) 갈수록 중앙정치에 휘말리는 지방선거와 ii) 지역구출신 국회의원들과 지방정치지망생들 간의 구태의연한 음모와 부정부패, iii) 중앙과 지방을 불문하고 언론의 지방자치에 대한 무지와 비판기능약화, 점차 심화되는 언론인 및 언론사이기주의 등이 나타남으로써 지방자치에 대한 실망으로 무관심한 주민들이 늘어났던 시기였다.

10. 제7회 지방선거(제3회 동시선거)와 지방자치의 경험

1) 선거결과와 특징

2002년 6월 13일의 제7회 지방선거는 그 과정이나 결과가 지방자치제도의 발전적 정착이라는 지방선거의 이상이나 희망과는 거리가 먼 선거였다. 우선 제5회 지방선거(1995년 6.27) 이후 줄기차게 지적된 선거제도의 문제점들이 거의 개선되지 않은 채 다시 실시되었다. i) 무소속 후보자에 대한 불이익과 차별, ii) 선거운동의 과잉단속, iii) 무투표당선자의 증대 등이 그 주요한 예들이다. 그리고 선거현장에서는 4가지 지방선거에 출마한 여러 후보자들이 한꺼번에 거리로 쏟아져 나와 유권자들이 판단을 흐려놓는가 하면, 자치단체장선거는 지나치게 과열했고, 지방의원선거는 지나치게 부진했다. 선거과정이 지나치게 혼탁하여 무엇을 위한 지방선거며, 누구를 위한 지방선거인지 알 수가 없었다.

제7회 지방선거는 48.8%라는 지방선거사상 최저의 투표율을 결과하였다. 이러한 결과는 중앙과 지방을 막론하고 끊이지 않고 지속되어 온 정치권과 공직사회의 극심한 부정부패사건이 이를 더욱 부채질하였다. 광역단체장의 경우 16개 지역에서 한나라당이 11명을 당선시켜 압도적 다수를 차지했고, 민주당이 4개 지역에서, 자민련이 1개 지역에서 당선자를 내었다[55].

제7회 지방선거의 특징을 요약하면 다음과 같다. 첫째 중앙정치의 정쟁에 잠식된 지방선거였다는 점, 둘째 자치단체장 중심의 선거과정으로 지방의원선거를 지나치게 홀대하였던 선거였다는 점. 셋째 사상최저의 투표율을 기록했다는 점. 넷째 우리나라 선거사상 최초로 정당명부식 비례대표제도와 여성후보할당제를 도입했다는 점. 다섯째 무투표당선자, 선거부정사범 등이 지속적으로 증대되었고 선거운동에 대한 과잉규제로 얼룩졌던 선거였다는 점. 여섯째 지방선거사상 최초로 시민 · 사회단체(NGO)의 지방선거참여가 인정되었던 선거였다는 점 등이다.

2) 지방자치의 경험

첫째 전국 지방정부의 정치적 구도가 광역과 기초를 막론하고 호남과 제주 그리고 충남을 제외한 전국에서 한나라당 출신들이 다수 진출함으로써 중앙정부의 집권여당과 지방정부의 정치구도가 달랐다. 즉 광주 · 전남 · 전북에서는 광역과 기초단체장에 민주당출신이 주류를 이루었고, 충남에서는 자민련출신이 광역단체장과 기초단체장의 절반을 차지하였다. 그 나머지 지역에서는 광역과 기초단체장을 불문하고 한나라당 출신이 압도적 다수를 차지하였다. 그리하여 DJP연합전선을 구축하여 지방선거를 치뤘던 제6차 지방선거결과와는 상당히 다른 지역정치구도를 나타내었다.

둘째 참여정부는 대통령 자문기관으로 정부혁신지방분권위원회를 설치하여 동 위원회로 하여금 각종 정책연구를 추진토록 하였다. 그리고 지방분권 3대 특별법(지방분권특별법, 국가균형발전특별법, 임시행정수도이전에 관한 특별법)의 제정, 지방분권 로드맵발표

55) 기초단체장의 경우, 총 234명 중에서 한나라당은 140명을, 민주당은 44명, 자민련은 16명, 그리고 무소속이 30명 당선되었다.집권여당이었던 민주당은 광주와 전남 그리고 전북에서만 다수를 당선시켰고, 자민련은 대전과 충남에서 각각 5명과 7명을 당선시켰을 뿐이었다. 나머지 지역에서는 압도적으로 한나당 출신이 당선되었다. 서울에서도 3개 지역에서만 민주당이 당선되었을 뿐 22개 지역 모두에서 한나라당이 당선되었다. 광역의원의 경우도 정당별 당선율은 자치단체장의 당선율과 유사하였다.

(2003.7.4), 지방양여금제도의 폐지, 지방교부세의 상향조정 및 분권교부세 신설, 자치경찰제도의 도입준비 등 다양한 지방분권 및 자치관련 정책이 추진되었다. 그리하여 지방자치는 중앙정부의 지방관련 각종 정책발표와 추진과정에 파묻혀 국민과 언론의 관심으로부터 점차 멀어져 갔다.

셋째 이러한 과정에서도 지방자치의 현장에서는 지역발전이라는 명목으로 무분별하게 추진된 각종 개발사업과 인허가의 문제로 자치단체장의 권한남용문제가 심각하게 지적되었던 시기였다. 즉 지방자치제도의 핵으로 기능하는 지방의회와 의원의 권한을 극도로 통제해 놓음으로써 상대적으로 지방정부의 모든 권한이 자치단체장에게 집중되어 있었다. 그 결과 지방의회와 의원들은 자치단체장의 거대한 권한과 영향력 앞에 너무 나약해 졌으며, 상대적으로 자치단체장의 권한남용이 증대하여 제왕적 단체장제도에 대한 비판이 제기되기에 이르렀다.

넷째 설상가상으로 2005년 6월, 제17대 국회의 정치발전특위(위원장, 권오을)에서는 그 동안 정당공천을 배제해 왔던 시, 군, 자치구의 기초의회의원 후보자들에게 대해서도 정당공천제도를 도입함으로써 국회가 앞장서서 지방자치발전을 역행시켰다. 즉 정당공천의 문제점을 제기하며, 기초단체장에 대한 정당공천제도를 폐지해 달라는 요구를 역으로 그 동안 정당공천을 배제해 왔던 기초의회의원 후보자들에게까지 정당공천제도를 도입함으로써 지역구 출신 국회의원들의 권한을 강화시켰던 것이다. 결과적으로 한국의 지방자치 특히 풀뿌리 민주주의는 국회의원들에 의해 뿌리를 잘리고 말았다.

11. 제8회 지방선거(제4회 동시선거)와 지방자치경험

1) 선거전후의 환경

2006년 6월 4일에 실시된 제8회 지방선거는 선거일정이 시작되기 전부터 지방자치제와 관련된 각종 제도개편이 대대적으로 추진되고 있었다. 즉 지방자치발전을 앞당길 수 있는 제주특별자치도제(2006년 7월부터 실시예정)와 경찰자치제(2007년 하반기 실시예정), 주민소환제도(2007년 하반기 실시) 등의 각종 법률안들이 국회를 통과하거나 국회에 상정되어 있었다. 그러나 2005년 개정된 공직선거법에 따라 기초의원선거에까지 정당공천제도와 비례대표제도를 도입함으로써 중앙정당의 지역책임자인 국회의원들에게 공천을 받기 위한 각종 편법과 부정부패가 끊이질 않았다. 특히 동 선거에서부터는 예비후보자제도를 도입하여 후보에 따라서는 60일 이전(광역의원, 기초단체장과 기초의원후보자) 혹은 120일 이전(특별시 및 광역시장, 도지사 예비후보)부터 선거관리위원회에 등록한 자들에 한해 선거운동을 할 수 있게 함으로써 사실상 선거기간이 그만큼 연장된 것이나 다름이 없었다. 선거운동과정에서는 중앙정당의 책임자들이 전국을 다니며 지원유세를 함으로써 지방자치를 위한 선거라는 의식은 실종되고 중앙정당의 정치적 경쟁무대가 되고 말았다. 선거예측조사결과가 한나라당에게 유리하게 발표되자 집권여당인 열린우리당은 제1야당인 한나라당의 싹쓸이를 막아달라는 호소를 하고 다녔고, 한나라당은 집권여당의 국정운영파탄을 집중 부각시켰다. 그러나 동 선거는 과거와는 다른 점들이 적지 않았다. 제도변경으로 선진화된 모습을 갖게 된 것들도 있었고[56], 매니페스토(공명선거를 위한 참공약실천)운동을 전개함으로써 시민사회가 최초로 지방선거에 직접 참여하게 되었다는 점들이 특징적이었다.

제8회 지방선거에서는 선거관련제도변화는 물론 중앙정당의 개입이 본격화되어 지방선거가 완전히 중앙정당에 의해 점령되었다. 그러나 다른 한편 선거를 관리하는 중앙 및 지방의 각급선거관리위원회는 물론 주민과 언론의 태도도 완전히 달라졌다. 그 외도 시민사회에서는 매니페스토(manifesto : 참공약) 운동, SMART 운동, PRIDE 운동 등이 전개되었다.

2) 선거의 특징

제8회 지방선거결과 전국 평균투표율은 51.3%로 집계 되었다. 그리하여 지난 제7회 지방선거보다 투표율이 낮을 것이라는 선거전의 예측을 사실상 깨트렸다. 동 선거의 특징을 요약하면 다음과 같다. 첫째 지난 선거와 같이 지방선거였지만 지방자치나 지방문제는 잠식되고 중앙정당들 간의 정쟁에 휘말린 선거였다는 점이다. 특히 선거중반에 한나라당의 박근혜대표가 선거지원유세 중 테러를 당하는 사건을 계기로 이러한 상황은 더욱 심해졌다. 둘째 한나라당이 전국의 대부분의 지역을 휩쓸었던 선거였다. 서울 경기 등 수도권에서 광역단체장, 기초단체장, 광역의원 등을 한나라당이 독식하였다. 그리하여 집권여당인

---

56) 동 지방선거에서 변경된 선거관련제도의 내용과 언론과 시민단체 등 시민사회의 운동을 요약하면 다음과 같다. 첫째 공직선거법을 개정하여 선거연령을 만 20세에서 만19세 이상으로 낮추었다. 둘째 공직 선거사상 최초로 일정한 요건을 갖춘 외국인에게 투표권 부여하였다. 셋째 기초의회의원 선거구를 중선거구제로 변경하여 한 선거구에서 2-4인을 선출하도록 하였다. 넷째 기초의원후보자에 대한 정당공천제 및 비례대표제 도입하였으며, 지방의회의원에 대해 유급제를 실시(2006년 1월)하였다) 유급제라고 하였지만 사실은 급료는 지급하지 않았고, 월정수당과 의정활동비만 지급하였다. 수당과 비용만 지급하며 급료는 지급하지 않기 때문에 이를 유급제라고 할 수 없다'. 넷째 선거에 처음 뛰어드는 정치신인을 위해 예비후보자제도를 도입하였다. 광역단체장후보의 경우, 선거일전 120일전부터, 기타 후보의 경우 60일전부터 등록이 가능하도록 하고, 등이 되면 바로 선거운동을 가능하게 하였다) 현역국회의원은 예비후보자로 등록하면 의원직을 사퇴해야 하지만 자치단체장은 사직은 하지 않아도 된다. 단지 '직무정지' 상태가 되어 부단체장이 권한을 대행한다.. 다섯째 투표방법을 변경하여 1인당 6개 투표용지를 받아 투표하였다. 기초의회와 광역의회의원 비례대표자에 대한 선거가 늘어났기 때문이었다. 여섯째 선거홍보물의 종류와 제한 그리고 홍보물에 게재할 내용을 명시하였고, TV와 지역케이블TV를 통한 후보자간 토론회 및 합동방송연설회를 가능토록 하였으며, 여론조사결과에 대한 공표금지기간을 단축하여 선거일 6일전부터 여론조사결과에 대한 공표를 금지토록 하였고, 부재자투표 신고대상을 확대하였다. 일곱째 광역단체장후보에 한해 후보당시 한 번에 한해 후원금을 받을 수 있도록 하였다. 여덟째 주민소환관련법, 지방자치법이 개정되어 2007년 7월부터 기초자치단체장과 광역단체장 그리고 지방의회의원에 대한 소환이 가능토록 하였다.

열린우리당은 지방선거사상 최초로 참패하는 수모를 겪었다. 셋째 지난 선거와 같이 여전히 이번선거도 자치단체장 중심의 선거과정으로 일관하였다. 그리하여 지방의원선거를 지나치게 홀대하였던 선거였다는 점이다. 지방자치의 핵은 지방의회이지만 우리나라의 선거는 자치단체장 중심으로 치뤄지고 있어 아직은 정부지도자와 언론 그리고 지역주민들의 민도가 낮고, 지방자치에 대한 의식과 인식이 모자라는 것으로 나타났다. 넷째 지방의회의원들의 유급제(왜곡된 유급제)와 기초의원후보자에 대한 정당공천제 그리고 기초의회에도 비례대표제를 실시한 선거였다. 그리하여 젊은 층과 후보자들이 많이 선거에 나섰다는 점과 6가지 투표를 동시에 실시함으로써 투표절차도 그 어느 때보다 복잡한 선거였다. 다섯째 이번 선거에서는 특히 시민사회에서 매니페스토(참공약)운동을 전개하여 후보자들의 공약을 평가하는 등 공정한 선거가 되도록 활동하였다는 점과 지속적으로 하강추세를 보였던 지방선거투표율이 이번 선거에서는 2.4% 증가했다는 특징을 보였다는 점, 그리고 사상 유래 없는 대규모의 여성들이 지방의회에 진출한 선거였다는 점 등을 중요한 특징으로 들 수 있을 것이다. 물론 무투표당선자, 선거부정사범 등이 지속적으로 증대되었고 선거운동에 대한 과잉규제로 얼룩졌던 선거였다는 점 등은 지난 선거와 다를 바 없었다.

3) 지방자치의 경험

여전히 중앙정부의 지방분권과 자치제도개혁은 답보상태였고, 지방정부 자치단체장들의 인사권 남용과 무리한 정책사업 등 각종 사건들이 지속되었다. 가장 현저한 문제점으로 부각된 것은 역시 지방의원들에 대한 정당공천문제가 지속적으로 제기되었다. 특히 국회의원들은 지방의원들을 마치 자신들의 선거운동원처럼 활용한다는 비판여론과 함께 대다수의 주민들이 기초의회의원후보자들에 대한 정당공천제도의 폐지를 주장하였으나 역시 외면당했다. 언론과 시민단체 역시 전국을 획일적으로 통제하고 있는 지방자치법령의 모순과 문제점은 외면하였다. 그리고 지방자치제도를 자신들의 이익을 위해 왜곡하고 악용하는 중앙정부와 정당 등에 대해서는 눈을 감고, 일부 지방의원들의 부도덕과 비리만을 부각시켜 지방자치제도에 대한 국민들의 의식을 지속적으로 황폐화시켜갔다.

지방의원들의 해외연수가 외유성 연수로 전락하고 있다는 비난여론이 전국을 시끄럽게 하였지만 개선되지 못했다. 그 외도 일부 지방의원들의 공직자품위훼손 문제가 이곳저곳에서 제기되었지만 이들을 위한 교육연수원하나 마련하지 않았다. 중앙과 지방의 격차 못지않게 지방에서는 자치단체장과 지방의회간의 격차가 지역발전을 가로 막고 있었다.

그동안 지역사회의 외형적 발전에도 불구하고, 주민들의 의식이나 행동은 선진화되지 못하였다. 중앙정부에 의해 조작된 자치제도와 중앙정당에 의해 강요된 지방선거가 지역주민과 지역사회를 일방적으로 몰아쳐도 이를 비판하는 언론도 없고 알아채는 사람이 없었다. 중앙정부의 입법, 행정, 사법의 정치인과 관료들, 재벌과 대기업들, 중앙언론, 중앙무대의 시민단체들 모두는 분권과 자치, 지방의 소리, 국민의 소리에는 귀를 막고 눈을 감았다. 그리고 이들은 자신들의 기득권을 방어하기 위하여 낡고 효력이 떨어진 제도와 공정성을 잃은 절차를 강요하고 있었다. 그 결과 국민사회는 점차 괴리되고 많은 젊은이들은 좌절과 패배감에 빠지고 있었다. 설상가상 지속적인 수도권중심의 경제정책추진과 전국의 학교와 학생들을 서열화 시키는 시대착오적인 교육정책 등 중앙정부의 정책오류는 더욱 지방을 황폐화시키고 있었다.

12. 제9회 지방선거(제5회 동시선거)와 선거결과

1) 선거전후의 환경

이명박 정부는 정권출범부터 광우병관련 촛불시위로 정권의 추진력을 잃은 상태였다. 그 후 4대강 사업에 대한 찬반여론이 지속적으로 정권을 괴롭혔고, 급기야 정부부처의 세종시 이전을 놓고 충청도민들과 일대 접전을 붙었으나 실패하였다. 설상가상 천암함 피격사태를 두고도 여론이 분열되는 등 정국은 엄청난 소용돌이 속으로 휘말려 들고 있었다. 한편 지방교육자치제도가 도입 된 이후 처음으로 시도의 교육감과 교육의원을 주민직선으로 선출하는 선거가 다가옴으로써 지방교육계가 혼탁한 정치의 장으로 물들기 시작했다. 그리고 기초의회 의원후보자들에 대한 정당공천제의 문제점에 대한 국민들의 반발이 적지 않았지만 정당과 국회의원들은 이러한 국민들의 요구를 끝내 외면하고 말았다.

제9회 지방선거(제5회 동시선거)는 이러한 소용돌이 정국 속에서 진행되어 선거 이전부터 여당인 한나라당에게 불리한 상황이었다. 동 지방선거는 2010년 6월 2일 대한민국 전역에서 일제히 실시되었다. 동 지방선거는 전국의 광역자치단체장과 광역의회의원, 기초자치단체장과 기초의회의원을 선출하는 선거였으며, 그리고 지방자치단체의 교육감 및 교육의원을 주민이 직선으로 선출하는 최초의 선거였다. 구체적으로는 광역자치단체장 16명, 광역의원 761명(지역구 680명), 기초자치단체장 228명, 기초의원 2,888명(지역구 2,512명), 교육감 16명, 교육의원 82명으로 총 3,991명을 선출했다.동 선거에서는 처음으로 한 선거에서 총8개의 선거가 치러져 유권자는 1인 8표를 행사하였다. 투표용지는 4장으로 나뉘어 사용되었다. 1차 투표용지에는 교육감(하얀색)과 교육의원(연두색), 광역의회의원(하늘색), 기초의회의원(계란색)을 기표하며, 2차 투표용지에는 광역자치단체장(하얀색)과 기초자치단체장(연두색), 광역의회의원 비례대표(하늘색), 기초의회의원 비례대표(계란색)를 기표하였다. 다만 제주특별자치도는 기초자치단체장과 기초의회의원을 선출하지 않아, 총5개의 선거가 치러져 유권자는 1인 5표를 행사하였다. 이번 지방선거에는 총 15개 정당이 후보자를 등록하였다.

2) 선거제도변화와 선거의 특징

첫째 동 선거는 8가지의 선거가 동시에 치러지는 사상 최대규모의 선거였다. 1995년의 제5회지방선거(제1회동시선거)에서는 1인 4표제(광역단체장과 의원, 기초단체장과 의원)였으나 2002년의 제7회지방선거(제3회 동시선거)에서는 광역비례의원이 추가되어 1인 5표제였고, 2006년의 제8회지방선거(제4회 동시선거)에서는 기초비례의원이 추가되어 1인 6표제였다. 그러나 2006년 12월 "지방교육자치에 관한 법률"이 개정됨에 따라 2010년 제9회 지방선거(제5회동시선거)에서는 교육감선거와 교육의원선거가 추가되어 1인 8표를 행사하게 되었다. 1991년과 1995년의 선거에서 교육의원들은 시, 군, 구의회의원들의 추천에 의해 시.도의회에서 선출하였으나, 2002년과 2006년 선거에서는 학교운영의원들이 선거구별로 2-3명씩 선출하는 중선거구제의 간선제방식이었으나 2010년 동선거에서는 교육감과 교육의원들을 주민이 직접 선거하여 선출토록 하였다.

둘째 예비후보자의 등록요건은 강화하고 선거운동의 자유는 확대하였다. 셋째 언론 등 방송매체를 통한 선거운동의 규정이 강화되었으며, 넷째 공무원 등의 입후보시 제한규정이 강회되었다. 즉 공무원 등의 사직시기를 선거일전 60일에서 90일로 30일이나 앞당겼다. 다섯째 선거사범에 대한 처벌기준을 현실에 맞게 조정하였다. 즉 불법으로 금품을 받은 자에게 해당금액의 50배를 물게 하던 벌칙조항이 '10배 이상 50배 이하'로 조정되었고, 과태료 상한선도 5천만원에서 3천만원으로 낮아졌다. 여섯째 여성의 정치참여 확대를 위해 종래 비례대표후보 중 50%이상을 여성으로 추천한 데 이어 '임기만료에 의한 선거의 경우 지방의원선거에 군지역을 제외하고는 국회의원지역구선거구마다 여성 1명이상을 추천하도록 의무화하였다. 2010년 1월 25일 공직선거법 개정에 따라 광역의원 선거구와 정수가 조정되어 7개 지역 28명이 증가되었다. 그 결과 광역의원정수는 761명으로 조정되었다.

3) 선거결과

이번 대한민국 제5회 지방 선거는 과거 15년 만에 최고인 54.4%의 투표율을 기록하였다. 특히 젊은 세대의 투표 참여율이 증가하여 젊은 층의 정치에 대한 인식이 바뀐 것이 아니냐는 조심스러운 전망도 나왔다. 그러나 이 번 투표율이 높아진 이유는 지방선거를 전후한 정치적 대형사건들이 그 영향을 미쳤을 것으로 판단된다. 즉 지속적으로 갈등을 야기해 온 4대강사업, 원점으로 되돌아 간 세종시 문제, 천안함 사태 등 주요 국책사업들이 정치쟁점화 되면서 유권자들의 투표에 대한 관심이 높았을 것이다. 여기에 정권심판론이나 중간평가를 내세운 야당들의 전략과 정당조직을 동원한 구호가 과거에 비해 다소 강한 영향을 미친 것으로 판단된다.

동 지방선거결과 당시 여당이었던 한나라당은 광역단체장, 광역의원, 기초단체장 선거에서 2006년 선거에 비해 절반으로 줄었다[57]. 서울시장에는 오세훈 한나라당후보가 한명숙 민주당후보를 3만여 표차로 승리하였다. 한나라당의 전통적인 지지기반으로 여겨졌던 강원도와 경상남도에서 여당이 야권 후보에게 패하는 등 많은 이변이 일어났다. 이 지역들에서의 패배는 한나라당이 이번 선거에서의 패배를 인정하게 되는 결정적 계기가 되었다. 광역자치단체장 투표율은 제주특별자치도가 65.08%로 가장 높게 나타났으며 대구광역시가 45.94%로 가장 낮게 나타났다.

기초자치단체장의 경우에는 지역에 따라 큰 차이를 보였다. 서울, 인천, 광주, 전북의 경우, 민주당과 연대한 민주세력이 큰 승리를 보였으나 대구와 부산, 울산, 경남, 경북에서는 한나라당이 우세를 보였다. 전남의 한나라당 당선자는 없었으나 무소속 후보가 이전 선거에 비해 많이 당선되었고 대전과 충남, 충북은 민주당과 한나라당이 비슷한 결과를 나타내었고, 자유선진당이 많은 기초자치단체장을 배출하였다. 경기와 강원은 민주당과 한나라당이 큰 차이 없이 차지하였다. 제주도의 경우 특별자치도가 되면서 이번 선거부터 제주시와 서귀포시의 시장을 선출하지 않았으며, 경상남도의 마산시와 진해시의 경우에도 창원시와의 통합이 확정됨에 따라 3개시 모두 한 선거구로 통합하여 시장을 선출하였다. 또한 이번 자치단체장 선거에서는 민주노동당이 기존의 울산 북구를 재탈환하는 것 이외에 민주당과의 야권 연합을 통해 인천시 동구와 남동구에서 승리하였다.

교육감 선거 투표 결과에서 최초의 진보성향 교육감으로 6명이 투표로 당선되었다. 특히 인천을 제외한 수도권, 호남지역 교육감의 경우 모두 진보 후보가 당선되었고, 그중 강원도와 광주의 경우는 전교조 출신 후보가 당선됨에 따라 보수적인, 수월성 교육을 추구하는 이명박 정부의 교육정책의 실효성에 제동이 걸릴 것으로 예상되고 있다.

지방선거에서 중앙정당이 참여함으로써 특정지역에서 특정정당이 자치단체장과 지방의회를 독점하는 지역패권주의 경향은 여전했다. 그러나 호남지역에서 줄곧 한자리수 이상의 득표율을 기록하지 못하던 한나라당의 후보들이 두 자릿수의 득표율을 기록하였고 기초의회의석도 2석을 배출했다. 이로 인해 당내에서 대호남 정책의 변화를 주문하는 목소리도 나왔다 민주당 역시 대구와, 경상북도에서도 한자리수 이상의 득표율을 기록하여 전체적으로 지역주의가 퇴색되는 경향을 보였다. 경상남도의 이러한 변화는 정치적 고향이 경남이었던 노무현의 영향력 때문이라는 분석도 있다.

57) 광역단체장은 12명에서 6명으로, 광역의원은 557명(75%)에서 288명(36%)로 줄었고, 기초단체장도 155명(67.4%)에서 82명(36%)로 줄었으며, 기초의원은 1621명(56%)에서 1247명(43%)로 줄어들었다.

III. 한국 지방선거의 문제점

1. 선거제도상의 문제점

1) 한국지방선거제도는 주민대표성을 충분히 반영하지 못했다.

우리나라의 지방선거제도는 주민대표성과 관련해 보면 많은 문제점을 지니고 있다. 원래 선거란 다수의 국민들이 직접 참정할 수 없는 현대 대중민주주의 정치에서 다수국민을 대신하는 소수대표자들을 선출하는 제도이다. 때문에 선거에 의해서 선출된 대표들이 다수 주민들을 가장 잘 대표할 수 있어야 한다. 따라서 선거에서 주민대표성을 높이는 것은 모든 선거의 가장 본질적인 과제이다. 그러나 우리나라 지방선거는 그동안 저조한 투표율과 낮은 득표율, 득표율과 의석점유율의 불비례성, 유권자 표의 비등가성, 낮은 여성대표비율 등으로 주민들을 충분히 대표한다고 볼 수 없다는 데 심각한 문제가 있다. 특히 지방보궐선거의 경우 30%에도 미치지 못하는 주민투표율과 20%에도 미치지 못하는 득표로 당선자가 결정되는 현실은 심각한 문제를 지니고 있다. 전체유권자의 겨우 10%대의 득표로 단체장이 당선되는 현실선거제도는 반드시 개선해야 할 필요가 있다. 뿐만 아니라 민주주의는 권리만을 강조할 것이 아니라 책임도 수반된다는 사실을 인식시키기 위해서라도 3회 이상 투표하지 않은 유권자에게는 그에 상응하는 불이익을 줄 수 있는 제도도 도입해 볼 필요가 있다.

2) 지역사회의 유권자들의 다양한 정치성향(민주성)을 반영하지 못했다.

한국의 지방선거는 중앙정당에 의해 정당중심의 선거로 유도하고 있어 특정정당이 특정지역을 지배하는 지역지배정당이 대두되고, 그 결과 특정지역의 경우 지방자치단체장과 지방의회의 다수의석을 하나의 특정정당이 독과점하는 일당지배의 비민주적 정치구도가 나타나고 있다. 지방선거의 중요한 한 가지 평가기준은 민주성이다. 민주성은 먼저 선거 결과가 주민들의 이해관계에 따라 역동적이고 변화무쌍하여 통시적으로나 동시대에 정치세력 간에 견제와 균형이 이뤄지면서 특정 세력이 권력을 독점하지 않을 것에 대한 기대를 하게 한다. 오늘의 승자가 내일의 패자가 되고 그 반대의 경우가 가능하다는 전제하에 민주적인 게임규칙이 유지되는 것이다. 그런데 우리 지방선거는 주민의 이해라기보다는 중앙정치의 이해에 의해 정해진 정치지형을 그려오고 있다. 지역지배정당이 강고히 존재하고 있는 상태에서 다른 정당들은 선거 때마다 자신의 정당 이름을 밝히는 선거 전략을 세우기 곤란할 정도가 되었다. 지역지배 정당의 존재와 지방선거에서의 싹쓸이 현상은 결국 견제세력이 없는 일당 독점지배구조를 양산하여 지방정치의 민주성 제고에 치명적인 해악을 가져오는 원인이 되고 마는 것이다. 지역지배정당에 의한 일당지배구조는 '의원정수별 정당 분포와 지역주의'와의 관계를 보면 쉽게 파악할 수 있다. 지난 2010년에 실시된 제9회 지방선거에서는 그 정도가 완화되었지만 그동안 호남과 영남의 경우 민주당과 한나라당이 일당지배구도의 주체였다. 중앙정당의 정당공천제도와 비제도화된 공천과정이 이러한 비민주성을 더욱 가중시킨다.

3) 정당공천제도를 통해 지방선거를 중앙정치의 투쟁장으로 변질시켰다.

중앙정당들은 지방선거를 대선과 총선의 중간평가용 선거로 왜곡시키고, 중앙정당간의 이념투쟁을 지방으로 끌어 들여 지방선거를 이념적 정치투쟁의 장으로 황폐화시켰다. 1991년 지방자치제도가 부활 실시되었던 당시에는 지방의회의원후보자들에 대해서는 정당공천제도를 도입하지 않았다. 광역자치단체장과 광역의회의원 그리고 기초자치단체장의 후보자들에 대해서만 정당공천제도를 실시하였다. 그 후 몇 차례 지방선거를 실시해 본 결과 기초자치단체장들에 대한 정당공천제도에도 많은 문제점이 있다는 여론과 함께 전국의 대다수 기초자치단체장들이 기초자치단체장 후보자들에 대한 정당공천제도를 폐지해 줄 것을 건의하는 사태가 발생했다. 이에 제17대 국회에서는 지방선거 등 각종의 정치제도 개혁을 위해 정치발전특별위원회(위원장 : 권오을)를 구성하였고 동위원회에서는 기초자치단체장 후보자들에 대한 정당공천제도를 폐지하기는 커녕 그동안 정당공천을 받지 않았던 기초의회의원후보자들에 대해서까지 정당공천을 받도록 함으로써 공직선거법을 개악하였다. 그 이후 4가지 중요 지방선거에 모두에 정당공천제도가 도입되어 중앙정당의 지방선거개입은 공식화되었고, 그 결과 지방선거는 '고질적 중앙정치투쟁의 대리전'으로 변질되었다. 후보공천의 경우 후보선정위원회라는 형식을 빌려 실시하지만 그 과정은 사실상 정당지도부나 현직 국회의원인 지구당위원장의 지명에 가까운 추천으로 이루어진다. 그리고 이러한 정당공천은 공천 그 자체가 당선과 직결되는 지역에서는 금품수수 등의 비리사건을 야기시켜 선거부정이 만연하게 되었다. 그리고 정당공천제도는 공천을 받은 후보자와 무소속 후보자들 간에 선거운동방법이나 활동 등에 여러 가지 차별을 하여 무소속 후보자들에게 다양한 불이익과 피해를 주었다. 선거사무소를 갖지 못하게 한다거나 선거운동원의 구성과 운영에도 보이지 않는 차별을 하였다. 이미 우리나라의 지방선거는 지방자치를 위한 지방선거로서의 성격은 사라진지 오래되었다.

4) 선거운동방법의 과잉규제와 지방의원후보자에 대한 차별적 통제

과도한 선거규제가 유권자들로 하여금 선거에 냉담하게 하여 투표율을 낮추고 결과적으로 바람직한 후보자 선택을 방해한다. 선거기간 중에는 일상적인 인간관계도 공직선거법에 저촉되어 자칫 범법자가 되기 일쑤다. 공직선거법에서는 선거운동방법을 과도하게 규제하고 있다. 즉 선거운동기구의 설치(제61조)에 대한 통제와 현수막설치(제67조), 어깨띠 등 소품(제68조), 신문광고(제69조), 방송광고(제70조), 후보자등의 방송연설(제71조) 등 많은 분야에서 세세하게 선거운동방법을 규정함으로써 선거운동을 경직화시키고, 허용되는 방법과 허용되지 않는 방법 간의 경계를 놓고 선거운동원과 선거관리위원회 간의 갈등이 끊이지 않았다. 특히 지방의원후보자들에게는 광역의원 후보자든 기초의원후보자든 간에 신문광고(제69조)와 방송광고(제70조)를 할 수 없도록 하여 다른 선거와 차별하였다. 이러한 차별로 유권자들이 지방의원후보자들을 알 수 있는 기회를 더욱 차단시켰다. 그 외도 선거기간 중 집회활동의 통제(제103조)나 기부행위등의 제한(제112조)이라는 선거운동방법의 제한조치로 사실 일상적인 주민들의 생활까지 통제받고 있어 불편이 이만 저만 아니다.

4년에 한 번씩 자신들의 지도자를 선출하는 축제가 되어야 할 지방선거를 선량한 주민들을 범법자로 만들 수 있는 위험한 기간으로 변질시킬 우려가 크다. 이러한 분위기 속에서 유권자들의 선거에 대한 관심이 줄어들게 되면 후보자들은 더욱 주민들에게 접근하게 되고, 무관심한 유권자들의 관심을 유발시키기 위해 자칫 금권선거를 치루게 될 위험성이 높아지게 되는 것이다.

5) 기초의원 선거구제도의 문제점

지난 몇 차례의 지방선거에서 선거구제도의 문제는 줄곧 논란의 대상이 되어왔다. 기초의회의원선거구가 소선거구제였을 때는 그것이 기득권자들이라고 볼 수 있는 지역유지를 선출하는 제도에 불과하며, 참신하고 유능한 인재를 선출하는 제도로는 부적절한 제도라고 하여 중선거제도를 도입해야 한다는 여론이 팽배하였다. 즉 기초의회의원의 경우 읍·면·동 단위로 1명(혹은 2명)을 선출함으로써, 경쟁자를 줄여 그 지역의 유지가 당선될 수 밖에 없고, 그 결과 유능한 인재의 지방의회진출을 어렵게 한다는 것이었다. 그러나 이러한 문제점을 개선하기 위해 중선거구제로 변경하였으나 이것 역시 문제점이 있다는 주장이 강하다. 즉 한 선거구에서 2-4명의 의원을 선출하도록 함으로써 한 선거구에 과도한 후보자들이 몰려 선거를 과열시키고 부정타락선거로 몰고 간다거나 후보자들의 판단을 어렵게 하여 바람직한 후보자를 선택할 수 없다는 비판이 제기되고 있다. 뿐만 아니라 선거구가 과도하게 광범하여 기초의원후보자의 선거운동에 어려움이 많고 선거비용이 많이 들며, 지역에 따라서는 한 정당에서 2-3명 전원이 당선됨으로써 특정 정당의 독식이 문제로 제기되고 있다.

특히 정당은 한 선거구에 다수의 입후보자들을 공천하는 과정에서 후보자검정절차가 엄격하지 못하여 선거이후에는 당선된 지방의원들의 자질문제가 새롭게 거론되었고, 의회의 다수당과 자치단체장이 같은 정당의 출신으로 구성됨으로써 일당지배현상이 나타나 결국 지방자치가 아니라 중앙정당치가 되고 말았다.

6) 단독후보자들에 대한 무투표 당선제도의 문제점

현행법은 단독후보자에 대해서는 찬반투표 없이 무투표로 당선시키고 있어 그 부작용이 심각하다. 지난 1995년 6.27지방선거 이후 선거마다 무투표 당선자가 다수 선출되었다. 특히 무투표당선은 기초의회의원선거에서 두드러지게 나타나고 있어 더욱 문제를 심각하게 만들고 있다. 지방자치의 핵을 지방의회라고 한다면 지방의회 중에서도 평소 대민 접촉을 생활화하고 있는 기초의회야 말로 지방자치의 핵심기관이라고 할 수 있다. 그러나 4가지 지방선거의 혼란한 틈을 타서 비교적 주민들의 관심이 떨어지는 기초의회의원후보자들에 대한 단독후보조작이나 후보자간 담합과 후보사퇴 등이 이루어지고 있다. 그리고 정당간부나 지역구출신 국회의원들이 보이지 않는 곳에서 은밀히 이러한 사태를 조작하고 있다. 따라서 이러한 폐단을 시정하고 유능한 지방의원들을 선출하기 이해서는 무투표당선제도를 찬반투표제도로 바꾸어야 할 것이다. 단 한 명의 후보자에 대해서라도 주민들의 의사를 물어야 하고 그래서 주민들이 자신들이 선출하는 지방의원이 누구인지는 알아야 한다. 무투표당선제도는 엄격히 말해 주민이 선출하지 않은 사람을 선거법이 당선시키는 결과를 가져와 본래 선거제도가 갖는 의미를 왜곡하는 것이다.

2. 지방선거의 관리와 선거과정의 문제점

1) 선거과열과 유권자들의 혼란가중

4가지 내지 6가지 지방선거를 동시에 실시함으로써 유권자들에게 혼란과 혼동을 가중시켜 후보자들에 대한 정확한 판단을 어렵게 하였다. 즉 4종류의 선거를 동시에 실시하게 되어 우선 선거종류별 후보자판단이 곤란하였다. 그리고 후보자수가 너무 많아 어느 선거에 어떤 후보자들이 몇 명이나 출마했는지를 파악하기가 쉽지 않았고, 어느 선거에 어떤 후보가 가장 유능하고 우수한지를 분석판단하기가 쉽지 않았다. 또한 각 후보자들의 소형인쇄물에 나타난 학력과 경력이 불분명하고 과장되거나 허위로 기재된 경우가 많아 유권자들이 그 많은 후보자들에 대해 정확하게 파악하거나 비교하기가 어려웠다. 이것은 동시선거라는 선거의 성격에서 발생하는 당연한 결과이기도 하지만, 선거업무관리기관인 선거관리위원회의 관리능력의 한계에서도 기인했던 것으로 나타났다.

2) 자치단체장선거 중심의 선거과정

짧은 선거운동기간 안에 4-6가지 선거에 출마한 후보자들이 동시에 선거운동을 실시함으로써 유권자들은 선거종류별 후보자들을 제대로 파악하지도 못할 뿐 아니라, 유권자들의 관심이 지방자치단체장 후보들에게만 집중되어 지방의회의원 선거는 거의 관심을 끌지 못했다. 즉 언론을 비롯한 선거과정의 분위기가 자치단체장선거에 집중되어 지방의회의원선거는 매우 소홀하게 치뤄졌다. 특히 선거과정에서 이러한 분위기를 더욱 조장한 것은 선거의 종류는 많은 데 비하여 선거기간은 짧아 선거과열과 혼란을 더욱 부채질 하였다. 언론매체를 이용할 수 있는 것도 자치단체장 입후보자들 중심으로 이루어졌기 때문이었다. 특히 언론매체들은 그 중에서도 광역자치단체장 후보자들을 중심으로 유권자들의 이목을 집중시켜 기초의회의원 후보자들은 지방선거에서 그 존재도 찾기 어려웠다. 이러한 현상은 국민들 대다수가 지방자치가 무엇인지 그 의미를 알지 못한 상황에서 지방선거가 실시되었다는 점과 절제되지 못한 언론기관간의 과잉경쟁도 한 몫을 차지했다. 그리하여 심지어 기초의회의원선거에서는 후보자가 누구인지 알지도 못하고 투표장에 나가거나, 선거벽보를 통해 얼굴 한 번보고 투표하는 유권자들이 적지 않았다.

3) 선거관리위원회의 권한과 기능취약 및 선거과정관리의 한계와 문제

전체적으로 선거사무를 담당하고 있는 중앙선거관리위원회와 각급 지방선거관리위원회의 권한과 기능이 부족하여 많은 종류의 지방선거를 효율적으로 관리하는 데에 원천적으로 한계가 있었다. 선거관리를 위한 충분한 인력도 확보하지 못했고, 선거법위반자들을 효과적으로 단속할만한 권한이나 장비 그리고 인력 등 또한 원천적으로 부족하였다. 예컨대 한정된 인력으로 후보자등록서류를 접수하는 데에만 급급했을 뿐 후보자들의 경력이나 자격 등을 검증하는 데에는 한계가 있었다. 선거운동현장에서 불법선거운동을 단속하는 데에도 한계가 있었고, 오히려 선거운동원들에게 봉변을 당하는 사례도 있었다. 선거과정을 관리하는 선거관리위원회의 보다 적극적인 노력이 부족했다는 점도 지적되었다. 정당의 이해관계에 얽혀 선거가 임박해 질 때까지 후보자들의 기호가 알려지지 않았는가 하면, 선거공보물 제작발송에서도 후보자들이 제출한 자료를 그대로 인쇄하여 단 2차례 유권자들에게 발송하는 데 그쳤다. 그리하여 선거공보에 누락된 후보자들도 있었고, 후보자들에 대한 구체적 경력검증도 하지 못했다. 더구나 유권자들에게 당해 선거구에 출마한 광역 및 기초 단체장 후보자들과 지방의원후보자들에 대한 전체적 설명이나 안내는 한 번도 하지 않았다. 요컨대 유권자들의 판단을 돕기 위한 선관위의 선거안내, 선거계몽 등이 미흡했던 것으로 나타났다. 선거법위반자들의 적발과 처벌에도 상당한 문제점이 드러났다. 소수의 인원으로 특정한 시간과 특정한 장소에서 적발위주의 단속을 함으로써 억울한

선거법위반자가 늘어났고, 선거법을 지나치게 경직하게 집행함으로써 후보자들이나 유권자들에게 선거과정은 자칫 선거사범이 될 가능성이 높은 위험한 기간이 되었다.

4) 지방행정기관의 선거업무 가중과 주민불편가중

많은 선거를 하루에 동시에 실시함으로써 지방행정기관이 전적으로 선거업무에 매달리게 되고 특히 선거가 가까워 가면서 행정기능이 거의 선거행정에 몰입되어 일반행정기능이 상당 부분 지장을 받는 상태에 이르게 된다는 문제점이 지적되었다. 물론 선거사무는 선거관리위원회에서 관리하지만 행정, 경찰, 체신, 학교, 법원 등에 이르기까지 각급 기관의 협력없이는 불가능하기 때문에 공무원들이 선거사무에 차출되는 경우가 많았다. 그리고 선거관리업무의 실질적인 집행은 읍, 면, 동에서 이루어지는 바 선거인 명부작성에서부터 투표에 이르기까지 전 인력이 선거업무에 매달려야 하므로 이러한 행정기능의 공백상태는 불가피하였다. 그 외도 선거홍보물 배달로 인한 체신공무원의 업무폭주와 선거관리와 투개표 요원으로 법원 및 학교의 인력들도 차출됨으로써 정상적 기능수행을 저해하였다.

5) 지방선거에 무관심한 주민들과 저조했던 투표율

대통령 선거나 국회의원선거에 비해 지방선거에 대한 주민들의 관심과 투표참여는 실망스러울 정도로 저조하였다. 사실 자신들과 가장 가까운 곳에서 자신들의 삶과 직접적인 이해관계를 맺고 있는 지방자치행정에 대해서는 대선이나 총선보다도 오히려 더 많은 관심과 참여가 있어야 하는 것이 당연하다. 그럼에도 불구하고 우리나라 지역유권자들은 지방선거에 대해서는 대체로 무관심하였고 그 결과 투표참여율이 매우 저조하였다.

역대 선거 중 제2차 동시선거(1998년의 6회 지방선거)의 투표율이 가장 저조했다. 우리나라 지방선거사상 제5회 지방선거(제1차 동시선거)였던 1995년 6.27선거의 투표율이 전국평균 68.4%를 기록한 이후 그 다음 지방선거부터는 줄곧 내리막길로 달려왔다. 1998년 6.4지방선거의 투표율은 52.7%였으며, 2002년에는 48.9%, 2006년에는 51.6%였고, 2010년 6.2지방선거의 경우 54.5% 였다. 이러한 투표율은 국회의원선거의 투표율과는 큰 차이가 없지만 대통령선거의 투표율보다는 매우 저조하였다[58].

이와 같은 저조한 투표율은 지방자치단체장 후보들이나 지방의회의원 후보들이 주민들의 관심을 끌지 못했고, 지지를 유도하지 못했다는 점에 그 주된 원인이 있을 수도 있다. 그러나 궁극적으로는 권리 위에 잠자는 주민들이 많았고, 대의민주주의나 지방자치제도에 관심이 없는 군주정하의 신민적 의식을 탈피하지 못한 주민들이 많음을 지적해주고 있다. 선거

58) 총선 1996년 63.9%, 2000년 57.2%, 2004년 60.6%, 2008년 46.1%) (대선, 1992년(김영삼) 81.9%, 1997년(김대중) 80.7%, 2002년(노무현) 70.8%, 2007년(이명박) 63%

과정에서의 부정부패에 가담하는 주민들이나 아예 선거참여를 포기하는 주민들이 많다는 것은 그 만큼 주민의식이 열등하다는 점을 말해주며, 이렇게 볼 때 정부의 시민의식 선진화를 위한 정책이 얼마나 시급한지를 짐작할 수 있다. 우리나라의 지역주민들의 민주주의에 관한 시민의식이 국가의 경제발전수준이나 국가전체의 발전수준에 훨씬 미치지 못하고 있다는 점은 주지의 사실이다. 그로인해 부정과 부패, 집단시위와 투쟁, 노사갈등 등 많은 사회문제를 야기시키고 있지만 중앙정부와 지방정부는 국민교육에 대해서는 손을 놓고 있다.

6) 유권자들의 알권리 침해와 무소속후보자들에 대한 차별시정의 한계

공직선거법이 현실에 맞지 않아 후보자에 대한 유권자들의 알권리를 제약했고, 선거운동에서도 정당공천자들에 비해 무소속후보자들에 대한 통제와 불리한 제약조건들이 많았다. 예컨데 현행 선거법에는 현실적 국민감정과는 동떨어지게 주민의 대표자격을 지나치게 홀대함으로써 '형의 선고를 받고 집행중이거나 일정한 기간이 지나지 않는 등의 특별한 경우를 제외하고는 모두 후보자로 등록이 가능'하게 되어있다. 뿐만 아니라 공직선거법 제110조와 251조에는 선거운동을 위하여 후보자의 전력 등을 공공연히 나타낼 수 없도록 규정하고, 개인정보 유출방지법에도 전산기록을 누설할 경우 처벌토록 되어 있어 후보자들이 상습적으로 파렴치한 범죄전과를 가지고 있다고 하더라도 유권자들이 이를 알 수 없는 실정이었다.

7) 불법선거운동에 대한 단속인력과 장비의 절대부족

선거관리에 책임을 맡고 있는 선관위가 선거운동현장에서 선거법위반자들에 대한 단속에는 원천적 한계를 지니고 있었다. 선거를 치르는 횟수가 늘어날수록 선거법위반사례가 줄어들고 있다는 통계가 나오고 있지만, 선거과정에 참여한 경험이 있는 사람들이라면 이를 쉽게 긍정하기가 쉽지 않을 것이다. 범법자는 홍수처럼 쏟아져 나오는 데 이를 단속하는 실권 없는 선관위 직원들은 가뭄에 콩 나듯이 나타났던 것이다. 대구광역시의 경우 지난 선거에서 시 전체를 대상으로 3개 반(36명)을 편성하고, 각 구와 군 선관위에서는 2개 반(341명)을 편성하여 선거법위반사례를 단속하였다. 4가지 선거운동에 종사하는 사람들의 숫자와 행사빈도에 비하면 이러한 단속인원수로는 선거법위반 단속에는 근본적인 한계가 있었음을 알 수 있다. 이렇게 볼 때 선관위에서 발표하는 각종 선거법위반 단속 사례와 선거운동기간을 전후하여 벌여왔던 각급 선관위의 단속업무는 실제 일어나고 있는 선거법위반사례들에 비하면 빙산의 일각에 지나지 않았다는 것을 충분히 짐작할 수 있을 것이다.

8) 편협한 학력인정과 학력 및 경력허위기재의 문제점 대두

후보자들의 학력과 경력 등에 대한 허위기재가 많았다는 점이 문제점으로 지적되었다. 즉 후보자들이 그들의 학력이나 사회활동경력 등을 허위로 기재하는 경우가 많았다. 특히 제1회 동시선거였던 1995년 6.27지방선거에서 학력기재문제가 크게 부각되어, 그 다음 선거에서는 "학력은 정규학력에 한한다"는 선거법개정을 가져왔다. 그러나 현대사회는 사회교육이 보편화되고 학교교육만으로는 변화하는 환경에 효율적으로 대처할 수 없는 시대이다. 더구나 대부분의 국민들이 20대에 끝마친 정규교육만으로는 하루가 다르게 변화하는 21세기 지식정보사회를 바람직하게 살아갈 수 없다. 따라서 학력을 정규학력으로 제한하고 있는 현행 선거법은 고교나 대학 졸업이후 혹은 성인이 되어 받은 교육을 인정하지 않아 형평성을 잃었다는 문제를 야기시키고 있다. 수년 혹은 수십년 전에 받은 정규학력이 갖는 의미보다는 근래 몇 년 동안 어떤 교육을 얼마나 받았느냐가 더 중요함에도 불구하고 후보자의 학력을 정규학력에만 한정시키고 있는 우리나라 공직선거법은 크게 잘못되어 있다. 그리고 왜 학력은 정규학력에 한정해야 하는가? 그것은 평생학습을 요구하고 있는 시대적 요청에도 맞지 않고, 정부의 구호에도 어긋난다. 따라서 개인이나 사설학원 등이 제공하는 교육이 아닌 한, 공식적인 학교나 공공기관이 제공하는 교육은 그 기간에 무관하게 모두 인정되어야 한다. OECD가입국가들 중에서 민간인들의 학습과 교육이 가장 뒤떨어지는 이유도 바로 입법자들의 교육에 관한 시대착오적인 의식에서 비롯되었다. 국회의원들이 스스로 부족함을 인정하고 공부하는 모습이나 공무원들이 자비로 교육받는 사례를 찾아볼 수 없는 것이 우리나라의 실태다.

9) 선거홍보물 제작과 발송의 문제점

후보자들에 대한 홍보물 제작과 발송에도 적지 않은 문제점을 드러내었다. 즉 수많은 후보자들이 한정된 기일 내에 홍보물을 제작하고 이를 유권자들에게 발송해야 하므로 민간의 인쇄능력이 부족하였고, 각급 선관위의 홍보물 제작관리에도 어려움이 많았다. 후보자들로부터 선거공보나 선전벽보 등을 제작할 홍보물(자료)들을 제출받아 이를 인쇄하여 2차에 걸쳐 유권자들에게 이를 발송하였으나 이 과정에서도 몇 가지 문제점들이 야기되었다. 우선 지정된 기일 내에 홍보물을 제출하지 있는 사람들이 있어 유권자들에게는 이들을 제외하고 선거홍보물을 발송했다는 점과 후보자가 한 명뿐이어서 무투표당선이 되는 선거구에 대해서는 무투표당선자가 누구인지를 알려주지 않았다는 점, 이렇게 배달되는 우편물이 너무나 방대하여 읍 · 면 · 동의 홍보물 보관, 우편물 분류 등에 전직원이 매달렸고, 체신부 역시 본연의 업무를 거의 방치하게 되었다는 점, 그리고 유권자들은 수시로 날

아드는 방대한 선거홍보물들로 혼란을 겪었다는 점등이다[59].

3. 후보자들의 선거운동과 운동방법의 문제점

1) 사전 선거운동의 엄격한 차단, 예비후보자등록과 선거운동의 문제

선거법위반사례 중 선거운동 전반에는 불법홍보가 압도적으로 많았다. 이것은 선거운동 초반의 경우 명함형 홍보물 이외에는 다른 홍보수단이 없는 데다 홍보물의 배포를 선관위가 전담하면서 유권자들에게 전달이 늦어지자 얼굴 알리기에 급급했던 후보자들에게서 나타났던 것이다. 즉 많은 기초 및 광역의회의원후보자들에게는 유권자들에게 얼굴 알릴 기회를 차단했던 선거법 때문에 불가피했던 조치였다. 우리 사회에는 이처럼 제도와 법령들이 時와 場에 맞지 않아 현실적으로 지킬 수 없거나, 지킬 수 없도록 만들어 놓고 이를 강요함으로써 국민들을 범법자로 유도하고 있는 사례들이 적지 않았다. 그러나 2005년 선거법 개정으로 예비후보자등록(제 60조의 2)과 선거운동제도(제60조의 3)가 생긴 이후로 이러한 문제는 줄어들었지만 예비후보자제도 그 자체도 적잖은 문제점을 가진 것으로 드러났다. 즉 후보자등록(제49조)은 선거일전 20일 전이지만 예비후보자등록은 시 도지사후보자의 경우 선거일 전 120일, 지역구시 도의회의원선거, 자치구 시의 지역구의회의원 및 장의 선거의 경우 선거기간개시일 전 90일, 군의 지역구의회의원 및 장의 선거 선거기간개시일 전 60일 등으로 짧게는 40일에서 길게는 100일전부터 선거운동을 할 수 있게 함으로써 여러 가지 문제점이 많다는 것이다. 즉 예비후보자들에 대한 사전 스크린 없이 너나 나나 모두 예비후보자로 등록하여 후보자 난립을 조장시키고 실질적인 선거운동기간을 지나치게 늘려놓았다는 점과 정규 후보자로 등록하는 사람들보다 불공정하게 긴 선거운동기간을 인정하고 있다는 점 등이다. 그리고 예비후보자로 등록한 사람들이 실제 선거에는 후보자등록을 포기하는 사람들이 많아 불필요한 비용을 낭비하는 주민들이 늘어나고, 유권자들이 후보자들을 판단 선택하는 데 혼란만 가중시킨다는 비판이 제기되고 있다.

2) 조직적 선거부정과 선거관리위원회의 무력감과 감시의 한계

선거가 지속됨에 따라 그리고 공직선거법이 과도하리만큼 선거운동방법을 세세하게 통제함으로써 유권자들의 선거에 관한 관심도 사라지고 선거부정도 그만큼 줄어들고 있는 것은 사실이다. 그러나 그 정도가 약화되었을 뿐 아직도 선거부정은 지속되고 있으며, 선거비용 관련 부정사례가 늘어났고, 특히 농어촌 등에서 조직적으로 이루어지는 경우가 많

59) 대구광역시 선거관리위원회, 전게종합평가보고서, p. 36.

았다. 전체적 건수는 줄어들었으나 수법은 점차 고도화되어가고 있는 것으로 나타났다. 법정선거비를 초과 지출하면서도 회계처리를 조작함으로써 부정을 저지르는 것이 가장 보편적인 선거부정행태로 나타나고 있다. 지난 2010년의 6.2지방선거에서는 그 전 2006년의 선거보다 3배가 넘는 선거소송이 제기되었을 정도로 당선자들의 선거부정사례도 다수 적발되었다. 농어촌의 경우 유권자들과 후보자들 간의 인간관계가 도시와는 달라 아직도 이들 간에 은밀한 금품수수가 이루어지고 있는 것으로 알려지고 있다.

그러나 선거관리위원회만으로는 이들 선거부정행위를 철저히 단속할 수 없었다. 선거기간동안 선관위의 선거부정단속을 위한 활동은 주로 표본추출식의 선거부정단속이 이루저지고 있으며, 인력, 장비, 권한 등의 한계로 부정한 선거운동을 사전에 단속하거나 감시하는 데에는 한계가 있었다. 그리하여 주로 선거이후 법정선거비용조사를 통해 선거부정을 적발함으로써 수사의뢰하거나 고발하고 있는 실정이었다. 후보자들로서는 선거관리위원회의 이러한 능력이나 태도로 인해 상대후보자의 명백한 선거부정에도 불구하고 이를 고발하지도 못했다. 특히 후보자들에 따라서는 보이지 않는 권력의 힘이나 세력의 힘이 작용하였다고 판단할 수 있을 정도로 선거 막바지에 갑자기 거대한 선거자금이 유입되고 유권자들에게 집중적으로 금품이 살포되어도 이를 막을 뚜렷한 대책이 없었다. 선관위에 실상을 고발하여도 선관위는 행동하지 않고, 현장증거를 요구한다거나 선거부정의 물증을 제시하라는 등 방관하고만 있을 경우 이를 통제할 어떠한 수단도 갖지 못하였다. 다시 말해 아직도 지방선거에는 보이지 않는 거대한 힘이 작용하여 공공기관을 무력하게 하거나 선거부정이 조직적으로 이루어지는 경우가 있을 수 있다는 것이다.

3) 지방의회의원후보자들의 다양한 선거부정

선거운동의 부정사례가 적발되어 알려지는 것은 주로 자치단체장 후보자들에 관한 것들이 많았다. 그러나 이러한 결과는 자치단체장 후보자들의 선거운동이 더욱 적극적이고 활발하게 이루어지기 때문에 선거부정도 더 많이 적발되기 때문이다. 그리고 기초의회의원선거구가 중선거구제도로 바뀐 이후 다수의 경쟁자들이 동일지역의 동일유권자들을 대상으로 경쟁적으로 선거운동을 하게 됨으로써 선거과열과 선거부정이 유발되었다. 또한 주민들과 가장 가까운 거리에서 주민밀착형 선거운동을 하게 되는 기초의회의원후보자들의 경쟁적 선거운동이 다양한 선거부정을 지속하고 있어 앞으로 이 부분에 대한 대책이 요구된다.

4) 미디어, 인터넷 등의 선거영향력 확대와 선거종류별/후보자별 불공정한 미디어홍보

선거문화가 점차 미디어 선거로 변화됨에 따라 선거과정에서 TV등 대중매체의 영향력은 거의 절대적이라 해도 과언이 아니다. 유권자의 투표결정요인 가운데 TV토론과 TV연설이 압도적으로 높으며, 특히 TV토론은 가장 중요한 투표결정요인으로 꼽을 정도였다. 그리고 이런 추세에 맞춰 정부도 미디어 선거풍토를 조성하기 위해 노력하고 있으며, 선거법 개정 등에 이를 반영하고 있다. 그러나 TV토론 등 미디어 선거는 언제나 긍정적 의미를 갖는 것은 아니었다. 선거방송의 관리방식에 따라 선거방송의 효과는 매번 다르게 나타났다. 특히 TV토론의 경우 지방선거의 주요 관심대상인 서울시장선거나 주요 광역시 혹은 특정 도지사선거에만 집중되었으며, 그나마도 상호비방과 공정성시비로 논란이 일어나고 방송의 편성시간도 시청률 사각지대에 시간을 잡아 미디어 정치의 활성화에 보탬이 되지 못했다. 그리고 공중파 방송이 광역단체장후보자들을 대상으로 몇 차례 TV토론을 했지만 한정된 시간과 방법 등으로 유권자들에게 후보자들의 능력을 충분히 알릴 수 없었고, 시 · 군 · 구의 기초단체장 등 그 외의 선거에 대해서는 법적인 한계로 인해 소홀할 수밖에 없었다. 이에 따라 각 지역의 종합유선방송이 그 대안을 모색하기도 했지만 대부분 무산되거나 주민들의 반응을 얻는 데 실패하였다. 즉 후보자들의 방송출연과 TV토론은 강제성을 갖는 것이 아니었으므로 유력한 후보자가 방송출연을 거부하여 맥 빠진 TV토론이 진행되는가하면 예정된 TV토론이 무산되기도 했다. 따라서 TV방송을 통한 지방선거운동은 후보자들의 능력을 유권자들에게 충분히 알리는 데 한계를 갖게 되었고, 점차 그 영향력이 줄어들게 되었다. 그러나 지난 2002년 선거부터 그 세력을 과시하게 된 인터넷의 영향력은 지방선거에서도 무시할 수 없을 만큼 큰 힘을 가지게 되었다. 즉 공직선거법은(제83조의 4)은 정보통신망을 이용한 선거운동을 허용함으로써 인터넷이나 전화, 문자 등을 통해 선거운동이 가능하게 되었다. 물론 근래에 와서는 소위 SNS라는 트위트, 미투데이, 유튜브, 페이스북 등을 통한 선거운동이 활발하게 이루어짐으로써 새로운 형태의 선거부정이 야기되고 있다. 즉 상대방 후보에 대한 근거 없는 비방이나 흠집내기 등을 비롯하여 상상할 수 없는 선거부정이 자행되고 있다.

5. 지역주민의 투표행태의 문제점

1) 민주주의를 위협하는 지방선거무관심과 저조한 투표율

지방자치제도는 지역주민들의 자율과 자치를 위한 풀뿌리 민주제도이고 지방선거는 바로 이 지방자치를 위한 주민들의 정치적 대표를 선출하는 매우 중요한 과정이다. 그러나 우리나라의 유권자들은 아직도 지방자치가 무엇을 어떻게 하자는 것이며, 누구를 위한 제도인지를 알지 못한다. 그리하여 매번 다수의 주민들이 지방선거에 참여하지 않아 매우 낮은 투표율을 보이고 있다. 대부분의 지역주민들은 태어난 이후 학교교육은 물론 사회교육에서 조차 지방자치가 무엇인지를 교육받은 경험이 없기 때문이다. 물론 중앙정부의 고위관료들이나 국회의원들도 지방자치에 관해서는 일반국민과 크게 다르지 않다. 때문에 지방자치제도는 물론 지방선거의 중요성도 알지 못한다. 대한민국이 민주공화국으로 된지 60년이 훨씬 지났지만 제도권 교육을 통해 자유민주주의제도와 선거제도를 제대로 교육받지 못했기 때문이다[60].

그 결과 지방자치제도를 불필요한 제도로, 지방선거를 귀찮은 절차 등으로 인식하는 유권자들이 적지 않다. 때문에 민주주의에 관한 한, 민주적 시민의식에 관한 한 아직도 우리나라의 지역주민들은 매우 저급한 상태이다. 지방선거와 주민투표의 가치와 소중함을 알지 못하기 때문에 걸핏하면 지방자치의 잘못만을 내세우는 무지한 시민들이 적지 않다. 지방의원들이 자신들의 마음에 들지 않는다고 지방자치를 불필요한 것으로 생각하면서도, 국회의원들이 마음에 들지 않는다고 자유민주주의를 포기하자는 주민들은 없다. 이러한 주민, 이러한 국민들이 적지 않음에도 불구하고 교육당국이나 정부는 물론 지방정부와 지역사회까지 손을 놓고 있다. 그 결과 자유민주주의를 부정하는 일부 이념세력들이 자라나고 있다.

2) 유권자들의 시대착오적인 연고주의와 편견

21세기 대한민국의 경제는 이미 선진국으로 발돋움한지 오래지만 아직도 주민의식은 과거 연고주의의 굴레에서 헤어나지 못하고 있다. 그리하여 중앙정당 역시 이러한 지역연고주의에 그 생명줄을 연결시키고 있다. 호남당, 경상도당, 충청도당 등의 불명예스러운 별칭들이 한국의 거대정당들에게 걸려있다. 국민의식의 후진성이 정당과 정치의 선진화를 저해하고 있다. 한나라당의 경우 경상도에, 민주당의 경우 전라도에 자유선진당의 경우 충청도에 그 뿌리를 박고 있다. 지역연고주의 뿐만이 아니다. 혈연과 학연도 선거에서는 중요한 투표행태를 결정하는 요인이다. 성씨나 출신가문은 물론이고 출신학교까지 투표에 적잖은 영향을 미치고 있는 실정이다. 특히 이러한 현상은 도시지역보다는 농어촌지역에서 더욱 강하게 나타나고 있다. 특히 한국유권자들이 가지고 있는 심각한 편견 중의 하나가 소위 명문대출신과 고시출신 그리고 전직 정부고위관료들에 대한 편견이다. 많은 유권

60) 그리하여 아직도 우리국민의 의식 속에는 일인의 군왕에게 운명을 의존하던 과거 5천년 역사의 피가 흐르고 있기 때문이다. 공동체사회나 국가에 문제가 생기면 우선 스스로의 임무나 책임을 생각하기에 앞서 지도자나 다른 사람에게 그 탓을 돌리려는 못난 의식이 아직도 떠나지 않고 있기 때문이다.

자들은 이러한 사람들에 대한 환상을 가지고 있다. 사실 대부분의 유능한 사람들은 자신들의 이익을 추구하는 데 유능할 뿐이지 국가와 국민을 위해 일하는 데 능력을 가진다는 것은 아니라는 사실을 유권자들이 알아야 한다.

이러한 한국 유권자들의 연고주의와 잘못된 편견이 한국정치발전의 발목을 잡고 있다. 이러한 유권자의식이 지방자치를 병들게 하고 지방선거를 고사시키고 있다. 그럼에도 불구하고 누구하나 나서서 이를 고치려고 하지 않는 것이 우리의 실정이다. 한국 민주주의의 앞날이 매우 걱정스런 대목이다.

3) 지방자치를 위협하는 정당중심의 투표행태

지방선거는 지역주민들이 자기지역의 문제를 스스로 해결하기 위한 지역주민들의 대표를 선출하는 것이다. 때문에 지방선거에 중앙정당이 간여해야 할 이유도 없고 간여해서도 안된다. 설사 잘못되어 중앙정당이 간여하려고 해도 주민들이 이를 거부하고 일어나야 한다. 이웃 일본만 하더라도 지방선거에 정당공천제, 정당표방제 등을 허용하고 있지만 시정촌의 기초의회의원들은 대부분 정당에 소속하지 않는 무소속의원들이다. 지역유권자들이 지방선거에 특히 기초자치단체의 지방선거에 정당의 간여를 부정하기 때문이다. 그러나 우리나라의 지방선거는 중앙정당들이 완전히 장악하고 있을 뿐 아니라 지방선거를 그들의 정치투쟁 내지 권력투쟁의 장으로 황폐화시켜버렸다. 그럼에도 불구하고 한국의 지방유권자들은 후보자를 보고 선택하기 보다는 정당에 대해 투표하는 것처럼 정당지향적 투표행태를 보여 왔다. 예컨대 영남지역에서는 한나라당으로부터 공천받은 후보자에 대해, 호남지역에서는 민주당으로부터 공천받은 후보자에게 거의 맹목적 수준으로 표를 몰아주고 있는 것이 지금까지 지방선거에서 유권자들이 보인 투표행태이다. 그리하여 지방선거의 후보자들이 지역과 주민에 대한 관심 보다는 공천을 위한 정당과 정당간부인 국회의원들에게만 목을 매는 기형적 사태가 만연되어 있다. 이 또한 주민들이 스스로 만든 업보이며 누구를 탓할 문제는 아니지만, 그만큼 국가발전 지역발전은 뒷걸음질 칠 수 밖에 없다. 무엇보다 비굴한 것은 이러한 주민의식을 악용하여 자신들의 정치적 입지를 확보하려는 정치인들과 정당의 후진적 행태이다.

Ⅳ. 결어

한국의 선거종류는 기본적으로 대통령선거, 국회의원선거, 지방자치단체장선거, 지방의회의원선거 등의 4대 선거가 있다. 물론 그동안 교육감선거, 교육의원선거 등 다른 선거도 있었지만 기본적으로는 4가지 선거가 가장 중심이 된다. 그런데 이 4가지 선거는 그 성격이 각각 다른 선거이다.

중앙정부를 구성하기 위한 선거가 대통령선거와 국회의원선거라면 지방정부를 구성하기 위한 선거가 지방자치단체장선거와 지방의회의원선거이다. 그리고 기관의 장인 수장을 선출하기 위한 선거가 대통령선거나 자치단체장선거라고 한다면 국회의원선거나 지방의회의원선거는 합의제의결기관의 구성원을 선출하기 선거이다. 때문에 이들 4가지 선거는 선거 이후 당선자들이 맡아야 할 책임과 역할이 다르고 그렇기 때문에 후보자들도 다르고 후보자들에 대한 유권자들의 선택기준도 달라야 한다.

때문에 이들 4가지 선거는 선거에 관한 모든 규정을 담고 있는 선거장전 즉 선거법이 달라야 한다. 물론 과거 통합 전에는 4가지 선거법이 따로 있었다. 그러나 김영삼 대통령집권 당시 대통령의 권유에 따라 국회가 4가지선거법을 하나로 묶어 소위 "공직선거 및 선거부정방지에 관한 법률" 이라는 누더기 법률로 통합시켰다. 각각 다른 성격의 법률을 억지로 하나의 법률로 만들어 놓았으니 매번 고치고 다듬어도 문제를 제거할 수 없었다. 현재 공직선거법의 내용을 보더라도 결국 모든 조문에서 이들 4가지 선거를 함께 규정하고 있어 통합의 의미를 무색하게 하고 있다. 더구나 조문이 총 279개나 되는 많은 조항과 각 조항 마다 4가지 선거에 관한 규정을 포함시켜 일반국민들이 보기에는 매우 복잡하고 방만하게 되어 있다.

각기 다른 성격의 선거를 하나의 법률로 무리하게 묶어 놓은 현재의 우리나라 공직선거법은 빨리 원상회복 되어야 한다. 특히 한 단계 발전시켜 그동안 통합시켜 동시에 실시했던 지방선거를 분리하여 실시해야 한다. 지방자치발전을 위해서는 지방의회의원선거를 지방자치단체장 선거와 분리하여 별도로 실시할 필요가 있다. 대통령선거와 국회의원선거를 분리하여 실시하는 것과 같이 지방자치단체장선거와 지방의회의원선거도 분리시켜야 한다. 성격이 전혀 다른 선거를 한데 묶어 동시에 실시함으로써 적실한 인재를 선출할 수 없고, 주민들의 관심도 모을 수 없어 각기 다른 성격을 지닌 지방선거의 특징을 살릴 수 없기 때문이다.

2.7 한국 지방의회 20년의 회고와 참여주체들의 행태적 문제

I. 한국지방의회 20년의 회고와 지방의정활동의 명암

한국의 지방의회제도는 국정의 국민주권주의와 의회주의원리를 반영하지 못하고 있으며, 그 결과 지방의회는 당해지역 주민의 의사를 반영하거나 그 지역의 정책결정에 심각한 제약을 받고 있다. 무엇보다도 빈약한 자치제도를 운영하면서도 이 제도에 대한 중앙정부의 태도는 지나치게 경직적이고 독선적이었다. 게다가 분권과 자치에 문외한인 언론과 시민단체 등 영향집단들의 태도는 분권과 자치를 지향하는 민주정치의 방향감각까지 마비시킬 정도였다. 이러한 열악한 자치환경 속에서 모진 비판과 수모를 받아가면서도 지난 20년간 지방의회는 묵묵히 자기 자리를 지켜왔다.

열악한 자치환경만큼이나 우리나라의 지방의정기능, 즉 지방의회와 의원들의 의정활동에 대한 국민적 평가는 사실 다양하고 불안정하다. 평가대상에 따라서도 다르며, 평가주체가 누구인가에 따라서도 다르다. 그러나 대체로 부정적인 평가가 우세하다. 다수의 지방의원들이 이러한 평가를 수용하지 않으려 하지만, 현실은 인정하지 않을 수 없다. 평가자의 태도나 응답자의 지적 수준, 지방의정활동에 대한 인식정도 등에 불문하고 현시점에서 일반국민들의 평가가 그러함은 어쩔 수 없는 현실이기 때문이다. 자치발전에는 암적 요소이지만 극단적으로는 지방의회무용론도 심심찮게 나오고 있는 실정이다[61]. 아래에서는 특히 지방의회와 의원들이 그동안 수행해 온 의정활동을 그 결과를 중심으로 긍정적인 측면과 부정적인 측면의 두 가지 측면에서 간략히 요약해 보고자 한다.

1. 긍정적(明) 평가

열악한 지방의회제도 아래서 그나마 과거 민주정치의 역사와 문화도 일천한 우리나라 지역사회에서 그 본래의 기능을 수행하기란 매우 어려웠을 것이다. 그럼에도 불구하고 지난 20년 동안 지방의회와 지방의원들의 의정활동이 결과한 긍정적 측면은 적지 않다.

61) 물론 이러한 평가의 이면에는 실제 지방의원들이 기대한 만큼 의정활동을 하지 못한 데도 그 원인이 있겠지만 때로는 지방의원들의 의정활동 내용을 잘 알지 못하기 때문에 이러한 평가를 하는 사람들도 적지 않다. 즉 지방의원들의 많은 의정활동내용과 그 실적은 잘 알지 못하고, 일부 잘못된 사건이나 비리 등 불미스런 행동이나 실수들만이 언론을 통해 침소봉대된 결과일 수도 있다.

1) 무엇보다도 민주주의와 지역발전에 기여하였다.

지방의원들은 그간의 의정활동을 통해 지역사회의 정치지도자들로서 지방의 민주화와 지역발전에 기여하였다. 누가 뭐라고 해도 지방의회와 의원들은 20년 전과 비교할 수 없을 정도로 발전한 지역사회의 오늘을 이룩한 원동력이었다. 중앙집권체제 하에서 30년간 침체되었던 지역사회에 주민대표로 선출되어 좌충우돌 시행착오도 많았지만, 풀뿌리 민주주의를 확산시키는 지방자치제도의 최일선을 담당함으로써 침체된 지역사회에 활력을 불어넣었다. 동네와 마을을 찾아다니며 주민들을 만나고 민원을 해결하며, 도로를 확포장하게 하고, 산과 가로에 나무를 심고, 낙후된 환경을 정비하도록 하였다. 공원을 만들고 하천을 정비하고 가꾸었으며, 주민들을 뭉치고 협력하도록 함으로써 지역사회발전을 위한 활력을 조성하였다. 그리하여 지금의 지방과 지역사회는 안팎으로 과거 20년 전과는 비교할 수 없을 만큼 현저한 발전을 이루었다.

2) 지역사회의 주인의식(鄕土愛)의 함양과 지역정치발전에 기여하였다.

지방의회가 설치 · 운영된 이후 지방과 지역사회에는 주인의식이 함양되었고, 그로 인해 주민들의 자기고장에 대한 향토애와 지역의식이 살아나기 시작했다. 이것은 그동안 주인 없이 방치되었던 지역사회에 자치단체장과 지방의원이라는 주민대표가 선출되어 향토발전을 위해 노력해 온 결실이다. 그리고 지방의원들은 지방정치의 주체로서(안영훈, 2011 : 48-50) 주민들에 대한 신뢰성과 책임성을 확보하기 위해 다양한 노력을 기울임으로써 지역정치 내지 지방정치의 토대를 구축하였다. 지역사회 내의 다양한 주민조직과 단체들이 지방선거를 통해 활력을 찾았고, 여기에 지방의원들이 각종 대민활동과 의정활동을 통해 적극 참여하고 지원함으로써 지역사회의 정치활동이 활발해졌다. 이처럼 주민들 사이에서 나타나고 있는 향토애와 주인의식 그리고 지역주민들의 정치활동들은 그동안 지방의원들이 직간접적으로 주민활동에 직접 참여하여 지도와 협력과 봉사활동을 아끼지 않았던 노력이 큰 밑거름이 되었음은 부인할 수 없다. 물론 아직은 정치에 대한 주민들의 부정적 의식이 짙고, 지역적 특성과 정치문화적 성향차이, 그리고 현실적인 정당공천제의 제약 등으로 활력이 살아나지 못하고, 특정 정당중심의 정치활동이 지배적이어서 바람직한 지역정치로 발전되려면 상당한 시간이 필요할 수도 있다. 그럼에도 불구하고 지난 20년간 지방의회와 의원들의 활동을 통해 지역주민들의 정치활동을 자극하고 지역정치발전에 견인차가 되었음은 부인할 수 없다.

3) 중앙집권적 관료체제를 지방분권적 주민자치체제로 바꾸는데 기여하였다.

지방의회의 활동으로 만족스럽지는 않지만 중앙집권적 관료체제를 어느 정도 지방분권적 주민자치체제로 바꾸었다는 점이다. 지방의회의 존재와 의원들의 의정활동 그 자체만으로도 중앙행정부처의 지방정부에 대한 불필요한 간섭과 규제를 상당부분 방지할 수 있었다. 그 전까지만 하더라도 지방정부의 행정기능과 예산집행은 중앙행정부나 상급기관의 요구와 지시에 따라 임의적으로 행사되었다. 지방의회가 없었을 때의 지방은 완전히 중앙정부에 예속되어 있었기 때문이었다. 그러나 지방자치실시 20년이 지난 지금 지방정부에 대한 중앙정부의 각종 규제는 상당부분 제거되었다. 법령에 근거 없이 지방정부를 구속했던 각종 지침시달, 보고요구, 시책지시 등은 거의 없어졌다. 특히 자치단체장이나 지방의원들이 대다수 야당출신들로 구성된 지방정부에 대해서는 중앙정부도 각종 시책전달에 지방의회의 견제와 감시를 의식하지 않을 수 없게 되었다. 이처럼 지방의회는 존재 그 자체만으로도 중앙통제에 대한 지방의 보루로서 역할 함으로써 지방자치발전에 기여하였다.

4) 지방행정의 투명성제고와 자치행정의 민주화에 기여하였다.

즉 지방의회는 자치단체장을 비롯한 집행부에 대한 적절한 견제와 감시활동을 통해 지방행정의 투명성을 제고시켰고 자치행정의 전 분야에 걸쳐 민주화도 크게 기여하였다. 그리고 권위주의적이고 불친절했던 지방공무원들의 의식과 행태를 민주적이고 친절하게 변화시켜 행정관청의 문턱을 낮췄다. 그동안 지방의회의원들은 연중 실시하는 집행부에 대한 질문과 답변요구, 5분 자유발언 등을 통해서 그리고 매년 정기적으로 실시되는 행정사무감사와 조사활동, 예산심의와 결산의결활동을 통해서 자치단체장은 물론 집행부 공무원들을 끈질기게 감시하고 견제해 왔다. 또한 수시로 이루어지는 조례제정과 개정활동을 통해서도 집행부에 대해 꾸준히 주민의 입장을 대변해 왔다. 이러한 대집행부 견제와 감시활동 등이 지속됨으로써 집행부의 대한 각종 조례와 규칙이 민주적으로 개정되었고, 지방의회와 지역주민들에 대한 지방공무원들의 인식이 변화되기 시작했으며, 이러한 인식과 태도의 변화는 결국 지역주민들에 대한 지방행정서비스의 향상이라는 결과로 나타나게 되었던 것이다.

5) 지방자치에 대한 주민의 권리신장과 주민의견수렴 및 복지증진에도 기여하였다.

지방자치제도가 실시된 지난 20년 동안 지방자치법상 가장 현저한 발전을 보인 부분이 바로 지방자치에 대한 주민의 권리신장이라고 할 수 있다. 그 주요한 내용들이 바로 지방자치법 제2장에 규정되어 있다. 이처럼 주민들의 지방자치에 대한 제도적인 권리보장과 함께 주민들의 정치행정참여를 위한 통로도 크게 확충시켰다[62]. 그리고 지방의회의 본질

62) 아쉬운 것은 주민들이 이러한 자신들의 권리를 충분히 알고 그것을 활용하지 못하고 있다는 현실이다.

적 기능 중의 하나인 대의기능 즉 주민의 의견을 수렴하여 이를 지방정책에 반영하는 기능은 타 기능에 비해 상당히 적극적이었다. 주민들의 의견을 수렴하고 지역사회의 특성을 반영하는 다양한 조례[63]를 만들어 주민들의 편의와 복지향상에 기여했고, 공청회, 토론회, 간담회 그리고 주민설명회 등과 주민제안제도 민원실운영 등을 통해 주민들의 소리를 듣는 데 적극적이었다. 뿐만 아니라 공식적이 행정사무감사와 질문 등을 통해서나 자유발언 및 의원요구 등을 통해 집행부의 주민에 대한 행정서비스의 질을 향상시킴으로써 주민의 복지증진에도 기여하였다.

6) 중앙정부에 대해 지방의 요구와 주장을 투입하는 적극적 역할을 수행하였다.

지방의회의 개별적 차원으로나 기초(시, 군, 자치구)의회의장협의회, 광역(시, 도)의회 의장협의회 등을 통해 활동하였다. 전국을 대상으로 한 결의(일본 역사교과서 왜곡저지를 위한 조치촉구결의안, 국회의 지방자치단체에 대한 국정감사제도 개선요구결의안, 2002년 FIFA 월드컵 성공기원 다짐 결의문, 2010 세계박람회 여수유치 지지결의문, 중앙정부의 지방공기업 통제강화 반대성명서 채택 등이 있었다. 전국시도의회 의장협의회는 사법부에 대해 헌법소원을 제출(구 공직선거 및 선거부정방지법 제53조)하였고, 국회에 대해서는 지방자치법 개정을 위한 국회의안제출을 요구했으며, 법률개정에 대한 청원(지방의원유급제실시 및 시도의원의 기초단체장 입후보시의 조기퇴직규정 개정)을 하였다. 그리고 행정안전부에 대해서는 지방의회운영이나 의원신분 등 지방의회제도를 제약하고 있는 법률개정을 건의했다(송광태, 2010 :61-63). 그 외도 대통령과 청와대 간담회, 국무총리와의 간담회, 행정안전부에 대한 대정부 건의 등을 통하여 지방과 지역사회의 목소리를 중앙정부에 투입하였다. 그리고 지난 2006년부터 2010년까지 시군자치구의회 의장협의회에서는 행정안전부를 비롯해 국회 등 관련기관에 총 50건의 요구를 건의했다(윤규진, 2010 :50)[64]. 이처럼 지난 20년간 지방자치제도 전반에 걸친 개혁안을 지속적으로 건의해 왔다.

7) 지역정치지도자의 발굴과 리더십함양으로 중앙정치엘리트 충원에 기여하였다.

지방자치제도 실시 이후 자치단체장과 지방의원들이 지방정부의 경험을 토대로 상당수 국회로 진출하였다. 물론 현재의 이명박 대통령도 따지고 보면 서울특별시장이라는 지방자치단체장을 역임하였다. 지방의원의 중앙정치엘리트로 진출상황을 보면 2000년 4월의

63) 그동안 지방의회는 다양한 조례들을 제정했다. 행정안전부의 홈페이지에서 그 내용들을 쉽게 검토할 수 있다.

64) 이러한 대 중앙정부활동에도 불구하고 정작 지방자치단체의 통폐합 같은 중요한 사안에 대해서는 적극적으로 대응하지 못했다. 행정안전부에 의한 창원, 마산, 진해의 강제통합 등 기초자치단체 통합에 대해서는 지방의회와 의원들의 역할은 극히 미진했다.

第16대 국회의원선거에서는 당선자 273명 중 24명(8.8%)이 자치단체장(7명 :2.6%)이나 지방의원(17명 :6.2%) 출신이었다(송광태, 2010 :64). 그리고 제18대 국회에 진출한 자치단체장과 지방의회의원출신은 53명으로 전체 국회의원 299명(지역구 의원 245명, 비례대표의원 54명)중 17.7%에 달했다. 이들 53명은 자치단체장 출신 30명(10%), 지방의원출신 7명(2.3%), 부자치단체장출신 16명(5.3%) 이었다(허태열, 2010 : 11). 이러한 현상은 그동안 이들이 지방정부에서 자치단체장이나 의원으로 열심히 일했다는 증거이며 그 결과 지역 유권자들의 이들에 대한 의식이 바뀌게 되었고 그 결과 국회의원으로 지지했던 것으로 보인다. 향후 이들의 국회진출율은 점차 늘어날 것으로 예상된다[65].

2. 부정적(暗) 평가

그러나 이상과 같은 긍정적인 평가를 가능하게 하는 측면이 존재함에도 불구하고 다음과 같은 점들 때문에 부정적이고 어두운 측면이 두드러지고 있다.

1) 분권과 자치제도의 개선을 위한 중앙정부와 중앙정당에 대한 투쟁에 취약했다.

이미 긍정적 측면에서 검토한 바와 같이 지방의회는 광역과 기초의회 의장협의회를 통해 중앙정부와 정당에 대한 투입기능은 활발했지만 그 결과는 너무나 참담하였다. 그만큼 이들에 대한 투쟁력이 약했고, 영향력이 부족하였다는 점을 지적하고 있다. 이것은 우리나라의 지방의회제도가 안고 있는 원천적인 문제에 그 원인이 있었기 때문이다. 첫째는 중앙행정부의 경우 오랜 중앙집권의관행과 의식에서 벗어나지 못해 거만하고 오만한 고시출신의 고급공무원들이 자신들에게 어떠한 영향력도 갖지 못하는 시골 지방의원들의 요구와 건의사항에 관심을 가질 이유가 없었고, 둘째는 공천제도를 통해 지방의원들의 목줄을 쥐고 있는 정당과 국회의원들이 자기들이 만들어 준 지방의원들의 요구와 주장에 관심을 보이지 않았기 때문이었다. 결과적으로 20년 전부터 개선과 개편을 요구해온 잘못된 지방의회제도는 그대로 지속되고 있다. 돌이켜 보면 중앙정부에 대한 지방의원들의 영향력이 원천적으로 취약함에도 불구하고 이를 극복하기 위한 노력조차 부진했다는 점이다. 지난 20년의 격동기 동안 많은 국민들은 각자 자기들의 요구와 주장을 관철하기 위해 바위처럼 단단한 중앙정부를 다양한 방법으로 두드려왔고, 그 결과 상당수 좋은 성과를 거두었다. 그러나 지방의회의 중앙정부와 정당에 대한 투쟁은 거의 전무하였다. 주민들이 부여한 4년 임기 동안 중앙과 정당의 눈치만 살피다가 허송하였다.

65) 이러한 진출율은 그러나 미국이나 일본에 비하면 그다지 높지 않음을 나타낸다. 미국의 경우 2008년선거에서 59.8%, 일본의 경우 2009년 8월 총선에서 27.9%가 자치단체장이나 지방의원출신이었다(한국일보 2009년 11월 2일)

2) 지방의정활동에 전력을 다하지 않아 의정활동이 대체로 소극적 수동적이었다.

오랜 세월 중앙집권적 관치행정의 그늘에서 침체하고 그늘진 지역사회를 발전시키고, 비민주적 지방행정관행과 전통적인 주민의식 등을 개선시키고 선진화시키기 위한 지방의원들의 활동은 아무리 강조해도 지나치지 않는다. 그러나 그동안 지방의원들의 의정활동은 주민대표로서의 당위적인 사명도 수행하지 못했고, 지역주민들의 보편적인 기대도 충족시키지 못했다. 보수를 받지 않는 다는 명목으로 지방의회의원직을 하나의 부업으로 생각하거나 자신들의 성공감을 충족시키는 사회적 지위상승용으로만 인식하고 있는 지방의원들이 적지 않았다. 사실 지역주민들로부터 존경받고 싶으면서도 책임은 다하지 않는 주민대표들의 행태가 지방의회의 지위를 저하시키고 기능을 약화시키는 주요 원인으로 작용하고 있다. 사실 아직도 지방자치의 이념적 가치도 모르고 지방의원직에 대한 의미와 철학도 갖지 못한 의원들이 적지 않다. 지방의원들의 이러한 소극적 수동적인 의정활동이 지방자치발전의 걸림돌이 되고 있다.

3) 자치단체장과의 갈등으로 사무처리의 지체나 주민들에 대해 피해를 주었다

자치단체장과의 갈등으로 행정사무처리의 지체나 그로 인해 주민들에게 피해를 주었다는 점도 부정적으로 평가되는 부분이다. 가장 대표적으로 현재 초중등학교 학생들에 대한 전면 동시무상급식 문제를 놓고 벌어지는 서울시장과 서울시의회간의 갈등을 그 예로 들 수 있다. 75%의 지방의원들이 민주당과 비한나라당 출신으로 구성되어 그동안 서울시가 추진해온 여러 가지 사업에 제동을 걸었고, 동일정당출신의 교육감이 추진하는 정책을 서울시의회가 지지하고 나섰기 때문이었다. 이로 인해 많은 서울시민과 기업들에게 피해와 고통을 주고 있다. 과거 자치제도 초기 자치단체장을 중앙정부가 임명했을 당시에는 크고 작은 일들로 이러한 갈등이 적지 않았지만(최명규, 2010 :22), 자치단체장을 주민이 직선하고 특정정당이 특정지역을 점령한 이후에는 그 빈도가 줄어들었다. 그렇다고 집행기관과의 갈등이 없어진 것은 아니고 정당과 국회의원들이 이를 조정하고 있기 때문에 밖으로 드러나지 않는다는 것 뿐이다. 특히 자치단체장과 지방의회 다수의원의 출신정당이 다를 경우(예, 경기도와 경상남도 등) 의회개원초기에는 이러한 갈등이 매우 심각할 정도였다. 특히 중앙정부의 4대강 사업에 반대한 일부 광역자치단체장들은 의회와의 갈등은 물론 주민들과의 갈등도 심각하였다. 이처럼 지방의회와 자치단체장 간의 갈등이 야기되면 언론이나 주민들은 단체장을 비난하기보다는 대부분 지방의회를 비난하는 경향이 강했다. 지방의회로서는 수장중심주의 정치문화 5천년의 불가피한 업보라고 치부하기에는 너무 불공평하고 때문에 갈등의 원인과 내용을 알리기 위한 적극적인 활동이 필요했지만 결과는 늘 그렇지 못하였다.

4) 지방의원들의 부정과 비리사건이 의정평가를 저하시켰다

간헐적으로 곳곳에서 불거져 나왔던 지방의원들의 부정과 비리사건이 의정평가를 저하시켰다. 자식이 많으면 바람 잘 날 없다는 속담처럼 전국적으로 수백 개의 지방자치단체와 수천 명의 지방의원들이 모두 정직하고 깨끗하기를 기대한다는 것은 무리다. 해가 갈수록 그 빈도가 줄어들고 있는 것은 사실이지만 지난 20년 동안 이러한 지방의원들의 부정과 비리관련 사건은 끊이지 않았다. 경실련의 한 조사에 의하면 주민직선 자치단체장 제도 시행 4기의 4년(2006-2010년) 동안 광역의원의 경우 약 10%, 기초의원의 경우 약 5%가 부패관련 사법적 처벌을 받았다고 한다(육동일, 2011: 24). 의원 개인적 부정비리 사건은 물론 공무원들 위에서 군림하려는 잘못된 태도와 싸움을 비롯해 심지어 의원절도 사건까지 있었다. 여기서 일일이 그 근거를 제시하는 것은 선량한 지방의원들의 명예를 훼손할 정도였다. 광역의회와 기초의회를 불문하고 전국적으로 공개된 사건을 비롯해 공개되지 않은 사건까지 합치면 그 빈도가 결코 무시할 수 없을 정도였다. 그 뿐만 아니라 지방의회 출범초기에는 지방의회의장선출을 둘러싼 부정한 사건들이 각지에서 불거져 나왔고, 이로 인해 지방의회와 의원들의 평가에도 나쁜 영향을 미쳤다. 아직도 의장선거와 관련된 부분은 드러나지는 않고 있지만 다분히 문제를 안고 있다.

5) 외유성 집단적 해외연수는 지방의회와 의원들을 가장 치명적으로 비판받게 하였다.

지방의원들의 무분별한 집단적 외유성 해외연수는 지방의회와 의원들을 가장 치명적으로 비판받게 한 사건들이었다. 수많은 지적과 비판에도 지방의원들의 집단적 해외연수는 아직도 지속되고 있다. 이제는 잘못을 지적했던 언론이나 시민단체의 비판도 주민들에 대한 영향력이 줄어들고 있는 실정이다. 물론 초기와는 달리 근래에 와서는 한 지방의회의 모든 의원들이 동시에 특정지역에 외유성 연수를 나가는 경우는 대폭 줄어들었다. 그럼에도 불구하고 지방의원 개인별로 할당된 해외연수경비는 자신들이 사용해야 한다는 생각을 가지고 아직도 무리한 외유성 해외연수를 추진하고 있는 곳이 적지 않다.

사실 현재의 의원 1인에게 배정된 한정된 예산으로는 제대로 된 전문적인 해외연수는 불가능하다. 때문에 자연적으로 변칙적인 해외연수가 늘어나게 되었고, 이것으로 인해 오히려 지방의회의원들에게 나쁜 평가를 가져오게 하였다. 최근에는 특정 영역 즉 사회복지나 건설교통 혹은 환경위생 등 전문화된 영역을 중심으로 여러 곳의 지방의회의원들이 모여 실시하는 연수가 늘어나고 있어 바람직한 연수형태로 바뀌고 있으나 예산지원에 새로운 문제가 발생하고 있다[66].

66) 예컨대 의원 1인에게 배정된 연간 180만원이라는 예산 때문에 180만원을 초과하는 연수경비에 대해서는 의원 개인의 사비로 충당하고 있는 실정이다. 지방의원의 해외연수제도를 폐지하고 다른 연수방식을 선택하거나 아니면 실질적인 경비를 지원해야 할 것이다.

6) 자치단체장에 대한 견제기능이 부족했고, 지역정책개발기능이 취약했다

지방의회와 의원들은 자치단체장에 대한 견제기능이 부족했고, 지역정책개발기능이 취약했다는 점이다. 지난 20년 동안 지방의회가 가장 많이 지적 받아온 문제점은 집행기관에 대한 견제와 감시기능이 미흡했다는 점과 지역사회발전을 촉진하는 정책개발기능이 취약했다는 지적을 받고 있다.

전자의 경우 지방의원들의 권한부족과 소극적인 역할이 그 원인이 될 수도 있지만 그 중요한 요인은 정당공천제에서 기인되고 있다. 즉 정당공천제를 통해 특정정당이 의회와 집행부를 동시에 장악함으로써 지방정부를 특정정당이 좌지우지하게 되었기 때문이었다. 즉 동일 정당출신인 지방자치단체장을 같은 정당출신의 지방의원들이 견제 감시하는 데도 한계가 있었겠지만, 문제는 그 보다도 견제이전에 정당과 국회의원이 이들을 통제하고 있기 때문이었다. 정당과 국회의원들의 지방의회에 대한 간섭은 보이지 않게 강력해지고 있다. 의장선임을 사전에 지명한다거나 위원회위원장 선임에까지 간여한다고 지방의원들의 불평이 크다. 결과적으로 정당과 지역구 국회의원들이 자치단체장은 오만해지고 지방의회는 위축되게 함으로써 지방자치의 실제를 왜곡 · 침체시키고 있다. 그러나 2010년 제9회 지방선거결과 특히 서울시와 경기도의 경우, 자치단체장과 지방의회 다수당의 출신정당이 달라 새로운 문제를 제기하고 있다. 동일정당이 지방정부를 장악할 경우는 견제와 감시가 부족하여 문제였지만 지금의 서울시와 같이 의회와 집행부가 심각한 갈등을 겪는 경우는 더욱 문제가 심각해 진다[67]. 요컨대 지방의원은 정치적 대립이나 이념적 갈등에서 벗어나야 하고, 중앙정치의 비민주적 의사결정방식을 본 받아서도 안된다. 나아가 정당은 자치단체장이나 지방의원들에게 정치적이고 이념투쟁적인 당론을 강요해서도 안된다.

또한 지방의회는 지역발전을 위한 정책개발기능을 제대로 수행하지 못했다는 비판도 받고 있다. 사실 지방의원들이 지역사회의 발전을 촉진시키는 정책을 개발한다는 것은 쉽지 않은 일이다. 해당분야에서 수십년을 근무하고 있는 지방공무원들도 지역정책을 개발하기가 어려운 것이 현실이다. 하물며 선거로 선출된 정치인으로서 지역사회 전반에 대한 지식과 정보도 없고, 정책에 대한 지식이나 아이디어도 없는 지방의원들이 지역정책을 개발한다는 것은 매우 힘든 일이다. 그럼에도 불구하고 지방의회에 대한 이러한 지적은 본래 지방의회의 기능이 그러하고, 주민들과 밀접하게 접촉하는 지방의원들이 지역사회여론을 수렴함으로써 주민들이 원하는 방향의 지역발전을 추진해 달라는 현실적인 요구이다.

67) 정당공천제도의 병폐가 가장 여실히 나타나고 있는 곳이 서울시라고 할 정도로 서울시의 의회와 집행부는 불필요한 갈등, 좀 지나친 과잉갈등을 겪고 있다. 자치단체장과 지방의원들이 지방자치와 지역문제 보다는 정당의 정치논리에 빠져 서울시민들은 물론 전국민들에게 고통을 주고 있다.

3. 엇갈린 평가, 저조한 평가의 의미

이처럼 지방의회의 의정기능에 대해서는 긍정과 부정의 다양한 평가들이 공존하지만 대체로 부정적인 평가가 우세하다. 그러나 긍정적 평가든 부정적 평가든 현시점에서 지방의회에 대한 평가는 사실 나무만 보고 숲은 보지 못한 데서 기인된다고 할 수도 있다. 제도의 내용에 대해서는 잘 알지 못하면서 그리고 의원들의 역할과 의정기능에 대한 정확한 정보도 갖지 않은 채 비판적인 언론보도의 내용만으로 지방자치와 의정활동을 평가하는 사람들이 많기 때문이다. 강력한 중앙집권체제, 분권화에 대한 중앙정부의 저항, 자치제도내용의 비자치성, 지칠줄 모르는 중앙정부의 규제와 간섭, 비판만 일삼는 척박한 자치환경 등을 감안한다면 또 다른 평가가 가능할 수 있기 때문이다.[68] 역설적으로 지방의회와 의원들에 대한 상반된 평가가 공존한다는 것은 어떻게 보면 그만큼 지방의정활동을 잘 평가하고 있다고도 볼 수 있다. 기대가 크면 실망도 크다. 실망이 크면 비난하거나 싸울 일이 자주 생긴다. 주민의 기대는 큰 반면 지방의원들의 의정활동은 이에 미치지 못하거나, 그 내용을 잘 알 수 없는 우리의 현실이 지방의원들에 대한 저조한 평가를 나오게 했다고 보아야 할 것이다.

II. 지방자치와 지방의회제도 참여주체들의 태도에 대한 비판적 검토

지방자치제도는 3권분립제도, 기본권제도, 공무원제도, 교육제도, 정당제도, 선거제도 등과 함께 헌법에 보장된 국가통치제도의 하나다. 국가통치제도는 중앙정부가 실시하는 중요한 국가정책이며 제도이기 때문에 중앙정부가 적극적으로 나서고 지방자치단체와 국민들은 중앙정부를 도와 제도가 성공적으로 정착될 수 있도록 함께 노력해야 한다. 중앙정부가 실시하는 제도이므로 중앙정부에게 그 궁극적 성패의 책임은 있지만 그렇다고 중앙정부에게만 맡겨서는 결코 성공할 수 없는 것이 지방자치제도이다. 그렇다고 지방자치제도의 성공적 시행과 발전적 정착은 중앙정부나 지방정부의 노력만으로 이루어질 수 있는 것도 아니다. 중앙정부와 지방정부의 진정하고 적극적인 제도시행의지와 노력에다 국민들의 적극적인 협력과 동참, 언론기관들의 국민교육과 긍정적 여론형성, 그리고 시민단체의 정확하고 올바른 비판 등이 함께 어우러져야 한다.

68) 지방의정의 현장에는 예산심의를 위해 몇 개월씩 조사연구하고 자문받고 토의하며, 짧은 기간내에 방대한 집행부의 일을 감사하기 위해 연중 메모, 정리하고 자료조사와 현장답사까지 하는 지방의원들이 적지 않다. 주민이 원하면 언제 어느 곳이든지 달려가고, 주민을 만나면 무엇인가 그들의 욕구와 기대를 충족해야 한다. 정당공천제로 인해 지역정당과 국회의원의 행사에 동원되고, 사역(私役)해야 하는 것이 현실이다. 이처럼 지방의원으로 당선되어 4년간 처리하거나 행해야 할 일들은 산적해 있으나 이들을 보좌해줄 인력은 한명도 없다.

그러나 지난 20년을 돌이켜 볼 때 우리나라에서는 어느 누구도 자신들의 역할을 제대로 수행했다고 단언할 수 없다. 제도를 만드는 국회와 국회의원들의 책임도 크지만 그 중에서도 제도의 초안을 만들고 시행의 궁극적 책임을 지고 있는 행정부가 가장 부정적인 역할을 해왔다고 해도 과언이 아닐 정도였다. 이러한 관점에서 지난 20년 동안 우리나라 자치제도의 시행 및 참여주체들의 행태는 어떠했었는지 간략히 검토해 보기로 한다. 물론 이들의 협력과 노력으로 오늘처럼 지역사회가 발전된 것도 사실이지만 그 보다는 자치제도의 개선이 지체 내지 방치된 현실의 원인을 이들에게서 찾고자 한다[69]. 중앙정부가 조금만 더 진정성을 가지고 지방자치제도를 시행했더라면, 그리하여 지방의회제도를 좀 더 개선했더라면 우리나라의 국민의식과 지역개발전의 수준은 지금보다 훨씬 더 발전했을 것이다. 과거를 돌이켜 보는 것은 반성을 토대로 미래를 개선하자는 데 있다. 때문에 그만큼 냉철해야 하고, 결과에 대해서는 겸허히 수용해야 할 것이다.

1. 중앙정부의 지방자치에 대한 무관심과 제도왜곡 및 비협력적 행태

1) 대통령을 비롯한 집권층의 무관심과 정권 이기적 태도

정권획득과정에서는 분권과 자치발전을 그리고 지역균형발전과 지역민주주의를 강조하던 대통령후보와 그 추종세력들이 일단 권력을 장악한 이후에는 분권과 지방발전에는 무관심한 행태를 보여 왔다. 정치지도자와 그 추종세력들에게 분권과 자치발전의 공약은 당선을 위한 선거 전략에 지나지 않았다. 선거과정에서나 공약으로는 그렇게도 지역발전과 지방자치를 강조하던 대통령후보들과 집권층인사들이 일단 권력만 획득하면 그 이후에는 지방과 지역발전에는 지나칠 정도로 냉담하고 무관심한 행태를 보임으로써 지방의 발전에 저해요인으로 작용하고 있다.

분권과 자치발전에 대한 역대 정부 집권층의 대응태도는 거의 유사하다. 즉 대부분의 정부들이 법률을 만들어 공포한다거나 대통령 소속의 각종 위원회를 만들어 운영하였다. 그러나 이렇게 강력한 조치를 취했음에도 분권과 자치발전이나 자치발전을 위한 제도개혁은 거의 답보상태이다. 그것은 법을 집행하는 기관이 소극적으로 대응함으로써 법률이 집행되지 않고, 각종 위원회는 정부의 조정을 받는 실무진에서 제도개선안을 만들어 상정하지 않으면 제 기능을 발휘할 수 없도록 만들어 놓았기 때문이다. 지금처럼 지방의회제도가 이렇게 왜곡되고 지방자치가 주춤거리는 것은 분권과 자치발전을 위한 제도개혁과 지

---

69) 참여주체들의 역할과 행태에 대해서는 일일이 그 구체적인 증거자료를 제시하기가 어렵다. 특히 대부분의 내용들은 이미 학자들은 물론 언론과 국민사회에서 공감을 얻고 있어 일일이 그 증거를 제시하지 않아도 무방하리라 판단된다.

방정책에 대해 대통령과 청와대가 적극적이지 못했거나 중앙부처의 관료들이 알게 모르게 저항하고 방치했기 때문이었다.

2) 국회의원과 정당 등 정치인들의 정치공작과 지방의회제도의 왜곡

지방자치제도가 실시된 지난 20년 동안 지방자치법의 문제점에 대한 지적이 수없이 제기되었음에도 불구하고 국회차원의 지방자치법 개정을 위한 노력이 한 번도 제대로 이루어지지 않았다. 물론 일부의 국회의원들은 지방의회관련 법률개정안을 발의하여 현재 국회에 상정되어 있는 법률안도 적지 않다. 그러나 그들 역시 그러한 법률안을 통과시키기 위한 노력은 보이지 않는다. 비단 지방자치법이 아니더라도 지방자치를 저해하는 많은 시대착오적 법률들을 개정하려는 노력을 보인 적도 거의 없다. 더구나 지방의회에 대한 중요성을 인식하고 주민대표성을 부각시키거나 입법권의 분권화 등은 생각하지도 못했다. 이처럼 입법부가 법률개정에 무관심하고 잘못된 법률에 대해 조금도 책임감을 느끼지 못하는 정치풍토가 지방자치의 발전을 저해하고 있다. 더구나 지방자치의 발전을 위해 개정한 법률개정의 결과가 개정이 아니라 개악이 되었던 적도 한 두 번이 아니었다. 그리하여 국회의원들은 국민적 이익을 위해 지방자치권을 강화하기는 보다는 자신들의 이익을 위해 선거법을 조작하고 지방통제권만을 강화시켜왔다는 비판을 받아왔다.

세계에 유래가 없는 지방행정체제개혁을 주도하면서 그것이 마치 민주화와 선진화를 위한 획기적인 개혁인양 국민을 기만하고 있다. 지방자치제도를 민주발전을 위한 제도가 아니라 경제발전을 위한 제도로 착각하고 있는 국회의원들이 너무 많다. 국회와 정당은 그 동안 지방선거에서 기초의회의원후보자들에 대한 정당공천제의 폐지요구를 교묘하게 회피해 왔다. 여론만 피해보겠다는 부도덕한 국회의원들은 여론압박에 대한 면피용으로 국회에 법안만 제출해 놓고, 국회의원 임기만료라는 도구로 이들을 폐기시켜왔다. 특별시와 광역시의 자치구를 폐지하여 수백만(광역시) 내지 천만명(서울시)의 인구를 가진 기형적 기초자치단체를 만들려고 하면서도 자신들의 저의는 숨기고 있다. 자신들의 자리를 위협하는 기초자치단체장들 특히 구청장들과의 선거경쟁을 두려워하여 그들의 생성배경이 되는 구자치제도를 폐지하겠다는 어두운 계략을 감춤으로써 국민들을 기만하고 있다.

지방선거에 중앙정당이 전면 개입하여 총선과 지방선거를 구분할 수 없을 정도로 혼탁하게 흐려놓고 있다. 특히 지방선거의 후보자들과 당선자들을 후보자대회니 당선자대회니 하여 다양한 이름으로 이들을 수도 서울로 불러 그들의 하수인으로 교육하고 있다. 심지어 중앙정당의 이름으로 지방의회의 조직과 운영에 간여함으로써 자치발전의 저해요인으로 작용하고 있다. 우리나라 지방자치는 정당의 산물이고 국회의원들의 작품이다. 그리하여 침체한 지역발전이 바로 그들 때문이며 그들의 책임임을 인식토록 해야 할 것이다. 그리하여 국회의원들은 국민들로부터 받은 의원직을 통해 지방의 이익과 자치권을 강화하기는 보다는 정당과 자신들의 이익을 위해 선거법을 조작하고 자치제도를 왜곡시켜왔다[70].

3) 중앙정부 고위공직자들의 자치제도개선에 대한 저항과 지역발전에의 무관심

분권과 자치발전을 통해 중앙집권적 정부체제를 지방분권체제로 변화시켜야 할 나가야 할 국회와 중앙행정부의 공직자들이 제도개혁을 외면하거나 방치함으로써, 경우에 따라서는 오히려 제도를 악용하거나 개혁에 저항함으로써 지방의회발전을 저해하였다.

분권과 자치발전에 대한 국민적 요구가 빗발치고 정치쟁점화 되면 중앙정부는 언제나 관련법안의 국회제출이나 정부위원회라는 것을 만들어 여론의 폭풍을 무마시켜왔다. 중앙정부는 지방자치와 국민생활의 안전을 담당하는 행정안전부를 제외하면 대부분의 부처가 지방자치에는 무관심하며, 지방의 소리를 듣지 못하고 있다. 마치 지방의 소리가 국가발전의 걸림돌이나 되는 것처럼 외면하는 경향이 있다. 지방행정체제개편만 하더라도 지역주민들의 요구와 중앙정부가 추진하려는 방향이 너무나 다르게 나아가고 있다. 지역주민의 불편시정요구를 체제개편으로 침소봉대함으로써 이를 통해 정치권과 행정부는 각각 자신들의 권력과 이익의 극대화를 노리고 있다[71].

그 동안 이들은 지방자치단체의 기구와 정원축소가 정부개혁의 전부인 것처럼 정부개혁을 지방자치단체의 축소조정에 맞춰나감으로써 개혁을 빙자하여 지방자치단체를 길들여 왔다. 중앙정부의 독선적 정책결정이 지방주민들의 피해를 야기함으로써 갈등이 야기될 때도 국법이니 국책이니 하면서 자신들의 주장만 강요하려 했을 뿐, 지역주민들의 목소리에 귀를 기울이려는 태도는 보이지 않았다. 자치제도를 실시하면서도 각종의 통제수단을 통하여 지방정부를 자신들의 수중에 장악하려고만 노력함으로써 지방의 자율과 자치발전을 의도적으로 침해하여 왔다.

지구촌 국가들은 이미 오래 전부터 개방화와 지방화와 그리고 정보화 등을 외치며 세계화 현상에 대비하여 지방정부의 역량을 강화해 오고 있지만 우리나라의 정무관들이나 고급관료들은 이러한 사실들을 애써 외면하고 있다. 각부처의 장차관들과 그들을 뒷받침하고 있는 고급공무원들이 중앙정부를 국가로 포장하고, 지방정부와 지역사회를 자신들의 임의대로 통제하고 있다. 바로 이들의 의식과 행태가 지방자치발전을 저해하고 국가균형

70) 공직선거법개정을 통해 지방자치선거를 실종시켰고, 지방자치선거의 모든 과정에 국회의원들의 영향력이 작용하는 정당개입을 제도화 시켰다. 중앙정당의 이름으로 지방의회의 조직과 운영에 간여함으로써 자치발전을 역행시켰다.

71) 지역주민들은 지방행정체제개편을 요구하지 않았다. 지역의 불합리한 자치구역의 조정을 원했고, 빈약한 지방재정력을 강화시켜 달라는 것이었다. 이러한 요구에 중앙정부는 거창한 행정체제개편을 들고 나왔다. 중앙정부의 행정체제개편의 유일한 실적인 통합창원시의 경우 제도실시 1년의 평가는 실패로 귀결되고 있다. 통합의 목적이 불분명하고 통합과정에서 정부가 약속한 일들이 제대로 지켜지지 않고 있으며, 통합전의 3개시의 주민들 대부분이 만족하지 못한 상태라고 한다.

발전을 해치는 주요 요인들이다.

지난 20년을 회고하면 분권과 자치제도개혁에 대한 국민적 요구와 기대는 상당부분 외면 받고 무시되었다. 우리나라의 중앙정부는 장기적 국익보다는 단기적 기관이익을 앞세우는 공직자들이 많아 지역주민의 요구와 기대는 언제나 뒷전이었다. 지방분권과 자치발전이 당장 자신들의 권한과 이익에 어떻게 배치되는가만 걱정하여 자치제도개선에 저항하거나 지연시켜왔다. 이처럼 분권과 자치제도관련 직접적 당사자인 행정부가 자치제도를 왜곡하거나 제도개혁을 거부하고 저항하였기 때문에 분권과 자치제도는 아직도 제자리를 맴돌고 있는 실정이다.

지역사회와 지방자치발전의 입장에서 볼 때 특히 심각한 문제는 중앙정부 공직자들이 지방과 지역사회에 지나치게 무관심하다는 점이다. 설상가상으로 중앙정부는 그동안 지방자치제도를 정치적 위기 때마다 집권층의 정권이기주의를 위한 수단으로 이용해왔다는 점이 지역사회와 자치발전을 염원하는 대다수 국민들을 실망시키고 있다. 재차 강조하거니와 지방자치제도는 헌법상 국가통치제도의 하나이다. 따라서 지방자치제도의 내용과 성패는 그 국가를 통치하는 정부의 역량과 수준으로 연결된다는 점을 알아야 한다. 때문에 지방자치제도의 발전정도는 그 정권의 민주적 통치수준을 판단하는 치적평가의 중요 부분임을 간과하지 말아야 할 것이다.

4) 지방자치제도 및 공직선거제도 등 관련 제도의 개악(改惡)

국민을 위한 권력, 국민을 위한 정부라면 중앙정부가 분권과 자치제도의 발전을 향상시키지는 못할지언정 개악시켜서는 안된다. 그럼에도 불구하고 한국의 중앙정부(행정부와 국회)는 지난 20년 동안 그들의 이익을 위해 분권과 자치제도에 관한 여러 가지 제도를 개악시키는 데 서슴치 않았다.

첫째 '공직선거법의 개악'이다. 각기 그 성격이 다른 4가지 선거법(대통령선거법, 국회의원선거법, 지방자치단체장 선거법, 지방의회의원선거법)을 무리하게 하나로 통합시킴으로써 수많은 시행착오를 가져왔다. 전국적 선거와 지방자치를 위한 선거를 하나로 통합한 것 자체가 잘 못된 것임은 두말 할 필요도 없으며, 선거구 제도를 비롯하여 선거운동방법, 당선자결정 등 선거의 성격이 다름에 따라 달라야 할 제도내용을 획일화 시키거나 무시한 것이다.

둘째 지방선거에의 정당공천제 도입이다. 기초의회의원후보자들에 대한 정당공천제도의 도입으로 지역사회는 지방자치가 아니라 중앙정당치로 변질되었다. 그리고 그만큼 지방자치는 위축되었고, 지역정치사회는 특정한 권력자나 정당에 의해 통제되기에 이르렀다. 기초의원후보자에 대한 정당공천제도에 대해서는 찬반론이 무성하지만 대부분의 논자들이 지방자치제도에 대한 이해가 부족한 상태에서 논의되고 있다. 특히 자치제도를 잘 알지 못하거나 한국정당의 문제점에 대한 인식이 적은 경우, 그리고 우리나라 지역사회의 실태와 주민특성을 도외시하거나 기초자치단체의 특성에 대한 이해가 부족한 경우 주로 정당공천제도를 옹호하는 편이다(주용학, 2002 :113-145).

셋째 선거구제도의 개편이다. 기초의회의원선거구를, 초기 '소선거구에서 중선거구제로 개정'했지만, 그로 인한 또 다른 문제점이 나타나 재개정을 요구하고 있는 실정이다.

넷째 지방의원정수를 과잉 축소 조정하고 지방의원에 대한 유급제를 왜곡하였다. 지방의회의원에 대한 보수지급을 핑계로 지방의원수를 초기에 비해 약 1/3이나 줄였지만 아직도 지방의원들에게는 보수가 지급되지 않고 있다. 지방의원들 선거에 의해 임용되는 정무직 공무원이며, 정무직공무원에게는 고정급적 연봉제를 지급한다는 공무원 보수규정에도 불구하고 아직도 지방의원들에게는 고정급적 연봉을 지급하지 않고 있다[72].

다섯째 주민소환제도의 잘못된 도입이다. '자치단체장과 지방의원에 대한 주민소환제도를 도입'했지만, 정작 국민소환을 받아야 할 대상(대통령, 정부요인, 국회의원 등 정권의 세들)과 그렇지 못한 대상이 뒤바뀌었다는 국민적 비난을 받고 있다. 게다가 주민소환제도가 지방선거 당선자와 낙선자들 간의 갈등만 만들어 주었다거나 자치단체장의 업무방해 가능성만 열어 놓았다는 비난을 받고 있다. 여섯째 지방의회의 권한을 침해한 '조례위반에 대한 징역부과제도'(구 지방자치법 제20조)를 1,000만원이하의 과태료 처분으로 개편한 것(현행 지방자치법 제27조 제1항)도 개악으로 보아야 할 것이다.

2. 지방정부의 소극적이고 비자치적인 태도문제

1) 중앙정부에 대한 지방정부의 맹종

지방자치제도의 가장 큰 수혜자이면서도 그것을 인식하지 못하고, 자신들에게 주어진 권한을 침해해도 방어하거나 개선하려는 의지와 행동이 없는 자치단체장들과 지방의회의원들 그리고 지방공무원들도 지방자치와 지방의회발전의 저해요인으로 볼 수밖에 없다.

전국의 지방의원들은 정당공천에 목을 매고, 중앙정당과 국회의원들에게 복종한다. 아무리 유능해도 무소속후보자는 당선시켜주지 않는 무지한 유권자들이 문제이긴 문제다. 그러나 그렇다고 지방의원으로 당선된 이후에까지 지방의정활동 보다 정당과 국회의원을 우

72) 지방의원들에게는 편법으로 지방자치법상에 의정활동비(비용)와 월정수당(수당)을 지급하는 것으로 법제화 하였다. 다른 정무직 공무원과는 달리 유독 지방의원들에게만 이러한 차별을 하고 있어 이로 인해 헌법상 평등권 위반이 문제되고 있다. 비용과 수당은 생활급이 아니다. 본봉은 없고 수당만 주는 것은 잘못된 제도이다.

선시하는 것은 분명 잘못이다. 특히 지방의원들은 선거를 통해 취임한 정무직 공무원이다(지방공무원 법 제2조 제3항). 모든 정무직공무원이 연봉제의 급여를 받고 있음에도(지방공무원법 제44조 제3항, 지방공무원 보수규장 제34조 〈별표 11〉, 〈별표 12〉) 불구하고, 지방의원들에게는 비용(의정활동비, 여비)과 수당(월정수당)만 지급하고 있다(지방자치법 제33조). 그럼에도 불구하고 지방의원들 중 누구한 사람 이의를 제기하고 나오는 자가 없다. 주민들이 자신들에게 부여한 4년 임기도 중앙정부와 행정안전부에 대해서만은 아무런 쓸모가 없다. 지방자치제도가 시행되었고, 그래서 지방정부의 업무에는 자치사무와 위임사무가 구분되고 있지만 중앙정부의 공무원들은 그 차이를 알지 못한다. 자신들이 원하면 언제든지 자치사무도 위임사무로 만들 수가 있고, 자신들이 요구하면 아무리 부당한 일이라도 자치단체장이나 지방공무원은 아무런 이의를 제기하지 않고 순종한다. 그래서 지방공무원들은 중앙정부에 출장가기를 꺼린다. 중앙공무원들은 지방공무원들에게 언제나 상전처럼 행세하고 지방공무원들이 찾아오면 귀찮아하거나 따돌리고 천대한다. 그리하여 지금 우리나라의 지방과 지역사회는 중앙정당과 국회의원들이 임의대로 통제하고 지방공무원들은 중앙공무원들이 입맛대로 통제한다. 지방자치제도를 실시하고 있지만 주민들의 목소리는 잘 들리지 않고, 중앙정부와 중앙정당 그리고 국회의원들의 소리만 들리고 있다.

2) 자치단체장과 지방의원의 비윤리적 불법적 행태

(1) 분권과 자치발전에 소극적 방관적 태도

중앙집권적 제도와 중앙정부의 지방통제행태에도 불구하고 지방정부의 자치단체장들과 지방의원들은 이에 저항하거나 투쟁하지 않았다. 물론 지방4단체의 활동을 통해 공식·비공식적 요구투입을 하지 않은 것은 아니었다. 그러나 수많은 요구와 주장에도 중앙정부는 아무런 대답이 없었고, 오히려 이면에서는 비공식적 압력만 받아왔지만 어떠한 저항이나 행동도 보이지 않았다. 중앙정부의 재정권 장악과 국회의 정당공천제도라는 것이 이들의 생각과 행동을 통제했다는 사실을 모르는 국민들은 없을 것이다. 그럼에도 불구하고 자치단체장과 의원들은 주민들이 부여한 임기와 권한을 기초로 중앙정부와 투쟁해야 했었다. 그러나 자치단체장의 경우 과분한 권력을 주체하지 못해 이를 남용함으로써, 지방의원들의 경우 자신들의 역할인식부족과 부정비리관련으로 오히려 자치발전을 저해하여 왔다. 그 결과 지난 20년 동안 지방자치단체장들과 지방의회의원들의 노력으로 분권이 이루어지고 자치제도가 개선된 예를 찾기 어렵다. 오히려 소수이긴 하지만 이들은 자신들에게 주어진 권한을 이용, 부정한 방법으로 개인적 영달을 추구하였다. 경실련의 한 조사에 의하면 주민직선 자치단체장제도 시행 4기의 4년(2006-2010년) 동안 광역의원의 경우 약

10%, 기초의원의 경우 약 5%가 부패관련 사법적 처벌을 받았고, 기초단체장의 경우 약 48%가 뇌물관련 비리로 기소되었다고 한다(육동일. 2011: 24) 뿐만 아니라 지방의원들의 외유형 해외연수와 의장단 선거에서의 파벌과 감투싸움 등은 국민들이 지방의회를 냉소적으로 보는 주요 요인이 되었다.

(2) 인사부정, 이권개입, 부정부패 및 비민주적 태도

첫째 자치단체장들의 예산낭비적 사업추진과 이권개입, 뇌물수수 등 권력의 오남용이 자치발전을 저해하였다. 선거에 의해서 선출되는 공무원들이 유권자를 의식하지 말라는 요구와 주장은 그 자체가 어불성설이다. 따라서 이들이 유권자들의 요구와 주장에 귀를 기울이고 대응한다는 것은 민주정치이념상 극히 당연한 일이다. 그럼에도 불구하고 민주주의 정치원리가 인내할 수 있는 범위를 넘어 지나칠 정도로 행정을 정치화함으로써 야기되는 문제점이 적지 않았다. 실현가능성 없는 무모한 정책과 계획을 남발하여 주민들에게 희비를 교차시키게 하는 경우가 많았으며, 무모한 계획추진으로 예산을 낭비하는 경우도 적지 않았다(예컨대 용인시의 경전철 사업, 인천시의 월미은하레일사업, 김해시의 경전철 사업, 태백시의 오투리조트사업 등). 많은 정책이나 사업들이 예산이 뒷받침되지 않아 시행조차 하지 못한 채 사장되거나, 시행된다고 하더라도 도중에 중단되는 경우도 적지 않았다. 특히 재선을 의식하여 무리하게 사업을 확대하여 예산을 낭비하거나 이권개입에 관련된 자치단체장들이 적지 않았다. 사실 자치단체장들의 이러한 비위는 그 자체로도 잘못되었지만, 그 보다는 이러한 사실들을 빌미삼아 지방자치제도의 발전을 저해하려는 비판세력들에게 구실을 제공함으로써 자치제도에 대한 국민적 지지를 반감시킬 수 있다는 점에서 이중적 문제를 야기 시키고 있다[73].

둘째 지방의회의원들의 자질 · 역할부족과 이권개입 및 권위주의적 행태 등이 자치발전을 저해하였다. 그동안 지방의원들은 학력과 경력, 지식과 정보능력 등 많은 면에서 의원으로서의 자질과 역할수행에 부족했다는 평가를 받아왔다. 게다가 각종 이권개입과 권위주의적 태도 등이 문제가 되어 주민들로부터 비판을 받기도 했다. 사실 자치단체장에 비해 지나치게 취약한 권력기반으로 지방의원들의 부정부패는 그렇게 많지 않았지만 전문성 부족과 소극적 의정활동 때문에 적잖은 비판을 받아온 것이 사실이다.

집행부에 대한 질문의 부실과 부정확성, 질문기피현상, 행정사무감사의 준비부족과 부실

73) 이러한 예는 중앙정부에서도 허다하게 찾아볼 수 있고, 어떤 면에서는 지방정부의 비능률이나 낭비보다 심한 경우가 허다하다. 특정재벌에게 수조원이나 자금을 대출하고도 회수하지 못한다거나, 고속철도건설비용이 당초 예산의 3배가 들어가도 부실공사를 면치 못할 것이라는 언론의 지적은 바로 그러한 예에 해당된다. 그러나 권력을 가진 중앙정부에서는 자신들의 큰 문제보다 지방의 작은 문제가 더욱 크게 보이고 있어 지방정부의 이러한 사실들을 강력히 비난하고 있다.

감사 등 의정운영의 문제점이 언론에서 지적되어 왔고, 특히 의장선거와 원구성문제로 끊이지 않고 불거지는 불화와 잡음, 예산낭비적 외유성 해외시찰, 드러나지 않는 집행기관과의 감정대립, 뇌물수수로 구속되는 일부 의장과 의원들 등 모든 문제점들이 지방자치제도의 발전에 커다란 걸림돌이 되었다.

셋째 자벙자치단체장과 지방의원들의 정당과 국회의원에 대한 위축과 소극적이고 무력한 태도가 자치발전을 저해 하여왔다. 정당공천제를 통해 후보자공천권을 행사하고 있는 정당과 국회의원에게 자치단체장들과 지방의원들이 순종하지 않을 수 없는 현실을 만들었다. 이러한 모순된 구조 하에서 자치단체장과 지방의원들이 분권과 자치발전의 선두에 서기를 기대하기란 불가능하다. 그럼에도 불구하고 그것 때문에 자치단체장과 의원들의 책무가 면제되지는 않는다는 사실도 그들은 알아야 한다. 특히 지방자치단체장들은 지방자치제도 시행에 따른 가장 큰 수혜자들이다. 그러면서도 지방자치제도 실시20주년이 되어도 기념행사하는 자치단체장이 한 사람도 보이지 않았다.

(3) 권력남용과 무기력한 분권투쟁

자치제도실시 초기에는 자치단체장들의 예산낭비적인 무모한 정책추진이나 재선을 의식한 인기성 혹은 선심성 정책추진 등이 주로 비판을 받았다. 그 후는 이권개입이나 공무원인사관련 비리로 비판을 받았다. 근래에는 지방정부의 호화청사건립으로 언론의 비난을 받아왔다. 물론 이들 대부분의 비판은 지방이 아닌 중앙언론들이 앞장서 비판한 것들이다.

그러나 최근에는 지방정부의 수장으로써 지역발전과 주민들의 복지증진을 위해 최선을 다하는 자치단체장들도 적지 않다. 그러나 광역자치단체장이나 기초자치단체장을 불문하고 지방자치단체장들이 중앙정부의 통제나 간섭에 이의를 제기하거나 연중감사에 반발하는 사람들은 한 사람 볼 수 없다. 이들은 지방자치단체에게 주어진 권한의 대부분을 차지하고, 지역사회에서 행하는 공공사무의 대부분을 관할하면서 소위 출세와 성공의 절정을 쾌감하고 있다. 그 결과 집권화되고 획일화 되어 지역발전을 가로 막고 있는 지방자치제도에 대해서는 아무런 행동도 취하지 못하고 있다. 같은 주민직선의 대표지만 지방의원들에 대해서는 지나치게 편파적인 자치제도라는 점을 알면서도 자신들이 앞장서서 자치제도와 의회제도의 개선을 주장하는 자치단체장들은 한 사람도 없다. 주민들로부터 부여받은 4년간의 임기동안 자치제도와 지역발전을 위해 중앙정부에 이의를 제기하거나 분권투쟁을 하는 자치단체장들은 더욱 찾기 어렵다. 재선을 노려 공천권을 가진 국회의원의 눈치만 보는 자치단체장들도 적지 않다. 지방자치 4단체 중 기초단체장 협의회와 광역단체장 협의회가 중앙정부에 요구하고 건의한 것들이 무엇인지 알려지지 않고 있다.

지방자치제도가 실시된 지 20년이 되었지만 지역주민들을 대상으로 민주시민교육, 지방자치교육을 제대로 시킨 곳을 찾아 볼 수 없을 정도이다. 이처럼 자치단체장들에게 집중된 권한과 그 남용, 이들의 현실만족 그리고 이로 인해 무력해진 분권투쟁과 무관심해진 자치제도의 확충 등이 지방자치발전의 걸림돌로 작용하고 있다.

3) 지방공무원들의 소극적 수동적 태도(중앙정부에 대한 맹목적 복종)

지방자치제도 실시 20년 동안 거의 대부분의 지방공무원들은 지방자치제도의 가치와 지방의회의 중요성과 필요성 등에 대해 부정적이었거나 관련 지식과 인식이 부족했었다. 지방의회와 의원들을 불필요한 옥상옥의 기관으로 인식한다거나, 지방의원 개개인의 행태를 보고 지방의회제도라고 인식하는 우(愚)를 범하기도 하였다. 지방공무원들의 자치제도나 의회제도에 대한 이러한 태도와 인식이 지방의회발전의 걸림돌로 작용해 왔다. 그것은 지방자치제도가 실시될 당시 지방공무원들은 지방자치제도 그 자체에 대해 아는 바가 없었고, 교육이나 훈련도 받지 못한 상태에서 갑자기 실시되었기 때문이기도 했지만, 지방자치제도가 실시된 이후에도 제도의 중요성과 가치를 인식시키기 위한 공무원 교육과 훈련은 거의 이루어지지 않았기 때문이다. 그 결과 지방자치제도가 실시된 이후에도 지방의회의 의결사항이나 요구사항에 대해서는 불만과 저항이 많았지만, 중앙정부의 지시사항에 대해서는 거의맹목적인 복종을 지속해 왔다.

중앙정부에 대한 불만이나 중앙집권의 병폐는 이야기하면서도 법령개정이나 분권을 요구하는 지방공무원들은 찾아보기 어려웠다. 지방정부에서 자치업무를 실질적으로 담당하고 있는 지방공무원들이 중앙정부에 맹종하고 지역에 대한 자긍심과 지방공직자로서의 사명감을 가지지 못한 상태에서 자치발전이나 의정의 효율성을 기대하기는 어려웠다. 더구나 지방의회의 의정활동을 사실상 지원하고 의회사무 전체를 담당하고 있는 지방공무원들이 스스로 지방자치의 주체적 인식이 결여되고, 의결기관의 존엄과 가치를 이해하지 못해 자치단체장과 집행부 공무원들의 눈치만 살핌으로써 사실상 지방자치와 지방의회발전의 주요한 저해요인이 되었다. 특히 지방공무원 중에서도 고위직공무원일수록 자치제도와 의회의 존재에 대해서는 부정적이었다. 그 결과 공무원교육에서 지방자치와 지방의회에 관한 교육은 없거나 겨우 생색만 낼 정도로 빈약하였다.

중앙정부의 시대착오적인 지방통제에 대해서 정면으로 이의를 제기하거나 개선을 요구하는 지방공무원들은 찾기 어려웠다. 지역발전과 주민복지증진을 외치면서도 집권적인 중앙정부에 대해 분권을 요구하지 못했다. 극히 일부의 지방공무원을 제외하면 대부분은 중앙정부에 대한 지방분권의 논리도, 주장도, 대안도 마련하지 못한 채 언제나 중앙공무원들에게 이리저리 끌려만 다녔다. 지방자치사무에 대한 중앙정부의 간섭과 통제가 노골적으로 이루어져도 그 부당성을 주장하지 못했다.

이러한 지방공무원들의 의식과 태도는 단시일 내에 개선될 여지를 보이지 않고 있다. 아직도 다수의 공무원들은 왜 지방자치제도를 실시해야 하며, 왜 지방의회라는 존재가 필요한지를 인식하지 못하고 있기 때문이다. 누구도 그것을 가르치지도 않고, 가르치려고도 하지 않는다. 대부분의 자치단체장들이 행정고시에 합격하여 중앙정부에서 뼈가 굵은 사람들이기 때문에 지방자치제도를 알지 못하며, 그렇기 때문에 지방자치에 관한 교육훈련의 필요성을 인식하지 못한다는 데서도 그 주요한 원인을 찾을 수 있다.

3. 주민들의 지방자치와 지방의회에 대한 무관심과 비민주적 행태

1) 중앙에 나약한 지방사회

지방언론, 지방기업, 지방의 시민단체, 지방대학, 지방의사, 지방공무원, 지방사람 등등 우리나라는 지방이라는 접두사만 붙으면 왠지 중앙에 뒤지고 모자라는 것 같은 느낌을 갖는 사람들이 적지 않다. 특히 문화적으로도 지방주민들에게는 중앙에 대한 콤플렉스를 가진 것 같다. 지방정부의 잘못이나 지역사회의 잘못에 대해서는 목청을 높여 비판하는 지방언론도 중앙정부의 잘못에 대해서는 제대로 말 한 마디 못하는 것이 현실이다. 법령을 통해 중앙정부가 모든 자원을 장악하고 지방에 대해 지나친 통제를 가해도 지방주민들과 지역사회는 당연한 것으로 받아들인다. 중앙정부의 경제정책으로 서울과 수도권만 잘 사는 것이 눈앞에 보여도 대다수의 지방 사람들은 그들을 부러워만 할 뿐이지 중앙정부에 지역발전정책을 소리높이 요구하지 않는다.

이러한 현실이 우리사회에 지방자치의 착근(着根)을 방해하고 있다. 아직도 지역주민들은 온통 중앙정부의 움직임에만 관심이 쏠려있고, 직접 자신의 생활에 영향을 미치는 지방정부의 조례와 규칙, 지방의회의 의정활동에는 별로 큰 관심을 보이지 않고 있다. 지방에 살면서도 지방사회에 대한 긍지와 자신이 결여되어 있고, 지방공무원, 지방의원들 보다는 중앙정부의 공무원과 국회의원들에게 관심이 많다. 지방자치제도가 실시되어 지방의회를 구성 · 운영하면서도 지방자치보다는 중앙정치에만 관심을 가지고 있다. 자치의식이 부족함은 말할 것도 없고, 자치에 대한 관심조차 갖지 못한 시민들

이 대부분이다. 심지어 지방자치제도 무용론이나 특정자치단체 폐지론에 동조하는 무지한 시민들이 적지 않아 자치제도의 발전에 치명적인 걸림돌이 되고 있다. 중앙정부나 지방정부를 막론하고 쟁점적인 시사문제나 각종의 정책 및 제도와 관련, 잘 알지도 못하면서 공공연히 무책임한 말을 배타내는 용감하고 무지한 시민들이 자치발전과 사회발전을 저해하고 있다.

2) 지방자치제도에 대한 국민적 무지와 몰인식

자치제도발전의 가장 큰 저해요인은 제도 그 자체에 대한 우리 모두의 무지와 몰인식 때문이었다. 즉 지방자치제도를 실시하면서도 중앙정부나 지방정부, 언론이나 국민들 모두가 자치제도의 이념과 철학, 가치와 장점 등에 대해서 잘 알지 못했다는 것이다. 즉 지방자치란 무엇을 어떻게 하는 것이고, 자치제도의 어떤 점이 좋으며, 왜 실시해야 하는가? 그리고 어떻게 하면 우리 실정에 맞게 시행할 수 있는가 등에 대한 충분한 검토와 사전지식도 없이 중앙정치권에 의해 일방적으로 시행되었기 때문이다. 사실 지방자치제도란 자기지역의 통치는 그 지역주민들의 자율과 자치로 하겠다는 자기지배의 원리를 구현하는 제도이며, 궁극적으로는 지역주민들의 존엄과 가치를 구현하고자 하는 민주적 제도이다. 따라서 지방자치제도는 특정한 지역의 정치사회적 문화와 조건에 적합하도록 그 지역주민들이 독자적으로 만들어 가는 제도이다. 그러나 우리나라는 중앙정부의 행정부관료들에 의해 전국을 대상으로 획일적으로 강제 시행하는 제도로 변질되었다. 국회와 정당은 지방자치를 중앙정당치로, 언론과 시민단체는 비판과 감시의 대상으로 삼았다. 대다수 국민들은 시류에 따라 이리저리 흔들렸다. 결과적으로 우리는 자치제도를 이해하려거나 우리 실정에 맞는 제도를 찾으려는 노력은 외면하거나 방치해 왔다.

3) 지역주민들의 지방자치와 지방의회에 대한 비참여와 비민주적 행태

첫째 지역주민들의 비민주적 행태와 지방자치에 대한 무관심한 태도가 분권과 자치발전을 저해하여 왔다. 사실 지역주민들의 자치의식부족과 지방자치에 대한 무관은 지역발전이나 자치발전에 앞서 국가의 선진화에 큰 걸림돌이 되고 있다. 지역주민들의 의식수준과 물질적 향유수준간의 간격(gap)이 큰 만큼 갖가지 사회문제도 야기 시켰다. 자신이 선출한 지방의원들을 지원하고 협력하기보다는 스스로 불신하고 비난하였으며, 자신의 잘못에는 지나치게 관대하면서도 다른 사람의 실수는 추호도 용서하지 않는 그릇된 마음을 가진 주민들이 많았다. 이러한 안타까운 현실이 지방자치의 뿌리를 흔들었다.

둘째 지방을 스스로 비하하는 못난 자괴감을 가진 지역주민들이 지역발전을 저해하였다. 지방에 살면서도 지역사회에 대한 긍지와 자신이 결여되어 있고, 지방공무원, 지방의원들보다는 중앙공무원과 국회의원들을 높여 보는 주민들이 적지 않다. 지방자치제도가 실시되었지만 지방자치와 지방선거에는 참여하지도 않는다. 자치의식이 부족함은 말할 것도 없고, 자치에 대한 관심조차 갖지 못한 시민들이 많다. 심지어 중앙언론이 부추기는 지방자치제도 무용론이나 특정자치단체 폐지론에 동조하는 무지한 시민들이 적지 않아 자치제도의 발전에 걸림돌이 되어왔다. 지역주민들이 자신들을 위해 실시하는 지방자치제도를 스스로 무력화시키고 비난하는 상황에서 과연 누가 그들을 위해 분권과 자치발전을 대신해 주겠는가? 지방선거에 대한 투표율은 바로 현재 우리 주민들의 자치의식을 대변하고 있다.

4. 언론기관과 시민단체의 지방자치와 지방의회에 대한 왜곡과 폄하

1) 중앙언론사와 언론인들의 지방자치에 대한 오해와 왜곡

정권에 대한 언론의 비판기능은 아무리 강조해도 지나치지 않다. 특히 현대사회와 같이 자유민주 국가에서의 언론은 정치권력의 독선화를 방지하고 시민의 자유와 권리를 보호하는 데 앞장서야 할 당위적인 사명을 부여받고 있다. 그리하여 민주국가의 언론은 오락기능, 광고기능, 문화기능과 함께 정치적 비판기능과 국민적 교육기능이라는 중차대한 기능을 수행하고 있고 그것은 또한 언론의 사명이기도 하다. 최근 한국의 언론사와 언론은 우리사회에서는 누구도 겨룰 수 없을 만큼 강력한 정치사회적 영향력을 지니게 되었다. 그리하여 언론기관은 비록 민간회사이지만 공권력 못지않게 강력한 힘을 가지게 되었다. 그러나 이렇게 강력해진 언론사들이 그 힘을 국민을 위해 행사하지 않고, 언론인이나 언론사를 위해 행사하거나, 권력에 대한 통제보다는 권력을 옹호하고 보호하는 쪽으로 기울여질 때 언론의 피해는 돌이킬 수 없을 정도로 커진다. 반대로 국익을 고려하지 않고 맹목적으로 권력을 비판하여 정부를 혼란상태로 빠뜨릴 경우에도 그 피해는 헤아릴 수 없게 된다. 특히 언론은 자신의 무지나 오류, 편견이나 왜곡을 인정하지 않는 오만과 방자함의 속성을 가지고 있으므로 그 피해는 더욱 커진다.

바로 한국의 중앙언론들은 지방자치제도와 지방자치의 가치를 알지 못하며, 태생적 거부감을 갖고 있는 것처럼 기능해 왔다. 특히 거대방송 3사와 조선, 중앙, 동아, 한국일보 등의 거대 보수언론사의 경우 이러한 경향은 더욱 심각하였다. 그들은 중앙정부의 큰 부정과 부패에는 눈을 감고, 지방의 작은 부정은 마치 특종이라도 잡은 듯 매사를 침소봉대하여 민감하게 반응하였다. 특히 지방자치제도에 대해서는 그 이념적 가치나 제도적 내용에 대해서는 알지 못하면서 초보기자들과 무지한 주민들을 앞세워 맹목적인 비판만 하였다. 지방자치제도를 실시해 놓고 돌아서서 열매를 맺지 못한다고 무지한 비판을 일삼아 왔다. 한 두건의 문제만 보고 그것을 지방자치의 전부인양 비난을 쏟아 부었다. 제도의 가치와 중요성을 알지 못해도, 나무를 보고 숲으로 왜곡해도 그것을 알지 못하는 선량한 국민들은 언론만을 맹신하였다. 좀 더 성숙한 언론이었더라면 자치제도실시 초기라는 점을 감안 다소 문제가 있어도 중앙정부와 국민들을 설득했어야 했다. 그것이 선진언론이고 그것이 언론의 교육기능이며 계몽기능이기 때문이다. 한국언론은 어떻게 자신들이 민간기업, 민간인 임에도 불구하고 공권력과 공인들 못지않게 국민적 신뢰를 받게 되었는지 돌이켜 보아야 할 것이다. 어느 날 그 반대현상이 나타나면 언론의 생명도 다할 수 있음을 잊지 말아야 할 것이다.

결과적으로 언론의 맹목적 비판과 질책으로 자치제도를 병들게 만듦으로써 중앙정부와 정당 그리고 국회의원들에게는 최고의 진상품을 만들어 놓았다. 그리하여 지방은 계속 가난해야 하고, 서울과 중앙에 맹종하는 곳, 그리고 서울시민 보다는 모든 것이 모자라는 2류 국민들의 삶터로 만들어 놓았다. 누구도 가르치지 않은 풀뿌리 민주제도를 언론이 앞장서서 교육시키고 발전시켜도 부족했을 것인 데 오히려 오도하고 왜곡하며 채찍질만 해왔으니 한국의 지방자치가 제대로 발전할 수 없었던 것은 너무나 당연한 결과인지도 모른다. 한국의 지방자치발전사는 한국언론이 지방자치제도에 대한 국민의 신뢰와 기대를 붕괴시키는 주요 원인제공자로 역할했음을 기억할 것이다. 물론 언론보도의 진의는 그렇지 않았다고 하더라도 결과가 그렇게 되었다는 점을 언론기관들은 인정해야 한다.

2) 시민단체들의 무지와 오해와 편견

지난 20년 동안 지방자치제도는 비록 국민사회에 충분히 뿌리내리지는 못했지만 민주주의의 생활화와 지역사회의 선진화에 크게 기여하였다. 비록 곳에 따라 문제가 없었던 것은 아니지만 방대한 지방예산을 효율적으로 관리하고 자치행정의 민주화와 지역주민들에 대한 소득향상과 복지증진을 위해 지방정부는 나름대로 최선을 다해왔다. 그러나 이러한 결과와는 달리 지방자치에 대한 지역주민들의 평가는 저조하다. 그 중대한 이유가 바로 언론과 시민단체 등의 지방자치에 대한 편향보도와 왜곡 및 악평 때문이다.

근래 많은 국가들은 대의민주주의의 고장 내지 실패를 인식함으로써 이를 개선하기 위해 참여민주주의를 향해 나아가고 있다. 이처럼 대의민주주의로부터 참여민주주의로 나아가는 길목에서 시민을 위한 공익의 파수꾼으로 기능하기 위해 등장한 것이 시민단체라고 할 수 있다. 때문에 시민단체들은 정치권이나 정부에 대해 국민의 입장에 서서 공익을 구현하기 위해 역할 해야 한다. 그리고 그러한 기능은 지지하는 시민들이 부담한 지원금을 토대로 하고 전문지식을 기반으로 하여 전문가의 입장에서 행할 수 있어야 한다. 그러나 김영삼의 문민정부 이후 급격하게 늘어난 한국의 시민단체들은 불행하게도 일부 단체들을 제외하면 그 기능을 제대로 수행하지 못하고 있다. 설상가상으로 정치와 손을 잡고 시민단체 본래의 기능을 망각한 단체들도 적지 않다.

지방자치에 대한 시민단체들의 역할과 태도는 매우 이율배반적이었다. 비록 몇몇 시민단체에 국한 되었지만 한편으로는 시민단체들 스스로가 지방자치제도를 일반국민들을 대상으로 직접 교육까지 시키면서도, 다른 한편에서는 자치제도의 실체인 지방의회와 자치단체장의 활동에 대해 가혹할 정도로 비판을 일삼았다. 중앙정부의 실수나 부정에 대해서는 거의 비판적 기능을 상실한 시민단체들이 지방자치단체장이나 지방의회에 대해서는 매우 강도 높은 비판을 했다. 그러나 지방자치현장에 대한 이들의 비판과 감시는 사실 심하게 왜곡되거나 오해 내지 편견에 기초하고 있었다..

수많은 검토와 연구, 회의와 토론을 거쳐 자치단체장이 결정한 지역사업에 대해 시민단체들은 가장 기초적인 하나의 잣대로 평가하여 비판을 일삼는 경우가 많았다. 특히 심각한 것은 지방자치제도의 가치나 지방의회의 존재가치, 그리고 지방의원의 다양한 의정활동 등에 대해 충분한 지식과 자료와 정보 등을 가지지 못한 상태에서 의정활동이나 지역정책을 감시 비판함으로써 불가피하게 범하게 되는 오류와 왜곡이 적지 않았다. 그 결과 지방자치제도와 지방의회에 대한 일반 주민들의 평가를 왜곡시키고 여론을 오도함으로써 결국 지방자치발전의 주요한 저해요인으로 기능하였다. 예컨대 지방의원들의 경우, 정해진 근무시간 없이 의원으로서의 직무를 수행하는 사람들이 적지 않다. 정당의 행사에 참여하거나 지역구 국회의원들의 요구를 들어줘야 하는 일에서부터 지역주민들의 크고 작은 행사에 참여하고 다양한 민원을 접해야 한다. 이처럼 지방의원들은 대민업무와 민원사무, 정당활동과 전문성확보를 위한 세미나 참여, 교육참여 그리고 집행부와의 교류와 지원업무 등 굳이 의회 내부의 의정활동이 아니더라도 쉴 틈이 없을 정도로 일정이 빼곡히 짜여 있다.

이러한 지방의원들의 평가를 단순한 지방의회 내부의 활동 몇 가지에 한정시켜 평가한다는 것은 무지의 소산이 아닐 수 없다. 조례제 개정건수, 출석일수, 의안발의건수, 시정질문건수 등 의원활동의 극히 일부에 지나지 않는 일들을 단순계량적 통계로 평가하고 있다. 전체의원들이 수 십일씩 걸려 통과시킨 예산도 한 건, 전체의원들이 일주일 내지 열흘 동안 고생하여 시행한 행정사무감사도 한 건, 기존 조례내용의 글자 한 두자 수정 통과시킨 것도 한 건 등, 웃지 못할 평가를 하면서도 마치 그것이 대단한 평가인양 비판적 언론과 합작하여 지방의원들과 의회를 비판하였다. 시민단체들의 지방자치에 대한 이러한 태도가 바로 자치발전의 걸림돌로 작용하고 있다.

요컨대 그동안 시민단체들은 지방자치의 현장에 대한 균형감각을 잃고 비난과 비판으로 일관하였다. 한 두건의 잘못된 사례에 대해서나, 한 두명의 지방의원들의 비행에 대해 침소봉대하여 비판함으로써 나무만 보고 숲을 보지 못하였으며, 그림자만 보고 실체는 보지 못하였다. 이러한 시민단체들의 지방자치현장에 대한 가혹한 비판과 왜곡은 궁극적으로 볼 때 지방자치제도의 가치와 본질에 대한 인식이 부족했기 때문이라고 할 수 있다. 뿐만 아니라 시민 속에 뿌리 내리지 못한 시민단체들이 스스로 자신들의 영향력을 키우기 위한 잘못된 수단일 수도 있다는 점이다. 그 어느 쪽이든 바람직하지 않으며 누구도 바라는 바가 아님을 인식할 필요가 있다.

하나의 민주적 제도가 시행되어 주민들의 일상생활 속에 정착되기까지는 수많은 시행착오가 있기 마련이다. 그러나 그 제도를 성공적으로 정착시키기 위해서는 부단한 인내와 수정과 보완 그리고 지원과 보살핌이 있어야 한다. 대안 없는 비판처럼 비굴한 것은 없다. 잘못된 부분만을 보고 비판하기 보다는 잘된 부분을 드러내어 칭찬하는 것이 훨씬 선진적인 활동이다. 이러한 관점에서 우리나라 시민단체들은 지방자치에 관한 과거의 행태를 반성하고 앞으로 좀 더 솔직하고 좀 더 성숙해지고, 좀 더 시민들에게 다가가야 한다. 그리고 자신들의 활동분야에 대한 대표성이나 정통성을 강화하고 관련 분야의 전문인력과 자원 등을 확충해 나가야 한다.

5. 학자와 전문가들의 이기적 태도와 적극성 및 영향력 부족

1991년 지방자치제도가 부활되기 전만 해도 지방자치에 관한 학문을 체계적으로 가르친 대학이나 연구기관이 없었다. 그 결과 지방자치학을 전공한 학자들이 그렇게 많지 않았다. 그러나 지난 1991년 지방자치제도가 부활실시된 이후에는 이 분야를 전공한 젊은 소장학자들이 대거 진출하고 있다. 뿐만 아니라 오랫동안 공직에서 근무하던 많은 전직 공직자들 또한 지방자치를 연구·수학함으로써 이 분야의 전문가로 활동하고 있다. 지방자치를 전공한 학자와 전문가들이 많을수록 지방자치제도의 발전과 성공적 정착을 위해 노력하는 사람들이 많아진다는 점에서 이는 매우 바람직한 현상이다. 그러나 여기에도 문제점이 없는 것은 아니다. 학자나 전문가들의 학문적 배경이나 출신성분에 따라 지방자치제도를 왜곡시키려는 사람들이 적지 않다. 우선 한국적 특성에 맞는 자치제도의 형성발전보다는 우리와는 역사, 문화 등 다방면에서 성격이 다른 외국의 예만 되풀이하면서 우리 고유의 제도발전을 지연시키고 시행착오만을 되풀이하도록 만드는 사람들이 적지 않다. 그렇지 않으면 중앙정부의 고위관료들의 선호에 맞춰 그들의 의지대로 지방자치제도와 지방의회제도를 왜곡시키려고 하거나 그들의 요구를 정당화시키는 일에 앞장서는 학자들도 적지 않다. 즉 지방자치학이라는 학문적 정신이나 가치 그리고 학자적 양심보다는 정부에서 지원되는 몇 푼의 용역비용에 고개를 숙여 정부의 요구에 맞춰 글을 쓰고, 주장을 전개하는 학자와 전문가들도 있다. 물론 이러한 현상이 지방자치제도의 발전에 전적으로 걸림돌이 된다고는 보지 않는다. 그것은 학자와 전문가들의 견해차이가 지나치지 않는다면 오히려 그러한 갈등을 통해 새로운 창조적 대안을 찾을 수 있기 때문이다.

그러나 학자들의 정부와 정책에 대한 태도는 매우 중요하다. 특히 지방자치학의 경우, 지방분권을 통한 지역의 자율과 자치발전이라는 중요한 과제를 실현해야 하는 학문이다. 따라서 우선 지방과 지역의 실체를 알아야 하고, 특히 한국의 지방과 지역사회에 대한 역사와 혜안과 통찰력이 필요하다. 그리고 어느 정도는 중앙에 대한 지방의 이익을 위해 자기주장을 할 수 있어야 한다.

III. 결어 : 지방의회는 지방자치의 핵이다.

지방자치제도는 이념적 권력적 민주주의를 국민들의 생활민주주의로 발전시키는 것이며, 경제가 어느 정도 발전되고 정치가 안정된 상태에서 성공하기 쉬운 제도이다. 지방자치제도는 한 국가의 일정지역에서 행해지는 정치와 행정은 그 지역의 주민들의 자율과 자치에 맡기자는 것이다. 그러기 위해서는 그동안 중앙에 집중된 권한과 기능을 필요한 만큼 지방으로 분권화하자는 것이다. 그리고 지방자치를 제대로 실시하기 위해서는 그 지역주민들의 의사와 책임을 강화시켜야 하고 그러기 위해 나온 제도가 지방의회제도이다.

지방의회는 지방자치제도의 핵(核)과 같은 존재이다. 중앙정부는 지방자치제도를 통해 일정지역의 정치와 행정을 그 지역의 주민들에게 맡기고, 그 지역주민들은 대의제의 원리에 따라 자신들의 대표를 선출하여 지방의회라는 대의기관을 구성하여 그들에게 그 지역의 통치권한을 위임한다. 이렇게 구성된 지방의회는 자신의 권한과 책임 하에 지역사회의 정치행정을 책임지고 수행하게 된다. 때문에 원래 지방자치제도 하에서는 지방의회가 중심이 되어 지방자치를 수행하는 것이며, 자치단체장이라는 수장을 별도로 둘 수도 있고, 의회의장이 겸임할 수도 있다. 물론 우리나라와 같이 오랜 역사동안 한 사람의 수장에 의해 통치되는 군주제도나 대통령중심제의 국가에서는 자치단체장 없는 지방자치제도를 상상하기 어려울 수도 있을 것이다.

그럼에도 불구하고 자유민주주의 국가에서 지방자치제도의 핵은 지방의회임에 분명하다. 사실 지방단체장을 별도로 둘 것인가 아닌가도 지방의회에서 주민대표들이 결정해야 하기 때문이다. 그러나 우리나라의 지방자치법은 이러한 본래의미의 지방자치제도를 전면 부정하고 중앙정부가 모든 것을 통제할 수 있도록 하는 기형적인 지방자치제도를 만들어 놓았다. 그 결과 지방자치제도를 실시해도 중앙정부의 통제는 여전하고, 수장중심주의에 익숙한 우리나라 국민들에게는 지방의회보다는 자치단체장에게 더 의존한다. 우리나라의 현실을 감안한다고 하더라도 지방의회의 기능을 사실상 통제하고 있는 현재의 제도는 시급히 개선되어야 한다.

지방자치제도는 지방의회가 제 기능을 수행할 수 있어야 발전할 수 있다. 21세기 국가선진화를 위해서는 지방자치제도가 성공적으로 국민생활에 정착되어야 하고, 그러기 위해서는 자치제도의 시행과정에 참여하는 모든 주체들의 각성과 심기일전이 요구된다. 그 중에서도 특히 바람직한 제도를 만들고 그러한 제도가 국민들의 생활 속에 뿌리내릴 수 있도록 대통령을 비롯한 정권담당자들, 그리고 국회의원과 중앙정부의 고위관료들이 지방자치제도와 지방의회제도의 개선에 적극적이어야 한다.

03

지방의회의 발전을 위한 혁신전략과 정책대안

3.1 한국지방의회제도의 개선과 의정기능의 선진화 방안

Ⅰ. 의의
Ⅱ. 지방의회에 관한 제도적 문제점의 개혁
Ⅲ. 지방의회제도 개선을 위한 중앙과 지방의 역할개혁
Ⅳ. 지방의정기능의 혁신과 선진화
Ⅴ. 결어

3.2 지방의회 조례제정권의 강화와 행정사무감사의 효율화

Ⅰ. 의의
Ⅱ. 지방의회 조례제정권의 강화방안
Ⅲ. 지방의회의 행정사무감사제도의 개선과 효율화 방안

3.3 지방의회의원의 전문성 제고와 역할증대 방안

Ⅰ. 의의
Ⅱ. 지방의회에 관한 제도적 문제점의 개혁
Ⅲ. 지방의원의 전문성을 제약하는 요인
Ⅳ. 지방의원의 전문성 제고방안
Ⅴ. 결론

3.4 지방의회와 지방자치단체장 간의 바람직한 관계정립 방안

Ⅰ. 의의
Ⅱ. 지방의회에 관한 제도적 문제점의 개혁
Ⅲ. 지방의회제도 개선을 위한 중앙과 지방의 역할개혁

3.5 한국 지방자치의 경험적 교훈과 지방선거제도의 개혁방안

Ⅰ. 의의
Ⅱ. 지방선거와 자치경험을 통해 체득한 지혜와 교훈
Ⅲ. 한국지방선거의 제도적 실태적 개혁방안
Ⅳ. 결론

3.6 글로벌사회의 환경변화와 지방의원의 의식혁신과 능력발전

Ⅰ. 서론
Ⅱ. 지방자치환경의 변화와 대응전략
Ⅲ. 변화대응을 위한 사고의 패러다임 혁신
Ⅳ. 지방의회발전을 위한 지방의원의 창조적 리더십과 자질함양

3.7 한국 지방자치의 미래와 참여주체들의 역할개혁 과제

Ⅰ. 한국지방자치의 미래와 참여주체의 역할
Ⅱ. 한국 지방자치와 지방의회제도의 미래와 과제
Ⅲ. 지방자치제도와 지방의회발전을 위한 참여주체들의 행태개혁
Ⅳ. 지방의정발전을 위한 지방의원의 영역별 역할과제
Ⅴ. 결어

3.1 한국 지방의회제도의 개선과 의정기능의 선진화 방안

I. 의의

지방자치는 민주정치의 핵심 요소이며 민주주의 그 자체이기도 하다. 따라서 민주정치가 「국민의」「국민에 의한」「국민을 위한」 정치라면, 지방자치는 「주민의」「주민에 의한」「주민을 위한」 지방의 자율과 자치를 의미한다. 민주주의의 성패가 국민적 역량의 수준에 의해 좌우되듯이 지방자치의 성패 역시 지역주민의 민주시민의식과 시민적 역량 여하에 따라 좌우된다. 지방자치제도는 중앙정부가 민주정치발전과 국민복지구현을 위해 실시하는 헌법상 통치제도의 하나이다. 때문에 지방자치제도는 중앙정부의 지원과 협력 등에 의해 그 성패가 좌우되며, 지방정부나 지역주민들에 의해서만 좌우되는 것은 아니다. 물론 지방자치제도의 성공적 정착을 위해서는 중앙정부의 지원 못지않게 당사자인 지방정부와 지역주민들의 협력과 노력도 그 성패를 좌우할 수 있는 중요한 변수로 작용한다.

그간 우리는 지방자치제도를 통해서 국정의 민주화와 지방행정의 자치화를 체험해 왔고, 일상생활 속에 민주제도가 정착되어 감을 체험해 왔다. 비록 여러 가지 시행착오도 많았고, 아직은 제도적인 문제점과 개선해야 할 부분들이 적지 않지만, 그런 대로 지방자치제도는 우리생활 속에 서서히 그 뿌리를 내려가고 있다. 물론 그동안 우리는 오랫동안 억눌렸던 자율과 자치에 대한 욕구가 한꺼번에 분출되는 어려운 과정을 겪었고, 각자가 자기이익의 극대화로 치달았던 잘못된 순간들도 체험했다. 아직도 여기저기서 국익보다는 지역이익을 강조하고, 공익보다는 사익을 주장하는 사람들의 목소리가 높다. 특히 지방의회에 관해서는 지방의회제도와 의원들의 문제점도 있었지만, 그 보다는 언론기관과 시민단체들의 지방의회와 의정기능에 대한 비판적 보도와 일부 지방의원들의 일탈적인 행태에 대한 무차별 질타로 지방의회에 대한 국민적 평가를 왜곡시킨 점도 없지 않다. 지방의원들의 자질과 역할문제, 소극적 의회운영과 대의기능과 정책기능의 부실문제 등에 대한 언론의 질타가 매서웠다. 그러나 어떠한 제도든지 결점 없는 제도는 없으며, 어떠한 국민들이라도 문제되는 국민이 없는 나라는 없다. 아무리 훌륭한 제도라고 하더라도 시행착오 없이 성공하는 제도는 드물다. 따라서 우리는 어떻게 해서든지 자치제도의 미비점을 고치고 보완해야 하며, 공무원이나 국민들의 잘못된 의식이 있다면 이를 고치고 바로 잡아나가야 한다. 그리고 지방의회제도의 발전을 제약하는 요인이나 방해물이 있다면 이를 찾아내어 제거하고 개선해 나가는 국민적 노력을 게을리 하지 말아야 한다.

II. 지방의회에 관한 제도적 문제점의 개혁

1. 의회제도의 문제점과 개혁

1) 자치제도의 개혁과 관련법령의 개정

지방자치제도의 성패는 지방의회제도의 성패와 직결되어 있다. 지방자치관련 법령을 통해 지방의회의 기능을 제도적으로 통제해 놓고, 현실적인 의정기능의 문제점만을 침소봉대한다면 그 지방자치제도는 결코 성공할 수 없다. 국회가 국민의 대표기관인 것처럼, 지방의회가 지역주민의 대표기관이라는 점을 인정해야 한다. 그러나 한국의 중앙정부와 국회는 이처럼 당연한 일을 회피하거나 거부하고 있다. 동일한 국민들로부터 동일한 표를 얻어 당선된 대표들이 유독 국회의원이라는 이유만으로 지방자치권을 통제하는 잘못된 법률을 제정하여 지방자치와 지역발전을 지체시키고 있다.

중앙정부와 국회는 지방자치제도의 정착을 위해 지방의회제도를 전면적으로 개혁함으로써 지방의회가 명실상부하게 지역주민들의 대의기관이 되고 지역발전의 견인차가 될 수 있도록 해야 한다. 모든 자치단체에 획일적으로 도입하고 있는 기관분리형제도가 적절한가, 현재와 같은 지방의회구성방법이 적절한가, 의원의 수는 적절한가, 지방의회의 권한과 기능을 통제만 하고 있는 제도가 과연 지방자치를 발전시킬 수 있을 것인가, 현재와 같은 어정쩡한 지방의원의 신분제도를 고집할 것인가, 모든 지방의회의 의결내용을 하나도 빠짐없이 행정안전부가 감시 · 감독하는 현 제도가 과연 진정한 지방자치제도인가 등등 제도에 대한 진정성 있는 검토가 선행되어야 하고, 전향적으로 개혁해야 한다. 중앙정부의 국회의원들이나 고위공직자들은 지금까지처럼 자신들의 입장에서 기존의 제도를 고집할 것이 아니라, 자신들이 평범한 국민으로 되돌아 왔을 때 과연 어떤 제도가 바람직한가를 고려해서 제도개혁을 해야 할 것이다.

2) 지방의회의 자치입법권 강화

지구촌 사회의 급격한 변화에 비하면 아직도 한국정부의 대응은 매우 저급한 실정이며, 지방분권의 수준이나 지방자치제도의 내용 그리고 지방의회의 자치입법권은 매우 통제되어 있다. 우선 기존의 지방의회관련 법령들이 현실세계의 변화에 따라가지 못하고 있고, 새로운 현상에 대한 적용법령이 없는 분야가 점차 증가하고 있다. 지방자치단체마다 각기 다른 여건을 가지고 있고 특징적 사회현상이 나타나고 있음에도 불구하고 이를 신축적으로 규정할 수 있는 조례제정도 불가능하여 결과적으로 지역주민들의 고통을 방치하고 있다. 원래 조례란 법령이 제정되기 전에 지방사회의 개별 · 특수적 사회현상들을 규정하는 데 필요한 지방의 법이다. 그리고 이러한 조례가 각 지방자치단체에 보편화 될 때 이를 하나의 국법체계로 묶어 법령으로 제정하는 것이 입법의 순리이다. 그러나 법령이 없으면 조례도 제정하지 못하도록 통제하고 있는 우리나라의 현행제도는 이러한 순리를 역행시키고 있다. 따라서 지방자치법 제22조는 헌법정신에도 위반되므로 시급히 개정해야 한다. 즉「법령의 범위 안에서」라는 규정을 빨리「법령에 위반되지 않는 한」으로 개정해야 한다. 그리고 조례를 통해「지방세를 부과 징수할 수 있는」조례세제도를 도입하고, 필요한 경우 국법초과조례제도까지 허용해야 한다.

3) 지방정부와 지방의회의 구성형태와 운영방식에 관한 자율성 확대강화

우선 지방자치단체의 기관구성형태를 법령으로 강제하고 있는 지방자치제도의 획기적인 개편에서부터, 의결기관인 지방의회의 구성과 운영방식에도 지방의 자율과 자치를 허용해야 한다. 즉 우리나라의 현행제도는 전국의 모든 지방자치단체에 대해 지방정부의 구성형태를 기관분리형으로 강제하고 있고, 지방의회의 구성과 운영에 관한 모든 것을 법령으로 통제하고 있다. 의결기관은 반드시 의회제도를 강제하고 있고(위원회제도 불허), 지방의원의 수, 원내 위원회 구성, 의회의 회기, 전문위원이나 사무직원의 인사 등 모든 것을 법령으로 통제하여 지방의회의 자치와 자율을 인정하지 않고 있다. 심지어 지방의회에서 의결하는 조례에 대해서도 대부분은 대통령 영이나 행정안전부의 준칙이 지방의회에서 원안대로 가결되고 있는 실정이다. 조례가 지방의회에서 결정하는 형식을 갖추지만 실질적으로는 중앙정부가 모든 지방자치단체의 조례제정까지 직접 개입하고 있는 실정이다.

지방정부의 구성방식이나 의결기관의 구성형태(의회제와 위원회제)도 원칙적으로 지방에 맡겨야 한다. 지방의원의 수를 결정하는 것도, 의회내부의 위원회를 구성 운영하는 것도 가능한 중앙정부는 상하한선 만을 설정하고 그 범위 내에서는 지방자치단체의 자율에 맡겨야 한다. 특히 현재 집행기관의 통제하에 있는 지방의회의 사무기구는 그 설치와 운영을 지방의회로 되돌려 줘야한다. 그리하여 의회사무조직의 장과 전문위원은 지방의회에서 공개채용형태로 임용할 수 있도록 인사권을 지방의회에 넘겨야 한다. 그리고 사무직원은 단기적으로는 지방의회가 집행기관에 의뢰하여 직원을 파견하는 제도로 개혁하고, 장기적으로는 의회감사직 공무원직렬을 신설해야 한다. 지방의회의 행정사무감사제도 역시 지방의회의 자율성을 확충할 필요가 있다.

4) 광역의회의원의 겸임제도, 대도시기초자치제(자치구)의 위원회제도 검토

현재와 같이 모든 지방의원들을 주민직선에 의해 선출하는 제도에 대해서도 재검토해 보아야 하고, 지방의원의 의원수도 자치단체에 따라 지나치게 격차가 있어 재검토할 필요가 있다. 즉 광역의원의 경우 주민직선제보다는 기초의원들을 겸직하게 하거나 이들 중에서 광역의원을 간선하는 방안이 더 효과적일 수 있다. 예컨대 광역의회의원의 수를 상한선 50명 하한선 25명 정도로 규정한다면 기초의회에서 기초자치단체당 1-3명까지의 광역의원을 간선함으로써 의원수도 줄이고 선거비용이나 의원에 대한 비용도 절약할 수 있을 것이다. 그리고 기초의회의원 수도 하한선 10명에서 상한선 25명 정도로 정해두고, 의원 수가 10명 이하인 기초자치단체에 대해서는 기본적으로 10명까지는 선출할 수 있도록 함으로써 의회다운 의회를 구성 · 운영할 수 있을 것이다. 현재 최소의원 수 7명은 과거 읍 · 면자치제의 읍 · 면의회의 의원 수보다 적어 사실상 의회다운 의회를 운영하기가 어려운 실정이다.

뿐만 아니라 특별시 광역시의 자치구제도를 폐지하겠다는 발상은 지방자치의 문외한들이 주장하는 무지의 소치다. 그렇다면 특별시와 광역시를 기초자치단체로 하겠다는 말인가? 세계 어디에 수백만 내지 천만인구의 기초자치단체가 있는가? 문제가 있으면 수정하고 개정해야 한다. 그러나 그 문제란 것이 능률의 시녀가 된 중앙정부 고위공직자 출신들의 관점이라면 그것은 문제가 아닐 수도 있다. 그들이 주장하는 문제란 것은 대부분이 자신들의 자리를 만들거나 자신들의 사적 이익을 위한 궤변들이 대부분이기 때문이다.

현재 자치구제도는 특별시와 광역시에게 대부분의 권한을 부여하였기 때문에 완전한 자치제도도 아니고 완전한 자치단체도 아니다. 때문에 일반시나 군에 비하면 자치단체로서의 기능을 제대로 할 수 없도록 만들어 놓았다. 따라서 자치구제도에 문제가 있다면 원래 자치구에 줘야할 권한을 특별시와 광역시가 가지고 있기 때문이지 자치구 자체의 문제는 아니다. 그런데도 자치구제도를 폐지해 버리겠다는 것은 대도시에는 지방자치제도를 실시하지 않겠다는 것과 다름없다. 자치구제도는 살려놓고 대도시 지방자치제도의 개편방안을 검토해야 한다. 그 한 가지 예로 다음과 같은 대안을 검토해 볼 필요가 있다. 즉 현재의 구의회제도를 구위원회제도로 개편하고, 구위원들이 시의회의원을 겸직하도록 하는 방안이다. 이렇게 될 경우, 자치구는 의원수는 줄이고 대신 위원들에 대한 책임은 강화되며, 구위원이 시의회의원을 겸임할 경우, 시의원선거비용을 줄이고 시와 구간의 유기적 관계를 강화할 수 있는 일거양득의 장점을 가질 수도 있다. 정부와 국회는 진정한 지방자치는 주민들과 일상을 함께하는 기초자치에 그 본질적 가치가 있음을 알아야 한다. 사실 우리나라와 같이 수백만 내지 천만인구의 광역자치는 명목만 자치이고 자치가 아니다. 그리고 지방자치는 지역주민들의 자치이지 지방기관이나 자치단체장의 자치가 아니다.

5) 애매하고 불명확한 지방의원의 신분제도 개혁

현재 지방의원의 신분은 법령에는 명확하게 규정되어 있으나 지방의원에게 적용할 원래의 법령들을 적용하지 않고, 행정안전부에서 새로운 법률규정을 만들어 왜곡 시행함으로써 매우 불안정한 상태에 있다. 즉 지방의원들은 선거로 취임했기 때문에 정무직 지방공무원이고(지방공무원법 제2조), 정무직 지방공무원에 대한 보수는 고정급적 연봉제를 실시해야 하지만(지방공무원 보수규정 별표11과 별표 12), 행정안전부가 무리하게 지방자치법을 개편하여 왜곡시키고 있다. 즉 불필요한 의정비심위위원회제도를 만들어 지방예산을 낭비하게 하고, 고정급적 연봉제가 아닌 월정수당과 의정활동비라는 비정상적인 비목을 만들어 지급하도록 함으로써 급료(본봉)를 지급하지 않고 있다. 왜 행정안전부의 공무원들이 이렇게 지방의회제도를 왜곡하고 지방의원들을 천시하는지 이해되지 않는다. 더욱 이해되지 않는 것은 국회 행정안전위원회의 태도이다. 법안의 내용에 대한 충분한 검토도 없이, 입법기관으로서의 법률에 대한 철학도 없이 행정부의 안을 맹목적으로 수용만 해왔기 때문이다. 왜 지방의회의원들에 대해서만 지방공무원법 제2조를 적용하지 않는지에 대한 아무런 설명도 없고, 지방공무원 보수규정 제33조(별표 11과 별표12)는 무시하고 지방자치법 제33조와 34조는 왜 새로 만들어 넣었는지 행정안전부와 국회는 지방의회와 국민들에게 설명해야 할 것이다.

6) 지방의회의 의결에 대한 중앙정부의 통제개혁

현행 지방자치법 제172조는 지방의회의 의결에 대해 위법성과 공익침해의 여부를 상급(광역)단체장이나 중앙행정기관의 장이 판단하도록 하고, 그에 대한 재의요구, 제소요구 및 직접제소 등을 취할 수 있도록 하였다. 이러한 통제규정은 지방자치를 사실상 부정하는 조항이다. 지방자치법의 모든 규정들이 지방자치를 위한 규정이라고 하더라도 이 172조 하나의 조항으로 지방자치를 중단시키는 효과를 가져오고 있다. 시도지사와 행정안전부장관이 지방의회의 의결사항에 대한 위법과 부당의 판단을 독점할 수 있도록 해 놓았다. 이 규정은 우선 법원이 판단해야 할 위법과 부당의 여부를 시도지사와 행정안전부장관이 하도록 하여 지방의회에 대한 중앙정부의 강압을 정당화 시킨 것이고, 다음으로 지방자치권의 범위 내에서 활동하는 지방의회의 의결사항에 대해 전면적 감시 감독, 즉 중앙정부의 폭행을 합법화시킨 것이다.

지방의회의 의결사항에 대해 위법성과 공익침해의 여부가 의문시 될 경우 이를 법원에 제소하도록 하고 그 판단은 법원에 맡겨야 할 것이다. 사실 중앙행정기관의 장들은 국민에 대해 어떠한 책임도 지지 않는 대통령의 참모기관일 뿐이다. 이들이 국민들이 선출해 놓은 지방자치단체 대표들의 의결이나 결정을 중단시킬 수 있는 권한을 갖는다는 것 자체가 잘못된 제도이다. 특히 당해 자치단체의 문제는 그 지역주민들과 직접 호흡하는 지방의원들이 가장 정확히 알고 있다. 지방의회가 그 위법성과 공익침해의 의문이 있는 조례나 의안을 의결했을 경우, 그럴만한 충분한 이유가 있을 것이다. 따라서 대통령이 임의로 임명한 행정자치부장관이 그 내용을 위법이다 공익성침해다 라고 판단할 수는 없으며 그것은 당연히 사법부의 몫이다. 동 조문은 국민적 일반상식에도 어긋나는 것으로써 지방자치제도의 뿌리를 손상시키고 있는 악법 중의 악법이다. 따라서 반드시 폐지하거나 대대적으로 개편해야 한다. 그러나 지방자치제도 실시 20년이 지난 이 시점에 이르기까지 어느 정부도 이를 개정하려하지 않았다.

2. 지방의회 사무기구제도의 개편 : 기구의 독립과 자율적 운영

1) 제도개편을 위한 사회적 기반조성

지방의회가 자신의 사무기구를 자신들의 권한과 의지로 설치 운영한다는 것은 너무나 당연한 일이다. 그러나 우리나라에서는 이렇게 너무나 당연한 일이 당연하지 않도록 변칙적인 제도를 만들어 놓고 있어 문제이다. 더구나 이렇게 잘못된 제도를 만들어 놓고도 정부나 국회가 조금도 부끄러워하지 않고 있다는 점은 더욱 큰 문제다. 이렇게 잘못된 제도를 바로 고치기 위해서는 첫째 정치행정의 지도자들이 양심을 회복하고 자신들의 사적이익에 앞서 국민들의 공적 이익을 우선하는 자세를 정립해야 하고, 둘째 국민 모두가 스스로 겸손하고 각자 제 자리에서 올바른 판단과 정직하고 지혜로운 국민의 목소리를 낼 수 있어야 한다. 그러나 우리의 현실은 이들 두 가지 중 어느 한 가지도 제대로 갖춰져 있지 않다는 점이 문제다. 요컨대 바른 제도를 제대로 시행하기 위해서는 지방자치제도의 제정과 시행에 바탕을 이루고 있는 아래의 과제들을 단계적으로 극복해 나가야 한다.

첫째 국회의원들과 정치인들이 지방자치제도에 대한 인식을 개선하고, 제도에 관한 지적수준 및 전문성을 제고시켜 나가야 한다. 특히 지방자치제도 및 지방의회제도의 개선에 대해 고의적으로 외면하거나 지체시키고 있는 국회의원들과 해당 상임위원회, 그리고 이들의 행정안전부 눈치보기 등이 시급히 개선되어야 할 과제다[1].

둘째 중앙정부의 부처이기주의를 해소시키고, 중앙공무원들의 편견 및 독선을 척결하며, 세계화와 지방화에 대한 지식기반을 강화하고, 21세기적 국가발전을 위해 이들의 구시대

1) 국회가 행안부의 눈치를 본다는 말이 어색할지 모르지만 그것은 사실이다. 국회가 사법개혁을 하지 못하고 있는 이유가 바로 사법부의 눈치를 살피고 있기 때문이다. 국회의원들의 소신과 용기가 부족한 것이 오늘 우리사회의 수많은 문제의 원인이기도 하다.

적 발상을 시급히 전환시켜야 한다[2]. 이미 선진국에서는 세계화와 개방화에 대응하여 지방분권을 성숙시켜 나가고 있고, 심지어 지방주권론이 고개를 들고 있음에도 불구하고, 아직도 한국의 중앙정부와 고급공무원들은 시대착오적 독선주의에서 벗어나지 못하고 있다.

셋째 중앙언론을 혁신하고 이기적 편견을 척결해야 한다. 중앙언론의 지방에 대한 권위적 태도와 편견을 불식시키고, 자치제도에 대한 지적 전문성을 증진시켜 중앙중심적 사고의 틀을 깨도록 해야 한다. 그리하여 언론인과 언론사중심의 이기적 태도를 개혁시키고 중앙정부에 대한 편중성, 지방정부에 대한 편파성을 극복시켜나가야 한다[3]. 이와 함께 중앙언론의 흉내만 내고 있는 지방언론의 문제를 개선시켜, 지역적 특성과 독자성을 가진 언론이 될 수 있도록 해야 한다.

넷째 지방의회 사무기구의 인사권 독립을 위한 제도개선을 위해서는 무엇보다도 지방자치단체장들의 지지와 협력이 필요하다. 즉 현재 지방자치단체장들이 가진 지방의회에 관한 권한을 지방의회로 되돌려 주는 데 대한 반대와 저항을 불식할 수 있어야 한다. 이를 위해서는 우선 자치단체장들의 지방자치제도의 이념과 가치에 대한 지적 수준을 제고시키고, 기관분리형 지방정부의 구조에 대해서도 재인식시킬 필요가 있다. 전국 기초 및 광역 자치단체장 협의회는 지방의회의 사무기구의 독립을 위한 지방의회 등의 노력에 적극 동참하도록 해야 한다.

다섯째 시민단체의 정체성 확립과 지방자치에 대한 지적 전문성제고, 그리고 일반국민의 민주시민의식과 지방자치에 대한 지적 수준을 제고시키는 일도 빠트릴 수 없는 과제다. 현재 지방자치제도와 관련되는 가장 큰 문제는 국민 대다수가 지방자치제도에 대한 인식이 부족한 것이라고 할 수 있다. 물론 지방자치와 지방의회제도에 대해서는 지역주민들보다는 시민단체들이 더욱 문제다. 제도의 가치와 내용, 그것의 지역사회발전에 대한 영향 등 주민들보다 한발 앞서 미래를 내다보고 제도와 그 운영을 평가해야 할 시민단체들이 오히려 지방자치의 앞을 막는 처사를 서슴치 않고 있기 때문이다. 거대한 자치제도가 시행되는 과정에서 나타나는 부분적 시행착오를 빌미로 자신들의 존립근거를 찾으려고 하거나, 극히 부분을 보고 전체라고 악평함으로써 선량한 주민들을 선동하고 여론을 오도하는 경향이 비일비재하기 때문이다.

2) 특히 지방의회와 지방의원들에 대한 제도개선을 담당하고 있는 행정자치부 해당국 과의 경우, 직무태만이 아니면 고의적으로 자치제도개선을 방해하고 있는 세력으로 볼 수밖에 없다. 지방자치학회의 건의와 기초 및 광역 지방의회의장협의회, 그리고 수많은 학자들의 연구결과들이 쌓여 있음에도 불구하고 현실을 외면하고 있기 때문이다.

3) 중앙언론의 지방죽이기식 보도는 이미 그 인내의 한계를 넘어섰다. 단 한 개의 중앙정부가 연일 쏟아내는 부정부패에 대해서는 눈을 감고, 입을 막고 있으면서, 전국 244개의 지방정부 중 한 두개의 지방정부에서 몇 개의 문제만 터지면 마치 지방정부가 완전히 부정부패한 것처럼 과장 확대보도함으로써 지방자치에 대한 국민적 의식을 왜곡시키고 있다.

2) 지방의회사무기구의 설치 및 관리운영권의 지방의회부여

우선「지방자치법」과「지방자치단체의 행정기구와 정원기준 등에 관한 규정」등에서 지방의회사무기구의 설치권과 관리운영권을 지방의회에 부여한다는 규정을 법률에 명문화시켜야 한다. 단지 지방자치단체의 유형별로 사무조직의 규모와 직원 수의 상한선 등 최소한의 가이드라인은 법령으로 규정하여 지방의회별로 방만하거나 산만한 조직운영을 하지 못하도록 예방할 필요는 있다. 그러나 현행 대통령 영에서와 같이 기구의 명칭도 정해주고, 직원의 직급과 정수까지 철저하게 규정함으로써 지방의 자율과 자치를 통제하는 비자치적 규정은 없어야 한다. 중앙정부와 각종 법령들이 분권을 촉진하고 자치를 지원하도록 규정되어야 함에도 불구하고 현행의 법령들은 그 방향이 거꾸로 나아가고 있어 궁극적으로 국가의 경쟁력을 저해하고 국가선진화를 지체시키고 있다. 지방의회가 자신의 사무기구를 자기 스스로 자율적으로 관리 운영하는 것은 지극히 자연스런 일이다. 때문에 현행제도의 잘못된 내용을 바로 잡는 일이 무엇보다도 시급한 과제이다.

3) 지방의회사무기구 인사독립과 관련 제도의 신설

(1) 단기적 과도기적 대책 : 지방공무원 파견제도의 이용

우선 단기적 과도기적으로 우리가 벤치마킹 할 수 있는 제도는 현재 일본의 슛코우(出向)제도[4]라고 할 수 있다. 이 제도는 이미 앞에서도 설명한 바와 같이, 의장이 의회사무기구의 조직과 운영권 및 인사권을 가진다. 의장이 자치단체장과 협의하여 지방공무원 중에서 의회사무기구의 장과 직원들을 임명하면 이들을 지방의회로 파견하여 근무케하는 제도이다. 그러나 이 제도에도 적지 않은 문제점이 나타나고 있기 때문에 우리의 실정에 맞게 수정해서 도입할 필요가 있다.

그리하여 의회사무직원에 대한 임명권은, 우선 현재의 지방자치법 제91조를 개정하여 "--- 의장과 자치단체장이 협의하여 의장이 임명한다."로 개정할 필요가 있다. 다음은 이들이 지방의회에 근무하는 기간동안은 의장이 인사권을 갖도록 하는 별도의 법규를 두도록 해야 할 것이다. 다시 말해 의회사무직원들을 자치단체장이 임명하는 현행제도를 의장과 단체장이 협의하여 의장이 집행기관의 공무원 중에서 사무직원을 임명하고(송광태, 1995 : 287-288), 이 기간 동안 인사관리권도 의장(혹은 의회)이 갖도록 하는, 즉 일정기간 지방의회에 이들을 파견하는 제도를 만들 필요가 있다.

다행히 현행 지방공무원법 제30조의4(파견근무) 제1항은 공무원 파견제도를 보장하고

4) 의장이 자치단체장과 사전에 협의하여 집행기관의 공무원을 지방의회의 사무직원으로 파견하는 제도

있어 단기적 이용이 가능하다. 즉 동법에 따르면 "임용권자는 그 업무수행과 관련된 행정지원이나 연수, 그 밖에 능력개발 등을 위하여 필요하면 소속 공무원을 지방자치단체의 다른 기관, 다른 지방자치단체, 국가기관, 공공단체, '공공기관의 운영에 관한 법률' 제4조제1항 각 호에 해당하는 기관(지방공기업법에 따른 지방직영기업, 지방공사 및 지방공단을 포함한다), 국내외의 교육기관 연구기관, 그 밖의 기관에 일정 기간 파견근무하게 할 수 있으며, 전문성이 특히 요구되는 특수업무의 효율적 수행 등을 위하여 필요하면 인사위원회의 의결을 거쳐 지방자치단체 외의 기관 단체의 임직원을 파견받아 근무하게 할 수 있다."고 규정하고 있다[5]. 그리고 의회전문위원에 대해서는 그 임명과 인사관리권을 지방의회가 독자적으로 행사할 수 있도록 제도를 개선(법률규정의 수정보완)해야 한다. 그러기 위해서는「지방자치단체의 행정기구와 정원기준 등에 관한 규정」제15조 제1항을 전면 개정해야 한다. 즉 전문위원의 임명 등 인사권은 의장에게 부여하고, 업무수행상 필요한 경우 소속위원장의 지휘를 받도록 해야 하며, 업무분장도 지방의회의 조례로 정하도록 해야 할 것이다. 그리하여 자치단체장이 의장과 협의한 이후에는 의회사무직원과 전문위원에 대해서는 자치단체장이 일체의 간섭이나 규제를 할 수 없도록 해야 할 것이다.

(2) 장기적 합리적 대책 : 의회감사직렬의 신설과 전문위원 개방직렬제의 도입

첫째 장기적으로는 전국의 지방의회를 대상으로 하는 지방행정직 외에 지방의회직렬을 신설하도록 하고(송광태, 1995 : 287), 이에 따라 지방의회 사무기구운영의 독립을 제도화 시켜야 한다. 그리고 전국 및 지역단위로 지방의회사무직원 인사관리시스템과 교육훈련시스템도 개발할 필요가 있다[6]. 지방의회에 근무하는 의회직렬공무원들에게는 집행기간에서 근무하는 일반행정직 공무원과는 다른 의식 지식 및 태도가 필요하다고 본다. 그리고 이들에 대해서는 지방정부별로 인사관리를 하지 않고, 지역단위내지 전국단위로 인사관리를 하도록 하며, 지방의회에만 근무하도록 함으로써 의회사무기능의 전문화와 특성화에 기여할 수 있도록 해야 한다. 그리하여 법령을 통해 지방의회를 자치단체장에게 예속시키고 있는 현재의 제도를 시급히 개혁해야 할 것이다. 그리고 현재는 집행부 내에 설치되어 있는 감사기구도 장기적으로는 지방의회로 흡수하여 지방의회가 명실공히 집행부에 대한 견제와 감시기관의 기능을 수행하도록 할 필요가 있다. 이를 위해 공무원의 직렬에

---

5) 한편 조례의 예로는 '서울특별시의회사무처설치조례' 제7조(직원의 근무지원요청) 및 경기도의회사무처설치조례 제7조(직원의 근무지원요청)를 들 수 있다. 동 조항에 의하면 '의장은 의회사무처리의 지원을 위하여 자치단체장에게 그 소속 직원의 근무지원을 요청할 수 있다'고 되어 있다.

6) 의회직렬에 대한 채용과 교육 및 훈련은 전국단위로, 근무성적평정과 직무교육은 개별의회단위로 그리고 승진과 전임전직은 지역단위(광역규모)로 하는 방안과 함께 의회직렬의 전문직화도 동시에 추진해 나가야 할 것임.

의회직렬과 감사직렬을 통합하여 의회감사직렬을 따로 설치할 필요가 있다.

둘째 의회전문위원은 영국과 미국처럼 전문직중심의 독립개방직렬제(계급제 중심의 행정공무원과는 다른 외부임용이 가능한 전문직렬)로 하고, 지방의회의 재량에 따라 이들을 임용 관리할 수 있는 완전한 인사권을 갖도록 해야 한다. 그리고 그 정수도 법령에서는 상하한선만을 제시하고 조례로 정하도록 해야 할 것이다. 그렇게 함으로써 현재 전적으로 자치단체장에게 주어져 있는 의회전문위원의 인사권과 업무분장권을 지방의회가 갖도록 해야 한다. 즉 지방의회전문위원은 지방자치와 관련된 조사와 연구기능이 가능한 전문성을 가진 인물들이어야 한다. 따라서 전문위원은 일정한 자격요건을 부과하고 이러한 자격요건을 구비한 사람에 한해 지방의회가 자신의 권한 범위 내에서 임용할 수 있도록 해야 할 것이다(안성호, 1995 : 474). 요컨대 의회사무직원에 대해서는 의회직렬신설을 통한 지방의회의 독립적 인사관리 하에 두도록 해야 하고, 전문위원의 경우 별정직으로 하되, 제도화된 지방정부 내외의 전문직 인력그룹을 통해서 자율적으로 임용 관리하도록 해야 하며, 필요시 특채도 가능하도록 해야 한다. 그리하여 관련분야에 석박사 학위를 취득한 유능한 인재들을 지방의회가 독자적으로 활용할 수 있어야 할 것이다.

4) 전국지방의회연합에 의한 장단기 대책의 전략적 정책추진

첫째 조직과 인사 등 모든 방면에서 의회사무기구의 명실상부한 독립을 위해서는 i) 의회직렬의 신설과 전문직화, 그리고 ii) 의회전문위원의 전문직화와 개방직렬화 등 의회사무직원과 전문위원의 임용과 관리에 관한 합리적 대안을 마련하고 이를 행정안전부와 국회에 동시에 요구함으로써 제도개혁에 대한 지방의회차원의 목소리를 높여야 한다. 둘째 이를 위해 우선 전국의 지방의원들과 기초 및 광역의회의장협의회가 적극적이고 체계적인 정치적 압력활동을 전개할 필요가 있다. 특히 중앙정부에 대한 요구의 강도를 높이기 위해서는 지방자치단체장들의 지지와 협력을 받을 필요가 있다. 중앙정부로서는 지방의회의 요구가 자치단체장들의 협력과 지원을 받았을 경우, 상당한 압력을 받게 되어 문제해결에 도움이 될 것이다. 셋째 지방의회사무기구의 독립은 무엇보다도 집행부로부터 지방의회의 독립을 의미한다. 따라서 지방의원들은 자신들의 문제를 스스로 해결하겠다는 각오와 의지가 있어야 한다. 그리고 이러한 문제해결을 위해서는 보다 적극적으로 투쟁하지 않으면 해결할 수 없다는 각오를 다져야 한다. 물론 지난 20년간의 경험에 비추어 볼 때 지방의원들에게 이러한 것을 기대할 수 없다는 점은 익히 알고 있다. 사실 지방의원들은 연구도 행동도 하지 않고, 요구만 하고 있으며, 정작 제도개혁을 위해 투쟁해야 하지만 눈치만 살피고 방관만 하고 있기 때문이다. 과연 이러한 노력들이 누구를 위한 것인지, 지방의원들은 무엇을 해왔는지 반성할 필요가 있다. 그러나 이제는 지방의원들이 좀 더 활발한 정치활동과 의정활동을 추진해야 할 때가 되었다. 더 이상 소극적 수동적 방관적 자세로는 한국의 지방자치발전에 걸림돌이 될 뿐이다. 특히 모든 국민들은 지방의원들의 분발을 기대하고 있다. 지방의원들 자신의 이익을 위해 일할 것이 아니라, 지방자치발전을 위해서 그리고 지방의회와 지방정부가 더 일잘 할 수 있도록 하는 기반을 마련하기 위해서 투쟁해야 한다는 것이다.

5) 요약

사실 지금까지 논의한 지방의회사무기구의 조직과 운영, 특히 인사권 독립문제는 선진국에서는 생각조차 할 수 없는 상식 밖의 문제이다. 이처럼 지방자치제도를 왜곡하고 있는 중앙정부에 대항하여 제도개선을 요구해야 하는 당사자는 누구일까? 지역주민일까? 지방언론일까? 학자와 전문가들일까? 다름 아닌 바로 지방의원들 자신들이다. 그렇다면 지방의원들은 지금까지 무엇을 하고 있었던가? 개선요구를 했음에도 묵살되었는가, 아니면 방관만 하고 있었던가 스스로 자문해볼 필요가 있다.

여하튼 지방의회사무기구에 관한 설치운영권과 인사권의 완전한 독립을 위해서는 이제부터 지방의원들이 적극적으로 나서야 할 때다. 지방의회의 위상을 정립하고 의원의 권리를 확립하며, 집행기간에 대한 의결기관으로서의 명실상부한 독립을 위해 자신들의 문제는 스스로 풀어나갈 줄 알아야 한다.

"권리위에 잠자는 자는 보호받지 못한다"는 법언(法言)이 강조하는 바와 같이 소극적, 수동적 지방의원들과 국회의원들의 눈치만 살피는 지방의원들은 향후 지방의원직을 떠나야 할 것이다. 지방의원직은 지방한량들의 출세과시용이 아니며, 지방의회는 그들의 휴식처가 아니다. 지방의원의 자리는 4년 동안 지역사회 주민생활 속에 민주주의를 심고, 지역발전과 자치발전을 위해 헌신 노력하고 이를 위해 정의로운 투쟁을 하라는 주민대표의 자리임을 유념해야 할 것이다.

III. 지방의회제도 개선을 위한 중앙과 지방의 역할개혁

1. 지방의회제도 개선을 위한 중앙정부의 적극적 지원

: 자치여건의 조성, 지방재정의 확충, 자치제도에 대한 교육홍보강화

중앙정부는 지방자치를 성공적으로 발전시키겠다는 의지를 전혀 보이지 않고 있다. 오히려 자치제도의 발전보다는 지방정부의 통제에만 관심을 가지고 있다. 국회와 행정안전부는 지방자치법과 시행령 그리고 관련 각종법령과 지침 · 방침 등으로 지방자치단체의 자율과 자치를 억압하고 있다. 뿐만 아니라 단위사업의 능률성만이 마치 지방자치의 전부인 것처럼 사업평가제도를 통해 지방자치단체들을 무모하게 경쟁시킴으로써 국민의 혈세를 낭비하고 있다. 지방자치의 일차적 목적은 중앙권한의 지방이양과 지방정치행정의 민주화에 있다. 민주주의 하자고 실시한 지방자치제도를 단위사업능률만으로 평가함으로써 행정안전부가 앞장서서 지방자치를 왜곡하거나 오도시키고 있다. 지방자치제도는 주민들에게 민주와 복지를 증진하여 삶의 질을 높여나가는 제도이다. 더구나 사업성평가와 능률만으로 지방자치를 측정할 수는 없다. 지방자치제도는 모든 지표를 계량화시켜 능률의 잣대로만 판단하는 제도가 아니다. 지방자치제도는 교육제도, 공무원제도, 정당제도 등과 같이 중앙정부가 국가를 통치하기 위한 수단의 하나인 통치제도의 일환으로 시행하는 민주적 제도이다. 그렇기 때문에 대통령을 비롯한 중앙정부는 지방자치가 성공적으로 정착하지 못한다면 그 일차적 책임이 자신들에게 있다는 사실을 알아야 한다. 특히 지방자치제도는 모든 국민들이 일상생활을 통해 그 영향권을 벗어날 수 없는 제도이며, 주민생활에 직결되는 제도이기 때문에 국민을 대상으로 지속적인 교육과 홍보를 실시해야 한다. 뿐만 아니라 지방재정의 확충을 위한 중앙정부의 성의있는 노력이 있어야 한다. 그리하여 지방자치제도가 성공적으로 정착될 수 있도록 지원하고 협력해야 한다. 그러나 지방자치제도 실시 20년이 지난 지금까지 우리나라 중앙정부(공직자와 국회의원들)는 자치제도 발전보다는 자치제도 통제에만 골몰해 오고 있다. 특히 기획재정부의 지방재정확충을 위한 태도는 모든 국민들의 분노를 자아내게 하고 있다. 이들 때문에라도 지방주권론이 강조되어야 하고, 지방자치를 위한 연방제의 실시가 반드시 필요한 것이다.

2. 지방의원의 역할쇄신과 민주활동 강화

1) 중앙정부에 대한 지방분권화와 지방의 자율화를 위한 투쟁적 역할강화

현행 지방자치권은 자치입법권, 자치행정권, 자치조직권, 자치재정권 등, 그 어느 것 하나도 만족할만한 것이 없다. 자치사무의 경우, 기초자치단체는 30-40% 수준, 광역자치단체는 50-60% 내외에 그치고 있는 실정이다. 국가의 총 사무 중에서 중앙정부가 직접 처리하는 사무비중이 3/4에 달하고 있다. 조세법률주의를 채택하고 있어 자치단체별로 고유한 지방세목을 만들어 지방재정을 확보할 수도 없고, 죄형법정주의를 고집하고 있어 법령에 근거 없는 조례를 만들 수도 없다. 지방의회의 권한은 선진국에서는 그 예를 볼 수 없을 정도로 통제되어 자치권은 형식에 불과하다. 특히 지방자치단체장의 인사권은 중앙정부나 지방의회, 지역주민들 어느 누구도 견제할 수 없는 신성불가침의 권한으로 보장되고 있다.

지방의회와 관련된 자치입법권의 범위나 의회운영에 관한 각종 규정은 지나치게 지방의회의 자율운영을 억제하고 있다. 따라서 자치권의 강화와 지방의회운영권의 보강을 위해 지방의회와 지방의회 의장협의회는 행정안전부와 국회에 대해 강도 높은 건의와 요구를 투입해 나가야 한다. 지금까지의 미온적이고 소극적인 태도는 아무것도 가져오지 못했다는 냉철한 자기비판이 있어야 한다. 따라서 지방의회제도개혁을 위해서는 기초의회나 광역의회를 막론하고 의회의장협의회가 좀 더 적극적으로 나서야 한다. 특히 지금까지 의장협의회에 대한 의장들의 태도는 그렇게 열정적이지도 못했고, 추진력도 강력하지 못했다.

2) 주민참여의 촉진과 주민의식개혁의 추진

지방자치는 주민들의 정치행정참여를 토대로 하고 있다. 지역주민들의 참여와 협력 없이 지방자치를 정착시키기는 어렵다. 따라서 지방의원들은 지역주민들의 참여와 협력을 유인하고 촉진시킬 수 있도록 교육과 훈련을 통해 주민들의 시민의식을 선진화 시켜야 한다. 그러기 위해서는 지방정부의 정치행정을 공개하고 주민들이 자유로이 의사를 개진할 수 있는 제도와 절차를 정비해야 한다. 일반 유권자들로서는 지방선거에 참여하는 정치적 참정 이외에는 사실 지방정부의 정치행정에 참여할 기회가 거의 없는 실정이다. 때문에 지방자치단체의 집행기관이나 의결기관의 각종 과정에 다수의 주민들이 참여할 수 있는 다양한 통로를 만들 필요가 있다. 이처럼 지방자치의 현장에 주민들이 적극 참여함으로써 주민자치의 범위를 넓혀나가고, 이를 통해 주민의 권리와 책임의식을 향상치켜 궁극적으로는 주민의 민주시민의식이 향상되어 나갈 수 있도록 지방의원과 지방공무원들이 함께 노력할 필요가 있다. 그러나 이러한 시민의식의 개혁은 하루아침에 그 성과를 거둘 수 있는 일은 아니다. 때문에 지방정부는 인내를 가지고 부단한 교육과 훈련 그리고 현장실습을 통해 선진민주시민으로서의 자질을 함양시켜야 한다. 특히 이러한 일은 시민에 의해 선출된 지방의원들이 앞장서야 할 당위적인 의무이면서도 매우 가치있는 일이기도 한다.

특히 대부분의 지역주민들은 지방의회의 의정활동에 대해 지나치게 무관심하고 무지하다는 사실이 여러 조사연구에서 나타나고 있다. 이것은 지방의원들이 그만큼 주민들에 대해 지방의정활동의 중요성을 인식시키지 못했다는 사실을 나타낸다. 주민들이 의정활동에 관심을 가지고, 자신의 문제를 지방의원과 상의하며, 즐겁게 지방의회를 방문하도록 할 수 있도록 만들 수 있는 다양한 방안을 강구해 나가야 한다. 이러한 계기를 통해 의원과 주민들이 함께 발전될 수 있기 때문이다.

3) 지역사회내의 갈등조정과 사회적 약자의 권익옹호

지방의회는 지역사회의 정치적 대표기관이다. 따라서 지방의회나 지방의원들은 지역사회 내에서 야기되는 각종의 갈등과 마찰을 방관해서는 안된다. 개인적 · 집단적 민원에 대해서는 물론 수시로 발생되는 개인간 · 집단간 갈등에 대해서도 의원들이 중재자가 되고 해결자가 될 수 있어야 한다. 지역 내에서 발생되는 각종 집단민원에 대해서도 이를 사전에 예방하거나 사후 효율적 대처할 수 있어야 한다. 뿐만 아니라 지방의원들은 스스로 지역사회의 봉사자임을 인식하고 저소득계층의 이웃과 소외되고 고통받는자들의 이익을 대변할 수 있어야 하며, 스스로 봉사와 희생을 생활화 하는 선진적인 지도자여야 한다. 특히 지방주민들과의 교류기회가 적은 광역의회의원들의 경우, 정기적인 의정보고회와 주민과의 대화의 날을 지정하여 유권자인 주민들과의 직접적인 교류기회를 증대시켜야 한다. 주민을 만나지 않고서는 주민들의 생각과 고통을 파악할 수 없기 때문이다. 민주사회의 지도자는 그들의 행동 하나 하나가 바로 시민과 지역사회를 위한 봉사활동으로 볼 수 있다. 그러나 진정한 봉사는 마음으로부터 우러나와야 하고, 우리 사회의 가장 낮은 곳에서 묵묵히 일하는 어려운 사람들을 돌보는 데서부터 행해져야 한다. 물론 부정한 권력, 부패한 세력 등 불의를 제거하고 정의를 구현할 수 있는 정치적 역할도 요구되지만, 빈부의 격차로 고통받는 사회적 약자들의 권익을 옹호하는 인간상록수 같은 지도자가 될 필요가 있다.

3. 지방의정기능 효율화를 위한 열정과 혁신

1) 지방의원들 상호간 정기적 자유토론회 개최

지방의원들은 시시각각 변화하는 국내외 사회의 변화내용과 지역사회의 각종 상황정보를 모두 스스로 수집하고 정리 분석할 수는 없다. 그렇다고 의원들을 보좌하여 도와주는 지원인력도 없는 상태이다. 따라서 조금만 소홀하면 정보지체자가 될 수 밖에 없다. 다시 말해 지방의원들이 의정활동을 수행해 나가는 데 필요한 지식과 정보는 평소 의원들이 어떠한 노력을 하는가에 따라 그 획득과 활용여부가 좌우된다. 따라서 지방의원들은 스스로 정기적인 의원 상호간 토론회를 개최함으로써 당시의 국내외적 정치문제와 쟁점 그리고 지역사회내의 당면과제 등에 대해 의견을 나누고 공유할 필요가 있다. 그렇게 함으로써 당해 자치단체의 당면과제, 중앙정부 혹은 인접자치단체간의 최근관계변화, 주민사회의 변화와 문제상황 등에 대해 다수의 의원들이 지식과 정보를 공유하고 문제해결방안을 함께 걱정할 수 있는 장치를 만들어 나가야 한다.

지방의원들의 전문성과 태도문제 등이 지적될 때마다 그 내용을 자세히 들여다보면 그 핵심은 의원들의 지식과 정보부족 및 대화와 토론능력의 부족에서 기인하였다는 것을 알게 된다. 따라서 지방의원들은 평소 의정활동의 효율성을 높이기 위해서는 물론, 스스로 전문성을 제고하기 위한 지식습득을 위해서도 적극적으로 학습하고 토론해야 한다. 그리고 지역사회의 정치, 경제, 사회, 문화 등에 대한 지식과 정보를 흡수할 수 있는 정보망을 구축할 하고, 지역사회 내의 전문가와 유대관계형성을 통해 협의하고 자문을 받을 수 있는 장치를 마련할 필요가 있다. 특히 의회 내에서는 다른 사람의 의견을 경청하고 존중하는 태도를 갖춰야 하고, 다른 사람들에게 피해를 주는 언동은 삼가야 한다. 이러한 기본적 태도가 원만하게 갖춰질 때 비로소 의정활동과정에서 야기되는 불미스런 행동이나 문제점은 말끔히 제거될 것이다.

2) 주민들에 대한 정기적인 의정설명회 개최

지방의원들은 자신들의 지역구 유권자들에게 그들의 의정활동내역을 정기적으로 보고하는 의정보고대회를 개최해야 하고, 필요한 경우 그 외에도 유권자들을 대상으로 의정의 당면과제에 대한 설명회도 개최할 수 있어야 한다. 유권자를 대상으로 하는 정기적 의정보고대회는 의원들 스스로에게도 의정기능에 충실하도록 자극받을 뿐만 아니라 지방의회가 수행한 실적을 홍보할 수 있는 효과도 가져올 수 있다. 또 이러한 활동을 통해 지역사회의 당면문제에 대한 의견도 수렴할 수 있고, 지방의회의 고충도 이해시킬 수 있기 때문에 지방의회로서는 반드시 필요한 행사이다. 그리하여 궁극적으로는 지방의회와 지역주민이 보다 가까워 지고, 주민들의 의정참여를 촉진시키며 지방의회에 대한 이해와 지지도가 높아질 수 있기 때문이다.

3) 공인으로서의 생활태도와 대언론관 개선

지방의원들은 주민의 대표이기 때문에 각종 공식행사에 참여해야 하고, 지역주민들의 요구에 부응해야 하며, 필요하다면 언제든지 그들과 함께 문제해결을 위해 현장으로 달려갈 수 있어야 한다. 따라서 항상 일정조절과 대외관계 의전분야 등에 항상 유의해야한다. 행동 역시 언제나 겸손한 태도와 양보하는 마음을 가져야 하고, 정직하고 검소한 생활을 통해 항상 자기를 주시하고 있는 주민들과 언론에 의해 비난의 대상이 되지 않도록 유의해야 한다. 특히 의정활동이 언론에 공개되거나 의회출입기자들과의 접촉시에는 의원으로서의 공적 자세와 언행 등 품위를 유지해야 한다. 특히 문제점 찾기와 비판위주의 기사만을 고집하는 한국언론의 관행을 비판만 하거나 무시해서는 안된다. 지금까지 언론이 비난성 기사만 보도했다면 앞으로는 격려와 찬사의 기사를 보도할 수 있도록 의정활동을 개선해 나가야 한다. 대부분의 국민들은 언론보도를 통해서 의정활동을 알게되고 언론보도의 내용을 그대로 믿기 때문에 언론을 자신들의 지지세력으로 끌어안을 수 있는 노력이 필요하다.

4) 지방언론의 관심과 협력유도

지난 기간 동안 지방의회에 대한 중앙 및 지방언론의 보도내용은 대부분 비난과 비판이 주류를 이루고 있다. 지방의회가 걸음마도 시작하기 전부터 한국의 언론은 지방의회를 매질만 해왔음을 익히 알려진 사실이다. 제도실시를 위한 국가적 차원의 준비가 전무한 상태에서 자치제도에 대한 국민적 무지 속에서 지역사회를 위해 앞장서겠다고 나선 지방의원들에게 무차별 공격만을 일삼아 왔던 것이 한국의 언론이었다. 물론 없는 문제를 만들어 비판하지는 않았겠지만 지방자치에 관한 한국적 입장을 언론들이 조금이라도 이해하는 성숙함이 있었더라면 그렇지는 않았을 것이다. 그러나 이러한 현실을 불만만 해서 해결될 수 있는 문제는 아니다. 따라서 전국의 지방의회와 의원들은 언론을 회피하거나 성가신 존재로만 인식할 것이 아니라 책임있는 사회적 공기로서 언론도 함께 책임을 질 수 있도록 해야 한다. 즉 문제의 원인에는 문을 감고, 중앙정부의 비자치적 비분권적 태도에는 입다물고, 일부 의원들의 작은 일탕행태만을 침소봉대하여 비난함으로써 한국지방자치발전의 저해요인으로 기능해왔던 한국의 언론을 변화시켜야 한다. 그리하여 한국지방자치제도의 문제점을 이해시키고, 중앙정부의 시대착오적인 태도를 인식시킴으로써 언론으로 하여금 자치제도와 의회제도의 발전을 위한 대안을 제시하도록 만들 필요가 있다. 때문에 이제부터 지방의원들은 중앙이든 지방이든 간에 언론의 지지와 협력을 얻을 수 있는 방안을 찾아 실천하도록 최선을 다해야 한다.

IV. 지방의정기능의 혁신과 선진화

1. 지방의정기능의 민주성 제고방안

정치행정의 민주성이란 주민대표들이 그들의 직무를 수행함에 있어서 일차적으로는 주민들의 의사에 따라야 하고, 다음으로 업무처리결과에 대해서는 주민들에게 책임을 지는 정치행정을 의미한다. 따라서 지방의회의원들은 의정기능을 수행함에 있어 이러한 민주성을 제고하는 데 최선을 다해야 함을 유의해야 한다.

1) 정치역량과 리더십의 강화 및 학습과 연구태도

지방의원은 지역사회주민들의 정치적 대표이다. 대표란 본래 주민들보다 여러 면에서 그 능력과 자질이 뛰어난 것이 일반적이다. 그것은 주민들이 수행할 수 없는 여러 가지 어렵고 힘든 일을 해내겠다고 스스로 앞장서고 나선 사람들이며, 그들 중에서도 가장 적합하다고 판단하여 투표로 선출된 사람들이다. 그러나 현실적으로 우리나라 지방의원들의 정치적 역량과 역할은 기대에 못미친다는 평가가 지배적이다. 여기서 정치력이란 반드시 정권투쟁이나 정치권력과 관련된 정치를 의미하는 것은 아니다. 두 사람 이상의 인간들이 삶을 영위하는 사회적 갈등현상과 이들에 대한 조정조화능력도 중요한 정치적 역량임을 유의해야 한다. 주민들간 갈등조정은 뛰어난 설득력과 협상능력 그리고 조정능력 등이 있어야 한다. 뿐만 아니라 지역사회의 어른으로서 주민들로부터 제반 신뢰와 권위를 인정받고 있는 지도자적 능력도 한층 강화해 나갈 필요가 있다. 지방의원들이 이러한 역량을 함양하고 강화해 나가기 위해서는 국정에 대해서는 물론 지역사회의 제반 실정에 대해서도 변화의 내용과 트렌드 등을 파악하고 있어야 하고, 각종 정책문제에 대한 비판능력과 그 해결을 위한 합리적인 대안제시능력도 지니고 있어야 한다.

그러기 위해서는 모든 의원들이 평소 부단히 학습하고 연구해야 한다. 이미 우리사회에는 지식정보화 사회가 도래한지 오래다. 지구촌 사회는 시시각각 변하고 있으며, 그 변화의 폭은 방대하고 속도는 따라잡기 어려울 정도이다. 과학기술의 life cycle이 6개월을 넘기지 못하고 있다. 이미 작년에 배운 지식은 올해에 쓸 수가 없을 정도이다. 그럼에도 불구하고 학습하고 연구하는 정치인들이 적은 것은 우리 사회의 정치발전이 얼마나 어려운가를 나타내는 것이라 하겠다. 지방의원, 자치단체장, 국회의원만 되면 그 때부터 학습하고 연구하는 사람들을 찾아보기 어렵다. 주민들 앞에서 발언하거나 연설할 기회는 늘어나는 데도 준비를 위해 공부하는 사람들은 많지 않다. 지도자들이 솔선하여 학습하고 연구하는 모습을 보이지 않기 때문에 일반주민들은 더욱 더 학습하지 않는다.

2) 주민과의 소통과 대의기능 강화

주민 속에 문제있고, 주민 속에 대안있다. 지방의원들은 언제나 주민들과 함께 호흡하고 생활해야 한다. 주민과 대화하고 소통할 수 있는 다양한 채널을 마련할 필요가 있다. 지방의원들은 지역주민들로부터 주민들의 요구와 주장을 들어 이를 의정에 반영시키고, 주민들을 위한 지역발전에 앞장설 것을 약속한 사람들이다. 그렇기 때문에 주민들의 여론을 수렴하여 이를 정책으로 연결시키는 주민의 대의기관이다. 그러나 그 간 지방의회는 선거철을 제외하면 대의기능을 그렇게 활발하게 수행하지 못했던 것이 사실이다. 선거에서 당선되기 위해 노력했던 점을 기억한다면 지방의원들이 가장 중시여겨야 할 활동이 의정활동보고와 주민여론수렴활동이라 하겠다. 기초의회의원의 경우 주민생활의 불편해소를 위한 활동을 적극 추진해 나가야 하고, 주민들에 대한 직접봉사활동도 수행할 수 있어야 한다. 그러나 지방의원직을 출세의 도구나 명예의 상징으로 여기는 사람들이 적지 않았고, 주민들을 위한 대의기능은 매우 빈약하였다. 지방자치가 주민들에게 피부로 인식되기 위해서는 지방의회의원들의 대 주민활동이 보다 강화되어야 할 것이다. 광역의회의원의 경우 지역내 기초자치단체 전반에 관한 자료와 정보를 입수 · 파악하고 있어야 하며, 기초단체간의 협력과 갈등해소에 적극적인 역할을 수행할 수 있어야 한다. SNS 등을 적극 활용함으로써 언제든지 주민들과 대화할 수 있으야 하며, 이것을 통해 주민들의 요구와 주장을 수렴할 수 있어야 한다. 또한 가능하면 주민들이 직접 의원들을 만나서 대화나 상담할 수 있는 사무실을 개설하고 공개할 수 있어야 한다. 지금까지는 소극적으로 주민들을 기다렸지만 앞으로는 보다 적극적으로 지방의원들이 유권자인 주민을 찾아 나서도록 노력해야 한다.

3) 지역사회와 함께하는 개방의정의 수행

지방정부의 정치행정을 공개하고 주민들이 자유로이 의사를 개진할 수 있는 제도와 절차를 정비해야 한다. 기초자치단체의 행정은 생활행정이기 때문에 특별히 기밀을 유지해야 할 일들이 많지 않다. 따라서 4년에 한번 실시하는 지방선거 이외에는 주민들이 지방정부의 정치행정에 참여할 기회가 많지 않다. 따라서 다수의 주민들이 자치행정에 참여할 수 있는 여러 통로를 확보해 나가도록 노력해야 한다. 물론 일부 무지하고 비민주적 주민들의 과잉참여로부터 지방행정을 보호하기 위한 장치도 마련해야 한다. 그리고 다수의 주민들에 대한 민주시민교육도 게을리 하지 말아야 한다. 주민들이 지방자치와 지방의회에 무관심하다는 것은, 주민들에게도 문제가 있지만 무엇보다도 그들에게 지방자치와 지방의회의 가치와 소중함을 인식시키지 못한 지방의회의원들에게도 책임이 있기 때문이다. 주민들이 지방의회의 의정활동에 관심을 가지고, 자신의 문제를 지방의원과 상의하며, 지방의회를 방문할 수 있도록 다양한 방안을 강구할 필요가 있다. 이러한 계기를 통해 의원과 주민들이 함께 하는 의정활동을 수행할 수 있기 때문이다. 이처럼 개방적인 의정기능을 수행하기 위해서는 첫째 의정감시단이나 의정지기단 혹은 의정지원단 등의 활동을 유도하거나 케이블 TV방송을 통해 의정활동을 중개방송 함으로써 의정활동에 관한 관심을 불러일으켜야 한다. 둘째 지방의회 스스로가 지원하고 만드는 의정모니터링제도(의정모니터들이 지역사회주민들과 의회의원들을 연결시키는 다양한 활동을 수행) 등을 도입 · 운영하는 방법, 셋째 시민단체와 지역주민들에 대한 방청기회확대, 의회홍보강화, 공청회와 토론회 등을 정기적으로 개최하는 방법, 시민들의 방청의 편의를 위해 주말회의나 야간회의를 개최하는 방법 등을 적절히 도입할 필요가 있다. 이렇게 하여 지역주민들이 신뢰하고 긍정하는 지방의회를 만들지 않고서는 현재와 같은 혹평을 면하기 어려울 것이다.

4) 의정활동에 대한 정치적 책임성 제고

지방의원들의 의정활동이 심각한 문제를 일으켰거나 지역사회에 과대한 피해를 끼쳐 주민들이 더 이상 인내할 수 없을 경우, 주민소환제도를 통해 지방의원직을 박탈할 수 있다. 물론 이러한 주민소한제도는 주민투표를 통해 가능하다. 지방의원들의 의정활동에 대한 책임에 대해서는 이러한 주민투표제도 및 주민소환제도 등 법적 장치와는 별도로 지방의원들의 의정활동에 대한 정치적 책임을 묻는 각종의 절차나 장치를 마련할 필요가 있다. 예컨대 시민단체들의 의원활동평가제도나 의정감시단의 활동보고서발표대회, 전문가들의 의정기능 평가세미나 등 정기적인 절차나 장치를 마련함으로써 의원들의 정치적 책임성을 제고시킬 수 있도록 해야 한다. 지방의원들은 주민들로부터 위임받은 역할의 수행에 대해 주민들로부터 평가받음으로써 정치적 책임을 질 수 있도록 해야 할 것이다. 지방의정활동에 대한 평가와 통제를 이제부터는 중앙정부가 간섭하지 말고 시민단체와 지방주민들에게 맡겨야 할 것이다.

5) 집행기관의 효율적 견제와 생산적 협력관계유지

의결기관으로서 집행기관에 대한 효율적 견제와 생산적 관계를 유지하기 위해서는, 우선 지방의원들이 집행기관의 정책과 업무내용을 정확히 인지해야 하며, 집행부의 사무처리과정과 그 결과에 대한 주민들의 여론을 항상 파악해야 한다. 무리한 주장이나 억척을 삼가야 하고, 정확하고 예리한 지적으로 집행부의 공무원들로부터 스스로의 잘못을 인정하고 시정하겠다는 답변을 유도할 수 있어야 한다. 예산심의과정에서 인지한 사실을 토대로 결산심사를 체크할 수 있어야 하고, 타 자치단체나 예년의 자료를 제시하면서 당해 자치단체와 비교하고 그 결과로 문제를 지적할 수 있어야 한다. 그러나 이러한 견제기능도 궁극적으로는 지방자치단체의 발전을 위한 하나의 수단에 지나지 않는다. 지방의회와 자치단체장은 지방정부를 구성함으로써 양 기관이 힘을 합쳐 지역주민들의 사회경제적 삶의 질을 향상시켜나가야 하는 정치적 책무를 지고 있다. 따라서 견제와 감시는 어디까지나 지역발전에 그 목적을 두어야 하며, 감시를 위한 감시, 통제를 위한 통제가 되어서는 안될 것이다. 따라서 의결기관과 집행기관의 간부들이 정기적으로 한 자리에 모여 당면한 지역문제해결과 장기발전을 논의하는 가칭 [의정협의회] 등과 같은 기구를 구성 · 운영할 수도 있어야 한다.

집행기관을 효율적으로 견제하기 위해서는 지역사회의 미래변화에 대한 지적 수준이 높아야 하고 집행기관의 실정에 밝아야 한다. 21세기 지구촌사회의 변화에 따라 지역사회가 당면한 정책과제를 효율적으로 처리할 수 있는 창의적 문제해결과 이를 위한 정책개발을 독려할 수 있어야 한다. 모두가 긍정하는 문제점을 지적하고 바람직한 방향을 제시하기 위해서는 소속 상임위원회를 통해 공무원들과 채널을 만들고, 수시로 소관업무의 처리에 관한 집행기관의 정보와 자료를 수집해야 한다.

2. 지방의정기능의 전문성 제고방안

1) 창조적 신지식의 흡수와 의정기능의 전문화와 효율화 제고

종래까지의 의회운영방식을 지양하고 보다 창의적이고 효율적인 새로운 방식을 도입할 필요가 있다. 물론 지방자치관련 법령의 미흡, 정치권의 지원과 협력부족, 언론의 비판적 태도, 자치제도에 대한 국민들의 인식부족, 지방의원들의 자질부족, 자치단체장과 지방공무원의 협조부족 등 제도적 혹은 현실적 어려움이 없지는 않다. 그러나 그렇다고 지금까지 지방의회운영방식을 그대로 지속해서는 안된다. 물론 현행 여건 하에서 무엇을 어떻게 해야 효율적이냐고 반문할 수도 있겠지만, 역경을 헤쳐나가는 지혜가 필요하다. 가능한 범위 내에서 지역마다 각기 다른 특성을 개발 발굴하여 지방의정기능을 혁신할 필요가 있다.

예컨대 의원각자는 전향적인 태도로 의정활동에 임함으로써 원내활동을 좀 더 진지하고 적극적으로 수행함으로써 모든 의원들이 매일 의회에 출근하는 상근체제를 갖출 필요가 있다. 의정활동에 보다 많은 시간과 노력을 투입함으로써 우선은 집행기관의 정책과 계획 및 업무내용을 보다 체계적이고 정확하게 파악하여 불필요한 갈등을 만들지 않도록 노력해야 한다. 그리고 행정사무감사나 예 결산심의와 의결활동 등은 지방의원의 가장 본질적이고 고유한 직무이기 때문에 이들 업무를 수행할 경우에는 최선을 다해 업무에 전념함으로써 최선을 다함으로써 그 질적 수준을 높여나가야 한다. 또한 지방의원으로서의 품위유지는 물론 원내질서유지와 의사진행에도 적극 협조해야 한다. 그동안 여러 분야에서 지방의회의 활동이 미흡했던 점은 부인할 수 없는 사실이다. 이러한 모든 문제는 궁극적으로 지방의원들의 노력과 역량에 달려 있다. 따라서 지방의원들의 자질함양과 지식함양을 위한 의회 자체의 정기적 교육훈련프로그램을 개발 · 실시할 수 있어야 한다. 그리고 필요에 따라서는 지방의회차원에서나 상임위원회차원에서 지역 내 전문인력을 지방의회의 자문위원으로 초빙하여 수시로 자문을 받을 수 있어야 한다. 의정활동을 위한 지방의원의 지식은 정치행정에 관한 지식은 물론 당해 지역사회와 관련된 사회, 경제, 문화 등 모든 분야가 포함된다. 따라서 지방의원세미나나 연수교육의 내용도 좀 더 광범위하고 좀 더 전문적인 교육으로 발전시켜 나가야 한다. 새로운 시대의 지방의회는 집행기관의 시책이나 논리를 정당화시켜주는 데 만족하는 의회가 아니라, 집행기관에게 과제를 던져주고, 공무원들이 머리를 짜내서 의회의 아이디어를 구체화시키도록 하는, 즉 집행기관을 리더하는 지방의회가 되어야 할 것이다.

2) 지방의회와 의원의 정보화수준 제고

지방의회도 가능한 빨리 다양화해가는 사이버(Cyber) 시대에 대응해야 한다. 그리하여 의회 내의 행정과 사무처리의 효율화를 위한 SW의 개발과 의회홈페이지와 의원 개인 홈페이지를 연결시켜 주민들이 항시 주민들과 대화할 수 있도록 해야 한다. 특히 근래 점차 활발하게 이용되는 트위트, 페이스북 등 SNS를 적극 활용할 수 있도록 지원해야 한다. 의회사무기구와 의정자료실을 전자정보화하여 주민들에게 공개함으로써 주민들이 언제든지 지방의원들의 의정활동내용을 파악할 수 있도록 해야 한다. 특히 지방의회의 홈페이지에는 국회의 소식은 물론 국내외의 다양한 시사정보와 타 지방자치단체나 지방의회에 관한 정보도 제공해야 한다. 이러한 서비스를 통해서 시사정보나 타 지방의회의 의정정보에 취약한 지방의원들과 주민들에게 유익한 정보와 자료를 제공할 수 있어야 한다.

요컨대 앞으로의 지방의회와 의회사무조직에서는 최신의 전자정보시스템을 이용하여 국내외적 각종 정보와 자료를 제공하고 활용할 수 있어야 하며, 타 지방의회나 집행기관 그리고 지역주민들과 직접 정보나 자료를 교류할 수 있어야 한다. 지방의원들은 이러한 정보화를 통해 전문성을 제고할 수 있어야 하며, 민의수렴 등 대의기능을 강화하기 위한 다양한 채널도 개설해야 한다.

3) 상임위원회의 구조 · 기능적 전문성제고

지방의회의 전문성은 상임위원회의 전문성을 의미하고, 상임위원회의 전문성은 소속위원들의 전문성에 직결되어 있다. 그러나 주지하는 바와 같이 지방의원은 선거에 의해 선출되는 지역의 정치인들이며 지역정치인들에게서 높은 전문성을 기대한다는 것은 사실상 어렵다. 그럼에도 불구하고 지방자치와 지방의회의 질적 수준을 제고하기 위한 상임위원회의 전문성제고는 불가피한 과제이다. 따라서 상임위원회의 전문성제고는 우선적으로는 선출된 소속의원들이 스스로 연구나 연수를 통해 전문성을 높이는 것이 가장 최선의 길이다. 그러나 지방의원들의 출신성분이나 행태 등 그 특성이나 과거의 경험에 의하면 그것은 별로 가능성이 높은 대안은 아니었다. 따라서 현실적으로 지방의원들의 전문성을 보완할 수 있는 가장 최선의 방법은 사무조직으로 부터의 적극적인 지원과 협력을 강화하는 방법과 외부전문가들의 협조와 협력을 동원하는 방법이 최선이다. 예컨대 상임위원회별로 전문위원을 증원하거나 보조인력을 확충하는 방법과 지역사회 내 전문가들을 위원회별 자문위원으로 위촉하여 필요시 언제든지 이들의 협조를 받을 수 있는 제도를 마련하는 것이다. 그 외도 인접한 지방의회나 유사한 타 지방의회의 동일위원회와의 정보교류 등도 필요하다. 요컨대 지방의회 상임위원회의 구조적 기능적 전문성을 제고하는 것이 바로 지방의회의 전문성을 제고하는 첩경이다. 따라서 상임위원회에 대한 인적, 재정적 지원을 강화함으로써 정보화수준과 전문성을 제고할 수 있도록 제도화시킬 필요가 있다.

4) 의안심의과정의 정확성 확보와 질문수준의 제고

상임위원회에서 의안을 심의하는 과정에서는 의안을 작성한 담당자로부터 직접 그 내용에 관한 자세한 설명을 듣는 것이 그 내용을 가장 정확하게 파악 수 있다. 집행부에 대한 질문서를 작성할 경우에도 해당 부서와 관련된 내용에 대해서는 그 부서로부터 직접 자료를 수집하여 그것을 기초로 질문서를 작성하는 것이 가장 바람직하다. 그렇지 않을 경우 심의안건에 대한 자료의 차이, 편견과 오해 등으로 문제가 야기될 수 있고, 집행부에 대한 질문의 내용이 중복되거나 잘못될 수 있다(기간, 통계자료 등). 이러한 것들은 사실 큰 문제가 아닌 것 같으면서도 집행부의 공무원들로부터 혹은 언론으로부터 비난과 비판을 받을 수 있기 때문이다. 지방의원의 질문은 단지 해당문제에 대한 통계자료, 기간, 비용 등의 정확성 등 단견적 질문은 물론 그 문제해결방식의 세계적 추세, 중앙정부의 태도, 타지방자치단체의 선행경험 등 보다 포괄적이고 미래지향적인 대안에 대한 검토여부도 함께 포함할 수 있어야 한다.

5) 의회사무기구의 전문성제고와 의정활동 지원기능의 강화

이미 지방의회 사무기구의 전문화와 의정지원기능의 강화 등에 대해서는 앞에서도 여러 차례 그 개선의 시급성을 지적하였다. 지방의회에 대한 지역사회와 주민들의 비판은 늘어가고, 의정기능의 민주성과 전문성 제고에 대한 수요는 높아가는 데도 지방의회 사무직원들은 특별한 대책 없이 자치단체장의 눈치만 살펴왔다. 마치 자신들은 지방의회에 대한 비판과는 무관한 것처럼 아무런 책임감도 갖지 않았다. 그러나 지방의회의 의정기능을 강화하거나 전문성과 민주성을 제고하는 일은 바로 의회사무조직과 직원들의 수준이나 태도 등과 밀접히 연결되어 있음을 알아야 한다. 일차적으로는 의회사무직원들의 의원들과 의회업무지원에 대해 갖는 관심과 애착의 정도이고, 둘째는 사무조직과 직원들이 가진 정보와 기술 그리고 재정역량의 수준이다.

지방의회와 의원들에 대한 지역사회와 주민들의 정치행정수요는 점차 복잡하고 다원적으로 변하고 있지만, 이에 대응하는 지방의원들과 사무조직의 대응능력은 제자리를 맴돌고 있다. 따라서 이제부터는 사무조직이 사무처리만 지원할 것이 아니라 의원들의 의정활동까지 지원하고 나서야 한다. 현 제도 하에서 사무직원들은 지방의회와 의장의 의도와는 무관하게 자치단체장의 인사에 의해 언제든지 집행부로 되돌아 갈 수 있지만, 지방의회에 근무하는 동안만은 최선을 다해 의원들을 지원하고 의회사무처리에 최선을 다해야 한다. 때문에 지방의회사무직원들은 의회근무를 발령받는 순간부터 지방자치와 지방의회제도에 대해 열심히 학습할 필요가 있다. 집행부에서는 지방행정의 일부를 맡아 처리하였지만 지방의회에 근무하는 동안은 세계의 지방자치실태는 물론 지방자치제도의 이상과 가치에 대한 지식을 함양해야 한다. 나아가 중앙과 지방의 관계, 광역과 기초의 관계, 의결기관과 집행기관의 관계, 지방의원과 주민들의 관계 등에 까지 광범한 지식과 정보를 갖도록 노력해야 한다. 그리하여 지방의회에 근무하는 동안만은 집행부에 대해 의회의 입장을 주장하고 주민들도 설득할 수 있어야 한다. 미처 지방의원들이 갖지 못하거나 경험하지 못한 지식과 정보를 그들에게 제공함으로써 바르고 옳은 판단을 할 수 있도록 도와야 한다. 주민들에 의해 선출되었으나 임기 4년동안 누구의 도움도 받지 못하고 혼자서 외로운 의정활동을 수행해야 하는 우리나라 지방의원들의 어려운 처지를 적어도 의회사무직원들은 이해하고 도와야 한다.

6) 특수시책 등 정책기획기능의 적극적 수행

지금까지의 지방의회가 주로 집행기관에 대한 통제기능에 중점을 두고 활동했다면 앞으로는 적극적인 대의기능과 창의적인 정책기능을 강화해 나가도록 노력해야 한다(최봉기, 1994 : 646). 이를 위해서 일차적으로는 지방의원들의 대민접촉채널을 넓히고, 주민들과 함께하는 지역사회활동을 증가시킬 필요가 있다. 다음으로는 이러한 주민과 함께하는 활동을 통해 지역사회의 당면과제와 장기정책과제를 발굴할 수 있어야 한다.

그러나 당면과제나 장기정책과제는 발굴 그 자체보다도 그것을 정책적으로 처리하는 방법이 더욱 중요하다. 따라서 지방의원들은 평소 공공문제를 정책적으로 해결하는 방법을 학습하고 연구해야 한다. 때문에 지방의원들은 한편으로는 정책기획역량과 정책결정능력을 제고하는 능력을 함양해야 한다. 지방의회의 정책결정은 아무리 좋고 선의에서 행하다고 하더라도 지방의원들만의 생각대로 결정해서는 안되며, 반드시 시민사회(시민단체)와 전문가 그리고 집행기관과 유기적 협력체제(Network System)를 구성, 이들과 함께 논의하고 결정해 나가도록 해야 한다.

앞으로 지방의회는 지방정부가 수행해 나가야 할 장단기적 과제들을 집행기관과 함께 체계적으로 검토해 나가야 한다. 그리고 이러한 과정을 통해 지역발전정책을 수립하고 추진해 나가도록 해야 한다. 주민의 대표들이 민의(民意)의 동향에 귀를 기울이지 않을 때 주민들은 그들로부터 등을 돌린다는 점을 알아야 한다. 지금까지 지방정부의 각종 정책들은 대부분이 집행기관을 중심으로 추진되어왔다. 이것은 그동안 지방의회가 제 역할을 다하지 못했음을 증명하고 있다. 때문에 앞으로는 집행부중심의 정책결정에서 벗어나 지방의회와 집행부가 함께 지역발전정책을 추진해야 한다. 정책은 집행부가 주도하고, 의회는 예산만 배정하던 종래의 행태는 반드시 개선되어야 한다. 앞으로는 지방의회와 사전에 충분한 상의 없이 집행부가 주도적으로 결정하는 정책은 가능한 없어져야 한다. 자치단체장이 자신의 업적과시용으로 추진하는 선심성정책은 반드시 사라져야 한다. 만일 이러한 정책에 예산을 배정했다면 지방의회도 반드시 응분의 책임을 져야 한다. 이러한 원칙과 태도로 의정기능을 수행할 때 비로소 지방의회의 의정기능은 민주적이고 전문적이며 효율적으로 발전하게 될 것이다.

V. 결어

지방자치제도는 그것을 통해 국정의 민주화와 국민의식을 민주화시키고 선진화 시킬 수 있는 제도이다. 비록 우리나라에서는 그 역사가 일천하여 여러 면에서 오해와 갈등도 많았고 아직은 익숙하지 않은 제도이기는 하지만 우리 모두의 지혜와 인내로 반드시 성공시켜나가야 할 소중한 제도이다. 그러나 지방자치제도가 부활 실시된 이후 오랜 시간이 지났지만 아직도 근본적인 문제점은 개선되지 않고, 중앙정부의 독선은 지방자치를 억누르고 있다.

국제경제의 어두운 그림자가 아직도 사라지지 않았고, 중앙정치의 퇴행과 소용돌이 속에 지방자치는 존재감도 찾기 어려운 실정이다. 교역총량 1조달러의 기쁨은 재벌들만의 잔치가 되었고, 경제성장의 과실은 특수계층으로 흡수되어버렸다. 언론의 영향력은 세계에서 유래를 찾아볼 수 없을 만큼 커졌으나 언론인들의 지적 수준과 사고역량은 제자리를 맴돌고 있고, 그들의 경직적이고 권위주의적 태도는 고관대작을 빰칠 정도이다. 한국의 정치, 경제, 사회의 엘리트들은 아직도 사적 욕구충족에 배고파하고 있다. 그리하여 안타깝게도 아직은 국가의 미래와 국민의 내일을 걱정하는 진실하고 정직한 엘리트들이 나타나지 않고 있다.

지방이 자생력을 가져야 국가가 안정적으로 발전할 수 있다. 때문에 지방의 경쟁력은 국가의 경쟁력이다. 그래서 세계화는 지방화로부터 출발해야 한다. 유구한 지구촌 역사의 극히 일부분이었지만 그동안 지구촌 사회는 국가라는 존재가 세계를 온통 갈등과 경쟁과 전쟁의 싸움터로 변질시켰고, 국가발전이라는 미명하에 지방과 지역을 통제하고 착취하였다. 세계화는 이러한 국가의 역기능과 횡포를 줄이고, 지역과 지구촌 주민들의 실질적인 복지와 발전을 위한 변화의 몸부림이다.

그러나 세계화는 지방화를 전제로 하고, 지방화는 분권화와 자치화를 토대로 하지만 국가를 운영하는 중앙정부는 이를 애써 외면하거나 부정하고 있다. 분권화가 느린 만큼, 지방자치의 발전이 지체되는 만큼 지방화와 세계화는 답보상태를 면하지 못할 것이다. 특히 세계는 지금 지도자의 교체시기를 맞이하고 있다. 우리나라도 바로 된 엘리트, 나라와 국민을 사랑할 줄 아는 진정한 지도자들이 나타난다면, 분권화와 자치발전도 희망을 가질 수 있을 것이며 지방화와 세계화도 더욱 가속화될 수 있을 것이다. 때문에 작은 어려움에 쉽게 포기하지 말고, 인내와 열정으로 지방분권을 촉구하고 지역주민들을 설득하며, 자치를 발전시키고 자율을 확충해 나갈 때 머지않아 오늘 지방의회가 감내한 오늘의 고통은 아름다운 결실을 맺게 될 것이다.

3.2 지방의회 조례제정권의 강화와 행정사무감사의 효율화

I. 의의

지방의회는 지방자치의 핵심기관이고, 지방의회의 가장 본질적인 기능은 지방자치단체의 조례제 개정과 행정사무감사 및 예산결산활동이다. 그 중에서도 조례의 제정과 개정은 입법기관으로서 지방의회가 수행해야 할 가장 본질적인 기능이다. 물론 집행기관의 행정활동에 대한 견제와 감시기능으로서 행정사무감사나 지방자치단체의 예산심의와 의결 및 결산승인 등도 지방의원들의 가장 본질적 직무로서 최선을 다해 성실하게 수행해야 한다. 따라서 이들 3가지의 기능은 함부로 다루거나 소홀히 취급할 수 없는 가장 소중한 기능이며 직무이다. 때문에 연중 다양하게 이루어지는 의정활동 중에서도 이 세가지 기능을 수행하기 위한 의정활동은 매우 진지하면서도 적극적으로 수행해야 한다.

지방의회의 조례제 개정기능은 지방자치권 중 자치입법권의 범위에 의해 통제된다. 따라서 장기적으로는 중앙정부가 지방분권을 강화하여 지방자치권을 확충하고 그 범위를 확대해 나가야 하겠지만, 단기적으로는 자치입법권을 강화함으로써 조례의 제정과 개정권을 확충하고 조례제개정에 대한 통제는 완화해 나가야 한다. 우선 헌법적 지방자치정신을 저해하는 규정들을 시급히 개정해 나갈 필요가 있고, 다음으로는 조례의 제정과 개정을 원천적으로 제약하고 있는 법률우선주의 내지 법률지상주의를 극복해 나가야 한다.

지방의회의 행정사무감사는 현행제도의 경직성과 통제적 성격을 고쳐 자치단체별로 개별특수성과 유연성을 부여할 필요가 있다. 실시시기와 기간과 방법 등을 법률이나 명령으로 엄격히 통제할 것이 아니라 중앙정부가 부여하는 큰 범위의 틀 안에서 각 지방자치단체가 자신들의 개별특수성에 맞게 신축적으로 운용할 수 있어야 한다. 지방의원들도 행정사무감사권을 집행부의 비리를 찾아 비난하거나 자치단체장을 통제하려는 목적으로만 오용해서는 안된다. 주민의 여론이란 것도 언론에 의해 언제든지 왜곡되거나 조작될 수도 있고, 설령 그러지 않다고 하더라도 결정당시의 여론과 집행이후의 여론 간에는 상당한 괴리가 있기 마련이다. 따라서 지방의원들은 행정사무감사를 집행부에 대한 통제수단이 아니라 의회와 집행부가 마음을 터놓고 지역사회의 발전을 위한 문제점과 어려움을 찾아내어 그것을 함께 극복하기 위한 기회로 삼아야 한다.

II. 지방의회 조례제정권의 강화방안

1. 지방분권촉진을 통한 지방자치권의 강화

국가발전을 위한 정부의 업무는 중앙정부와 지방정부가 나누어 담당해야 한다. 국가발전관리를 위한 정부의 업무는 그 성격상 중앙정부가 해야 할 일과 지방정부가 해야 할 일이 다르기 때문이다. 물론 최근의 경향은 중앙정부와 지방정부가 공동으로 처리해야 할 일이 늘어나고 있고 앞으로는 중앙정부의 일과 지방정부의 일을 구분하지 않는 기능융합의 시대가 도래 할 수도 있다. 그러나 아무리 융합의 시대가 도래한다고 하더라도 중앙정부가 모든 지방의 세세한 지엽적 일이나 사무까지 처리할 수는 없을 것이다. 오히려 지방정부가 왕성하게 발전하여 그 역량이 강화되면 종래까지 중앙정부에게 맡겨졌던 일들까지 지방정부가 해 낼 수 있을지도 모른다. 때문에 중앙정부는 자신들이 고집스럽게 안고 있는 방대한 권한과 기능을 시대변화에 맞게 이제는 지방과 지방자치단체에게 적절하게 배분해야 한다.

중앙정부도 중앙집권의 문제점을 자인하고 지방분권을 위해 그동안 다양한 노력들을 해왔다. 역대 정부들은 공약으로 제시한 지방분권을 위해 다양한 법령을 제정하고, 정부위원회들을 구성 운영함으로써 지방분권을 위한 노력을 기울여왔다. 그리하여 사실 적잖은 권한과 기능들이 분권된 것도 사실이다. 그럼에도 불구하고 지방정부가 수행해야 할 중요한 권한과 기능들을 대부분 중앙정부가 장악하고 있다. 역대 대통령의 분권공약은 집권이후에는 빈말이 되었고, 각종 법령들과 위원회들은 중앙정부의 영리한 공직자들에 의해 왜곡되고 회피 내지 지연됨으로써 중요한 권한과 기능들은 여전히 중앙정부에 집중되어 있다. 근래에 와서는 분권요구를 역이용하여 권한과 재정은 중앙정부가 장악하고 있으면서 일과 인력만 지방으로 넘기겠다고 함으로써 오히려 지방정부가 그 수용을 거부하는 사태가 발생하고 있다. 그리고 지방정부의 재정과 정보 및 기슬부족 등을 이유로 지방자치단체에게 위임했던 기능조차 중앙정구가 되가져가겠다고 하고 있다.

세계변화의 대세는 지방화와 세계화로 나아가고 있다. 장기적으로 볼 때 한국의 지속적 발전과 선진화를 위해서는 반드시 중앙정부의 세계적 안목을 제고시킬 필요가 있고, 미래변화에 대한 예측능력을 증강할 필요가 있다. 그러나 우리는 아직도 시대변화에 따르지 못하고 수명이 다된 대의제도와 정당제도를 신봉하고 있다. 권위적이고 독선적이며 창의성 없는 권력가와 공직자들에게 혁신과 창의와 변화는 매우 성가신 일들이며 분권과 자치, 지방화와 세계화는 먼 나라 동화로만 들리고 있다.

그럼에도 불구하고 분권과 자율, 자치와 지역발전은 불가피하게 대처해 해결해야 할 우리 국민들의 미래과제다. 장단기적 정책과 계획을 통해 권력구조의 틀과 중앙정부의 시스템을 바꿔 나가야 한다. 이를 위해서는 장기적으로는 사람을 바꿔야 한다. 제도권교육과 사회교육의 전반적 교육시스템을 개혁하고, 민주주의를 제대로 교육시켜 국민들에게 공동체 삶의 예의와 소중함을 인식시키며, 정당제도와 공직채용제도를 혁신하여 중앙정부의 인력을 대대적으로 바꿔야 한다. 그리하여 세계변화를 읽고, 거기에 대처하여 국가와 국민을 위해 전력을 다할 수 있는 진실하고 정직한 인재들로 중앙정부를 채워야 한다. 사람을 바꾸지 않고서는 제도를 바꿀 수 없고, 제도를 바꾸지 않고서는 사람을 바꿀 수 없다는 모순적 사실을 지난 60년의 국정경험을 통해 체득하였다.

2. 자치입법권의 확충과 조례제정권에 대한 통제의 축소

1) 지방자치영역의 확충과 자치입법권의 확대

앞으로 우리나라 지방자치는 중앙정부와 지방정부간의 합리적 기능배분을 통하여 지방자치권의 범위를 넓히고 자치사무를 확대시켜 나가야 한다. 1948년 정부수립 이후 지금까지 논의되어 온 중앙과 지방간 권한 및 기능배분문제를 이제는 더 이상 방치하지 말고 보다 지방과 지방자치단체의 권한과 기능범위를 전향적으로 확장해야 한다. 지방자치법 제9조 제1항의 지방자치사무의 범위예시도 좀 더 체계적이고 구체적으로 보강되어야 하며, 잘못된 규정으로 비판받고 있는 지방자치법 제9조 제2항의 단서조항은 삭제하여야 한다. 물론 자치사무영역의 확대가 바로 지방자치권의 확장이나 자치입법권의 범위확대로 이어지는 것은 아닐 수도 있지만 자치단체별 능력에 맞는 업무와 권한이 주어져야 한다는 것도 알려진 사실이다. 현재와 같은 열악한 자치현실을 개선해 나가기 위해서는 우선 중앙정부가 지방과 지방자치단체에 대한 불신을 접고 스스로 기능을 정비해야 하며, 지방자치단체의 권한과 기능을 확충해 나가도록 해야 한다. 그렇게 함으로써 정치와 행정을 보다 주민 가까운 곳에서 수행할 수 있도록 해야 할 것이다. 지방자치단체의 권한과 기능이 확대될 때 지방자치단체의 자치입법권인 지방의회의 조례제정권의 범위가 넓어질 것이기 때문이다.

2) 죄형법정주의와 조세법률주의의 개혁을 통한 법률지상주의의 극복

현행 자치제도는 모든 것을 법령에 의해 해결하려고 하고 있다. 자치법규에 벌칙을 규정할 때는 개별법의 위임을 요구하거나(법 제22조 단서), 지방세는 법률로 부과 징수도록 하고 있는(법 제126조) 등 법률지상주의에 빠져있다. 그러나 분명히 지방자치단체도 통치단체이기 때문에 자치법규를 통해 주민의 권리제한이나 의무부과가 가능해야 하고, 그 위반자에 대해서는 벌칙을 가할 수 있어야 한다. 그리고 지역의 특성에 따라 자치법규로 지방재정을 강화시킬 수 있는 제도나 조치를 취할 수 있어야 한다. 중앙정부의 공직자들이나 중앙정치무대에 관심이 많은 학자들은 지방자치를 위한 해석보다는 중앙집권을 위한 해석에 치중하기 마련이다. 따라서 앞으로는 지방자치단체의 통치단체적 성격을 분명히 밝히고 죄형법정주의나 조세법률주의 등과 같은 법률지상주의를 극복할 수 있는 법령개정을 서둘러야 할 것이다. 국회가 국민의 대표기관인 것과 같이 지방의회는 지방주민의 대표기관이라는 점을 수용해야 된다. 국민의 대표기관인 국회가 국민에게 벌칙을 가하는 법률을 제정하는 것과 같이 주민의 대표기관인 지방의회가 주민에게 벌칙을 가하는 조례를 제정하는 것은 극히 당연한 일이다. 같은 논리로 근래에 와서 논란이 되고 있는 법정외세제도 즉 조례세제도에 대해서도 전향적인 검토가 있어야 한다. 현재의 지방자치법은 법률과 명령의 폭행에 무방비 상태로 남아 있다.

3) 각종 조례제한규정(지방통제)의 개정 혹은 철폐

(1) 헌법 제117조 및 지방자치법 제22조의 개정

지방자치법 제22조는 "법령의 범위 안에서만 조례를 규정할 수 있다"고 규정함으로써 법령 이전의 주민사회의 현실을 규정하고자 하는 조례 본래의 성격에 맞지 않으며, 지방자치의 현실에도 적합하지 않다. 이러한 규정은 헌법 제117조 "---법령의 범위 안에서 자치에 관한 규정을 제정할 수 있다"고 규정한 것을 그대로 옮겨 놓은 것에 지나지 않는다. 물론 헌법의 규정에 문제가 없는 것은 아니다. 헌법에 지방자치에 관한 조항을 규정한 법학자들의 무지 내지 경직적 사고가 문제이다. 즉 조례라는 것은 단지 법의 하위규정에 지나지 않는다는 점만 인식하였지, "법 이전의 존재로서 조례"라는 점은 인식하지 못하였기 때문이다. 조례란 법률의 하위존재이기도 하지만 법 이전의 존재이기 때문에 "법령의 범위 안에서만 조례를 제정할 수 있다는 규정"은 법 이전의 조례를 부정하고 있다. 그러므로 "법령에 위반되지 않는 한" 조례를 규정할 수 있도록 한 일본법의 규정이 더 바르고 정당하다. 따라서 일본의 지방자치법과 같이 "법령에 위반되지 않는 한"으로 개정되어야 한다. 근래 우리나라에서는 국회를 중심으로 헌법개정도 논의되고 있다. 헌법 제117조와 지방자치법 제22조의 "법령의 범위 안에서"는 반드시 "법령에 위반되지 않는 한"으로 개정되어야 한다.

(2) 지방자치법 제22조의 단서의 삭제

현행 지방자치법 제22조는 그 단서에서 "---. 다만, 주민의 권리 제한 또는 의무 부과에 관한 사항이나 벌칙을 정할 때에는 법률의 위임이 있어야 한다."고 규정하고 있다. 그러나 이러한 단서규정은 헌법이 부여한 지방자치단체의 일반적 자치권을 제한하고 있다. 그리하여 동 규정은 헌법위반의 성격을 지닌 규정(조항)이라고 이미 많은 학자들에 의해 지적되어 왔다. 따라서 주민에 대한 권리제한이나 의무부담, 그리고 벌칙제정 시에 개별적인 법률의 위임이 없이도 조례를 제정할 수 있도록 고쳐야 한다. 이러한 것은 지방자치단체가 일정한 지역의 통치단체라는 점을 인식한다면 큰 무리 없이 간단하게 개정할 수도 있을 것이다. 특히 헌법에서도 지방자치단체는 자치에 관한 규정을 제정할 수 있다고 분명히 밝히고 있다. 자치에 관한 헌법규정을 헌법의 하위규정인 법률로 그 의미를 축소해서는 안되기 때문이다. 사실 지방자치에 관한 제도를 만들고 고쳐나가는 정부의 엘리트들이나 그러한 사람들을 도와주는 관련 분야의 학자들이 얼마나 자치제도를 이해하고 자치정신을 가졌는가가 중요하다. 그리고 이들이 어느 정도 지방자치제도를 발전시키려는 의지를 가지고 있느냐 하는 것이 문제해결의 관건이다.

4) 자치사무에 관한 한 기초단체의 사무가 우선토록 할 것 (기초자치단체우선의 원칙준수)

지방자치법 제24조는 "시 군 및 자치구의 조례나 규칙은 시 도의 조례나 규칙을 위반하여서는 아니 된다."고 규정하고 있다. 다시 말해 기초자치단체의 조례는 광역자치단체의 조례에 위반해서는 안된다는 것이다. 그러나 이러한 규정은 광역자치단체를 기초자치단체의 상급기관으로 인식하고 있는 관치행정시대의 착오에서 비롯된 규정이다. 현행법상 기초자치단체와 광역자치단체는 동등한 공공법인으로 공식적인 상하관계가 인정되지 않는다.

물론 관치행정시대의 관행이 그대로 남아있어 문제이고, 더구나 기초자치단체가 광역자치단체로부터 사무를 위임받아 처리하는 경우에는 광역자치단체가 상급기관이 되기도 한다.

그러나 지방자치법 제11조 제3항에서는 "시 도와 시 군 및 자치구는 사무를 처리할 때 서로 경합하지 아니하도록 하여야 하며, 사무가 서로 경합하면 시 군 및 자치구에서 먼저 처리한다."규정하여 "기초자치단체 우선의 원칙"을 분명히 밝히고 있다. 원래 지방자치는 풀뿌리 민주주의를 지향하고 있으며, 그렇기 때문에 기초자치단체의 자치를 중심으로 제도와 현실이 이루어져야 한다. 또한 지방자치는 자치단체장 보다는 주민의 대표기관인 지방의회를 중심으로 운영되어야 한다. 그러나 우리나라는 반만년 군주정치의 유산을 받아 기초자치단체 보다는 광역자치단체를 우선시하고, 지방의회보다는 자치단체장을 중심으로 운영하고 있다. 그러나 앞으로 바람직한 자치발전을 위해서는 제도가 그렇게 바뀌어 나가야 한다. 따라서 지방자치법 제24조는 시도가 위임한 사무에 한해서만 광역단체의 자치법규가 기초자치단체의 자치법규에 우선토록 해야 할 것이다.

5) 법령초과조례 제정의 허용

현행제도에 의하면 법령에 위배되는 조례는 위법이며 그 효력이 부인된다. 그리고 청주시의회의 행정정보공개조례가 대법원에서 승소하기 전까지만 하더라도 법령이 없는 경우에는 조례를 제정할 수 없었다. 그것은 헌법(제117조)이나 지방자치법(제22조)에서 조례제정권의 범위를 "법령의 범위 안에서---"라고 규정함으로써 중앙정부나 사법부가 이를 물리적으로만 해석해 왔기 때문이었다.

그러나 법령의 범위 이내라는 것을 어떻게 해석할 것이냐에 따라 이러한 초과조례제정을 허용할 수 있기 때문이다. 초과조례란 법령의 내용을 초과하는 조례제정을 허용하는 제도를 의미한다. 즉 법령의 내용이 전국적 최소한의 기준을 규정하고 있어 그 이상의 규제는 각 지방의 특수성에 따라 자율적으로 규정할 수 있는 것으로 해석될 경우, 자치단체의 특성에 맞춰 법령의 내용을 초과하는 조례를 제정하여도 그 효력을 인정하는 제도를 말한다. 지방자치가 발전되기 위해서는 지방자치단체의 역량이 제고되어야 하고, 자치역량을 높이기 위해서는 지역사회의 자율권이 확대되어야 한다. 이러한 자율권 증대의 일환으로 초과조례를 허용하자는 것이며 그 요지는 법령의 목적에 위반되지 않으면서 지역특성에 부합되는 조례제정을 가능케 하자는 것이다.

일본의 경우 "특정사항에 관하여 이를 규율하는 국가의 법령과 조례가 병존하는 경우, (1)후자가 전자와는 다른 목적으로 규율하는 의도를 가지고 있으며, 그 적용에 의하여 전자의 규정이 의도하는 목적과 효과를 전혀 저해하지 않는 경우나 (2)양자가 동일한 목적을 가지고 있는 경우에도 국가의 법령이 반드시 전국적으로 동일내용을 일률적으로 규율하는 것이 아니고, 각 자치단체가 그 지방의 실정에 따라 별도의 규제를 용인하는 취지로 새겨질 경우에는 법령과 조례사이에는 아무런 모순 · 저촉이 없으며 조례가 법령에 위반되는 문제는 발생하지 않는다."는 판례[7]가 나와 있다.

그러나 우리나라의 경우, 1996년 10월 21일 수원시의회의 '수원시 자동차차고지확보 등에 관한 조례안'에 대해 대법원은 "조례안이 차고지확보의 대상 및 기준이 법령이 정한 것보다 확대하고 있다"는 점을 들어 위법이라고 판결하였다. 요컨대 아직도 우리나라의 판례는 비록 조례가 법령의 목적이나 취지에 어긋나지 않는다고 하더라도, 그리고 그것이 지역특성에 부합하는 조례라고 하더라도 이를 인정하지 않고 있다. 우리나라의 판례는 법이나 조례의 규정목적은 감안하지 않고 조문의 문구에 얽매여 물리적인 해석에 머물러 있다. 지금 우리나라는 법률문구에 사로잡혀 있는 앞두기 막힌 사법부가 아니라 보다 넓고 높은 지혜와 통찰력으로 지방자치와 지역발전을 견인할 수 있는 사법부가 필요하다.

6) 법률(국법)선점분야와 법률공백분야에 대한 조례제정의 인정

조례가 규정하는 분야를 이미 법률로 규정하고 있을 경우(국법선점)나 지방자치단체의 공공사무에 관한 관련 법률이 없는 경우(국가입법이 미비된 경우)에도 조례제정이 가능하도록 해야 한다. 첫째 조례로 규정하려는 분야에 관해 이미 법률이 제정되어 있더라도 동일한 조례 내지 별도의 목적을 가진 조례제정을 가능토록 해야 한다. 즉 기존법률이 전국적 통일을 기하려는 취지가 아니고 지역실정에 따른 차이를 허용하는 취지의 것이거나 조례가 기존 법률의 내용을 침해하지 않을 경우, 그리고 특별히 당해 자치단체의 실정에 맞게 따로 규율할 필요가 있어 제정할 경우에는 중앙정부가 이를 제지할 수 없도록 해야 한다. 대법원의 판례도 이를 지지해 주고 있다[8]. 둘째 지역사회의 새로운 입법수요에 대응하여 지방자치단체가 새로운 조례를 규정하고자 하지만 법률이 제정되지 않아 법률이 공백상태에 있는 분야에 대해서도 조례제정을 가능토록 해야 한다. 대법원 판례도 "국가의 입법미비를 들어 자주적인 조례제정권의 행사를 막을 수 없다"고 판결하였다[9].

요컨대 지방자치단체의 조례가 규정하려는 공공기능분야의 사무가 성질상 전국적으로 통일을 기해야 하는 분야라면 이는 국가사무의 대상에 속하므로 조례입법의 대상이 될 수 없으나, 그 사무가 성질상 지역적 특성을 고려하여 개별적으로 처리되어야 하는 것이라면 법령의 규율대상이 아니므로 조례입법의 대상이 될 수 있어야 한다.

---

7) 일본 德島市公安條例事件에 대한 일본최고재판소의 판결(1975년 9월 10일), 김남진, "조례제정권의 범위",「자치공론」제4권 1호, (서울 : 한국지방자치연구원, 1998.1), PP.58-60.

8) 대법원판례, 1997. 4.25 선고 96추 244, 저소득주민생계보호지원조례 재의결무효확인청구.

9) 대법원판례, 1992.6.23. 선고 92추 17, 행정정보공개조례 재의결무효확인청구.

3. 지방의회의 입법활동강화와 지방자주권의 확충

1) 지방의회의 조례제정활성화를 위한 적극적 자구노력

지방자치단체의 자치입법권을 확충시켜 나가기 위해서는 이상과 같은 여러 처방들을 적극적으로 개선해 나가야 함은 재론의 여지가 없다. 그러나 중요한 것은 이러한 조치들이 이루어질 수 있도록 지방자치단체들이 협력하여 적극적으로 노력해야 한다. 특히 이러한 조치들은 하루아침에 해결될 수 있는 성질의 것이 아니며 정치권과 국민의 힘이 결집되어야 가능해 지는 장시간을 요하는 것들이 많다. 따라서 각 지방의회는 기존의 제도 하에서 가능한 조례제정을 활성화해 나갈 필요가 있다. 조례제정권의 범위에 관한 법령의 규정과 판례의 동향을 면밀히 분석하여 그 한계를 넘지 않는 범위 내에서 당해 자치단체에 필요한 조례를 제정해 나가야 한다.

현행제도를 기준으로 법령에 위반되지 않는다고 생각되는 조례는 예컨대 (1) 당해 사항을 규율할 국가의 법령이 없고, 국법상 완전히 공백상태에 있는 사항에 관하여 정하는 조례, (2) 국가법령이 규제하고 있는 사항과 동일한 사항에 관하여 당해 국가법령과 다른 목적으로 규제하는 조례, (3) 국가법령이 규제의 범위 외에 두고 있는 사항을 규제하는 조례 등을 들 수 있다[10]. 사실 기존제도의 틀 안에서도 얼마든지 주민들에게 유익한 조례를 제정할 수 있는 분야가 많다. 예컨대 청주시의회의 행정정보공개조례, 부천시의회의 담배자판기설치금지조례 등이 그러한 것들이며, 비록 대법원에서 패소하기는 했지만 수원시의회의 수원시자동차차고지 확보 등에 관한 조례안 등은 지방의원들이 연구만 하면 얼마든지 유익한 조례를 제정할 수 있음을 말해주고 있는 것이다.

2) 지방주권론에 근거한 보충성원리의 적극적 해석

국가형성의 기초는 지방이고, 국가가 없었을 때에도 지방은 존재했다. 국가를 위해 지방이 존재하는 것이 아니라, 지방을 위해 국가의 존재가 필요한 것이다. 19세기 절대군주주의 국가가 형성된 이래, 20세기에 이르기까지 국가는 스스로와 지방을 위해 많은 기능을 수행해 왔다. 그러나 20세기를 통해 지방의 능력이 발전하고 발전된 지방을 통해 국가가 힘을 갖게 되면서 지방도 일정한 범위 내에서 주권을 갖는 것이 바람직하다는 주장이 제기되고 있다[11].

10) 이러한 견해는 일본의 다수설인 조례법률설에 해당되며, 우리나라의 경우 김 철수교수의 견해에 해당된다. 즉 이는 헌법 제117조 1항 후단의 의미를 자치입법권에 관한 헌법의 직접적 보장으로 해석하며, 지방자치법 제15조의 단서조항을 헌법위반으로 볼 때 가능해 진다.

11) 미국의 지방주권연맹은 매디슨 연방주의자 문서 51, 14와 도꿔빌의 미국민주주의, 교황피우스(Pius) XI세의 보충성원리선언 등이 지방주권의 주요문서라고 한다.(CLS, 2005), (김석태, 2005 : 104)

지방주권이란 지방정부가 자기구역내의 일에 대해서 최고의 기관임을 의미하는 것이다. 즉 지방에서 처리할 수 있는 모든 일에 대해서는 상위기관이나 중앙정부가 아니라 당해 지방정부가 자신의 권한으로 스스로 결정하는 것을 말한다. 이러한 지방주권은 보충성의 원리에 따라 공공사무처리에 관한 의사결정권이 지방정부에 주어질 때 비로소 가능하다. 보충성의 원칙은 당해 지방의 문제에 대한 최고 최종결정권은 당해 지방에 주어져야 한다는 것이 정의의 원칙이기 때문이다. 이러한 기본적 입장에 따라 조례제정권도 중앙과 상급자치단체의 간섭과 간여를 가능한 배제시키야 할 것이다.

특히 우리나라와 같이 지난 60년 동안 중앙집권의 고삐를 놓지 않고 있어, 지방의 자율과 자체동력이 현저하게 뒤떨어진 나라에서는 더욱 지방주권론이 정당성을 갖게 된다. 세계에서 보기 드문 경제기적을 이루고 수출 1조 달러를 달성했으며 국민소득 2만 달러를 넘겼지만, 그러한 성장의 과실과 소득은 중앙과 수도와 재벌들에게만 돌아갔다. 그리하여 대한민국의 지방과 지역사회는 아직도 권력적으로는 통제받고 경제적으로는 소외되어 있다. 이러한 중앙정부의 정책왜곡과 압박상태를 벗어나는 유일한 길이 바로 지방주권론에 근거한 주자치제도의 실시이다. 주자치제도를 통해 현재 중앙정부가 가진 대부분의 권한과 기능을 주정부가 갖고, 중앙정부는 국방과 치안질서유지 등 연방제 국가에서 연방정부가 담당하는 제한된 권한과 기능만을 가지도록 해야 할 것이다. 현재로서는 그것만이 지금의 대한민국 중앙정부와 공직자들을 선진화시키는 유일한 대안일 것이다.

4. 조례안의 작성 및 심의기법의 숙지와 활용

단기적으로는 기대하기 어려운 현실이지만 지방분권이 확산되고 정착될 경우, 조례의 역할과 기능은 점차 확대될 것으로 예상된다. 그만큼 조례를 제정하고 적용하는 데 전문적인 지식과 신중한 판단이 요구된다. 따라서 지방의원들의 입법능력과 정치적 판단능력이 보다 향상되어야 할 것이며, 지방의회의 전문위원과 사무직공무원들의 전문적 입법심사 및 법제실무에 대한 지식습득과 의원보좌능력이 제고되어야 한다. 그리고 지방분권이 강화되고 자치제도가 보강될 경우, 법제실무에 관한 기초적인 지식 · 기술은 조례의 입안 및 심사담당자만이 아니라, 지방자치단체 모든 공무원들의 기초적 소양이 되어야 한다. 조례안심사는 단순히 조례안을 기술적으로 수정하는 것을 그 본래의 직무내용으로 하는 것이 아니며, 당해 지방정부의 정책결정과 밀접히 연관되어있음을 유의해야 한다.

이러한 조례의 정책적 역할을 고려할 경우, 조례의 법제실무는 입법기술의 문제를 중심으로 하면서도 단순히 입법기술에 그치지 않고 다음과 같은 다양한 내용들을 고려해야 한다. 즉 지방자치행정에 관한 그동안의 연구실적과 주민요구에 효율적으로 대처할 수 있는 적절한 능력 그리고 공익실현을 위한 공정한 감각 등이 종합적으로 고려되어야 한다.

1) 조례의 입법기술

조례의 제정과정은 입안과정과 심사과정으로 나누어지는 데 주로 입안과정 때 필요한 것이 입법기술이다. 조례의 입법기술은 새로운 입법을 함에 있어 상식적으로 바르고, 적절하며 이해하기 쉬운 조례를 제정하기 위하여 조례의 내용, 형식 및 표현 등에 걸쳐 고려하여야 할 제반 기술을 가리킨다. 입법기술에는 입법내용에 관한 것과 입법형식에 관한 것이 있으며, 특히 조례는 그 형식과 체계가 중요함을 유의할 필요가 있다.

(1) 내용상의 유의사항

첫째 조례란 당해 자치단체의 법규이므로 그 내용이 법으로서 적합한 것이어야 한다. 즉 법은 강제성을 가져야 하며, 법령내용이 실효성을 갖는지의 여부가 검토되어야 한다. 둘째 조례의 내용은 인권과 공익을 보호하는 것이어야 한다. 조례의 내용은 법의 목적인 정의 및 공평과 법적 안정성을 실현하기 위한 것이어야 한다. 따라서 조례의 내용은 헌법과 법령과의 관계를 우선 배려하여야 하고 특히 기본적 인권과 공공복리의 문제를 고려하여야 한다. 셋째 조례도 국법체계의 일환이기 때문에 그 내용은 헌법을 정점으로 하는 국법체계에 적합해야 한다. 즉 조례의 내용은 통일되고 정서된 법령체계로 구성되어 법질서를 유지하는 데 상호 모순되지 않도록 배려하여야 한다. 법령간 모순 · 상충을 해결하기 위한 원리로서는 소관사항원리, 형식적 효력의 원리, 후법우선의 원리 및 특별법 우선의 원리가 있다. 넷째 조례는 당해 자치단체의 특성을 반영해야 한다. 조례는 당해 자치단체만의 고유한 자치법규이다. 따라서 중앙정부에 의해 만들어진 조례(안)을 이름만 넣어 자신의 조례로 만들어서는 안된다. 조례내용에 자기 자치단체만의 지역적 특성과 지방적 특징을 반영해야 한다.

(2) 형식상의 유의사항

성문법은 한번 성립되면 입법자의 의사와는 별도로 언어로 표현된 것만이 객관적인 것으로서 해석 · 적용되므로 그 표현은 정확하고, 이해하기 쉬워야 한다. 즉 당해지역의 보통주민들이 이해하고 해석하는 데 이견이나 갈등을 야기하지 않을 만큼 간단 명료하고 정확하며, 이해하기 쉬운 용어로 작성되어야 한다.

2) 조례안의 심의기법

(1) 조례의 법적 본질에 적합한지 유의하여야 함

조례의 법적 본질인 강제성을 가지고 있는지에 대하여 검토한다. 따라서 다음과 같은 내용의 입법은 조례의 입법대상에서 제외하는 것이 타당하다. 첫째 도덕, 종교, 회사, 조합 등의 내부규범에 맡겨야 할 사항. 둘째 정치적 결정이나 정책의 일반적 방침에 맡겨야 할 사항. 셋째 행정조치, 예산조치만으로 실행될 수 있는 사항 등이다.

(2) 법형식의 선택에 유의하여야 함

법령이 선점하고 있는 규제사항에 대해서는 법령의 수권(授權) 없이 조례로써 벌칙을 강화하는 규정을 입법할 수는 없다. 법령이 구체적으로 규제하고 있지 않은 사항의 경우에는 지방자치단체의 질서유지와 주민의 복리향상을 위하여 필요한 경우, 지방의회는 조례를 제정할 수 있으나 벌칙사항은 법률의 위임이 있어야 한다. 조례는 법령의 범위 안에서 입법되어야 하므로 법령이 선점한 사항은 입법할 수 없으며, 하급의 법형식은 상급 법형식에 우선할 수 없다는 원칙에 유의하여야 한다.

(3) 법규범의 소관사항에 유의하여야 함

모든 법규범은 각자의 법형식으로 규정할 수 있는 범위가 정해져 있으며, 이 소관사항의 범위를 벗어난 사항에 관하여 규정하면 무효가 된다는 소관사항의 원리에 유의하여야 한다.

(4) 실효성있는 조례입법의 중요성

조례는 법이므로 입법하는 그 자체가 중요한 것이 아니라 현실에 적용되어 입법목적을 달성하는 것이 중요하다. 조례의 입법만으로도 주민에게 위협을 가함으로써 위법행위에 대한 예방적 효력을 가지나 이것만으로 입법목적이 달성되었다고는 볼 수 없으며 위반자에 대해 확실한 처벌이 적절하게 발휘되어야 한다. 실효성 없는 조례의 입법은 주민의 준법정신을 훼손하게 되어 다른 조례의 입법에까지 영향을 주게 되므로 조례의 내용이 대부분의 주민에게 수용될 수 있어야 한다.

5. 지속적 지방분권정책의 요구와 지방정부의 입법 및 정책기능강화

1) 미래의 중앙과 지방관계

미래의 사회는 지방의 경쟁력이 곧 국가의 경쟁력이 되는 사회가 될 것이다. 세계화된 지구촌에서는 국경이 사라지고 단일경제권의 시대가 도래 할지도 모른다. 이렇게 볼 때

21세기 우리나라의 미래는 지방자치단체들의 경쟁력 여하에 달려있다고 할 수 있다. 지방자치단체들의 자치역량을 강화시키고 국제적 경쟁력을 키워 세계무대에서 외국 자치단체들과의 경쟁해서 이겨야 한다. 그리하여 모든 자치단체들이 세계적 경쟁력을 가질 때 우리의 국가경쟁력이 제고될 것이다. 다시 말해 지금까지는 중앙정부의 경쟁력으로 자치단체들의 발전을 견인해 왔다면 이제부터는 정반대로 지방자치단체들의 발전에 의해 국가전체의 발전이 좌우되는 시대로 변화해 나간다는 것이다. 미래사회는 국가발전도 위로부터의 강요에 의해서가 아니라 아래로부터의 자연스런 변화에 의해 진전된다는 것이다.

2) 지속적 지방분권추진의 요구

이러한 세계적 변화추세에도 불구하고 오랫동안 중앙집권에 익숙한 한국의 중앙정부는 세계적 변화와는 달리 가능하면 지방분권을 회피해 가려고 노력할 가능성이 높다. 따라서 모든 지방정부와 지역주민들은 중앙정부에 대한 지속적인 지방분권정책의 추진을 요구할 필요가 있다. 1948년 정부수립이후 60년이 넘는 기간 동안 많은 학자들과 지역주민들이 줄기차게 지방분권을 주장해 왔고, 여러 정부가 분권공약을 추진해 왔다. 그러나 지금의 우리나라는 아직도 대부분의 중요한 권한과 기능을 중앙정부가 장악하고 있어 지방에 대한 통제가 강하고 지방의 자율성은 매우 낮은 실정이다. 정치인들의 공약이 어떠하건 지역주민들의 요구가 무엇이든 상관없이 중앙행정부의 고위공직자들은 치밀하게 지방분권을 지연시키거나 방해해 왔다. 대통령이나 국무총리 소속의 위원회나 기타 정부위원회를 만들어 일차적으로 국민의 여론을 잠재우고, 그들 위원회의 운영방식이나 절차 등을 제약하여 2차적으로 분권을 지연시키고 지체해 옴으로써 결국 정치권의 대선공약과 총선공약은 선거 때마다 되풀이 되고 있다. 결국 지방분권은 고위공무원들에 의해 좌우되기 때문에 이들이 분권과 자치를 이해하고 개혁할 수 있어야 한다. 그리고 그것이 가능하기 위해서는 고급공무원의 채용과 교육제도가 바뀌어야 한다. 때문에 지방정부와 주민들은 중앙정부에 대해 지속적인 지방분권정책을 요구해야 하며, 그 대안으로 교육개혁과 고시제도의 개혁과 공무원교육제도의 혁신을 동시에 요구해야 한다.

3) 분권화 이후의 과제와 대응

결과적으로 지금까지 우리나라의 역대 정부들은 지방분권을 게을리 함으로써 국가발전에 많은 지장을 초래하였다. 그러나 향후의 세계화의 추세나 우리 국민들의 대응행태 그리고 향후 예측되는 정부의 정권변동 등은 지방분권의 바람을 피할 수만은 없을 것이다. 그리고 일단 어떠한 계기로 지방분권이 가속화 된다면 그 결과는 우리나라의 지역사회에 대대적인 변화를 가져올 것이다. 그렇기 때문에 이제부터라도 지방정부는 이러한 분권시대에 대비하여 각자 자신들은 무엇을 어떻게 할 것인지를 연구하고 준비해야 한다. 이것이 바로 지방분권이후 지방정부의 정책과제이며, 지방정부의 정책개발이라 할 것이다. 때문에 지방정부의 의결기관과 집행기관은 이제부터 지역발전과 주민복지증진을 위한 창조적인 정책개발을 최선을 다해야 할 것이다. 조례는 바로 이와 같은 지방정부의 정책을 지방정부차원에서 정당화시키고 합법화시키는 수단이기 때문에 이들 정책개발과 조례제정은 불가결한 관계에 있음을 유의해야 한다. 물론 지방정부의 정책은 조례의 형식을 지니게 된다는 사실은 두말 할 나위도 없다. 결과적으로 조례제정권을 가진 지방의회와 의원들의 역할과 책임도 그만큼 무거워지게 된다는 점을 인식해야 한다.

요컨대 중앙정부의 지방분권정책이 성공적으로 추진된다면 그 이후 지방정부의 정책과제는 무엇인가? 이러한 의문에 대해 우리는 우선 다음과 같은 점들을 지적하지 않을 수 없다. 첫째는 지방정부의 구조기능적 혁신과 체제역량의 제고이고, 둘째는 지방공무원의 창조적 능력발전이다. 셋째는 지방주민들의 선진적 시민의식함양과 적극적 지방자치참여의 확충이고, 넷째 지방정부차원의 창조적 정책개발이다. 그리고 이러한 정책개발이 항구화되기 위한 정책지향적 지방정부구축이 다섯 번째의 과제로 지적할 수 있을 것이다. 이렇게 볼 때 지방의회와 의원들은 이상과 같은 지방정부의 향후 정책과제들을 염두에 두고 집행기관의 정책과 사업을 조율해 나가야 하며, 그러한 관점에서 조례제정과 정책개발에 서로의 역량과 지혜를 모아야 할 것이다.

III. 지방의회의 행정사무감사제도의 개선과 효율화 방안

1. 의의

지방의회의 행정사무감사는 기관분립주의의 정신에 따라 의결기관인 지방의회가 집행기관의 행정활동에 대해 주민을 대신하여 견제하고 감시하는 활동의 일환이다. 즉 집행기관이 지난 일년동안 추진해 온 행정업무를 의결기관이 확인 평가하여 문제점을 지적하고 그 개선책을 제시함으로써 행정의 능률성과 효과성을 제고시키기 위한 정기적인 의정활동이다. 따라서 집행부의 행정에 대해 지방의회는 다양한 관점에서 다양한 기준을 적용함으로써 그 행정활동에 대한 잘잘못을 따지고, 시정을 촉구하는 과정을 거치게 된다. 여기서 문제점이란 법령위반행위를 적발하거나 비능률, 비효과적인 업무수행, 전래답습적 무사안일행정, 낭비행정 등 바람직하지 못한 행정업무처리를 의미하며, 행정사무감사의 효율화란 제한된 기간 내에 한정된 노력으로 보다 다양한 문제점을 찾아내어 이를 개선시킴으로써 행정사무감사제도의 목적달성에 기여하고자 함을 의미한다.

그러나 이미 제2편에서 지적한 바와 같이 아직도 우리나라의 현실에서는 제도적으로나 행태적으로 행정사무감사의 효과를 저하시키는 요인들이 산재하고 있다. 따라서 여기서는 이들 문제점을 개선시킬 수 있는 대안들을 탐색하여 그 개선책을 구체적으로 제시해 보기로 한다. 물론 우리가 개선책으로 제시하는 대안들이 모두 채택되어 제도나 행태가 개선된다고 하더라도 그 결과는 항상 가장 이상적인 행정사무감사제도로 구현된다는 보장은 없다. 그럼에도 불구하고 연구되거나 제시된 대안들까지 회피하거나 방치해서는 안된다.

2. 감사제도의 개선

1) 상급자치단체 감사제도의 폐지

지방자치제도란 엄격한 의미에서 중앙정부가 지방정부에게 일정한 권한의 범위 내에서 자치를 허락하였고, 지방자치권의 범위 내에서 보면 광역자치단체와 기초자치단체는 대등한 공법인이다. 이렇게 볼 때 중앙정부와 특·광역시와 도 등이 하급자치단체에 대해 정기적인 감사를 실시한다는 것은 논리에 맞지 않다. 따라서 불가피한 사유가 있을 때, 위임사무에 한하여 가능토록 할 필요가 있다. 특히 광역자치단체의 공무원들이 기초자치단체의 의결기관인 지방의회를 감사한다는 것은 논리와 사리에 맞지 않는 어이없는 일이다. 지역주민들의 직접선거에 이해서 선출된 지방의원들의 의정활동을 광역자치단체의 공무원들이 어떻게 감사할 수 있는가 하는 것이다.

2) 지방자치단체별, 지방의회 중심의 독자적 감사체제 구축

특정한 지방자치단체에 대한 행정사무감사는 당해 자치단체의 지방의회중심으로 이루어져야 하며, 중앙정부나 상급자치단체의 간섭이나 통제는 배제되어야 한다. 때문에 현재의 행정사무감사제도는 장기적인 관점에서 볼 때 상당부분 개선의 여지가 있다. 우선 중앙정부와 상급자치단체로부터 여러 가지 간섭과 감사가 진행되고 있어 자체감사의 가치를 떨어뜨리고 있기 때문이다. 그리고 지방자치행정에 전문성이 낮은 지방의원들이 직접 집행기관의 정책과 행정활동 전체를 대상으로 감사한다는 것은 결코 쉽지 않기 때문이다. 그러므로 감사결과의 효과성도 그 만큼 떨어질 수 밖에 없다. 특히 직무감사와 회계감사를 구분하지 않고 진행되는 현행제도에서 회계감사의 경우 더욱 그 실효성을 찾기 어려울 정도이다.

지방자치의 기본정신에 입각해 볼 때 지방자치단체에 대한 감사는 당해 자치단체의 구역 내에 설치된 독립된 감사기관이 담당하는 것이 가장 바람직하다. 그리고 직무감사와 회계감사는 분리하는 것이 바람직하다. 따라서 회계감사의 경우 당해 자치단체의 구역 내에 독립적인 전문회계기관을 통해 실시하고, 직무감찰은 지방의회와 자체감사기관에 맡기는 것이 가장 바람직할 것이다. 그리고 장기적으로는 현재 집행기관에 설치되어 있는 감사기구를 지방의회로 그 소속을 이전시키고, 지방의회의 사무직원은 의회감사직렬을 신설하며, 의회사무기구는 지방의회가 독자적으로 설치 운영할 수 있도록 제도를 바로 잡아야 한다.

3) 감사기간의 조정, 감사범위의 명확화, 감사결과처리방법의 합리화

이미 앞에서 문제점으로 지적된 제반 내용들에 대해서는 합리적 개선조치를 취해 나가야 한다. 기초의회의 경우 7일 이내에 감사준비와 감사실시 그리고 감사결과처리를 한다는 것은 사실상 불가능하거나 다분히 형식적인 과정으로 넘길 수밖에 없는 실정이다. 감사범위의 충첩문제는 단시일 내에 해결되기는 어려운 성질의 문제이지만 기초와 광역자치단체간 업무한계를 명확히 규정할 수 있는 장치를 마련해 나가야 할 것이다. 기초와 광역의회의원들이 감사도중에 업무가 중복 혹은 중첩되었음을 발견하였을 경우, 기초자치단체 우선의 원칙(지방자치법 10조 3항)을 준수하여 처리하도록 노력할 필요가 있다. 또한 감사결과를 처리함에 있어 지방의회의 권한한계를 넘는 월권행위를 하거나 정치적 흥정을 통해 문제의 내용을 희석시키지 말아야 하며, 작은 문제를 지나치게 침소봉대(針小棒大) 해서도 안될 것이다.

3. 감사행태의 개선방안

1) 관련분야 전문가로부터의 지원 협력체제 확립

의원들은 감사를 실시함에 있어 전문위원과 각 정책분야 전문가나 개인적으로 정책보좌관을 두고 이들의 조력을 얻을 필요가 있다. 지방의원들이 아무리 전문성이 높다고 하더라도 모든 분야의 모든 일에 관해 다 잘 알 수는 없다. 따라서 상임위원회별로 자문위원회를 둔다거나 전문위원의 수를 늘린다거나 아니면 개인적으로 전문가를 보좌관으로 활용함으로써 감사에 필요한 전문성을 향상시켜 나가야 한다.

2) 타 지방의회와의 효율적인 정보교환 및 지난해의 결과검토

다른 지방의회의원들과의 정보교환도 필요하다. 경험도 전문성도 부족한 상태에서는 외부의 도움을 부분적으로 받으며 문제를 파악해 나갈 수밖에 없다. 우리나라의 지방의회는 국회와 달라 광역의 경우 16개(2012년 7월 이후 17개)의 지방의회가, 기초의 경우 228개의 지방의회가 그 처한 상황과 여건이 서로 크게 다르지 않다. 물론 인구나 예산규모 등에 따라 차이가 없지는 않지만, 제도상으로는 거의 유사하다. 비슷한 여건 속에 있는 지방자치단체의 집행기관을 감사하고 있으므로 상호 정보교환이 원활히 되면 적은 경험과 낮은 전문성의 문제를 쉽게 극복할 수도 있기 때문이다. 그리고 당해 자치단체는 물론 타지방자치단체의 지난해 감사자료와 결과를 검토함으로써 올해의 감사정보와 자료를 얻을 수도 있다.

3) 수감기관의 태도개선과 공무원들의 지방의회관의 개혁

지방의회의 행정사무감사와 조사는 지방공무원들의 적극적인 협력과 수감태도가 많은 영향을 미친다. 물론 연중 1/2가량을 감사와 조사에 관련된 업무로 시달리면서 담당업무를 통해 실제 주민들에게 서비스할 시간을 찾기가 어려운 공무원들로서는 행정사무감사가 제대로 효과를 달성하지도 못하면서 자신들의 업무를 지연시키거나 방해만 한다고 생각하기 쉽다. 특히 지방의회의원들이 수감기관의 업무에 관해 잘 모른다는 편견을 가지고 있을 경우 지방공무원들의 수감태도는 더욱 문제가 될 수 있다. 따라서 감사수행 상 반드시 필요하다고 볼 수 없는 자료들을 여과 없이 요구하고 있는 지방의원들도 문제지만, 의원들에 대해 편견과 부정적 생각을 가진 주민들의 지방의회를 보는 눈과 생각을 개혁시키는 일도 중요하다(백종섭, 1999 : 671). 지방의회의원은 선거를 통해 주민들의 대표로 선출된 사람들이기 때문에 행정전문가도 아니며, 전문정치인도 아니다. 그러나 주민들로부터 공무원들의 업무를 감시하고 감독할 수 있는 권한을 부여받은 사람들이라는 점을 분명히 인식함으로써 이들에 대한 편견과 오해를 없애야 한다.

4) 지방의원의 감사태도개선과 전문성 및 리더십 함양

지방의회의원들의 감사태도에도 문제가 많다는 지적이 언론을 통해 종종 나오고 있다. 이미 앞에서도 지적한 바와 같이 피감사기관에 대해서나 감사대상업무에 대한 충분한 사전적 연구 · 검토 없이 과대한 자료제출을 요구한다거나 감사현장에서 수감기관의 공무원들을 대하는 태도 등 적절치 못한 감사태도는 마땅히 개선되어야 한다. 사실 이러한 의원들의 태도는 당해 문제에 대한 전문성 부족과 지역사회 지도자로서의 역할인지가 부족한 데서 비롯되는 경우가 많다(백종섭, 1999 : 670). 따라서 평소 의원들의 실력이나 자질이 감사현장에서 적나라하게 나타나는 경우가 많으므로, 감사현장 특히 대중매체인 언론이 지켜보고 있을 때는 감사를 받는 자보다도 의원들이 더 많은 주의를 해야 할 필요가 있다. 순간의 실수가 공들여 쌓은 탑을 무너뜨릴 수 있기 때문이다.

4. 전략적인 감사기법의 개발

1) 감사대상 사무선정과 감사자료의 선택과 집중

의결기관의 행정사무감사가 집행부를 효율적으로 감시하고 견제할 수 있는 실효성 있는 감사가 되어야 한다. 그러기 위해서는 감사대상사무에 관한 감사위원들의 문제의식 정립, 자료수집 등 철저한 사전준비와 전문가 등과의 상담, 동료의원들과의 협력 등이 요구된다. 수많은 감사대상 사무 중 감사위원의 전문성이 높은 것을 선택하고, 이것에 대해 집중적인 자료수집과 연구를 통해 전략적으로 준비하고 접근해야 함을 의미한다. 즉 감사실시에 임하여 감사대상사무 전체보다는 감사위원의 경력이나 적성 그리고 전문성 등과 관련해 감사위원 스스로가 비교우위에 있다고 판단되는 일정한 분야를 선정하여 그 분야에 대해 집중적으로 감사할 필요가 있다. 즉 모든 사무를 감사하겠다는 생각은 잘못이다. 많은 대상사무 중에서 자신이 가장 잘 할 수 있는 분야를 선택하고, 선택된 사무에 대해서 집중적으로 자료와 정보수집 등을 통해 감사에 대비해야 한다.

(1) 지역사회 민심의 동향파악과 여론수집

감사대상사무와 감사위원 스스로가 중점적으로 감사하고자 선정한 사무와 관련하여 지역사회주민들의 민심을 파악하고 여론을 청취할 필요가 있다. 특히 관련분야나 문제와 관련한 지역언론의 태도와 판단방향을 분명히 인식할 필요가 있다. 특히 쟁점적인 문제에 관해서는 대립적인 주민들의 여론을 골고루 청취해야 하며, 집단민원의 경우 그 내용과 집단민원에 대한 주민의 여론도 파악해야 한다. 다수의 여론에 파묻혀 감춰진 소수의 주장에 대해서는 물론 언론에서 문제점으로 지적하고 있는 사항에 대해서도 철저히 파악할 필요가 있다. 이들 여론조사와 각종 자료수집은 지방의원들이 직접 수행하는 것이 가장 바람직하지만 현실적으로 어려움이 있을 때나 큰 시차가 없을 때는 공신력있는 기관의 기존 보고서를 통해 간접적으로 수집할 수도 있다. 가능하면 지방의회차원에서 정기적인 여론조사를 실시하는 방안을 강구할 필요가 있다[12].

(2) 감사대상사무와 관련된 주민들의 제보확보 및 활용

지방의회의 행정사무감사가 진행되는 시기에는 지역사회의 주민들이나 집단들로(이해당사자, 목격자, 피해자 등)부터 감사대상사무와 관련된 각종의 제보가 들어온다. 예컨대 이해당사자들의 경험적 실제상황이나 당해업무담당자의 양심선언 등과 관련된 전화, 팩스,

12) 오늘날 "국민의 대표는 국민들의 마음속에서 살고, 마음속에서 죽는다." 는 정치격언이 있다. 지방의회는 어느 기관보다도 주민들의 여론에 민감해야 하므로 정기적 여론조사와 보고는 제도적 장치로 만들 필요가 있다.

E-Mail, 사진, 비디오테이프 등이 들어올 수 있다. 따라서 지방의회는 이러한 주민들의 제보를 제도화할 수 있는 길을 마련할 필요가 있고, 이렇게 확보된 자료는 우선 그 정확성을 면밀히 검토해서 검증된 것에 한해 반드시 필요시에만 사용해야 한다. 왜냐하면 주민들로부터 제보된 자료는 사건당사자중 어느 일방의 주장에 지나지 않으므로 반드시 반대편의 입장도 함께 고려할 필요가 있기 때문이다. 자칫 무고한 사람들이 악의에 찬 나쁜 사람들로 인해 선의의 피해를 입는 일이 발생하지 않도록 특히 유의할 필요가 있다.

(3) 감사대상사무와 관련된 공문서 확인

감사위원들은 감사대상사무와 관련되는 주민들의 진정서나 당사자들의 청원서 그리고 의회의 속기록 등을 면밀히 검토할 필요가 있다. 쟁점적인 문제에 대해서는 특히 이러한 공문서를 사전에 검토하여 문제에 대한 정확한 정보나 자료를 파악해두는 것이 감사에 큰 도움이 될 수 있다. 또한 감사대상사무와 관련되는 것들 중에서도 매년 비슷한 현상들이 반복되는 문제에 대해서는 과거로부터 현재에 이르기까지 그 문제가 처음 발생한 시점부터 현재에 이르기까지의 몇 년 간의 자료를 비교검토해 보는 것도 중요하다. 일련의 반복되는 현상 속에서 문제의 핵심요인이나 새로운 해결책을 발견할 수도 있기 때문이다. 이때 필요하다면 집행기관에 대해 서류제출요구도 가능하다.

(4) 현장답사와 현지확인

감사 및 조사를 행하는 본회의 또는 위원회는 감사 또는 조사의 방법으로 현지확인을 행할 수 있다(지방자치법 제36조 제4항). 감사대상사무와 관련하여 자료나 정보수집에 필요하다면 현장답사를 할 필요도 있다. 예컨대 소음, 진동 등은 물론 수질오염, 대기오염 등 환경오염문제는 오염현장을 방문해서 직접 확인하는 방법이 가장 문제인지에 가장 좋은 방법이다. 물론 감사의 시행단계에서 현지확인 절차를 거칠 수도 있지만 이와는 별도로 지방의원 개인자격으로 현장을 답사하고 필요한 자료를 수집할 필요도 있다. 다른 문제의 경우에도 문제의 중요 요인이나 해결방안은 그 문제가 발생한 현장에서 찾기가 가장 쉽다. 즉 현장답사를 통한 현지확인이 문제인지나 대안발견에 가장 최선의 지름길이라는 것이다. 이러한 현장답사는 지방의원이라는 신분 때문에 매우 용이할 수도 있기 때문이다. 본회의나 감사위원회 또는 조사위원회가 현지확인을 의결한 때에는 현지확인 3일 전까지 의장을 통하여 현지확인의 통보를 해야 한다(지방자치법 시행령 제17조의 4 제1항)[13].

13) 현지확인통보를 받은 관계인 또는 관계기관은 법령이나 조례에서 특별히 정한 경우를 제외하고는 이에 응하여야 한다. 이에 응할 수 없는 정당한 이유가 있는 경우에는 그 이유서를 현장확인일 1일전까지 의장에게 제출해야 한다(동 제2항, 제3항)

(5) 관련분야 전문가와의 상담과 자문

지방의원들은 감사를 위해서는 물론 평소에도 지역사회내의 학자나 전문가 혹은 관련분야 공무원과 기술자 등으로부터 지역사회의 문제해결과 지방의정활동의 전문성 증진을 위해 상담하거나 자문을 받을 필요가 있다. 주민의 대표로서 지방의원의 상당과 자문요청을 거부할 전문가나 학자들은 많지 않기 때문에 평소 친분이 없는 사람이라고 하더라도 상담과 자문을 요청하여 필요한 지식과 정보를 입수할 필요가 있다. 자문은 지방의원 개인의 편견이나 집착을 객관적이고 공평하게 판단할 수 있도록 만들어 주고, 부족한 지식을 보충해 주는 역할을 한다.

(6) 지방의원 상호간의 연구와 토론 및 협력

평소 지방의원들은 지역의 현안문제에 대해 상호 의견을 개진하고 토론함으로써 문제해결책에 대해 생각을 공유할 수 있도록 노력해야 한다. 특히 감사에 임하여 이러한 노력은 더욱 중요하다. 즉 감사대상사무에 대해 각 의원들은 자신들이 가지고 있는 지식이나 경험 등을 서로 나눌 수 있는 기회를 가지고 효율적인 대응책에 대한 생각을 정리할 필요가 있다. 감사현장에는 수십 년 행정업무를 수행한 전문가적 공무원들 다수가 모여 한 사람의 감사위원에 대처하고 있기 때문에 의원 개인만의 능력으로 수감자들의 변호나 변명을 극복하고 진실을 파헤치는 데는 한계가 있다. 따라서 유사한 관심을 가진 의원들 상호 간이나 같은 정당소속 혹은 같은 지역출신 의원들 상호 간에 협력해서 연구하고 토론하며, 쟁점을 발견하고 자료를 축적하는 노력이 요청된다.

2) 감사기준에 대한 지적 전문성 제고와 효율적 활용

지방의회의원은 행정사무감사에 임함에 있어서는 우선 지방행정의 이념을 그 준거의 틀로 삼아야 한다. 즉 지방행정이 추구하는 목표 · 가치와 이상, 그리고 준수해야 할 지도원칙이 얼마나 구현되고 있는가를 확인 · 검증하고 잘못된 행정을 시정하는 데에 기준을 설정해야 한다. 지방행정의 지도이념간의 우선순위도 아울러 고려되어야 한다. 그리고 행정기관의 업무내용이 주민들의 요구에 부응하는 것인가(대응성)? 행정서비스의 과정이나 결과가 사회적 형평성을 구현하였는가(공정성)? 사업선정은 적절하였는가? 사업의 성공적 수행을 위해 이용된 수단은 적절하였는가? 등 행정서비스의 수행과 관련된 실무적 관점에서도 감사기준을 설정하고 감사에 임해야 한다.

(1) 민주성과 합법성 감사

첫째 민주성이란 실제 감사현장에서는 우선 사무처리를 민주적으로 적법하게 하였는가를 감사하는 것을 말한다. 지방행정기관은 사무를 처리함에 있어 주민의 의견을 수렴하는 등 민주적 절차에 의하여야 하며, 관계되는 법령, 조례, 규칙 정당한 지시를 준수하여야 한다. 법령, 조례, 규칙, 상사의 지시나 방침을 준수한다는 것은 민주성과 법치주의의 요청에 부응하는 당연한 책무로 간주되고 있다. 따라서 지방의원은 감사를 실시함에 있어 주민들의 요망이 충분히 반영되어 있는가, 그 감사대상기관 또는 단체가 법령, 조례, 규칙, 지시 등에 맞게 모든 업무를 처리하고 있는가, 즉 위법 부당한 업무처리를 한 것은 없는가, 수뢰, 횡령, 공금유용, 배임, 직권남용, 직무태만, 월권행위 또는 감독 소홀이 없었는가 등을 그 판단의 기준으로 삼아야 한다.

둘째 행정사무감사는 수입 · 지출의 합법성이 지켜지고 있는가를 주의 깊게 살펴야 한다. 수입은 법령 및 조례가 정하는 바에 따라 부과 · 징수하지 않으면 안된다. 따라서 위법하게 지방세 또는 세외수입을 결정 · 부과한 것은 없는가, 부당하게 감면 또는 결손처분한 것은 없는가, 징수태만 또는 시효완료로 징수할 수 없게 된 것은 없는가, 기타 세입을 직접 사용하거나 유용한 것은 없는가, 미수금은 없는가 등이 그 예이다. 한편 지출은 법령 및 조례에 의하여 지출의무가 있거나 예산이 정한 목적에 따라 지출하였는가, 예산의 위법한 이용 · 이제 등은 없었는가를 파헤쳐야 한다.

(2) 합목적성과 효과성의 감사

첫째 합목성이란 우선 사무처리의 내용이나 방법이 그 조직의 목표에 부합하는가의 여부를 살펴보아야 하며, 그 사무처리가 지향하려는 목적을 달성하고 있는가에 주목하는 것을 말한다. 사업은 나름대로의 목적을 가지고 있고, 사업을 추진하려면 계획수립과 예산의 뒷받침이 있어야 한다. 그러므로 지방의원들은 추진하고 있는 사업이 그 목적에 합당하며, 또한, 그 사업수행에 필요한 예산이 확보되어 있는가를 살펴보아야 한다. 사업의 목적을 감안할 때 그 규모가 적정한가, 사업시행의 시기 및 장소가 적정한가. 사업에 소요되는 재원에 불확실한 것은 없는가를 감사하여야 한다. 둘째 효과성을 기준으로 감사한다는 것은 감사를 실시함에 있어서는 사업의 성과를 측정 · 평가하는 것을 의미한다. 사무처리가 목표의 몇%를 달성하였는가, 사업의 성과를 거양하였는가, 그 사업이 다른 부문에 미친 효과는 어느 만큼인가 등에 관심을 집중해야 한다.

(3) 합리성의 감사

지방행정의 능률화를 도모하려면 행정조직 및 관리의 합리화가 이루어져야 하므로 지방의원은 감사를 실시함에 있어 당해 지방정부가 행정조직 및 관리의 합리화를 실현하기 위하여 어떻게 노력하고 있는가를 살펴야 한다. 즉 지방행정조직이 잘 편성되어 있는가, 상호협력 및 조정체계는 마련되어 있는가, 조직내부의 수평적 · 수직적 사무분장은 적정한가, 불필요한 조직은 없는가, 조직발전(O.D)이나 합리적인 행정개혁이 이루어지도록 노력하고 있는가 등을 검토해 보아야 하며, 관리층의 근무자세, 시정방침 등이 제대로 확립되어 있는가를 면밀히 파헤쳐야 한다[14].

(4) 능률성과 생산성의 감사

첫째 능률성(efficiency)이란 투입 대 산출의 비율을 의미한다. 감사를 수행할 때는 경비의 지출에 있어서는 최소의 비용으로 최대의 성과를 낳고 있는가 하는 이른바 투입과 산출의 비율에 착안하여 감사하여야 한다. 능률성을 검토함에 있어서는 단순히 사무처리경비의 절약뿐만 아니라 적극적으로 그 사무처리가 필요한가에 대하여도 감사해야 한다. 재산을 매입하는 경우에 예정가격이 적정한가, 예정가격에 비하여 고가로 낙찰되거나 또는 구입한 일은 없는가, 부실공사 또는 시공에 있어 부정은 없었는가, 경비지출의 남용은 없었는가에 초점을 맞추어야 한다. 또한, 감사대상기관이 업무를 수행함에 있어 능률성을 고려하였는가 하는 점은 물론, 사무가 능률적으로 처리되고 있는가를 관찰하여야 한다. 그리고 사무처리방법을 개선하여 노력과 시간 및 비용의 낭비를 방지하는 등 보다 효과적인 개선의 여지가 없는가 등도 밝혀내야 한다.

둘째 생산성(productivity) 이란 능률성과 효과성을 합친 개념을 의미한다. 즉, 사무를 처리함에 있어서 최소의 비용으로 최대의 성과를 가져와야 하는 능률성과 그러한 성과가 목표달성의 극대화를 이루는 효과성이 동시에 달성될 때 그것은 매우 효율적, 혹은 생산적이라고 할 수 있다. 따라서 능률성과 효과성을 동시에 고려할 수 있는 감사가 되어야 하고, 능률성은 높았으나 효과성이 떨어졌거나, 능률성은 높지 않았지만 효과성이 높은 결과가 나타났을 경우, 양자 모두에 대해 그 원인을 따져 보아야 한다.

(5) 공정성(형평성)과 대응성

지방정부에 의해 제공되는 행정서비스는 그 과정이나 결과가 모든 지방주민들에게 공정하게 배분되어야 한다. 즉 행정의 사회적 형평성을 실현해야 한다. 많은 자원을 투자하여 행정서비스를 공급하고서도 주민들로부터 만족스런 반응을 얻지 못하는 것은 행정의 공정성, 서비스의 사회적 형평성이 결여되었기 때문에 그러한 결과가 야기되기 쉽다. 뿐만 아

14) 원래 합리성이란 이치에 합당함을 의미한다. 그러나 일반적으로는 경제적 합리성을 강조하고 있다. 엄격하게 보면 대부분의 기준들이 이 합리성 속에 내포된다고 할 수 있을 것이다.

니라 지방정부에서 수행하는 사업이나 행정서비스는 주민들의 요구에 대응하는 것이어야 한다. 따라서 감사대상 업무가 이러한 주민의 행정수요에 어느 정도 적절히 대응했는지를 감사의 기준으로 삼아야 한다. 지역마다 다양한 집단민원이 발생하는 이유는 바로 이러한 주민의 요구에 행정기관이 적절히 대응하지 못했기 때문이다.

(6) 업무수행의 체계성(계획성)과 수단선택의 적절성

행정기관이 수행하는 사무는 사전에 충분한 검토와 준비 등이 있어야 하고, 사업수행의 성공을 위한 계획과 예산의 연계방안도 강구되어야 한다. 즉 업무수행이 계획적이어야 하고 수단선정이 적절해야 한다. 따라서 무계획적인 업무수행이나, 예산의 뒷받침이 없는 사업이 수행되었는지 여부를 판단함으로써 감사판단의 근거로 삼아야 한다. 나아가 사업수행을 위해 선정된 수단이 예산의 낭비나 시간적 지연 등이 없었는지도 감사해야 한다[15].

(7) 사업의 우선순위 판단과 목표-수단 관계(선택과 집중의 정도)

지방행정기관은 한정된 자원으로 시시각각 증가하는 행정수요에 효율적으로 대응해 나가야 한다. 따라서 행정기관의 업무수행은 수많은 과제, 다양한 문제들 중에서 해결해야 할 우선 순위가 가장 높은 시급한 사업을 선정하고 실행할 것이 요구된다. 행정기관은 평소 수행해야 할 많은 문제를 가지고 있을 뿐 아니라 매일같이 다양한 행정수요가 주민들로부터 제기되고 있다. 따라서 수많은 행정수요 중에서 피감기관이 수행한 행정업무가 가장 시급한 업무였는지, 다른 우선순위가 가장 높았던 문제는 없었는지를 감사해야 한다. 행정서비스는 자원배분을 의미한다. 행정기관이 특정한 고객의 편의와 수혜를 위해 더욱 시급한 다른 사업을 제쳐두고 동 사업을 수행했다면 이는 반드시 개선되어야 한다. 뿐만 아니라 행정기관이 선택한 업무수행방법과 절차가 사업목적달성을 위한 가장 바람직한 수단이었던가에 대해서도 감사할 필요가 있다. 목표달성을 위한 수단을 잘못 선택하여 각종 자원의 낭비와 업무의 비능률을 초래할 수 있기 때문이다.

(8) 업무수행의 혁신성과 창의성

수감기관이나 그 기관의 공무원들이 해당업무를 수행하는 과정에서 환경변화와 주민의 요구변화에 부응하여 업무수행의 혁신을 위해서나 창조적 업무수행을 위해 어느 정도 노력하였는가를 기준으로 감사할 수도 있다. 어느 시기나 감사기준으로서 혁신성과 창의성을 활용하는 것은 행정사무감사의 적실성을 제고시켜주게 될 것이다.

---

15) 업무처리 방법이나 기술에 관한 지식, 정보 등을 어떻게 확보하고 있는가 등을 판단하기 위해서는 우선 지방정부의 공무원들이 자신의 업무와 관련된 유관 기관이나 단체들과의 Network구축 정도를 파악해 보는 것이 중요하다.

(9) 대안을 제시하는 감사

행정을 수행함에 있어 부정이나 비능률이 발생한 데에는 반드시 그 원인이 있을 것이다. 따라서 감사를 함에 있어서는 사실을 발견하는데 그쳐서는 안되며, 그러한 부조리나 비능률이 생긴 이유를 찾아내어 해결방안을 제시하는 건설적인 방향으로 실시되어야 한다. 즉 그 요인이 불합리한 시책 때문인가, 복잡한 절차와 규칙 때문인가, 비현실적인 법규 때문인가, 예산의 부족 또는 공무원의 봉사정신의 결여 때문인가 등을 규명하는 동시에 그에 대한 대안을 제시하는 방식으로 감사를 실시하여야 한다.

(10) 업무수행과정의 합리성 정도와 시의성(Process & Timing)

수감기관의 공직자들이 업무를 수행하는 과정이 민주적이었는가? 혹은 능률적이고 효과적이었는가? 를 기준으로 감사기준을 삼을 수도 있다. 21세기 사회는 결과란 과정의 산물이기 때문에 과정을 합리적으로 거치지 않을 경우 바람직한 결과를 얻을 수 없는 것을 보고 있다. 적절한 과정을 거쳐 적기에 업무를 제대로 처리하였는가를 기준으로 감사기준을 삼을 수도 있을 것이다[16].

(11) 환경변화에의 대응성 및 장기발전목표와의 일치성

지방의회의 행정사무감사는 지방자치단체의 행정환경변화에의 대응성과 장기발전목표 달성을 자극하고 통제하기 위해서도 필요하다. 즉 행정사무감사의 기본 방향과 원칙도 집행기관이 환경변화에의 대응노력이 얼마나 효과적이었는가? 그리고 그들의 활동이 당해 자치단체가 추구하는 미래의 장기발전목표에 어느 정도 부합했는가 등으로 맞춰질 필요가 있다. 이러한 감사는 지방정부의 장기적이고 거시적인 지향방향을 정립해 나간다는 데 상당한 의미를 갖게 된다.

〈표1〉 행정사무감사의 기준

사 항 별	착 안 사 항
① 민주성과 합법성	o 행정의 주민의사 합치여부 및 결과에 대한 책임여부 o 법령, 조례, 규칙, 정당한 지시와 절차 준수 o 직권남용, 직무태만, 월권행위, 감독소홀 여부

16) 현대사회는 타이밍과 절차(과정)를 중요한 가치기준으로 강조하는 사회다. 따라서 아무리 중요한 일(정책, 사업)이라고 하더라도 타이밍을 제대로 맞추지 못하든가, 거쳐야 할 절차를 충분히 거치지 않았다면 그 일은 분명 잘못된 것임을 분명히 해야 할 것이다.

사 항 별	착 안 사 항
② 합목적성과 효과성	o 행정 목적 및 방향의 합리성 여하 o 기관운영의 목적합치성, 목표의 달성정도 o 예산의 낭비 여부, 계획과 예산의 합치성 여부 o 사업의 규모, 시기, 장소, 재원 등의 적적성 여부
③ 업무수행의 합리성	o 행정조직 및 관리의 합리화 정도 o 사무분장의 적절성 조직 및 관리혁신여하 o 상황변화에 대한 대처능력 및 대처여부
④ 능률성과 생산성	o 투입 대 산출의 비율 : 경비절약, 낭비요인제거 여부 o 사무처리방법개선 : 시간, 비용, 방법의 낭비제거 여부 o 최소의 비용으로 최대효과 달성 여부
⑤ 공정성과 대응성	o 행정서비스 배분의 실질적 평등여부 : 수직적, 수평적 평등 o 행정의 주민요구에의 대응정도 : 행정수요의 대응성 o 민원 발생여부, 주민의 호응도 여부,
⑥ 계획성과 수단의 적절성	o 업무수행의 계획성, 체계성여부, 계획의 정확성여부 o 예산의 확보(재정-계획고의 연계여부)여부 o 계획집행수단의 적절성 : 신기술, 신전략, 예산과 시간 요인
⑦ 사업의 우선순위와 목표-수단의 관계	o 사업간 시급성 차이, 중요도차이 등의 반영여부 o 행정수요에의 대응성 정도, 전시행정여부, 지역간 형평성 o 목표달성을 위한 수단의 적절성 여부
⑧ 혁신성과 창의성	o 업무수행과정, 방법, 절차, 수단 등의 혁신채택여부 o 창조적 정책 및 사업의 발굴여부 o 새로운 자원동원 및 지식과 기술개발 여부
⑨ 업무수행과정의 적절성과 시간적 적합성(Timing)	o 업무수행과정이 민주적, 능률적, 효과적이었는가? o 업무수행과정이 시간적으로 적절했는가?
⑩ 변화대응성과 목표지향성	o 국제적, 국내적 환경변화에 대한 대응노력 정도 o 행정업무가 당해 자치단체의 발전목표달성과 일치하는가?

지금까지 효율적인 감사를 위한 방안들을 검토 제시하였다. 그러나 이에 앞서 감사현장에서 감사위원들이 유의하고 반드시 지켜야 할 일들이 준수되어야 한다.

첫째 감사시의 주의의무로써 i) 수감기관의 기능방해금지 및 기밀누설금지, ii) 자치단체장의 집행권에 대한 불간섭, iii) 개인사생활의 침해금지, iv) 계속 중인 재판 또는 수사 중인 사건의 소추에 대한 간섭금지 등을 철저히 준수해야 한다.

둘째 지방의원의 제척과 회피사유를 준수할 필요가 있다. 즉 감사를 실시하는 의원이 감사대상이 된 사무와 이해관계가 있거나 공정한 감사를 수행할 수 없는 현저한 사유가 있을 때에는 그 사안에 한하여 감사에 참여할 수 없다.(법시행령 제17조의 6, 1항) 이러한 제척사유가 있는 의원을 감사활동에서 배제시키는 방법에는 i) 의원 본인의 의사와는 관계없이 본회의나 감사위원회의 의결로 당해 지방의회의원의 감사를 중단시키고 다른 의원으로 하여금 감사하게 하는 방법, ii) 본인이 스스로 감사위원회의 허가를 받아 당해 사안에 한하여 감사를 회피하는 방법이 있다. 회피방법에 있어서는 의원이 위원장에게 감사회피신청서를 제출하면 위원장은 위원회의 동의를 거쳐 회피를 허가한다. 이해관계인의 제척 · 회피는 감사전은 물론 감사시행 중 감사현장에서도 할 수 있다. 만약 제척사유가 있음을 알면서도 이를 회피하지 아니한 경우에는 당해 의원은 징계대상이 된다(행정사무감사 및 조사에 관한 조례 제17조).

셋째 감사범위를 준수해야 한다. 지방의회가 실시하는 행정사무감사의 범위는 i) 지방자치단체의 관할구역의 자치사무와 단체위임사무에 한정되며(지방자치법 제9조1항, 2항), ii) 의회구성일 이후에 처리된 사무에 한하고 그 이전에 처리된 사무는 포함되지 않으며, iii) 개인의 사생활을 침해하거나 계속 중인 재판 또는 수사 중인 사건의 소추에 관여할 목적으로 행사되어서는 아니된다(법시행령 제17조의 5). 감사대상기관의 사무가 동시에 다른 지방자치단체의 사무이기도 한 경우에는 이를 감사하려면 그 지방자치단체의 의회와 협의하여야 한다. 상호협의란 의회의 의결로 다른 지방자치단체의 의회와 감사할 내용을 공문으로 협의하고 다른 지방의회가 이를 의결하는 절차를 밟는 것을 말한다. 감사를 행할 의회는 소관상임위나 특별위원회의 의결을 거쳐 본회의의 의결을 얻어야 한다. 그리고 iv) 교육, 과학 및 체육에 관한 기관의 감사는 교육위원회가 실시하고, 그 결과를 지방의회에의 보고로 갈음한다. 그러나 지방의회는 본회의의 의결이 있을 때에는 특정안에 대하여 감사를 할 수 있다.

넷째 감사 및 감사결과의 실효성 확보문제이다. 지방의회의 행정사무감사는 지방자치법에 의한 지방의회의 권능의 일환으로 실시되므로 시행과정이나 시행 후 결과에 대한 실효성을 확보할 수 있도록 해야 한다. 그리하여 감사과정의 엄중성 확보, 감사결과 시정 및 처리사항에 대한 결과보고, 감사위반행위에 대한 징계(제척사유) 및 처벌(불출석 및 증언거부, 위증 등)을 비롯하여 증인보호제도 등이 바르게 확립되어야 할 것이다(박봉국, 2006 :826-830).

요컨대 지방의회의 행정사무감사에 관한 다양한 지식과 정보, 각종 기법 등에 대한 지적기반을 확충하는 일도 중요하지만 감사에 앞서 기본적으로 준수해야 할 기본적인 요건들을 숙지하는 일도 맹 중요하다. 우리나라의 지방의회에만 고유한 것으로 인정되는 행정사무감사제도는 그 동안의 경험과 자료들을 통해서는 물론 앞으로 더욱 다양한 지식과 기법 등을 연구개발함으로써 보다 효율적으로 수행할 수 있도록 제도와 실제를 발전시켜 나가야 할 것이다.

5. 지방의회 행정사무 감사의 실효성 제고방안

집행부의 공무원들은 자치단체장의 독주를 알면서도 막지 못하고, 지방의회는 자치단체장을 위한 거수기 노릇만 하고 견제와 감시자로서의 역할을 제대로 하지 못하면, 지방자치가 변질되고 지방자치단체는 자칫 파산을 맞을 수도 있다. 사실 그동안은 통제기관 없이 강력하게 행사되어 온 지방자치단체장의 인사권으로 인해 대부분의 지방공무원들은 위축되어 소신있는 행동을 할 수 없었다. 지방의원들 역시 출신정당의 협조요구와 자치단체장의 강력한 권한에 위축되어 실효성 있는 견제와 감시를 하지 못했다. 그 결과 방만한 정책사업으로 지방예산은 물론 중앙정부의 예산낭비도 적지 않았다. 근래에 이르러 뒤 늦게나마 지방의회가 예산심의와 결산승인권을 제대로 행사하고, 지방행정사무감사권을 통해 어느 정도 집행기관을 통제할 수 있는 사회적 분위기와 기반을 조성하였다는 사실은 정말 다행스러운 일이다.

다음은 지방의회의원들이 다년간 지방행정사무감사를 경험한 이후 효율적인 행정사무감사를 위해 향후 지방의원들이 염두에 두고 행하여야 할 행정사무감사 지침으로 제시된 내용들이다[17].

첫째 행정사무감사의 성패는 사전 준비에 달려 있다. 필요한 정보수집, 주민의견수렴, 현장조사, 방문, 확인 등 이와 같은 노력을 평상시 꾸준히 해야 한다. 준비 안하고 감사장에 나가는 것은 총알 없는 총 들고 전쟁터에 가는 것과 똑같다. 둘째 지방의원 간에 역할분담을 확실하게 하여 준비도 전략적으로 감사도 전략적으로 해야 한다. 지방공무원 그들은 지식과 경험을 두루 갖춘 지방행정의 전문가이다. 상식이나 편견에 의한 감사는 의회의 위상과 권위를 스스로 파괴하는 것이다. 상임위원장이나 의장의 리더십이 의회의 성패를 가른다. 셋째 행정사무감사는 시작 10분전까지 감사장에 도착해 준비를 하고, 관련공무원들이 감사장으로 들어오기를 기다려야 한다. 시간을 지킬 수 없다면 그날의 감사는 아예 빠지는 것이 낫다.

넷째 행정사무감사장에 올 때는 대중교통을 이용하는 것이 좋다. 승용차 이용 시에는 감사장으로부터 먼 곳에 주차하도록 해야 한다. 다섯째 피감기관으로부터 점심식사 등 그 어떤 접대를 받아서는 절대로 안된다. 가능하면 감사장에서 관련 공무원들과 함께 간단한 식사를 하는 것도 보기 좋은 일이다. 여섯째 집행기관에 대한 자료제출요구는 그 목록을 본인이 직접 적어서 제출하도록 해야 한다. 본인의 생각과 관련 없는 전년도 자료에 의한

17) 조영복 광주광역시 동구의회 의장이 2008년 1월 1일자 '전국의회신문' 6면에 기고한 글이다. 의정활동에 매우 도움이 될 수 있는 내용이므로 지방의원들이 참고할 수 있도록 인용하였다.

내용은 의미가 없다. 그리고 이에 대한 철저한 분석과 준비로 활용에 대비하라.

일곱째 감사결과 문제점이 도출되었을 경우, 간부들에게 그 책임을 철저히 묻고 처리될 때까지 끝까지 추적해라. 감사결과 처리부 등을 활용하는 것도 하나의 방법이다. 여덟째 감사시에는 과장(광역의 경우, 국장)급 이상 간부들을 상대로 해서 논쟁을 해라. 간부들에게는 엄하게 책임을 묻고 문제점을 지적하지만 하위직에게는 격려와 칭찬에 인색하지 마라. 아홉째 절차와 형식에 지나치게 얽매이지 마라. 필요 이상의 권위는 감사의 실효성을 저해한다. 권위는 소신과 능력에 의해서 지켜지는 것이다.

열째 감사장에서 대기하는 공무원의 수는 최소화해야 한다. 감사기간 동안 집행기관의 일상적인 업무가 지장을 받지 않도록 해야 한다. 문제점을 제대로 찾아내고 그에 대한 원인은 물론 공무원들이 공감하고 감탄할 수 있는 발전적 대안을 제시해야 한다. 집행기관을 리드할 수 없다면 그것은 큰일이다. 의무감과 책임성 강화가 필요하다. 열한째 집행기관과 단체장에 대한 연구를 하면 감사를 잘 할 수 있는 길이 보인다. 자치단체장의 성격, 취미, 특기, 정치적 소신과 철학, 선거공약, 성장 배경은 당해 지방자치단체의 운영방향과 밀접한 관련이 있다. 집행기관의 인사조직관리, 예산결산관리, 선심성 전시행정, 인허가 단속 규제행정, 용역사업, 민간위탁사업, 단체장 역점사업 등을 살펴볼 필요가 있다. 열두째 정책사업이 실패했을 경우 그 원인과 문제점을 반드시 규명하고 재발방지를 위한 대책을 세워야 한다. 그 원인이 공무원에게 있다면 그 책임을 반드시 물어야 한다.

열셋째 행정사무감사는 일상적인 업무처리를 대상으로 하기보다 지방자치단체의 정책에 주안점을 둬야 한다. 정책사업의 판단, 결정의 투명성, 집행과정, 변경의 적합성, 실패에 대한 원인, 문제점 등을 도출해 내고 그 책임을 따져라. 정책사업에 대해서는 그 대상은 단체장, 부단체장이나 국장으로 해라. 필요시 처분요구, 자체감사요구, 조사활동 등 주민의 대표로서 잘못을 바로 잡겠다는 강한 의지를 보여야 한다. 열넷째 많은 문제점을 보고도 제한된 감사기관으로 인해서 문제점을 도출해 내지 못했다면 감사 후 조사활동을 통해서라도 문제를 바로 잡아야 한다. 열다섯째 지방의원이 주민의 대표로서 가장 보람을 가질 수 있는 활동은 행정사무와 예산결산 심사이다. 이를 제대로 할 수 있는 지혜와 능력과 노력이 없다면 어떻게 해야 하는가? 그 해답은 본인 스스로가 결정해야 한다.

열여섯째 집행기관의 잘못 중에는 의회에게도 상당부분 잘못이 있다는 점을 잊어서는 안된다. 열일곱째 의정활동을 위해서는 강한 소신과 의지가 중요하다. 잘못을 바로 잡겠다는 용기와 철학이 필요하다.

3.3 지방의회의원의 전문성 제고와 역할증대 방안

I. 의의

한 사회가 발전한다는 것은 그 사회가 양적으로 성장하고 질적으로 변화해 나감을 의미한다. 그리고 이 때 질적인 변화란 바람직한 방향으로의 전문화 내지 고도화를 의미한다. 이러한 관점에서 볼 때 21세기 우리사회의 선진화를 위해서는 질적인 변화를 추구해야 할 부분이 한둘 아니다. 특히 참여민주주의 지평을 열어나가야 할 우리의 지방자치는 그 중에서도 가장 중요한 부분이 아닐 수 없다. 사실 선진적 발전이란 관점에서 볼 때 아직도 우리나라의 지방자치제도는 수정되고 보완되어야 할 부분이 적지 않다. 그리고 이러한 수정 보완을 통한 제도시행의 성패는 많은 부분 중앙정부의 의지에 달려있다. 그동안 한국의 지방자치는 국민과 일부 정권의 노력에도 불구하고 행정부의 끈질긴 집권지향적이고 반분권적 태도로 인해 아직은 많은 제도적 행태적 문제점을 안고 있다. 이러한 행정부의 문제점에도 불구하고 중앙언론과 일반국민들은 행정부의 태도나 제도 그 자체의 문제점에 대해서는 별로 관심이 없다. 오히려 지방자치현장에서 야기되는 모든 문제점이 마치 지역사회와 지방정부에만 그 책임이 있는 것처럼 절제되지 않은 비판과 질책을 가해왔다.

지방자치현실에 대한 비판여론의 핵심은 첫째 자치단체장의 제왕적 권한과 자의적 권한행사로 인한 지방정부의 자원낭비 및 비효율적 행정이고, 둘째는 지방의회의 집행부에 대한 감시통제기능의 취약성문제이다. 특히 자치단체장의 방만한 권한행사, 공무원의 부정부패 등 갖가지 문제점이 나타나도 특별한 대책을 강구하지 못하고 있는 지방의회의 역할부족 및 지방의원의 전문성부족문제 등은 향후 지방자치의 성패를 좌우할 수 있는 심각한 문제로 부각되고 있다. 여기서는 이 중 두 번째 문제 즉 "지방의회의 전문성 부족"이라는 비판여론에 주목하여 그 문제의 실체와 해결방안을 탐색해 보고자 한다. 여기서 지방의회의 전문성부족이란 크게 지방의원의 전문성부족과 지방의회조직 및 운영의 전문성부족으로 나눌 수 있다. 즉 지방의원의 전문성이 부족하여 지방의회의 전문성이 낮은 경우와 지방의회의 조직과 운영의 전문성 부족으로 의회기능의 전문성이 낮은 경우로 나눌 수 있다. 여기서는 특히 전자에 주목하여 지방의원의 전문성에 관해 검토해 보기로 한다. 그동안 학계에서는 지방의원의 역할쇄신과 전문성제고방안을 찾기 위해 많은 논의와 토론을 해왔다. 지방의회제도상의 문제점에도 불구하고 이를 극복할 수 있는 현실적 방안을 탐색하려는 연구가 진행되어 왔지만 획기적인 대안을 제시하지는 못한 것이 사실이다. 그러나 지방의원의 전문성을 제고할 수 있는 것은, 일차적으로 전문성 높은 사람들이 지방의회로 진입해야 하고, 다음으로는 지방의원들이 열성적으로 의정활동을 수행할 수 있도록 하는 의회제도와 자치환경이 갖추어져야 한다. 이러한 관점에서 볼 때 현행 지방자치법과 공직선거법 등은 사실 전문성 있는 지방의원들의 의회진입 그 자체를 원천적으로 막고 있다고 해도 과언이 아니다. 뿐만 아니라 지방의원이 되고 난 이후에도 그들이 최선을 다해 의정활동을 수행할 수 있도록 하는 어떠한 유인이나 자극도 없고 규제나 통제장치도 없다. 더구나 지방의정활동의 현실은 그레샴의 법칙(Gresham's Law)[18]이 지배하여 전문성을 가진 의원들 보다는 그렇지 못한 의원들의 목소리가 점차 커지고 있는 경향이 강하다.

따라서 본서에서는 i) 지방의원의 전문성의 실체는 무엇이며, ii) 지방의원이 가져야 할 바람직한 전문성의 수준은 어느 정도이고, iii) 무엇이 지방의원들의 전문성을 제약하고 있으며, iv) 지방의원의 전문성을 제고할 수 있는 방안은 어떤 것들이 있는가? 등에 대해 차례로 검토해 보기로 한다.

II. 지방의원 전문성의 의의와 유형 및 수준

1. 전문성의 의의

행정학 영역에서 전문성의 개념은 상당히 다양하게 논의되고 있다. 우선 전문성은 전문화된 일이나 사람의 속성을 두고 하는 말로 판단된다. 그리고 전문화란 업무(task)로부터나 개인(person)으로부터 생기는 것으로서 업무상의 전문화는 조직적인 현상이고, 개인적 전문화는 사회적 과정이다(Thompson, 1964 : 27). 이렇게 볼 때 일반적으로는 전문성을 가진 사람을 전문가라고 하고, 전문성을 갖도록 조직이나 사업 그리고 사람을 만드는 것을 전문화라고 한다.

그리하여 전문가란 어떤 분야에 대해 높은 전문지식이나 기술을 가진 사람을 의미한다. 즉 어떤 특정한 부분을 연구하여 그 부분에 대해 수준 높은 전문지식이나 기술을 가진 숙련된 사람을 전문가라고 할 수 있는 것이다. 그리고 직무와 관련된 전문지식 혹은 전문적 기술은 그 직무를 맡기 이전부터 가지고 있을 수도 있고, 그 직무를 맡은 이후 체득한 것일 수도 있다. 이렇게 볼 때 조직이나 직무가 전문적 지식이나 기술을 요할 정도로 횡적, 종적, 영역별, 기능별로 세분화되는 것을 전문화라고 하고, 전문화된 조직이나 일을 전문성이 높은 조직이나 일이라고 할 수 있다. 그리하여 전문화나 전문성은 조직의 구조적 차

18) 惡貨(불환지폐)는 良貨(태환지폐)를 구축한다는 화폐금융론(그레셤 법칙)의 이론

원과 기능적 차원의 분류이며 양자는 조직의 목표달성을 위한 중요한 능률수단이다[19].

현대와 같이 사회변화가 심화될수록 모든 조직이나 기관이 추구해야 할 목표와 수단이 바로 조직이나 구성원들의 '전문성 제고'라고 할 수 있다. 그런데 조직은 그 구성원인 사람의 능력과 전문성 여하에 따라 조직자체의 전문화도 좌우되는 것이 현실이다. 이렇게 볼 때 결국 어떠한 조직이든 구성원들의 전문성이 목표달성의 관건이라 할 수 있다. 지방의회 역시 지역사회 주민들의 정치적 대표기관으로서 시시각각 증대하는 주민들의 정치행정적 수요파악과 그 효율적 처리를 위해 지방의원의 전문성 제고가 절대적으로 필요하다. 그리하여 지방의회의 구조적 전문화나 구성원인 지방의원들의 전문성제고, 그리고 의원보좌진들의 기능적 전문성향상은 지방자치발전을 위한 지방의회의 주요목표이자 과제이다. 그렇다면 정치인들인 지방의원들은 과연 어떠한 전문성을 어느 정도의 수준까지 갖추어야 하는가에 대한 의문을 제기하지 않을 수 없다. 따라서 아래에서는 특히 지방의원들이 의정활동을 수행하는 과정에서 가져야 할 전문성의 유형과 그 내용을 검토해 보기로 한다.

2. 지방의원에게 요구되는 전문성의 유형

앞에서도 지적한 바와 같이 조직이나 기관구성원의 전문성은 그 사람이 기관에 들어오기 전부터 교육을 통해서나 다양한 사회화 과정을 통해 체득하여 형성된 전문지식과 기술이 있고, 기관에 들어 온 이후 조직의 업무수행과정에서 경험으로 체득한 전문적 지식과 기술이 있을 수 있다. 전자를 성분, 즉 인적 전문성이라고 한다면 후자를 기능적 전문성이라고 할 수 있을 것이다. 전문성에 관한 이러한 일반론을 지방의회의원의 경우에 적용해 보면, 지방의원이 되기 전까지의 출신배경으로 본 지방의원의 전문성과 지방의원이 된 이후 의정활동을 통해 체득한 전문성으로 나누어 볼 수 있다. 전자를 인적 전문성, 후자를 기능적 전문성으로 파악할 수 있을 것이다. 그런데 이러한 인적인 전문성과 기능적 전문성은 지방의원이 의원으로서 직무수행을 얼마나 전문성을 가지고 수행할 수 있느냐 하는 직무전문성에 속한다고 할 수 있다. 그러나 지방의원은 아무리 직무전문성이 뛰어나다고 하더라도 그러한 전문성을 실제 의정기능을 통해 발휘하지 않는다면 아무런 의미가 없을 것이다. 이처럼 직무전문성을 의정활동을 통해 적극적이고 효과적으로 발휘하는 전문성을 역할전문성이라고 할 수 있을 것이다. 이렇게 볼 때 지방의원의 전문성으로서 직무전문성과 역할전문성은 분명히 선을 그어 나눌 수 있는 성질의 것이 아니다. 그것은 역할전문성은

19) 전문화는 때로 분업화와 동이어로 파악되기도 한다. 주민의 대표로서 지방의원의 권위는 바로 이 전문성으로부터 생기게 된다. 이를 전문적 권위라고 하며, 이와 함께 전문화의 필요성과 문제점에 대해서는 김규정, 「행정학원론」(서울 : 법문사, 1998), p. 306. 및 pp.286-287. 참조.

직무전문성을 전제로 하기 때문이다. 그리하여 본고에서는 지방의원의 전문성을 이해하는 도구로만 직무전문성과 역할전문성을 나누어 검토하기로 한다.

1) 직무전문성

지방의원의 직무전문성이란 지방의원이 주민대표로서 그 직무를 수행하는 데 요구되는 지식과 기술 등 직무와 관련된 전문지식과 기술의 수준을 의미한다. 즉 지방의원이 되기 전까지 각종 교육과 훈련, 직업과 사회적 경험 등을 토대로 형성된 지식과 기술은 물론 지방의원 당선 이후 의정활동을 통해 체득한 지식과 기술 등을 포함하여, 지방의원으로서 수행해야 할 직무를 어느 정도 전문성을 가지고 수행할 수 있느냐 하는 것이다. 물론 교육수준이 그 사람의 지적 수준 내지 전문성과 반드시 비례하는 것은 아니다. 그러나 보편적으로 볼 때 교육수준이 높으면 그렇지 못한 사람보다 전문지식과 기술 등을 많이 가졌다고 볼 수 있다. 특히 그 교육의 내용이 지방의원으로서의 역할수행과 밀접한 관련이 있을 경우 전문성 수준은 더욱 높아질 것이다. 그리고 사회에서의 활동했던 직업이나 경험 등 경력도 지방의원의 전문성 제고에 기여할 수 있다. 예컨대 공무원의 경력은 지방의원으로서의 직무수행에 절대적인 도움을 줄 수 있으며, 기업의 대표나 건축가의 경력도 지방의정활동수행에 전문성을 높여줄 수 있다.

이러한 교육이나 경력 등의 배경은 그 사람의 연령과도 밀접히 연관된다. 연령이 높은 것이 반드시 전문성 제고에 도움이 된다고는 볼 수 없지만 연령이 많다는 것은 그 만큼 삶의 경륜이 많음을 의미하므로, 경륜도 직무전문성에 영향을 미치는 중요한 요소가 된다. 당연한 사실이지만 지방의원의 경력이 많을수록 직무전문성은 높을 것이다. 요컨대 지방의원의 직무전문성은 교육수준이 높고, 교육내용이 공공영역이며, 사회적 경력이 많고 다양하며, 경력내용이 공직 등 의정활동과 관련 있을 때 높아질 수 있다. 그리고 지방의원직이나 공공영역의 경륜이 높을수록 그 전문성의 수준도 높아질 가능성이 크다. 지방의원의 전문성이 지방의원의 자질에 근거한다는 관점에서 보면 이 직무전문성은 지방의원의 능력적 자질에 의해 좌우된다고 볼 수 있다[20]. 그러므로 직무전문성을 향상시키기 이해서는 지방의원의 능력을 함양시키고 발전시켜 나가야 할 것이며, 그러기 위해서는 부단한 교육과 훈련 그리고 선진사례의 벤치마킹 등이 요구된다.

---

20) 필자는 지방의원의 자질을 향상시킴으로써 지방의정기능의 전문성을 제고시킬 수 있다는 관점에서 지방의원의 자질을 인성적 자질과 능력적 자질로 나누어 연구한 경험이 있다. 그 논문이 바로 최봉기, "지방의정기능 효율성제고를 위한 지방의원의 역할쇄신과 자질함양", 「지방자치학회보」, 14(2), pp. 5-32. 이다.

2) 역할전문성

지방의원의 역할전문성이란 지방의원으로서 수행해야 할 대내외적 역할을 체계적이고 전문적으로 수행해 나가는 정도 내지 수준을 의미한다. 즉 지방의원으로 선출되기 전이나 그 이후를 막론하고 자신들이 체득한 의정관련 전문지식과 기술을 토대로 의원으로서의 직무를 수행해 나가는 열성과 태도를 의미한다. 역할전문성은 직무전문성의 토대위에서 더욱 잘 수행할 수 있는 속성을 가진다. 직무전문성 없이 역할을 전문적으로 한다는 것은 불가능하기 때문이다. 이러한 역할전문성은 지방의원이 의원으로서의 의정활동을 수행하는 과정에서 그 사명감의 정도나 직무몰입도의 정도 그리고 일에 대한 책임의 인식정도 등에 따라 달라질 수 있다. 지방의원들의 직무전문성의 수준은 그들이 지방의회 구성원으로서 효율적인 의정기능수행을 위해 얼마나 헌신적인가를 측정함으로써 판단할 수 있다. 물론 열심히 활동만 한다고 지방의원의 전문성이 높아질 수 있는가라는 반문도 가능하겠지만 어떠한 직업영역이든 그 분야에서 최선을 다해 일할 때 그 일에 대한 전문성이 증대된다. 아무리 지적인 전문성을 가진 사람이라고 하더라도 그 직에 들어와 일하지 않고 나태하게 되면 전문성이 떨어진다. 예컨대 지방의원들이 지방의회를 대표하여 대내외적인 활동을 얼마나 수행하는가? 대내적인 상임위원회의 활동에는 얼마나 적극적이며, 얼마나 많은 시간을 투입하는가? 본회의의 안건이건 상임위원회의 안건이건 간에 의회의 안건처리를 위해 얼마나 많이 연구하고 노력하는가? 일반적으로 업무수행활동이 전국적일수록, 업무처리에 적극적일수록, 업무처리를 위한 연구와 노력에 많은 시간을 투입할수록 그 의원의 역할전문성은 높아질 것이다. 상임위원회에서의 역할수행정도, 역할에 대한 만족도, 의원입법이나 새로운 정책개발에 대한 노력과정과 그 정도 등에 따라 역할전문성의 수준은 달라진다. 지방의원의 이러한 역할전문성은 지방의원의 성취동기여하에 따라 달리 나타날 수 있지만, 기본적으로는 이들의 인성적 자질여하에 좌우된다고 볼 수 있을 것이다(최봉기, 2002 : 25-26). 따라서 어떠한 유인이나 자극 내지 사명감의 고취를 통해 성취동기를 강화시킴으로써 역할전문성을 강화시킬 수 있을 것이다.

3) 양자간의 관계

지방의원의 전문성 유형을 이론적으로는 이렇게 구분할 수 있으나, 현실적으로 양자는 상호 밀접하게 연관되어 있어 엄격하게 구분하기가 어려운 경우가 많다. 직무전문성이 높을 경우 역할전문성도 높을 때가 많고, 역할전문성이 높은 의원들이 직무전문성도 높아지기 쉽기 때문이다. 즉 이미 앞에서 지적한 바와 같이 역할전문성은 직무전문성을 토대로 하고 있다. 지방의정에 관한 직무지식 없이는 역할전문성을 가지기 어렵다. 가끔 무지하지만 부지런한 사람이 없지는 않다. 그러나 부지런하다고 역할전문성이 높아지는 것은 아니다. 직무에 관한 전문성을 가지고 부지런히 노력할 때 비로소 역할전문성은 높아 진다. 그런데 지방의원의 전문성은 여러 가지 요인에 의해 제약되기 쉽다. 특히 직무전문성을 제약하는 요인이 궁극적으로 역할전문성도 제약하게 된다. 따라서 현실적으로 한 사람의 의원을 두고 직무전문성과 역할전문성을 따로 나누어 평가하기란 쉽지 않다.

이렇게 볼 때 이들 두 가지 전문성은 이론적으로 혹은 사실판단 내지 인지적 관점에서 구분할 실익이 있을 뿐 현실세계에서 이 둘을 엄격히 구분해서 판단하기는 쉽지 않다. 즉 이 두 가지 유형의 전문성은 이론적으로는 구분이 가능하지만 실제 지방의원들의 역할과정에서는 명확하게 구분하기 어렵다. 그럼에도 불구하고 지방의원의 전문성 제약요인이나 제고방안을 논의하는 모든 과정에서는 이 양자를 구분 혹은 연관시켜 가면서 이해하도록 하는 노력은 필요할 것이다.

4. 지방의원에게 요구되는 전문성수준에 관한 논의

지방의원의 전문성에 관한 문제가 논란이 된 것은 어제 오늘의 문제가 아니다. 그렇다면 과연 지방의원에게 요구되는 전문성은 어느 정도의 수준을 요구하는 것일까? 물론 국회의원들의 전문성에 대해서도 문제를 제기하는 사람들이 없진 않다. 그러나 국회의원들의 경우, 전반적인 관점에서는 전문성이 떨어지나 부분적으로 들어가면 결코 전문성이 떨어진다고 할 수 없다. 그만큼 국회의원들은 각 분야별 전문가들이 적지 않다. 그러나 지방의원들 특히 기초의원들의 경우, 학력수준이나 경력내용에 있어 지역주민들의 보통수준에도 미치지 못할 정도여서(정부의 공식통계와 이에 따른 각종 연구에서 나타난 결과임) 지방의원의 전문성이 떨어진다는 것은 이미 주지의 사실이 되어버렸다. 물론 그렇게 된 가장 큰 이유는 지방의원들의 정당공천제와 관련되어 있고, 공천과정에서 지역구출신 국회의원들의 입김이 작용하고 있으며, 국회의원들은 차기에 당선을 위하여 지역사회 유권자들과 밀착되어 있는 소위 지역인사를 공천하지 않을 수 없기 때문이다. 문제는 이러한 지역사회의 각종 사회단체에서 장의 직책을 담당하고 있는 사람들의 수준이 높지 않다는 데 있다. 그 이유에 대해서는 다음 기회에 논의하기로 한다.

그렇다면 “선거에 의하여 선출된 지방의원이 반드시 전문성을 갖추어야 하는가?” 하는 점과 “전문성을 가져야 한다면 과연 그 수준은 어느 정도이어야 하는가?“ 라는 문제가 제기된다. 그리고 광역의회의원들과 기초의회의원들은 각각 어느 정도의 전문성을 가져야 하며 이들의 전문성 정도는 어떠해야 하는가? 이러한 문제에 대해서는 학자마다 각기 다양한 의견을 가질 수가 있다. 아래에서는 이들 문제에 대해 간략히 검토해 보기로 한다.

1) 지방의원에게 요구되는 전문성의 수준

우선 지방의원들은 지역사회의 정치적 대표들이다. 때문에 지역사회의 개발과 주민복지 증진을 통한 발전의 견인차로 역할해야 한다. 그러기 위해서는 기본적으로 정치지도자로서의 기본적 소양이 요구되고, 지역사회의 역사와 전통에 대해 다른 사람들 보다 더 많이 알아야 하며, 지역사회가 당면한 과제와 그 해결방안에 대해서도 철학을 가지고 있어야 한다. 세계화의 흐름을 파악하고 지구촌 사회의 변화에 대응할 수 있는 지역사회의 대응방안도 가지고 있어야 한다.

뿐만 아니라 지방의원들은 지방의회의 구성원들로서 지역사회 입법의 주도자, 예산 및 결산의 심사와 승인자, 집행기관의 견제감시자, 지역정책의 결정자 등 다양한 지위를 가진다. 간단히 말해 지방의원이 수행해야 할 그들의 역할과제를 보면 그들이 어느 정도의 전문성을 가져야 하는지 쉽게 파악할 수 있다. 입법주도자의 역할 수행을 위해서는 지방자치단체의 조례와 규칙에 관한 기본적 지식을 가져야 하고, 지방정부의 예결산을 심사하고 승인하기 위해서는 지방재정과 예산 즉 지방정부의 살림살이에 대한 기본적인 지식과 철학을 가져야 한다. 그리고 집행기관을 견제감시하기 위해서는 집행기관의 행정업무에 관해서도 어느 정도의 지식은 필요하고 지역개발정책을 주도하기 위해서는 산업과 정책에 관한 기본적 지식도 요구된다.

이렇게 간단하게만 검토해 봐도 지방의원들에게는 일반 유권자들 보다 훨씬 높은 수준의 전문성이 요구된다는 점을 알 수 있다. 그러나 현실의 많은 지방의원들에게서 이러한 수준의 전문성을 찾기가 어렵다는 것이 문제이다. 그러나 다행한 것은 전국 광역의원들의 경우 대체적으로 그 수준이 점차 높아지고 있다는 점이다. 그리고 인구가 많은 대도시지역의 경우 기초의원이지만 학력과 경력수준이 점차 향상되고 있는 것으로 나타나고 있다. 그러나 아직도 소도시지역과 군지역 그리고 특광역시의 자치구의 경우 만족스럽지 못한 실정이다.

2) 광역의회의원과 기초의회의원 간의 차이

지방의회라는 기관이 지역주민의 정치적 대표기관이라는 점(정치적 갈등해결)을 감안한다면 문제해결 및 갈등조정을 위해 지방의원들은 정치적 리더십과 함께 전문성이 요구된다는 점을 부인할 수는 없다. 그렇다고 역할차이가 있는 기초의회의원(이하 기초의원)과 광역의회의원(이하 광역의원)들을 동일한 수준에서 전문성을 요구할 수 있는 것도 아니다. 광역의원의 경우 광역자치단체의 권한과 기능에 부합되는 전문성이 요구되고, 기초의원의 경우 기초자치단체의 권한과 기능에 부합되는 전문성이 요구된다. 따라서 직무전문성은 물론 역할전문성에서도 양자간에는 차이가 있다고 보아야 할 것이다. 예컨대 시와 도의 광역의원은 중앙정부에 대한 요구와 주장, 산하 기초자치단체 간의 갈등조정 및 협력추진, 지역의 경제개발 및 복지증진 등과 같은 광역정부의 기능에 맞춰, 중앙과 지방간의 정치적 투쟁이나 갈등조정 그리고 자원배분 등 정치력, 정책개발력, 자원의 동원 및 배분능력 등에서 전문성이 요구된다. 그러나 기초의원은 주민들의 일상생활과 밀접히 관련된, 청소, 위생, 시장관리, 방범 등 생활행정을 중심을 하고, 현장에서 주민들과의 대화를 통해 문제를 해결하는 대화행정을 중심으로 하는 시, 군, 구의 기능에 적합한 전문성이 요구된다. 이러한 관점에서 보면 이들 양자간에는 자연스럽게 요구되는 전문성의 유형이나 수준의 차이가 나타난다. 우선 전문성의 유형측면에서 보면 광역의원의 경우, 정치경제나 사회문제 등 사회 각 부문에 대한 직무전문성이 기초의원보다는 훨씬 높게 요구되며, 기초의원의 경우 현장행정, 대화행정 구현을 위한 역할전문성이 더 높이 요구된다. 그리고 전문성의 수준측면에서 보면 양자 공히 보통사람들 보다는 높은 수준을 요구하고 있지만, 기초의원보다는 광역의원의 전문성이 더 높아야 할 것으로 판단된다. 왜냐하면 중앙정부나 기초자치단체 등을 상대로 직무를 수행하거나 각종 경제정책 및 복지정책 등의 정책추진을 광범하게 수행하는 광역정부의 의정기능을 수행해야하기 때문에 광역의원들에게 더욱 높은 전문성이 요구되기 때문이다. 요컨대 광역의원들에게는 정치와 정책에 관한 전문성이 더 많이 요구되며, 기초의원들에게는 대민접촉 및 생활현장행정에 대한 전문성이 더 많이 요구된다.

3) 직무전문성과 역할전문성 간의 차이

한편 현행 선거제도는 지방의원후보자들에게 입후보요건으로 일정한 정도의 자격이나 전문지식 등을 요구하지 않는다는 점은 지방의원들에게 그렇게 높은 수준의 전문성을 기대하기는 어려울 것이다. 물론 현대정치행정의 특성상 전문성수준은 높을수록 바람직하다고 하겠지만 우리의 정치현실을 무시한 이상적인 요구는 내용 없는 공허에 지나지 않기 때문이다. 따라서 지방의원의 전문성은 지방의정기능을 수행하는데 요구되는 정도의 지식과 기술, 경험과 경륜을 그 내용으로 하며, 정치전문가나 행정전문가의 수준을 요구한다고는 주장할 수 없을 것이다. 이렇게 볼 때 언론이나 주민들, 혹은 학자들이 지방의원들을 마치 정치행정전문가나 사회 각 영역의 전문가들 수준의 전문성을 가정하고 이들을 비판한다면 비판하는 사람들이 오류를 범하고 있다고 보아야 할 것이다. 그렇다면 지방의정기능을 무리 없이 수행하는 데 요구되는 정도의 전문성이란 과연 어느 정도수준을 의미하는가? 라는 의문이 제기된다. 위의 논의에서 어느 정도 그 수준을 판단할 수 있겠지만 한마디로 단언하기는 어렵다. 다만 직무전문성의 경우 적어도 일반시민들의 상식수준을 넘어서는 정치행정적 지식과 경험 및 판단능력을 요구한다고는 보아야 할 것이다. 즉 지방의원들의 낮은 직무전문성은 직무전문성이 높은 보좌관들이나 공무원들로부터 얼마든지 보충할 수 있기 때문이다. 뿐만 아니라 필요하다면 관련 분야의 전문가들로부터도 도움을 받을 수 있기 때문이다. 그러나 역할전문성의 경우, 정치지도자들에게 요구할 수 있을 정도의 높은 전문성을 요구할 수 있을 것이다. 즉 지방의원들의 역할전문성은 지역주민들의 요구나 주장, 갈등 등을 큰 어려움 없이 처리할 수 있는 상당한 수준의 전문성이 요구된다. 언론이나 주민들이 지방의원의 전문성을 문제삼는 것도 따지고 보면 직무전문성이라기 보다는 역할전문성이 낮다는 비난일 수도 있다. 지방의원들이 의정활동에 적극적이지 못하다거나 주민들의 여론수렴 및 지역사회문제해결에 소극적이라는 비난은 바로 지방의원들의 역할전문성이 떨어진다는 것이다. 그렇다면 무엇이 이처럼 지방의원의 전문성을 저하시키고 있으며, 전문성 제고를 위해서는 무엇을 어떻게 개선해 나가야 할 것인가가 우리의 고민이다. 아래에서는 이들에 관해 간략하게 검토해 보기로 한다.

III. 지방의원의 전문성을 제약하는 요인

위에서 지방의원의 전문성을 두 가지로 분류하였으므로 제약요인분석도 그 두 가지를 기준으로 분석하기로 한다. 그러나 이미 앞의 여러 곳, 특히 제2장의 2에서 설명한 것처럼 두 가지 전문성은 상호 중복되어 있어 개념적 분류는 가능하나 실태분석기준으로서는 적절치 못하다. 그리하여 본장에서는 두 가지 전문성의 속성을 가지는 지방의원의 전문성을 행정의 변수인 구조, 인간, 환경이라는 3가지 관점에서 분석하고 처방하기로 한다. 첫째 구조적 관점에서는 지방의원에 관한 법률적 제도를, 둘째 인간적 관점에서는 지방의원의 역할행태를 그리고 셋째 환경적 관점에서는 정치사회적 환경을 분석기준으로 한다.

1. 자치제도적 문제점

1) 입후보자격제도의 문제

현행 공직선거법은 지방의원을 입후보자격을 다음과 같은 몇 가지 가장 기본적인 조건만을 요구하고 있고 직무수행과 관련되는 특별한 자격요건을 요구하지 않고 있다.

첫째 거주조건과 주민등록조건 그리고 연령조건을 제시하고 있고(선거법 제16조 제3항)[21], 둘째 당해 선거구내에 거주하는 일정수의 유권자들로부터 추천(선거법 제56조 2항

21) 선거일 현재 계속하여 60일 이상 당해지방자치단체의 관할구역 안에 주민등록이 되어 있는 주민으로서 25세 이상의 국민일 것(선거법 제16조 제3항).

3호와 5호)을 받아 선관위에 제출토록 하고 있으며[22], 셋째 후보자에게는 일정금액의 기탁금을 요구하고 있는 것(선거법 제56조)이 전부이다[23]. 이러한 3가지 기본적 조건을 제외하면 학력이나 경력은 물론 어떠한 자격요건도 요구하지 않고 있다. 그러나 지방의원들이 수행해야 하는 일은 성격상 매우 중요하고 해결이 어려운 문제들이 많다. 지방자치단체의 발전을 주도하고 주민사회의 갈등과 마찰을 조정하며, 수많은 공공문제들을 효율적으로 해결해나가야만 한다. 더구나 사회가 복잡 다원화되고 주민들의 이해관계가 첨예화될수록 지방의원들의 역할은 점차 증대되고 문제해결능력은 고도화될 것을 요구하고 있다. 현행제도는 지방의원후보자에게 특정한 경력은 물론 학력조차 요구하지 않지만 선출된 이후 그들이 처리해야 할 일은 공공분야의 전문가적 수준을 요구하고 있다. 이처럼 제도와 현실 간에 존재하는 현격한 거리가 지방의원의 전문성을 원천적으로 제약하고 있다.

2) 정당공천제도의 문제

현행 선거법은 광역의원후보자들에 대해서는 정당공천제를 시행하고 있다. 그런데 이러한 공천제도가 유능한 인재들이 지방의원후보로 출마하는 것을 제약하고 있다. 정당의 공천을 받기 위해서는 이미 그 정당에서 오랫동안 정당활동을 해온 정당간부이거나 그렇지 않으면 정당에 대해 어떠한 형태로든 기여나 기부를 하지 않으면 공천을 받을 수 없는 것이 현실이다. 그리고 이 때 대부분은 정당에 대한 헌금이나 현재의 국회의원들에게 일정한 선거운동자금을 직간접적으로 혹은 국회의원선거기간 전후로 지불하지 않을 수 없는 구조가 제도화 되어있다. 이러한 제도와 나쁜 선거관행이 유능한 인재의 지방의회진출을 원천적으로 봉쇄하고 있는 것이다. 현재 우리나라의 유권자들의 성향이나 투표행태를 보아서는 아무리 유능한 인재라고 하더라도 정당조직이 없는 무소속후보자가 지방의회에 진출한다는 것은 극히 어려운 것이 현실이다.

3) 선거구제도(중선거구)의 새로운 문제

지방의원선거구를 과거 소선거구제에서 중선거구제(공직선거법 제26조 제2항)로 변경하였지만, 새로운 문제점들이 붉어지고 있다. 즉 한 선거구에서 2-4인을 선출하게 함으로써 오히려 특정 이념세력이나 특정한 직업 없는 정치한량들이 진출할 가능성을 열어 놓았다.

---

22) 자치구, 시, 군의원선거의 후보자 또는 시, 도의원후보자가 되고자하는 자는 관할선거구선거관리위원회가 후보자등록신청개시일전 5일부터 검인하여 교부하는 추천장을 사용하여 시도의원선거의 경우 100인이상 200인 이하, 자치구, 시, 군의원선거의 경우 50인 이상 100인 이하(단 인구 1000명 미만의 선거구에서는 30인 이상 50인 이하)의 추천을 받도록 요구하고 있다(선거법 제56조 2항 3호와 5호).

23) 시 도의원후보자에게는 400만원의 기탁금을 그리고 시, 군, 자치구의원후보자에게는 200만원의 기탁금을 요구하고 있다(선거법 제56조).

특히 읍, 면, 동단위의 선거구는 선거구내에 유능인재가 한정되어 있고, 보통은 당해 지역에 오래 거주한 소위 지역유지나 언론에 자주오르내리는 시민단체의 직원들이 주로 출마하게 된다. 그리고 선거구가 너무 넓어 선거비용이 과다 지출되고 선거운동범위도 지나치게 넓어 선거운동의 효율을 떨어 뜨리고 있다. 따라서 한 선거구에서 2-4명을 선출하는 현재의 방식에서 한 선거구에서 2명만 선출하는 중선거구제도로 새롭게 개편할 필요가 있다.

4) 단일후보자에 대한 당선결정방법의 문제

지방선거과정에서 주민들의 평가를 거치지 않고, 주민들에 의해 선출되지 않은 지방의원들에게서 전문성을 기대하기는 어려워진다. 그러나 현행선거법은 단일후보자에 대해서는 무투표당선제도를 채택함으로써 주민들이 선출하지 않은 지방의원을 만들고 있다(동법 제190조 제2항)[24 25]. 따라서 단일후보자는 선거과정에서 유권자들의 어떠한 의사표시도 요하지 않고 일방적으로 선거법에 의하여 당선이 결정됨으로써 주민들이 선출하지 않고 선거법이 당선시키는 것이다. 그리고 선거법이 선출한 지방의원은 원칙적으로 주민들의 의사와는 무관하게 선출되었고, 결국 주민들이 선출하지 않은 지방의원이기 때문에 주민대표성에도 문제가 생긴다. 무투표당선은 전문성은 논외로 하고라도 그 사람의 과거경력과 인품까지도 주민들이 알지 못하므로 지방의원의 전문성은 물론 권위까지도 해칠 수 있는 위험을 안고 있다.

5) 의회사무처 등, 의정활동 지원시스템의 부실

지방의원들의 의정활동을 지원하는 지방의회사무처(국,과)의 전문성 부족이 의원들의 전문성을 보완하거나 제고하는 데 기여하지 못하고 있다. 우선 의회사무조직의 구성과 운영이 지방의원들의 합의에 의한 의장단의 관리로 이루어지지 못하여, 성격상 자신들을 보좌하는 기구에 대해 자신들의 자율의지가 반영되지 못하고 있다. 더구나 의원들의 의정활동을 보좌하는 전문위원들도 직무전문성이 떨어지고, 그 나마 전문위원들의 수가 많지 않아 의원들 개개인에 대한 역할보좌는 사실상 불가능한 실정이다. 그나마 지방의원들의 직무전문성 부족에 대해서는 어느 정도 역할을 수행하고 있지만, 공무원들보다 훨씬 높은 전문성이 요구되는 역할전문성에 대해서는 거의 지원이 이루저지지 못하고 있는 실정이다.

---

24) 지방의원의 당선자결정은 "――당해선거구에서 유효투표의 다수를 얻은 자를 당선인으로 결정한다."(선거법 제190조 1항)고 규정하고, 그러나 "후보자등록마감시각에 후보자가 당해선거구에서 선거할 의원정수를 넘지 아니하거나 후보자등록 마감 후 선거일 투표개시시각까지 후보자가 사퇴 사망하거나 등록이 무효로 되어 후보자수가 당해선거구에서 선거할 의원정수를 넘지 아니하게 된 때에는 투표를 실시하지 아니하고, 선거일에 그 후보자를 당선인으로 결정한다."고 규정하고 있다(동법 제190조 제2항)

25) 그러나 자치단체장의 경우, 단일후보자에 대해서는 주민투표를 실시하여 투표자총수의 1/3이상을 득표해야 당선되도록 규정하고 있다(선거법 제191조 제2항). 따라서 지방의원선거에서도 단일후보자의 경우, 단체장과 같은 제도를 도입하거나 주민들의 찬반투표를 실시하도록 해야 할 것이다.

6) 지방의원 신분제도의 문제점

현행 법령상 지방의원들은 선거에 의해 취임한 선출직 공무원으로 정무직 지방공무원으로 봐야 한다. 그러나 행정안전부가 안을 내고 국회가 통과하여 개정한 현행 지방자치법은 지방의원들의 신분을 아주 애매모호하게 만들어 놓았다. 그 결과 지금의 지방의원들은 낮은 의정활동비와 월정수당만 받고 있어 외형상 마치 보수를 받는 것처럼 보이지만 사실 급료는 지급되지 않고 있다.

보수가 아닌 의정활동비와 월정수당만 받고 있고 신분 또한 불확실하며, 언론과 시민단체로부터 지속적으로 비판만 받고 있는 지방의원의 자리에 유능한 지역인재들에게 얼마나 지원하겠는가? 그러나 이러한 제도적 문제점은 감안하지 않고 언론과 주민들은 마치 지방의원들이 마치 유급의 상근공직자나 되는 것처럼 일반 공무원들보다 더 높은 전문성을 요구하고 있다. 모든 직무에는 전문성을 요구하고, 그 직무수행에는 반드시 그 노력에 상응하는 보수를 지급하는 것이 오늘날의 보편적인 직업윤리이다. 그러나 유독 지방의원들에게만은 다른 기준을 요구하고 있는 현행 제도는 잘못된 제도임에 분명하다. 지방의원이라는 자리를 유권자들로부터 존경과 신뢰를 받을 수 없도록 만들어 놓고, 그러한 자리에 지역의 유능한 인재가 유입되기를 바라는 현실은 시급히 개선되어야 한다. 지방의원직을 이렇게 만든 장본인이 행정안전부의 선거의회를 담당하는 부서이다. 물론 이러한 제도를 합법화시킨 국회의 행정안전위원회가 가장 큰 책임이 있지만 행정부의 안을 무시할 수 없는 국정현실을 감안하면 행정안전부의 책임은 아무리 비난 받아도 지나치지 않을 것이다.

7) 의정활동에 관한 평가체제의 부재

지방의원들의 의정활동을 평가하여 주민들에게 알리고 그 결과에 대해 차기선거에서 심판을 받도록 하는 의정활동평가시스템이 제도화되어 있지 못하다. 물론 지방의원들에 대한 의정활동평가가 그렇게 간단하게 취급해야 할 문제는 아니지만, 평가대상(업무유형별)과 평가방법(양적 질적 평가) 그리고 평가주체(자체, 주민, 언론기관 등)를 달리하여 다각적인 평가를 실시하고 최종적으로 이를 종합하여 평가할 때 지방의원들의 적극적인 의정활동을 기대할 수 있다. 그러나 우리나라의 지방자치제도는 아직 이러한 지방의원들에 대한 의정활동평가체제가 제도화되어있지 않다. 이것이 또한 지방의원들의 기능적 전문성제고를 제약하고 있다.

2. 지방의원의 행태적 문제점

1) 지방의원직에 대한 역할인지의 부족

지방의원의 역할전문성을 제약하는 요인으로 가장 중요한 것이 의원들 스스로가 지방의원으로서의 역할인지가 부족하고 이에 따라 의원으로서의 역할을 적극적으로 수행하지 않고 있다는 점이다.

국회의원이나 단체장 등 우리나라 선출직 공직자들의 행태가 대부분 그러하듯 지방의원들도 의원직을 출세의 상징으로 생각하는 경우가 적지 않으며 그리하여 의원으로서의 책임과 의무이행보다는 권한과 권리주장만을 앞세우는 경우가 많다. 즉 선출된 주민의 대표들이 주민들을 위한 다양한 역할과 적극적인 노력에는 관심이 적고, 의원직 그 자체에 만족하거나 의원직을 집행기관에 대한 압력수단으로 오용하는 경우가 많다는 점이 지방의원의 역할 전문성을 해치고 있는 것이다.

2) 직무관련 학습부족 및 연구기피

지방정부의 행정수요는 시시각각 변화하고, 주민들의 수요를 처리하는 데 요구되는 지식과 기술 및 정보 등은 점차 고도화되고 전문화되어 간다. 그리하여 지방의원들에게는 집행부의 공무원들보다 더 높은 직무전문성과 능력을 요구하고 있다. 그러나 대부분의 지방의원들은 일단 의원으로 당선되고 나면 스스로 학습하거나 연구하려 하지 않는다. 물론 지방의회차원에서 연례적으로 의원세미나라는 이름으로 의원교육을 실시하지만 연간 두세 번의 의정실무에 관한 세미나만으로는 의원들에게 요구되는 직무지식을 충족하기에는 절대시간이 부족하다. 더구나 지역대학 등 각종 교육연구기관에서 실시하는 공공영역에 관한 특별프로그램이나 세미나 등에 적극 참여하는 지방의원들이 극히 드물다. 특히 지방의원이 되기 전에 공공부문의 경력이 없거나 부족한 사람들은 반드시 정치, 행정, 법률, 정책 등 공공분야와 관련된 기초학습을 받을 필요가 있지만 이를 실천하는 의원들은 찾아보기 어렵다. 당선만 되면 학습하고 연구하고자 하는 의원들이 사라지는 현실이 지방의원들의 직무전문성을 제약하고 있다.

3) 의정활동에 대한 적극성 부족

지방의원들의 전문성을 제약하는 또 다른 요인은 바로 지방의원들이 적극적으로 의정기능을 수행하지 않는다는 것이다. 의장단과 위원장 등을 제외하면 공식행사에도 불참하는 의원들이 적지 않으며, 주민들이 지방의원들의 얼굴보기도 어렵다는 불만이 적지 않다. 지역사회의 지도자로서 그들의 리더십이 요구되는 각종의 갈등 현장에도 지방의원들은 적극적으로 나타나지 않는다. 즉 적지 않은 지방의원들이 마음을 다해 적극적으로 의정활동을 수행하지 않고, 형식적으로 모양만 갖추는 정도로 일하거나 그것도 하지 않는 사람이 있다는 것이다[26]. 이러한 지방의원들의 소극적 역할은 원내 활동은 물론이고 대민활동과 대집행부활동 등 대외활동에서도 그렇다. 물론 현재의 제도로서는 지역사회와 주민들이 요구하는 모든 것을 적극적으로 수용하기 어려운 점도 없진 않을 것이다. 그러나 일단 자신의 의지로 지방의원이 되었다면 직업 때문에 의원으로서 당연히 수행해야 할 의정기능을 제대로 수행하지 못한다는 것은 주민들의 신뢰를 해치고 공직윤리에도 배치된다. 이러한 지방의원들의 소극적인 의정활동이 지방의원들의 전문성 특히 역할 전문성을 저해하고 있다.

3. 정치사회적 문제점

1) 선거구민의 의식수준 및 투표행태의 문제

우리나라 지역유권자들의 후보자선택과정에서 보이고 있는 행태는 아직도 매우 소극적이고 후진적이다. 특히 지방의원들에 대한 유권자들의 평가는 매우 이율배반적이다. 즉 자신들이 선거를 통해 지방의원을 선출하는 과정에서는 후보자에 대한 분석이나 비판, 정당공천의 문제점이나 지역출신 국회의원의 공천권남용 내지 왜곡 등에 대한 비판과 주장 등은 거의 전무한 실정이다. 즉 지역주민들은 유능한 지방의원을 선출하기 위한 아무런 노력도 하지 않는다. 그러면서도 근거 없는 루머에 의존한다거나 선호하는 정당에 대해 무비판적으로 투표하고 있다. 이처럼 자신들의 선거행태에 대한 문제점은 고려하지 않고, 지방의원들의 무능력만 비판하고 있다.

2) 선거과정에서 언론의 편중보도와 후보자 자질검증부족

지방선거에 대한 언론의 보도태도는 편파성이 극을 달했다. 즉 중앙언론이나 지방언론을 막론하고 지방선거과정에서의 언론의 관심은 자치단체장 후보자들뿐이었다고 해도 과언이 아닐 정도였다. 지방의회의원후보자들에 대해서는 언론의 관심이나 보도가 거의 전무하다고 할 정도였다. 방송은 시청자의 흥미유발과 시청률에만 집착하였다. 신문의 경우 그 정도가 좀 덜하긴 하였지만 단체장 후보중심의 보도태도는 방송과 크게 다를 바 없었다. 더구나 단체장후보자들에 대해서도 이미 공천을 받았거나 출마한 후보자들만을 대상으로 아주 기초적인 보도만 함으로써 공천과정의 부정부패를 파헤치거나 후보자들에 대한 지방의원으로서의 적합성판단기준을 제시하는 데는 극히 미흡하였다.

더구나 주민이 선출하지 않은 후보자가 지방의원으로 당선(무투표당선)되었는데도 불구

---

26) 물론 의장단과 위원장 및 위원회 간사 등 의회 간부들과 열성적인 지방의원들은 생업을 돌보지 않을 정도로 열심히 의정활동을 수행함으로써 다른 의원들의 불성실을 보충하고 있음을 유의해야 할 것이다.

하고 문제점을 제기하는 언론기관이나 보도기사는 아직까지 찾아볼 수 없었다. 더구나 언론들은 지방선거의 의의와 목적조차도 알지 못한 채 철학 없는 방송과 보도에만 집착하였다. 요컨대 한국의 언론들은 단체장의 역할과 지방의원의 역할이 무엇인지 주민들에게 알리고 이러한 업무수행에 적합한 사람들을 선별하는 기능은 하지 못했다.

3) 주민들의 무관심 및 주민통제기능의 부족

지방의원들의 전문성을 해치는 가장 큰 원인은 지역주민들이 자신들의 대표에 대한 관심과 지지부족에 있다고 할 수 있다. 주민들은 항상 지방의회에 관심을 가지고 자신이 선출한 대표들이 맡은 바 역할기능을 제대로 수행하고 있는가를 감시하고 그 결과에 대해 평가하며 비판해야 한다. 그러나 현실적으로 지역주민들은 자신들이 선출한 지방의원의 이름까지 망각해 버리는 경우가 많을 정도로 지방의원들과 지방의회의 기능에 대해 무관심하다. 그리하여 지방의회의 역할내용에 대해서는 거의 전무하며, 오로지 언론보도에만 전적으로 의존하고 있다. 그 결과 지방의회에 관한 주민들의 감시나 비판은 원천적으로 불가능하게 되었다. 더구나 언론은 그 본질상 칭찬에는 인색하고 비판에 적극적이다. 비판일색의 언론에만 의존하여 지역주민들이 거의 맹목적으로 지방의원들을 혹평만하고 있어 정확한 평가를 하지 못하고 있다. 이러한 상황에서 의정기능을 적극적으로 수행할 지방의원들이 다수 나타나기를 기대하기란 거의 불가능하다. 대구광역시의회의원으로 2001년 의정활동 평가에서 1위를 차지한 모 지방의원이 그 이듬해 6.13지방선거에서 낙선하고 말았다는 사실은 주민들이 얼마나 지방의원들의 의정활동에 무관심한가를 증명해 주고 있다[27].

4) 언론 및 시민단체의 의원평가기능부실과 불공정한 비판과 보도

지방의원들의 전문성을 제고할 수 있는 기회를 제약하는 또 다른 요인은 언론과 시민단체들이 지방의회와 의원들에 대해 견제역할을 제대로 하지 못하기 때문이다. 예컨대 지방의회란 무엇을 어떻게 하는 곳이며, 이를 위해 요구되는 지방의원의 능력과 자질은 어떠한가를 선거과정에서 밝히고 이러한 능력이나 자질을 가진 사람들이 의원으로 당선되도록 주민들의 선택에 도움을 주는 보도와 비판을 해야 한다. 그러나 그렇게 하지 못하고 있다. 또한 당선된 이후 지방의원들의 의정활동내용에 대해서도 정기적인 평가기능을 수행하지 못하고 있다. 이러한 공적 통제기관들이 정도의 비판기능은 수행하지 않고, 한두 가지의 실수나 순간적 판단착오로 일어나는 문제들에 대해서 편견적인 보도를 하는 경우가 적지 않다. 때문에 해당 의원들은 이들에 대해 반성과 개선보다는 오히려 반감 내지 적대감만 가지게 되어 궁극적으로는 언론과 시민단체들이 사회영역 간 갈등만 조성시키는 경우가 적지 않다.

27) 제2대 대구광역시의회 의원이었던 안경욱의원의 경우, 의원평가에서 1위를 차지하였지만 그 다음 해 선거에서 낙선하였다.

IV. 지방의원의 전문성 제고방안

지방의원의 전문성은 첫째 유능하고 전문성 있는 인재를 지방의원으로 진입할 수 있도록 법령 등 제도를 정비하고 보완함으로써 가능하고, 둘째 지방의원으로 당선된 사람들이 전문성을 갖도록 스스로 깨닫고, 노력하는 방안, 셋째 정당, 국회의원, 언론기관, 주민, 시민단체 등 지방의회의 환경요인들이 지방의원들을 감시하고 통제하는 기능이 강력할 때 제고될 수 있을 것이다. 여기서는 소극적인 전문성 제약요인의 제거방안과 함께 적극적인 전문성제고 방안에 관해 검토해 보기로 한다.

1. 지방자치관련 제도개혁

1) 지방의원 선거제도의 개혁
(자격강화, 정당공천제폐지, 선거구제 개편, 무투표당선제 폐지)

지방의원의 전문성 제고를 위해 가장 시급하게 개선해야 할 문제가 지방선거제도의 개혁이다. 첫째 지방의원후보자들에게 지방의원으로서 직무수행에 필요한 최소한의 자격요건을 요구하도록 제도화해야 할 필요가 있다. 오늘날 조직사회는 아무리 작은 소규모 조직이라고 하더라도 그 구성원들에게 최소한의 자격요건을 요구하고 있다. 그런데 하물며 다수 주민들의 공공업무를 수행하고 지역사회의 발전과 관련되는 중차대한 직무를 수행해야 하는 주민대표가 되고자하는 사람들에게 아무런 자격요건을 부과하지 않는다는 것은 매우 불합리하다. 방대한 자원을 동원하고 배분함으로써 수많은 주민들의 삶과 생활에 지대한 영향을 미치는 공직을 수행해야 할 지방의원들에게는 마땅히 그 직무의 효과적인 수행과 관련되는 일정한 자격요건을 요구해야 할 것이다.

둘째 지방의원선거의 입후보자들에게는 정당공천제도를 폐지해야 한다. 물론 정당공천 그 자체가 잘못된 것은 아니다. 만일 정당공천을 통해 전문성을 가진 유능한 후보자들을 선별할 수 있다면 절대 정당공천을 요구해야 할 것이다. 그러나 현실정치세계는 오히려 정당공천이 무능한 사람들을 공천하는 역기능을 하고 있기 때문이다.

셋째 지방의원선거구를 중선거구로 하되 한 선거구에서 2명만 선출하는 제도로 개편해야 한다. 현재와 같은 2-4인 선출 제도는 선거에서 후보자의 난립과 선거의 혼란, 선거비용의 증대, 선거효과의 저하 등으로 결코 전문성을 가진 유능한 지방의원을 선출할 수 없다. 따라서 전문성을 가진 능력중심의 지방의원을 선출하기 위해서는 현재의 제도를 개편해야 한다.

넷째 무투표당선제도를 폐지해야 한다. 무투표당선자는 주민들이 선출하지 않고 선거법이 선출한 지방의원이다. 따라서 선거법이 강제적으로 지방의원을 선출하는 무투표당선제도는 마땅히 개편되어야 한다. 이렇게 당선된 지방의원들에게서 높은 전문성을 기대할 수는 없기 때문이다. 그리하여 단체장선거처럼 1인 후보자에 대해서도 주민들이 투표하게 하여 1/3이상의 지지를 요구하거나 찬반투표를 실시하는 방안을 마련해야 할 것이다.

2) 지방자치법상 지방의원신분제도 개혁 (常勤의 有給職化)

지방의원의 신분을 유급직으로 해야 한다. 지방의회의 연간회의일수는 회의를 하라는 것이지 근무를 그 기간만 하라는 것은 아니다. 지방의원의 유급직화에 대한 논의는 끊이지 않고 지속되어 왔다. 우리나라처럼 세계에서 그 예를 찾기 어려울 정도로 자치단체의 규모가 큰 곳에서, 많은 업무를 수행해야 하는 지방의원들에게 정규보수를 지급하지 않고, 주민의 기대에 부응할 수 있는 지방자치를 시행할 수 없다. 그 동안의 경험을 통해서도 정규보수를 지급하지 않고서는 유능한 지방의원을 선출할 수가 없다는 것이 증명되었다. 이제부터는 지방의원을 상근의 유급직으로 전환해야 한다. 그렇게 될 때 전문성이 높은 유능인재들이 지방의회로 유입될 가능성도 높을 것이다.

3) 의정활동 지원체제의 자율적 구성 · 운영과 전문성보강

현재의 의회사무조직으로는 지방의원들에 대한 충분한 의정활동지원이 불가능하고, 그리하여 주민의 기대에 부응할 수 있는 의정기능을 창출해 낼 수도 없다. 따라서 현재와 같이 의회사무기구의 조직과 운영을 행정자치부와 자치단체장이 엄격하게 통제할 것이 아니라, 지방의회의 자율운영체제로 개편해야 한다. 우선 의회사무기구는 지방의회의 권한과 책임 하에 구성 · 운영될 수 있도록 개편하고, 지방의원들의 의정활동을 실질적으로 보좌할 수 있는 체제로 개편해야 한다. 특히 의회전문위원의 전문성을 보강하고 그 수와 자격도 의회의 자율적 통제하에 운용할 수 있도록 해야 한다. 그렇게 함으로써 지방의원의 직무전문성제고는 물론 역할전문성을 제고할 수 있는 지원시스템을 강화시킬 필요가 있다.

4) 의정활동평가체제의 구축과 의정기능촉진 독려제도의 도입

지방의원들의 전문성을 높이기 위해서는 지방의원들의 의정활동에 대한 연간평가나 상반기와 하반기 등 반기별 평가 등 의원활동에 대한 평가제도가 도입될 필요가 있다. 사람들은 자기의 역할에 대해 평가를 받는다고 할 때는 그렇지 않을 때 보다 더욱 열심히 노력하게 된다. 정부기관들의 평가에 관한 법률은 정부의 모든 기관들은 업무수행에 대해 스스로든 타에 의하든 평가를 하도록 요구받고 있다. 지방의원들도 공무를 수행하는 기관의 구성원으로 당연히 일정한 업무에 대해서는 평가를 받아야 한다. 따라서 의원들의 의정활동에 대해 정기적인 강제평가제도를 도입할 필요가 있다. 나아가 지방의원들이 의원으로서 역할수행에 최선을 다하도록 하는 역할을 촉진시키거나 독려하는 규정을 마련하는 방안도 검토해 볼 필요가 있다. 지방의원들에 대한 상근유급직제도화에 맞춰 의원들에 대한 평가 및 역할촉진을 강조하는 규정도 도입해야 할 것이다. 인간들은 다소의 자극이나 유인이 있을 때 더욱 열성적으로 노력하는 습성이 있기 때문이다.

2. 지방의원의 역할혁신

1) 지방의원직에 대한 역할인지와 사명감 고취

적잖은 지방의원들이 지방의원직을 세칭 출세의 상징으로 인식하고 있다. 그리고 지방의원의 역할은 자치단체장 등 집행부의 통제와 공무원들에 대한 감시감독이 전부인 것으로 착각하고 있다. 이러한 잘못된 역할인식이 지방의원들로 하여금 연구하지 않고, 기능하지 않게 만들어 왔다. 따라서 우선 지방의원들에게 지방의원직이란 것이 무엇이며, 이를 위해서 지방의원들이 무엇을 어떻게 해야 할 것인가에 대한 기본적 역할을 인식시키는 일이 급선무다. 이를 위해서 정기적인 의원교육시스템을 도입하거나 지방의원들의 복무규정을 신설하는 방안을 강구해 나갈 필요가 있다. 현재 지방의회가 자율적으로 실시하고 있는 지방의원세미나 등은 불성실한 지방의원들 이 참석하지 않아 교육의 실효성을 떨어뜨리고 있다. 즉 교육을 받아야 될 의원들은 참석하지 않고, 오히려 유능하고 성실하여 교육의 필요성이 없는 의원들은 항상 참석하는 세미나가 되고 있다. 따라서 역할인식이 부족하거나 잘못된 지방의원들에게 세미나를 통해 그 목적을 달성하기란 어렵기 때문에 강제적인 정기교육이 요구된다.

2) 자질함양 및 태도개혁

(1) 창조적 신지식의 함양과 지속적 연구

현대사회는 지식정보화사회이다. 지식정보화 사회란 지식과 정보가 부를 창출하는 사회이며 시대라는 것을 의미한다. 지방의원들은 집행기관에서 일어나고 있는 다양한 행정업무처리 및 정책추진에 대한 정보와 지식을 가지고 있어야 할 뿐 만 아니라 주민들이 요구하고 주장하는 지역사회문제처리와 갈등해결에 직접 앞장서야 한다. 그리고 이러한 당면과제수행에서 한걸음 더 나아가 앞으로의 지역발전과 주민복지향상을 위해 국내외 정치경제적 질서변화에도 민감해야 하고, 국내외 중앙정부 및 지방정부간의 관계구축과 신뢰증진에도 관심을 가져야 한다. 따라서 지방의원세미나도 행정사무감사와 조사, 예산심의와 결산승인, 조례제정과 개폐 등의 전통적인 주제에서 벗어나 다양한 영역에서 보다 전문적인 내용으로 그 범위와 강도를 확대 심화시켜 나가야 한다. 그리고 해외연수도 철저한 사전준비를 통해 전문성향상과 당해 지방정부의 정책개발에 직접 도움을 받을 수 있는 해외선진사례 벤치마킹(Benchmarking)으로 바꾸어 나가야 한다. 앞으로 지방의원은 쉬지 않고 연구하고 노력해야 한다. 평소 대학 등 주요기관에서 정책과 행정, 지방자치와 지역발전 등 주요프로그램에 참여하여 새로운 지식과 기술을 습득해야 하고, 각종 학회와 세미나에 참여하여 직무전문성을 제고해 나가야 한다(최봉기, 2002 : 18-19, 24).

(2) 각종 정보망(Network)구축과 자문시스템 구축

지방의원들이 의정활동을 수행해 나가는 데 필요한 지식과 정보는 평소 의원들이 어떠한 노력을 하는가에 직결된다. 지방의원들의 전문성과 태도문제 등이 지적될 때마다 그 내용을 자세히 들여다보면 그 핵심은 의원들의 지식과 정보부족 및 대화능력의 부족 등에서 기인하는 직무전문성이 낮았다는 것 때문이었다. 따라서 지방의원들은 평소 직무전문성 제고를 위한 지식습득에 노력해야 한다. 그리고 지역사회의 정치, 경제, 사회, 문화 등에 대한 지식과 정보를 흡수할 수 있는 정보망을 구축하고, 지역사회 내의 전문가와 유대관계형성을 통해 자문을 받을 수 있는 장치를 마련할 필요가 있다. 특히 의회 내에서는 다른 사람의 의견을 경청하고 존중하는 태도를 갖춰야 하고, 다른 사람들에게 피해를 주는 언동은 삼가야 한다. 이러한 기본적 태도와 활동이 원만하게 갖춰질 때 비로소 의정활동과정에서 지방의원들의 전문성시비는 사라질 수 있을 것이다.

(3) 사이버정보화 수준의 제고

근래 지방의원들도 개인 홈페이지를 구축하고, 주민들로부터 애로사항을 청취하는 등 컴퓨터활용빈도가 늘어나고 그 수준도 제고되어가고 있다. 그러나 아직도 지방의원 개인별로는 이러한 정보화 수준이 뒤떨어진 의원들도 적지 않다. 이미 전자지방정부의 구축이 완성된 시점에서 이러한 지방의원들의 낮은 정보화수준은 지방의원과 지방의회의 전문성을 저해하는 요인이 되고 있다. 그리하여 의회 내의 행정과 사무처리에 활용되는 컴퓨터시스템에 빨리 익숙해 져야 하며, 의정자료실을 전자정보화장치로 보강하고, 모든 의원들이 의원개인의 홈페이지를 작성하고 활용하는 것을 생활화하도록 해야 한다. 전자정보시스템을 통하여 국내외적 각종 정보와 자료를 수집 · 처리 · 활용할 수 있어야 하며, 타 지방의회나 집행기관 그리고 지역주민들과 직접 정보나 자료를 교류할 수 있어야 한다. 이처럼 정보화수준의 제고를 통해 지방의원의 직무전문성과 역할전문성을 동시에 제고할 수 있는 길을 찾아야 할 것이다.

3) 지역사회내의 갈등조정과 지도자적 역할제고

지방의원들은 지역사회 내에서 야기되는 각종의 갈등과 마찰을 방관해서는 안된다. 개인적 · 집단적 민원에 대해서는 물론 수시로 발생되는 개인간 · 집단간 갈등에 대해서도 의원들이 중재자가 되고 해결자가 될 수 있어야 한다. 주민사회의 집단민원현상을 예방 · 해결하기 위해서는 평소 시민교육을 소홀히 하지 말아야 한다. 또한 지방의원들은 스스로 지역사회의 봉사자임을 인식하고 불우이웃과 소외계층의 이익을 대변할 수 있어야 하며, 스스로 자원봉사활동을 생활화 할 수 있어야 한다. 특히 지방주민들과의 교류기회가 적은 광역의회의원들의 경우, 정기적인 의정보고회와 주민과의 대화의 날을 지정하여 유권자인 주민들과의 직접적인 교류기회를 증대시켜야 한다. 지방정부는 물론 지방의원의 역할이나 위원회활동 그리고 각종 포럼이나 세미나 등에서는 주민과의 직접접촉이나 의견수렴을 기초로 이루어져야 한다. 주민을 만나지 않고서는 주민들의 생각과 고통을 파악할 수 없기 때문이다. 민주사회의 지도자는 그들의 행동 하나 하나가 바로 시민과 지역사회를 위한 봉사활동으로 볼 수 있다. 이처럼 지방의원의 활발한 의정기능수행은 곧 지방의원의 역할 전문성을 제고하는 첩경이 될 것이다.

3. 사회환경적 비판 통제 등 평가기능 강화

1) 지방의원들에 대한 주민통제기능강화

지방자치제도는 지역주민들의 관심과 참여를 그 본질적 요소로 하고 있다. 그러나 지방자치가 부활 실시된 지 20여년이 넘은 지금까지 대부분의 지역주민들은 지방자치에 무관심하다. 국민들의 정치적 무관심은 결국 정치적 독재를 불러일으킨다는 말이 있는 것처럼 지역주민들의 지방의원과 지방자치에 대한 무관심은 지방자치를 부정부패하고 무능하게 만들고 말 것이다. 이러한 현상은 결국 주민들 자신에게 돌아가 스스로를 독재정치의 희생물로 만들거나 부당한 조치나 과잉조세납부를 강요받게 만들 것이다. 이렇게 볼 때 지방의원들의 전문성제고는 지역주민들의 이들에 대한 관심과 질책정도에 따라 좌우될 것이다. 따라서 지역주민들의 지방의원들에 대한 관심과 애증, 비판과 감시가 지방의원의 전문성을 제고시키는 첩경이 될 것이다.

2) 지방의원들에 대한 언론과 시민단체의 평가 및 비판기능 강화[28]

한국사회에서 언론의 영향력은 정치권력보다 강력하다고 할 정도로 강한 국민적 영향력을 가지고 있다. 물론 시민단체의 역할도 이에 못지않게 그 영향력이 강하다. 따라서 양기관의 지방의원에 대한 역할수행정도에 따라 지방의원의 전문성은 상당한 수준 변화될 수 있다. 그리하여 이들 기관이 지방의원의 전문성을 제고시키는 데 실질적인 영향력을 미치기 위해서는 선거초기단계에서는 물론, 선거후 지방의정기능수행과정에 이르기까지 언론기관과 시민단체들이 보다 적극적으로 의정평가와 비판기능을 수행할 필요가 있다. 즉 선거과정에서는 정당의 잘못된 공천을 부각시키고, 입후보자들의 직무전문성정도를 평가하여 이를 주민들에게 알리는 역할을 강화해야 하고, 의정수행과정에서는 지방의원들의 개인적 역할을 평가하고 비판하는 기능을 강화해 나가야 할 필요가 있다. 그렇게 함으로써 유능하고 성실하게 의정기능을 수행한 사람들에게는 시민의 이름으로 표창하고, 무능하고 게으른 사람들에게는 지방의회의 진출을 막을 수 있도록 해야 할 것이다. 특히 이러한 과정에서 시민단체들의 공정하고 객관적인 평가와 비판이 지방의원들로 하여금 더욱 직무에 전념할 수 있도록 자극할 수 있을 것이다. 물론 시민단체들은 그 이전에 스스로 시민들이 인정하는 단체 즉 시민대표성을 가져야 할 것이고, 난립하여 정치단체화하고 있는 스스로의 잘못된 모습부터 바로 잡아야 할 것이다.

V. 결론

지방의원의 전문성을 제고할 수 있는 방안은 여러 각도에서 다양하게 논의할 수 있다. 특히 전문성의 유형을 어떻게 보느냐에 따라 더욱 그러하다. 본고에서는 전문성을 직무전문성과 역할전문성으로 나누어 보았다. 그러나 전문성 그 자체는 두 가지로 나눌 수 있겠지만, 제도적으로나 현실적으로 그 제약요인과 제고방안을 반드시 이 두 가지 전문성에 따라 명확하게 구분하여 제시하기 어려웠다. 따라서 제3장의 전문성 저해요인분석과 전문성 제고를 위한 처방부분에서는 전문성의 유형을 따로 구분하지 않고 제도적 측면, 행태적 측면, 환경적 측면의 3가지 측면에서 각각 검토하였다. 그러나 한정된 시간과 지면으로 필자의 모든 생각과 관심을 모두 표현할 수는 없었음을 밝힌다. 앞으로 학계에서 이 분야에 대한 좀더 체계적인 연구가 진행되기를 기대한다. 그리고 서론부분의 연구범위 설정

28) 지역주민들과 NGO의 지방정부(집행기관 및 지방의원)에 대한 관심과 통제(평가와 시정)가 효율화됨으로써도 지방의원의 전문성 제고에 기여한다는 논지에 관해서는, 최봉기, "중앙정부의 지방분권추진실태와 지방정부의 대응정책과제, 「사회과학논총」, 23(1), (대구 : 계명대학교 사회과학연구소, 2004), p.25 참조

에서 밝힌 것처럼 지방의회의 전문성부족은 지금까지 논의한 지방의원의 전문성 부족 이외에 지방의회의 조직 및 운영에 관한 전문성 부족 때문에도 기인된다. 따라서 향후 지방의회 전문학자들은 본 연구와 같은 지방의원의 전문성 제고방안에 관해서는 물론 지방의회의 조직과 운영의 전문성 제고방안에 관해서도 보다 심도 깊은 연구가 수행되기를 기대한다.

3.4 지방의회와 지방자치단체장의 갈등과 합리적 조정방안

Ⅰ. 문제의 소재

우리나라와 같이 지방정부를 의결기관과 집행기관으로 나누는 기관분리형 제도에서는 이들 두 기관간의 갈등과 대립은 불가피한 현상이다. 즉 두 개의 기관으로 하여금 상호 견제와 균형 하에 지방자치단체를 통치하라는 제도는 그 자체 다소간의 갈등과 마찰을 가정하고 있기 때문이다. 특히 지방자치단체장에게 지방자치권의 대부분을 부여하고, 극히 일부의 권리만 가진 의결기관으로 하여금 그러한 집행기관을 감시하고 통제하라는 현행 지방자치제도는 더욱 그러하다.

이처럼 지방정부의 구성방식을 기관분리형으로 할 경우, 기관간 갈등과 마찰은 피할 수 없다. 그럼에도 불구하고 이러한 방식을 채택한 것은 양 기관이 상호 적절한 갈등과 마찰을 통해 견제와 균형을 유지함으로써 지방자치단체를 발전시키라는 가치와 철학을 더욱 선호했기 때문일 것이다. 물론 우리나라와 같이 오랜 역사동안 군주주의 통치의 경험이 많은 나라에서는 수장중심의 문화를 한꺼번에 폐기할 수 없었을 것이다. 그렇다고 수장인 자치단체장에게 모든 권한을 무한정 맡길 수도 없었기 때문에 이를 견제하고 감시할 수 있는 주민대표기관인 지방의회를 두게 되었을 것이다. 그러나 국가선진화를 목표로 국정을 운영해야 하는 우리나라의 정치현실에서 볼 때, 권위주의문화의 원천인 수장중심제는 점차 축소조정하고, 민주주의문화의 원천인 의회중심제는 더욱 발전시켜 나가야 한다. 서구에서 발전되어 수입된 지방자치제는 주민의 대표기관인 지방의회를 중심으로 지역사회의 정치행정을 추진해 나갈 것을 본질적 가치로 하는 제도이다. 그럼에도 불구하고 아직도 우리나라는 수장중심문화의 산물인 대통령중심제와 자치단체장 중심제도를 벗어나지 못하고 있다. 그리하여 국민과 주민이 주인이 되는 정치적 가치와 철학을 구현하고자 하는 국회와 지방의회는 아직도 국민들과 주민들의 관심에서 멀어져 있다.

요컨대 우리나라의 현행 지방자치제도 하에서 지방의회와 자치단체장 간의 갈등과 마찰은 점차 증대되고 격화될 가능성이 높다. 특히 중앙정당에 의한 정당공천제도가 지방선거를 점령하고 있는 한 이러한 갈등과 마찰의 가능성은 훨씬 높아질 것이다. 즉 지방자치단체장의 출신정당과 지방의회의 다수의석을 차지한 정당이 다를 경우, 양 기관간의 갈등은 절대 피할 수 없게 된다. 물론 갈등의 원인에 따라 대부분의 갈등은 기관간 자체조정으로 해결해 나갈 수도 있을 것이다. 그러나 우리나라의 중앙정당들은 아직도 이념투쟁적 상태를 벗어나지 못하고 있어 지방의회 역시 이념투쟁적 갈등이 유발될 가능성이 농후하고 그렇게 될 경우 갈등의 전개양상은 자못 심각해 질수 있다. 그 대표적인 사례가 2011년의 서울특별시장(한나라당출신)과 서울특별시의회(의원75%가 민주당 등 야당)간의 갈등사례였다. 초중등학교 무상급식의 비용을 지방자치단체의 예산으로 지출해야 한다는 서울시의회와 아직은 그것이 시기상조라는 시장 간의 갈등이 마침내 서울시장을 물러나게 한 사건이었다. 그 와중에서 결국 서울시의회는 회계연도가 다 지나가도록 당해 예산을 통과시키지 않아 변칙적 재정운용을 강요하였고, 지방자치경험 중 최악의 사례를 남기게 되었다.

이처럼 중앙정당의 공천에 의해 자치단체장과 지방의원으로 당선되어 중앙정당의 이념투쟁적 노선과 성향을 그대로 전수받고 있는 이상 한국 지방의회와 자치단체장간의 갈등은 불가피하고, 설상가상 그 해결은 더욱 어려워질 수밖에 없다. 물론 이러한 정치적 이념적 성향의 차이 이외에도 양기관 간의 갈등을 유발시키는 요인들은 적지 않다. 중앙정부의 법률과 명령 등이 시대변화에 맞지 않거나 표현내용이 불분명하거나 법령이 존재하지 않는 등 제도적 요인도 있고, 사람마다 지식수준의 차이, 정보능력의 차이, 인식과 행동의 차이 등으로 인해 야기되는 행태적 요인 등 다양한 원인들이 존재한다.

Ⅱ. 지방의회와 자치단체장간의 갈등의 요인분석

의결기관과 집행기관의 갈등과 대립을 야기하는 원인 내지 요인으로는 개별적 · 구체적 상황과 사례에 따라 다양하다. 과거의 체험을 통하여 가장 현저하게 부각된 원인으로는 정당의 개입과 정치적 입장의 차이에서 오는 것이었으나, 지난 몇 년간의 경험에서는 그보다도 중앙정부의 집권적 태도에 대한 지방의 분권요구가 주류를 이루고 있는 것으로 나타났다. 이에 관한 원인이나 요인을 보다 구체적으로 검토하면 다음과 같다.

1) 서로 다른 정당배경과 정치적 입장 및 이해관계의 차이

지난 경험에 의해 명확하게 입증된 사실로 지방의회와 자치단체장 간의 갈등을 야기하는 중요 원인중의 하나가 바로 서로 다른 정당의 공천을 받아 정당배경을 달리한다는 점이다. 즉 지방의회의 다수당과 자치단체장의 정당배경이 다를 때 양 기관 간에 갈등이 야기된다는 점이다. 현재 우리나라는 광역자치단체는 물론 기초자치단체까지 모두 정당공천제를 도입함으로써 첫째 지방선거가 지방자치의 고유한 가치를 실현할 수 있는 선거가 되지 못하고 중앙정당간의 정치투쟁장으로 변질되어 주민들 간에 갈등이 야기되고 있고, 둘째 선거이후 지방의회의 다수당과 자치단체장의 출신정당이 서로 다를 경우 기관간 갈등이 야기될 우려가 크다. 지금까지 대부분의 지방선거가 중앙정당의 정치투쟁의 대리전으로 치러졌고, 지방정부의 구조는 특정지역에서는 특정정당이 양 기관을 독식하거나 아니면 기관간 갈등이 야기되어 왔다. 현재 16개의 광역자치단체 중에는 거의 절반 정도가 자치단체장의 출신정당과 의회의 다수당이 달라 심각한 갈등이 예상되고 있는 실정이다. 2011년 서울특별시의회의 경우 75%의 의원들이 비한나라당 출신으로 선출되어 결국 한나라당 출신의 시장과 시의회가 중앙정당의 대리전을 치루게 되었고 급기야 서울특별시장이 물러나는 불상사가 야기되었다. 이 과정에서 서울특별시의회는 2011년 서울특별시 예산까지 통과시키지 않아, 지방자치제도의 근본을 위협하였다.

2) 법령의 미정비와 내용불명확과 부재

과거 경험에 의하면 의결기관과 집행기관의 주요 갈등원인 중의 하나는 중앙정부의 법령이 문제가 되었다. 중앙정부의 법령정비가 부진하다거나 관계법령이 없다는 것 때문에 지방자치단체 내부의 기관간의 갈등을 야기시켰던 것이다. 지방의회에 조례제정권이 주어져 있으나 지역사회의 실정에 맞게 조례를 제정하거나 개 · 폐하려면 거의 대부분이 상위법에 저촉되고, 새로운 조례를 제정하려 할 경우, 상위법이 없다는 이유로 지방의회의 결정이 「월권」한 것으로 간주되었기 때문이다. 물론 지방자치법 그 자체도 지방자치를 돕기보다는 지나치게 지방을 통제만하고 있어 자치발전을 위해서는 지방자치법 그 자체의 개정 · 정비도 불가피하다. 특히 지방자치법 제170조와 제172조는 중앙정부가 지나치게 지방의 자율과 자치를 통제하고 있고, 지방의회의 권한으로 부여된 각종의 권한들이 사실상 무의미하게 만들고 있기 때문이다. 기초자치단체와 광역자치단체의 관계규정도 불분명하고 권한과 책임도 명확하지 않아 이러한 것들이 갈등의 원인으로 되고 있다.

3) 위임사무의 과다와 불확실한 권한위임

조만간 지방자치단체의 사무종류도 자치사무와 국가수임사무라는 두 가지로 바뀌게 되겠지만 현재까지는 고유사무와 위임사무로 나뉘고, 위임사무는 다시 단체위임사무와 기관위임사무로 구분된다. 그리고 기관위임사무에 대해서는 지방의회의 간섭을 배제해 놓고 있다. 그러나 현실적으로는 무엇이 기관위임사무이며 무엇이 단체위임사무인지 그 구분이 분명하지 않았다. 뿐만 아니라 기관위임사무라고 하더라도 지방주민들의 이해관계 및 지역발전과 직결되어 있어 지방의회로서는 불가피하게 개입하지 않을 수 없는 일들이 늘어나고 있다. 또한 많은 경우, 사무만 위임하고 권한은 중앙정부가 가지고 있는 가하면, 구체적으로 어느 선까지 권한이 위임되었는지 권한위임 그 자체가 불확실하여 양 기관의 갈등을 조장해 왔다. 특히 지방자치법과 다른 법령에 "지방의회의 의견을 들어야 한다"는 등의 규정이 구체적으로 무엇을 의미하는지 불분명함으로써 갈등을 야기시켰던 것이다.

4) 지방의원과 자치단체장 및 지방공무원의 자질 · 역할인지 부족

양 기관간에 갈등이 야기되는 제반 원인 중에서 지방의원들과 자치단체장 및 지방공무원들이 서로 사소한 감정을 억제하지 못하는 데서 야기되는 갈등이 많았다. 즉, 많은 지방의원들은 자신들에 대한 공무원들의 예우문제나 지방의회에 대한 공무원들의 태도 등에 대해 쉽게 흥분하거나 불만을 갖는 것으로 나타나고 있다. 그리고 지방의원이나 지방공무원들은 서로 과거경험 및 경력 등을 상기시킨다거나, 사소한 개인적 감정이나 불만을 공적 감정으로 전가시키거나 침소봉대 시킴으로써 불필요한 갈등이 야기되기도 했다. 뿐만 아니라 자치단체장과 지방의원들이 이권개입 및 부정사건에 개입되는 경우에도 갈등이 야기되었다[29]. 따라서 이들이 지역사회의 주민의 대표들로서 스스로 공인으로서의 지위를 인식하지 못하거나 요구되는 자질을 구비하지 못하며, 스스로의 역할을 인지하지도 못함으로써 갈등이 야기되었거나 때로는 더욱 심화되었다.

5) 중앙정부의 지방정부에 대한 불신 내지 경시

근본적으로 중앙정부는 지방의회는 물론 자치단체장까지 믿지 못하고 있다. 다시 말해 지방자치제도는 실시해 놓았으나 외형만 지방자치로 하고 있을 뿐, 실제 행정관행과 절차 등은 아직도 거의 중앙정부가 영향력을 발휘하고 있다. 이처럼 중앙정부가 지방자치단체를 신뢰하지 못하고, 지방자치단체장은 지방의회를 경시하는 데서 갈등이 야기된다. 중앙정부는 지방의회의 의결이나 조례제정 · 개폐사항에 대해 모든 것을 중앙정부에 보고토록 하고, 위법 · 부당한 것, 공익을 현저히 해치는 것 등을 중앙정부가 임의로 판단하여 자치단체장으로 하여금 재의요구토록 하거나 제소하도록 하고 있다. 이처럼 지방자치단체를 근본적으로 불신 · 통제하고 있는 데서 양 기관간의 갈등이 야기되고 있다. 그리고 자치단체장은 고유사무는 물론 기관위임사무까지 처리할 수 있는 상대적으로 강력한 권한을 가지고 있는 반면, 지방의회는 상대적으로 권한이 부족하여 일을 하려고만 하면 사사건건

29) 과거 우리나라의 경험과 근래 일본의 경험(지방의 독직사건) 등이 이를 증명해주고 있다.

중앙정부나 집행기관의 저항과 견제가 심하기 때문이다. 얼마 전까지만 해도 양자간의 갈등 중에는 지방의회 전문위원의 임명과 관련 의장과의 사전협의절차를 무시하고 단체장이 일방적으로 전문위원을 임명함으로써 야기된 갈등사례가 많았다. 특히 지방의회사무기구에 대한 인사권과 관련하여 양 기관간에는 크고 작은 갈등이 상존하고 있다. 이것 또한 행정안전부가 지방의회사무조직을 지방의회의 권한으로 주지 않고, 자치단체장의 권한으로 부여해 놓았기 때문이다.

이처럼 중앙정부가 지방자치제도를 의도적으로 왜곡하거나 자신들의 임의대로 통제하고 간섭하려는 데서 엉뚱하게 자치단체장과의 갈등이 유발되고 있는 것이다.

Ⅲ. 지방의회와 지방자치단체장 간의 갈등해소방안

1) 지향방향

지방의회와 단체장간의 갈등을 해소하기 위한 대안모색의 기본방향은 제도와 운영 및 의식측면을 포괄하는 종합적인 접근에 초점을 둔다. 즉, 지방의회와 단체장간의 갈등을 해소할 수 있는 단일의 방법은 존재하지 않는다. 따라서 다양한 방법을 갈등국면에 따라서 선택적으로 활용하여 양자간 갈등을 완화하거나 해소하는 것에 역점을 둘 필요가 있다.

이에 따라 제도적, 행태적, 장기적, 단기적, 교육적, 사회운동적 측면의 전반에 걸쳐서 양자간 갈등해소에 유용한 방법을 강구할 필요가 있다.

첫째 제도적 개선방안으로 현행 지방자치제도와 지방자치에 영향을 미치는 관련 법령을 개선하고 정비하는 것으로부터 새로운 갈등조정장치를 마련할 수 있도록 새로운 제도를 만드는 것이 있을 수 있다. 특히 우리나라 지방자치현장에서 양기관간 갈등의 가장 본질적인 내용을 제공하고 있는 정당공천제도의 획기적인 개혁이 요망된다. 둘째 행태적 개선방안으로 중앙정부의 지방자치제도에 대한 인식과 태도변화로부터 지방정부의 자치단체장과 공무원, 지방의원 스스로의 인식과 행태를 개선하도록 하는 방법 등을 들 수 있다. 셋째 교육적 접근방법으로 지방자치제도에 대한 지적 기반이 취약한 국민교육에서부터 언론 등 매스컴과 시민단체들의 지방자치에 대한 제도교육과 민주주의와 공동체에 관한 인식개혁을 가능케 하는 각종 시책이 추진될 필요가 있다. 이처럼 중앙정부와 지방정부가 공동으로 이상과 같은 다양한 방법들을 장단기적으로 적절하게 배합하면서 지속적으로 추진해 나갈 때 양 기관간의 갈등은 서서히 줄어들 수 있을 것이다.

그리하여 제도적 개선방안으로는 여론조사방법의 도입과 활용, 자치단체내부 분쟁조정위원회 설치, 지방선거에서의 정당공천제 배제, 지방자치제도에 대한 국민적 교육과 인식개선, 지방저부의 기관구성 다양화와 의회제도 개혁, 의회해산권 및 단체장불신임권의 전략적 도입, 중앙권한의 명확한 위임과 관련법령의 정비 등을 들 수 있다. 그리고 행태적 개선방안으로는 의회와 집행기관간의 정책간담회 운영, 정보공유제도의 확충, 갈등전문중재인 활용, 중앙정부의 지방경시 및 통제 완화 등을 검토할 수 있다. 끝으로 교육 및 캠페인의 방법으로는 지방자치제도에 대한 국민교육, 국민중앙정부의 공직자들에 대한 자치교육 등을 비롯하여 지방의원들과 지방공무원들에 대한 인식개혁을 위한 공무원교육과 지역주민들에 대한 바른 지방자치운동 캠페인 등을 실시할 필요가 있다.

2) 법률제도적인 개선방안

(1) 중앙정부의 지방에 대한 권한위임의 명확화와 관련 법령의 정비 · 보완

이미 갈등의 원인분석에서 지적된 바와 같이 그간 양 기관의 갈등의 주요원인은 법령이 정비되지 않았거나, 당연히 지방에 위임되어야 할 권한들을 중앙정부가 장악하고 있는 데서 야기된 것들이었다. 따라서 갈등해결의 가장 시급하고 주요한 처방은 권한의 지방이양과 법령의 정비 · 보완이다. 중앙정부의 불분명한 태도나 집권적 사고방식이 지방사회의 갈등을 조장하고 있다. 지방자치제도를 실시하면서도 권한위임은 커녕 지방통제에만 관심을 보여 온 중앙정부의 태도나, 잘못된 법령에 대한 개정을 요구하기 보다는 법령의 문구에만 집착하여 자기주장만을 고집해온 집행기관 공무원들의 행태 등이 모두 갈등의 요인이었다. 지방자치법과 관련법규들에 대한 개정과 보완도 시급한 실정이다. 특히 양 기관의 대립 · 마찰과 관련하여 볼 때, 지방의원이나 자치단체장이 서로에 대한 의무를 이행하지 않았을 경우에도 그것에 대한 제재수단이 마련되어 있지 않아 실질적인 권한보장이 미흡하다. 어떠한 방식이든 간에 상호간의 의무위반에 대한 제재수단이 제도적으로 보장되어야 할 것이다[30].

(2) 지방자치단체 기관구성의 다양화

지방자치단체의 기관구성을 기관분리형으로 전국 지방자치단체에게 획일적으로 강요하지 말고, 기관구성방식을 다양화 할 수 있도록 지방자치단체에게 자율권을 부여하자는 것이다. 즉 지방자치단체의 기관구성 방식을 중앙정부가 법률로 전국 모든 지방자치단체에게 획일적으로 강요하지 말고 기관통합형이나 절충형 등 다양한 방식 중 당해 자치단체가

30) 논자에 따라서는 지방의회와 자치단체장이 지방자치법에 규정된 의무이행을 태만히 했거나 승인을 유보했을 때, 고등법원에 소를 제기할 수 있는 규정을 신설하는 방안을 제안하고 있다. 근본적으로 양자 간의 대립으로 인한 정치문제를 사법기관의 판단에 의해 처리한다는 것은 바람직한 제도는 아니라고 해야 할 것이나, 법률상의 의무위반에 한해서만 사법기관의 도움을 받는 방안도 가능할 것으로 판단된다. 내무부. 한국지방행정연구원, 「지방의회와 자치단체장간의 위상에 관한 연구」, 1991. 2. pp. 89-90.

자율적으로 선택할 수 있도록 하자는 것이다. 제2편에서 지적한 구조적 갈등요인의 대부분은 현재의 기관분리형 제도에서 비롯되고 있다. 따라서 지방자치법에 활용가능한 기관구성의 방식을 제시하고, 지방자치단체별로 지역적 특성에 부합한 기관구성 방식을 조례로 선택할 수 있도륵 하자는 것이다. 특히 지방단체장과 지방의회 다수당의 구조가 상호 다른 지역에서는 기관분리형보다는 기관통합형이나 절충형 등 다른 방식을 채택할 경우 현재와 같은 갈등을 미연에 예방하거나 가등을 완화 혹은 해소시킬 수 있는 효과가 클 것으로 전망된다. 만일 현재의 기관분리형에서 기관통합형 또는 절충형으로 전환하는 것이 단기적으로 여러 가지 어려움이 있다면, 과도기적으로 의원내각제적 요소를 가미하는 것도 검토할 수 있다. 즉 자치단체장과 다른 지방의회다수당의 지방의원을 집행기관의 국장등으로 보임하는 것이다. 이를 위해서는 현재의 지방공무원관련규정과 지방의원 겸직범위를 완화하는 지방자치법의 개정이 수반되어야 한다. 그러나 기관구성 방식의 다양화는 현재의 기관분리형이 갖는 장점, 즉 견제를 통한 권력남용 방지나 행정의 전문성과 책임성 확보 등의 효과를 상실하거나, 갈등의 순기능을 간과하는 결과를 초래할 위험성이 높다는 점을 간과해서는 안된다.

(3) 지방의회해산권 및 자치단체장 불신임권의 도입

지방의회와 자치단체장 간의 갈등조정을 위한 대안의 하나로 자치단체장의 의회해산권과 지방의회의 자치단체장 불심임권을 부여하는 방안도 검토할 수 있다. 의회해산권과 자치단체장불신임권은 기관분리형을 전제로 자치단체장과 지방의회에 각각 부여하는 권한으로 상호간 갈등과 대립이 심할 경우 전술한 권한행사를 통해서 견제 및 균형을 도모하고, 궁극적으로는 선거를 통하여 주민의 심판을 받게 하는 제도이다(최창호, 2005). 동 제도는 우리나라에서도 1952년부터 1960년까지의 제1대 및 제2대 지방자치에서 도입하여 운영한 경험을 가지고 있다. 다만, 이 방안은 전술한 기관구성의 다양화가 도입될 경우 재검토가 필요하지만, 현재의 기관분리형 구조를 유지할 경우, 유용한 방법이 될 수도 있다. 일본을 비롯하여 의회해산권과 불신임권을 제도적으로 도입한 국가들의 사례를 보면, 실제로 이러한 권한들이 행사되는 빈도는 흔하지 않지만, 제도도입 그 자체만으로 자치단체장과 지방의회간 갈등발생을 미연에 억제하는 효과는 적지 않을 것으로 짐작된다.

(4) 지방의회의 권한 확충과 기관 간 권한의 균형확립

수레의 두 바퀴는 균형을 유지해야 앞으로 나아갈 수 있다. 만일 어느 한 쪽의 바퀴가 지나치게 커서 균형을 이루지 못한다면 그 수레는 아무리 앞으로 밀어도 제자리를 맴돌 것이다. 이처럼 지방자치단체의 두 기관은 서로 권한과 기능이 균형을 유지할 수 있어야 한

다. 그러나 현재 우리나라의 지방자치제도는 한정된 지방자치단체의 권한을 그나마 지방자치단체장에게 집중시켜 지방의회의 기능과 역할에 제약을 가하고 있다.

지방의회의 권한을 확충한다는 것은 지방자치단체의 권한을 강화함을 의미하며, 지방자치단체의 권한을 강화한다는 것은 지방분권을 강화함을 뜻한다. 그리고 지방분권을 강화한다는 것은 그만큼 중앙정부의 권한을 지방으로 이양함으로써 국정의 민주화를 도모한다는 뜻이다. 따라서 중앙정부는 물론 자치단체장도 지방의회의 실질적인 권한을 강화시켜 나가도록 노력해야 한다. 현행 지방자치법 상 지방의회와 자치단체장의 권한을 전반적·객관적으로 평가해 본다면 지방의회의 권한은 지나치게 취약하다. 지방의회의 의결사항에 대해서는 중앙정부의 간섭을 통해서나 자치단체장의 권한을 통해서 자치단체장이 이를 거부하거나 집행하지 않을 수 있는 여러 가지 길을 터놓고 있다. 그러나 자치단체장의 경우 지방의회의 어떠한 반대에도 불구하고 특별한 통제 없이 자신의 주장대로 일할 수 있는 제반 장치를 마련해 놓고 있다. 즉, 법령에 의한 지방의회의 권한축소·제한, 자치단체장의 재의(요구)권, 제소권 등을 통해서, 그리고 장의 선결처분권 등이 이를 증명하고 있다.

지방의회의 경우, 행정사무조사권을 가지고 있으나 만일 특정한 피조사기관이 이를 거부하고 나올 때 그것에 대한 제재수단이 마련되어 있지 않고, 행정사무감사결과에 대한 장의 처리태도에 문제가 있을 때도 그것에 대한 제재방법이 없으며, 장의 선결처분에 대한 지방의회가 사후승인을 거부할 경우에도 자치단체장에 대한 제재조치가 없다[31]. 물론 2011년 서울특별시의회와 서울특별시장간의 갈등을 보면 지방의회가 예산심의와 결산승인권을 담보로 지방자치단체의 업무를 혼란에 빠트릴 개연성도 없지는 않다. 그러나 그것은 가장 극단적인 예에 지나지 않는다. 인천시의 월미은하레일(853억원), 용인시의 경전철(7천억원), 김해시의 경전철건설관련 의혹, 태백시의 무리한 폐광지역개발사업 등의 예는 모두 자치단체장의 강력한 권한과 지방의회의 통제능력부재에서 비롯된 사례들이다. 만일 이러한 일들을 사전에 지방의회의 제지로 예산이 통과되지 못해 갈등을 야기시켰다면 언론과 주민들은 과연 누구를 비난했을까? 그렇다고 잘못된 예산편성을 제지하지 못한 지방의회의 책임이 없어질 수는 없겠지만 그동안 지방의회에 대한 우리 언론과 국민들의 태도도 이 기회에 개선되어야 한다.

이처럼 건전한 지방자치발전을 위해서 지방자치단체장의 자치행정 전반에 대해 주민의 이름으로 이를 견제하고 감시할 수 있는 실질적인 지방의회의 권한을 확충할 필요가 있다. 특히 시급한 것은 지방자치단체장의 공무원인사권과 방만한 재정운용에 대한 통제권은 반드시 확충되어야 한다.

31) 전술한 「권한위임의 명확화와 법령의 정비.보완」 과 부분적으로 중복 · 강조 되고 있음.

(5) 지방선거과정에서 정당참여의 제한과 기초의원공천 배제

현행법상 기초자치단체장과 기초의회의원선거, 광역자치단체장과 광역의회의원선거 등 4가지 지방선거에 모두 중앙정당이 공천할 수 있도록 하고 있다. 즉, 지방자치가 지방정치의 활성화와 민주화라는 가치를 내포하고 있어 정당참여의 근거와 필요는 있다. 그러나 지방정당이 전무하고 중앙정당의 간섭이 노골적이며, 중앙정당간의 관계가 아직도 이념투쟁적 수준에 머물러 있는 현실을 감안 할 때 지방자치선거에 중앙정당의 간여는 자제되거나 지양될 필요가 있다. 특히 지방의회의 다수당과 자치단체장의 당적이 다를 경우 야기될 수 있는 기관간 대립과 갈등의 심각성을 고려한다면, 지방자치제도의 발전과 정착이 아직은 추기단계인 우리나라의 지방선거에 중앙정당의 참여는 당분간만이라도 자제 내지 제한해야 할 필요가 있다. 법을 제정하고 개정하는 국회의원들이 정당인들이기 때문에 스스로 자신들에게 불리한 법률을 제정하라는 것 차제가 현실적으로 어려운 일이기는 하다. 그렇지만 득(得)보다는 실(失)이 많은 잘못된 제도를 정당이나 국회의원들의 사적 이익을 위해 굳이 고집을 한다면 그것은 노골적인 정당이기주의의 폭행이 아닐 수 없다.

우리나라의 정당은 선진민주국가의 정당과는 그 출발에서부터 활동에 이르기까지 여러 면에서 분명히 차이가 있다. 국민의 지지 없이도 특정한 정치보스와 그 추종자 몇몇만 있으면 당을 만들 수 있고, 정치경험이 전무하더라도 돈만 있으면 하루아침에 사람을 매수하여 당을 만들고 대권에 도전할 수 있는 것이 한국정당과 정치의 현실이다. 이렇게 선진 외국의 정당과는 분명히 다른 성격의 한국정당을 선진 외국의 정당과 동일한 것으로 믿고 있는 사람들이 많다. 그럼에도 불구하고 정당의 활동이나 기능이 지방선거에 도움이 되고 지방자치발전에 기여한다면 굳이 정당참여를 반대할 이유도 없다. 그러나 정당은 이미 국민들의 요구와 주장에는 무감각해졌고, 정당이기주의적 행태가 만연되었으며, 정당이 가는 곳에는 언제나 부정과 부패가 따라다니고 있는 것이 우리나라 정당의 실태다. 때문에 정당활동이 국민 모두에게 개방되고 국민 대다수가 정당의 당비를 낼 수 있으며, 정당의 결정이 「지방에서 중앙으로 아래에서 위로」라는 민주적 결정방식으로 제도화될 때까지는 기존정당들이 당분간만이라도 지방선거에 참여할 수 없도록 해야 한다. 그러나 이처럼 "지방선거에 대한 정당참여의 제한"이라는 과제는 당연하고 시급한 목전의 과제이긴 하지만 사실 누가 그렇게 할 수 있을 것인가에 대해서는 회의적일 수 밖에 없다. 고양이 목에 방울을 달 사람이 누구인가 하는 것이다. 법을 만드는 국회의원(정당간부)들이 양심을 회복하지 않는 한 어려울 것이다.

지방의원의 정당공천 배제는 현행의 기초 및 광역의원의 정당공천을 전면적으로 재검토하는 대안이다. 지방의원의 정당공천은 정당에 의한 후보자 역량검증이나 유권자의 정보

획득 용이성 등 다양한 장점에도 불구하고, 다수당의 지방의회 지배와 더불어 중앙정당의 정책이 지방자치에 이입되는 결과를 초래하였다. 지난 2010년부터는 중앙정당간의 갈등요인이었던 초중등학생들에 대한 무상급식문제가 지방자치의 주요쟁점으로 부각되면서 여러 지방자치단체에서 유사한 갈등현상이 야기되고 있다. 기초의원후보자들에 대한 정당공천은 기초의회의 성격으로 볼 때도 그렇고, 대다수의 국민들이 그것을 요구하고 있으며 사회 각계각층에서도 그것을 요구하고 있지만, 아직까지 관련 법률개정이 이루어지지 않고 있다. 기존의 국회의원들로서는 제도개혁은 불가능하다는 것을 여실히 증명하고 있다. 2012년 총선에서는 국민의 요구를 두렵게 아는 새로운 인재들을 선출함으로써 이러한 과제를 개선토록 해야 할 것이다.

(6) 지방자치단체 내의 독립적 분쟁조정위원회 설치 · 운영

독립분쟁조정위원회란 지방의회와 자치단체장간에 야기된 갈등을 당해 지방자치단체가 자치적으로 조정하기 위한 제도적 장치이다. 현재 지방자치법에 규정된 분쟁조정위원회는 지방자치단체간 또는 지방자치단체의 장간에 발생되는 갈등을 조정하기 위한 것으로 갈등당사자의 신청이나 위원장의 직권에 의해 갈등을 조정할 수 있도록 하고 있다. 따라서 지방자치단체의 내부에 지방의회와 자치단체장간에 발생되는 갈등을 조정할 수 있는 분쟁조정장치는 부재하다. 이에 조례로 지방자치단체 내에 독립적인 분쟁조정위원회를 설치하여 지방의회와 자치단체장간에 발생되는 갈등을 효과적으로 조정하는 장치를 마련할 필요가 있다. 특히 갈등의 현장에서 보면 지방의회와 자치단체장간에 갈등이 발생했을 경우, 상호 이해와 조정을 위해 가장 우선적으로 필요한 당사자간 직접 면담조차 조성되지 않은 것이 현실이다. 때문에 자치단체 내에 독립적 분쟁조정위원회를 설치하여 이러한 문제를 해소하자는 것이다. 독립적 분쟁조정위원회는 의결기관과 집행기관의 대표를 동수로 구성하고, 실질적인 갈등해소에 궁극적인 목적을 두되, 갈등해소를 위한 분위기를 조성하는 것에 초점을 두는 것이 바람직하다.

(7) 의정협의회 내지 의정조정위원회 등 사전갈등예방기구의 설치 · 운영

지방정부 내에 지방의원과 집행기관의 간부들로 구성되는 「의정협의회」 내지 「의정조정위원회」등의 상설기구를 설치 · 운영함으로써 양자 간의 대립 · 갈등의 소지를 미연에 방지하는 방안을 강구할 필요가 있다. 갈등이나 분쟁은 일단 야기되면 해결하기가 쉽지 않다. 따라서 분쟁발생 가능성부터 차단할 수 있도록 정기적으로 양 기관의 간부들이 모여 각자 자기기관의 입장을 설명하고 이해를 구하거나 당해 지방정부의 정치행정 전반에 걸쳐 의견을 주고받는 장치를 만들 필요가 있다는 것이다.

과거 경험에 의하면 기관위임사무를 처리하는 집행기관과 그 보조기관의 공무원들이 그 업무처리에 관한 사실을 의회에 알리지 않고 일방적으로 처리함으로써 이를 알지 못했던 지방의원들이 주민들로부터 질문과 요구를 받고 당황했던 경험을 가진 예가 많았다. 당해 자치단체 내에서 일어나는 일에 대해서는 그것이 고유사무이든 위임사무(기관위임사무이든 단체위임사무이든)이든 주민의 대표기관인 지방의회가 알아야 할 필요가 있다. 따라서 이러한 양 기관간의 협의 · 조정기구를 통해 사전에 이런 일에 대한 상호 이해와 협조를 확보함으로써 양 기관간의 대립과 갈등은 상당수 해소될 수 있기 때문이다.

(8) 공론조사제도의 도입

주민여론조사는 과학적 확률표집을 통해 대표성 있는 시민들을 선발한 다음 해당 이슈에 대한 충분한 정보를 제공하고 심도 있게 토론한 후에 참여자들의 변화된 의견을 조사하고 그 결과에 기초해 정책을 결정하는 방법이다. 공론조사는 미국, 영국, 호주, 캐나다 등 외국에서도 전국적 또는 지역적 주요 이슈에 대해 50여 차례 이상 활용되어 왔다. 영국의 경우 1994년 범죄대응방안을 시작으로 5회의 걸쳐 공론조사를 활용하였다(오현철, 2007). 우리나라 역시 2003년 사패산 터널과 관련하여 시민단체에 공론조사를 제안한 적이 있다. 이와 같은 공론조사는 주민의 참여욕구를 충족시키고, 사회적 합의를 통해 정책의 수용성을 제고하며, 정치적 대표성과 정당성을 확보하며, 결과에 있어 합리적인 정책을 유도할 수 있다(김원용 · 정효명, 2003). 특히, 공론조사는 투입비용 측면에서 현재 서울시에서 추진하고 있는 주민투표를 대체할 수 있는 효과적 대안의 하나이다. 서울시 선거관리위원회에 따르면(머니투데이, 2011.1.31), 서울시의 주민투표에 투입되는 비용은 161억원으로 추산된다고 한다. 이에 비하여 공론조사는 유사한 결과를 도출하면서도 투입비용은 주민투표와 비교할 수 없이 적다(금창호, 2010).

3) 운영적 · 행태적 개선방안

(1) 지방자치에 대한 국민교육과 기관분리형 제도에 대한 인식의 정립

지방자치제도를 실시한지 20년이 지났지만 지방자치제도가 무엇을 어떻게 하자는 것인지 제대로 이해하고 있는 주민들이 많지 않다. 더구나 왜 그것을 실시해야 하는지? 그리고 그것을 통해 무엇을 이루려는 것인지를 아는 사람들은 거의 없는 실정이다. 중앙정부의 3부 즉 입법부, 행정부, 사법부의 공직자들도 지방자치를 제대로이해하는 사람들은 많지 않다. 물론 지방자치의 실태를 비판 · 감시하는 언론과 시민단체 역시 지방자치제도에 대해서는 잘 알지 못한다. 하물며 국민들은 마할 필요도 없다. 그럼에도 불구하고 중앙정부와 지방정부는 공직자들과 국민들에게 지방자치제도를 교육시키려고 하지 않는다.

그러므로 갈등예방을 위해서는 지방자치제도의 이념과 가치에 관한 기본적인 교육을 통해 자치제도에 대한 국민적 인식을 새롭게 할 필요가 있다. 특히 중앙정부와 지방정부의 공무원들과 자치단체장과 지방의원들부터 지방자치제도에 대한 인식을 재정립할 필요가 있고, 필요하다면 분권과 지방자치에 대한 교육도 받아야 한다. 지방자치제도의 발전적 정착이라는 국가적 목표달성하기 위해 선출 · 임용된 사람들이 그 목표는 도외시하고 자신들의 주장과 사적 이익만을 강조한다면 그것은 분명히 그 사람들의 무지와 악의 때문이다. 그리고 지방자치단체의 기관(지방정부)을 의결기관과 집행기관으로 분리시키고 양 기관이 상호 견제와 균형토록 한 현제도의 이념과 목적 등에 대한 인식도 분명히 해야 한다. 특히 기관분리(대립)형이란 언제나 어느 정도의 갈등과 마찰을 전제로 하고 있는 제도라고 보아야 하며, 그렇다면 갈등과 마찰 등 기관간의 분쟁이나 갈등을 맹목적으로 부정적으로 보는 현재의 일반적 시각에 대해서도 그 인식을 개선시켜야 한다. 요컨대 중앙정부와 지방정부의 공직자들, 언론인들, 시민단체의 간부들 그리고 주민들 모두에게 지방자치와 그 제도에 대한 교육과 홍보를 통해 지방자치에 대한 정확하고 올바른 인식을 갖도록 해야 할 것이다. 알지 못하기 때문에 통제만 하려하고, 알지 못하기 때문에 자기입장만 앞세우고, 알지 못하기 때문에 함부로 비판하고 알지 못하기 때문에 참여하지 않는다.

국민적 교육과 홍보를 통해 지방자치제도를 국민 속에 뿌리내릴 수 있도록 정부의 강력한 노력이 요구된다.

(2) 지방정부에 대한 중앙정부의 간섭 및 통제행태의 개선과 완화

법령을 통해서나 행정관행을 통해서 중앙정부는 아직도 지방정부를 자신의 통제에서 놓지 않고 있다. 지방의회의 모든 제도와 절차 및 운영과정이 중앙정부에 의해 간섭받고 있고, 사무조직의 구성과 운영도 중앙정부의 뜻대로 운영하고 있으며, 지방의회의 의결이나 결정사항도 직접 혹은 자치단체장(재의요구 및 제소요구)을 통해 이를 무력화시키고 있다. 지방의회의 조례제정이나 의결사항에 대해 집행기관으로 하여금 재의 · 제소토록 함으로써 양 기관의 갈등을 중앙정부가 조장 · 독려하고 있다. 각종 준칙 및 방침시달, 보고 및 지시 등으로 지방정부의 활동을 감시 · 통제하고 있고, 대다수의 지방공무원들은 지방의회의 의결보다는 중앙정부의 지시명령에 따르기를 즐겨하고 있다.

결과적으로 지방에 대한 중앙정부의 독선적이고 통제적인 태도가 기관간 갈등을 유발하고, 지방발전을 침체시켰으며, 중앙과 지방간 격차를 야기시켰다. 때문에 의결기관과 집행기관간의 갈등요인 제거는 물론 지방의 자율과 자치발전을 위해서도 지방에 대한 중앙정부의 의식과 태도개혁이 가장 시급하고 절실하다. 이를 위한 가장 바람직한 방법은 중앙정부 스스로가 자율적으로 반성하고 태도를 개혁하는 것이지만, 과거 경험으로 볼 때 그것은 절대 기대할 수 없는 불가능한 일이다.

따라서 이제부터는 지방이 중앙을 통제하고 나서야 한다. 우선 가장 시급한 것은 지방공무원들의 중앙정부에 대한 맹목적 복종행태의 개혁이다. 지방자치시대에 중앙정부가 지방자치사무에 대해 통제하고 간섭해도 한 마디 이의제기도 하지 못하고 맹종해온 지방공무원들이 바뀌지 않는 한 중앙정부 공직자들의 태도개혁은 기대하기 어려울 것이다. 그러므로 무엇보다도 중앙정부는 지방의 자치와 자율을 존중해야 하고, 지방공무원들은 불필요한 간섭에 대해 이를 이의하고 거부할 수 있어야 한다. 앞으로는 지방공무원의 자질과 능력이 지방자치는 물론 지역발전의 성패를 좌우하게 될 것이다.

물론 지방자치단체장들과 지방의회의원들도 중앙정부의 지시라고 하면 한 마디 저항도 하지 못했던 과거의 비굴함에서 벗어나야 한다. 보장된 4년의 임기동안 지방의 수장으로서, 지역주민들의 정치적 대표로서 지역을 위해 주민을 위해 무엇을 중앙에 요구했으며, 어떻게 중앙정부의 변화와 개혁을 요구했던가? 중앙정부에 대한 자치단체장과 지방의원의 태도 개혁이 절실하다. 권리위에 잠자는 자를 누가 보호해 주겠는가? 이제부터는 지방이 중앙을 통제해야 한다. 그래야 중앙도 지방을 보는 시각이 달라질 것이기 때문이다.

(3) 지방의원과 자치단체장 상호간 존중과 인식개선

지방자치단체장과 지방의원들이 상호 상대방에 대한 기존의 인식과 태도를 개선해야 한다. 적잖은 자치단체장들이 지방의회와 의원들을 무의식중에 비하하거나 귀찮고 불필요한 존재로 인식했던 점을 부인하기 어렵다. 적잖은 지방의원들이 자치단체장에 대한 나약한 태도를 보였던 게 사실이었다. 동일정당 출신이라는 이유로 심각한 문제가 있어도 대충 넘어간 것도 사실이었다. 설상가상 서로에 대한 불신과 비난으로 만나지도 않고, 갈등하고 대립하기도 하였다.

이러한 행태는 서로에 대한 이해부족이나 오해에서 비롯된 것들이 적지 않다. 따라서 지방자치단체장과 지방의회는 서로에 대한 기관의 독자성과 존엄성 그리고 역할의 중요성을 인정하고 보장해 주도록 노력할 필요가 있다. 그리하여 자치단체장은 지방의회와 함께 지방자치단체를 경영한다는 동료의식을 가져야 한다. 자신의 권한이라고 함부로 행사하거나 휘두르지 말고, 겸손한 자세로 지방의원들과 상의하고 토론하는 태도를 견지할 필요가 있고, 지방의원들 역시 비판하고 감시할 때와 협력하고 협조할 때를 구분할 줄 알아야 한다.

그리하여 자치단체장과 지방의원들은 서로에 대한 종래의 의식을 불식하고 지방정부의 동반자 내지 동료의식을 갖도록 노력해야 한다. 그렇게 함으로써 불필요한 오해 등으로 야기될 수 있는 갈등의 소지를 줄이고 서로 공감대를 넓혀 나가게 될 것이다.

(4) 비상설 정책간담회 운영

지방의회와 자치단체장간의 갈등발생을 예방하는 수단으로 필요할 때 마다 기관 간에 정책간담회를 운영하는 것도 대안의 하나로 검토할 수 있다. 이는 객관적 정보의 제공에 더하여 주요 정책에 대해 심도 있는 토의과정이 수반된다는 점에서 보다 실질적인 대안이 될 수 있다. 즉 정책간담회는 주요 정책을 수립한 집행기관에서 지방의원들을 대상으로 충분한 정보를 바탕으로 내용의 이해기반을 확대할 뿐만 아니라 반대의견에 대한 설득을 시킬 수도 있는 기회가 확보되기 때문이다. 최근에 일부 지방자치단체에서 정책간담회를 정례화하는 방법을 검토하고 있는 것으로 알려지고 있다. 정책간담회를 운영하기 위해서는 지방의회의 상임위원회와 관련 집행기관의 부서간에 간담회를 구성하되, 분기별로 1회씩은 정례적으로 개최하고, 주요 정책사안이 발생할 경우에는 수시로 개최하는 것이 바람직하다.

(5) 지방의회와 지방자치단체장 간의 정보공유채널 확보

정보공유채널의 확보란 지방자치단체의 주요 정책에 대해 지방의회와 단체장이 정보를 공유하는 방법이다. 지방행정의 전반에 대해서도 그렇지만 주요 정책일수록 지방의회가 보유하는 정보량에 따라서 집행기관에 대한 견제도 내실화되는 동시에 이해의 기반도 넓어진다. 특히, 지방의회와 단체장간에 발생되는 다수의 갈등이 지방의회와 단체장간 정보의 비대칭성에서 비롯되는 경우가 많다. 따라서 지방자치단체의 주요 정책에 대해 지방의회와 단체장간 정보를 공유하는 채널을 확립하는 것이 갈등의 발생을 억제하는 효과적인 수단이 될 수 있다. 이를 위해서는 정책정보를 주도적으로 관장 및 관리하는 집행기관에서 정례적으로 관련정보를 지방의회 상임위원회별로 제공하는 노력을 기울일 필요가 있다(금창호, 2011).

(6) 갈등해결을 위한 전문중재인 활용

지방의회와 자치단체장간의 갈등해소를 위한 비제도적 사후관리 방안으로 갈등해결전문중재인을 활용하는 방안도 검토해 볼 필요가 있다. 갈등중재인은 미국 등에서 대안적 분재조정 방법으로 활용하고 있다. 미국에서는 모든 중에서 적용하고 있지는 않지만 2004

년 현재 전문중재인협회에 가입된 직업적인 중재인만 3,000여명에 달하고 있다(지속가능발전위원회, 2004). 갈등전문 중재인은 갈등 당사자가 전문중재인을 지정하여 이들이 갈등쟁점을 분석하고, 갈등 당사자의 의견을 파악하여 당사자들이 실제 원하는 바를 규명하고, 이를 기초로 양자가 만족하는 창조적인 대안을 찾도록 하는 것이다. 이 경우 전문 중재인은 갈등 당사자의 자발성 존중, 중립성 및 비공개라는 중재의 원칙을 견지하여야 한다. 이러한 과정을 통해서 지방의회와 단체장간 갈등을 객관적이고 합리적으로 해소하는 것이다. 다만, 이 대안을 활용할 경우에는 미국에서와 같이 전문중재인을 양성하고, 자격증을 부여하는 기반확충을 위한 노력이 투입되어야 한다(금창호, 2011).

(7) 지방의원 및 자치단체장의 역량제고와 공인으로서의 윤리의식 제고

민주주의제도는 민주적인 양식과 소양을 가진 사람들이 더욱 잘 운영할 수 있다. 나아가 의원이나 단체장 그리고 공무원들까지 모두가 전문적 식견과 역량을 가지고 있을 때 상호간의 대립이 줄어들 수 있다. 지방의원과 자치단체장은 지방자치의 민주적 운영방식에 관한 많은 지식과 경험을 갖도록 노력해야 한다. 그리고 지방의원은 지방의회의 사명과 역할에 관해서는 물론 집행기관의 재정사항, 관리역량 그리고 지방자치단체 전체의 당면과제와 해결방안 등에 대해서도 정확하고 풍부한 전문지식과 정보를 가지고 있어야 한다. 자치단체장도 지역사회의 지도자로서 종합행정기관의 수장으로서 「유능한 리더십」, 「적절한 정책수립」, 「능률적 행정관리」 등을 발휘할 수 있는 정치행정에 관한 전문지식을 가지고 있어야 한다. 이렇게 될 때 양자간의 대립과 마찰은 훨씬 줄어들 수 있다. 특히 자치단체장과 지방의원들이 민주적 지도자의 자질로 요구되는 협상과 타협능력, 자원의 동원과 배분능력, 분석력과 판단력, 민주의식과 시민정신 등을 갖추고 있을 때 갈등은 훨씬 줄어들 수 있다.

뿐만 아니라, 지방의원과 자치단체장은 공인정신에 투철하고, 정직하고 신뢰받는 지도자가 될 수 있어야 한다. 과거 이들의 청탁 및 이권개입, 정실인사와 재정낭비 등 비리와 부정에 의해 양자간의 갈등과 마찰이 늘어났던 경험에 비추어 볼 때, 이들에 대한 공인의식과 공직윤리를 제고해 나가는 일이 시급한 과제이다.

(8) 의회와 자치단체장간 공론의 장 조성

지방의회와 자치단체장간 상호 접촉을 빈번하게 하는 공론의 장을 조성하는 것도 대안의 하나로 검토할 수 있다. 상호 역할에 대한 인식부족과 불신은 접촉의 부재와 이에 따른 정보부족이 중요한 원인이 되기도 한다. 이와 같은 한계를 보완하기 위한 방법으로는 상호간 접촉기회를 확대하는 것이 우선적인 과제이다. 접촉의 기회를 통해 상호간 소통이 확보되면, 서로에 대한 정보가 축적되고 이해의 기반이 확충되며, 이를 통해서 상호간 명확한 역할인식과 더불어 신뢰를 구축할 수 있기 때문이다. 따라서 지방자치단체의 특성에 따라 지방의회와 단체장간에 정례적인 접촉과 소통을 확보할 수 있는 공론의 장을 마련하는 것이다.

(9) 상호 역할에 대한 인식증진교육

지방의회와 자치단체장간의 갈등발생을 억제하는 수단으로 지방의회와 자치단체장간의 역할인식을 제고하기 위한 교육의 실시도 검토할 수 있다. 기존의 지방의회와 자치단체장간 갈등사례의 상당부분이 상호간 역할에 대한 인식부족에서 비롯되고 있다. 지방행정의 효율적 운영을 위해 자치단체장의 권한과 역할 그리고 지방의회의 권한과 역할에 대한 상호간 인식의 부족은 상대방의 권한과 역할을 침해하는 결과를 가져오고, 이는 종국적으로 갈등으로 이어지는 것이다. 따라서 교육이나 연찬 등을 통해서 지방의회와 자치단체장의 권한과 역할에 대한 분명한 이해와 인식이 확립되면, 기존에 발생된 다수의 갈등이 향후에는 재발되지 않을 것이다. 다만, 교육이나 연찬을 통한 역할인식의 제고는 각자의 의식을 전환하는 것이기 때문에 단기간에 달성되기는 어려울 것이다(금창호, 2011).

3.5 한국 지방자치의 경험적 교훈과 지방선거제도의 개혁방안

I. 의의

제2편에서 검토한 우리나라 지방의원선거의 법제적 · 실태적 문제점을 개선하기 위해 그 개선방안을 검토 제시하는 일은 지방선거제도 그 자체의 개선을 위해서는 물론 지방자치 전체의 발전을 위해서도 매우 소중한 일이다. 그러나 어떠한 제도이든 제도보다 더 중요한 것은 그것을 운용하는 사람이라는 사실이다. 아무리 좋은 제도를 만든다고 하더라도 그 제도를 운용하는 사람들이 그것을 오용하거나 악용한다면 결국 그러한 노력들은 아무런 의미가 없어지기 때문이다. 따라서 제도를 고치는 일도 중요하지만 그 이전에 제도를 운영하는 사람들의 의식과 행태의 변화가 더 중요하다. 때문에 국민적 의식과 행태변화를 유도하기 위한 정부차원의 구체적인 여러 수준의 정책들이 적극적으로 추진되어야 한다.

그럼에도 불구하고 당장 지방자치의 현장에 직접 영향을 미치는 선거제도개혁은 결코 미룰 수 없는 시급한 국민적 요구이다. 어떠한 제도이건 제도란 반드시 시대적인 배경을 반영하고 있다. 경제적 능률을 추구하는 시대에는 능률위주의 제도들이 나타나고, 정치적 민주화의 시대에는 민주를 강조하는 제도들이 만들어 지게 된다. 현대와 같이 능률의 문제점과 피해가 나타나고 있는 시대에는 정치적 민주화에 도움이 될 수 있는 민주적 제도를 위한 개편노력이 있어야 한다. 문제는 어떠한 시대를 막론하고 제도개선과정에는 언제나 현실주의자와 이상론자들 간에 갈등이 야기된다는 것이다. 때문에 지금은 민주적 제도개편을 위한 국민적 역량이 모아져야 할 시기이며, 이러한 노력을 방해하는 비민주적 저항은 반드시 통제되어야 한다. 지금 우리는 현실타협적인 제도를 만들려는 것이 아니며, 현실의 문제점을 개선하여 미래의 바람직한 상태를 구현하고자 한다. 그리하여 여기서는 선거제도 그 자체의 개선방향은 물론 지방선거를 실시하는 과정에서 나타난 문제점들의 개선방향에 관해서도 검토하고자 한다. 이미 역대 선거과정을 검토하면서 분명해진 것처럼 선거제도 그 자체의 문제점도 문제점이지만 그보다는 선거제도를 운용하는 관료집단과 중앙정부의 선거관리 행태상의 문제점이 더욱 선거과정을 혼탁시키거나 왜곡시킬 수 있다는 점을 중시하고 이러한 문제점의 개혁방안에 대해서도 검토하기로 한다.

II. 지방선거와 자치경험을 통해 체득한 지혜와 교훈

1. 의의

우리나라는 1949년 7월 4일 최초의 근대적 지방자치법이 제정된 이래 1952년부터 현재까지 모두 9회의 지방선거를 실시함으로써 약 30년간의 지방자치경험을 가지고 있다. 이것은 우리나라 5천년 역사에 비춰볼 때는 물론이고 영미 등 지방자치선진국들에 비하면 매우 짧은 기간이다. 그럼에도 불구하고 초기 지방자치실시 9년의 경험과 부활 이후 20년의 경험은 결코 외국의 100년에 비교할 수 없는 소중한 경험이고 역사이다[32]. 물론 30년간 중단 이후에 실시된 1991년 제4차 지방선거 이후 오늘에 이르기까지 약 20년의 자치경험이 축적되었지만, 아직도 우리나라의 지방자치제도는 고치고 다듬고 바로잡아야 할 것이 한두 가지가 아니다. 지난 30년간의 지방선거와 자치제도 경험을 통해 우리는 다음과 같은 점들을 체득하게 되었다.

32) 제1공화국의 이승만 정부와 제2공화국의 장면정부의 경험으로, 1952년 4월부터 5.16군사쿠데타가 발발하기 직전인 1961년 5월까지(만 9년)를 의미한다.

2. 지방자치제도를 통해 체득한 교훈

우리나라에서 지방자치제도가 실시된 약 30년간은 국내외적으로 매우 약동의 시기였다. 전기 10년의 경우, 전쟁으로 폐허가 된 국토건설과 경제발전이 우선이었던 시기였지만, 후기 20년은 경제가 어느 정도 발전된 국가에서의 자유와 민주를 구현하기 위한 정치적 민주화가 매우 중요한 시기였다. 이 기간 동안 모두 7차례의 정부가 바뀌면서(이승만 정부, 장면 정부, 노태우 정부, 김영삼 정부, 김대중 정부, 노무현 정부, 이명박 정부) 지방자치제도가 실시되었지만, 아직도 중앙정부에 의한 지방자치제도의 발전은 제도 실시 초기와 유사한 답보상태를 면하지 못하고 있다. 그것은 철저한 중앙집권 세력들의 자기방어적 태도가 조금도 변하지 않았기 때문이었다. 중앙정부 즉 권력을 점령한 집권층과 국회, 정당 그리고 행정부관리들과 사법부는 겉으로는 변화에 대응하고 분권과 자치발전이 중요하다고 강조했지만, 속으로는 그들의 권한과 부를 강화시키는 일에 한 치의 양보도 없었기 때문이었다. 이 기간 동안 지방자치경험을 통해 우리는 다음과 같은 교훈을 얻게 되었다.

1) 집권층과 중앙정부의 지방자치제도에 대한 인식과 태도의 중요성 체득

그동안의 지방자치 경험을 통해서 볼 때 지방자치제도가 성공적으로 정착·발전하기 위해서는 무엇보다도 대통령과 국회의원 그리고 중앙정부의 고위공무원들이 지방자치제도에 대한 정확한 지식과 올바른 인식, 그리고 적극적인 제도실시의 의지 등이 가장 중요한 관건임을 알 수 있었다. 그리고 근래에 와서는 정치적 사건을 사법적으로 판단하는 사법부의 태도도 지방자치발전에 중요한 영향을 미친다는 사실을 인식하게 되었다. 그리고 분권과 자치발전을 위한 이들의 진실한 태도변화와 노력 없이는 지방은 물론 국가발전도 답보상태를 벗어나지 못한다는 사실을 체득하게 되었다.

첫째 이들이 지방자치제도를 정권유지 내지 집권세력의 정권안보용으로 인식하거나 이용할 경우, 지방자치제도는 결코 주민생활에 뿌리내릴 수 없고 민주정치발전에도 기여할 수 없다는 교훈을 우리는 경험을 통해 알 수 있었다. 예컨대 지방선거를 정권의 재집권용(제1차 지방선거)이나 집권여당의 정치적 수세국면을 역전시키기 위한 도구로 이용(제4차 지방선거)한다거나, 지방자치제도를 지역구내 국회의원들의 정치적 기반강화나 정치자금조달을 위한 정략적 도구로 활용할 경우(지방선거에의 정당공천제도), 분권은 물론이고 지방자치제도 역시 결코 발전할 수 없다는 점을 역사를 통해 알 수 있었다. 그리고 지방의 발전을 통한 지역적 균형발전이 없으면, 그래서 중앙에 집중된 소수가 권력과 부를 독식하게 될 경우, 국가발전도 한계가 있으며 사회제도 역시 깨어지기 쉬운 유리와 같다는 사실을 알게 되었다.

둘째 지방자치제도의 주요내용(자치단체의 기관구성방법, 기관간 관계, 정당공천여부, 선거구획정 등)을 국회의원, 중앙정부의 고위공직자들이 그들의 편의나 정치적 게임의 도구로 악용할 경우, 지방자치는 발전되지 못한다는 것을 경험하였다. 이들이 분권과 자치제도를 잘 알지 못하거나 자치정신을 이해하지 못하면 자치제도를 왜곡 혹은 악화시키려 하게 되고 제도개혁에 대한 요구를 외면하면서 중앙통제만을 고집한다는 사실을 알 수 있었다. 이승만 정부와 장면정부의 9년간 자치경험과 노태우 정부 이후의 지방자치제도 시행경험을 통해서 우리는 충분히 이러한 사실을 인식할 수 있었다. 그리고 중앙정당이 지방선거를 장악하여 지방자치를 황폐화시키고, 정당공천제를 악용하여 지방자치를 정당의 사적 도구로 변질시킴으로써 지역사회발전을 침해하였다. 특히 지방선거후보자들의 정당공천제도는 지역사회의 정서와 문화를 오염시키고 지방자치의 본질을 훼손시켰다. 한국지방자치 약 30년 동안, 통치계층과 중앙정부의 고위공직자들 중 지방자치제도를 바르게 인식하였거나 교육받은 사람들이 거의 없었다는 사실과 지방의 고통을 충분히 알고 난 이후에 중앙무대로 진출하였던 사람들은 거의 없었다.

셋째 자치제도의 정신과 가치 그리고 중앙과 지방의 관계 등에 관한 법조인들의 인식과 지적 수준이 충분하지 못하면, 왜곡된 법률을 맹신하거나 중앙정부 중심의 판결을 하게 된다는 사실을 체험하였다. 사실 우리사회의 가장 수재들이 모인 곳이 사법부일지도 모른다. 그러면서도 우리사회에서 가장 시대착오적이고 권위주의적이며, 중앙집권적인 곳이 사법부와 법조인들이다. 이들은 그 속성이 권위적이고 이기적이며 자기중심적이기 때문에 국민을 위해서나 진심으로 지방과 지역주민들을 위해 일하지는 않는다. 이러한 속성으로 이들이 국회와 정당 등으로 진출하더라도 우선적으로 자신의 영달을 위해 일하며 분권과 자치, 지역과 주민들을 위해 일하는 사람들은 거의 찾기 어렵다. 사회변화에 가장 대응능력이 떨어지는 법조인들의 국회진출이 늘어날수록 국민과 정부 간의 거리와 중앙과 지방간의 거리는 더욱 멀어질 것이다.

2) 지방자치제도의 내용이 제도정착과 발전의 성패를 좌우하는 결정적 요소임을 체득

지방자치는 제도의 내용이 올바르지 못하면 지방자치의 이상을 구현하거나 바람직한 지방자치를 실현할 수 없다는 교훈을 경험을 통해 알 수 있었다. 즉 지방자치제의 내용이 잘못되어 있어 반드시 개정하고 바로잡아야 하지만 그 업무를 담당하는 중앙정부의 관료들과 법률개정을 담당하는 국회의원들이 자기들에게 유리한 제도를 고집할 경우, 지방자치는 발전할 수 없다는 것이다. 예컨대 현재 우리나라의 지방자치제도처럼 지방자치단체의 종류와 규모 및 능력을 무시한 획일적 제도를 고집한다거나, 주민참여가 불가능한 지방자치제도를 만들어 자치하라고 하는 것은 지방자치라는 이름으로 새로운 형태의 중앙독재와 독선을 강요하는 것이다. 특히 광범하고 다양한 특성을 가진 지방자치단체를 포괄하고 있는 도(道)와 좁고 단일한 특성을 가진 광역시의 권한과 기능을 동일하게 하거나, 특별시와 광역시의 자치구를 준자치단체형태로 강제하고, 그 권한과 기능을 일반시나 군보다 현저하게 축소시키는 자치제도 역시 개선해야 하지만 방치하고 있다. 잘못된 제도를 만들어 문제를 야기시켜 놓고, 그 문제 때문에 제도를 없애야 하겠다는 중앙관료와 국회의원들이 많다. 국민들의 요구에는 눈과 귀를 막고 자신들의 이익에는 혈안이 되는 사람들이 바로 이들이라는 사실도 지방자치를 통해 알 수 있었다. 더구나 현재 우리나라의 자치제도와 같이 주민의 대표기관이며 지방자치의 핵심기관인 지방의회에 대해서는 온갖 통제와 규제를 다 가하면서, 집행행기관인 자치단체장에게는 거의 모든 지방자치권을 몰아주고 있는 과도한 집행기관 우위형의 제도(소위 제왕적 자치단체장제도) 하에서는 지방자치제도가 발을 붙이기 어렵다는 점도 알게 해 주었다. 그리고 지방에 관한 모든 것을 법령으로 규제하여 자치를 허용하지 않는 '법령만능의 통제적인 자치제도'를 강요함으로써 지역주민들의 자치의식까지 왜곡시키고, 그것은 궁극적으로 지방을 침체시켜 국가발전에 역행하게 된다는 사실을 깨닫게 해 주었다. 이처럼 한국의 지방분권이 제자리를 맴돌고, 지방자치가 주민사회에 정착되지 못하고 정치인들의 정략수단으로 악용되고 있는 것은 결국 중앙정부의 공직자들과 국회의원들의 제도에 대한 무지와 편견 때문이었음을 깨닫게 하였다.

중앙정부의 공직자를 선발하는 각종 고시제도나 공무원시험은 아직도 사회변화를 수용하지 못하고 수십년 낡은 방식과 절차를 고집하고 있다. 각종 시험과목이나 공무원교육에서 변화를 수용하거나 세계화와 지방화, 분권과 지방자치를 교육하는 과목을 찾기가 어려워 결국 우리나라 엘리트들은 거의 모두가 분권이나 자치발전에 관한 한 무지를 면할 수 없다는 점도 알게 하였다. 그리하여 이러한 한국의 통치엘리트들로부터 지방분권을 강화시키고 지방자치제도의 내용을 바로 잡아주기를 기대하기란 처음부터 불가능하였다는 점도 깨닫게 해주었다.

3) 자치단체장과 지방의원의 역량과 역할이 자치발전에 매우 중요한 변수임을 체득

지방자치는 비록 제도에 다소 문제가 있다고 하더라도, 지방자치제도의 최전선에서 지역을 위해 일하는 자치단체장과 지방의원들의 노력여하에 따라서는 상당부분 그 결점보완이 가능하다. 그러나 잘못된 제도에 의해 충원된 지역엘리트들에게 이러한 역할을 기대하기란 사실 쉽지 않다. 지방자치의 현장에서 직접 제도를 실시하고 운용하는 지방정부의 자치단체장과 지방의원들이 자치제도에 대한 인식과 태도가 분권과 자치발전에 지대한 영향력을 미친다. 그러나 이들이 제도의 가치나 자신들의 역할에 대한 인지가 결여되어 있거나 미흡할 경우, 지방자치제도는 올바르게 실시되지 못한다는 교훈을 얻게 되었다. 다시 말해 잘못된 제도를 통해 적절하지 못한 사람들이 주민대표로 지방정부에 들어왔을 경우, 지방자치가 왜곡되거나 제도가 제대로 발전할 수 없다는 것이다. 제도가 잘못되면 아무리 노력해도 자치발전에는 한계가 있다. 그것은 우선 지방자치단체장이나 지방의원 등 지역주민들의 대표를 충원하는 절차와 방법에서 가장 현저하게 나타난다. 그리고 이렇게 잘못된 제도와 절차에 의해 선출된 자치단체장과 지방의원들이 자치제도의 개선이나 자치발전에 헌신할 것이라는 것을 기대하기란 어렵다는 것이다.

우리나라의 지방자치가 지금처럼 답보상태에 빠진 것은 중앙정당과 지역구 국회의원들의 책임이 크다. 대다수의 국민들이 반대하는 정당공천제도를 고집하거나, 지방의회에 대한 매우 불공정한 차별제도를 방치하는 등 지방선거를 중앙정당의 정치바람으로 몰아감으로써 지방자치는 뿌리부터 흔들리고 있다. 특히 정당이나 국회의원이 적절하지 못한 후보자를 공천함으로써 이들이 임기 중 정책부재와 지역발전의 퇴보, 인사비리, 뇌물수수, 각종 비리사건연루, 무사안일 등 각종 사건사고에 휘말림으로써 자치발전을 저해한 사례는 적지 않았다. 또한 자치단체장의 독선으로 지방의회를 무시하거나 지방의회와 자치단체장이 대립함으로써 자치행정의 발전을 저해했던 경험들도 이를 잘 설명해주고 있다. 주민과 지역사회발전보다는 자신과 자기기관의 이익에 더 집착함으로써 자치발전을 저해한 사례가 많았다는 사실이 이를 뒷받침 해주고 있다.

4) 지역주민의 자치의식과 자치참여의 정도와 수준이 자치제도의 성패를 좌우

지방자치제도의 성공적 정착과 발전은 궁극적으로 지역주민들의 민주의식과 주민자치의식의 수준여하에 달렸다는 교훈을 지난 경험을 통해 알 수 있었다. 지방자치는 주민참여를 그 필수요건으로 하지만 주민들의 의식이 낙후되어 있거나 부정과 비리로 오염되어 있으면 지방자치는 바르게 발전할 수 없다. 예컨대 과거 우리나라 지방선거에서는 많은 주민들이 혈연이나 지연중심으로 파벌을 형성하여 파쟁을 일으키고, 같은 마을주민들 간에도 서로 반목과 불화를 야기시켰으며, 금품수수에 의한 불법타락선거가 자행되었다. 선거가 끝난 후에도 지방의원과 자치단체장에게 무리한 청탁을 하거나 각종 사적 집회에의 참석 요구, 지원금 요청 등의 비리가 그칠 줄 몰랐다. 1991년 이후 주민들의 지방선거행태는 많이 정화되었지만 아직도 비민주적 후진적 행태를 보이는 주민들이 적지 않다. 특히 과거 지방의원선거법과 지방자치단체장선거법, 국회의원선거법, 대통령선거법이 하나로 통합되어 공직선거법으로 탄생되고, 동법에서 규정한 선거운동방법이 엄격해진 이후 주민들의 선거행태는 상당 수준 발전되었다. 그러나 선거 이후에 나타나는 지역사회 각종 행사에의 참여나 지방정부의 정치행정에 대한 참여행태는 아직도 후진성을 면하지 못하고 있는 실정이다. 자치단체장의 정책을 옹호 · 비판하거나, 지방의회의 기능을 통제 · 촉진하는 등 지방자치제도가 본질적으로 추구하는 주민의 정치행정참여와 지방정부에 대한 주민통제 부분은 아직도 매우 취약한 실정이다. 요컨대 다수의 지역주민들이 자신의 이익보다는 남을 먼저 배려하고 지역사회의 이익을 앞세울 줄 아는 수준 높은 시민의식을 함양하지 않는 한 바람직한 자치제도의 실시는 기대하기 어렵다는 사실을 알았다. 더욱 중요한 것은 아직도 자치제도와 지역발전에 중요한 영향을 미치는 사건이나 사태에 대해 잘 알지도 못하면서 부정적이거나 비판적인 용어를 함부로 내뱉는 몰상식한 주민들이 적지 않다는 점이다. 그리하여 아직도 책임과 의무보다는 권한과 자유만을 내세우는 미숙한 주민들이 많고, 참여와 봉사로 지역발전을 위해 일하는 사람보다는 방관과 조소 내지 비판으로 남의 허물을 들치는 주민들이 적지 않다는 점이다. 지난 기간 동안 우리는 이러한 주민들이 대폭 줄어들지 않는 한 지방자치의 정착과 지역발전에는 많은 시간과 노력이 더 요구된다는 사실을 알게 되었다.

5) 제도개선과 시행과정에서 언론의 태도가 제도성패의 주요 변수로 작용

우리나라에서 지방자치제도가 성공적으로 시행되고 발전적으로 정착되기 위해서는 언론의 지원과 협력이 불가결하며, 언론의 협조 없이는 불가능하다는 교훈을 얻었다. 어떠한 정책이나 제도든지 국민적 지지를 받지 않고서는 성공적으로 시행될 수 없고, 그 생명력을 지속시키기 어려운 것이 민주사회의 현실이다. 더구나 우리나라와 같이 언론의 국민적 영향력이 세계에서 그 예를 찾을 수 없을 만큼 강력한 나라에서는 더욱 그렇다. 때문에 어느 나라보다도 한국에서 지방자치제도가 성공적으로 집행되고 정착되기 위해서는 언론의 지원과 협력이 있어야 했다. 그러나 언론이 지방분권과 지방자치제도에 문외한이거나 중앙과 지방을 차별하는 편견에 빠져있으면 그 나라의 지방자치발전은 매우 어렵게 된다는 사실을 알게 되었다. 그리고 언론이 국익과 사회적 편익보다는 언론사와 사주의 이익을 위해 앞장서고, 언론이 특정이념이나 편견에 빠져있을 경우, 언론으로부터 합리적이고 바람직한 지원과 협력을 얻기 어렵다는 점도 알 수 있었다. 특히 지난 20년간 지방자치제도에 대한 중앙언론의 태도는 매우 척박하였다. 한국언론은 언론의 다양한 기능 중에서 가장 중요한 교육기능은 포기하고 오직 비판기능에만 골몰하였다. 특히 분권과 지방자치에 관한 한 이념도 철학도 부재하였다. 분권과 자치제도에 대한 국민적 교육은 포기하였고 사소한 문제만에 터집을 잡는 비판을 위한 비판에만 몰두하였다. 잘못된 제도의 개선에는 무관심하였고, 불가피하게 터지는 사소한 문제만을 침소봉대하여 지역과 주민들의 자존심을 상하게 하였다.

한국의 중앙언론은 그 동안 지역과 지역주민들이 입은 마음의 상처를 돌이켜보고 지금부터라도 바로 잡아야 한다. 그리하여 중앙의 언론기관들은 지방분권과 지방자치제도가 추구하는 이념과 철학이 무엇인지, 한국의 관련 제도와 정책내용은 어떻게 되어 있는지, 그리고 한국의 지역과 주민들의 상황은 어떠한지 등 좀 더 정확한 지식을 함양할 필요가 있다. 분권과 자치에 관한 한국언론의 수준이 선진화될 때 비로소 분권정책과 지방자치제도도 선진국 수준으로 발전될 것이기 때문이다.

6) 자치제도 성공을 위한 학자와 전문가 등의 윤리적 수준과 태도의 중요성 인식

지방분권과 지방자치제도를 연구하고 가르치는 학자와 전문가 등의 학문적 태도와 윤리적 수준이 지방자치발전에 많은 영향을 미친다. 즉 지방자치분야를 전공하는 학자들이 지방자치의 이념에 관한 철학이나 기본적 가치 · 지식을 갖지 못했거나, 학자적 양심을 지키지 못하고 출세의 도구로 이용하거나, 자기지식을 정부의 프로젝트수행용으로 매매할 경우 자치제도는 발전되기 어렵다는 점을 교훈으로 체득하였다. 그동안 우리 주위에서는 지방자치를 전공하지 않은 타 전공 학자들이 어느 날 지방자치를 운운하고 다니거나 심지어 지방자치를 주제로 정부의 프로젝트까지 수주 하는 등 학자적 양심이 없는 사람들도 적지 않았다. 물론 한국의 공무원들은 중앙정부나 지방정부를 막론하고 어느 학자가 무슨 전공을 하는지도 모르고 또 알려는 노력도 하지 않기 때문에 총체적 무지 속에서는 이런 사이비가 판을 치고 있다. 과거 새마을 운동과 관련된 정부의 각종 연구비지원과 정책자금이 쏟아지자 전공에 상관없이 너도 나도 새마을에 관한 연구와 발표를 통해 돈벌이에 나섰던 학자들이 많았던 것처럼 나쁜 역사를 그들이 되풀이 하고 있는 것이다.

그러나 지방자치제도를 전공하는 학자들에게는 중앙정부의 집권적 제도에 대한 지방분권적 가치를 강조하는 기본적 양식을 필요로 한다. 그리고 이들의 학문적 사상은 전통적인 국가와 사회의 이분법적 사고나 국가를 위한 사회가 아니라, 인간과 사회라는 단일차원과 사회를 위한 보조적 차원의 국가간여를 긍정하는 사람이어야 한다. 다시 말해 인간을 위한 사회, 사회를 위한 지역, 지역을 위한 정부, 지방을 위한 중앙의 존재를 긍정할 수 있어야 한다. 또한 이들의 태도는 어떠한 유혹에도 학자적 양심을 팔지 않는 강한 학자적 정신을 가진 사람이어야 한다.

III. 한국지방선거의 제도적 실태적 개혁방안

1. 바람직한 개혁의 지향방향

1) 민주적 선거문화의 정착

지방선거는 주민들이 향토의 공무를 수행할 주민대표들을 선출하는 지역주민들의 축제의 한마당이 되어야 한다. 따라서 지방선거는 특정인이나 특정정당에게 유리하게 조작되어서는 안되며, 선거과정이 관권이나 금권에 의해 제한되거나 오염되어서도 안된다. 지방선거의 과정과 절차는 민주적으로 제도화되어야 하며, 소수의 정치인들에 의해 조작되거나 정파적 이익을 위해 자주 변경되어서도 안된다. 입후보와 선거운동에도 민주시민의식과 민주적 질서가 지배할 수 있도록 해야 하며, 안정되고 평화스러운 분위기 하에서 자유로운 선거가 진행될 수 있어야 한다. 소수의 선동적 후보자의 흑색선전에 다수의 유권자들이 현혹되는 기만적인 선거분위기가 발붙일 수 없도록 해야 하며, 주민들에 대한 민주적 정치교육을 통해서 이러한 기만적 후보자가 나타날 수 없도록 해야 한다.

지금까지 우리나라는 학교에서는 물론 주민들에 대해서도 민주정치교육을 시키지 않았다. 그 결과 대부분의 국민들은 민주주의의 기본적 소양이 부족하여 민주주의의 의미와 방식과 절차 등은 물론 자유와 책임의 한계도 알지 못하는 사람들이 대부분이다. 함께 살아가는 공동체사회에 대한 예의와 책임, 구성원 상호간에 지켜야 할 에티켓도 제대로 알지 못한다. 더구나 지도자를 스스로 선출하고 그들과 함께 공동체를 발전시켜 나가는 절타와 방식을 알지 못한다. 따라서 정부는 국민과 주민들에 대해 공정하고 깨끗한 선거문화의 정착을 위해 필요한 교육과 홍보를 게을리 하지 말아야 한다.

향후 보다 선진화된 선거문화를 정착시키기 위해서, 첫째 주민의 알권리를 보장할 수 있도록 지역언론의 역할을 보다 강화시킬 필요가 있다. 선거과정에서 언론기관의 역할을 증대시키는 것은 그만큼 후보자 검증수준을 높이게 되는 결과를 가져오게 될 것이기 때문이다. 둘째 공명선거를 위한 시민적 캠페인을 전개할 필요가 있다. 선관위중심의 선거홍보와 공보에서 안주할 것이 아니라 자원봉사단체나 일반시민들이 자발적으로 공명선거를 위한 캠페인을 추진해 나가야 할 것이다. 이러한 캠페인을 통해 투표참여율도 제고시키고 선거를 지역의 축제마당으로 업그레이드 시켜야 한다.

셋째 선거부정감시단의 권한 및 역할을 증대하여 실질적인 선거부정을 감시하고 규제할 수 있어야 한다. 선거기간 동안 한시적이라도 이들에게 사법권을 부여하여 현행범의 경우 현장에서 체포하거나 구금할 수 있어야 한다. 넷째 공무원의 선거중립을 보장할 수 있는 통제시스템 구축할 필요가 있다. 특히 공무원들은 그들의 인사권을 가진 현직 자치단체장이 후보자로 출마하였을 경우 실질적으로 선거중립을 지킬 수 없는 입장에 처할 가능성이 많다. 그리하여 불가피하게 음지에서 불법선거운동을 행하는 경우가 적지 않다. 따라서 공무원들이 원천적으로 선거에 개입할 수 없도록 하는 새로운 제도를 도입할 필요가 있다.

2) 지방자치의 발전적 정착과 주민의식의 선진화

지방자치제도를 실시한지 20년이 지난 현재 우리나라 국민들의 의식과 행태는 매우 실망적이다. 전체로서의 우리국민들의 의식이 다른 분야에서도 결코 만족스럽지는 않지만 지방자치에 관한 한 특히 문제가 심각하다. 전체 국민들 중에서도 소위 식자층과 엘리트 계층의 의식과 태도가 더 큰 문제다. 제도와 정책을 자신의 이익에 맞추고, 논리와 철학이 자신의 출세에 함몰되어 있어 있다. 학교교육 이외에는 교육받기를 기피하고, 모르면서도 아는 것으로 착각하고 있다. 민주주의와 지방자치를 알지도 못하면서 학력과 지위만 높으면 모든 것을 아는 것으로 오해하거나 착각하고 있다.

이처럼 우리국민들은 위나 아래를 막론하고 지적인 지체와 의식의 마비상태를 인식하지 못하고 있다. 그러나 언론은 이러한 심각한 상태를 진단하지 못하고 있으며 글로벌 사회 속에서 한국의 우리 미래지평을 열어갈 대안도 제시하지 못하고 있다. 한국에서의 언론인은 언론사를 위해 존재하고, 언론은 언론사주를 위해 존재하는 것 같은 자가당착의 모순을 보이고 있다. 이러한 한국사회의 종횡적인 모순구조 속에서 한국인의 민주적 의식과 행태는 답보상태를 벗어나지 못하고 있다.

때문에 앞으로의 선거제도는 우선 주민들의 공동체의식과 정치적 의식수준을 선진화시킬 수 있도록 개편되어야 하고, 지방자치와 지역발전에 대한 관심과 역할을 제고시킬 수 있도록 바꾸어야 한다. 다음으로 지방분권과 자치발전을 선도하고, 국가와 지역사회의 발전을 위해 자신을 희생할 수 있는 참신한 지도자를 선택할 수 있는 제도가 되도록 그 내용과 절차들을 대폭 개혁해야 한다. 예컨대 선거공영제의 완전한 도입을 비롯하여 유능인재의 정치권 진입장벽을 철폐하는 등 21세기 선진한국을 맡길 수 있는 창의적인 정치지도자를 선출할 수 있는 그러한 선거제도를 만들어야 한다. 나아가 지역발전에 헌신하고 지방정부의 자치역량과 지방의 경쟁력을 강화시킬 수 있는 참신한 지역지도자를 선출할 수 있는 선거제도로 바뀌어야 한다.

3) 중앙의 지방선거 조작 개입방지와 지방주민의 축제화

현재 중앙정당이 완전히 장악하여 왜곡시키고 있는 지방선거를 본래의 모습인 지방의 자치선거로 되돌려야 한다. 우리나라의 중앙정당들은 지방자치선거를 정권의 중간평가용으로나 정당의 권력확대를 위한 도구로 악용하고 있다. 중앙정당이 지방선거를 완전히 장악하여 지방선거에 지방의 잇슈가 사라진지 오래다. 아직도 정치적으로 미성숙한 지역주민들은 그것이 얼마나 잘못된 것인지도 모른다. 이것을 깨우쳐 줘야 할 지방언론도 무엇이 무엇인지 알지 못하고 시류에 편승해 넘어가고 있다. 물론 언론도 중앙집권이 강해 지방언론의 자리가 없기 때문일 것이다. 사회의 모든 영역에서 한국만큼 중앙집권이 강한 나라가 없다. 그리고 한국의 지방만큼 중앙정부에 잘 복종 잘하는 나라도 없을 것이다. 중앙정부에서만 시키면 조건 없이 복종하는 것이 우리나라 지방의 실정이다. 그러나 이제부터는 달라져야 한다. 중앙정부도 달라져야 하고, 국회와 국회의원도 달라져야 하며, 시대착오적인 향수에서 벗어나지 못하고 있는 법원과 법관도 달라져야 한다. 무엇보다도 아직도 과거의 잠에서 깨어나지 못하고 있는 지방과 지역주민들이 제발 잠에서 무지에서 깨어나야 한다. 이것을 가능하게 하는 것은 오직 정치엘리트들의 양심회복이 우선이다. 이들이 양심을 회복하여 우선 제도를 바르게 고치지 않는 한 빠른 시일 내에 한국의 선진화는 불가능하기 때문이다.

과거 우리나라의 경제발전이 그러했듯이 제도와 자치발전 역시 정치엘리트들의 사명감과 양심회복만이 그 지름길이다. 그리하여 지방과 지역이 자율과 자치로 자립할 수 있도록 지원하고 협력하는 바람직한 자치제도와 선거제도를 만들어야 한다. 자신들의 지도자를 선출하는 지방선거가 지역주민들의 즐거운 축제가 될 수 있도록 제도와 정책을 바꾸어야 할 것이다. 이러한 일에는 행정안전부의 고위공무원들과 국회의원들의 적극적인 협력과 노력 없이는 절대 불가능하다. 만일 위와 같은 우리의 바램이 성취된다면 이들의 협력과 노력 때문일 것이고, 이대로 방치된다면 이들의 방해공작 때문일 것이다.

4) 주민들의 의식혁신과 투표참여촉진을 통한 투표율 증대방안의 강구

후보자의 경쟁률은 점차 증가하고 있으나 주민투표율은 정체 내지 퇴보하고 있어 지방자치는 물론 지방선거의 본질을 해치고 있다. 물론 투표율이 점차 낮아지고 있는 현상은 오늘날 선진 도시사회의 일반적 경향이라고는 하지만 결코 민주발전을 위해서는 간과할 수 없는 문제이다. 따라서 주민들의 투표참여를 촉진함으로써 하여 주민투표율을 제고할 수 있는 방안을 찾아야 할 것이다.

이를 위해서는 첫째 인터넷 투표제도를 개발하여 도입할 필요가 있다. 컴퓨터의 보급이 보편화되고, 이에 따라 인터넷 접속의 장소적 제약이 해소되고 있어 조금만 더 연구하면 기술적으로도 충분히 가능할 수 있을 것으로 판단된다. 그리하여 투표장에까지 나가서 투표하는 번거러움을 없애고 집안에서 인터넷으로 투표할 수 있다면 현재보다 투표율은 훨씬 제고될 수 있을 것이다.

둘째 투표참여유인제도 및 제재제도의 도입을과 시행을 검토할 필요가 있다. 주민들이 투표에 참가한다는 것은 그만큼 지방자치에 관심을 가지게 되어 자치발전의 원동력이 된다. 따라서 주민투표율을 제고하기 위한 각종 인센티브제도(세금감면 등 혜택제공)를 도입해서라도 투표율을 높일 필요가 있다. 반면에 강제투표제도는 아니더라도 2회 이상 투표에 불참하면 각종 불이익을 받게 되는(공원입장료, 도서관용료, 공공복지시설 및 스포츠시설이용료 등에 적용) 제재제도를 고안해서 실시할 필요성도 있다.

5) 유능인재의 지방의회진입을 위한 제도와 정책의 다양화와 적극화

지역사회에는 학력이나 경력 그리고 능력으로 볼 때, 유능한 인재들이 적지 않다. 그러나 이러한 인재들은 소위 정당이나 정치인에 대한 좋지 않은 인상(혹은 선입견)으로, 그리고 정당이나 정치인들의 각종 진로제약(차단, 방해) 등으로 선뜻 자치단체장이나 지방의원후보로 나설 수가 없게 된다. 특히 모든 지방선거에 정당공천제도를 도입함으로써 중앙정당의 공천이라는 장애물이 이들의 진출을 방해하고 있다. 따라서 지방선거를 통해 유능한 인재들을 선출하기 위해서는 첫째 젊은층의 지방선거 진출증대를 위한 유인책을 강구할 필요가 있다. 자기발전을 위해 한창 열정이 강한 젊은이들이 다수 지방정부에 모여들 때 지역사회의 발전을 위한 에너지가 확대 창출될 수 있기 때문이다. 이를 위해서는 젊은층의 입후보와 당선확률을 높일 수 있는 제도와 사회여건을 조성할 필요가 있다.

둘째 여성지도자들의 지방선거참여와 진출을 확대할 필요가 있다. 지난 선거에 비해 이번선거에서 약 4배에 가까운 여성들이 진출했다고는 하지만 아직은 그 비율이 매우 부족한 실정이다. 특히 유능한 젊은 여성지도자들이 다수 선출될 수 있도록 제도와 방법을 만들어 나갈 필요가 있다.

셋째 유능한 인재를 선출하기 위해서는 보다 엄격한 후보자 검증과정이 제도화될 필요가 있다. 따라서 법률위반과 범법자들만 골라낼 것이 아니라, 기업이나 직장에서의 비윤리적 반도덕적 전과에 대해서도 검증할 수 있는 제도를 만들 필요가 있다. 넷째 비례대표제도의 창조적 활용과 직능대표제도 도입을 통해 현재와 같이 정당인들 혹은 정당에 기여한 사람들만 선출하는 비례대표제가 아니라, 비례대표제도의 본래의 의미를 살릴 수 있는 직능대표적 기능을 갖춘 비례대표를 선발하도록 대책을 강구할 필요가 있다. 그리하여 지역사회의 전문지식계층과 민간기업의 유능한 CEO들이 지방의회와 집행기관에 다수 진출할 수 있는 새로운 제도적 대책을 강구하도록 해야 할 것이다.

2. 지방선거제도의 민주적 개혁방안

1) 정당공천제도의 개선과 중앙정당의 지방선거개입 방지

과거 수차례의 선거경험을 통해서 알 수 있었던 것처럼 지방선거에 정당이 참여하면 이득보다는 손실이 많았다는 점이다. 지방선거에 정당이 참여한다는 것은 지방자치의 본질상 바람직한 것일 수도 있다. 그러나 이때의 정당이란 지방정당을 전제로 하고 있고, 따라서 후보자의 추천이나 공천도 모두 지방정당에서 스스로 결정하고 권한을 행사할 것을 전제로 한다. 그러나 현실은 지방정당이 존재하지 않고, 중앙정당의 모든 결정이 지방에 강요되고 있으며, 정당이 지방선거에 개입함으로써 후보자의 공천을 둘러싸고 막후 금전거래가 이루어지는 상황에서는 아무리 정당참여의 대의명분이 있다고 하더라도 그것만으로는 그 폐해를 정당화할 수는 없다. 특히 광역의원선거에서 공천을 받아 당선된 많은 광역의원들까지도 정당공천제도는 지양되어야 한다고 강조함으로써 정당공천을 둘러싸고 야기되는 부정과 부패현상이 어떠한지는 짐작할만하다. 지방자치란 중앙의 정치행정으로부터 지방이 상대적으로 독립하여 지방의 특성을 발전시키는 제도이다. 중앙정당이 지방선거에 개입하는 것은 중앙정당이 지방자치를 거부하는 것과 다름없는 것이다. 과연 지방선거의 입후보자들에 대한 정당공천제도를 폐지할 수 있을지는 의문이다. 그것은 국회의원들이 법률개정을 하지 않고서는 불가능한 일이고, 과거 수차례 의원입법으로 그 개정안을 국회에 제출했으나 매번 국회의원 임기만료제도를 악용해 그것을 폐기시켜왔기 때문이다. 국민들은 국회의원들이 그동안 국민들을 기만해 왔다는 사실을 알고 있지만 스스로 개선하기를 기다리고 있다. 그리고 국민들은 정당공천제도를 악용하여 지방의원들을 자신들의 정치하수인 내지 선거운동원으로 만들려는 악의를 가진 정당들과 지역구 국회의원들의 양심과 태도를 지켜보고 있다.

2) 입후보 자격요건의 규제완화와 거주기간의 강화

지방의회에 유능한 인재들을 많이 유입시키기 위해서는 지방의원에 대한 다양한 인센티브를 제공할 뿐만 아니라 의회진출을 막고 있는 여러 가지 자격요건들의 제한을 완화시켜야 한다. 직업을 가진 유능한 직장인들도 일정기간 휴직을 하고 지방의회에 진출할 수 있는 길을 열 필요가 있다. 현재와 같은 상황에서는 30대에서 50대의 직장을 가진 건강한 지역주민들이 지방의회에 진출하기는 사실상 불가능하다. 그 결과 일정한 직업 없이 정치인들을 뒤따라 다닌 사람들이나 전문지식도 없이 시민단체에서 사회적 투쟁만 하던 사람, 그리고 공공분야와는 거리가 멀고, 관련 지식과 정보가 거의 전무했던 소규모 상인들이나 혹은 일정한 직업이 없는 사람들이 지방의회에 진출하기 쉽도록 되어 있다. 지방의회는 당해 지역사회의 최고의사결정기관이며, 지방의원들은 그 지역사회의 정치지도자들이다. 그러나 실제 지방의회에 진출하고 있는 지방의원들은 그 출신성분으로 볼 때 신분이나 직업 등에서 그렇지 못한 사람들이 적지 않다. 지방의원들과 지방의회가 주민들과 지방공무원들로부터 신뢰와 존경을 받지 못하는 이유 중의 상당부분은 바로 여기에 있음을 유의할 필요가 있다.

반면에 후보자의 당해지역 거주기간 제한규정은 이를 오히려 강화시킬 필요가 있다. 일정지역에서 일정한 기간의 거주를 요구하는 제도의 근본취지를 헤아리지 않고, 맹목적으로 3개월 이상 거주한 자로 규정하고 있는 제도는 개선해야 한다. 특히 기초의회의원의 경우, 당해 지역의 사정에 대해 누구보다도 잘 알고 있어야 하며 지역발전을 위해서나 주민복지를 위해서 무엇을 어떻게 개선하고 개발해야 한다는 점을 사전에 충분히 알고 있어야 한다. 그리고 평소 그러한 문제점들을 피부로 체험해온 지역토박이 일수록 바람직하다. 특히 국회의원의 경우 이러한 요건이 큰 의미가 없을 수 있다. 왜냐하면 국회의원선거란 국정을 운영할 국민의 대표자를 선출하는 것이므로 후보자가 그 지역에서 얼마나 오래 살았는가는 큰 문제가 되지 않을 수 있다. 그러나 지방의회의원의 경우 지역사정을 알지 못하고서는 일을 할 수가 없다. 따라서 거주기간을 현재의 90일에서 최소한 3년 이상의 기간으로 하는 것이 바람직할 것이다. 현실적으로도 기초의회의원에 입후보하는 사람들이 그 지역에 이사해 와서 1년도 못된 사람들이 입후보자로 출마하는 경우란 거의 없다.

3) 무투표당선제도의 폐지와 단독후보에 대한 찬반투표제도의 도입

무투표당선제도는 엄격한 의미에서 선거를 하지 않고 후보자를 당선시키는 제도이기 때문에 선거가 추구하는 본질적 가치를 침해하는 제도이다. 무투표당선제도는 주민의 권리행사를 사전에 봉쇄하는 제도이며, 민주주의에 반하는 제도라고 할 수 있다. 따라서 앞으로 무투표당선제도는 폐지되어야 하며 단독후보자에 대해서는 찬반투표라도 실시하도록 제도를 개편해야 한다.

사실 공명선거란 훌륭한 후보자들이 다수 입후보하였을 경우를 전제로 이루어질 가치가 있다. 그러나 훌륭한 입후보자의 진출을 막고 있는 제약요인들이 많아 입후보한 사람들이 한결같이 바람직하지 못하다면, 그러한 후보자들을 대상으로 아무리 공명한 선거를 해보아도 결국 뽑히는 사람은 바람직하지 못한 인물이 되고 말 것이다. 따라서 앞으로는 지역사회의 유능하고 훌륭한 인사들이 다수 입후보할 수 있는 제도와 분위기를 조성해야 하고, 단일후보자에 대해서는 주민들의 찬성과 반대를 물어 지방의회에 내보내는 찬반투표제도를 도입해야 한다. 선거직후에 신문지상을 오르내렸던 지방의회의원들의 전과경력 등의 추문은 바로 이러한 무투표당선제도가 가지고온 결과인 것이다.

4) 선거구제도의 합리적 개편과 직능대표제도의 도입

그 전까지 소선거구제도였던 기초의원선거구를 지난 2006년 지방선거부터 중선거구제로 개편하였다. 소선거구제가 지니고 있는 많은 문제점들이 제기되면서 결국 한 선거구에서 2-4명의 기초의원을 선출하는 중선거구제도로 개편하였다. 즉 소선거구제도는 오랜 동안 삶을 같이 해온 이웃간에 형성된 선량한 미풍양속을 해친다거나, 유능한 인재를 선발할 수 없다거나, 지연, 혈연, 가문간의 경쟁과 반목을 유발시킨다는 것이었다. 특히 소선거구제도는 지역단위의 관권과 집권여당의 입김이 강하게 작용함으로써 정부정책에 동조하는 친정부적 성향을 가진 사람들만 지방의회로 진출시키는 데 유리하게 되어 주민들의 다양한 목소리를 반영하지 못한다는 중요한 단점도 제기되었다. 그리하여 결국 2006년 선거부터 한 선거구에서 2-4명을 선출하는 중선거구제도를 채택하였던 것이다.

그러나 2차례의 지방선거를 치룬 현재, 적잖은 지방의원들이 다시 소선거구제로의 회귀를 주장하고 있다. 그것은 한 지역에서 3-4명의 기초의원을 선출할 경우, 과거의 소선거구를 여러 개 통합하여 하나의 선거구로 만듦으로써 선거구가 지나치게 넓어졌다는 것이다. 예컨대 전체의원수가 7명인 군 단위 자치단체의 경우, 하나의 군이 불과 2개의 기초의원선거구로 나뉘어져 후보자들의 선거운동지역이 지나치게 광범하고 선거운동에 비용과 노력의 투입이 몇 배로 늘어났다는 것이다. 따라서 이러한 문제점을 보완하면서 중선거구제도의 장점을 살릴 수 있도록 한 선거구에서 2명의 의원을 선출하는 소규모 중선거제도로 개편하는 방안을 진지하게 검토해 볼 필요가 있다.

이와 함께 지역사회내의 직능단체대표들을 지방의회에 진출시킬 수 있는 직능대표제도의 도입도 적극 검토할 필요가 있다. 여기서 직능대표란 당해 지역사회의 경제, 사회, 교육, 문화 등 각계를 대표하는 사람들을 지방의회에 진출시키는 제도를 의미한다. 현재와 같은 정당의 비례대표제도는 정당에게 주민의 대표를 2중으로 선출하도록 하여 특혜를 주고 있어 바람직하지 못하다. 현대와 같이 국민의 민의를 제대로 대변하지도 못하고 지방에 대한 편견과 지역사회에 대한 이해까지 부족한 정당에게 직능대표의 몫까지 비례대표로 왜곡시켜 독식하도록 한 것은 매우 잘못된 것이다.

5) 지방자치단체장의 선거와 지방의원선거의 합리적 분리실시

4대 지방선거를 동시에 같은 날 실시하는 현행제도는 반드시 개선되어야 한다. 지금까지 모두 5차례의 동시지방선거를 경험한 결과 동시지방선거는 지방자치의 본질을 해칠 수 있는 제도라는 것이다. 즉 4가지 지방선거를 한꺼번에 동시에 실시함으로써 우선 4가지 선거에 출마한 여러 후보자들을 유권자들이 정확하게 인지할 수가 없고, 다음으로 지방선거가 자치단체장 후보들 중심으로 진행되어 선거운동이 과열되어, 지방의원후보자들에 대한 유권자들의 관심이 떨어진다는 점이다. 사실 지방자치제도의 핵심을 이루는 기관이 지방의회이고, 때문에 지방의원들을 유능한 인재로 선출하는 것이 지방자치의 사활을 좌우한다고 해도 과언이 아니다. 그럼에도 불구하고 우리나라의 현행제도는 4가지 종류의 선거에 출마한 수많은 후보자들이 짧은 선거운동기간 내에 한꺼번에 선거운동을 벌이고 있다. 거기에다 선거운동방법이나 과정이 매우 혼란스러우며, 누가 어느 선거에 입후보했는지조차 정확하게 파악할 수 없는 것이 현재의 실정이다.

사실 우리나라의 지방선거는 이미 지방선거로서의 의미를 상실한지 오래되었다. 중앙정당이 지방선거를 장악하여 중앙정부의 정권심판용으로 몰아갔고, 정당공천제를 이용하여 지방선거의 후보자들을 모두 통제했으며, 그 나마 선거과정도 자치단체장중심의 선거로 변질시켰기 때문이다. 이렇게 볼 때 우리나라에서 지방분권과 지방자치가 제대로 발전되지 못하는 이유는 바로 정당과 국회의 방해와 왜곡 때문이라는 점이 분명해 진다. 이러한 문제점들을 개선하여 지방자치와 지방의회를 정상궤도에 진입시키기 위해서는 반드시 지방선거를 분리 실시하도록 공직선거법을 개편해야 한다. 지방의원들도 자치단체장에 못지않게 주민들의 관심과 지지 속에서 선출되어야 한다. 때문에 선거과정에서 자치단체장 후보와 차별받고 있는 각종 선거운동방법과 후원회제도까지 바르게 개선되어야 한다.

6) 선거공영제의 확충과 완전한 선거공영제 시행

우리나라도 선거공영제도를 도입 · 실시하고는 있지만 아직은 완전한 의미의 선거공영제라고는 볼 수 없다. 즉 선전벽보의 작성 · 첨부, 선거공보의 발행 · 배부를 선거관리위원회가 수행한다는 점에서 선거공영제를 도입하고 있는 것으로 표현하고 있으나, 일본이나 대만 등과는 달리 그 제작경비를 후보자 개인에게 부담시키고 있기 때문에 엄격한 의미에서 공영제라고 보기 어려운 것이다. 다시 말해 선거운동에 소요되는 비용은 주민으로서 최소한의 참정권을 유지하고 정치적 지도자나 대표자를 키우고 통제하는 비용이며, 민주주의를 위한 비용임과 동시에 사회적 선택을 위한 비용이라고도 할 수 있다. 그러므로 지방선거에 소요되는 경비는 가능한 공공경비로 지불해야 한다.

그리고 이 경우 후보자의 난립을 막기 위해서는 일정한 수의 유권자들의 추천을 받도록 하는 것이 바람직하다. 물론 기탁금제도 역시 후보자의 난립을 막는 주요한 수단이 될 수는 있지만, 지방의원후보자들에 한해 현재의 기탁금 규모는 이미 그 기능을 수행하지는 못하고 있다. 지역의 경제적 수준을 고려하지 않고 전국의 지방자치단체에 획일적으로 적용하고 있기 때문이다. 기탁금 규모는 전국에 걸쳐 획일화시킬 것이 아니라 지방자치단체의 경제수준에 따라 지역마다 달라야 할 것이다. 예컨대 서울지역의 2백만원과 경북이나 전남 등 농촌지역의 2백만원은 그 가치가 절대적으로 다르기 때문이다. 요컨대 선거공영제는 재력은 부족하지만 지역사회의 유능한 많은 후보자들을 지방선거무대로 유인하는 중요한 제도적 장치가 된다는 점을 간과해서는 안될 것이다.

7) 기탁금제도의 합리적 조정과 개선

공직선거법 제56조는 "후보자등록을 신청하는 자는 등록신청 시에 후보자 1명마다 다음 각 호의 기탁금을 중앙선거관리위원회규칙으로 정하는 바에 따라 관할선거구선거관리위원회에 납부하여야 한다."고 규정하고 있다. 그리고 그 규모를 대통령선거는 5억원, 국회의원선거는 1천500만원, 시 도의회의원선거는 300만원, 시 도지사선거는 5천만원, 자치구 시 군의 장 선거는 1천만원, 자치구 시 군의원선거는 200만원으로 규정하였다. 기탁금제도의 근본취지는 하나의 선거에 지나치게 많은 후보자가 난립하여 선거가 과열되는 현상을 방지하기 위해 도입된 제도이다. 그리고 그런 의미에서 이 규정은 그동안 어느 정도 제 기능을 수행해 왔다고 볼 수도 있다. 그러나 현행 물가나 국민소득 그리고 돈의 가치로 볼 때 이미 공직선거법에서 제시하고 있는 기탁금의 규모는 그 기능을 수행하지 못하고 있다고 보아야 할 것이다. 따라서 선거에서 후보자 난립을 방지할 수 있을 정도의 수준으로 기탁금의 규모를 상향조정해야 할 것이다.

3. 지방의원선거운동의 차별시정과 선거운동방법의 개선

현행 공직선거법은 우리나라의 중요 선거를 모두 한 개의 법률로 통합관리하고 있다. 성격이 다르고 비중이 다른 각종의 선거를 한 개의 법률로 통합 관리함으로써 그 자체 많은 모순과 문제점들을 내포하고 있어 개정이 시급하다. 무엇보다도 동 법률은 선거운동방법에 있어 지방의원후보자들을 지나치게 차별하고 홀대하고 있다. 공직선거법은 특히 지방선거의 방법을 지나치게 통제하고 있으며 그나마 허용된 선거방법도 선거관리위원회의 강력한 통제 때문에 자유롭고 효율적인 선거운동이 되지 못하고 있다. 더구나 같은 지방선거에 있어서도 지방자치단체장 후보자들과 지방의회의원 후보자들의 선거운동방법에 또 다시 차별을 두고 있다. 때문에 앞으로는 공직선거법을 개정하여 중앙정부에 관한 선거와 지방정부에 관한 선거를 분리하여 별도의 법률로 규정할 필요가 있다. 지방선거는 지역과 지방자치의 특성을 살릴 수 있어야 한다. 지방선거는 각 지방의 특성에 따라 부분적으로 선거방법에도 차이를 인정해야 하며, 전국의 지방자치단체들을 획일적으로 통제해서는 안된다. 특히 자치단체장 선거방식과 지방의원선거방법에도 차이가 인정되어야 한다.

요컨대 현재 여러 가지 선거를 한 개의 법률로 획일적으로 통제하고 있는 선거운동방법을 개선하여 선거유형에 적합한 효과적인 선거운동이 될 수 있도록 해야 한다. 효과적인 선거운동은 선거에 무관심한 주민들에게도 관심을 불러일으켜 투표장으로 향하게 하도록 할 수 있어야 한다. 그러나 현재 지방의원후보자들에게 인정하고 있는 선거운동방법(선전벽보, 선거공보, 현수막, 어깨띠 등 소품, 공개장소에서 연설 대담, 인터넷, SNS 등 정보통신망을 이용한 선거운동)만으로는 효과적인 선거운동을 할 수 없다. 즉 현행 제도 하에서 극히 일부를 제외하면 유권자들은 후보자에 관한 정보를 일방적, 간접적인 홍보물에 의해서만 수집할 수 있을 뿐이다.

그러므로 현실적으로 그들의 정견 · 쟁점 등을 유권자들에게 잘 주지시킬 수 없고, 유권자들도 후보자들을 합리적으로 판단할 기회를 갖기 어렵다. 이러한 상태에서 유권자들은 자연적으로 혈연, 지연, 학연 등을 통해서나 호별방문을 통해 선거운동을 하거나 금품살포 등의 탈법적 방법으로 접근해오는 후보자들과 가까워 질 수밖에 없다. 이처럼 현행법은 현실을 도외시한 것으로서 법을 충실하게 지킬수록 당선이 어려워지는 자체모순을 지니고 있다. 때문에 자연 후보자의 탈법과 범법을 유도하고 선거운동을 지하로 잠복시키는 원인을 제공하고 있다. 따라서 앞으로는 선거운동을 효과적으로 수행함으로써 유권자들이 후보자들을 정확히 알 수 있고, 후보자는 자신을 유권자들에게 충분히 알릴 수 있는 제도로 개선해 나가야 한다.

일반적으로 후보자들은 유권자들에게 직접 호소하기를 원하지만 유권자들은 다양한 채널을 통하여 후보자를 이해하고 평가하려 한다. 특히 교육수준이 높아진 오늘날의 도시유권자들은 통신매개체의 보급을 확대시켰고 정치문제를 이해하고 인지하는 방법에도 이러한 매개체를 이용하게 됨으로써 다양한 변화를 야기하였다. 따라서 앞으로의 제도는 항상 이러한 변화를 반영하여 모든 주민들의 마음을 담을 수 있어야 한다. 특히 중요한 것은 자치단체장의 선거와 지방의원선거를 분리하여 실시하는 것이다. 그것만 해결되더라도 지방의원선거의 문제점은 절반이상 해결될 수 있을 것으로 판단된다.

1) 선전벽보와 선거공보의 범위확대와 비용의 정부부담

선거공보와 선전벽보는 후보자가 작성한 원고에 의하여 선거관리위원회가 작성 · 첨부 또는 배부하되 그 배부 또는 첨부할 수 있는 주체를 선거관리위원회에 한정하지 말고 후보자도 첨부 · 배부할 수 있도록 해야 하며, 그 장소와 방법도 확대할 뿐만 아니라 그 경비를 정부가 부담하고 후보자에게 부담시키지 않도록 해야 한다.

2) 개인연설회의 허용

개인연설회란 후보자가 자신의 정견발표 등 선거운동을 위하여 후보자 개인이 개최하는 연설회이다. 개인연설회는 주민들이 일방적으로 전달되는 매스컴의 보도에 의해서만 후보자를 판단하도록 하는 것에서부터 후보자와의 직접적인 만남을 통해 후보자를 판단할 수 있게 하는 선거운동방법이다. 개인연설회는 기득권이나 혈연, 지연 등에 의존할 수 없는 참신한 신인에게 등용문이 된다는 점에서 대부분의 국가에서 인정하고 있는 제도이다. 단지 무절제한 개인연설회를 개최하여 선거비용을 과잉지출하거나 재력에 따라 후보자간에 차등이 생기지 않도록 적절하게 규제하도록 관련규정을 제정함으로써 부작용을 최소화시킬 필요가 있다.

3) 정견방송과 경력방송 허용

앞으로는 지방선거 특히 지방의원선거에서도 방송매체를 이용할 수 있어야 한다. 날로 늘어나는 유권자와 복잡해지기만 하는 산업사회의 생활 속에서 많은 사람들이 한 곳에 모인다는 것은 점차 어려워진다. 뿐만 아니라 기후 등의 영향으로 옥외집회인 선거유세에는 한계가 있다. 따라서 안방에서 가족들과 함께 후보자의 정견을 들을 수 있고, 경력 등을 알 수 있게 해주는 방송매체를 통해 선거운동을 할 수 있어야 한다. 즉 지방의원선거과정에서도 후보자들의 정견방송과 경력방송을 가능하게 해야 한다. 물론 이 경우에 선거관리위원회가 규정하는 일정한 기준과 틀에 따라 진행될 필요가 있다. 즉 당해 선거구내의 모든 후보자들에게 동일방송매체를 이용하게 하고, 동일한 시간 수를 부여하는 등의 균등한 기회, 균등한 편익을 제공하여야 할 것이다.

4) 신문, 방송, 인터넷 광고의 허용

선거에 출마한 모든 후보자에게 자신의 선거운동을 위해 신문, 방송, 인터넷 등에 광고를 할 수 있도록 해야 한다. 현재 지방의원후보자들에게는 이들 모두가 허용되지 않고 있지만 지방의원후보자들에게도 자신을 충분히 알릴 수 있는 자유는 보장되어야 한다. 이들 광고는 다수의 유권자에게 후보자의 정치철학과 정강정책을 홍보하고 전달할 수 있는 훌륭한 정보전달수단이 된다. 문제는 후보자가 허위의 사실을 광고함으로써 유권자들의 건전한 판단과 평가를 혼란시키지 못하도록 사전에 일ㄹ 통제할 수는 있어야 한다. 따라서 광고문안은 미리 해당 선거관리위원회의 사전검토와 허락을 받도록 해야 것이다.

5) SNS 등을 통한 선거운동의 다양화와 효율화

Social Network Service란 온라인상에서 불특정 타인과 관계를 맺을 수 있는 서비스를 말한다. 이용자들은 SNS를 통해 인맥을 새롭게 쌓거나, 기존 인맥과의 관계를 강화시킨다. SNS로는 전 세계적으로 인기가 높아짐에 따라 국내외를 막론하고 트위트, 마이스페이스, 페이스북, 싸이월드, 미투데이, 카카오톡 등 그 종류와 형태도 점차 늘어나고 있다. 휴대전화와 결합되면서 모바일 접속이 가능해졌고, 통화 회의 쇼핑 등 다양한 기능이 SNS에 부가되었다. 지방선거에서 이러한 SNS의 활용은 그것이 갖는 원천적 한계와 문제점에도 불구하고 원칙적으로는 바람직한 방향으로 볼 수 있다. 특히 점차 강화되고 있는 미디어 정치의 위력을 감안하면 불가피한 측면도 있다. SNS는 파급효과가 크고 젊은이들에게 정치적 관심을 증대시킬 수 있으며, 유권자들이 자유롭게 의사표시를 할 수 있다는 장점이 있다. 그러나 무엇보다도 SNS는 현대사회를 변화시키고 있는 의사소통방식의 대 트렌드(trend)이기 때문에 유권자의 의사를 묻는 선거과정에서는 피할 수 없는 장치라는 점이다. 물론 SNS는 통제되지 않는 온라인상의 자유를 통해 비방과 허위의 사실을 유포시킴으로써 특정인에게 피해를 줄 수 있으며, 임의적인 자료제공과 부정확한 정보유포를 통해 유권자의 판단을 흐릴 수도 있다. 특히 후보자들이 이러한 SNS를 전략적인 선거운동방법으로 이용할 때 오히려 상대후보를 역습할 수도 있다는 문제점을 안고 있다. 그럼에도 불구하고 선거에서의 SNS활용은 피할 수 없는 대세이다. 때문에 지방선거에서도 SNS는 주요한 선거운동방법의 하나로 인정되어야 한다.

6) TV와 라디오를 이용한 후보자초청토론회 등의 활성화

유권자들에 의한 후보자검정을 가능케 하기 위해서는 후보자초청 정책토론회를 정착시켜 나아가야 한다. 현재 민간단체가 주최하는 후보자초청토론회와 언론기관의 선거방송토론위원회가 주관하는 후보자 등 초청대담 토론회가 제도적으로 보장되어 있었다. 그리고 각종 선거에서 각종 사회단체와 언론기관들이 광역단체장과 기초단체장후보자 등 자치단체장 후보자에 대한 초청토론회를 개최함으로써 수많은 유권자들의 후보자선택에 많은 도움을 주었다. 그러나 이것 역시 자치단체장 후보자들에게만 허용되어 있어 지방의회의원 후보자들에 대해서는 후보자검증기회가 없었다. 따라서 차기선거에서는 기초의원과 광역의원 후보자들에 대해서도 초청토론회를 개최할 수 있도록 해 나가야 한다.

4. 지방선거에 활개치는 중앙정당의 불법과 탈법 방지

정당의 이름아래 공공연히 자행되는 각종 불법 타락선거를 막기 위하여 지방선거기간 중 중앙정당의 활동을 극히 제한하여야 하며, 현행 정당법의 개정을 통해 지방정당이 설치되어 활동할 수 있도록 유인과 지원을 해야 한다. 지방선거에만 입후보자를 추천하고 지방정치에 대한 정책의 실현만을 목적으로 하는 지역정당의 설립과 활동의 자유를 보장하는 제도를 만들고, 중앙정당에 준하는 지위와 권한을 부여해야 한다(이기우, 1995 :495). 뿐만 아니라 지방선거에서의 후보자들에 대한 공천기준도 강화되어야 한다. 지방선거에 의해 충원될 지방의회의원과 자치단체장들은 21세기 선진 지방시대를 열어갈 주인공들이며, 무한경쟁의 국제사회에서 우리의 지방을 발전시켜나가야 할 세계화의 기수들이기 때문이다. 무책임하고 국익보다는 자신들의 이익을 앞세우는 중앙정당과 지역구 국회의원들이 지역사회의 정치엘리트들을 양산시키는 그러한 제도는 막아야 한다. 그런데 문제는 국회와 국회의원이다. 이러한 제도적 장치를 만들어야 하는 사람들이 국회의원들이니 자신들의 이익에 반하는 법률은 결코 만들려고 하지 않는다. 나라발전이 딜렘마에 빠지는 중요한 이유가 바로 여기에 있다.

5. 선거운동에 대한 규제개혁

1) 선거운동에 대한 과잉규제의 완화

(1) 예비후보자 활동제한의 완화

우리나라 공직선거법은전반적으로 선거운동방법을 지나치게 규제하고 있다. 우선 선거운동기간의 제한문제이다. 선거운동기간을 대통령선거는 23일간, 그 외의 선거에는 14일간으로 제한[33]하고 있고, 사전선거운동 금지하는 조항은 선거운동의 자유와 선거운동의 기회균등을 제한하고 있다. 선거운동의 자유가 제한되면 유권자들로서는 충분한 정보를 얻지 못하게 되므로 실질적으로 정치참여의 기회가 제한되게 된다. 또한 선거운동의 기간제한은 기성 정치세력에게 유리한 것이므로 새로운 정치세력의 진입을 어렵게 한다. 다행히 현행 공직선거법에는 예비후보자제도가 생겨서 후보자에게 선거운동의 기회가 보다 넓게 보장되고 있다[34]. 그러나 예비후보로서 활동하는 기간 동안에는 할 수 있는 행위에 제한이 있기 때문에 선거운동기간에 대한 제한은 여전히 문제이다.

(2) 선거운동방법규제의 완화

현행 공직선거법은 선거운동방법도 매우 제한적으로만 허용하고 있다. 그래서 허용되는 선거운동방법들이 선거법에 하나하나 규정되어 있고, 그 외의 선거운동방법은 사용할 수 없도록 금지되어 있다. 예컨대 미국에서는 비교적 돈이 안드는 선거운동방법으로 인정되

33) 「공직선거법」 제33조와 제59조

34) 대통령선거의 경우에는 선거일전 240일, 지역구 국회의원 선거 및 시 · 도지사 선거의 경우에는 선거일전 120일, 지역구 지방의회 의원 선거 및 자치구 · 시 · 군의 장 선거의 경우에는 선거일전 60일부터 예비후보등록을 할 수 있다(「공직선거법」 제60조의 2 제1항).

어 있는 '호별방문(door to door)제도'가 우리나라에서는 허용되지 않는다는 것이다. 뿐만 아니라 선거홍보물의 배포도 제한된 범위 내에서만 허용된다. 특히 "누구든지 선거일 전 180일부터 선거일까지" 선거에 영향을 미치기 위하여 문서・도화 등을 배부・게시하지 못하도록 금지한 것은 대표적인 독소조항이라고 할 것이다. 이 조항 때문에 문서를 배부하며 유권자들에게 설명・설득하는 것이 금지되기 때문이다. 문서에 의한 선거운동은 후보자의 정책을 논리적으로 설명・설득할 수 있고 이를 통해 유권자는 후보자에 대한 상세한 정보를 얻을 수 있으므로, 문서반포를 일률적으로 금지하고 있는 우리나라의 선거법은 반드시 개선될 필요가 있다(정만희, 2007 :72-73). 그러나 한국에 비해 미국과 유럽의 선거운동은 비교적 자유롭다. 영국, 미국의 경우에는 호별방문, 공개집회, 포스터, 전단 등이 허용되며 선거운동방법에 대한 특별한 제한은 없다. 미국의 경우에는 사전선거운동에 대한 제한도 없다. 주요국가 중에서는 일본만이 우리와 유사하게 선거운동의 기간과 방법에 대해 구체적인 제한을 가하고 있을 뿐이다[35].

(3) 유권자의 선거참여제한의 완화

이러한 선거운동에 대한 과도한 제한은 유권자들의 참여를 가로막는 요인이 되고 있다. 과거에 낙선운동에 대해서도 선거운동의 기간・방법에 관한 제한규정들이 적용되어 유죄판결이 선고되기도 했다[36]. 또한 선거운동 방법의 제한으로 인해 일반 시민들이 참여하는 자원봉사 선거운동이나 창의적인 정치참여운동이 제한되고, 오히려 동원된 선거운동원들에 의한 선거운동만이 벌어지고 있는 것이 현실이기도 하다. 한편 만 19세 미만 청소년의 선거운동을 금지하고 있는 것도 문제이다. 청소년들이 돈을 받고 선거운동에 동원되는 것은 문제가 있지만, 자발적인 자원봉사를 하는 것은 정치에 대한 관심과 참여의식을 높이기 위해 필요할 수 있다.

2) 법정선거비용의 현실부합적 개선

현재의 법정선거비용규모는 부패한 선거실태를 개혁하려는 의지를 담고 있다. 그러나 한편으로는 현실을 도외시한 실현 불가능한 제도라는 비판도 받고 있다. 그리하여 현재의 선거비용에 관한 보고는 처음부터 조작되거나 허위로 작성되고 있으며, 선관위는 이를 알면서도 묵인해온 것이 사실이다. 그러므로 이러한 보고서는 정치권이나 사정당국의 표적수사에 악용되어 왔으며, 후보자로서 선거비용으로부터 자유로운 사람은 없다고 해도 과

35) 국회 정치개혁특별위원회, 2005,『선거운동의 합리적 개선방안』, 13쪽
36) 대법원 2004. 4. 27. 선고 2002도315 판결.

언이 아니다. 이러한 문제점을 개혁하기 위해서는 우선 법정선거비용을 현실에 어느 정도는 부합시킬 필요가 있다. 그리고 선거비용에 관한 허위보고서를 통제하기 위해서 다음과 같은 제도를 도입할 필요가 있다.

첫째 선거관련비용의 공개제도를 도입할 필요가 있다. 즉 선거와 관련된 비용의 총지출 규모를 검증할 수 있도록 후보자는 예비후보자등록일 이후부터 선거당일까지 지출한 총비용을 선관위에 제출토록 하여 이를 공개할 필요가 있다. 둘째 선거비용에 대한 수입 · 지출의 투명성을 강화시킬 필요가 있다. 예컨대 후보자의 금융계좌개설을 의무화하는 방안, 선거비용 지출 시 신용카드의 사용을 의무화하는 방안, 선거비용의 사용범위를 명확하게 하는 방안 등을 활용할 수 있을 것이다.

3) 정치자금 모금에 대한 과도한 제한 개선

지방선거후보자에게도 정치자금을 모금할 수 있는 길을 열어줄 필요가 있다. 그렇지 않으면 재력이 있는 후보자만이 선거에 출마할 수 있거나 그렇지 아니면 정치자금 마련을 위한 음성적인 부패가 자행될 가능성이 높다. 따라서 선거의 종류와 입후보자의 유형에 따라 다소간의 차이를 두더라도 지방선거후보자들에게도 소액의 정치자금을 합법적으로 모금하는 것은 허용할 필요가 있다. 현재 대통령과 국회의원선거의 후보자 및 예비후보자, 정당의 대통령후보자 선출을 위한 당내 경선후보자, 지역구 국회의원선거의 후보자 및 예비후보자(후원회를 둔 국회의원 제외), 중앙당의 당대표경선후보자는 후원회를 둘 수 있게 되어 있다(정치자금법 제6조). 그런데 지방선거후보자의 경우에는 시 · 도지사 후보자만이 후원회를 둘 수 있도록 제한하고 있다. 기초지방자치단체장이나 광역-기초 지방의원 후보자는 후원회를 둘 수 없다(정치자금법 제6조). 특히 광역자치단체장 후보에 대해서는 인정하는 후원회 제도를 광역의회의원 후보에게는 인정하지 않는다는 것은 자치단체장 후보자와 지방의회의원 후보자를 차별하는 것이 되어 바람직하지 못하다. 또한 '예비후보자'가 아닌 '후보자'만이 후원회를 둘 수 있으므로, 시 · 도지사 후보의 경우에도 실제로 모금을 할 수 있는 기간은 선거기간에 제한되어 실효성이 매우 약하다[37]. 이처럼 합법적인 모금의 길을 봉쇄하면, 재력이 부족한 사람들은 선거비용 등 정치자금의 부족으로 인해 후보자로서 출마 자체가 어렵게 되어 유능한 인재들이 지방선거에 나서지 못하게 된다.

37) 지방선거의 선거기간은 14일이고, 선거기간은 "후보자등록마감일의 다음날부터 선거일까지"를 말한다(「공직선거법」 제33조 제2호).

6. 선거관리기관의 정치적 독립과 제한적 사법권 보장

선거관리는 중앙선거관리위원회가 이를 총괄하고 있으며, 지방에는 자치단체별로 지역 선거관리위원회가 구성되어 있으나, 선거관리위원은 상근직이 아니며, 선거관리위원회의 사무직 역시 선거가 없는 평시에는 그 업무가 적다는 이유에서 극소수의 인원으로 운영되고 있어 실제 선거업무는 일반행정기관에 의존하지 않을 수 없다. 그러나 앞으로는 선거업무도 전문화되어야 하고, 과거의 모든 선거를 체계적으로 정리하고 역사적으로 정립해야 한다. 점차 다양화해지고 있는 기관이나 단체의 선거지원 등 향후 선거관리위원회의 구조와 기능은 대폭 개선되어야 한다. 특히 아직은 부족한 완전한 선거공영제의 실시 등 공정한 선거관리를 위하여 선거관리위원회에 대한 획기적 조치가 있어야 한다. 무엇보다 시급하고 본질적인 문제는 현재 선거관리위원회가 선거관리를 효과적으로 하는 데 한계가 있다는 점이다. 우선 선거운동이 이루어지고 있는 선거현장에서 부정불법선거운동을 효과적으로 단속하는 데 권한의 한계가 있다는 점이다. 따라서 권한과 기능 면에서는 물론 인력과 장비 면에서도 과감한 개혁과 권한조정 등이 필요하다. 그리고 중앙 및 지방선거관리위원회가 그 권한과 기능에서 행정부의 간섭과 통제로부터 독립되어 있지 못하다는 점이 큰 문제다. 따라서 입법부와 행정부로부터 독립된 준사법기관으로서의 지위와 권한을 부여하고, 특히 선거관리에 관한 한 검찰이나 경찰권의 일부를 담당할 수 있도록 그 권한을 강화해 나가야 할 것이다.

Ⅳ. 결론

한 나라의 정치적 민주화는 일조일석(一朝一夕)에 이루지는 것이 아니다. 한 사회의 민주화 정도는 그 사회의 시민의식의 민주화 정도를 반영한다. 그러나 시민의식의 민주화는 민주적 제도가 실시되는 현장과 그 속의 절차와 과정을 통해서 형성되는 것이며, 권위적이고 비민주적인 사회 속에서 민주적 의식은 형성될 수 없다. 지방자치제도 바로 일상생활의 민주화를 통해 시민의 의식을 민주화시키고, 나아가 국정의 민주화를 촉진시키는 민주정치의 요체인 것이다.

우리나라는 1961년부터 1991년까지 30년 동안 지방자치제도가 실시되지 않았지만, 1991년 이후부터는 대통령선거, 국회의원선거, 지방선거 등을 통하여 여러 차례의 선거를 치루어 왔다. 그러나 선거문제를 연구하거나 연구결과를 토대로 한 선거의 문제점을 개선하려는 노력은 극히 미흡했다. 특히 지방선거에 관한 한 체계적인 연구는 턱없이 부족한 실정이다. 지방자치의 발전은 지방선거의 발전과 불가분의 관계를 가지고 있다. 지방선거제도의 개선 없이는 민주적 선거문화는 싹틀 수 없고, 민주적 선거문화가 정착되지 못하면 지방자치의 내일도 순탄치 않을 것이다. 따라서 학교교육은 물론 사회교육에서도 가장 강조하여 교육시켜야 할 내용이 바로 민주주의이며 민주선거에 관한 부분이다.

3.6 글로벌사회의 환경변화와 지방의원의 의식혁신과 능력발전

I. 서론

현대는 지식정보화의 시대, 개방적 무한경쟁의 시대, 세계화와 지방화(세방화 : glocalization)의 시대 등으로 일컬어진다. 그 중에서도 가장 우리들에게 직간접적으로 많은 영향을 미치고 있는 변화가 세계화이며 여기에 대응하기 위한 정보화와 개방화 그리고 지방화이다. 세계화 현상은 지구촌사회를 지향함을 의미하고, 지구촌사회화는 세계 각국이 개방화를 통한 지방화를 그 전제로 한다. 지방화 시대란 중앙집권적 통치방식이 지방분권적으로 변질되어가는 현상과 그러한 현상이 지배하는 시대를 의미한다. 즉 중앙정부의 독단적 통치방식에서 중앙정부와 지방정부, 대학과 기업 그리고 NGO 등이 함께 참여하는 민관협치방식(Governance)으로 바뀌어 나간다는 것을 의미한다. 그리하여 지방화는 필연적으로 분권화를 결과하게 되며, 분권을 통한 지방화가 곧 국가발전이라는 21세기적 발전전략의 변화를 의미한다. 지방화 전략이란 대내적으로는 지방분권화를 통해 각 지방자치단체의 자율적 역량을 증진시키는 것이며, 대외적으로는 각 자치단체들이 독자적인 세계시장진출을 통해 각자 발전을 이룩함으로써 지방의 발전을 통해 국가발전을 성취한다는 논리에 기초하고 있다. 이러한 세계화현상에 대응하기 위해서는, 중앙에 집중된 권력과 권한을 지방으로 분권함으로써 지방화를 통한 국가발전이라는 새로운 정책에 국가적 에너지를 총동원하지 않으면 안되게 되었다.

요컨대 21세기 세계화의 시대에는 지방의 발전이 국가발전의 견인차 역할을 하게 된다. 그리하여 지방과 지역사회가 곧 국가발전으로 연결되고, 각각의 지역이 각자 특징적으로 발전하기 위해서는 지방자치가 바람직하게 정착되어야 하고, 지방자치가 성공적으로 정착되려면 그 전제로 지방분권이 원만하게 이루어져야 한다. 그리고 지방분권이 원만하게 이루어지려면 민주적 정치개혁이라는 큰 테두리가 먼저 정립되어야 된다. 그리고 바람직한 지방분권개혁을 위해 지방정부의 집행기관이나 의결기관은 각자 그들의 입장에서 무엇을 요구하고, 그 달성을 위해 어떤 역할을 해야 할 것인지에 대해 세심한 검토와 준비가 필요하다. 특히 지방자치의 핵으로 기능하는 지방의회제도의 개혁은 더욱 중차대한 과제이다. 또한 이를 쟁취하기 위한 지방의회와 의원들의 역할이 그 어느 때 보다고 크게 요구되고 있다. 무엇보다도 중요한 것은 지방분권개혁을 통해 중앙과 지방이 균형적으로 발전하고, 중앙정부와 지방정부가 상호 협력과 지원을 통한 국가발전의 파트너가 될 수 있도록 해야 한다.

세계화와 지방화라는 지구촌의 변화조류와 지방분권과 자치발전이라는 국내적 변화기류 속에서 지방의회와 의원들이 무엇을 어떻게 해야 할 것인지 그 역할의 방향과 내용을 검토해 보기로 한다. 이를 위해 첫째 자치환경의 변화와 그 대응전략을 검토하고, 둘째 이러한 국내외적 변화에 대응하기 위한 지방의원들의 사고의 혁신방안을 검토하고, 셋째 이러한 변화대응전략으로써 지방의회와 의원의 분야별 역할내용을 검토해 보기로 한다. 끝으로 이러한 지방의원의 역할을 효율적으로 수행하기 위해 요구되는 지방의원의 자질함양방안을 검토해 보기로 한다.

II. 지방자치환경의 변화와 대응전략

1. 지방자치환경의 변화예측

1) 고도 지식정보화 사회로의 이행

미래사회는 사회의 모든 영역에서 지식과 정보가 문제를 해결하고 부를 창출하는 사회로 변모해 나갈 것이다. 이미 우리사회는 지식정보화 사회가 만연한 상태지만 앞으로는 더욱 고도화된 지식정보화 사회로 이행할 것이다. 그리하여 모든 영역에서 해당분야의 전문적 지식기반 없이는 업무수행자체가 불가능한 전문화된 고급사회로 이행할 것이다. 따라서 제도권 교육은 물론 각종 비제도권 교육도 활발해짐으로써 교육의 질이 향상될 것이다. 이러한 지식정보사회와 과학기술의 중요성에 대한 인식과 함께 교육의 질이 강조됨에 따라 우리나라의 경우 새로운 21세기 신성장동력을 다시 사람에게서 찾아야 한다는 주장이 제기되고 있고, 이러한 주장은 상당한 설득력을 가지기 시작했다. 이처럼 지식과 정보는 이전의 다른 자원들(토지, 인력, 자본 등)과 구별되는 다음과 같은 특성들을 지닌다. (1) 시간 및 장소에 구애받지 않는 탈제약성, (2) 타인에게 양도해도 본인이 계속 소지할 수 있는 비이전성, (3) 전달과정에서 이관자의 신용이 중요한 판단기준이 되는 신용가치성, (4) 필요로 하는 사람 누구에게나 가치를 발하는 무한가치성, (5) 사용하면 할수록 그 가치가 누증되는 누적효과성, (6) 생산 및 활용과정이 명확히 드러나지 않는 실무유관성 내지 다원적 활용성, (7) 창조자, 전달자, 이용자 모두에 의해 수정, 개량될 수 있는 재생산성, (8) 분할에 의해 새로운 가치가 생성되는 분할가치성 등이다.

2) 무한경쟁의 글로벌 사회의 전개

세계화는 이미 20세기 후반부터 지속되어 온 현상이다. 세계화란 지구촌 국가들이 국경이라는 장벽을 극복하고 하나의 지구촌으로 삶의 활동공간을 넓혀가는 것이다. 그러나 국경이라는 장벽을 제거함으로써 가장 먼저 부닥치게 되는 것은 만인의 만인에 대한 경쟁(competition)현상이다. 그리하여 국가간, 지역간, 기업간, 기술간 무한경쟁의 장이 전개될 것이다. 그리고 이러한 경쟁은 갈등을 초래하여 지구촌에는 다양한 새로운 갈등(conflict)이 증대(공정한 룰의 미비, 국가간, 지역간, 종교간, 민족간)될 것이다. 그리고 지속적인 변화(change)와 경쟁 그리고 갈등 속에서 개인과 기업 및 지방과 국가들은 위기와 기회(crisis & chance)를 동시에 접하게 될 것이다.

3) 문화와 레저의 시대의 전개

이미 많은 사람들은 21세기는 문화의 세기가 될 것이라고 예측하고 있다. 미래사회는 생활과 산업의 문화지향적 경향이 증대할 것으로 예측된다. 생활 속에서 일상적으로 이루어지는 각종의 이벤트(Event)가 생활문화로 등장할 것이며, 전통문화의 개발과 보존사업의 증대, 보편화된 물질문명(civilization)의 정신문화(culture)화 현상이 야기될 것이다. 이민과 다문화의 교류와 접촉, 이질문화의 혼재, 복합적 다문화의 신문화형성 등이 기대되며, 동서양 문화의 교류와 교차로 새로운 차원의 문화가 형성될 수 있을 것으로 예측된다. 그리하여 영화산업, 레저산업, 관광사업의 비약적 발전이 예상된다. 미래에는 유망한 문화산업을 잘 선택하여 발전시킨다면 가장 안정적이고 발전적인 국가나 지역으로 변모해 나갈 수 있을 것이다.

4) 거버넌스(governance)시대와 네트워크(network)사회의 전개

중앙정부 및 지방정부의 정부경영방식이 정부통치(government)에서 민관협치(governance)로 바뀌고 있다. 이미 거버넌스현상은 사회 전 영역에서 나타나고 있으며, 거버넌스현상은 자연히 네트워크사회로 이어지고 있다. 조직의 구조 역시 피라미드(pyramid)조직구조에서 상황적응적 조직구조(adhocracy)로 바뀌었고, 이것은 다시 조직구조의 네트워킹(network)으로 변하고 있다. 즉 통치(government)에서 협치(governance)로, 계층제(hierarchy)에서 상황적응적 조직(adhocracy)으로, 그리고 다시 조직의 네트워크화로(networking)으로 바뀌고 있다. 그리하여 인적 네트워크, 정보

네트워크, 자원네트워크, 정책네트워크 등 다양한 네트워크가 능력과 경쟁을 좌우하게 될 것이다.

5) 여성(Woman)적 특징을 지닌 고도산업사회의 전개

미래사회는 고도의 기술로 무장한 고도산업사회로 이행할 것이며, 고도화 내지 초고도화된 산업사회의 특징은 여성사회적 특징을 나타내게 될 것이라고 한다. 그리하여 미래사회는 첫째 여성의 시대에는 부드러움과 유연성(soft and flexibility)이 지배하는 사회로 바뀔 것이라고 한다. 여성의 시대는 남성중심의 경직화된 사회관계들이 보다 부드러워지게 될 것이다. 그리고 사회와 조직의 제반 영역에서 구조기능간 그리고 영역간의 관계가 유연해 짐으로써 신축성이 증대될 것이기 때문이다. 둘째 과정(절차)과 적시성(process & timing)의 강조하는 사회가 될 것이라고 한다. 여성은 남성에 비해 일의 절차와 과정 그리고 적시성(타이밍)을 더 중요하게 생각한다. 따라서 여성시대에는 남성중심의 사회와는 달리 일에 대한 결과보다는 어떠한 절차와 과정을 거쳐 결과나 나타났는지를 강조하게 될 것이며, 일이나 정책 등에 대한 적시성(타이밍)을 강조하는 사회로 발전할 것이기 때문이다. 셋째 사물의 질과 다기능(quality & multi-function)강조하는 사회로 변할 것이라고 한다. 이미 삶의 질을 강조하는 사회는 시작되었다. 여성의 시대에는 작지만 양질의 것을 추구하는 사회로, 그리하여 작고 다기능적이며 질 높은 제품(정책, 제도) 등을 추구하는 시대로 이행될 것이기 때문이다.

6) 저출산과 고령화의 시대와 다문화 사회의 도래

우리나라의 노인인구는 2000년 7.1%로 고령화 사회에 진입했고, 2019년에는 14%로 고령사회로 진입될 것으로 예상되며, 2026년에는 20%로 초고령사회가 될 것으로 예측된다. 반면에 출산률은 1.3명에서 1.16명 이하로 떨어졌다가 최근에는 다시 약간 상승세를 보이고 있다. 우리나라는 세계에서 가장 빠른 속도로 고령사회로 진입하고 있으며, 출산률도 가장 낮은 국가로 바뀌었다. 후손이 줄어들어 사라지고 있는 참담한 미래가 걱정스럽다. 정부와 국민은 저출산의 문제가 얼마나 심각한 사회적 국가적 문제인지를 인지하고 그 해결을 위해 적극적으로 대처해야 한다. 저출산과 고령화의 문제는 중앙정부에게만 맡겨놓을 수도 없다. 인간수명 120세의 시대가 도래하고 있다. 과거와는 달리 보통사람들의 건강도 현저히 향상되어 70세가 되어도 건강한 노인들이 적지 않다. 노인의 연령기준도 이제 재고되어야 한다. 인간의 평균수명이 백세가 넘을 경우 몇 세를 노인으로 보아야 할 것인지 노인에 대한 개념도 재정립될 필요가 있다. 뿐만 아니라 이미 세계 도처에서 나타나고 있는 지역간 인종간의 다양한 교류증대로 이민과 다문화사회가 급격히 진전되고 있다. 따라서 다른 문화에 대한 이해의 증대와 남을 이해하는 의식과 능력의 함양이 요청되고 있다. 이미 우리나라도 다문화가정이 보편화되고 있고 정부의 정책도 적극 추진되고 있다. 지방정부 차원에서도 외국인 취업자와 다문화 가정에 대한 지원과 대책이 절실히 요청되고 있다.

2. 환경변화에 대한 전략적 대응

1) 선택과 집중의 전략

과거에 비해 현대사회는 자원과 기회가 풍부하다. 그렇지만 모든 사람들이 모든 자원이나 기회를 다 향유할 수는 없다. 사회 속에는 시시각각 수많은 문제들이 생성 소멸되고 있지만 그러한 문제들을 모두 해결할 수는 없다. 또한 정부나 기업이 추진해야 할 과제들 또한 수다하다. 그러나 그들 모두를 잘 해결할 수 는 없다. 따라서 모든 문제를 다 잘 해결하거나, 모든 분야에서 탁월한 능력을 가질 수는 없다. 따라서 미래사회는 다양한 대안들 중 우선순위와 효율성 등 자신의 기준에 따라 특정과제나 영역을 선택해야하고, 선택한 것에 대해서는 집중적인 노력과 자원지원 등으로 효과성을 극대화 시켜나가야 한다. 다시 말해 선택과 집중의 시대, 즉 전략적 사회가 대두할 것이다.

2) 연구 · 개발(R & D) 전략

미래사회는 과학기술과 정보통신이 인간의 삶을 송두리째 바꿔놓게 될 것이라고 한다. 나노기술과 의료기술이 복합되어 인체의 모든 질병을 진단하고 치료까지 하게 될 것이라고 한다. 2030년 경에는 인간두뇌를 훨씬 능가하는 로봇인간이 개발될 것이며, 지구촌 어디든 2시간 이내에 도달할 수 있는 비행기술이 발명될 것이라고 한다. 이미 사막국가 두바이에서는 바다 속에 호텔을 짓고, 사막에 스키 슬로프를 건설하였다. 이러한 과학기술은 결국 인간의 연구개발의 결실로 이루어지고 있다. 때문에 미래의 신성장동력도 결국 R&D투자의 규모에 따라 결정될 것이다. 그리고 이러한 R&D는 언제나 중앙정부의 몫으로만 여겨왔지만 앞으로는 지방정부 차원의 지역특성에 맞는 R&D투자도 절대 요청되고 있다. 과학기술과 정보통신의 시대의 최고의 생존전략은 연구개발이다. 부단한 연구개발만이 과학기술을 창출할 수 있고, 이를 통해 축적된 지식과 정보는 다시 혁신과 창조를 가능케 한다. 개인의 학습이나 조직의 교육훈련 등은 모두 이러한 연구개발의 일환으로 파악할 수 있다. 21세기는 이러한 연구개발의 결실이 그 국가와 그 지역의 성패를 좌우하게 될 것이다.

3) 혁신과 창조 전략

미래사회는 사회의 모든 영역에서 부단한 혁신과 새로운 발명이 지속적으로 이루어지는 창조적 시대가 될 것이다. 물론 혁신과 창조의 원천은 지식과 정보(Knowledge & Information)가 될 것이며, 이들은 주로 부단한 학습, 연구개발(R&D)과 벤치마킹(Benchmarking) 등을 통해 얻게 될 것이다. 즉 미래사회는 부단한 학습과 R&D를 통한 기술개발이 추진될 것이며, 사회적 구조와 기능의 지속적인 혁신이 이루어질 것이다. 무에서 유를 창조해 낼 수 있는 아이디어의 개발과 발명이 주요한 발전의 동인이 될 것이다. 그리하여 미래사회는 지식이든 제품이든 정책이든 모든 것은 스스로 자기혁신을 통해 새로움을 창조하지 않고서는 지속적인 생명력을 유지할 수 없을 지도 모른다. 다가오는 사회는 변화에 대응하는 혁신과 창조적 능력을 요구하고, 바로 그러한 능력을 가진 사람들의 시대가 될 것이다.

4) 창조적 벤치마킹(Creative Benchmarking : CBM)전략

벤치마킹이란 지속적인 개혁활동을 지원하고 경쟁상 이점을 확보하는 데 필요한 정보수집을 위하여 정부(조직)의 내부활동 및 기능 혹은 관리능력을 다른 정부(조직)과 비교해 평가 판단하는 것이다. 원래 벤치마킹은 기업경영에서 유래한 바 그 본질적 내용은 다음과 같다.

"기업의 성과는 시장에서 경쟁기업과 비교되지만 이는 기업활동의 결과물인 제품이나 서비스에 대한 평가이며, 서비스나 결과물인 제품에 대한 평가는 아니니다. 이처럼 제품이나 서비스를 만들어 내는 각 기업의 프로세스는 비교기준이 없기 때문에 자사의 프로세스가 효율적인지의 여부를 판단할 수 없다. 따라서 기업내부의 프로세스에 경쟁개념을 도입하여 경쟁기업의 프로세스와 비교하여 지속적으로 자사의 프로세스를 개선하려는 노력이 바로 벤치마킹의 본질이다."

오늘날 이러한 벤치마킹의 개념은 사회일반영역에서 보편적으로 사용되고 있으며, 그 의미도 우리보다 앞서가는 선진모델을 배워서 우리 것을 보다 선진적으로 발전시키는 것을 의미하는 것으로 인식되고 있다. 그리하여 벤치마킹은 기업이나 정부를 막론하고 연구개발이나 혁신과 창조의 원동력이 될 수 있는 소중한 변화대응전략이자 수단인 것이다. 그러나 이러한 선진문물과 선진기술 등에 대한 벤치마킹은 창조적이어야 하며 모방이어서는 안된다. 물론 벤치마킹이라는 말 자체가 창조적이어야 함을 의미하고 있지만 벤치마킹은 반드시 원본과 다른 창조적 벤치마킹이어야 한다.

5) 네트워킹(Networking)과 역량강화 전략

이미 위에서 검토한 바와 같이 거버넌스 시대는 네트워크를 불가결의 수단으로 한다. 국가나 지방자치단체의 경영을 책임지고 있는 정부의 경우, 정책결정이나 집행을 위해 민간 영역의 기업이나 대학, 시민단체, 전문가 등과 밀접한 네트워크를 형성하지 않으면 안된다. 기업 역시 원료수입과 제품의 유통 판매 등과 관련하여 네트워크의 형성은 불가피 해진다. 이처럼 미래사회의 변화에 대응하기 위해서는 정부나 기업은 물론 개인 역시 인적 네트워크를 통해 역량을 배가 시켜 나가는 전략이 현저히 부각되고 있다. 이처럼 미래사회에는 네트워킹을 정보를 공유하거나 인적 자원을 확충하는 전략적 수단(인적 네트워킹)으로 활용할 수 있어야 한다. 그리하여 이제 네트워킹은 개인이나 기업 그리고 정부를 막론하고 스스로의 역량을 제고할 수 있는 주요 수단이자 전략으로 활용되고 있다.

6) 로하스와 지속가능한 발전전략

얼마 전까지만 해도 우리는 웰빙(wellbeing)적 삶을 추구해 왔다. 그러나 이제는 이미 대부분의 사람들이 로하스(LOHAS)적인 삶을 추구하고 있다[38]. 즉 웰빙적인 삶의 결과 고혈압과 당뇨 등 각종 성인병들이 발생하였고, 고령화 사회의 노인질병은 그 자체가 불행이었다. 그리하여 건강하면서도 오래살 수 있는 로하스적 삶을 추구하게 된 것이었다. 특히 환경오염이 심해지고 각종의 질병이 창궐하게 되자 환경분야에서도 지속가능한 개발과 이를 위한 자연보호가 주요 관심사로 등장하게 되었다. 그 결과 오늘날에는 모두가 웰빙보다는 건강하고 지속가능한 삶을 추구하는 로하스적 삶을 추구하게 되었던 것이다. 고령화 사회에서는 노인들에 대한 생활보장과 삶의 질 향상이 주요과제이며, 이들에 대한 사회보장성 보험이 여기에 대응할 수 있는 전략이 될 수 있다. 그리고 각종의 개발과 발전 역시 반드시 지속가능한 속성을 가진 것이어야 하게 되었다.

III. 변화대응을 위한 사고의 패러다임 혁신

1. 지방의원의 의식혁신과 적극적 사고개발

1) 지방의원의 사고의 패러다임(paradigm)혁신

(1) 선진시민의식과 바른 마음의 정립

21세기는 전반적인 사회변화에 대응하여 사회와 생활에 관한 기존의 의식을 대대적으로 혁신해 나가야 할 것이다. 지금까지는 중앙집권적 전체주의가 우리의 의식을 지배해 왔다면, 앞으로는 지방분권적 지역주의가 우리의 생각과 행동을 지배하게 될 것이다. 그리

38) LOHAS는 Lifestyle of Health and Sustainable 의 약자이다.

고 지역사회의 발전정도가 바로 우리의 삶의 질을 좌우하게 될 것이다. 이처럼 이제부터는 새로운 21세기적 변화에 대응하여 우리 모두는 스스로 마음과 생각을 새롭게 정립해 나가야 할 것이다. 구시대의 낡은 의식의 탈을 깨고 새로운 21세기적 의식혁명을 가져와야 할 것이다. 적극적, 긍정적 사고와 도전적인 정신을 개발해야 할 필요가 있다. 나아가 신축적인 의식, 공동체 지향적 정신개발에 모두의 지혜와 노력을 모아나가야 할 것이다. 정직하고 친절하며, 자신에 앞서 남을 먼저 배려하고 남을 존경하며 칭찬할 줄 아는 사람이 되도록 노력해야 한다. 스스로 겸손하고 절제, 절약하는 마음을 개발하고 발전시켜 나가는 노력도 필요하다. 덕(德)은 겸양(謙讓)에서 오고, 복(福)은 절제(節制)와 절약(節約)에서 오며, 화(禍)는 과욕(過慾)에서 비롯된다는 사실을 명심해야 할 것이다.

(2) 그릇된 의식과 인습의 타파

첫째 남을 비판하고 부정하는 습성(부정적인 비판의식)을 버려야 한다. 우리에게는 전통적으로 남을 나쁘게 평가하는 나쁜 버릇이 있다. 둘째 내 가질 것은 좋은 것, 남 줄 것은 나쁜 것을 당연시하는 의식도 버려야 한다. 셋째 불친절하며, 거짓을 부끄러워 할 줄 모르는 부정직한 행동도 고쳐야 한다. 넷째 흑백논리적 경직된 사고방식과 철저한 서열의식을 불식시켜야 한다. 우리사회에는 매사를 2분법을 파악하는 잘못된 습성이 만연되어 있다. 따라서 중간이나 타협, 양보 등 다양한 선택의 가능성을 배제하는 융통성 없는 사람들이 많다. 다섯째 매사에 소극적이고 수동적 사고방식과 이기적이고 자기중심적 태도는 버려야 한다. 적극적인 사고의 부족, 개척적이거나 모험적이거나 도전적인 것을 싫어하고, 남의 희생을 딛고 무임승차하려는 자들이 적지 않다. 대인관계에 있어서도 남을 배려하는 마음이 적고 자기위주의 생각과 행동을 서슴치 않는다. 여섯째 그 외에도 속보다는 겉을 치장하려는 과시적 심리, 쉽게 벌고 편하게 살고자 하는 잘못된 의식, 잘 살면서도 남을 도울 줄 모르는 유아적 의식 등을 개선해야 한다.

2) 지방의원의 민주적 · 개방적 · 신축적 · 창조적 의식함양

이제 지방의원들도 자기지역의 발전을 위해서는 국내 뿐 아니라 지구촌 사회의 변화에 대한 보다 적극적 관심과 효율적인 대처를 위해 노력해야 한다. 지난 20년 동안 지방의원들과 지방의회는 자신들의 이무와 책임을 제대로 인식하지 못했으며, 소속정당과 지방자치단체장에게 위축되어 주어진 권한마저 제대로 행사하지 못했다. 그 결과 지방의회에 대한 주민들의 평가는 저조하였고, 언론과 시민단체들의 비판과 조롱까지 받았다. 이제부터 지방의회도 바뀌어야 한다. 지방의회가 바뀐다는 것은 지방의원들이 바뀌어야 한다는 말이다. 열정도 없고 의정활동에 전력을 다하지 않는 사람들은 이제는 그 자리를 지켜서는 안된다. 현재 우리나라의 지역사회는 지방의원들이 나서지 않고서는 크게 발전될 희망이 없다. 때문에 지방의원들이 몸부림을 쳐서라도 지역사회를 변화시켜야 한다. 적극적 능동적 개방적 태도와 문제해결지향적 행태 그리고 신축적 협력적으로 태도로 바뀌어야 하며 민주적, 개혁적, 창조적, 청렴한 지방의원으로 거듭나야 한다.

3) 지방의원의 모험적 · 개척적 · 도전정신 함양

세계의 탐험가들은 모두 선진국 시민들이었다. 북극을 탐험한 피어리나 남극을 탐험한 아문제, 그리고 아프리카를 탐험한 리빙스턴은 모두 선진국의 부유한 시민들이었다. 그럼에도 그들은 죽음을 각오하고 미지의 땅, 죽음의 지역을 탐험하는 데 끝내 성공했던 사람들이다. 지방공무원들과는 달리 지방의원들은 변화를 두려워해서는 안된다. 임기동안 가능한 모든 일에 도전해야 하고, 지역을 잘 살게 하는 일에 목숨을 걸어야 한다. 향토사회를 위해 희생할 수 있는 숭고한 정신을 갖지 않고서는 진정한 지도자가 될 수 없기 때문이다. 지역사회를 발전시키고 주민들의 복지를 증진시킬 수 있는 지방정부 고유의 정책개발은 창조적이고 모험적인 지방의원이 있어야 가능하다. 따라서 지방정부의 정책개발은 지방의회를 중심으로 추진될 필요가 있고, 바로 이러한 지방의원들이 중심이 되어 정책을 개발해 나가야 한다. 그러기 위해서는 무엇보다도 지방의원들의 강한 성취동기와 적극적 사고(PMA)개발이 요청된다. 적극적, 모험적, 도전적 사고개발이 우선되어야 한다.

2. 지방의원의 자율적 능력개발과 성취동기함양

1) 교육 · 훈련과 연구 · 개발의 혁신과 강화

지방의원들도 기존 공직자들에 대한 교육과 같이 정신교육, 직무교육, 교양교육, 시사교육 등 다양한 교육시스템과 프로그램을 구축하여 21세기적 공직역량을 제고하고 지방정부에 대한 국민적 이미지를 개혁시켜야 한다. 이것은 교육훈련을 통한 지식과 정보와 기술의 함양이 가장 효과적이다. 나아가 지방의원 스스로는 각자 자기영역의 문제해결과 정책개발을 위해 부단히 연구 개발하는 노력이 있어야 할 것이다. 그러나 이러한 교육은 과거의 방식에서 탈피해야 한다. 지방의원들 스스로가 준비하고 적극 참여하여 진정으로 배우겠다는 자세와 태도를 가져야 한다. 관광성 내지 외유성 집회의 일환으로 끼워넣기식의 교육은 지양해야 한다.

2) 창조적 벤치마킹(Creative Benchmarking)장려와 실천

자치발전과 의정기능향상은 지방의원들의 생산적 경험과 국내외의 벤치마킹 및 창조적 모방을 통해서 생성시킬 수 있다. 백문이 불여일견(百聞而不如一見)이라는 말과 같이 견문을 넓히는 것이 능력발전의 첩경이다. 우리 보다 앞선 지방자치단체의 선진정책과 경험을 눈으로 직접 보고 귀로 들음으로써 지식을 제고시키고 지혜를 넓혀나가야 한다. 또한 국내외 선진 지방자치단체들에 대한 연구를 통해 정보를 공유하고 필요한 지방자치단체들에 대해서는 적시에 벤치마킹 할 수 있도록 교류와 접촉을 제도화할 수 있어야 한다. 지방의원들이 집단적으로 실시해 온 그동안의 해외연수는 공무출장형식으로 바꿔서 꼭 필요한 의원들만 벤치마킹하거나 연수하는 제도로 만들어야 할 것이다.

3) 강력한 성취동기개발 함양

지방의원들은 자신들의 노력으로 지역사회에 무엇인가를 이루겠다는 강한 집념과 사명감을 갖는 것이 바람직하다. 지방정부의 정책개발을 통해 현실을 개혁하고 경제발전과 복지증진을 이룩하겠다는 강력한 집념 등을 가지기 위해서는 성취동기를 개발하고 함양시켜야 한다. 물론 지방의원이 되기 전에 이미 그러한 열정을 가진 사람들이 의회에 진출하면 금상첨화이겠지만 현실은 그렇지 못하다. 따라서 지방의원들 스스로가 의원직에 대한 자각과 사명감의 인식 등을 통해 성취동기를 개발하고 함양하도록 해야 한다. 지방의회차원에서는 물론 중앙정부차원에서도 지방의원들이 지역발전과 의정활동에 열중할 수 있는 각종 인센티브제도를 도입하는 등 제도적 장치를 마련할 필요가 있다.

3. 지방자치와 의정기능에 대한 패러다임의(Paradigm)의 전환

1) 공직에 대한 관점개혁

지방의원들은 스스로 공직에 대한 기존의 전통적 사고의 틀을 깨고, 관행의 탈에서 벗어나야 한다. 그리하여 행정은 지역주민에 대한 정부의 관리 내지 규제라든가, 행정기능은 정부가 주민을 위해 시행하는 시혜라거나 행정서비스는 관청의 민원실에서만 행한다고 생각해서는 안된다. 자치행정은 지역주민에 대한 지방정부의 서비스이며, 서비스는 그것을 필요로 하는 곳을 찾아 현장에서 제공해야 한다는 점을 인식해야 한다. 그리고 지방의회는 집행기관을 견제하거나 감시하기 위해서만 존재하는 것이 아니라 집행기관과 함께 지역발전과 주민의 복지증진을 위해 함께 노력하는 기관이라는 인식을 가져야 한다.

2) 주민의 정치적 대표로서 의정활동에 관한 기본가치와 정치철학의 정립과 구현

지방의원은 스스로 주민의 정치적 대표로서 의정활동을 통해 자신의 어떤 정치철학을 어떻게 구현할 것인지를 정립하고 이를 주민들과 함께 공유하며, 의정활동을 통해 실천해 나가야 한다. 아무런 가치나 철학도 없이 출세의 상징으로 지방의원직을 차지해서는 지역사회발전에 걸림돌이 될 뿐이다. 여기에다 현 정부가 추진해 나가고자하는 국정목표와 원리 등을 접목시켜 바람직하면서도 현실성있는 의정철학을 구현해 나가야 한다. 예컨대 원칙을 통해 신뢰를 형성하고, 정보공개를 통해 공정하고 투명하게 직무를 수행함으로써 부정부패를 척결하며, 대화와 타협을 기본으로 토론을 통해 갈을 해결하며, 다양성을 인정하고 상대방을 존중하고 배려할 줄 알아야 한다. 그리고 분권과 자율의 원칙을 구현할 수 있는 권한위임, 자원재분배, 책임과 의무 등을 강조할 줄 알아야 할 것이다.

4. 자치행정시스템의 재설계, 재구축 (구조개혁)

지방의원들은 스스로가 지방정부를 재창조한다는 자부심을 가지고 기존의 자치행정, 자치시스템을 전면 재개편 혹은 재구조화할 수 있도록 연구 개발하는 노력을 게을리 하지 말아야 한다. 지방의회의 구조도 새로운 시스템으로 변화시키려고 노력해야 하고, 새로운 조직이나 제도를 만들거나 바꾸어 보려는 끊임없는 노력을 경주해야 한다. 예컨대 계층제 구조의 현재의 행정시스템을 팀제(project team)나 작업단(task force) 혹은 위원회 등과 같은 상황적응조직 내지 임기응변조직으로 개편할 수 있어야 하고 나아가 이들 간 네트워크를 구성함으로써 조직의 분화와 통합을 적절히 관리해 나갈 필요가 있다. 중앙정부도 지방의회가 자기지역의 발전을 위해 스스로 조직을 개편할 수 있도록 현재 대통령 영으로 묶어 놓은 지방정부의 자치조직권을 지방의회의 권한으로 이양해야 한다.

5. 자치행정기능의 혁신과 개발

현재까지는 비록 여러 가지 법령들이 지방의회의 권한과 기능을 통제하여 그 기능을 수행하지 못했다. 그러나 앞으로는 지방의회가 앞장서서 집행부의 구조와 기능을 혁신시킬 수 있도록 적극적인 자극과 노력을 경주해야 한다.

1) 예방행정 및 창조행정으로의 기능혁신

첫째 전통적인 사후수습 내지 처방식 행정기능으로부터 사전 진단과 예방행정으로 그 기능의 중요 축을 한 단계 업그레이드 시키야 한다. 둘째 규제, 통제, 관리기능에서 협력과 지원, 조장, 서비스기능으로 지방행정의 기능을 변화시켜 나가야 한다. 셋째 단순집행과 시행위주의 행정에서 정책과 계획의 기능을 강화해 나가야 한다. 넷째 단순획일적 관리기능에서 지역특성을 살린 창조적 시책개발기능을 강화시킬 수 있도록 집행기관의 조직과 기능을 혁신시키는 일에 적극 나서야 한다. 이러한 일들이 현재의 상태에서 어려울지 모르나 지방의회의 조례제정이나 정책개발기능을 통해 가능한 영역을 찾아 낸다면 충분히 가능한 일이라고 판단된다.

2) 지방정부의 세계화전략과 외교행정의 강화

21세기는 세계화의 물결이 지구촌을 지배하게 될 것이다. 이제부터 지방정부는 국내에만 안주해서는 안된다. 지구촌 사회의 모든 자치단체들을 상대로 외교와 통상 및 교류를 위한 국제외교행정을 강화해 나가야 한다. 이미 미국과 일본 등 선진국에서는 지역단체, 광역단체, 기초자치단체가 개별 혹은 연합하여 외국의 지방자치단체들을 향해 외교, 통상, 관광, 교류행정을 적극적을 추진하고 있다. 예컨대 일본 오사카시는 이미 한국 TV에 자기지역의 관광을 광고하고 있다. 지방의원들과 지방의회는 집행부로 하여금 이러한 세계적 추세에 앞장설 것을 권고하고 촉진시키는 조례나 정책을 만듦으로써 지방정부의 기능을 선진화시켜 나갈 필요가 있다.

6. 창조적 지역발전 정책개발과 효율적 시행

지방의원들은 자신들이 앞장서서 지역사회발전을 위한 정책을 개발할 수 있어야 하고, 그 효가적인 시행을 위해 집행부와 협력할 수 있어야 한다. 첫째 현대사회는 무에서 유를 창조하는 창조적 사회다. 따라서 모든 영역에서, 매사에 창조적 사고와 능력을 요구하고 있다. 앞으로 지방의원들은 집행부의 공무원들보다 앞선 창조적 정책개발에 적극적인 자세를 보여야 할 것이다. 둘째 특히 지방의원들은 자신들이 지역사회발전의 견인차임을 인식하고 지역발전을 위한 정책개발에 앞장서야 할 것이다. 지방자치시대에서는 지방정부의 독자적 정책개발을 통한 자기발전이 관건이다. 지방이 살아야 나라가 산다. 지방정부간 선의의 경쟁이 지방자치단체의 건전한 발전을 유도하고 이것이 집적되어 국가발전으로 연결되기 때문이다. 셋째 업무(담당), 과업(부서), 기관의 문제해결 및 발전을 위한 부단한 연구 개발노력이 업무수행의 창조를 가져온다. 마찬가지로 지방의원들의 문제인지 능력제고, 문제해결지향적 사고개발이 창조적 정책개발의 원동력이다. 넷째 일본 오오야마마찌(大山町)의 NPC운동의 성공사례, 구기노촌의 메밀산업, 일본 고오베시의 포토랜드와 로꼬랜드 등의 도시개발, 후꾸이 섬유산업의 혁신 등은 우리가 벤치마킹해야 할 훌륭한 사례들이다. 기타 한국의 경제개발5개년계획, 가족사업계획, LA의 유니버셜 스튜디오, 등을 통해서도 알 수 있는 것처럼 공무원이 살아있으면, 단체와 사회와 국가가 산다.

7. 정부간 분권화와 지방정부 내부의 민주화를 위한 역할증대

지방의회는 분권화를 통한 시민사회의 민주화를 촉진시키는 일에 상당한 책임을 지고 있음을 인식할 필요가 있다. 지방분권은 중앙에서 지방으로, 광역에서 기초로, 정부에서 민간으로 그 권한이 이양되어 나가는 것을 의미한다. 물론 지방분권은 아니지만 조직이나 기관 스스로가 상층부에서 하층부로의 권한위임을 의미하는 자율적 분권도 추진되어야 한다. 따라서 그 동안 중앙정부에서 지방정부로의 권한이양만을 강조해 온 광역자치단체들은 이제부터 스스로가 기초자치단체에 대한 권한 이양을 추진해 나가야 할 것이다. 물론 기초자치단체도 가능한 영역 안에서 민간에 대한 권한이양을 적극 추진해 나가야 할 것이다. 광역이든 기초든 간에 언제나 상대방에게 요구하는 것에만 익숙하여 스스로의 의무와 도리를 잊어서는 안될 것이다. 물론 지방정부는 광역과 기초를 막론하고 스스로 기관 내부적 민주화를 위한 분권과 위임을 회피하거나 게을리 해서도 안될 것이다.

IV. 지방의회발전을 위한 지방의원의 창조적 리더십과 자질함양

1. 의의

현대는 국내외적으로 그 어느 시대보다도 지도자의 훌륭한 리더십이 요구되는 시대이다. 정부의 정치적 리더십은 물론 사회 내 제반집단의 조직적 리더십에 이르기까지 리더십의 문제는 현대사회의 중심적 과제로 등장했다. 오늘날 사회전반에 걸쳐 리더십의 중요성이 보편화되어 있지만, 특히 국민의 삶을 담보하고 있는 대통령이나 정부기관의 고위지도자들이 발휘해야 할 리더십은 더욱 중요성이 부각되고 있다. 특히 우리나라는 앞으로 지속적으로 부정부패와 불의를 일소해야 하고, 오랫동안 방치해 놓은 각종의 법령과 제도들도 개정해야 하며, 자기중심적으로만 생각하는 관료주의와 국민의식도 고쳐야 한다. 세계화라는 바람을 타고 국제사회의 변화는 물밀 듯 밀려오고 있지만, 중앙정부의 정치지도자와 고위공직자들은 아직도 자기중심적 통치수단의 동원에만 몰두하고 있다.

더구나 지방자치제도가 실시된 지 20년이 넘었지만 아직도 지방자치단체장과 지방의원들의 역할과 자질문제는 끊임없이 언론이나 국민들의 입 회자되고 있다. 특히 지방의원들의 경우 그 자질이나 인품이 부족하여 지방의원으로서의 역할수행을 못했다는 비판적 평가가 긍정적 평가보다 훨씬 많다.

2. 지방의원의 정치적 리더십 함양

1) 정치적 리더십의 개념과 지방의원의 리더십 함양

리더십(leadership)이란 "어떤 희구되는 목표를 달성하기 위하여 개인 및 집단을 조정하며 동작하게 하는 기술"이라고도 하고, "임무의 성공적 수행을 위하여 다른 사람의 협력을 얻는 능력으로 지도자와 추종자의 관계에서 보여지는 영향력"이라고 규정되기도 한다. 한편 조직을 중심으로 할 때, 리더십은 "어떤 집단이 공동으로 추구하는 목표를 달성하기 위하여 그 구성원들의 조직적이고 자발적인 노력과 협력을 동원하는 작용"이라고 규정된다.

공동의 목표를 추구하는 집단의 경우, 어떠한 집단이든 간에 거기에는 지도적 역할을 하는 사람의 도움이 요구되며, 그러한 역할이 없이는 효과적인 업무수행이 어려워진다. 마찬가지로 정치체제 역시 지도적 역할을 수행하는 지도자 없이는 목표의 효율적 처리는 물론 체제의 발전도 도모하지 못한다. 지방의원은 지역주민들이 선거를 통해 선출한 지역주민들의 대표이며, 정치지도자들이다. 따라서 지방의원들은 정치적 리더십에 관한 교육과 훈련을 통해 바람직한 리더십을 함양하여 지방자치현장에서 실제 그러한 리더십을 발휘해야 한다.

2) 정치적 리더십의 유형

리더십이란 그 개념의 다양성에도 불구하고 일응 리더가 발휘하는 역할유형이라고 할 수 있다. 다시 말해 조직이나 집단의 구성원에 대한 지도자의 행동양식을 의미한다. 일반적으로 정치학에서는 역사적 발전과정에 따라 나타난 리더십의 유형으로 (1) 전통적(신분적)리더십, (2) 대표적 리더십, (3) 투기적(선동적) 리더십, (4) 창조적(민주적) 리더십 등으로 구분하여 설명하고 있다. 그러나 행정학이나 경영학 등에서는 (1) 권위적 리더십, (2) 민주적 리더십, (3) 자유방임형 리더십, (4) 거래적 리더십, (5) 변혁적 리더십, (6) 써어번드 리더십, (7)슈퍼리더십, (8) 감성적 리더십 등 다양한 형태의 리더십이 발전되어 왔다.

(1) 민주적 창조적 리더십

이것은 지도자가 새로운 가치와 상징을 만들어 냄으로써 지금까지와는 다른 비젼을 제시하며, 체제의 전반적인 변혁을 위한 과제를 제시한다. 민주적인 지도자의 창조적 리더십은 국가와 사회발전에 촉진제 역할을 하게되며 변화를 통한 도약의 계기를 제공한다. 여기서 민주적 지도자란 국민들에 의해 직접 선출되며 공개적으로 행동하고, 행동에 대한 비판을 받고, 책임을 지며, 끊임없이 경질되고 유동된다. 민주적인 지도자는 상황에 적합한 창조적인 계획을 작성하여 그것을 실행에 옮기며, 언제나 일반대중과 교류한다. 민주적 지도자는 제도의 틀 속에서 활동하며, 제도 위에서 군림하지 않는다. 민주사회에서의 지도자는 지도자의 만능화나 고정화를 인정하지 않으며 그리하여 어제의 지도자는 내일의 구성원으로, 오늘의 구성원도 내일의 지도자가 될 수 있도록 지도한다.

(2) 변혁적 리더십

변혁적 리더십(transformational leadership)이란 부하들에게 미래의 비전을 공유하도록 하고, 부하가 원래 달성하려했던 성과 내지 목표를 초과 달성할 수 있도록 동기를 부여시키는 리더십을 의미한다(곽승호, 2010 : 12-13). 즉 구성원들에게 영감을 심어주거나, 개인적 성취욕구를 고취시키며, 문제해결에 대한 새로운 방법을 제시하고 개인적인 노력을 고양시키는 리더십을 뜻한다(Bass, 1985). 이러한 리더십의 대표적인 예로 인도의 마하트마 간디의 리더십을 들 수 있다. 그는 리더십을 부하의 필요와 욕구의 충족에서 나타나는 것이라고 생각했기 때문에 지도자와 부하의 역할관계에 대한연결고리를 찾고자 하였다. 이러한 변혁적 리더십의 구성요소로는 지도자의 카리스마(charisma), 부하에 대한 개별적 배려, 부하에 대한 지적 자극 등을 들고 있다.

(3) 서어번터 리더십

서어번트 리더십(servant leadership)[39]이란 소위 섬김과 봉사의 리더십이라고도 한다. 이것은 지도자가 부하의 성장을 도와서 팀워크와 공동체를 형성하는 리더십이다. 즉 서어번트리더십은 종래의 전통적 리더십들과는 달리 지도자가 부하를 존중하고 그들에게 기회를 주어 자율성과 공동체의식 그리고 주인의식을 갖게 함으로써 지도자와의 공감대형성을 통해 조직의 목표를 달성하게 하는 리더십이다. 대표적인 예로는 한국의 전통적인 어머니의 역할을 들 수 있다. 서어번트리더십의 구성요소로는 존경, 봉사, 정의, 정직 그리고 공동체 윤리 등 5가지의 원칙에 입각하여, 경청하고, 공감대를 형성하고, 고치고, 깨닫고, 노력하며, 공동체의식을 형성하고, 자신의 능력개발을 통해 꿈을 실현하도록 한다는 것이다.

3. 정치지도자로서 지방의원의 바람직한 역할

1) 지방자치권과 지방의회의 권한강화를 위한 분권화의 요구

현행 지방자치법상의 지방자치권은 자치입법권, 자치행정권, 자치조직권, 자치재정권등으로 구성되어 있다. 그러나 그 어느 것 하나도 만족할만한 권한이 없다. 대부분의 권한

39) 이것은 1970년 Greenleaf의 책 「리더로서의 서어번트」(The Servant as Leader)에서 사용된 이후 이론적으로 정립되기 시작하였다(곽승호, 2010 :26-27).

을 중앙정부가 장악하고 있어 지방자치단체의 자율발전을 제약하고 있다. 기초자치단체의 경우 자치사무가 30%수중에 머물러 있고(자치구의 경우 이보다 더 적다) 광역자치단체의 경우 50%내외에 그치고 있는 실정이다. 국가가 수행하는 총 사무 중에서 중앙정부가 직접 처리하는 사무의 비중이 3/4에 달하는 중앙정부위주의 사무배분은 시급히 시정되어야 한다. 조세법률주의를 채택하고 있어 자치단체별로 고유한 지방세목을 만들어 지방재정을 확장할 수도 없고, 조례의 제정범위를 법률의 범위 내로 묶어 둠으로써 법령에 근거 없는 조례를 만들 수도 없다. 인사권, 조직권 등도 극도로 통제되어 자치권은 형식에 불과하다. 특히 지방의회와 관련된 자치입법권의 범위나 의회운영에 관한 각종 규정이 지나치게 지방의회의 자율운영을 억제하고 있다. 따라서 자치권의 강화와 지방의회운영권의 보강을 위해 전국의 지방의원들이 뭉쳐야 하고 중앙정부에 대한 건의와 요구를 체계화시키고 강도를 높여야 할 것이다.

2) 지역개발의 주체적 역할과 정책기능의 적극적 수행

앞으로 지방의회는 특히 당해 자치단체의 경제 · 사회적 개발과 발전에 진력해야 한다. 지금까지의 지방의회가 주로 집행기관에 대한 통제기능에 중점을 두고 활동했다면 앞으로는 무슨 일을 어떻게 할 것인가를 체계적으로 검토하고, 그 일을 추진하기 위한 체계적이고 구체적인 계획을 수립 · 집행해 나가야 한다. 지역개발사업과 재정확충사업 등 지방주민의 대표기관이 할 수 있는 일들을 찾아내어 스스로 혹은 집행기관과의 협조 하에 지역정책을 개발해 나가야 한다. 그리하여 21세기의 지방의회는 세계화의 주역으로서 지방정부가 수행해 나가야 할 과제들을 구체적으로 검토해야 하고 이를 통한 지역발전정책을 수립하고 추진해 나가도록 해야 한다. 다시 말해 지방의회의 대내외적인 정책기능을 강화하여 일하는 의회를 구현해 나가야 한다.

3) 지방의정활동의 전문화와 효율화

제도적인 미흡, 자치제도에 대한 인식부족, 지방의원들의 자질부족, 공무원의 협조부족 등과 같은 제도적 현실적 어려움이 없었던 것은 아니지만 대체적으로 볼 때 지방의회를 그렇게 능률적으로 운영하지는 못했다. 물론 현행 여건 하에서 무엇을 어떻게 해야 능률적이냐고 반문할 수도 있겠지만, 역경을 헤쳐나가는 지혜가 필요하다. 의원각자가 집행기관의 정책과 계획 및 업무내용을 정확하게 파악해야 하고, 보다 효과적인 감사활동을 수행해야 하며, 원내질서유지와 의사진행에 적극 협조해야 한다. 돌이켜 볼 때 지역현안에 대한 공청회 등의 개최, 주민여론수렴과 의정활동에의 반영, 행정사무조사와 특위활동의 적극화, 청원과 진정 등의 적극적 수용처리, 주민생활불편해소와 주민의식개혁 등을 위한 지방의회의 선도적 역할 등 많은 분야에서 지방의회의 활동이 미흡했던 점을 지적할 수 있다. 의정활동을 보좌하는 전문위원이나 사무처의 조직과 운영에 대해서도 보다 적극적으로 개선해 나가려는 노력이 필요하다. 그러나 이러한 모든 문제는 궁극적으로 볼 때 지방의원들의 자질과 역량에 달려 있다. 비록 지방의원이 전문가가 아니고 선거에 의해 선출되는 정치적 대표라고 하더라도 주민의 대표역을 제대로 수행하기 위해서는 어느 정도의 전문지식은 필수 불가결하다. 따라서 지방의원들의 자질함양과 지식제고를 위한 의회자체의 정기적 교육훈련프로그램도 개발 실시해야 할 것이다. 그리고 필요에 따라서는 지방의회차원에서나 상임위원회차원에서 지역 내 전문인력을 자문위원으로 초빙하여 자문을 받을 수 있는 방안도 개발해 나가야 한다.

4) 주민여론수렴과 대의역할의 적극화

앞에서도 잠깐 언급했지만 지난 지방의회에서는 주민들의 여론수렴을 통한 대의활동을 제대로 수행하지 못했다. 선거에서 당선되기 위해 노력했던 점을 기억한다면 지방의원들이 가장 중시 여겨야 할 활동이 의정활동보고와 주민여론수렴활동이라 하겠다. 그러나 의회개원 초기와는 달리 후반기로 접어들면서 이 부분에 대해서는 매우 인색했다. 특히 기초의회의원의 경우 주민생활의 불편해소를 위한 활동을 적극 추진해 나가야 하고, 주민들에 대한 직접봉사활동도 수행할 수 있어야 한다. 그러나 지방의원직을 출세의 도구나 명예의 상징으로만 여겼을 뿐(경우에 따라서는 이권쟁취의 수단) 주민들을 위한 직접활동은 매우 빈약하였다. 지방자치가 주민들에게 피부로 인식되기 위해서는 지방의회의원들의 대주민활동이 보다 강화되어야 할 것이다. 광역의회의원의 경우 지역 내 기초자치단체전반에 관한 자료와 정보를 입수 · 파악하고 있어야 하며, 기초단체간의 협력과 갈등해소에 적극적인 역할을 수행할 수 있어야 한다.

5) 집행기관의 효율적 견제와 생산적 관계유지

지방의회는 지방자치단체의 의결기관으로서 자신이 의결한 공공사무의 관리와 집행을 지방의회와 주민의 뜻에 따라 제대로 수행하고 있는지를 항상 주시하고 감시 · 감독해야 한다. 지방의회가 이러한 일을 효율적으로 수행하기 위해서는 지방의원들이 집행기관의 업무를 정확히 파악해야 하며, 집행부의 행정처리과정과 그 결과에 대한 주민들의 여론을 항상 파악해야 한다. 그리하여 무리한 주장이나 억척을 삼가야 하고, 정확하고 예리한 지적으로 집행부의 공무원들이 스스로의 잘못을 인정하고 시정하겠다는 답변을 등을 수 있어야 한다. 예산심의과정에서 인지한 사실을 토대로 결산심사를 체크할 수 있어야 하고, 타 자치단체나 예년의 자료를 제시하면서 문제점을 지적할 수 있어야 한다. 그러나 이러한 견제기능도 궁극적으로는 지방자치단체의 발전을 위한 하나의 수단에 지나지 않는다. 견제와 감시는 어디까지나 지역발전에 그 목적을 두어야 하며, 감시를 위한 감시, 통제를 위한 통제가 되어서는 안될 것이다. 따라서 의결기관과 집행기관의 간부들이 정기적으로 한 자리에 모여 당면한 지역문제해결과 장기발전을 논의하는 가칭 [의정협의회] 등과 같은 기구를 구성 · 운영할 수도 있어야 한다. 양 기관이 지나치게 대결구도로 치달아 행정이 마비되거나, 아니면 야합함으로써 예산을 낭비하는 극단적 행태는 주민들로부터 거센 비난만 받게될 것이다.

6) 주민참여의 촉진과 주민의식개혁의 주체적 역할수행

지방정부의 정치행정을 공개하고 주민들이 자유로이 의사를 개진할 수 있는 제도와 절차를 정비해야 한다. 기초자치단체의 행정은 생활행정이기 때문에 특별히 기밀을 유지해야 할 일들이 많지 않다. 따라서 4년에 한번 실시하는 지방선거 이외에는 주민들이 지방정부의 정치행정에 참여할 기회가 거의 희박한 현행상태를 개선해야 한다. 그러나 이러한 주민참여통로의 확대가 개인적 이익추구나 무지하고 왜곡된 주장을 일삼는 사이비시민들의 사적이익추구를 위한 장치가 되어서는 안될 것이다. 따라서 시민들에 대한 공동체 의식교육을 시켜야 한다. 이러한 시민의식의 개혁은 하루아침에 성과를 거둘 수 있는 일은 아니라고 하더라도 부단한 교육과 실습을 통해 선진민주시민으로서의 자질을 함양시켜야 한다. 특히 이러한 일은 시민에 의해 선출된 지방의원들이나 지방의회가 앞장서야 할 것이다. 오늘날 우리사회에서 야기되고 있는 모든 문제의 근원은 비뚤어진 국민의식에서 유래하고 있다. 지역사회주민들의 생각과 행동을 바로 잡지 않고서는 선거혁명을 통한 정치개혁은 물론 선진화나 세계화는 불가능할 것이다.

7) 중앙정부 및 광역자치단체 그리고 국내외 타 자치단체와의 교류 · 협력추진

지역발전은 당해 자치단체의 독자적 노력으로는 불가능하다. 부족한 권한 한정된 인력과 재력으로 주어진 임기 내에 가시적인 지역발전을 가져온다는 것은 극히 어렵다. 따라서 모든 지방자치단체는 중앙정부와의 원만한 관계를 유지함으로써 지역발전에 필요한 자원을 공급받아야 한다. 뿐만 아니라 기초자치단체의 경우 광역자치단체와도 긴밀한 관계를 구축해야 한다. 특히 자치구의 경우 특별시와 광역시 정부와 불가분의 관계에 있음을 인식하고 더욱 강력한 협력체제를 유지해야 한다. 그리고 기초자치단체 상호간과 광역자치단체상호간의 협력체제도 중요하다. 또한 세계화시대에 부응하여 해외지방정부와도 협력교류를 증대해 나가야 할 것이다. 이제부터는 당해 지방자치단체의 상품수출을 기업에만 맡겨놓아서는 아니 된다. 지방정부의 장과 의원 그리고 공무원들이 기업인들과 협력하여 해외시장을 개척해 나가야 한다. 이러한 상품수출의 전진기지를 마련하기 위해서라도 지방의회차원에서 해외지방정부와의 교류는 필수적이다.

8) 지역사회 내 갈등조정과 통합 및 봉사활동의 생활화

지방의회는 지역사회주민들의 정치적 대표기관이다. 따라서 지방의회나 지방의원들은 지역사회 내에서 야기되는 각종의 갈등과 불화를 방관해서는 아니 된다. 개인적 집단적 민원에 대해서는 물론 개인간 집단간 갈등에 대해서도 지방의원들이 중재자가 되고 해결자가 될 수 있어야 한다. 종래까지는 이러한 모든 일들을 지방공무원들이 떠맡아 왔지만 이제는 지방의원들이 나서야 한다. 어렵고 힘든 일에 발 벗고 나서는 지도자가 필요하다. 님비와 핌피현상을 지역이기주의 내지 집단이기주의로만 몰고 가는 언론과 공직자들에 대한 의식변화도 함께 강구해 나가야 한다. 또한 지방의원들은 스스로 지역사회의 봉사자임을 인식하고 불우이웃과 소외계층의 이익을 대변할 수 있어야 하며 스스로 봉사활동을 생활화 할 수 있어야 한다. 특히 주민들과의 교류기회가 적은 광역의회의원들의 경우, 정기적인 의정보고회와 주민과의 대화의 날을 지정하여 유권자인 주민들과의 직접적인 교류기회를 증대시켜야 한다. 주민을 만나지 않고서는 주민들의 생각과 고통을 파악할 수 없기 때문이다.

4. 정치지도자로서 지방의원의 바람직한 자질

흔히 우리는 지도자의 자질을 논하면서 사실은 한사람의 품성 내지 인품을 거론할 때가 있는가 하면, 자질을 논하면서 그 사람의 능력 혹은 역량을 주장하는 경우도 있다. 때문에 여기서는 이를 분명히 구분하여 지도자의 i) 인성적 자질과 ii) 능력적 자질로 나누어 검토하기로 한다. 지도자의 자질은 그 자신이 처한 여건이나 상황에 따라 다를 수 있고, 집단이나 단체의 특성에 따라서도 차이가 있을 수 있다.

1) 인성적(人性的) 자질

(1) 정직성(正直性)

어느 시대 어느 국가를 막론하고 정치지도자나 공직자에게 절대적으로 요구되는 자질은 바로 정직성이라 할 것이다. 따라서 사회의 지도자들에게 절대적으로 요청되는 자질이 바로 정직성인 것이다. 지난 30년간 우리 나라의 지도자들과 공직자들은 특히 이 정직성이 높지 못하였기 때문에 부정부패가 극심했고, 富의 불공정한 분배가 보편화 되었으며 그 결과 수많은 국민들이 고통과 괴로움을 감내해야만 했다. 정치사회의 부정과 정경유착 관료비리가 난무하는 오늘 우리사회에 있어 정치지도자와 공직자들, 그리고 사회의 지도자들에게 가장 중시되는 인성적 자질이 바로 이 정직성이라고 할 것이다. 여기서 정직성이란 직무를 수행함에 있어 언제나 바르고 곧게 처리하며, 직무수행과정에서 사(斯)나 부정을 멀리하는 인성을 의미한다.

(2) 청렴성(淸廉性)

청렴하다는 것은 마음이 고결하고 재물욕심이 없다는 것을 뜻한다. 지도자가 사적인 이권추구나 재물욕심에 가득 차 있다면 지도자의 지위를 이용하여 사회를 부패시킬 우려가 높다. 그러므로 지도자는 기본적으로 청렴한 사람일수록 바람직하다. 그러나 청렴하다고 해서 가난해야 된다는 것은 아니다. 단지 지위나 권력을 이용해서 다른 사람의 재물을 빼앗거나 자신의 재산을 증식하려 하지 않는다는 것이다. 검소하고 절약하며 절제하는 생활을 통하여 바른 삶을 살아갈 때 청렴해 질 수 있다.

(3) 도덕성과 윤리성(道德性과 倫理性)

도덕이란 인륜의 대도(大道), 즉 사람으로서 마땅히 지켜야할 도리 및 그것을 자각하여 실천하는 행위의 총체이며, 윤리란 도덕과 유사한 개념으로 사람이 지켜야 할 도리와 규범, 즉 인륜도덕의 원리를 의미한다. 그러므로 여기서 도덕성과 윤리성이란 이러한 도덕적 행위를 나타나게 하는 사람의 품성을 의미하는 것이다. 이처럼 사회의 지도자들은 민주시민의 일원이자 사회구성원의 한 사람으로서 마땅히 지켜야할 도리와 규범을 잘 알아야 할뿐만 아니라 그것을 실천할 수 있는 품성의 소유자라야 한다. 법령이나 조례 및 규칙 등의 사회적 강제규범에 어긋나지 않게 행동하는 것만으로는 도덕적이거나 윤리적이라고 할 수 없다. 사리나 도리에 맞아야 하고, 선량한 미풍양속과 양심에 따라 행동할 수 있는 품성을 가지고 있어야 한다.

(4) 사명감과 책임감(使命感과 責任感) (문제해결 및 발전추구를 위한 강한 집념과 정열)

현재 주어진 여건아래서 조직이나 집단의 발전과 구성원들을 단합시키고 자기조직의 목표달성과 기능수행을 여하히 효율적으로 할 수 있느냐 하는 것은 지도자와 그 구성원들의 노력에 달려있다. 그리고 지도자의 노력이나 능력의 정도에 따라 발전의 정도나 그 속도가 달라지게 되며 나아가 다른 조직이나 집단들 간의 발전격차도 나타나게 된다. 따라서 자기조직에 대한 지도자의 사명감과 책임감 및 집념, 그리고 구성원들의 협조와 지원 정도에 따라 그 조직의 목표달성과 역할수행에는 현격한 차이가 나타날 수 있다. 그러므로 지도자들은 자지조직이 안고 있는 문제해결과 목표달성을 위한 집념과 정열, 즉 강한 사명감과 책임감을 공감할 수 있는 인품을 지니고 있어야 한다.

(5) 건전한 시민정신과 봉사정신

지도자는 구성원들의 대표임과 동시에 지역사회의 지도자들이다. 특히 각종 사회봉사단체의 지도자들은 자발적으로 모인 구성원들과 그들에 의해 아래로부터 받들어진 지도자들이다. 따라서 권위주의 정치체제하에서 권력에 의해 만들어진 대표나 금권으로 조작된 지도자가 아니며, 구성원들에 의해 합법적이고 공개적인 절차에 의해 선출된 지도자들이다. 그렇기 때문에 이들은 무엇보다도 자기 자신도 일반시민의 일원이라는 겸손하고 진실한 시민의식 내지 시민정신에 충실한 사람이어야 한다. 때문에 스스로 봉사정신에 관한 철학과 관을 가지고 있어야 하며, 마음에서 우러나오는 봉사활동을 생활화할 수 있어야 한다. 의례적이고 형식적인 봉사는 수혜자들의 감동을 불러일으키지 못한다. 진정한 봉사는 왼손이 하는 일을 오른 손이 알지 못하도록 하는 것이며, 일정한 기간을 정해놓고 정기적으로 하는 것이 아니라 생활 속에서 수시로 행해야 한다.

(6) 공인의식과 인내심

지도자들은 사적 이익의 추구나 권력욕에 사로잡힌 사람이어서는 안된다. 지역사회의 지도자들은 지역주민의 의사를 중시여기고, 공공의 이익을 앞세우는 공인의식이 투철한 사람이어야 한다. 또한 지도자는 공과 사를 분명히 구별할 수 있는 양식을 지닌 사람일 것이 요망된다. 그리고 지도자는 조직의 목표달성과 역할수행을 추진해 나가는 과정에서 야기될 수 있는 질투와 모함, 공격, 오해 등이나, 직무상으로나 금전상으로 다양한 어려움에 처할 수 있다. 그러나 이 모든 것을 성숙하게 처리해 나갈 수 있는 인내심도 있어야 한다.

(7) 모험심, 개척과 도전정신

지방의원들도 선진시민들이 갖는 모험심과 개척정신 그리고 도전정신이 필요하다. 세계의 지도적인 선진국으로 지향하고 있는 한국의 미래사회는 단순히 현실관리적 리더십만으로는 지역사회의발전을 결코 보장할 수 없다. 지역사회를 하나의 소국가라고 생각하고 자기지역의 발전을 위한 모험과 도전과 개척을 서슴치 말아야 한다. 실패는 성공의 어머니라고 했다. 실패가 두려워 가능성을 포기한다면 우리의 미래는 결코 밝지만은 않을 것이다. 21세기 자원빈국의 우리나라가 세계유수의 선진국이 되기 위해서는 전국의 모든 지방자치단체들이 스스로의 노력으로 선진지역으로 발전하는 길이다. 어떻게 하면 지금 우리의 향토가 세계적인 선진지역으로 발전할 수 있을지 머리를 짜내고 적극적으로 개척하고 모험적 도전을 감행할 수 있어야 할 것이다.

2) 능력적(能力的) 자질

(1) 문제인지능력과 상황판단력

지도자는 구성원들이 해결해주기를 바라는 문제는 물론 미쳐 그들이 인식하지 못한 문제와 장래에 예측되는 문제들까지 정확히 인지 · 파악함으로써, 문제의 원인과 결과 및 해결방안에 대해 구성원들에게 설명하고 중지를 모아 해결을 도모할 수 있는 능력을 구비하고 있어야 한다. 그러나 사회문제의 정확한 인지를 위해서는 그것에 대한 풍부한 사전지식이 있어야 한다. 또한 문제를 어떻게 인지하고 규정하느냐 하는 것은 지도자들의 성분이나 가치관 그리고 그들이 지닌 지식, 정보, 기술 등에 따라 달라질 수도 있는 것이다. 그러므로 지도자들은 사회문제에 대한 정확한 인지능력을 구비해야 한다. 그렇게 함으로서 문제인지의 잘못으로 인한 재원의 낭비를 방지할 수 있기 때문이다. 예컨대, 러시-아워의 교통체증현상이나 청소년 비행현상의 정확한 원인을 무엇으로 인지 · 규정하느냐에 따라 그 대책도 달라지기 때문에 문제인지가 잘못되면 문제의 정의가 잘못되게 되고 그렇게 되면 자연 문제에 대한 해결방안까지 잘못되는 것이다. 지도자들은 이러한 문제인지능력을 기초로 어떠한 상황이나 일에 대한 정확한 분석력과 판단력을 구비하고 있어야 한다.

(2) 여론의 수렴과 분석력

지도자들은 구성원들의 민주적 대표로서 한편으로는 구성원들의 요구와 주장을 수렴하여 이를 계획에 반영시켜나가야 하며, 다른 한편으로는 대화와 토론, 설득을 통해 잘못된 구성원들의 생각과 요구를 바로 고쳐나가야 한다. 이처럼 지도자는 조직과 구성원들 간의 가운데에 서서 구성원들의 意思를 收斂하기도 하고, 조직의 공식적인 의사를 구성원들에게 설득도 해야 한다. 따라서 지도자들은 여론의 수렴능력과 대화와 토의 및 설득력을 겸비한 사람이어야 할 것이다. 그러나 구성원들 간에는 물론 지역사회에서 야기되는 각종의 오도된 여론이나 조작된 여론을 가려낼 줄 아는 능력도 동시에 가지고 있어야 할 것이다. 우리사회에는 언론이나 특수계층에 의해 조작되는 여론도 있을 수 있고, 악의에 찬 소수에 의해 오도되는 여론도 있을 수 있기 때문이다.

(3) 대화 · 토론 · 설득력

지도자들은 대화와 토의에 뛰어난 자질을 보유하고 있어야 하고 민주적 설득력을 구비하고 있어야 한다. 여기서 「대화」란 어떠한 일에 직 · 간접적으로 관련된 사람들이 모여서 자기들의 공통관심사를 상호 허심탄회하게 이야기하는 것을 말하며, 「토론」이란 자기의 주장에 대한 논리적 사실적 규명을 통해서 논의의 상이점을 좁혀 가는 과정을 뜻한다. 그리고 「민주적 설득력」이란 논의의 대상에 관한 새로운 지식과 정보제공 및 가치제시를 통해 상대방의 자발적인 태도변화를 유도하는 것을 의미한다. 민주정치란 정책결정의 민주화를 의미하며 정책결정의 민주화는 정책결정과정에 다양한 주민들의 참여와 그들 상호간에 활발한 대화와 토론이 이루어질 수 있어야 한다. 민주주의 사회의 정책결정은 특정인의 고집보다 다수의 토론을 통한 결론을 더욱 값지게 여기며, 그렇기 때문에 지도자들에게는 특히 대화와 토론능력 및 설득력을 겸비할 것이 요구되는 것이다.

(4) 자원의 동원(動員) 및 배분능력

조직이나 집단의 지도자들은 한편으로는 조직의 지도자들이며 다른 한편으로는 지역사회의 지도자들이기도 하다. 따라서 이들은 자기지역의 발전과 지역주민들의 복지증진을 도모해야할 당위적 사명을 지고 있다. 따라서 당해 조직이나 집단의 발전을 위해서는 물론 지역사회의 발전에 요구되는 각종 자원(resources)을 적절히 동원하고 이를 효율적으로 배분할 수 있는 능력을 지니고 있어야 한다. 지방자치제도가 발전됨에 따라 지역사회의 지방재정은 점차 부족해지고 적절한 유능인재의 부족현상도 부각될 것이다. 곳에 따라서는 지역산업의 발전에 요구되는 최신정보나 기술의 부족현상도 나타날 수 있다. 특히 중앙정부의 정치적 지지정도에 따라서는 대규모 국가적 사업이 자기지역으로 유입될 수도 있고 반대로 국가사업의 이방지대로 소외될 수도 있을 것이다. 이처럼 지방자치가 실시되면 각 지방의 발전은 지역주민들의 능력과 지역사회지도자들의 역할에 달렸다고 해도 과언이 아니다. 그러므로 지도자들은 조직과 지역발전에 요구되는 인적 · 물적 자원의 동원과 배분은 물론 정보.기술.정치적 지지를 확보할 수 있는 자질과 능력을 구비하고 있어야 할 것이다.

(5) 협상과 타협능력

민주주의는 자유경쟁과 다수결의 원리를 신봉하지만 건전한 패배자와 참신한 소수의 의견 및 이익을 존중하는 협상과 타협의 정신 또한 높이 평가하고 있다. 지도자들은 협상과 타협의 정신을 존중하고 또 그러한 정신을 현실문제에 적용할 수 있는 자질과 능력을 지녀야 한다. 조직이나 집단은 물론 지역사회 내에서 야기되는 다양한 문제와 일들에 대해 서로 다른 견해와 이해관계를 갖는 개인이나 집단의 주장들을 수용할 수 있어야 하고, 협상과 타협이라는 민주적 장치를 거쳐 조정 · 조화시킬 수 있는 역량을 가져야 한다. 의회민주정치에서는 소수의 독선보다 더 경계해야 할 것이 다수의 횡포이기 때문에 무지한 다수의 횡포도 경계할 수 있어야 한다. 원래 정치란 「모든 것을 다 갖거나」 아니면 「모든 것을 모두 잃어야 하는」 「제로섬 (zero-sum) 게임」이 아니며, 줄 것은 주고받을 것은 받아내는 협상과 타협의 활동이다. 따라서 지도자들이 지녀야할 가장 기본적인 자질이 바로 협상과 타협의 정신이며 그러한 능력이라고 하겠다. 권위주의적 정치문화에 빠진 사람들에게 협상과 타협은 약자의 비굴함으로 비칠지 모르나, 진정한 강자는 자기이익의 추구에 앞서 공익을 생각하고 약자에게 양보하며 타협하는 아량을 베푼다.

(6) 혁신과 창조능력

지방의원들도 이제는 과거 혁신력과 창조력이 절실하게 요구된다. 지방의원들은 한정된 자원으로 지역사회의 발전과 주민들의 복지를 증진시켜야 하는 어려운 책임을 지고 있는 사람들이기 때문이다. 그렇다면 혁신과 창조란 무엇을 의미하는가? 혁신(革新)이란 본래 가죽을 벗겨 새롭게 한다는 뜻에서 유래되었다고 한다. 사전적의미로는 "묵은 풍속, 관습, 조직, 방법 따위를 완전히 바꾸어 새롭게 함"을 뜻한다. 예컨대 일의 요소나, 구성, 절차, 방법 등에 신기술이나 새로운 방법 등을 가하여 새로운 가치를 창출하는 능력, 사물의 재료나 그 사용방법 등을 다양화 변형시킴으로써 새로운 것을 개발하는 능력 등을 의미한다. 그리고 창조(創造)란 무에서 유를 만들어 내는 것, 즉 이제까지 없었던 것을 새로이 만들어 내는 것을 의미한다. 예컨대 새로운 에너지 개발, 생활로봇, 풍력발전기, 태양에너지개발, 음악치료사, 컴퓨터등을 개발하는 것과 같은 것이다. 따라서 혁신력 창조력이란 혁신하고 창조할 수 있는 능력을 의미한다. 그러므로 혁신과 창조력이란 순수한 의미의 혁신과 창조 뿐 아니라 응용력을 발휘하던지 차별화 능력을 발휘하여 새로운 것을 만들어 내는 능력을 포함한다.

3.7 한국 지방자치의 미래와 참여주체들의 역할개혁방안

I. 한국지방자치의 미래와 참여주체의 역할

우리나라 지방의회는 헌법에서 제도적으로 창설한 지방자치단체의 의결기관이며, 지방자치의 핵이다. 때문에 지방의회가 제대로 기능하지 못하면 지방자치는 형식화 될 수 밖에 없다. 이렇게 소중한 지방의회가 중앙정부의 제도왜곡으로 그 기능을 살리지 못하고 위축되어 있다. 앞으로 한국의 지방자치가 어떻게 진전되어 가든 현재와 같이 왜곡된 지방의회제도로는 결코 정상적인 지방자치를 발전시킬 수는 없다. 특히 입법부인 국회가 스스로의 권한을 지방의회에 분권하지 않고(입법권의 분권 없이) 중앙행정권한의 일부를 위임받아 운영하는 현재의 지방의회제도로서는 진정한 지방자치제도를 발전시킬 수 없다. 현재처럼 행정안전부의 공직자들에 의해 임의적으로 조작되고, 변칙적으로 운영되고 있는 지방의회제도는 우리나라의 지방자치를 병들게 할뿐 아니라 지역사회를 침체시키고, 지역주민들을 위축시키게 될 가능성이 높다. 때문에 입법부와 행정부는 이제부터라도 전향적인 태도변화를 보여야 한다. 지방분권화와 지방자치제도는 일부 국회의원들과 고위공직자들이 거부하거나 왜곡할 성질은 것은 아니며, 누구도 거부할 수 없는 시대적인 실천과제이다. 따라서 그동안 지방자치제도에 대해 편견을 가졌거나 지방자치제도를 오해하고 왜곡해 온 모든 사람들은 이제부터는 그 지위 고하를 막론하고 스스로 변해야 한다. 그리하여 지방분권을 통한 자치발전에 적극 참여해야 하고, 지방의회가 자치발전의 견인차 역할을 할 수 있도록 잘못된 제도를 바로 잡아야 한다. 그리고 지방자치제도의 직접적인 당사자라고 할 수 있는 지방의원들도 심기일전하여 앞으로는 잘못된 제도개선에 적극 나서야 하고, 보다 강화된 선진의정기능을 수행할 수 있어야 한다.

II. 한국 지방자치와 지방의회제도의 미래와 과제

1. 한국 지방자치의 비전과 중장기 목표

정책의 수립은 중앙정부가 담당하고, 그것의 집행과 관리는 지방정부가 담당하던 시대로부터 이제는 정책결정과 집행 관리를 중앙과 지방이 협력과 지원으로 함께 추진하는 시대로 바뀌고 있다. 이처럼 세계화와 지방화라는 피할 수 없는 변화로 인해 세계 각국은 궁극적으로는 국가발전이라는 목표를 추진하면서도 그것에 이르는 전략과 수단은 과거와 확연히 차별화되고 있다. 이것은 이미 효율적인 국정관리를 위해서는 중앙정부와 지방정부가 함께하지 않을 수 없는 기능 및 사무융합의 시대, 즉 공동정책추진의 시대가 도래했음을 의미한다.

이러한 글로벌 사회의 대변화 속에서 선진국으로의 진입을 목전의 과제로 두고 있는 우리나라 지방자치는 그 비전과 목표는 어떻게 설정해야 할 것인가? 선진한국의 지방자치가 지향하는 미래의 비전은 전국의 모든 지역이 각자 고유한 산업과 성장동력을 가지고 골고루 잘 살며, 이러한 경제적 토대 위에서 모든 지역의 주민들이 자유롭고 평화로운 행복한 삶을 향유할 수 있는 상태 내지 그러한 삶의 양식을 정착시키는 것이라고 해야 할 것이다. 그리고 이러한 지방자치의 장기비전을 실제 주민들의 생활 속에 구현하기 위해서는, 단기적 목표로는 '지방분권과 지역발전'을, 그리고 장기적 목표로는 '민주와 복지사회의 구현'을 설정할 필요가 있다. 첫째 현재와 같은 중앙정부에 편향적인 권력집중과 수도권의 경제력집중으로는 중앙과 지방의 균형적인 국가발전은 원천적으로 불가능하며 때문에 선진국가로의 국가발전 역시 요원하기 때문이다. 둘째 민주와 복지사회의 구현은 분권과 지역발전을 통해 발전시킨 주민참여를 바탕으로 균등배분을 통해 실현시켜 나갈 수 있기 때문이다.

지방자치의 비전이나 장단기 지방자치의 목표는 우선 주민 가까운 기초자치단체로부터 출발해야 한다. 기초자치단체의 특성화와 균형적 발전 없이 바람직한 광역자치단체의 발전을 기대할 수 없고, 광역자치단체의 조화로운 발전 없이 선진화된 국가발전은 기대할 수 없기 때문이다. 뿌리가 건강하지 않고는 가지가 성할 수 없고, 가지가 왕성하지 않으면 그 나무는 결코 잘 자라지 못할 것이기 때문이다.

2. 한국 지방자치와 의회제도의 지향방향

1) 분권지향적 헌법개정과 중앙과 지방의 정부간 기능조정

중앙과 지방을 막론하고 한국의 공직자 등 엘리트들은 지방분권과 지방자치제도에 대한 지적인 수준을 제고해 나갈 필요가 있다. 그리고 지구촌 사회에서 지방분권과 자치제도의 패러다임이 어떻게 변화하고 있는지 주의 깊게 파악하고 인지함으로써 분권과 자치에 관한 종래의 의식을 혁신해야 한다. 지방자치권은 이제 통치권의 일환이라는 차원을 넘어 지역주권의 하나로 이해하거나 지역주민들의 기본권으로 그 인식이 변하고 있다. 세계화와 지방화를 통한 지구촌의 생존환경의 변화는 중앙정부나 지방정부를 막론하고 지방자치제도에 대한 전통적 인식을 바꾸지 않을 수 없도록 하고 있다.

때문에 지방자치제도가 중앙정부의 권한을 지방으로 분권함으로써 중앙의 권한을 약화시킨다거나, 중앙정부는 능률적 국가발전을 추구하고 지방자치는 민주적 주민자치만을 강조한다는 전통적 인식에서 벗어나야 한다. 현대국가는 중앙정부와 지방정부의 기능이 수평 대등의 관계 내지 상호 접근하고 융합함으로써 국가발전에는 중앙과 지방이 따로 있을 수 없게 되었다(김순은, 2009 :16-17). 분권과 자치발전 그 자체가 중요한 국가발전정책의 한 부분이며, 중앙과 지방이 공히 정치행정의 민주화와 능률화를 통해 국가의 역량을 한 단계 업그레이드시키는 중요한 정책임을 분명히 인식해야 한다.

요컨대 현대국가는 지구촌의 세계화와 세방화(glocalization)라는 변화경향에 따라 분권형 국정운영을 수행하고 있으며, 우리나라도 이를 뒷받침하기 위해서는 차제에 분권국가적 헌법 개정이 이루어져야 한다(오재일, 2009 :407-414, 오재일, 2011 : 30-32). 그러나 분권형 헌법개정에 관한 실질권한과 주도권을 중앙정부의 소수엘리트들이 장악하여 지방의 요구를 수렴하지 않으려 한다. 분권과 자치발전을 위해 설치된 정부의 모든 위원회는 중앙정부의 엘리트들이나 친중앙정부적 사람들이 절대 다수를 차지하고 있다.

2) 민주적 기초자치와 능률적 광역자치제도로의 입체적 개편

지방자치제도의 전통적인 패러다임은 주민의 정치행정참여를 강조하는 민주성의 확충이다. 아무리 자치제도에 대한 이념과 실천이 변화되었다고 하더라도 이 민주성이라는 이념적 가치만은 침해되어서는 안된다. 그럼에도 불구하고 현대사회에서는 어느 정도의 경제적 부(발전)가 담보되지 않는 지방자치와 민주란 무의미할 수 있다. 우리나라의 경우 중앙정부 주도의 경제발전정책이 지역과 주민들에게 균형적으로 그 과실을 배분하지 못했다는 사실은 부인할 수 없다. 그렇다고 중앙정부에 의한 자발적 배분이 이루어지기 까지 맹목적으로 분권과 지방자치를 보류할 수도 없는 실정이다. 따라서 이제부터는 지방자치정부가 지역경제의 발전과 주민소득의 균등배분이라는 역할을 수행하지 않을 수 없게 되었다. 그렇다면 어떻게 하면 지방정부는 자신이 고유하게 추구해야 할 정치적 민주성과 경제적 능률성의 가치를 동시에 추구할 수 있을 것인가? 그것은 바로 기초정부는 주민참여를 통한 행정의 민주성을 추구하는 일에 더욱 열중하고, 광역정부는 능률성을 통한 주민의 소득증대와 지역경제발전에 더 많은 정책비중을 두도록 함으로써 가능할 수 있을 것이다. 기초정부와 광역정부가 이렇게 역할과 기능을 분담할 경우 현대적 지방자치의 패러다임에 보다 충실해 질수 있기 때문이다. 세계화시대의 지방자치체제도는 지역정체성과 지역경쟁력 강화를 촉진시키는 지역주의의 요구에 부응하기 위한 적정규모의 민주적 지역정부와 광역협력제도를 필요로 한다. 그러나 우리나라의 정치권은 이미 존재하는 광역자치정부인 도를 폐지 또는 약화시키려고 하고(안성호, 2010, 19), 설상가상 참여와 민주를 확충하기에는 이미 너무 커진 기초자치단체의 규모를 더욱 더 키우려함으로써 지방자치제도의 발전에 역행하고 있다.

3) 주민참여적, 협력적, 성과적 자치제도로 개편

사실 우리나라의 지방자치는 지방의 자율적 통치가 아니라 중앙정부에 의해 통제된 자치이며, 중앙정당에 의해 포위된 자치였다. 사실 현재의 지방자치관련 법령(지방자치제도)이나 중앙행정부 및 국회의원들의 지방자치에 대한 태도는 매우 비자치적이며, 자치발전에 역행하고 있다. 때문에 향후 선진한국의 지방자치를 위해 지금의 제도는 전향적으로 개편되어야 한다. 기초단체의 경우 주민참여적 제도를 확충하고 자치단체간 교류와 협력 및 지원시스템을 강화시킬 필요가 있다. 그리고 광역자치단체의 경우 능률적, 협력적, 성과지향적 제도를 강화해야 한다. 그리고 전체적으로는 지방정부의 자율발전에 중앙정부의 간섭과 방해가 최소화되어야 한다. 국가의 존립과 안전에 중대한 영향을 미치는 것이 아니면 가능한 간섭하지 말아야 하며, 중앙정부는 지방을 적극 지원하고 협력해야 한다. 지방이 스스로의 노력으로 지역발전정책을 성공적으로 추진할 수 있도록 중앙정부는 지원하고 협력하는 자치제도로 개편해 나가야 한다. 중앙정부와 지방정부는 서로가 국익증진을 향해 나아가는 대립적 주체로 파악할 것이 아니라 서로 보완적 협력적 동일체로 파악해야 할 것이다.

4) 세계를 향한 지방정부의 글로벌 자치역량을 제고

세계화의 주체는 점차 국가로부터 지방자치단체로 이행되고 있다. 그동안 국가중심의 국제교류는 상충하는 이해관계로 많은 갈등과 분쟁을 야기함으로써 국가 간 교류의 한계성이 입증되었다. 그리하여 세계화된 지구촌 사회의 주체는 지방정부가 되거나 지방정부의 연합체 혹은 국가의 연합체인 지역정부가 될 것이다. 때문에 이제부터 세계의 지방정부들을 향한 우리 지방정부들의 진출과 접근이 필요하다. 이러한 글로벌 사회의 변화에 맞춰 지방정부의 국제적 역량을 제고시켜 나가야 한다. 지방정부의 체제 내부적 역량의 제고는 물론 지역사회로부터 지방정부에 대한 비판과 지원 그리고 협력의 확보라는 체제외부적 역량도 강화시켜 나가야 한다. 이미 상당한 지역에서 활용하고 있기도 하지만, 지방정부 · 시장 · 시민의 3영역이 서로 네트워크화 함으로써 문제해결과 지역발전을 함께하는 다양한 분야의 로컬 거버넌스(local governance)를 구축하고 활용해 나갈 필요가 있다. 그러나 무엇보다도 지방정부의 역량제고는 체제내부의 조직혁신과 지역인재의 육성으로부터 출발해야 한다. 조직혁신의 경우 지방정부의 구조재설계로부터 조직에 대한 임파워먼트, 유연성제고, 규제완화 등 지방정부에 대한 새로운 수요에 대응할 수 있도록 과감한 개혁이 요구된다(Gargan, 2000 : 641-654). 나아가 선진 외국정부나 기업의 인재육성전략을 벤치마킹함으로써 지방의원, 공무원, 지역주민들에 대한 체계적 교육과 훈련도 추진할 필요가 있다(강형기, 2010 : 10-13, 권경득, 2010 : 17-20,). 그리고 지방정부의 구조기능의 혁신과 기능별 정책역량도 제고해 나가야 하고, 기후변화 등 예측불가능한 자연재해 및 각종 질병과 사고에 효과적으로 대응할 수 있는 재난대응능력도 높여야 한다(이대영, 2011 : 14-15).

5) 지역발전을 통한 상향적 국가발전전략의 추진

이제부터 우리나라의 발전전략은 아래로부터 위로 향하는 상향적 발전전략을 추진해야 한다. 공정사회의 구현이나 선진국으로의 진입을 위한 전략도 기초단체로부터 광역단체로, 광역으로부터 국가로 이어지는 상향적 발전전략을 추진해야 한다. 국가중심 내지 수도중심적 사고로는 더 이상 선진국가로의 발전은 기대하기 어렵기 때문이다. 권력과 재력을 독점적으로 장악하고 공익보다는 사익충족에 급급했던 정치인들과 고위관료들로는 공정사회나 선진한국을 이루기는 어렵다. 서울과 수도권이라는 특정지역에 과도하게 편중된 부와 권력으로는 바람직한 사회나 국가발전이 불가능하다. 따라서 21세기적 선진국가로의 발전모형은 지방으로부터 중앙으로, 아래로부터 위로의 상향적 발전이어야 하고, 거기에 합당한 발전전략을 추진해야 한다. 근래 지구촌 사회는 '가장 지방적인 것이 가장 세계적이다' 는 평범한 말이 보편적인 진리로 인식되고 있다. 모든 지방자치단체가 가장 세계적인 것으로 바뀌면 국가는 자연히 선진국이 될 수 밖에 없다. 선진국들이 분권형 국정운영을 추진하고 있는 이유도 바로 여기에 있다.

3. 지방자치 선진화를 위한 한국지방자치제도의 개혁 과제

1) 지방일괄분권법의 제정과 시행

주지하는 바와 같이 지금까지와 같은 방향과 속도로는 한국에서의 바람직한 분권과 지방자치제도는 거의 기대할 수가 없다. 지난 20년간 지방분권을 위한 다양한 법적 정책적 조치가 있었고, 관련 중앙정부와 지역사회의 여러 위원회 등이 활동해 왔다. 지방이양촉진법(1999), 지방분권특별법(2004), 중앙행정권한의 지방이양에 관한 법률, 지방분권촉진에 관한 특별법(2008) 등의 다양한 법률과 정부혁신지방분권위원회(2007), 지방이양추진위원회, 지방분권촉진위원회, 지방행정체제개편위원회 등을 설치 · 운영해 왔고, 그 결과 국민의 정부에서는 지방이양확정사무가 1,090개, 참여정부 971개, 이명박 정부 전반기 1,178개로 나타났다(조성호, 2010). 그러나 이러한 노력을 통해 지금까지 우리나라는 어느 정도 분권을 추진해 왔고, 자치제도는 어느 정도 정상화 되었는가? 사실 분권과 자치는 20년 전과 크게 다르지 않으며, 변한 것이 거의 없다고 해도 과언이 아닐 정도다. 따라서 현재와 같은 중앙행정부처의 개별적 사무와 기능을 하나하나 검토해 분권하는 방식으로는 우리가 기대하는 분권은 거의 불가능하다. 하나의 사무만 예를 들어 보더라도 중앙정부의 부처별 분권사무선별, 지방분권촉진위원회에서의 사전 조정, 위원회 심의의결, 법제처의 법안정리와 입안, 국무회의 통과 국회제출 등의 험란한 과정을 거쳐야 하고 국회에 제출되었다고 하더라도 그 대부분은 논의조차 되지 않고 기간경과로 자동 폐기되고 마는 실정이다.

따라서 지금으로서는 우리나라도 프랑스와 일본 같은 지방일괄이양법을 제정하는 일이 시급하다. 프랑스는 1985년에 지방이양일괄법을 제정하였고, 일본은 지난 1999년 7월에 제정하여 2000년부터 지방분권일괄법을 시행함으로써 중앙정부의 권한과 기능, 재정, 조직, 인력 등을 지방정부에 포괄적으로 분권해 오고 있다(조성호, 2010). 우리나라도 중앙정부와 지방정부의 권한과 기능 그리고 사무배분기준을 재정립하고 이에 따라 중앙정부의 권한을 포괄적으로 지방에 이양하는 일괄이양법을 제정할 필요가 있다. 단지 우리의 경우 일본과 같은 포괄적 일괄분권방식이 더욱 바람직하며, 재정부분의 분권과제도 반드시 포함시키도록 해야 할 것이다(안성호, 2011 : 77-78).

2) 획일적 통제지향의 지방자치제도를 신축적 · 협력적 자치제도로 개편

첫째 우선 지방자치단체의 기관구성을 의결기관과 집행기관으로 강제하고, 그 선출을 주민직선으로 강요하고 있는 현재의 제도를 개편해야 한다. 지방자치단체의 기관구성방법과 그 선임방법에 대해서는 지방의회의 자율로 맡겨야 한다. 지방자치단체에 따라서는 의회제도가 아닌 위원회제도를 둘 수도 있어야 하며, 기초와 광역의회의 의원들이 겸임할 수도 있어야 하고, 자치단체장을 지방의회가 간선 혹은 임명하거나 주민들이 위촉할 수도 있어야 한다.

둘째 지방의회제도에 대한 대대적 개편이 요구된다. 우선 광역의회나 기초의회의 지방의원 정수(定數)도 지금처럼 중앙정부가 세밀하게 정할 것이 아니라 중앙정부는 상한선과 하한선만 제시하고, 구체적인 의원정수는 지방자치단체의 자율(조례)에 맡겨야 한다. 그리고 지방의회의 행정사무감사기간도 7일과 10일 등 획일적으로 규정할 것이 아니라 법률에서는 상한선과 하한선만을 지정하고 실제 기간은 각 자치단체의 특성에 맡겨야 한다. 지방자치단체의 특성을 무시한 현행제도는 그 자체로도 잘못된 제도이지만 시대변화에도 역행하는 제도이다. 또한 심각하게 편중된 지방정부의 기관 간 권력배분상태를 개선해야 한다. 현재와 같이 자치단체장에게 권한이 심각하게 편중된 상태에서는 지방의 민주주의나 자치발전을 기대하기는 어렵다. 자치단체장이 행사하는 자치조직권(인사권 포함), 자치행정권, 자치재정권에 대한 지방의회의 견제장치가 대폭 보완될 필요가 있다[40]. 그리고 지방의회가 제 기능을 할 수 있도록 하는 각종 의정지원제도가 시급히 정비되어야 한다. 지방의회사무기구의 독립적 설치운영을 가능하도록 하는 관련 법령을 제정하고, 지방의원의 의정활동을 보좌하는 지원인력을 보강해야 하며, 지방의원들의 전문성을 제고할 수 있는 교육지원제도와 의원후원회제도 등을 보강해야 한다(한상우, 2009 :159-172, 조석주, 2009 :217-234). 지방의원들에게도 의정활동비와 월정수당제도가 아니라 공무원보

40) 자치단체장의 지방공기업의 사장임명권에 대한 지방의회의 청문절차의 요구를 자치단체장의 인사권 침해라고 판시한 법원의 판결은 한국 사법부의 수준을 의심케 한 판결이었다. 단체장의 인사권은 절대적인 권한이 아니며, 지방자치의 필요에 의해 부여한 상대적 권한임을 알아야 한다.

수규정에 따른 고정급적 연봉제에 해당하는 보수를 지급해야 한다[41].

셋째 공직선거법의 지방선거부분과 정당공천제도의 내용은 반드시 개정되어야 한다. 선거는 민주주의의 꽃으로 발전되어야 한다. 지방선거는 지역주민들이 자신들의 대표를 선출하는 잔치로 승화되어야 한다. 그러나 현실의 공직선거법은 지나치게 엄격하여 주민들의 선거기피증을 조장하고 있다. 기초의원후보자들에 대한 정당공천제도는 비록 그것의 긍정적 효과를 인정한다고 하더라도 대다수의 국민들이 요구와 기대를 수용하지 못하기 때문에, 그리고 그것이 초래하는 지역정치계의 심각한 부패와 부작용 때문에 이를 반드시 개정토록 개정해야 한다(허철행 2010, 박기관, 2011 : 418)[42].

3) 지방의 자치와 자율신장을 위한 각종 지방통제 법령의 개정

첫째 지방자치입법권을 확충하는 일이 급선무다. 그리하여 지방의회의 조례제정권의 범위를 확대해야 한다. 지방의회의 조례제정권을 확대하기 위해서는 조례제정권을 제약하고 있는 요인들을 제거해야 한다. 뿐만 아니라 조례의 효력을 약화시키고 있는 조례위반에 대한 과태료 처벌규정(지방자치법 제27조 제1항)을 강화(형벌)할 필요가 있다[43]. 사실 가장바람직한 자치입법권의 확충은 헌법 개정을 통해 이루어져야 한다. 헌법에 지방자치권의 보장을 좀 더 강화하고 확고하게 할 필요가 있다. 근래 지방자치권의 확충과 강화경향은 지방자치권이 단순한 헌법상의 제도로서가 아니라 지방주권론으로부터 그 뿌리를 찾기도 한다(이기우, 2011 : 27-28). 그러나 그 보다는 앞으로 지방자치권은 하나의 통치제도라기 보다는 국민의 기본권으로 인식해야 할 것이다.

둘째 전국의 지방자치단체를 획일적으로 통제하고 있는 대통령 영인 「지방자치단체의 행정기구와 정원기준 등에 관한 규정」을 국회의 법률로 입법화 해야 한다. 그렇게 함으로써 중앙정부의 지방통제를 행정통제에서 입법통제로 개편해야 한다. 행정안전부가 전국의 모든 지방자치단체에 대해 그 조직과 인사에 대해 과잉통제함으로써 중앙정부가 오히려 지방의 활력을 침해하고 자치역량을 침체시키고 있다. 현재 중앙정부는 앞의 대통령 영을 통해 지방정부 집행기관의 실 국 과(室 局 課) 등 모든 기구와 그 기구에 두는 직원과 그 인원을 통제하고 있다. 이처럼 사회변화에 둔감하고 시대착오적인 중앙정부의 지방에 대한 과잉통제

41) 지방공무원 보수규정 제33조와 제34조 및 동 별표 12. 참조. 현재의 수당과 비용만 지급하는 지방자치법 제33조는 헌법의 평등권에 위배됨으로써 헌법위반 내지 헌법불합치의 소지가 충분하다.

42) 기초자치단체장과 기초의원후보자에 대한 정당공천제도는 가능한 폐지하도록 해야 한다. 정당공천제도는 지방자치를 중앙정당치로 변질시키고 지역사회를 특정한 국회의원들의 왕국으로 만들고 있기 때문이다.

43) 1991년의 지방자치법 제20조에서는 "시.도는 당해 자치단체의 조례로서 3월 이하의 징역 또는 금고———50만원 이하의 과태료의 벌칙을 정할 수 있다"고 규정하였다. 그러나 동법의 구정은 1994년 3월 16일 전문개정됨으로써 현재의 천만원 이하의 과태료로 약화되었다.

가 지역발전과 국가발전을 저해하고 있어 그 개선이 시급하기 때문이다.

셋째 지방재정제도를 대폭 개편하여 지방재정력을 확충해야 하며, 중앙정부와 지방정부간 수직적 재정시스템의 불균형을 개편하는 것은 물론 광역자치단체와 기초자치단체간, 자치단체 상호간의 수평적 재정불균형도 고쳐야 한다. 근본적으로는 중앙정부의 지출을 줄이고 지방정부의 지출을 확대하며, 광역단체의 지출을 줄이고 기초단체의 지출을 늘리는 쪽으로 개편의 방향을 잡아야 한다. 따라서 중앙과 지방간, 광역과 기초 간 그리고 지방자치단체 상호간의 재정조정제도를 획기적으로 고칠 필요가 있다. 특히 현재 자치단체 간 재정력불균형과 복지재정으로 인한 지방정부의 재정경직성정도를 감안할 때 전국 공통의 복지수요에 대한 재정지출은 중앙정부의 몫으로 돌려야 한다. 나아가 건강한 지방재정조정을 위해서는 지방교부세율의 대폭적인 상향조정이 절실하게 요청된다.

넷째 지방정부에 권한 뿐 아니라 기능도 배분해야 하며 이를 통해 지방정부가 활발하게 기능토록 해야 한다. 중앙정부가 독과점하고 있는 권한과 업무를 대폭 지방으로 이양해야 한다. 지방에서 행해지는 일은 원칙적으로 지방정부의 일로 이전해야 한다. 주민의 일상생활과 관련된 모든 일은 지방정부로 이양해야 한다. 그리고 지방정부의 지역경제발전을 위한 사업수행이 중앙정부의 각종 법률로 인해 차단되고 방해받고 있는 현실을 개선해야 한다. 중앙정부와 지방정부간 기능편중의 문제를 더욱 심각하게 만드는 것이 바로 특별지방행정기관의 문제이다. 중앙정부는 지방에 설치한 자신의 하급행정기관에 권한과 기능을 지방자치단체로 이전시킴으로써 지방정부의 기능을 확충하도록 해야 할 것이다[44]. 물론 지방특별행정기관의 성격과 기능적 특성을 고려하여 그 존치여부는 신중하게 고려해야 할 것이다.

4) 지방정부에 대한 시대착오적 중앙정부의 통제제도 개편 폐지

이미 지구촌사회의 발전과 변화는 중앙정부가 지방정부를 일방적으로 지도 감독하는 시대는 지났다. 지방은 더 이상 중앙의 식민지가 아니다. 마치 점령군처럼 지방을 일방적으로 통제하려는 중앙정부의 태도는 너무나 낡은 시대착오적 발상이다. 어느 국가도 지방 없는 국가는 없다. 중앙정부의 통제에 의한 국가발전은 특정지역에 편중된 발전과 특정계층에 편중된 부의 증식을 결과하였다. 따라서 이제부터는 전국의 모든 지방자치단체들이 각자 골고루 발전함으로써 그 총체로서 국가발전을 추구하는 전략을 추진해야 한다.

첫째 감사 등 각종의 명목으로 지방정부를 통제하는 중앙정부의 기관들이 지나치게 난립되어 있고, 감사횟수도 잦아 지방정부로서는 지역사회와 주민들에게 서비스하는 기간보다

44) 이 경우 반드시 기능수행에 상응하는 인력과 재정을 함께 이양해야 한다. 국회는 특별위원회를 만들어 특별지방행정기관의 지방자치단체 편입을 강제해야 하고, 이와 함께 지방일괄이양법도 제정해야 한다. 그리고 지방자치단체의 자주적 경제발전을 지원하는 특별법도 제정할 필요가 있다.

감사준비와 수감에 더 많은 시간과 노력을 낭비하고 있다. 더구나 유사한 감사를 이중 삼중으로 받아야 하는 고통도 적지 않다. 지방자치제도를 실시하면서 중앙정부가 지방정부의 행위를 이중 삼중으로 감시 감독하는 나라는 거의 없으며, 심지어 지방자치단체의 고유사무인 자치사무에 대해서까지 행정안전부장관이 감사하도록 하는(동법 제171조) 나라는 없다(권영주, 2004 : 345-353).

둘째 지방자치단체의 사무에 대한 지도와 지원(지방자치법 제166조)이라는 명목으로, 위임사무처리의 지도감독(동법 제167조)과, 부당한 명령처분의 시정(동법 제169조) 등의 명목으로 무차별 지방자치단체를 통제하고 있는 동 규정들은 폐지되어야 한다. 행정현실은 법령의 취지를 왜곡하여 중앙정부에게 유리하게 작용하고 있으며, 중앙과 지방간의 문제해결이나 갈등조정을 위한 각종의 장치나 기구들은 모두가 중앙정부에게 유리하게 혹은 중앙정부가 우선권을 갖도록 구조화되고 있다.

셋째 자치단체장에 대한 직무이행명령제도와 대집행제도 그리고 대집행 시, 비용을 당해 자치단체 비용으로 그 부담을 전가시키는 중앙정부의 태도(동법 제170조) 등은 지역사회의 특성과 지방정부의 입장은 고려하지 않고, 중앙정부의 강제력만을 행사토록 한 규정이며, 이는 지방정부에 대한 중앙정부의 폭력이고 폭행이므로 반드시 폐지되어야 한다. 헌법은 민주적인 정부로 가장하고 있으면서도 그 하위에 있는 이들 법률과 명령들은 독재정부에서나 가능한 조항이다. 헌법위반여부가 심히 의심되는 것들임에도 불구하고 누구도 헌법위반여부를 묻는 소송을 제기하거나 그 규정들을 개정하거나 폐지하려고 하지 않는다.

넷째 광역자치단체의 업무처리에 대한 중앙정부의 취소 · 정지 및 재의 · 제소권도 대폭 수정해야 한다. 우선 시 도 자치단체장이 사무처리를 위해 행한 명령과 처분에 대하여 주무부장관이 위법 · 부당함을 이유로 시정명령을 내리거나 취소 내지 정치처분을 할 수 있도록 한 것(동법 제169조 제1항)은 분명 지방자치정신을 훼손하는 과잉통제이다. 그리고 취소정치처분을 받았을 경우, 이의가 있으면 당해 자치단체장으로 하여금 대법원에 소를 제기할 수 있도록 한 규정(동법 동조 제2항)은 소송의 당사자 입장에서 볼 때 주객이 전도된 매우 잘못된 규정으로 반드시 폐지하거나 개선되어야 한다. 소송의 법리상 문제가 있다고 주장하는 자가 소를 제기하는 것이 순리이기 때문이다.

5) 분권과 자치발전을 저해하고, 국민의식을 왜곡시키는 자치환경의 개선

첫째 분권과 자치제도의 문제점을 잘 알고 있으면서도 자신들의 이익을 옹호하기 위해 지방의 불이익을 강요하고, 기존의 제도를 방치하고 있는 중앙정부의 고위공직자들과 국회의원들의 비 양심과 몰상식이 제거되어야 한다. 둘째 주어진 자치제도를 적극 활용하거나 잘못된 제도를 고치려고 하지 않고, 기존의 제도에 안주하거나 소극적인 활동에 만족하고 있는 일부 지방자치단체장과 지방의원들의 행태도 개선되어야 한다. 셋째 시대착오적 중앙집권적 제도나 중앙정부의 잘못된 관행에 대해서는 적극적으로 건의하고 개선을 요구하지는 않고 맹목적으로 복종만 하는 혼 없는 지방공무원들도 바뀌어야 한다. 넷째 제도의 가치나 개선에는 무관심하고 그 시행과정에서 나타나는 부분적 문제점만을 들추어 비판을 확대하고 있는 언론기관과 시민단체들의 몰인식과 부정적 행태도 사라져야 한다. 다섯째 지방자치와 지역발전에는 무관심하고 방관적 태도를 보이는 다수의 주민들이나 언론의 비판만 앵무새처럼 따라하는 무지하고 만용만 부리는 일부 지역주민들도 사라져야 한다. 끝으로 학자와 전문가 등의 지방자치제도에 대한 가치와 철학이 정립되어야 한다. 정부용역에 좌우되지 않고 학자의 양심과 학문적 윤리에서 우러나오는 지방자치제도의 내용을 제시하고 개선을 주장해야 한다. 특히 사회과학자의 입장에서 한국의 정치문화와 사회경제적 현실을 외면해서는 안 될 것이다.

III. 지방자치제도와 지방의회발전을 위한 참여주체들의 행태개혁

1. 대통령과 중앙정부(국회의원, 정무관, 공직자)의 개혁과 변화

지방자치제도는 대통령을 정점으로 하는 집권세력 즉 중앙정부가 실시하는 민주적 국가통치방식의 대표적인 제도이다. 지방자치제도의 성패는 그 공과가 바로 당해 정부의 대통령과 집권세력들에게 돌아간다는 사실을 인식해야 한다. 대통령과 집권층은 그들이 곧 국가가 아니라 단지 5년 동안 국가통치의 책임을 맡은 정부의 책임자라는 사실을 인식해야 한다. 때문에 재임기간 동안 국가전체의 발전을 위해 최선을 다해야 한다는 사명과 책임을 지니고 있다. 따라서 집권기간 동안 지방자치제도의 발전을 위해 노력해야 할 당위적 의무가 있다.

그럼에도 불구하고 실제 이들은 국민적 기대와는 달리 지방분권이나 지방자치제도의 발전에는 무관심했으며, 특히 지방의회제도의 발전을 위한 노력은 매우 저조했다. 정부에 따라 다소간의 차이는 있었지만 노무현 정부를 제외하면 보편적으로 대통령과 중앙정부의 노력은 극히 부족했다. 부분적 법령개정은 언제나 핵심을 벗어났고 변죽만 울리는 데 지나지 않았다. 이렇게 된 가장 근본적인 원인은 어느 정부를 막론하고 정부의 인적 구성원들 대부분이 지방자치의 정신과 제도적 가치에 대한 교육적 배경이 전무했다는 사실 때문이었다. 그 결과 지방자치제도의 발전은 커녕 오히려 지방자치에 관한 정부정책을 왜곡내지 후퇴시켰다는 것이다. 중앙정부의 고위관료들은 언제나 자신들의 권한을 방어하는 데만 급급했고, 국회의원들은 항상 정당이나 자신의 사적이익과 선거에서의 당선에만 집착하였다. 이들이 목전의 과제나 사적 이익만을 추구하여 장기적 국가발전을 등한시한다면 그 나라의 미래는 밝을 수가 없다. 집권층의 엘리트들이 국민의 일상생활과 직결된 지방자치제도에 대해 관심을 갖지 않는다거나, 제도의 발전과 정착을 위한 정책이나 노력이 없다는 것은 그만큼 국정운영의 중요 부분을 태만히 하고 있다는 것을 증명하는 것이다.

지방자치제도의 발전적 정착을 위한 최대의 관건은 대통령과 중앙정부의 태도여하에 달려있다고 해도 과언이 아니다. 그러므로 첫째 대통령은 물론 집권여당과 장차관과 고위공직자들의 지방자치제도에 대한 인식과 태도가 바르게 정립되어야 한다. 적어도 한국의 지도자가 되기 위해서는 지방분권과 지방자치에 대한 가치와 철학을 구비할 수 있도록 국민적 여론과 분위기가 형성되어야 한다. 둘째 대통령과 국회의원들의 선거공약에 지방자치 발전을 위한 공약을 제시하도록 해야 한다. 그러한 공약을 지키지 못한 정부는 교체해야 하고, 자치제도의 발전에 장애가 되는 활동을 한 국회의원들은 차기에는 반드시 낙선시킬 수 있도록 시민단체와 지방주민들의 감시와 주의의 눈초리를 게을리 하지 말아야 한다. 셋째 중앙정부의 고위관료들에게 지방분권과 지방자치에 관한 직무교육을 강화해야 한다. 학교교육을 통해 배우지 못한 사람들에게는 직무교육을 통해서라도 지방분권과 지방자치의 중요성을 교육시켜야 한다. 그렇게 해서라도 지방분권의 가치와 지방자치의 정신이 무엇을 추구하는지를 가르쳐야 한다. 수도권과 서울만 발전하여 사상누각의 형태를 지니고 있는 이 나라를 과연 선진국이라고 할 수 있겠는지 스스로 반문해 볼 필요가 있다.

2. 자치단체장과 지방의회의원의 행태개혁

1) 지방자치단체장의 의식개혁과 창의적 리더십 함양

지방자치제도의 발전과 정착은 자치단체장의 지적 능력과 리더십역량 여하에 따라 많은 영향을 받는다. 특히 현행 지방자치제도는 지방정부의 권한을 대부분 자치단체장에게 집중시키고 있고, 지방의회의 권한은 상대적으로 빈약하기 때문에 더욱 그러하다. 그러나 이러한 구조적 문제점이 제도와 지역의 발전보다는 오히려 자치단체장의 독주현상과 의회의 무능현상을 초래하고 있다. 지난 20년 동안 전국 244명의 광역과 기초자치단체장들이 중앙정부에 대해 분권을 요구하거나 자치제도의 개선을 요구하는 모습을 보여준 사례가 없다. 중앙정부가 지방정부의 형편을 고려하지 않고 잘못된 정책추진을 강요할 때에도 잘못을 지적하고 개선을 요구하는 자치단체장을 본 기억이 없다[45].

45) 물론 이들은 기초나 광역의 자치단체장협의회를 통해 서면으로 요구한다고 주장하고 있지만, 그러한 요구가 얼마나 실효성이 없었던가를 아직도 깨우치지 못했다면 그것 역시 비난받아야 할 대목이다.

지방자치제도의 발전을 위해서는 자치단체장의 자치제도에 대한 인식을 개선하고 증진시켜야 하며 민주적 정부운영을 위한 지적 수준제고와 열정적 노력이 강화되어야 한다. 향후 자치단체장들은 업무추진에 요구되는 높은 수준의 능력과 창조적 리더십은 물론 업무관련 고도의 정직성과 민주성이 요청된다. 자치단체장의 역할영역을 정치적 영역, 행정적 영역, 경영적 영역, 주민에 대한 역할영역 등으로 구분할 때 지금까지 대부분의 단체장들은 경영과 주민에 대해서만 역할의 비중을 강조해 왔다. 그러나 지방자치 본래의 영역은 정치와 행정의 영역임을 인식해야 한다. 중앙정부와 광역자치단체에 대한 기초자치단체장의 정치적 역할비중을 높여 나가야 하고, 경영 아닌 정치와 행정의 고유영역에 관심을 가져야 한다. 그리고 자치단체장들이 이러한 역할수행을 제대로 이행하지 못했을 경우 주민들의 투표를 통해 그 자리에서 물러나도록 해야 한다.

2) 지방의회의원의 행태개혁

지난 20년간의 경험에 의하면 지방의회의 운영과 지방의원들의 행태는 국민적 비난을 받은 적이 적지 않았고, 아직도 지역주민들의 신뢰를 완전히 확보하지 못한 실정이다. 물론 그것이 언론이나 시민단체의 사실왜곡보도나 편견적 비난 때문이라고 하더라도 그것역시 지방의원들이 해결해야 할 과제이다. 따라서 향후 지방자치제도가 발전적으로 정착할 수 있기 위해서는 무엇보다도 지방의원들이 스스로 의식과 행태를 혁신하고 능력과 리더십을 확보하여 중앙과 지방에 대한 그들의 역할을 확대해 나가야 한다. 그동안은 주민의 지도자가 되었지만 지도자로서의 역할을 제대로 수행하지 못하는 의원들이 많았다. 그러나 이제부터는 우선 이러한 의원들부터 바뀌어야 하고 능력이 없으면 지방의원에 나서지도 말아야 한다. 지방의원들의 행태개혁과 역할변화 등에 관해서는 다음 절(IV)에서 좀 더 자세하게 검토해 보기로 한다.

3. 지역주민의 관심과 참여증대

권위주의 체제에서 민주체제로 체제만 바꾼다고 그 나라가 민주국가가 되는 것은 아니다. 경제발전을 통해 물질적 부(富)만 충족시킨다고 해서 국민정신까지도 성숙될 것이라고 착각해서도 안된다. 자치제도시행 20년이 지난 오늘에 이르기까지 지역주민들의 지방자치제도와 지방의회에 대한 인식과 관심은 매우 저조하다. 주민들의 지방의회의 의정활동에 대한 정보는 부정적 편파적 언론보도에만 의존하고 있고, 그 결과 의회나 의원에 대한 평가는 부정적이고 비판적 시각이 지배적이다. 지방정부의 역할기능에 대해서도 긍정적 평가보다도 부정적 평가가 많다. 이러한 지방자치에 대한 주민들의 낮은 평가는 지방자치현장의 실태와 그 수준이 절대적으로 미흡했기 때문이라기보다는 언론과 시민단체 등의 비판지향적 태도와 주민들의 턱 없이 높은 기대수준 때문인 것으로 판단된다.

사실 우리나라 지방자치제도의 역사는 일천하지만 주민들의 욕구수준은 서구의 선진국 수준을 상회하고 있다. 이러한 잘못된 언론의 태도와 지역주민들의 생각을 바로 잡기 위해서는 각종 교육을 통해 잘못을 고치고 편견을 시정하여 자치제도의 본질과 목적 등을 바르게 교육시킬 필요가 있다. 예컨대 지방의회는 지역유권자에 대한 정기적인 의정보고회 등을 통해 시민의식교육을 실시해 나가도록 하고, 지방자치단체장은 집행기관의 다양한 대민접촉채널을 통해 주민들에 대한 민주적 시민의식을 향상시키는 교육을 추진해 나가야 한다. 나아가 언론의 협력을 받아 민주시민의식의 함양과 지방자치에 대한 주민참여의 중요성을 깨우쳐 줄 수 있도록 다양한 노력을 경주할 필요가 있다.

4. 언론 등 영향집단의 태도변화

1) 언론의 관심과 지원 및 협력증대

한국 언론의 국민들에 대한 영향력은 세계적 수준을 능가하고 있다. 한국에서는 대통령을 비롯하여 정치권, 관료조직, 기업과 학교 등 어느 한 영역과 기관이 언론보도로부터 자유로운 곳이 없다. 한국의 언론은 국가통치를 담당하는 정부의 최고위층 즉 대통령의 일거수일투족에서부터 일반국민들의 사생활에 이르기까지 전 영역에 걸쳐 그들의 영향력을 행사하고 있다. 언론의 기준에 어긋나는 것은 모두 죄악이고 그들의 기준에만 적합하면 모든 것은 선으로 변한다. 한국 국민들은 국가를 경영하는 정부의 공공기관보다는 민간기업의 언론을 더욱 신뢰한다. 국민들은 자신들이 직접 선출한 대통령과 국회의원 그리고 자치단체장과 지방의원들 보다는 민간신문사나 방송국에 취업한 기자와 PD 그리고 리포터들을 더욱 신뢰한다. 그리하여 작금의 한국언론은 가히 누구도 그 위력에 대항할 수 없는 무관의 제왕으로써 그 위용을 과시하고 있다.

이러한 언론환경 속에서 지방자치현장에서 나오는 언론보도는 한 점, 여과장치 없이 100% 국민에게 수용되고 있다. 그러나 한국언론은 제도적 문제점(문제의 원인)에 대해서나 중앙정부의 시대착오적 지방통제에 대해서는 관심도 없고 알려고도 하지 않는다. 그리고 지방자치의 성과나 자치제도의 실시로 나타나고 있는 지역사회의 바람직한 변화에 대해서는 눈을 감고 오로지 자신들의 눈에 거슬리는 문제점만 찾아서 악의적 편파적으로 보도해 왔다. 언론의 이러한 태도는 이제 20년이 된 한국의 자치제도발전에 큰 저해요인이 되고 있다. 따라서 향후 언론은 지엽적이고 편향적인 보도자세를 지양하고, 지방자치제도

이념적 가치와 제도적 장점, 한국에서의 시행목적 등 제도전체의 관점에서 이를 판단하는 입체적 사고를 가져야하며, 지방자치제도의 발전적 정착이라는 관점에서 보도방향을 정립해야 할 필요가 있다. 한국의 언론이 한국이라는 상황을 무시하고 보도기준을 서구의 발전된 나라에 둔다면 그것은 분명 국적 없는 언론이라는 비판을 면치 못할 것이다. 특히 언론은 나무를 보고 숲을 평가하는 우를 범해서는 안된다. 마찬가지로 지방의원들 개개인의 행태를 보고 지방의회를 평가하거나 지방자치제도를 판단해서는 안될 것이다. 열 개의 잘된 점은 외면하고 하나의 잘못만을 침소봉대하는 외눈박이 언론은 없어야 할 것이다. 이미 우리나라는 비판보다는 칭찬을 강조하는 사회로 변하고 있기 때문이다. 물론 그렇다고 문제점을 보도하지 말라는 것은 아니다. 보도의 기준과 관점을 어디에 두느냐에 따라 그 보도가 맹목적 비판에 지나지 않는 것인가, 아니면 시행착오의 하나로 불가피한 것인가를 판단할 수 있기 때문이다. 차제에 한국의 언론은 자치실태에 대한 비판기능 보다는 지방자치제도의 성공적 정착에 기여할 수 있는 국민교육기능을 강화시켜야 한다. 그러기 위해서는 우선 언론부터 지방자치제도를 학습할 필요가 있다.

2) 학자와 전문가들의 활발한 연구활동

지방자치를 전공하는 학자와 전문가들의 연구와 활동은 좀 더 강화될 필요가 있다. 이들의 모든 노력은 바로 지방자치제도의 발전적 정착에 귀결되기 때문이다. 중앙정부와 지방정부는 이들의 연구와 활동을 지원하고 장려해야 한다. 특히 지방정부에서는 지방자치와 지방의회를 전공하는 학자들의 연구를 적극 지원할 필요가 있다. 이들의 연구가 곧 지방정부와 지역사회의 발전을 위한 것이기 때문이다. 그러므로 지방자치단체장과 지방의원들은 특히 지방분권과 자치제도 및 지방의회제도 등 지방정부의 구성과 운영에 직간접적인 영향을 미치는 연구를 중심으로 하는 학자들에게 도움이 될 수 있는 연구지원제도를 마련해야 할 것이다. 학자와 전문가들은 중앙정부의 행정안전부나 국회의 관련 위원회 등에 직접 제도개선을 요구하고 영향력을 행사함으로써 궁극적으로 지방정부의 권한과 기능을 강화시키는 연구를 수행하기 때문이다. 뿐만 아니라 지금과 같이 과잉 집권된 중앙정부를 그대로 방치할 수 없으며, 현행 법령과 같이 왜곡된 지방자치제도를 그대로 다음 세대로 넘길 수는 없기 때문이다. 이들을 통해 전국의 지방이 조직적으로 단결하여 중앙정부에 대한 요구와 주장을 체계적으로 정비하고 합리적으로 설득시켜 나가야 한다. 그러나 사실 이러한 요구는 불가능한 현실에 대한 메아리 없는 외침일지도 모른다. 그것은 이러한 지원장치를 마련할 수 있는 실권은 자치단체장에게 주어져 있지만 우리나라의 지방자치단체장들 중에서 지방자치제도의 진정한 가치와 중요성을 인지하는 사람들이 거의 없고, 현재 상태의 지방자치만으로도 큰 불편을 느끼지 않을 정도로 지방의 권한이 자신들에게 집중되어 있기 때문이다.

그럼에도 불구하고 중앙집권에 대한 지방분권을 강력하게 주장하거나, 중앙정부의 독선적 태도를 비판하고 지방정부의 자율과 자치권을 신장시켜 나갈 수 있는 다양하고 심도 있는 연구가 요망되며 때문에 이 분야의 학자들을 양성하고 지원할 필요가 있다는 것이다[46].

3) 시민단체들의 지방자치에 관한 바른 태도와 역할증대

1991년 자치제도가 실시된 이후 그 전에 없던 다양한 시민단체들이 나타나 지방자치제도의 발전을 위해 함께 참여하고 노력해 왔다. 지방정부의 비민주적 행정에 대한 비판과 개선요구, 지방의원들의 부정부패와 비공인적 태도에 대한 비판 그리고 주민들의 기대에 미치지 못하는 지방의정활동 등 여러 분야에 걸쳐 주로 비판 위주의 견제기능을 수행해 왔다. 그러나 우리나라의 시민단체들은 중앙정부 관료들의 시대착오적인 행태나 비민주적 획일적인 지방자치제도, 그리고 지방자치제도를 자신들의 사적 이익을 위해 악용하는 정당과 국회의원들의 국민기만적 태도 등에 대해서는 한 마디 비판이나 견제를 하지 못했다. 뿐만 아니라 비민주적인 시민의식과 소극적이고 수동적인 주민들의 잘못을 꾸짖는 비판은 하지 못했다. 오직 자치단체장과 지방의원들 그리고 지방공무원들만을 대상으로 사소한 사건을 확대하여 비판한 것이 고작이었다.

특히 얼마 전부터 우리나라의 시민단체들은 시민단체가 아닌 정치단체로 기능하기 시작했다. 국민을 위해 정치적인 중립의 입장에서 공익을 추구해야 할 시민단체들이 특정의 정당이나 정파와 손을 잡고 정치무대에 등장하기 시작한 것이다. 심지어 시민단체를 정계진출을 위한 교두보로 악용하고 있는 사람들도 적지 않다. 이렇게 된 이상 이들 단체들은 더 이상 시민단체로 보아서는 안된다. 때문에 그러한 단체들은 시민단체라는 간판을 내려야 한다. 그럼에도 불구하고 이들은 선거가 없을 때는 시민단체로, 선거가 있을 때는 정치단체로 오락가락하면서 자신들이 편리할 대로 기능하고 있다. 더욱 안타까운 것은 언론기관이나 정부의 기관들이 그럼에도 불구하고 이들을 시민단체로 보고 있다는 사실이다. 차제에 시민단체들은 스스로 이러한 정치단체를 퇴출시키고 정화시킬 필요가 있다. 만약 모든 시민단체들이 이렇게 정치단체로 변질될 경우 한국에는 시민단체가 없어지게 될 것이고 그렇게 될 경우, 한국에서의 참여민주주의는 뿌리도 내리지 못하고 지리멸렬해지고 말 것이다.

---

46) 물론 광역자치단체들마다 지역연구기관들을 설치하여 그들의 구미에 맞게 용역을 수행하는 연구원들이 없진 않지만 진정한 지방자치는 그것만으로는 결코 만족할 수 없다. 그러므로 차제에 이 분야에 대한 지방자치단체장들과 지방의원들의 관심과 지원이 반드시 필요함을 재차 강조한다.

따라서 한국의 시민단체들은 이제부터 올바른 시민단체로서 스스로 거듭날 필요가 있고, 진정한 시민단체로서 정체성을 확립해야 한다. 그 이후 지방분권과 자치발전을 위한 정확한 비판과 견제기능을 수행할 필요가 있다. 그리고 지방자치제도를 실시하는 중앙정부의 태도와 지방자치제도의 내용부터 인지한 다음 지방자치현장에서 벌어지는 현상을 보도하고 비판할 필요가 있다. 누구를 위한 비판이며, 무엇을 위한 비판인지도 알 수 없는 비판은 삼가야 한다. 국민들과 지역주민들도 점차 그러한 상투적 비판에 염증을 느끼기 시작하였다. 때문에 앞으로는 비판 보다는 자치현장에서 나타나는 미담을 소개하거나 칭찬하는 평가를 기대한다. 칭찬은 기적을 창출하나 비판은 파괴의 씨앗이 될 뿐이다. 앞으로는 한 차원 수준 높은 시민단체들이 좀 더 많아졌으면 한다. 경제는 선진국수준으로 다가가고 있으나 사람들의 수준이 거기에 미치지 못해 국가발전을 지체시키고 있다. 특히 언론이나 남들 앞에 나서는 사람들의 수준이 낮은 것이 우리사회의 큰 문제이다.

Ⅳ. 지방의정발전을 위한 지방의원의 영역별 역할과제

지방의원들과 지방의회에 대한 국민적 평가는 저조하다. 그러나 지방의원들의 막중한 사명과 역할 그리고 과제를 생각하면 이들의 평가에 지나치게 예민하게 반응해서는 안된다. 비록 그 평가가 사실과 다르다고 하더라도 주민들의 주장과 요구는 기꺼이 수용해한다. 대신에 주민들이 부여한 지위와 권한, 그리고 4년간의 임기를 통해 과연 무엇을 했는지 스스로에게 반문할 필요가 있다. 또한 소극적이고 저조했던 의정활동에 불을 붙일 필요가 있다. 그동안 지역사회와 의회 내에만 머물렀던 지방의원들의 활동을 중앙정부와 국제사회로 그 범위를 넓힐 필요가 있다.

1. 중앙정부에 대한 역할과제

첫째 중앙정부에 대한 지방의원들의 요구와 주장을 정비하고 역할과 영향력을 증대시켜야 한다. 21세기 선진한국사회에서는 지역대표들의 중앙정부에 대한 활동을 강화해야 할 필요성이 높다. 광역의원과 기초의원을 막론하고 지역발전을 위해 의원들이 분권투쟁과 자치제도개혁의 전면에 나서야 한다. 그리하여 제2장에서 제시한 한국지방의회의 제도적 문제점과 취약성을 개선하도록 중앙정부에 요구하고 그 개선을 위해 적극 투쟁해야 한다. 헌법위반사항에 대한 적극적인 소송제기와 제도적 문제점에 대한 강력한 요구 등이 지방의원들을 통해 나와야 한다. 사실 지난 20년간 지방의원들의 중앙정부에 대한 이러한 활동과 투쟁은 거의 전무하였다. 기초와 광역의회의 의장협의회에서 부분적으로 추진했던 대 중앙정부 건의나 대책요구 그리고 면담 등을 제외한다면 일반의원들이 주도한 대정부 활동은 없었다. 중앙정부의 각종 규제와 통제 때문에 고통당하고 있는 지역사회의 어려움을 방관하거나 체념만 해왔다. 누구도 권리위에 잠자는 자를 보호하지는 않으며, 투쟁하지 않고 저절로 얻어지는 권력은 없다.

둘째 지방의원들은 자치단체장에 비해 현저히 취약한 지방의회의 권한을 확충함으로써 기관간 극심한 권력불균형 상태를 시정하는 일에도 적극적으로 나서야 한다. 현행법상 의결기관은 집행기관에 비해 불합리하게 권한이 약화되어 있다. 자치단체장의 중앙정부임명제 당시의 법제를 수정하지 않은 채 주민직선제로 바뀌었기 때문이다. 현재 양 기관간의 권력불균형 상태는 그 정도가 지나칠 정도로 심각하다. 이러한 지방정부의 기관간 권력구조의 편중과 왜곡문제는 중앙정부도 인정하고 있고, 학계도 적극 개편을 요구하고 있으며, 관심있는 국민이라면 모두가 공감하고 있어 그 개선에 대해서는 누구도 거부할 수 없는 상황이다. 그러나 현실적으로 중앙정부를 압박하는 어떠한 계기(Triggering Mechanism)가 발동되지 않아 모두가 손을 놓고 있다. 때문에 지방의원들은 국회와 행정부에 기관간의 권력적 불균형상태를 개선하라는 공식 비공식적 행동을 강화해 나가야 한다[47]. 현재로서는 행정부는 국회에다 미루고 있고, 국회는 행정부에 개정안의 발의를 미루고 있는 상태이다.

셋째 지방의회가 지역사회의 입법기관임을 제도적으로 인정할 것을 촉구하고, 그 내용을 법제화하는 일도 시급하다. 그리고 이와 함께 자치입법권의 확충을 위한 대 정부투쟁도 늦출 수 없는 과제다. 전국의 기초 및 광역의원들은 국회의원들을 상대로 지방의회가 지역주민의 정치적 대표기구이며 지역주민의 입법기관임을 법률에 명시할 것을 요구해야 한다. 중앙행정권한의 일부를 위임받아 운영하고 있는 지방의회의 권한만으로는 현재와 같은 취약한 권력구조를 벗어나기 어렵다. 국회의 입법권을 위임받아 국법의 공백분야나 법률유보조항에 대해 지방의회가 독자적인 조례를 제정할 수 있도록 해야 한다. 법률에서 명령에다 위임하는 것을 축소하고, 조례위임을 확대해 나가야 한다. 그리고 헌법에 제도적으로 보장하고 있는 지방자치권의 본질을 침해하고 있는 지방자치법령들도 개편하도록 요구해야 한다. 현행 지방자치법에서 법률위임을 요구함으로써 조례제정권을 제한하고 있는 조례제한 규정(지방자치법 제22조 단서)은 명백히 헌법에 보장된 지방자치권의 본질을 침해하고 있다. 따라서 자치권의 범위 내에서 주민의 권리제한이나 의무부과 및 벌칙제정도 조례로 규정할 수 있도록 해야 한다(김성호, 2010 :22-24). 이러한 조치를 통해 전반

47) 전국의 지방의회와 지방의원들은 우선은 공식적 문서와 행동으로, 그것이 안되면 집단적 행동으로 중앙정부와 투쟁해야 한다. 전국 시도의회 의장협의회와 전국 시군자치구의회 의장협의회의 역할에는 한계가 있기 때문에 의원 개인들의 집단이나 지방의 회별, 혹은 지역연합체 등이 각자 혹은 연대하여 요구와 주장을 전개해 나가야 한다.

적으로 지방의회의 권한을 확충하고 조례제정권의 범위를 확대하며 조례위반에 대한 규제도 강화시켜야 한다.

넷째 대통령 영(令)으로 전국 244개의 지방자치단체에 대해 그 조직과 인사 등을 통제하고 있는 현재의 제도를 법률로 바꾸는 일에 지방의원들의 힘을 모아야 한다. 즉 대통령 영인 '지방자치단체의 행정기구와 정원기준 등에 관한 규정'의 내용을 대폭 개정하고 이를 법률로 바꿔야 한다. 지방자치제도를 실시하면서 법률이 아닌 명령으로 전국의 지방자치단체를 통제하는 나라는 그 예를 찾기 어렵다. 행정부가 명령의 형식으로 전국의 지방자치단체를 사사건건 통제하는 데도 불구하고, 관련 법률제정을 기피하고 방치함으로써 결국 지역주민들의 고통을 가중시키고 있다. 이것은 분명 국회의 직무유기며 지방자치제의 본질을 침해하는 행위다. 따라서 이 규정(대통령 영)은 반드시 법률로 바꾸어야 한다. 이를 위해 국회의원들에 대한 공개적 질문과 요구를 강화해 나가야 한다.

다섯째 자신들의 문제이면서도 그동안 방관만 했던 지방의회제도를 개선하여 의회의 자율과 자치를 확충하는 일에 적극적으로 나서야 한다. 그리하여 지방의회의 자치입법권의 확대, 의정활동지원기구의 확충, 의회사무기구의 독립적 설치운영, 의회직원인사권의 확보, 의회예산편성 및 집행권의 독립성 확보, 자치단체장의 인사 및 조직권에 대한 견제권 확보 등을 위해 노력해야 한다. 현재의 지방의회관련 제도들은 이 분야에 초보적 지식만 가져도 쉽게 문제의 심각성을 알 수 있을 정도로 지나치게 잘못되어 있다. 지방자치제도 출범당시부터 행정부와 국회가 합작으로 그렇게 심각하게 왜곡시켜 놓고도 20년이 지난 지금까지 고치지도 않았으며, 고치려는 의사도 없는 것 같다[48]. 한국 지방자치의 성패는 바로 지방의회제도의 개선여부에 달려있다고 해도 과언이 아니다.

여섯째 지방의원 후보자에 대한 정당공천제도의 폐지(김현소, 2010 : 28-29, 정세욱, 2011 : 17-18, 소진광, 2010 : 25-27) 와 지방선거제도의 개선을 위해서도 적극 노력해야 한다. 기초의원 입후보자에 대한 정당공천제도의 폐지 내지 개편(우성호 이환범, 2010, 78-80), 기초의원선거구제도의 개편(소선거구제도로의 재개정), 기초 및 광역의원 선거구제도와 의원정수제도의 개선, 선거운동방법의 과잉통제 개선 등 이미 문제점으로 지적된 사항들을 개선하는 일에 지방의원들이 좀 더 적극적으로 나서야 한다. 지방선거는 지방정부의 권한과 책임 하에 실시할 수 있도록 해야 한다. 지방의회의 의원정수도 지역적 특성을 감안하여 중앙정부가 제시한 상한선과 하한선의 범위 내에서 지방정부가

48) 사실 국회의원들은 지방의회제도개선에 관심도 없고, 알지도 못하며, 행정안전부는 고의적으로 회피하고 있다. 가장 한심한 부분은 지방의회가 자기조직인 의회사무조직을 자신들이 조직하지 못하고 견제해야 할 자치단체장이 조직하도록 한 것은 가장 초보적인 조직원리도 모르는 자들의 억지에 지나지 않는다. 자치제도를 만든 한국의 행정안전부와 국회의원들의 지적수준이 여실히 드러나는 부분이다. 외국인들이 들여다볼까 걱정되는 부분이다.

결정하도록 해야 한다. 지방의원들은 국회와 행안부가 지방자치법과 공직선거법을 전향적으로 개편하도록 그들의 인식개선과 태도개혁에 적극 나서야 한다.

일곱째 정무직 공무원으로서의 신분보장의 확인과 그 직에 상응하는 보수수령을 위한 투쟁적 활동도 외면해서는 안된다. 지방의원들은 자신들도 정무직 공무원에 대한 현행 제도상의 대우를 받을 수 있도록 해야 한다. 이것은 의원들 자신들의 문제이기도 하지만 지방의회제도의 성패를 좌우하는 중대 사안이기도 하다. 정무직 공무원들 중에서 유독 지방의회의원에 대해서만 수당과 비용만을 지급토록 한 것은 지방의회와 의원들의 존재와 역할을 무시하고 지역주민의 권리를 업신여기는 국회와 행정안전부의 오만에 지나지 않는다. 보수를 받지 않기 때문에 지방의원직에 충실하지 못한다면 그 피해는 결국 지역주민들에게 돌아가게 될 것이다. 우리 국민들도 차제에 지방의원들에 대한 보수지급문제에 대해서는 좀 더 현대적 시각을 가질 필요가 있으며, 비판중심에서 벗어나 자신들의 대표에 대한 예의문제에도 관심을 가질 필요가 있다.

2. 지역사회와 주민에 대한 역할

첫째 지방의원들은 자신들의 뿌리인 주민들과의 접촉과 대화를 대폭 확대해 나가야 한다. 즉 그동안 소홀히 했던 민의수렴과 대의기능을 획기적으로 확충함으로써 진정한 주민대표로서의 충성을 다해야 한다. 지역주민들과의 만남을 통해 한편으로는 지역사회의 과제와 주민들의 애로사항을 청취할 수도 있고, 다른 한편으로는 지방의회의 의정활동내용을 홍보하고, 지방정부의 각종 정보도 제공함으로써 지역주민들의 정치행정참여를 촉진시킬 수도 있다. 그리고 주민에 대한 봉사와 주민문제의 해결을 통해 주민들로부터 지지를 확보하고 신뢰를 쌓아 나가야 한다.

둘째 지역사회의 발전과 지역문화의 창달에 역점을 둔 의정활동을 수행할 필요가 있다. 21세기는 세계화의 시대이며 문화의 시대이다. 세계화된 사회에서는 '가장 지방적인 것이 가장 세계적인 것'으로 평가된다. 때문에 지역사회의 전통과 문화적 특성을 보전 개발하고 유지 발전시켜 나갈 수 있는 의회차원의 노력이 요구된다. 이를 위한 정책아이디어 발굴과 정책개발을 적극 추진해야 하며, 이와 관련되는 의회 내에 조사연구기구를 설치하고 활동을 강화할 필요가 있다.

셋째 지방의원들은 지역사회 내에서 로컬 거버넌스(local governance)의 구축과 활용에 주체적 역할을 수행해 나가야 한다. 미래의 자치행정은 지방정부의 독자적인 노력만으로는 성공할 수 없다. 지역사회 내의 시민과 시장(市場) 그리고 연구기관들의 협력과 지원이 있어야 한다. 이미 세계적 경향은 정부단독의 통치(government)에서 이들 간의 협력에 의한 협치(governance)로 바뀐지 오래다. 지방의회와 자치단체장 그리고 시민단체와 시장기구 등을 연결하는 네트워크시스템을 구축할 필요가 있다. 이것이 바로 로컬 거버넌스(local governance)라고 불리는 지역사회 내의 협력통치 시스템이다. 앞으로 지방정부는 관과 민의 이러한 협력통치체제의 구축과 활용을 통해 어려운 지역문제를 효율적으로 해결할 수 있는 문제해결능력을 키워야 한다. 이를 위해 지방의회는 지역사회내의 NGO나 NPO 등 공익을 추구하는 단체들, 지역상공회의소 등 경제기관, 그리고 주요 대학과 연구기관 등과의 다양한 정보를 교류하고 관계를 구축해야 할 필요가 있다. 나아가 이들과 평소 네트워크를 구축하고 관계를 유지해 나가야 한다. 바로 이러한 일에 지방의회가 주도적인 역할을 수행해야 한다.

넷째 지역주민들의 민주적 시민의식함양과 지방자치에 대한 참여를 활성화시키는 등 민주정치역량을 제고시키는 일에 지방의원들의 적극적인 역할이 요구된다. 현재 우리나라는 제도권 학교교육 이외에는 주민들을 대상으로 하는 공적인 민주시민교육, 교양교육, 지방자치교육, 정치교육 등이 거의 전무하다. 그만큼 정부의 국민에 대한 공동체사회교육이 뒤떨어져 있음을 나타낸다. 따라서 지방의회가 나서 지역주민들에 대한 지방자치교육, 정치교육, 교양교육을 실시함으로써 지역유권자들의 민주적 정치수준을 향상시켜야 한다. 이러한 민주적 정치역량을 제고를 통해 지역사회에 대한 주민들의 관심과 참여를 제고시켜 나가야 한다. 주민들의 관심과 참여 협조와 비판이 없다면 지방의회의 바람직한 역할도 기대할 수 없고, 지방자치가 뿌리내릴 수도 없기 때문이다(정세욱, 2011 : 15-16). 그리고 이러한 역할을 통해 가능한 여성의 정치참여를 자극함으로써 보다 많은 지역여성지도자들이 지방의회로 진출할 수 있도록 제도개혁에도 적극 노력할 필요가 있다.

다섯째 지역주민사회에 대한 갈등조정과 보호와 지원 그리고 봉사와 희생을 생활화 해 나가야 한다. 지방의원들은 지역사회 내에서 야기되는 다양한 갈등과 불화를 방관해서는 안된다. 개인적 집단적 민원에 대해서는 물론 수시로 발생하는 가?과 마찰에 대해서도 적극적인 중재자가 되고 해결자가 되어야 한다. 또한 지방의원들은 지역주민들의 정치적 지도자로서 지방의원들은 사회적 약자들을 위한 지원활동을 강화해 나가야 하고, 지역주민들과 함께 지역사회에 대한 다양한 봉사활동에도 적극 참여해야 한다. 그리고 지역사회와 주민들을 위해 필요한 주민대표로서의 희생도 감내할 수 있어야 한다. 특히 사회적 유대가 느슨한 도시지역의 경우, 사회나 정부로부터 소외되거나 방치된 주민들이 적지 않다. 때문에 대도시지역의 자치구의원들은 도시지역 기저층 주민들과 사회적 약자층의 멘토(mento) 역할은 물론 소위 그들의 경제적 자립과 자활 등을 지원해 주는 사회적 보호자의 역할도 해야 한다. 자치구의원들의 경우 바로 이러한 주민들의 힘이 되고 끈이 되어야 한다[49].

49) 대도시지역 자치구의원들의 역할은 기저층주민들에 대한 이러한 보호와 지원에서부터 특별시 광역시에 집중된 지방자치권의 분권화투쟁 등 아래에서부터 위에 이르기까지 역할과제가 매우 중차대하다. 그러나 지방자치현장의 이러한 사정에는 아랑곳하지 않고 국회의원들의 이전투구로 자치구제도의 폐지 등을 운운하는 여야정당들은 국민에 대한 중죄를 짓고 있다는 사실을 알아야 한다.

3. 지방정부의 내부에 대한 역할혁신과 행태변화

1) 집행부에 대한 역할변화

첫째 그동안 부진했던 집행기관, 즉 자치단체장에 대한 견제와 감시를 실질적이고 강도높게 추진해 나가야 한다. 그동안 지방의회의 자치단체장 대한 견제와 감시는 매우 부족했던 것이 사실이다. 물론 지방정부의 정치적 역학구도에 따라 달랐겠지만 영남과 호남지역의 경우 특정정당이 의결기관과 집행기관을 동시에 지배함으로써 견제감시기능은 거의 형해와(形骸化) 되었다. 그러나 앞으로 지방의회는 자신의 본질적 기능이기도 한 견제감시기능의 실질적 수행에 진력해야 한다. 특히 자치단체장의 독선과 독주를 견제하고 단체장이 의회와 함께하는 포용적 리더십을 가질 수 있도록 견제와 협력을 적절히 조화시켜 나가야 한다. 지역주민들의 여론을 토대로, 자치단체장이 추진하는 각종의 지역정책과 행정에 대해 실질적인 견제와 감시 및 비판역할을 할 수 있어야 한다. 의회와 단체장이 서로 적당한 선에서 넘어가는 타성적 관계유지 보다는 정확하고 엄격한 견제와 감시가 오히려 단체장과 집행부의 역량을 강화시켜 지역발전에 기여할 수 있다. 행정사무감사와 조례의 제 개정 그리고 예산의 심의와 결산의 승인 등 제반 활동을 통해서 보다 질 높은 의정기능을 수행함으로써 집행기관에 대한 실질적 견제력을 강화해야 한다. 자치단체장에 대한 지방의회의 견제와 감시가 바람직하게 이루어지기 위해서는 우선 의회와 단체장간의 권력구조가 균형을 이루어야 하고, 그 다음은 정당이 지방의회에 간섭하지 말아야 한다. 그러나 지방자치의 제도와 현실은 이와는 정반대로 진행되고 있다. 국회와 정당은 제도개혁이나 현실개선에 전혀 관심이 없다. 물론 현재의 제도적 틀 속에서라도 노력만하면 얼마든지 자치단체장을 견제하고 감시할 수 있다. 그렇다고 서울시의회처럼 집행부의 행정을 거의 마비시킬 정도로 갈등을 야기시키는 것은 바람직하지 않다(장세훈, 2010 :16-17).

둘째 그동안 가장 취약했다고 비판받아온 지방의회의 정책기능도 강화해 나가야 한다. 특히 기초자치단체의 경우 주민복지증진이나 생활개선에 관한 장단기적 시책을 개발하여 추진하도록 집행부를 독려할 필요가 있다. 가능하면 의회와 의원들 스스로 정책아이디어와 정책대안을 준비하여 집행부의 해당기관과 공동으로 정책을 수립할 필요도 있다. 대도시 자치구의 경우 특 · 광역시의회와의 적극적인 협력과 연대를 통해 자기지역의 도시개발과 역내공동화 내지 슬럼화문제 그리고 영세민대책 등을 처리해 나가도록 노력해야 한다. 지방의회의 정책기능은 평소 각종의 의결기능을 통해서는 물론 조례의 제정과 개정활동을 통해서도 나타난다. 주민의 편익증진을 위해서나 지역발전을 촉진시키기 위한 다양한 조례의 제 개정을 통해서도 지방의회의 정책기능을 확충시켜 나가야 할 것이다.

셋째 지방의회차원에서 지방정부의 대내외적 역량제고를 위한 정책추진과 시책개발을 촉구해야 할 필요가 있다. 자치단체장의 리더십 여하에 따라서는 지방정부의 역량제고부분을 소홀히 취급할 우려가 크기 때문이다. 그리고 이것은 피할 수 없는 세계화시대의 과제이기도 하다. 지방정부의 역량은 지방정부 구성원의 능력 달려 있다. 그런 측면에서 지방공무원들에 대한 창의적 교육훈련을 독려하고, 국내외 타 자치단체와의 교류와 협력을 촉구해 나갈 필요가 있다. 국내외 타지방자치단체와의 외교업무교류, 인적교류, 자원 및 기술지원, 무역협정체결 등의 제반 활동에 지방의회차원의 정책적 지지와 협력이 필요하다. 지금까지 자치단체장과 집행부의 일로만 취급했던 이 분야에 대해서도 지방의회와 의원들이 관심을 가져야 하고 관련 업무를 추진할 수 있어야 한다.

넷째 집행기관에 대해서는 견제와 감시에 못지않게 지원과 협력을 통해 협동체제를 구축, 지방정부가 명실상부한 지역발전의 견인차가 될 수 있도록 해야 한다. 지방의회는 지방정부의 의결기관으로서 집행기관에 대한 견제와 감시를 주요한 기능으로 하지만 자칫 잘못하면 기관 간 갈등과 마찰을 불러일으킬 수도 있다. 양 기관이 담합하여 부정을 저지르는 것도 바람직하지 않지만 그렇다고 갈등으로 주민들에게 피해를 주는 일은 더욱 바람직하지 않다. 따라서 적절한 선에서 견제와 감시를 수행할 뿐 아니라 지역발전을 위해 때로는 양 기관이 밀접하게 협력하는 협동체제를 구축하여 움직일 필요도 있다. 이것은 의장과 단체장의 교류와 협력을 통해서도 가능하고, 집행부의 국장들과 의회의 상임위원장들 간의 정기적인 교류와 협력을 통해서도 가능하다. 특히 광역자치단체의 경우 역내 대기업이나 외국기업의 유치문제와 중앙정부에 대한 지역문제의 투입과정 등에 이러한 협동체제구축은 절대적으로 요청된다[50].

2) 지방의회의 대내적 역할확충과 자기혁신

첫째 지방의원들 스스로 지방의원직(地方議員職)에 대한 역할인지와 사명감을 고취시켜야한다(최봉기, 2005 : 21-22). 아직도 많은 지방의원들은 지방의회의 의원이라는 자리가 무엇을 어떻게 해야 하는 자리인지 잘 모르고 있다. 그저 지역주민들의 선거에 의해 당선된 대표정도로만 인식하고 있다. 그래서 주민대표이기 때문에 몸소 앞장서 일하기보다는 주민들 앞에서 자신의 지위와 신분을 내세우는 자리로 잘못 인식하고 있다. 때문에 우선 지방의원들에게 지방의원이 된다는 것이 무엇을 의미하는 것인지, 지방의원의 직(職)은 어떤 일을 어떻게 처리하는 것이며 이러한 지방의원의 역할을 다하기 위해서는 어떤

50) 이 경우 대부분 자치단체장의 리더십이 주요 변수가 된다. 이러한 단체장의 리더십은 자치단체장의 지방의회에 대한 정치적 관점여하에 의해 좌우되고, 그러한 관점은 자치단체장의 출신성분이나 성격특성에 의해 좌우된다. 따라서 자치단체장의 정치적 리더십 함양이 지역발전의 주요 변수이다.

마음의 자세를 가져야 하는지 등, 지방의원직에 대한 인식을 제고해야 하고 그러한 역할을 수행하기 위한 책무와 사명감을 깨닫도록 해야 한다.

둘째 지방의원의 상근체제와 지방의회의 공개제도를 정착시켜야 한다. 지방의회를 명실상부한 '주민을 위한 주민의 기관'으로 자리매김할 수 있도록 의원들은 상시근무하고, 의회와 의정활동은 주민들에게 개방해야 한다(최봉기, 2002 : 22). 앞으로 지방의회는 주민들이 필요하면 언제나 자신들의 대표에게 다가와 상의하고 도움을 요청할 수 있도록 상근하고 개방해야 한다. 특히 지방의원들은 자신들이 돕지 않으면 누구에게도 도움을 청할 수 없는 소위 힘 없고 줄 없는 사회적 약자들의 힘이 되고 줄이 되어야 한다.

셋째 지방의원들의 의정보좌기능을 확충하고 의회사무기능의 정보화 수준을 제고시켜 나가야 한다.

지방의회 사무기구 내에 의정지원기구를 만들어 의원들의 의정활동을 지원할 수 있도록 만들어야 한다. 의회사무기구의 인사권독립 이전이라도 의장과 운영위원장은 자치단체장과 협의하여 이러한 기구를 만들도록 해야 한다. 물론 이 문제는 행정안전부의 협력이 필요한 부분이지만 전국의 지방의원들이 단결하여 요구하면 불가능한 문제도 아니다. 지방자치제도를 시행하고, 지방의회를 출범시켜 놓은 지 20년이 지나도록 지방의원들의 수족을 잘라 놓은 현재의 상태를 더 이상 방치하지 못하도록 강력히 요구해야 한다. 그리고 의정보좌기관의 인력은 고급의 전문인력으로 충원해야 한다. 인턴사원이나 일반직 공무원을 충원할 경우 의원의 전문성은 다시 문제가 될 것이다. 그리고 의회사무기구의 구조와 기능도 대대적으로 혁신하여 정보화 수준을 제고시켜야 한다. 지방의원들의 의정활동 홍보, 국내외 타지방의회의 의정활동정보의 수집과 제공, 지방의원의 연례 연수제도의 효율화와 혁신, 조례제정과 개정에 관한 정보수집과 제공, 중앙정부의 움직임과 정책추진 및 지방4단체의 활동내역 소개 등이 가능하도록 의회사무기구의 개편도 단행해야 한다.

넷째 지방의원 스스로 연구와 학습, 훈련과 벤치마킹 등을 통한 전문성을 제고하고 창조적인 리더십을 확충해야 한다. 지방자치의 성패는 지방의회의 성패에 좌우되고, 지방의회의 성패는 지방의원의 자질과 역할에 의해 좌우된다. 그만큼 지방자치발전에는 지방의원의 전문성과 능력수준이 주요한 변수로 작용한다. 때문에 지방의원들은 스스로 다양하고 수준 높은 학습을 통해 전문성을 제고하고, 창의적이고 혁신적인 리더십을 함양해야 한다. 근래 지역사회의 주민들의 의식과 행동은 빠르게 변해간다[51]. 그러나 지방의회의 경우 변화와 발전의 속도가 매우 느리다. 지도자들의 의식이나 전문성이 일반주민들의 수준

51) 경제발전에 따른 소득증대는 물론이고 지식정보화 시대의 진전과 함께 그들의 지식수준과 정보화 수준도 매우 빠르게 상승하고 있다.

을 크게 앞지르지 못한 실정이다. 우리나라의 경우 중앙정부도 예외는 아니지만 지방정부의 경우 그 정도가 좀 더 심한 편이다. 따라서 지방의원들은 평소 부단한 학습과 연구로 지적 전문성을 제고함으로써 스스로 변화와 발전의 속도를 높여야 하고, 시민사회와 집행기관에 대해 혁신적이고 창의적인 리더십을 발휘할 수 있는 유능한 리더가 되어야 한다.

다섯째 의회 내 상임위원회의 구조와 기능을 개편하여 그 기능을 향상시켜 나가야 한다(최봉기, 2002 : 23). 현재 1인 1위원회 소속의 단수위원회제도를 한 명의 의원이 두 개 이상의 위원회에 소속할 수 있도록 하는 복수상임위원회를 운영할 수 있도록 상임위원회의 구성과 운영에 신축성을 부여할 필요가 있다. 그리고 상임위원회별로 두고 있는 전문위원도 현재의 제도를 개편하여 위원회별로 외부전문가를 채용할 수 있도록 해야 하고 그 수는 최소한 위원회별로 2인 이상을 둘 수 있어야 한다. 나아가 해당분야의 외부 전문가 등을 자문위원으로 위촉하여 필요시 이들의 전문지식을 활용할 필요가 있다. 또한 다른 지방의회와의 정보교류, 집행기관과의 협력강화 등을 통해 상임위원회의 전문성을 높여야 한다.

여섯째 겸손하고 정직하며 철학을 가진 주민대표로서 자질을 함양하고 직분에 맞는 역할을 수행해야 한다. 고위인사들에 대한 국회의 청문회가 개최될 때 마다 부정과 부패로 얼룩진 중앙정부의 고위공직자들 때문에 온 국민들이 실망했다. 부정과 부패는 고위공직자일수록 그 정도가 심각하였다. 지방정부의 고위공직자들이나 주민직선에 의해 선출된 자치단체장과 지방의원들도 이러한 부정과 비리연루사건에서 자유로울 수 없을 것이다. 선진한국의 지향하고 있는 우리의 입장에서 볼 때 정치행정가의 가장 중요한 덕목은 바로 겸손과 정직이다. 지방의원들은 직무전문성제고에 못지않게 공직자로서 인성적 품위를 갖추는 것도 아주 중요하다. 비록 한정된 지역의 주민대표지만 정치적 가치와 철학을 지닌 정직한 주민대표가 되도록 노력해야 한다.

V. 결어

지방자치제도 실시 20년이라는 시점을 계기로 우리의 실정에 대한 대대적인 반성과 대책이 있어야 한다. 국회와 정부의 정치지도자들과 중앙정부의 고위공직자들이 앞장서서 분권과 자치발전에 좀 더 적극적이어야 하며, 자신들 때문에 침체된 지역사회와 비수도권의 발전을 위한 전향적인 정책도 추진할 필요가 있다. 그리고 권리위에 잠자고 있었던 지방자치단체장과 지방의원들도 이제는 분권과 자치발전을 위해 좀 더 열정적으로 투쟁하고 왕성하게 일할 필요가 있다. 특히 그동안 줄곧 부분을 보고 전체인양 비판과 비난을 강조했던 언론과 시민단체들도 이제는 좀 더 정확한 눈으로 바른 평가를 해야 한다. 제도의 가치를 중시여기고 전체의 모습을 살핌으로써 공정하고 올바른 보도와 발전을 위한 대안을 제시하는 비판을 해야 한다. 일시적으로 잘못된 평가와 보도가 제도에 대한 국민적 의식을 황폐화시키고, 나아가 제도 그 자체의 존립을 위태롭게 할 수 있는 중대한 잘못을 범하는 일이 없도록 좀더 진지하고 신중해야 할 것이다.

요컨대 지방분권과 지방자치제도는 전체에 대한 부분의 제도이지만 부분을 통한 전체의 발전에 기여하는 제도이다. 그리고 중앙정부와 수도권 주민에 대한 지방정부와 지역사회 주민을 위한 제도이며, 강자에 대한 약자의 제도이다. 프랑스혁명의 역사가 증명하듯 강자의 중앙집권에 대한 집착과 고집은 약자의 단결을 가져오고, 약자의 단결과 분노는 강자의 파멸을 이끄는 지름길일 수도 있다. 중앙정부는 더 이상 분권과 자치제도의 개선에 부정적이고 저항적인 태도를 보여서는 안될 것이다.

〈참고문헌〉*

1. 국내 문헌

1) 저서

강용기.(2008). 「현대지방자치론」, 서울 : 대영문화사.

강준만.(2009). 「지방은 식민지다」, 서울 : 개마고원.

강형기.(1997). 「혁신과 진단」, 서울 : 한국지방자치경영연구소.

권영성.(1997). 「헌법학원론」, 서울 : 법문사.

금창호.(2005). 「지방공무원의 전문성 제고방안」. 한국지방행정연구원.

금창호 · 김병국외.(1994). 「지방의회의 위상정립방안」. 한국지방행정연구원.

김규정.(1998). 「행정학원론」, 서울 : 법문사.

김동훈.(1993). 「지방의회론」, 서울 : 박영사.

김명수 · 박준.(1997). 「공공감사론」, 서울 : 대영문화사.

김병준.(2009). 「지방자치론」, 서울 : 법문사.

김보현 · 김용래.(1982). 「지방행정의 이론과 실제」, 서울 : 법문사.

김성호.(1997). 「외국의 지방선거제도 분석」, 서울 : 한국지방행정연구원.

김성호 · 송창석 · 김필두.(1996), 「지방의회의 의정효율성 제고방안」. 한국지방행정연구원.

김웅기.(2001). 「미국의 지방자치」, (서울 : 대영문화사).

노화준 · 송희준.(1994). 「세계화와 국가경쟁력」, 서울 : 나남출판

문재우.(2007). 「지방의회행정론」, 서울 : 대영문화사.

박봉국.(2006). 「지방의회과정론」, 서울 : 박영사.

박우서 · 김병국 · 왕지군.(2003). 「중국지방정부의 이해」, 서울 : 대영문화사.

박호숙.(1996). 「지방자치단체의 갈등관리」, 서울 : 다산출판사.

소진광.(2005). 「지방자치와 지역발전」, 서울 : 박영사.

소진광 · 이제훈 · 곽일천.(2001). 「지방정부의 혁신」, 서울 : 경원대학교출판부.

손봉숙.(1985). 「한국지방자치연구」, (서울 : 삼영사), 217.

손재식.(1991). 「한국지방자치의 진로」, 서울 : 박영사.

송근원.(1994). 「공약과 선거전략」, 서울 : 한국선거전략연구소.

*본 문 중 인용된 참고문헌을 분량관계로 모두 밝히지 못했음. 필요하신 분은 필자의 연구논문을 참고하시기 바람.

안성호.(1995). 「한국지방자치론」, (서울 : 대영문화사).
안용식 · 강동식 · 원구환.(2000). 「지방행정론」. 서울 : 대영문화사.
양영철 · 한세억.(2001). 「지역정보화론」, 제주 : 제주대학출판부.
여의도연구소.(1995). 「세계화시대의 지방화」, 재단법인 여의도연구소.
윤영진 · 김태룡.(2001). 「지방정부개혁」, 서울 : 대영문화사.
이경희역.(1987). 「일본지방자치제도」, 서울 : 문우사.
이계식 · 고영선.(1999). 「정부개혁」, 서울 : 박영사.
이규환.(1999). 「지방행정론」, 서울 : 법문사.
이극찬.(1993). 「정치학」, 서울. 법문사.
이기우.(1996). 「지방자치이론」, 서울 : 학현사.
----.(2003). 「지방분권과 시민참여」, 서울 : 역사넷
이달곤.(2004). 「지방정부론」, 서울 : 박영사.
이달곤외.(2012). 「지방자치론」, 서울 : 박영사.
이승종.(2005). 「지방자치론」, 서울 : 박영사.
이주희.(2006). 「지방행정감사론」, 서울 : 기문당.
임도빔.(1994). 「지방화 시대의 국가행정」, 서울 : 장원출판사.
임성일.(1996). 「영국의 지방정부」, (서울 : 법경사).
임승빈.(2010). 「지방자치론」, 서울: 법문사.
장지호.(1987). 「서독지방자치론」, 서울 : 대왕사.
정병욱.(2000). 「선거법」, 서울 : 박영사.
정세욱.(1997). 「정부간 관계」, 서울 : 법문사 (정세욱교수 회갑기념논문집).
----.(1997). 「한국지방자치의 과제」, 서울 : 박영사.
----.(2003). 「지방자치학」, 서울, 법문사.
정요섭.(1984). 「선거론」, 서울 : 박영사.
조창현.(2005). 「지방자치론」, 서울 : 박영사.
지방자치단체국제화재단.(1999). 「지방의 국제화」, 서울 : 지방자치단체국제화재단
최병대.(2008). 「자치행정의 이해」, 서울 : 대영문화사.
최봉기.(2002). 「한국지방자치의 발전전략」, 계명대학교 출판부.
----.(2006). 「지방자치론」, 서울 : 법문사.
----.(2009). 「한국지방자치론」, 서울 : 법문사.
최인기 · 이봉섭.(1993). 「지방의회론」. 서울. 법문사.
최창호.(2002). 「지방자치학」, 서울 : 삼영사.
한국지방자치학회.(1999). 「한국지방자치론」, 제2판, 서울, 삼영사.

2) 논문

강인호 외 3인.(2010). 광주광역시의회의 의정활동평가 : 제4대 5대를 중심으로, 한국지방자치학회보, 22(3), 201-217.

강인호 · 오재일 · 박혜자 · 민현정. (2002). 광역의회의 의정활동평가 : 광주광역시 의회(1991-2001)를 중심으로. 「한국지방자치학회보」, 14(3) : 5-20.

강인호 · 최병대 · 문병기.(2003), 지방의회사무기구의 기능강화방안에 관한 연구, 「한국지방자치학회 2002년도 동계학술발표회 자료집」.

강재호.(2002). 지방선거를 둘러싼 논점의 비교론적 고찰, 「지방정부연구」, 6(3)(한국지방정부학회), 31-47.

강형기.(2010). 무엇을 어떻게 가르쳐야 하나, 「자치행정」, 2010.11 (273).

권경득.(2010). 선진 외국의 인재육성전략과 실태, 「자치행정」, 2010.11 (273).

권영주.(2009). 지방의회 의정활동의 시계열적 평가 : 서울시의회(제3대-제6대)를 중심으로, 「한국지방자치학회보」, 21(3), 5-32.

금창호.(2002). 6.13지방선거의 특성과 과제, 「지방자치」, 8월호(현대사회연구소), 16-20.

금창호.(2011). 자치단체장과 지방의회간의 갈등해소방안, 사회통합위원회 전문가초청토론회 발표논문, 2011.10,7. 전북대학교

김기언외.(1993), "경기도의회 활동에 대한 의원과 공무원의 인식비교"「한국행정학보」, 27(4).

김남수 · 김성준(2011).제주특별자치도 지방자치의 성과와 발전과제, 「제주특별자치도의회 20년의 성과와 발전과제」, 제주특별자치도의회 지방의회부활 20년 기념세미나 발표논문집. 15-31.

김동훈 · 육동일.(1992), 「대전직할시의회의 운영실태분석 및 발전방향」, 한국지방자치학회 대전충남지회.

김동훈.(1993), 지방의회 사무기구의 기능수행상의 문제점과 발전방향, 「자치행정」, 통권 제60호.

김병국.(1996). 행정사무감사 및 조사, 「지방행정정보」 2. 한국지방행정연구원.

김병준.(2001). 21세기 새로운 지방의회상 정립, 「자치의정」 7/8월호,(지방의회발전연구소), 8-17.

김생수.(1994), 지방의회 의정활동평가와 발전적 방안에 관한 연구,「사회과학연구」, (강원대 논문집)

김성호.(2010). 주민의 권리제한, 의무부과, 벌칙제정권의 범위 확대해야,「공공정책 21」, 한국공공정책연구소.
김순은.(1992). 지방의회의 상임위원회 운영실태와 개선방안 : 부산직할시 광역의회에 관한연구,「지방의회연구」, (부산 : 동의대행정대학원 지방의회연구소).
----.(1995). 지방의회 정책결정보좌기능에 관한 연구 : 지방의회사무처(국)의기능에 관한 실증분석 중심,「한국정책학회보」, 제4권 제1호 (한국정책학회).
----.(1999). 제3대 지방의회의 발전방향,「동의논집」, 제30호, (동의대학교), 518-533
----.(2001). 지방의회 의정활동 10년(1991-2001)의 평가와 과제.「지방정부연구」, 5(2) : 31-51.
----.(2003), 지방분권과 지방의회의 역할, (2003년 한국행정학회, 부산 · 경남 · 울산 · 제주행정학회, 하계학술대회발표논문).
----.(2009). 지방자치의 새로운 패러다임 모색,「지방행정의 발전적 패러다임 모색」, 한국정부학회 춘계학술대회발표논문집.
김안제.(2000). 지방의회 10년의 성과와 발전과제,「경상북도 지방의회10주년 기념 학술세미나 기조연설문」
김영수.(2007). 지방의회 의정활동 성과평가에 관한 연구, 지방정부연구 11(1), 185- 207.
김시영.(1992), 지방의회 의정활동 평가모형,「사회과학연구」(경성대 사회과학연구소)
김연기 · 김대질 · 송건섭.(1998). 대구광역시의회의 활동에 대한 주민의 평가와 의정과제,「사회과학연구」, 5(1). : 63-86.
김연기외.(1999), 지방의회의 활성화 방안에 관한 연구「사회과학연구」, 6(2), (대구대 사회과학연구소)
김영종.(1992), 지방의회의 행정감사개선방안,「지방의회연구」,제3권,(동의대 : 지방의회제도연구소)
----.(2000), 지방의회 의정활동평가와 발전방안: 포항시의회를 중심으로,「한국지방자치연구」, 1(1), (대구 · 경북지방자치학회)
김인룡 · 김용민.(2006). 지방의회 행정사무감사 개선방안에 관한 연구,「한국거버넌스학회보」13(1)
김진복.(1998), 주민, 공무원, 지방의원의 자치인식비교를 위한 실증연구,「한국행정논집」, 10(2), (한국행정학회, 대구경북행정학회).

----.(2003). 지방의회의 정치적 역량과 의원역할의 재정립, 「지방자치연구」, 제7집 (대구: 경북대학교 지방자치연구소). 34-38.

김 혁.(2001), 지방선거에서 나타나는 투표행태로서의 지역연고주의에 대한연구, 「한국행정논집」, 13(2), (대구경북행정학회, 2001.6), 419-442.

김현소.(2010). 지방의회 발전시키려면 정당공천제를 없애라, 「공공정책21」

문재우.(1996), 지방의회 및 지방의원의 위상강화방안, 제11권 제2호(한국지방행정연구원).

박기관.(2011). 6.2지방선거 분석과 함의 그리고 정책과제, 「지방자치와 지역발전」, 2011년 한국지방자치학회 동계학술대회 논문집.

박호숙.(2000), 지방자치단체의 정책결정에 있어 지방의회와 집행기관의 상호작용연구, 「한국지방자치학회보」, 12(3).

박종득 · 임헌만. (2000), 지방의원의 전문성이 의정활동에 미친 영향에 관한 연구.「한국행정학회 2000년도 기획세미나 발표논문집: 지방정부의 리더십과 문화산업정책」, 167-183.

박종득 · 임헌만(2001).기초의회의 의원전문성과 의정활동간 상관관계 연구,「한국사회와 행정연구」 12(3) : 19-36.

배철효.(2000), 지방의회 기능의 활성화 방안, 「한국지방자치연구」, 1(1), (대구 · 경북지방자치학회)

백종섭.(1999), 지방의회의 행정사무감사제도에 관한 연구,「한국행정논집」, 11(3)(대구경북행정학회).

부만근.(2002), 6.13지방선거와 유권자 의식, 「월간 자치발전」, 제8권 6호(통권86호), (한국자치개발연구원, 2002년 6월호), 28-31.

소순창.(1998), 지방의회의원의 의정활동에 대한 역할인지 :한국 · 미국 · 일본 지방정부의 비교분석,「한국행정학보」, 32(3), (한국행정학회).

----.(2002), 한국지방선거에 있어 지역할거주의와 정당투표, 「한국지방자치학회보」, 14(3), 21-42.

----.(2010). 지방행정체제개편 : 미미한 성과 그리고 기나긴 여정, 「지방행정연구」, 24(4),29-58.

소진광.(2010). 중앙정당 색깔로부터 자유로운 지방의회의 결정 보장돼야, 「공공정책21」

손혁재.(2002), 6.13지방선거와 지방자치의 과제, 「월간 자치발전」, 제8권 8호 (통권88호).

송광태.(1995), 지방의회사무기구의 과제와 개선방안,「중앙행정논집」,제9권, 중앙행정학연구회.

-----.(1999). 지방의회의 의정활동분석과 의정활성화 방안: 경남도의회의 안건처리를 중심으로.「중앙행정논집」, 13(1). : 1-25.

-----.(2001). 지방의회 의정활동평가의 사례분석을 통한 교훈.「한국지방자치학회보」, 13(2). :45-66.

-----.(2003). 지방의회운용의 경험적 고찰을 통해 본 지방의회의 기능강화방안 :지방의회의 조직을 중심으로,「한국지방자치학회보」15(3), 23-54.

-----.(2010). 지방의회 출범 20년의 평가와 향후 과제,「자치의정」, 13(1) 통권 제70호.

송창석.(1993), 지방의정활동 만족도에 관한 의회별 인식비교에 관한 연구「지방자치연구」, 5(2),

신원득.(2010). 지방의정역량제고의 선결과제,「자치의정」, 제72호. 지방의회발전연구원

신원형.(2001). 지방의회 10년의 성과와 발전과제.「지방자치정보」, 123.

심익섭.(1997). 기초지방의회의 의정활동 활성화 방안:구의회를 중심으로,「한국지방자치학회보」, 9(3). : 73-94.

-----.(1997), 기초지방의회의 의정활동 활성화 방안,「한국지방자치학회보」, 9(3)(한국지방자치학회)

심익섭 · 손경희.(2000), 지방정부의 정책결정구조와 지방의회의 역할,「한국지방자치학회보」, 제12권 제3호.

안성호.(1993), 지방의회 사무기구의 개혁방안,「지방의회연구」, 제4집.37-70

-----.(1997), 지방의정 2년의 과제와 개선방안,「지방자치리포트」, 9(4), (한국지방자치학회)

-----.(2010). 한국의 지방자치체제 개편과 방향 : 정치권의 지방자치체제 개편안의 문제점과 과제,「지방정부연구」, 14(1), 7-35.

-----.(2011). 지방분권의 논거 성과 과제,「지방자치와 지역발전」, 2011년 한국지방자치학회 동계학술논문집.

안영훈.(2006). 지방자치단체 기관구성의 다양화 방안에 관한 연구, 연구보고서,「한국지방행정연구원」

-----.(2011). 지방분권강화를 위한 자치입법권 확대방안,「자치의정」, 14(3), 지방의회발전연구원. (한국자치개발연구원, 2002년 8월호), 110-118.

안청시 · 이승민. (2006), 5.31 지방선거와 한국의 지방정치: 2006년 제4회 지방선거

결과분석. 「한국정치연구」, 15(2): 86-120.
양영철.(2009). 제주특별자치도 특별지방행정기관 통합의 성과와 과제, 「지방행정연구」 23(2) 59-100.
오을임.(2001). 지방의원의 정책활동 활성화 방안 : 광역의회의원들의 의식을 중심으로, 「한국지방자치학회보」, 11(4). : 117-131.
오재일.(2009). 분권형 국정운영과 지방의회, 「지방자치의정논총」, 제2집, 서울특별시 의정회.
----.(2011). 헌법개정과 지방자치제도의 재설계, 「자치행정」, 274호
오환인.(2001). 기초의회 10년의 회고와 성과: 지방의회의 의정활동을 중심으로. 「지방자치정보」, 123.
우성호 · 이환범.(2010). 기초의원정당공천제 실태분석 및 개선방안에 관한 연구, 「한국지방자치학회보」, 22(3). 57-82.
육동일.(1994), 지방의회운영 3년의 평가와 과제, 「사회과학논총」, (충남대 사회과학연구소).
----.(1999). 지방자치운영성과와 과제에 관한 연구 : 민선자치 1기를 중심으로, 「한국지방자치학회보」, 11(4), 75-101.
----.(2001). 지방의회의 전문성 확보방안 연구, 「21세기 지방의회의 발전과제와 전망 : 제28차 지방자치정책세미나논문집」, 한양대학교 지방자치연구소.
----.(2002), 지방선거제도의 개혁과제, 「자치의정」, (서울 : 지방의회발전연구원), 19-28.
----.(2011). 지방의회 의정활동의 기능성에 대한 평가와 과제-경상북도의회를 중심으로-, 「경상북도의회 의정활동의 성과와 발전과제」.
윤규진.(2010). 시, 군, 자치구의회가 본 지방의회 출범 20주년의 성과, 「자치의정」, 13(1) 통권 제70호. 지방의회발전연구원.
이기우.(1992), 지방의회 사무직원에 대한 임명권, 「자치통신」, 제4권 제4호, 한국지방자치학회.
----.(1995). 중앙정부와 지방정부의 관계 재정립, 「한국형 지방자치의 청사진」, 「나라총서」 8, 나라정책연구회(서울 : 길벗), p. 495.
----.(2000), 방치된 주민투표법의 제정을 촉구, 「자치행정」, 제147호, 지방행정연구소
----.(2009). 지방자치법 60년의 회고와 과제, 「지방행정연구」, 23(3), 25-44.
----.(2011). 지방의회의 권한 제고방안, 「자치의정」, 14(1), 지방의회발전연구원.

이계희.(1992), 지방의회운영의 평가와 과제,「지방자치연구」, 제4권 1호.

이달곤.(2002), "제3회 전국동시지방선거의 평가,「선거관리」, 제48호, (중앙선거관리위원회), 12-31.

이대영.(2011). 지방자치단체, 재난방지대책 문제없나?,「공공정책21」, 2011.5.

이상수.(2002), 6.13지방선거의 쟁점과제 및 법제도적 개선방안,「월간 자치발전」, 8(6), 48-60.

이상홍.(1998). 지방의회의 행정사무감사에 대한 기능,「사회과학논집」, 제10집. (수원대 사회과학연구소)

이수만.(1995), 기초의회의원의 역할,「지방자치리포터」, 제48호. (1995년 8월)

이승종.(1995), 광역의회의원의 역할,「지방자치리포터」, 제48호. (1995년 8월)

이용우.(2007), 지방의회 사무기구의 인사권 독립,「자치의정」, 10(5).(지방의회발전연구원).

이태영.(1995), 지방의회의 의정활동과 지역사회복지,「논문집」, 제25권 (한남대학교)

이환범 · 김도형.(1998). 기초자치단체 감사제도 운영과정의 문제점과 효과적 개선방안,「한국행정논집」, 10(4)

임경호.(2001),「최근일본지방의회의 개혁사례」, 지방의회발전연구원.

임무룡.(2002). 지방의회 행정사무감사의 발전방안에 관한 연구,「지역개발연구」, Vol.10. (강원대학교 지역개발연구소)

임희섭.(1994), 한국사회의 지방화와 국제화의 정책적 전망,「국제화시대의 한국사회와 지방화」, 한국사회학회편(서울 : 나남출판사).

장세훈.(2010). 견제와 균형, 지방의회 새로운 시험대에 오르다,「공공정책21」, 2010(9).

정만희.(2007). 정치관계법의 근본문제와 개정방향,『헌법학연구』13권 2호, pp.72-73.

정준금.(1995), 기초지방의회의 의정활동분석 : 울산시의회의 활동실적 평가 및 발전방향,「한국행정논집」, 제7권 제2호.

정세욱.(1987). 지방의회의 의결권에 관한 비교연구, 86-87년도 한국의회발전연구회 지원연구논문.

-----.(2011). 지방의회부활 20주년의 회고와 전망,「경상북도 의회 부활 20주년 기념 심포지움 기조연설문」

조경호 · 김명수.(1995). 한국기초지방의회의 주민대표성과 입법전문성 평가.「한국행정학보」, 29(1).

조석주.(2009). 지방의원보좌기능의 활성화 방안,「지방자치의정논총」, 제2집, 서울특별시 의정회

조성호.(2010). 지방일괄이양법 제정시급하다,「CEO report」, 경기개발연구원

주용학.(2002). 지방선거에서 기초단체장 정당공천제에 대한 연구.「지방자치발전 및 행정혁신」, 한국지방자치학회 동계학술세미나 자료집.

----(2002), 6.13지방선거 결과분석,「사회과학논집」, 20(1), (한국외국어대 사회과학 연구소), 135-152.

지병문(2002), 2002지방선거의 결과와 의미,「자치의정」, 7/8월호, (지방의회발전 연구원), 37-48.

천성권(2002), 제3회 전국 동시지방선거결과분석,「사회과학연구」, 제12집, 광주대학교 인문사회과학연구소, 131-146.

최명규.(2010). 지방의회출범 20주년의 회고,「자치의정」, 13(1) 통권 제70호.

최병대 · 송광태.(1995). 지방의회 위원회의 전문성 제고에 관한 연구.「지방자치연구」 7(2).

최병대.(2003). 지방의회의 전문성 제고방안: 지방의원 유급제와 의회직렬 신설을 중심으로.「한국지방자치학회 세미나 : 지방정치의 활성화와 지방의회의 책임성 제고」, 53-82.

최봉기.(1992), 지방자치실시 1년의 성과와 개선과제,「한국사회와 행정연구」, 제3호. 관악행정학회, 123-154.

최봉기외.(1992). 지방의회와 집행기관간의 관계에 관한 평가 : 포항시 의회의 사례연구,「한국행정학회보」, 26(3), 889-912.

----.(1992).「포항시의회의 활동분석과 의정운영의 효율성 증진방안에 관한 연구,」(포항시의회)

최봉기.(1994a). 대구직할시의회의 의정활동분석과 의회기능의 강화방안,「한국행정학보」, 28(2), 629-648.

----.(1994b). 직접민주주의와 주민투표제도에 관한 고찰,「사회과학논총」제13집, (계명대사회과학연구소), 141-169.

----.(1998).법령에 의한 조례제정권의 통제와 개정방향,「사회과학논총」, 제17집, (계명대 사회과학연구소), 5-26.

----.(2000). 지방정부의 정책기획역량 제고방안에 관한 연구,「한국지방자치연구」, 1(1), 1-33.

----.(2002). 지방의정기능 효율성제고를 위한 지방의원의 역할쇄신과 자질함양,「한

국지방자치학회보」, 14(2).
최봉기 · 이동수.(2003). 제7차 지방의원선거분석과 지방선거제도의 개혁방안.「한국지방자치학회보」, 15(2). : 5-32.
최봉기.(2003). 참여정부의 지방분권추진과 지방의회의 역할,「사회과학논총」, 22(1), (계명대 사회과학연구소), 149-179.
----.(2004). 중앙정부의 지방분권추진실태와 지방정부의 대응정책과제,「사회과학논총」, 23(1). 계명대 사회과학연구소, 155-181.
----.(2005). 한국 지방의회의원의 전문성 제고방안,「한국지방자치학회보」, 17(1), 5-25.
최봉기 외.(2008). 지방의회 사무기구의 관리실태와 인사권 독립방안에 관한 연구,「한국행정논집」 20(1), 187-210.
----.(2010). 한국지방자치발전을 위한 지방정부의 역할과제,「한국행정논집」, 22(2),
최창호.(1994). 지방의회조례제정권의 범위와 한계,「지방자치연구」, 6(1), 7-25.
최흥석 · 정재진. (2006), 지방의원 유급제 도입의 효과에 관한 연구: 지방의원의 구성변화를 중심으로.「지방정부연구」, 10(3): 211-233.
한상우.(2009), 지방의회의 인사권독립과 의정보좌관제 도입방안,「지방자치의정논총」, 제2집, 서울특별시의정회
황성원.(2005). 공공부문에 적합한 액션러닝(실천학습)기법 도입을 위한 소고.「한국행정학회 2005년도 동계학술대회 발표논문집」, 19-34.
황영하.(1997). 행정사무감사의 효율성 제고방안,「논문집」, 제27집, 가톨릭 상지전문대학.
허태열.(2010). 정치권이 본 지방의회출범 20주년의 의미,「자치의정」, 13(1) 통권 제70호.

2. 외국문헌

1) 영미문헌

Adrian, Charles R.(1976). *State and Local Government*, New York : McGraw-Hill Book Company.

Chandler, J. A. (1991). *Local Government Today*, Manchester : Manchester University Press.

Davidson, Alastair & Weekley Kathlen. ed.(1999). *Globalization and Citizenship in the Asia-Pacific*, New York : St Martin's Press.

Epstein, Paul D.(1988). *Using Performance Measurement in Local Government*, New York : National Civic League Press.

Eyeston Robert.(1971). *The Thread of Public Policy : A Study in Policy Leadship*, New York : The Bobbs-Merrill Company, Inc.

Farazmand Ali.(2007). Globalization : A Theoretical Analysis with Implications for Governance and Public Administration, *Handbook of Globalization, Governance, and Public Administration*. Ali Farazmand and Jack Pinkowski (ed.) CRC Press, Taylor & Francis Group. New York.3-25.

Gargan, John J.(2000). State Governing Challenges for the New Century, Handbook of State Government Administration, John J. Gargan (eds.), Marcel Dekker, Inc.

Grabow, Jhon C. (1988). *Congressional Investigation Law and Practice*, Prentice-Hall.

Hampton, William.(1991). *Local Government and Urban Politics*, New York : Longman.

I. C. M. A.(1983). *Elected Officials Handbook*, Washington D. C.

Ingralham, Patrica W. Thompson James R. & Sanders Ronald P.(1998). *Transforming Government*, San Francisco : Jossey-Bass Publishers.

Jones George & Stewart John.(1983). *The Case for Local Government*, London : George Allen & Unwin Ltd.

Jones George.(1992). *The Search for Local accountability, Strengthening Local Government in the 1990s*, Steve Leach, ed., Longman.

Lewis, Paul G.(2000). The Durability of Local Government Structure : Evidence from California, *State and Local Government Review*, 32(1), (Winter),

34–48.

Lorch, Robert S.(1992). *State and Local Politics*, New Jersey : Englewood Cliffs.

NALC(National Association of Local Councils), http://www.nalc.gov.uk.

Olsen, J. and G. Peters. (1996). *Lessons from Experience*. Stockholm : Scandinavian Univ. Press.

Robson, W. A. (1968). *Local Government in Crisis*, London : George Allen & Unwin Ltd.

Rouban Luc (ed.).(1999)., *Citizen and The New Governance*, EGPA Yearbook. IOS Press, Amsterdam Netherland.

Shuman, Michael H.(2000). *Going Local : Creating Self–Reliant Communities in a Gobal Age*. New York: Routledge.

Stewart John & Stoker Gerry.(1995). *Local Government in the 1990s*, London : The Macmillan Press Ltd.

Stoker, Gerry.(1998). Governance as Theory : Five Proposition, *International Social Science Journal*, 155 –Governance–, Blackwell Publishers/ UNESCO. 17–28.

Stoker, Gerry.(1999). *The New Management of British Local Governance*, New York : St. Martin's Press, Inc.

Thompson Victor A.(1964). *Modern Organization*(N. W. : Knopf, 1964).

Zimmerman, Joseph F. (1995). *State–Local Relations : A Partnership Approach*, New York Praeger.

2) 일본문헌
加藤幸雄. (2005).「新しい地方議會」, 東京: 學陽書房.
高寄昇三.(1994). 「地方自治の 新領域」, 東京: 學陽書房.
西尾勝編. (2005).「自治体デモルラシ一改革: 住民·首長·議會」. 東京: ぎょうせい.
久世公堯.(1976). 「地方自治制度」 東京, 第一法規,.
第2次地方(町村)議會活性化研究會. (2006).「分權時代に對応した新たな町村議會の活性化方策: あるべき議會像を求めて」.
横田光雄.(2002). 歐米諸國の地方自治 : 西歐における地方議員の研修.「地方議會人」, 2002(8) : 48-51. 2002(9): 42-45.
ローカル · マニフェスト推進地方議員連盟, http://www.local-manifesto.jp
茨城縣守谷市, http://www.city.moriya.ibaraki.jp
日本 都道府縣議長會, http://www.gichokai.gr.jp

■ 최 봉 기 교수 약력

1. 학력 및 주요경력

중앙대 법대(법학사), 서울대 대학원(행정학 석사), 중앙대 대학원(행정학 박사)
미국 미주리주립대학교 정치학과 객원교수 역임
계명대학교 신문사주간, 사회과학연구소장, 경찰학부장, 정책대학원장, 사회과학대 학장 역임
지방행정고등고시 및 입법고시 출제위원 역임
대통령자문 정부혁신지방분권위원회 정책자문위원
대한지방자치학회 회장, 한국정부학회 회장 및 동 편집위원장 역임
대구광역시 토지수용위원, 인사위원 역임, 경상북도 21세기위원, 혁신도시입지선정위원 역임
대통령실 정책자문위원 역임, 미래경북전략위원회위원(현), 대구광역시의회 의정자문위원(현)
전국 시 · 도의회 의장협의회 정책자문위원(현) 대통령소속 지방분권촉진위원회 위원(현)
계명대학교 사회과학대학 행정학과 교수(현)

2. 저서와 논문

1) 저서 : 정책의제형성론, 행정학(공저), 한국지방자치의 발전전략, 지방자치론,
새행정학(공저), 정책학, 정책학개론, 한국지방자치론 등 다수

2) 논문 : 중앙과 지방의 정부 간 갈등실태와 합리적 조정방안
지방정부의 정책기획역량 제고방안에 관한 연구
지방의정기능효율성제고를 위한 지방의원의 역할쇄신과 자질함양
중앙정부의 지방분권추진실태와 지방정부의 대응정책과제
지방의회의원의 전문성제고방안에 관한 연구
지방자치단체장의 리더십과 조직의 업무성과
한국지방자치발전을 위한 지방정부의 역할과제
한국지방자치 20년 회고와 전망
한국지방의회 20년의 회고와 의정선진화를 위한 지방의원의 역할과제 등 다수

2) 일본문헌

加藤幸雄. (2005).「新しい地方議會」, 東京: 學陽書房.

高寄昇三.(1994). 「地方自治の 新領域」, 東京: 學陽書房.

西尾勝編. (2005).「自治体デモルラシー改革: 住民·首長·議會」. 東京: ぎょうせい.

久世公堯.(1976). 「地方自治制度」 東京, 第一法規,.

第2次地方(町村)議會活性化研究會. (2006).「分權時代に對応した新たな町村議會の活性化方策: あるべき議會像を求めて」.

横田光雄.(2002). 歐米諸國の地方自治 : 西歐における地方議員の研修.「地方議會人」, 2002(8) : 48-51. 2002(9): 42-45.

ローカル · マニフェスト推進地方議員連盟, http://www.local-manifesto.jp

茨城縣守谷市, http://www.city.moriya.ibaraki.jp

日本 都道府縣議長會, http://www.gichokai.gr.jp

■ 최 봉 기 교수 약력

1. 학력 및 주요경력

중앙대 법대(법학사), 서울대 대학원(행정학 석사), 중앙대 대학원(행정학 박사)
미국 미주리주립대학교 정치학과 객원교수 역임
계명대학교 신문사주간, 사회과학연구소장, 경찰학부장, 정책대학원장, 사회과학대 학장 역임
지방행정고등고시 및 입법고시 출제위원 역임
대통령자문 정부혁신지방분권위원회 정책자문위원
대한지방자치학회 회장, 한국정부학회 회장 및 동 편집위원장 역임
대구광역시 토지수용위원, 인사위원 역임, 경상북도 21세기위원, 혁신도시입지선정위원 역임
대통령실 정책자문위원 역임, 미래경북전략위원회위원(현), 대구광역시의회 의정자문위원(현)
전국 시 · 도의회 의장협의회 정책자문위원(현) 대통령소속 지방분권촉진위원회 위원(현)
계명대학교 사회과학대학 행정학과 교수(현)

2. 저서와 논문

1) **저서** : 정책의제형성론, 행정학(공저), 한국지방자치의 발전전략, 지방자치론,
새행정학(공저), 정책학, 정책학개론, 한국지방자치론 등 다수

2) **논문** : 중앙과 지방의 정부 간 갈등실태와 합리적 조정방안
지방정부의 정책기획역량 제고방안에 관한 연구
지방의정기능효율성제고를 위한 지방의원의 역할쇄신과 자질함양
중앙정부의 지방분권추진실태와 지방정부의 대응정책과제
지방의회의원의 전문성제고방안에 관한 연구
지방자치단체장의 리더십과 조직의 업무성과
한국지방자치발전을 위한 지방정부의 역할과제
한국지방자치 20년 회고와 전망
한국지방의회 20년의 회고와 의정선진화를 위한 지방의원의 역할과제 등 다수

– Glocalization시대, 지방의원과 지방공무원의 필독서 –

한국지방의회의 발전과 선진화

2012년 6월 25일 초판1쇄 인쇄
2012년 6월 30일 초판1쇄 발행

지은이 | **최 봉 기**
펴낸이 | **신 일 희**
펴낸곳 | **계명대학교출판부**
(704-701) 대구광역시 달서구 달구벌대로 1095
TEL : (053) 580-6233
FAX : (053) 580-6235
홈페이지 : www.kmupress.com
출판등록 : 1970. 9. 1(제347-1998-1호)

값 26,000원

ISBN 978-89-7585-589-4 93350

* 잘못된 책은 교환하여 드립니다.